U0785119

中华现代学术名著丛书

古代神话与民族

丁山 著

商务印书馆
创于1897 The Commercial Press

图书在版编目(CIP)数据

古代神话与民族/丁山著.—北京：商务印书馆，2015(2025.7 重印)
(中华现代学术名著丛书)
ISBN 978-7-100-11727-2

Ⅰ.①古…　Ⅱ.①丁…　Ⅲ.①中国历史—上古史—文集
Ⅳ.①K210.7-53

中国版本图书馆 CIP 数据核字(2015)第 262712 号

权利保留，侵权必究。

本书据商务印书馆 2005 年版排印

中华现代学术名著丛书
古代神话与民族
丁　山　著

商　务　印　书　馆　出　版
(北京王府井大街 36 号　邮政编码 100710)
商　务　印　书　馆　发　行
北京虎彩文化传播有限公司印刷
ISBN 978-7-100-11727-2

2015 年 12 月第 1 版　　开本 880×1240　1/32
2025 年 7 月北京第 5 次印刷　　印张 19
定价：77.00 元

出版说明

百年前，张之洞尝劝学曰："世运之明晦，人才之盛衰，其表在政，其里在学。"是时，国势颓危，列强环伺，传统频遭质疑，西学新知亟亟而入。一时间，中西学并立，文史哲分家，经济、政治、社会等新学科勃兴，令国人乱花迷眼。然而，淆乱之中，自有元气淋漓之象。中华现代学术之转型正是完成于这一混沌时期，于切磋琢磨、交锋碰撞中不断前行，涌现了一大批学术名家与经典之作。而学术与思想之新变，亦带动了社会各领域的全面转型，为中华复兴奠定了坚实基础。

时至今日，中华现代学术已走过百余年，其间百家林立、论辩蜂起，沉浮消长瞬息万变，情势之复杂自不待言。温故而知新，述往事而思来者。"中华现代学术名著丛书"之编纂，其意正在于此，冀辨章学术，考镜源流，收纳各学科学派名家名作，以展现中华传统文化之新变，探求中华现代学术之根基。

"中华现代学术名著丛书"收录上自晚清下至20世纪80年代末中国大陆及港澳台地区、海外华人学者的原创学术名著（包括外文著作），以人文社会科学为主体兼及其他，涵盖文学、历史、哲学、政治、经济、法律和社会学等众多学科。

出版“中华现代学术名著丛书”，为本馆一大夙愿。自1897年始创起，本馆以“昌明教育，开启民智”为己任，有幸首刊了中华现代学术史上诸多开山之著、扛鼎之作；于中华现代学术之建立与变迁而言，既为参与者，也是见证者。作为对前人出版成绩与文化理念的承续，本馆倾力谋划，经学界通人擘画，并得国家出版基金支持，终以此丛书呈现于读者面前。唯望无论多少年，皆能傲立于书架，并希冀其能与“汉译世界学术名著丛书”共相辉映。如此宏愿，难免汲深绠短之忧，诚盼专家学者和广大读者共襄助之。

商务印书馆编辑部

2010年12月

凡　　例

一、“中华现代学术名著丛书”收录晚清以迄20世纪80年代末，为中华学人所著，成就斐然、泽被学林之学术著作。入选著作以名著为主，酌量选录名篇合集。

二、入选著作内容、编次一仍其旧，唯各书卷首冠以作者照片、手迹等。卷末附作者学术年表和题解文章，诚邀专家学者撰写而成，意在介绍作者学术成就，著作成书背景、学术价值及版本流变等情况。

三、入选著作率以原刊或作者修订、校阅本为底本，参校他本，正其讹误。前人引书，时有省略更改，倘不失原意，则不以原书文字改动引文；如确需校改，则出脚注说明版本依据，以“编者注”或“校者注”形式说明。

四、作者自有其文字风格，各时代均有其语言习惯，故不按现行用法、写法及表现手法改动原文；原书专名（人名、地名、术语）及译名与今不统一者，亦不作改动。如确系作者笔误、排印舛误、数据计算与外文拼写错误等，则予径改。

五、原书为直（横）排繁体者，除个别特殊情况，均改作横排简体。其中原书无标点或仅有简单断句者，一律改为新式标点，专名号从略。

六、除特殊情况外，原书篇后注移作脚注，双行夹注改为单行夹注。文献著录则从其原貌，稍加统一。

七、原书因年代久远而字迹模糊或纸页残缺者，据所缺字数用“□”表示；字数难以确定者，则用“（下缺）”表示。

目　　录

自　序

——从东西文化交流探索史前时代的帝王世系①

一个民族，追寻他的文化来源，由文字纪载以前至于邃古之初，时代愈悠远，故事愈神秘，神秘至于不可再追寻的阶段，便断之以洪水。正如《创世记》所说，洪水涤尽人类的一切罪恶，也毁灭了远古的一切文明。第四冰河时代之末，距今不过五万多年，这次泛滥的洪水，诚然可由人类的祖先口说流传，至于有史以后，予以文字的追记。巴比伦高僧 Berosos 遗书和印度的《摩奴法典》所传述的洪水故事，都是这末留传下来的。《尚书·尧典》所谓"汤汤洪水方割，浩浩怀山襄陵"，我认为，也该是第四冰河期所遗传下来的一种极深刻的印象。"孔子删《书》，断自唐、虞"，正是古代史家寻不出我们民族文化来源和端倪，也不得不断取洪水以为国史起点。

《尧典》的成书时代虽在晚周或秦、汉之际，其所述故事，却不尽出于儒家的"托古改制"。四中星的名辞，若鸟，若火，若昴，概见于卜辞；出日、纳日、上帝、六宗、山川、群神的祭典，在卜辞里也不乏若干新证。《尧典》、《皋陶谟》的价值，决不在梅赜伪造的《古文

① 我在整理顾颉刚先生的遗著时，发现了丁山先生的《古代神话与民族》这部遗稿，又从顾先生的读书笔记中看到了"遗著无人整理"的记载，于是把它的自序先在《文史》第二十八辑上发表，并加上了这个题目，现在留作副题。——王煦华

尚书》之下；尽管书是伪造，里面确为国家保存若干古来传说的故闻佚事，供吾人追寻吾民族文化的渊源。卜辞的辞例，虽不如典、谟的堂皇，诰、誓的完美；但遣辞纪事，也进步到文字工具可以自由运用的程度。若参验以商代的金石刻辞，其时文献，直接流传到现代者，不下百万言，比较孔子所见，不知丰富到若干倍。可是，始终不曾发现煌煌诰命如《酒诰》、《盂鼎》那末言之成理的文章。因此，《盘庚》三篇以及《高宗肜日》等篇，可否认为“商书”而不疑，尚待地下的新证明。以卜辞、金文和殷虚出土的实物为中心，商史之业，现已达到必需重建的新阶段了。然而，这都是盘庚迁殷以后的一堆断烂朝报，迁殷以前的文献至今还不曾获得地下有刻辞的直接证明。夏后氏以前的史迹，更是传闻异辞，文献不足征。

一班神话学家研究我国古代神话，已经注意到《神异经》、《述异记》一类的书籍，再往古代追寻，便珍视《山海经》了。这类载记，《汉书·艺文志》以来，总是认为“小说家者流”，其流变至于《唐三奘取经诗话》、《封神演义》、《聊斋》，总是依据一部分史迹或民间的传说，绚染成各种神奇鬼怪不可想像的故事，大抵以褒善抑恶、规过劝善为主，多少涵有宗教家的意味。至于我们民族所宗仰的宇宙万有之神物，在二十四史的《封禅书》、《郊祀志》里面反而语焉不详。因此，有人怀疑我们民族受了“子不语怪力乱神”的影响，不大重视神话，也就缺乏极生动的宗教故事的叙述。

元世祖未造蒙古文以前，像《元朝秘史》所传孛端察儿之后累世的事迹，从哪儿传出来的？唐高祖源出李暠，世人多疑之者；即隋文帝源出杨震说，我们拿《隋书》所传杨震至杨忠的世次，核以后汉至隋初的年代就能相信那不是冒荫世家吗？推而广之：拓跋氏自称出于黄帝之子昌意；汉高祖的始祖，当时学者或谓出于刘累；

经、史相传，必积德累仁然后始能贵为天子的原则，我们也能无条件信而不疑吗？史学发达以后的帝王龙兴，还免不了冒荫古圣先贤为始祖，或硬是制造一些“龙交”、“日射”的成孕图神话以自高其身价，何论三代以上呵！

细读二十四史，在那群四裔民族的起点，都充满神话意味，假使给我们机会完全摘录出来，再加以分析研究，可以成为神话大观。而且，这些神话，都能反映各个民族的宗教信仰和他们熏染华化以前的原始生活的形态来；较之《神异经》、《述异记》一流的怪诞小说，徒摭拾印度故事以惊世骇俗更其真切有味！拿《史记》说，《秦本纪》明言：“文公十三年初有史以纪事。”所纪之事，据《始皇本纪》后面所附《秦纪》看，始自襄公而已。而《秦本纪》追叙襄公以前的事迹，至于颛顼之孙女脩，中间又穿插“孟戏、仲衍鸟身人首”一类怪物，这类怪物，太史公根据何书？我们今已无从探究。曾读严如煜《苗疆风俗考》，中有云：“湘西苗语，呼黄牛曰大跃，呼水牛曰大业。”大业之名，竟与女脩之子大业语音相同；令人不能不疑及牵牛织女神话。假定，《史记》所谓大业，释为牵牛；那末，“颛顼之孙女脩织”，显然是“天孙”织女星；女脩生大业，该是牵牛织女恋爱故事的变相。其他仲衍、费仲、造父一类驾车故事，也不过显示秦在襄公以前，完全为游牧民族，所以特别崇祀马神。《赵世家》所述“赵氏之先，与秦共祖，周缪王赐造父以赵城”的故事，我认为完全出于嬴姓以马为民族图腾的神话。即“晋景公疾，卜之，大业之后不遂者为祟”，以及赵简子“梦之帝所，甚乐”几段故事，我认为都出于晋国《瞽史之纪》或《训语》、《启筮》一类的稗乘，当然谈不到信史。

古者左史记言，右史记事，事为《春秋》，言为《尚书》，刘知几

《史通》因而扩充为"六家"，王守仁《传习录》因而演为"六经皆史"的宏论。可是，我国史学，总是奉《太史公书》为不祧之祖。《太史公书》，刘歆《七略》始次于《六艺略·春秋家》，《汉志》因之，由是言史学史者又只知《春秋》或《纪年》之类编年史为鼻祖。实则《春秋》、《尚书》两家之外，小说家也是古代史学的干流。《艺文志》小说十五家有《青史子》五十七篇，云："古史官记事也。"《大戴礼·保傅篇》曾引《青史氏记》文与记叙古代仪节的《仪礼》内容相似。青史的"青"字，与甲骨文"南"字写法相近。《左传》襄公二十五年："齐太史书曰：'崔杼弑其君。'崔子杀子。南史闻太史尽死，执简以往。"这个"南史"，决是"青史"传写之误。青史之外，在古代尚有瞽史，《国语·晋语》四引《瞽史之纪》曰："唐叔之世，将如商数。"这部大著，《艺文志》固然不载，姚振宗的《汉志拾补》也不曾补出，古代史学，就脱漏了一大部分。不但如此，除了太史、青史、左史、右史、瞽史不计，周代尚有内史、外史、周史诸官（俱见载记及鼎彝款识），商代也有西史、公史、绅史、缵史诸官（俱见卜辞或金文），古代史官之众，不减于隋、唐以来的《起居注》、《实录》、《日历》、国史馆各有专官，也该是各有专记；如《左氏春秋》、《国语》所征引的先王之"教"，先王之"训"，先王之"令"，先王之"志"，都该有史官掌之。他如，《汲冢琐语》纪"晋平公梦见赤熊窥屏"事，赫然见于昭公七年《左传》，可见《左传》所引的《训典》、《夏训》之类，亦皆出于稗官；而五帝三王的祖孙世系，必出于祀典或祭典。祀典之变也，即为《帝系》、《世本》；训语、训典之变也，即为《国语》、《琐语》、《归藏·启筮》；古代史籍之盛，灿然可睹，决不如现代学术史家所考订者那末简陋，容在《商周艺文略》中详其源流。

祀典演而为《帝系》、《世本》，我在本书的《宗法考源》中，略有论列，姑不再详。现在且看《琐语》所传晋平公梦赤熊故事：

> 晋平公梦见赤熊窥屏，恶之，而有疾。使问子产。子产曰："昔共工之卿曰浮游，既败于颛顼，自没沈淮之渊。其色赤，其言善笑，其行善顾，其状如熊。常为天王祟。见之堂，则王天下者死；见之堂下，则邦人骇；见之门，则近臣忧；见之庭，则无伤；今窥君之屏，病而无伤。祭共工则瘳。"公如其言，而病间。（《御览》九〇八卷引）

这在昭公七年《左传》里，子产又说："尧殛鲧于羽山，其神化为黄能，以入羽渊"，可见鲧即共工。共工化为赤熊，即《尧典》所谓"方鸠僝功"也。自儒家传统思想观之，在《尧典》为圣人之言，在《左传》为贤人之书，都是古代信史；在《琐语》则为志怪的稗乘，应入小说家了。小说家言，神话多而史实少。唐、宋以来的评话小说，多演自史实；三代以上的史实，则多脱胎于《琐语》、《训语》；我们不相信《西游记》为玄奘法师往天竺求经的经过史实，便不能相信鲧或共工真的跳入水中化为三足鳖了。因为晋悼公好田猎，魏绛劝止他，一引周初太史辛甲所作的《虞人之箴》，再引《夏训》以证明"后羿恃其射也，淫于原兽"，卒亡其国（详《左传·襄公四年》）。但，从《夏训》看，后羿不过王莽、曹操之流，是中国篡位成帝的祖师；若以《天问》"羿焉弹日"，《淮南子》"羿缴大风，上射十日而下杀窫貐"（《本经篇》）诸故事考之，他必然的属于天神之类，或者是我国的原始射神。从这两个故事看，《琐语》、《训语》之类载记，显然神话多而史实少，换言之：史学中的传记体，显然脱变于神话派的《训语》，由于左氏《国语》征引《训语》之繁，我相信时代愈古，神话愈其发达;一部中国史前时代,除了石史之外,惟有神话学可以解之。

无论天神地祇,山川之怪,草木之妖,在尚未开化人类的心目中,总认为神祇与人具有同样的性灵而人格化之。于是神祇降生而为人类英雄豪杰的传说有之;英雄豪杰死而魂魄升天为上帝的传说有之;"民神杂糅,不可方物",史前时代所遗传下来的故事,自然是史实与神话不分。帝俊,在《大荒经》里,说来说去,似为昊天上帝的通名,源出于卜辞的"高祖夒",可是,由于"王崩,措庙立主曰帝"的原则产生一种"尊祖配天"的传统思想,后世儒家或讹帝俊为帝舜,或讹为帝喾,因而造说一篇空空洞洞羌无故实的《五帝德》来,以人格化商代的"方帝"。太史公于"《禹本纪》、《山海经》所有怪物,不敢言之",而信《五帝德》,录为《史记》的首篇;于是古史的年代突出于洪水以前;在《山海经》的神话,到《史记》即变为史实了。

"刑三百,罪莫大于不孝",相传商代的刑法以"不孝"为罪大恶极!因为我国自古以来就以孝道治天下,士大夫对于自己的直系尊亲,一定要"生,事之以礼;死,葬之以礼"。《礼记·文王世子》、《内则》所说事生之礼尽之矣!事死之礼,如《仪礼》的《士丧礼》、《既夕礼》、《士虞礼》、《丧服》等,连篇累牍,不厌其详。所谓"事死如事生,事亡如事存"的方式,由三代的实物殉葬,初变而为汉、唐的泥俑,再变而为宋、元以来的纸扎,传之于今,其风未泯。孔子时代,虽不胜经济的负担,人们多以明器代实物了;然而,杀人以殉,椎牛而祭的风气,方兴未艾;所以他老先生痛骂那种以活人殉葬的不人道主义,说"始作俑者,其无后乎!"其实孔子所谓"俑",明指保护贵族的勇士和仆役,如《诗经·秦风·黄鸟》所悼惜的"三良”,即其例证。俑的来源,始于勇士的殉葬,非如后儒所解释的泥人;以泥人殉葬,何不人道之有?我们从商王陵墓里所掘出大量的人与马牛的骸骨看,方可断定孔子口中的“俑”,绝对是指活的勇士,不是泥人。

但从以人殉葬的风俗看,可知“事死如事生”的解释,就是将父母生前所使用的一切器物,都要安置在宫室式的陵墓里,再让死者的灵魂去享用。所以,商、周两代的宫室制度,虽屡经战乱,毁灭无余,我们今日研究起来一定要从当时的墓葬形制入手。尤其是墓葬中的器物方位,多少可以反映出来当时活人住室之内的一般陈设情形。可惜,“自古无不亡之国,是无不扣之墓”(《吕氏春秋·安死》),今日所发现的古墓,很少不是被先民扣乱过的。墨翟氏尝就国民经济立场极端的反对厚葬,主张“节葬”,总因为自古以孝治天下的传统思想,牢不可破,历代帝王依然的竭其国力以谋深藏。就是因为厚葬的积习难除,我们先民的文物,也就受了地下室之赐,保藏了许多部分免受地面上人工的摧毁。《吕氏春秋·节丧篇》说得好:“国弥大,家弥富,葬弥厚。含珠鳞施、珠玉玩好货宝、钟鼎壶滥、舆马衣被戈剑,不可胜其数,诸养生之具者,无不从者。题凑之室,棺椁数袭,积石积炭,以环其外。”十数年前,安徽寿县、湖南长沙屡发现楚国的棺椁题凑的遗迹,颇能证明晚周时代丧葬的礼制。而中原的郡国山川所出钟、鼎、壶、鉴、戈、剑、珠、玉,更是史不绝书。秦火以后,我们能于烬余的经传诸子所流传的有限文献之外,还可以窥见我们铜器时代文物之盛者,不能不归功于古人厚葬之赐,也就不能不赞扬自古以孝治天下的传统思想了!塞翁失马,安知匪福?假使新史学派允许我检讨中华民族所以屡次亡国至今犹能健立于世界而未遭灭种之难者,我敢明白指出就是“移孝作忠”

传统的民族精神。“求忠臣必于孝子门”，每当国家衰乱，忠孝不能两全时，孝子就该为国牺牲，不能顾全父母之养，古往今来，忠臣殉国，烈士殉名，何莫非一个“孝”字，砥砺其忠义之气也！

由于“慎终追远”的思想，产生厚葬制度；由于厚葬制度，保存了大量的古代文物，让我们在数千年后，尚能从容博辨以追寻先民文化演进的轨迹，这更是言必称舜、禹而又主张节葬的墨翟氏所不能预料的后果。尤其铜器时代的中国铜器，除了雕镂庄严的各式花纹外，更铸上精美的铭文。铭文的内容，或记作器者名氏，或记国家的大事，且有刊刻煌煌诰命诗歌，足以补苴秦火后《诗》、《书》之阙佚者。在铭文的本身，且往往记有时王在位的年数，提供我们解决古代史上年代问题的重要论证。古代史学，经过顾颉刚先生《古史辨》扫荡伪史料之后，立刻得到卜辞、金文大量的直接史料来补充，加上李济之先生所领导的安阳殷虚十余次的发掘，举凡器物、墓葬、宫室遗址的收获，迥乎超出我们意想之外的丰富。从这批地下新出的直接史料观察殷商文化，迥乎超出两千年来儒家所传述的程度高而且深。这当然是古代史学的幸运，也是国家民族的光荣。

以《安阳发掘报告》和《中国考古学报》所叙述的殷虚遗物全部轮廓看，我认为我国古代文化，应分贵族和平民两大阶级。尽管贵族阶级重屋而居，列鼎而食，有肉如林，有酒如池，享尽时代的豪华。可是，平民们还是陶复陶穴，未有家室，殷虚的若干窖室可为鄙说的证明；而大量的石斧、石刀、灰色绳纹陶器尤可证明那个时代的生产基础，还是磨蜃而耨，剡耒而耕，完全过的石器时代人生活。贵族们钟鸣鼎食生活一直延展西汉初年，那时的平民久已进步到铁耕铁煮铁器时代了。《禹贡》尝说“梁州贡镠铁银镂”，银镂如其可以解释为钢，那末镠铁自可释为生铁；所以春秋中期晋国大夫所作《郘钟》径称铁为“玄镠”，云：“作为余钟，玄镠铁铝。”这可证明春秋时代的铜器中，确已镕合一部分铁质了。《左传·昭公二十九年》说：“赵鞅赋晋国一鼓铁以铸刑鼎。”一鼓的重量，当今称若干斤两？尚待研究。我所知道的，当公元前五一三年晋国即以铁为赋税之一种，那时的平民应该普遍用铁器了。这样看《齐语》所谓“恶金以铸斤斧、鉏夷、鋸欘，试诸木土”，绝对是春秋初年的事实。春秋初年平民已普遍用铁，而殷商末叶还用石器，这显然看出平民文化是以铁器直接代替石器，似乎没有经过铜器的阶段。换言之：中国铜器时代，完全为贵族所有，与平民无关的。平民知道用铁器，可能是周人自西方带来的新文化。牛耕的历史，后儒多谓汉武帝时搜粟都尉赵过所发明。宋儒叶适尝据孔子弟子“冉耕字伯牛”，加以跋正了。牛耕究始何时？在中国文化史上也是一个较大的问题。由我的浅见看，牛耕与种稻子技术有关。甲骨文至今似乎不曾发现“稻”字，而在《诗经》和金文里往往以“稻粱”并称，稻的来源，可能也是周人自国外输入中国的。《大荒西经》说：“后稷降百谷。稷弟台玺生叔均，始作耕。”这个耕字，可能是“牛耕”省文。因为牛耕，必需铁犁；铁器文化的开始，我认为应与牛耕稻作为密切关系。

宗周王朝，自命以农业起家。《大雅·生民》所咏后稷播种百谷的故事，也不过一般农业社会所赞颂较为原始的催生神话。按着初民社会进化程序说，农业的开始，由于妇女储藏果实，再移植野生的黍麦之类于住宅附近，逐渐进步到耕耨粪田的生产；所以原始农神，所有的原始民族都是祭“地母”，或者是“大地大祖母”，决不是男性。真的要追究原始农神为谁？我认为与其赞颂后稷，不如赞颂他的母亲姜嫄。姜嫄也者,应该是周代的"大地大祖母";后稷也者,按其字面解释,应该是"孕毓黍稷"之神,正是姜嫄的别名,也决不是男性。而《诗》、《书》传说,后稷久已讹男性,那定是男性中心社会时代所伪托的新农神。

《国语·周语》有云:"自后稷之始基靖民,十五王而文始平之,十八王而康克安之,其难也如是。"文王以上十五王,《史记·周本纪》叙述得世系分明,一位不缺;当然是依据《世本·帝系》的。可是,皇甫谧《帝王世纪》以来,至于崔述《考信录》都怀疑世次与历年不相当,而疑"十五王"说,必多讹敚。今按:此十五王,不窋、高圉、亚圉诸公,见于《国语》;公刘、古公、大王、王季诸公,《诗经·大雅》皆有专篇颂其功德,余则无迹可考。据《世本》云:

> 后稷生不窋。不窋生鞠陶。鞠陶生公刘。公刘生庆节。庆节生皇仆。皇仆生差弗。差弗生伪榆。伪榆生公非辟方。辟方生高圉侯侔。侯侔生亚圉云都。云都生太公组绀诸盩(《史记》作公叔祖类)。组绀生太王亶父。亶父生季历。季历生文王。

这些名号,普通虽为两个字,若公非辟方,高圉侯侔、亚圉云都、组绀诸盩、太王亶父(《诗经》称古公亶父),名字多至四个字,与商代先王谥法不合;而且鞠陶、伪榆、组绀诸盩之类,亦不类华夏语言。秦、汉以前,西域语言系统,在我国未能建立以前,我对于这类似译音而非译音,似华语而非华语的名号,无从再进一步研究。我相信《周颂》所谓"天作高山,太王荒之",这是实录;太王以前的周人开国艰难,等于拓跋珪以上的元魏世系,成吉思汗以上的蒙古世系,都需要用比较语言学的工具一个个剖析出他们的原始神格来。

用比较语言学剖析史前时代的神话，不自我始。马克斯·缪勒(Max Müller)所著《语言学讲义》曾以语言学为工具，发现雅利安民族所有的神名，常是指宇宙的现象。我运用古代语言文字学分析《周语》所谓“玄王勤商，十有四世而兴”，玄王的母亲娀简，即卜辞所谓“高祖夒”，即商代的原始图腾；相土即商社；昌若即北海若；曹圉即王吴，一名天吴，东海神也。玄冥，卜辞作昏；卜辞所谓“高祖河”，即河伯，水神也。“高祖岳”即“太岳”，山神也。以上都是地神。昭明即辰星，季或时令神，王亥为步天神，王恒为月神；自上甲至示癸，是为六甲的代表，都是日神。由宗教发达程序言，任何原始民族皆先有图腾，然后有地界神，进一步乃有天界神，至于星辰月日诸神出现，宗教才算成熟。统观《殷本纪》所传契至汤十四世的次第，除了昭明世次稍违宗教出生的程序之外，余则正合先有地神、后有天神的进化原则。因此，我认定示癸以前的高祖、六宗，都是神话。从那些神话本质看，商人显然是东胡民族，后乃沿漳水南下，向海滨发展其游牧生活；故其宗神中特别重视昏与河伯，此《鲁语》所以有“郊冥”之说也。因为东胡民族初本沿海游牧，所以又特别宗祀海若与天吴。《隋书·高丽传》说高丽之祖朱蒙曰：“我是河伯之外孙，日之子也。”这恰好说明了《纪年》所谓“上甲假师河伯以灭有易”的故事，所以卜辞特称上甲曰：“高祖日甲”，又特称河伯曰“高祖河”。成汤为示癸子，犹言日神之子也；日神上甲尝乞援于河伯，成汤也可说是河伯的外孙。从比较神话学观点立论，我认为商代信史，只能断自武汤，其前世都是神话。本书《卜辞所见先帝高祖六宗考》所以说明殷商的宗教出生与长成。

夏后氏事迹，除了载籍相传的若干故事外，至今还不曾获得地下史料的确实证明。我在本书《禹平水土本事考》论定禹的最初神格是雨神,他的儿子名启,就是霁神。我在《由鲧堙洪水论舜放四凶》篇又论定鲧即共工,虹也,象征虹见雨止,是旱魃之神也。禹妃涂山氏即汉时祈晴所祀的女娲。合这两篇论文以考察夏后氏初期的事实,是:

虹(共工)见了,雨收了,天又旱了。(鲧堙洪水)

奉上能兴云雨的虬龙,在雩坛上狂舞,就可立降甘霖。(禹平水土)

多情(晴)的女娲呀,陪着雨神(禹)去休息吧。(禹娶涂山氏)

云开见日,果尔雨霁了。(启呱呱而泣,禹弗子)

《夏本纪》所传开国世系,正是水利未修的农业社会久旱必舞雩(祷雨),淫雨又祈晴的祭典之常规。即《纪年》所传"启杀伯益"故事,也该是说久雨为灾,人们要请出霁神(启)来杀掉那淫雨(伯益)之神,让天放晴。《孟子·万章》所传,"禹荐益于天,益避禹之子箕山之阴,朝觐讼狱者不之益而之启",与农民久雨盼晴的心理,还是同贯。至于后羿"因夏民以代夏政"故事,我认为羿读为隮。《鄘风·蝃蝀》"朝隮于西,崇朝其雨",隮,说《诗》者都说是午前见于西天的虹。虹形似弓(有穷氏也),天弓在西方一射,太阳不久便为云所藏而下雨了。《天问》所谓"羿焉彃日,乌焉解羽(雨)",也只是"朝隮其雨"的寓言。秋雨多了,天气渐转于寒冷了,《月令》所谓"孟冬之月,水始冰,地始冻,虹藏不见",这又演成《左传》所传寒浞杀后羿的故事了。综合《左传》、《纪年》、《天问》几部较古的史料以分析《夏本纪》所传少康中兴以前的夏后氏先王世系，也充满了旱而雨，雨而晴，晴而雨的神话，都可从鲧（虹）、禹（雨）、启（霁）、羿（隮）、寒浞（天寒地冻）的本名或同音假借字剖析出故事的真象来。所有的故事，直接与农田水利有关，应该产生在农业发达的时代。换言之，旧史相传的夏后氏，应该是中国农业相当发达的时代。

根据夏、商、周三代开国以前的神话体系看，我认为商之所以能够灭夏，由于商代以半游牧半农业的生产方式征服了完全农业生产的夏后氏；一如元魏、契丹、女真起自东北征服了华北，清朝也以农战方式统一了中国。统治阶级经过了相当时期，没有不想享受的；于是大兴土木（殷虚发现宫殿遗址可以证明），刻镂文章（殷虚出土大量的珠玉象牙的雕刻，可以证明），鼎食牛饮（殷虚出土的酒器之多，鼎鬲之巨，可以证明），妻妾满堂（甲骨文所见武丁夫人之多，可以证明），把中国铜器时代的文化推进到最高点。上有好者，下必甚焉，满朝公卿大夫、侯亚侯旅跟着王室一齐享受起来，统治阶级的侈靡生活超过农工业生产的限度，政治便不能不“小大好草窃奸宄，以暴虐于百姓”，全部腐烂下来。新兴的周代，有比较进步的生产技术——牛耕；有比较进步的战争武器——临冲；用其生产新技术配合其战争新武器，加上太王、王季、文、武、周公一群智勇俱全的领袖，继续攻取，赫赫的殷商王朝，不胜新兴的压力而日趋崩溃。周代虽然以武力推翻了殷商政权，但其文化程度却远比不上殷商，所以因商民以代商政之后，大部分继承商代的文化。这又仿佛清帝国继承明代的文物制度，终于造成汉、唐之后国家第三次盛世。周厉王的暴虐，幽王的荒淫，促进宗周王朝的崩溃。所幸封建制度比较的完善，霸主还可以支柱了王朝的空架子。可是强凌弱，众暴寡，弱小的国家在“无义战”群侵略的威力之下逐渐淘汰，剩下几个大国，相互火并。那个时代社会经济制度，也有很大的变化，从大规模的集体农场（即王田、公田制度），化而为小集体农场（即井田制度），再从小集体农场进步到耕者有田（鲁国的初税亩，商君开阡陌皆是）；政治经济基础，舍弃人本的组织而以田亩为兵赋税收的单位，这是中国社会政治上一个重大的转变，总由于战争规模扩大，非铲除封建时代贵族私有的土地制度，不能应付广大的国际战争。秦国自商鞅定下了兵农分工的国策，一意以农养战，终于肃清封建制度的遗迹而建立亘古未有统一的大帝国，将古代若干种族混合成功庞大的华夏民族。从此，国土之内，但有政治革命而无种族斗争了。

可是，种族问题，在古代也很闹得厉害。殷商王朝，封建亲属子弟或王朝公卿为侯为亚，对于外族则例称为“方”，土方、芀方、吕方、马方、鬼方，多少涵有种族的歧视意味。周人伐商，例称商人为“戎商”，为“纣夷”，而称楚人为“荆蛮”，称徐人为淮夷，种族的歧视，一如蒙古帝国歧视契丹、女真为“汉人”，卑视宋人为“南人”。在春秋时代的文献里，犹或称吴为蛮夷，称徐为徐夷，称杞为东夷，称郏灭须句为“蛮夷猾夏”。到了战国时代，东方诸侯，依然“以戎狄遇秦，使不与中国之会盟”。种族的痕迹，所在皆是。只有姜姓诸国，与周人世代婚姻，所以亲若弟兄，如《晋语四》司空季子所谓：

> 同姓为兄弟。
>
> 黄帝之子二十五人，其同姓者二人而已；其同生而异姓者，四母之子，别为十二姓：姬、酉、祁、纪、滕、任、荀、僖、姞、

> 儇、衣，是也。唯青阳与苍林氏同于黄帝，皆为姬姓。同德之难也如此。
>
> 昔少典娶于有蟜氏，生黄帝、炎帝。黄帝以姬水成，炎帝以姜水成；成而异德，故黄帝为姬，炎帝为姜，二帝用师以相济也，异德之故也。异姓则异德，异德则异类。同姓则同德，同德则同心，同心则同志，同志虽远，男女不相及，畏黩故也。

此说族外婚制的基本原理，而以姓别族类，由今言之：姓即种族。如司空季子说，古代的中国，是由十三个种族组成的；其最著的只有姬、姜两姓。以《春秋左传》及《山海经》诸书考之：酉，可能即仇犹，狄人也。祁，即唐杜氏，相传尧后也。纪当为己，殆即戎州己氏。任姓有铸、薛诸国。姞姓有南燕、巢、偪。衣读为殷，即商。僖或读为厘，即长狄。惟荀与滕、儇诸姓待考。这些种姓，大抵散布在河、汝、汾、济流域，略可考见周初封建的形势，实未能尽括我国所有的古代民族。我在《九州通考》中尝说《禹贡》九州的名称，涵有古代种姓的背景，约为：祁姓居冀州，己氏居兖州，蓝夷居青州，徐夷居徐州，阳夷居扬州，芈姓居荆州，谢姓居豫州，嬴姓居梁州，姬姓居雍州。若以历史上所传的古代国家言之，则冀为陶唐氏故居，豫为夏后氏故居，青、兖为商代旧地，雍、梁为周、秦发祥地，徐多淮夷，扬属吴、越，荆州则楚国本土。夏、商、周、秦的民族宗神与其文化特征，在上文已略为概括的叙述了。在春秋、战国之际，吴、越犹断发文身，刚由石器时代突然接受中原文化进步到铜器时代。所有《吴世家》、《越世家》和《吴越春秋》所传那套先王世系，也该是史实少而神话多，因为吴、越区古代方言学尚未建立起来，我不敢妄有论列。我所知道的，是越王者召于赐，载记中或称诸咎（《纪年》),或称为召(《国策》);句亶其夷,《越绝书》也误为句践及其子与夷二人。以此类推,所有吴、越先王的名字,《世家》、《纪年》和《吴越春秋》诸书,均已华夏语言化节译为一二字,根本不能自语言学上探寻其名字的本谊了;其所涵的神话,待将来再从《越绝书》、《吴越春秋》里寻探其线索吧!

现在,我要重新提示的问题,是先秦载记中插入不少的外族语言,一如《史记·匈奴传》、《后汉·西羌传》所记载的人名地名,我们决不能释以汉语。李斯《上书秦始皇谏逐客》说,秦声"歌呼呜呜",这虽指音乐,其语音自不能不与山东诸国有轻浅重浊之别。《荀子·儒效》说得好,"居楚而楚,居越而越,居夏而夏",此言楚、越的风俗习惯颇与中国不同也。在《孟子》则直讥楚人为"南蛮鴂舌之人",战国时代,齐、楚异语,《孟子》书里说得最显明。上溯春秋初叶,晋惠公、秦穆公联合将西北的姜氏戎迁到伊、洛之间,时历百年,戎子驹支还说:"我诸戎,饮食衣服不与华同,贽币不通,言语不达。"(《左传·襄公十四年》)《周官·司寇》有象胥,云:"掌蛮夷闽貉戎狄之国使,掌传王之言而谕焉;若以时入宾,则协其礼与其辞言传之。"象胥之官,曾见于《礼记·王制》,云:"五方之民,言语不通,嗜欲不同,达其志,通其欲,东方曰寄,南方曰象,西方曰狄鞮,北方曰译。"就是现代的翻译官。王室的朝会,诸侯的会盟,经常需要翻译,当时史官的纪录,就难免杂以外族的语言了。

如《左传》所见:肃慎、无终、皋落氏、廧咎如、鄋瞒、铎辰、留吁、不羹、舒蓼之类的国名;长狄缘斯、长狄侨如、戎子驹支及其祖吾离、肥子绵皋、鼓子鸢鞮、苑支,及其臣夙沙釐之类的人名;皆望而知为外族语言的音译,无待烦言。《汉书·百官表》所传的秦爵二十等,若公士、大夫、公乘、彻侯等,都是承袭商、周封建制度的官爵，可以训诂学训之；若簪袅、不更、庶长、上造，可否也就字面加以解释？那就大有问题了。“簪袅”，《左传》无考。《左传·成公十三年》，晋败秦师于麻隧，“获秦不更女父”，不更，似为将帅之名。又襄公十一年《传》，“秦庶长鲍庶长武帅师伐晋”；十二年《传》，“秦庶长无地伐宋”，庶长亦为将帅之名，非爵称也。若“大上造”，见于《商鞅量》及《鞅戟铭》者俱作“大良造”。良，盖犯光武帝叔父讳，《汉书》所以改称为“上造”。以商鞅之专断，官不过“大良造”，大良造应该是秦未称王以前的丞相或相邦，犹两汉时代的大司马大将军；其涵谊可能即是大将军。《左传·桓公六年》，“郑太子忽大败戎师，获其二帅，大良、少良”，少良，即秦爵的“少上造”，可是《秦风·黄鸟》所“哀三良”，决是秦国的执政官三帅。换言之：《左传》所见戎狄诸国的官名，也都是音译，颜师古注《汉书》，完全以汉语诂秦爵，那就大错而特错了！先秦语言学方在草创，在此，我敢提示：在《诗》、《书》、《左传》里，除了猃狁、渠搜、析支、肃慎一类专名必然的为外族语言外，就是职官、器物、成语等也搀杂不少的外族语言在内，还待我们仔细的分析。不但语言如是，在字形方面，有无窜入外族的新字？也还值得我们注意。钟鼎刻辞，一般人已可断定其区域与时代了。可是卣铭曾经发现这两个怪字：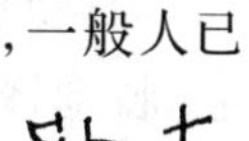载《三代吉金文存》十二卷四四页。器原藏于清热河行宫，不知何地出土？形制朴素，不施纹饰，铭文则尤奇诡，不合六书。假使这两个字，不是伪刻，也不是剔误，应该同契丹文、西夏文或日本文一样看法，可能是外族模仿中国古文而创制的新字。这两个字，假定不是古董商伪刻，决不平凡。

在古代，戎狄与华夏，虽然是“言语不达”，而《诗》、《书》、《左传》里却不免外族语言搀杂在文中。因此,我相信荆楚文化的本质,接近婆罗门教,故以火神吴雷(即吴回)为民族大神。胁生的故事,肉袒的仪式,绝地天通的神话,在在与中国传统思想不合,而近于印度。因此,楚左史倚相所能读的《三坟》、《五典》、《八索》、《九丘》,与婆罗门教徒所传诵的经典绝对有关。据我的观察,《楚辞·天问》起首那段宇宙本源论出于《三坟》;《三坟》为名,正是三《吠陀》(Veda)音译。《五典》,我认为即楚国的《祭典》、《训典》、《令典》、《鸡次之典》、《文王之典》,非五帝之书,这是可以确定千古之疑的。《八索》,就是八法,惟楚文王作《仆区之法》,与《庄子》所引《法言》约略可考,他则不可知了。《大荒海内经》云:"有九丘,以水络之,名曰陶唐之丘,有叔得之丘、孟盈之丘、昆吾之丘、黑白之丘(疑当为黑齿)、赤望之丘、参卫之丘、武夫之丘、神民之丘。"这个九丘,陶唐可以比拟冀州,昆吾可以比拟豫州,余则虽可比傅《禹贡》的九州,终嫌论证不足,我所以在本书《吴回考》篇中直以《九丘》为《九歌》,屈原仿《九歌》作《九章》,宋玉也仿之作《九辩》。《离骚》曰:"启《九辩》与《九歌》兮,夏康娱以自纵。"《九歌》盖是很古的《祭神曲》,本是巫祝传家之学,而倚相也能歌诵之,所以楚灵王特别赞美他。

本书《论炎帝太岳与昆仑山》篇,也是论中、印两大民族古代文化常相交通的。《山海经》与《淮南子》所传昆仑山神话,证以印度古地志如《世记经·阎浮提品》所说须弥山王故事,无不密合;且南方天王毗娄勒(Virudlaka),在《五藏·西山经》中则译为"槐鬼离仑",这也是华夏古代语言中早杂有印度语系的有力证明,自然不容吾人否认《山海经》中不杂有若干外族语言及其神话了。我所以说昆仑一名西俞,西俞即须弥卢对音。

昆仑,西域诸胡语言之天山也。在殷虚卜辞则尊为"高祖岳",在《诗经》、《左传》里则称为"太岳"或"四岳",岳字本谊像燔柴祭山形,所以卜辞往往用作祭名,如:

壬午卜,岳来于斀叙　岳于三户。(《后》下、三六、三)

岳于南单。岳于三门。岳于楚。(《粹编》七三)

凡此岳字,决是燔柴祭山之谊,即《尧典》所谓"至于岱宗,柴"也。因燔柴于山故事初演而为山下有火,再演而为"火山为岳",岳的神话,遂与须弥山王一致。岳字本像"山下有火"形,可是由于古文篆变,往往误山为火,岳字也就很容易讹炎字;所以春秋以后的文献,又由太岳讹传一位炎帝来。姜姓诸侯初祖太岳,后又祖炎帝者,其故在此。我在《论五帝篇》尝说帝喾一名,由太岳讹来。太岳本姜姓民族宗神。姜姓、姬姓由《晋语》司空季子说,血缘相近,世通婚媾,《帝系》与《周本纪》以帝喾为姬周的始祖,勉强可通;若因殷人有祭"高祖岳"之典,而认《殷本纪》"简狄为帝喾次妃"说为可信,那更牵强了。古代民族,各有大神,以山神为上帝,说始于印度的须弥山王;传于西羌曰昆仑山;入于中国曰太岳,曰炎帝,曰帝喾;其名号不同,其神话实为一贯。因此,我认为关于山神的神话,多半由西北方面各民族自印度输入中国的。

中国与西南亚洲的交通,人皆知由公元前一三八年(汉武帝建元三年)张骞出使西域始。张骞出使,虽由今新疆北路出国,南路还国,完全走的西北国际路线;然他在大夏国却因蜀布邛竹杖而又发现西南国际路线,这是中西文化交通上极重要的发现,也是我论昆仑山神话来自西北,火神吴雷神话来自西南的两个重要的根据。

至于《孟子》佚文尝称“禹生石纽，西夷之人也”（《史记集解》引），不过证明西羌也以虬龙为雨神。在本书《禹平水土本事考》中我已说明禹的神格，因祷雨山川而变为山川之主；因农业社会需要水利工程而变为沟洫之神与农神；一如苏美尔人所祭恩利尔神格的变化。由古器物学证明，仰韶文化与巴比伦的古代文化正是一个系统，那末，禹的一切神话，也有传自苏美尔人的可能。

东海圣人，西海圣人，人同此心，心同此理，在遥远的距离，环境相同的地理情况之下，可能产生同样的文化，这派文化独立创造论，我决不反对。然而，人类的交通，在游牧社会一定要比农业社会方便得多，这也有不可否定的事实在。汉武帝伐匈奴，可以打到“幕南无王庭”，不能屯军于阿尔泰山之外，然而中国的败将北匈奴可以横绝亚洲大陆跑到东欧建立匈牙利帝国。以唐太宗的雄才大略，善于恩威并济，绥抚四夷，不能一战而服高丽；然而成吉思汗和他的孙子拔都，可以攻城略地，侵到中欧，建立金帐汗国。张骞、班超、苏定方、王玄策之流个人的英勇才智，决不在拔都之下，可是他们的功绩总不如拔都的辉煌；这不是国力不逮，而由于所凭借的武装和交通工具迥然不同。

生长在农业社会的人，受着播获有定时，耕殖有定地的影响，人们都像禾苗一样的生根在固定的土地上，不轻易背弃乡井，云游四方，从小就养成“安土重迁”的观念；即使远游丧生，也以归骨祖宗丘墓为落叶归根，所以又产生一种“狐死正丘首”的思想。孔子说：“父母在，不远游，游必有方。”由于这个有名训条，把国人的足迹束缚在本生土地之上更紧；而天赋人们的冒险精神，在“知命者不立岩墙之下”的教条涵泳之下，更其消蚀无余了！至今，我们民间尚流传“久不离乡是贵人”的口号；加上历代保守派的政治家反对拓土开边，历代反战派的诗人尽力描写塞外戍卒的悲惨生活，国人畏惧远征的情绪，遂弥漫到每个社会的角落里。汉、唐之盛，远征的范围，总赶不上匈奴、蒙古的广泛，盖以交通工具，牛车追不上马力也。

匈奴人、蒙古人，一向以马上为家，逐水草而居，地理环境相当的限制，他们长期过着游牧的生活。游牧者，肉食酪饮，而衣兽皮，他们衣食的原料尽是可驱遣而行的家畜或野兽，用不着仓贮车载而行；住在帐幕，可与人们同载在马背上。总而言之，游牧者的生活，衣、食、住完全属于动的。动力最强的马，用以代步，他们只要能组织成强大的军队，而不遭遇更强大的阻力，便可自太平洋西岸驰逐到地中海东岸，不受粮食的影响，也不受山川的限制，任意远征到他们所向往的区域。匈奴帝国、突厥帝国，以及蒙古帝国所以能纵横世界者都因为游牧生活，附以动力最强的马力交通工具。

史前时代人群的生活，多半是马上为家的游牧者，他们的踪迹，决不能拿我们农业社会固定生活方式去追想。史后的农本国家，倾其全力远征，所届不过到大宛为止；而诸游牧民族可以远征到欧洲，犹有余威。张骞西征以前，自由商人可以将蜀布邛竹杖爬山越岭打通西南的国际路线输往印度、大夏，自然不能阻止印度的古代宗教思想假国际贸易路线输入中国的西南部。即以张骞西征言，西域各国能将他传送到大夏，也就不能阻止中亚各国将埃及、巴比伦、希伯来诸国的古代文化自西方传送到东亚来。我的朋友孙道升先生尝告诉我，十字架在周秦时代即已输入中国，起初，我认为不可能。现在，我考定了商代的“高祖上甲”，本是日神，也是天神；这位天神，甲骨文正写成十字架形。以十字架象征上帝，我不知道世界宗教史家已经追溯到什么时代才开始？就中国古代史籍记载看,公元前一千六七百年左右,成汤建立殷商王朝的时代,就以上甲代表上帝,是中国之以十字架象征上帝远在希伯来之前。就地下史料的直接证明看,我认为上帝之作十字架,可能是自殷商王朝传入西亚的;一如印度历法知有“闰月”,在战国时代受了中国文化的影响。秦、汉以前,中国文化可以源源不绝的输入亚洲西南部;西南亚的民族文化和各种宗教思想自难拒绝其输入中国。我相信古代民族文化的交流,完全以游牧者的马蹄为媒介,决不能拿秦、汉以后国人安土重迁观念否定中国古代文化曾受外族的影响。

《左传·隐公八年》有云“天子建德,因生以赐姓”,姓的不同,就是种族的不同。通检《诗》、《书》、《左传》、《国语》、《世本·帝系》,证以卜辞金文,两周时代的著姓,约如下列:

(1) 姬姓——祖姜嫄,有周、鲁、卫、晋、大戎等数十国。(《晋语》云祖黄帝)

(2) 姜姓——祖太岳,有齐、吕、申、许、姜氏戎诸国。(《晋语》云祖炎帝)

(3) 祁姓——祖帝尧,有唐、杜、房、鼓诸国。

(4) 姚姓或妫姓——祖帝舜,有陈、遂、虞、卢戎诸国。(《左传》云祖颛顼)

(5) 姒姓——祖禹,有杞、鄫、褒、州来诸国。

(6) 子姓——高祖夒,有宋、萧、戴、谭诸国。

(7) 嬭姓——祖吴雷,有楚、夔诸国。

(8) 己姓——祖鄐安,有莒、苏、温、董诸国。

(9) 曹姓——祖陆融,有邾、郳诸国。

(10) 嫃姓——有鄅、郚、偪阳诸国。

(11) 姞姓——祖伯儵,有燕、巢、密须诸国。

（12）妊姓——祖奚仲，有薛、铸诸国。（《周本纪》云黄帝后）

（13）风姓——祖太皞，有任、宿、须句、颛臾诸国。

（14）嬴姓——祖少皞，有秦、徐、江、黄、梁、淮夷等。

（15）偃姓——祖皋陶，有英、六、群舒。

（16）彭姓——有彭祖、豕韦、诸稽等。

加上嫚姓的邓国，漆姓的防风氏，嫼姓的舮国，隗姓的群狄；其著者不过二十余族。每个种姓，各有大神，以为其民族先祖。因为封建时代有“灭其国不绝其祀”的传统习惯，商灭了夏，依然要祭鲧、禹；周灭了商，依然要祭夏、商两代的高祖先帝；楚灭了陈，依然要祭颛顼或舜；民族的大神，跟着种姓的混合，由附祀而并尊，由尊而别其昭穆，或降为君臣。等到战国诸子出来，依据昭穆君臣的关系再造成《帝系》、《世本》一流的古史系统，于是羌族的大神“大岳”，语讹为帝喾，又变为商、周两族的始祖；子姓的民族大神“高祖夒”，语讹为舜与颛顼，又变为陈国的始祖；楚国灭陈，又将颛顼加到吴雷之上，而有“帝高阳之苗裔兮”新说。于是各族神话的内容，受了种姓混合的激荡，互相影响，往往变了质。幸而殷商一代的新史料，层出不穷，让我们自其语言文字中探寻出“先帝”和“高祖”的真相；再就史后的各外族所流传的各种神话，以比较周、秦和夏后氏开国以前的祖宗世系，都与神话有关；更让我们自各种神话的体系，探出各族的原始生活形态来；这是建设古代民族文化史一种必要的工作。

以语言文字剖析古代民族分合之迹，也是现代史学界所共同采取的一种必要的方法。欧洲汉学家之于西域史、南海史，日本汉学家之于东胡民族史及辽、金、元史，都全力从各族语言研究起。今日通行的国语中，涵有满洲、蒙古、印度、突厥各族的辞语，一时尚无暇分析出来，我在本书里贸然指出昆仑、陆浑、西俞、三涂，都是西羌语系；吴雷、三坟、道、一，皆印度语系，甚至于指契丹语的西楼、东楼，为夏后氏辞语的遗存。由拘儒视之，当然不免訾为“怪迂之论”；在纯语言学家看来，必有“无征不信”之议。然而，自比较语言学分析郊禘祖宗报一流先帝高祖的原始神格来，再证以各种姓的展转迁徙之迹，我相信中华民族的成分，在先秦时代，是：

陶唐氏偏向汾水流域发展，可能是北狄族。

夏后氏偏在伊、洛、嵩高区域发展，可能是中原旧族。

殷商初沿着漳水流域向海滨发展，后乃迁居河内，可能是东胡族。

周人由陇坻沿着泾、渭流域发展，可能是氐族。

秦人也是沿渭水东下的，可能是氐族的另一支。

姜姓由瓜州东进，初为申、吕，后为陆浑，显然是羌族。

荆楚雄据长江中游、两湖盆地，后渐东侵淮、海，可能是雅利安族。

淮、海之间的淮夷，以及江南的吴、越，断发纹身，可能即今疍户先祖。

巴、蜀区域所流传的神话有杜主、鳖令，可能与夏后氏同族。这是按着神话的演变和各个种姓的活动区域，剖析古代种族的初步结论。将来如何补苴修正，以成定论，敢以待诸人类学家。

自从一九三四年开始整理古史中的世系问题，发表《由陈侯因脊錞铭黄帝论五帝》之后，继续研究神话问题、民族问题，很想将明堂五帝及五帝佐所以构成的系统作全面解释。因为生活不能安定，虽有所得，无从下笔。一九三七年冬青岛将沦陷的前夕，我带着几本破书流亡到上海，住在青年会宿舍。闲着无事，走到西藏路大庆里的中国书店翻阅《殷契粹编》，发现舞雩的䨺字，因而写成《禹平水土本事考》的初稿。明年春天，间关香港，流亡汉口，再走重庆，孑然一身，无书参考。冬，受中英庚款董事会聘，往川北三台东北大学讲学。明年春天内子由上海带到了工作所需最基本的书籍，于是修订《吴回考》，又继续写《九州通考》、《新殷本纪》诸篇。以后在三台成立了一个小型研究所，买了几部极普通的史籍，借到几部丛书，以编辑《历代艺文志》（即《中国图书志》）为课题，在兵荒马乱之中，一方面读书，一方面整理书目。一九四〇年夏天，将我们的工作计划和研究成绩仓卒之间刊成了《史董》第一册。此时，我正埋头工作，期望完成这部《民族与神话》史稿，不幸，七月十日，大队敌机集中轰炸此一不设防的江城，死伤者千人，街市毁灭了一半，我的寓居亦遭殃及。从残瓦败墙中检点积稿，虽无所损，然写作的兴趣，因之大减。寻即迁居西郊灵峰寺下，以避警报的威胁。集中力量，写《商周金文集成》。总因为僻居川北，专门书籍不备，有时连眼前的经籍也读不到，一切工作无从积极进展。

小型研究所由停顿而解散，我也跟着今年城固、明年重庆、后年三台，又成都，展转川陕、成绵道上，个人的工作完全停顿了。然而，在西北大学得见何乐夫教授所藏的大量金文书籍，在中央大学从商锡永教授处得借到若干甲骨文书籍。一九四五年春天，到了齐鲁大学研究所，才读到战前出版的卜辞书籍的全部；又承蒙文通、徐中舒两教授出其公私所藏的金文书籍，尽我抄录；我在三台所写的各类文章，陆续补充，方成定稿。然本书主要的几篇文章，如《明堂五帝论》、《五行考原》、《蚩尤考》、《星空神话与商周历算学》，材料虽然搜集很多，总因为专门的新材料不能集中手边，等到时过境迁，个人学术的兴趣又转到《商代地理与氏族》方面，这部旧稿，就一搁七八年。

这部集子是前在中央研究院历史语言研究所《集刊》及齐鲁大学国学研究所《学报》所发表的几篇论文，加上禹、鲧、句芒、蓐收、后土等不曾发表过旧稿，集为《古代神话与民族》，虽然不曾构成完整的体系，至少可代表我对于史前时代帝王世系的一个新见解。尤其是，希伯来教以十字架象征上帝，我认为渊源于殷商的“高祖日甲”，这或者是值得世界宗教史学家重新考虑的新问题。

总而言之：在史前游牧时代，世界文化的交流，远比我们农业社会人所想像的为利便。雅利安族的火神输入荆楚为吴雷，西羌族的山神输入中土为昆仑、陆浑，又何怪殷商的民神大神日神上甲输入希伯来而为原始基督的上帝？因此，我绝对相信东西文化的交流，不自张骞凿空始。

一九四八年六月十二日丁山志于青岛。

后记：

这篇文章是丁山先生《古代神话与民族》论文集的自序，因为这本论文集的内容是他从东西文化交流来探索史前时代帝王世系的一些见解，而自序则是这些见解的概述，所以我加上了这个题目，以便读者一览题目即知其内容。

一九五二年一月十八日丁山先生逝世后，他的著作曾先后出版过三本论文集：《甲骨文所见氏族及其制度》、《商周史料考证》和《中国古代宗教与神话考》。但这本论文集则因故未能出版。一九五九年九月，顾颉刚先生在青岛休养，丁山先生的夫人陶梦云，将这本论文集的稿子和他解放前出版的《说文阙义笺》自存修订本，以及一些零星遗稿送交顾颉刚先生保存，并望今后能为之介绍出版。此事在顾先生的日记中有以下的记载：

> 1959年9月22日：陶梦云来，述及丁山之死。……遗稿零落，梦云嘱予设法出版，当为注意。
>
> 9月26日：夜，到海洋学院访陶梦云，未遇，留条，归。梦云来，交丁山遗稿。

当时正值三年自然灾害困难时期，接着又是十年动乱，出版之事无从谈起，但稿子总算没有遭劫而幸存下来，是值得庆幸的。现在顾师也已去世五年，而这本论文集迄未能出版，为此将其自序先在《文史》发表。全书也望有出版社能早日为之出版。

丁山先生的著述已经出版的四种，印数也很少，其中有两种当时还是内部发行的，因此连有些大图书馆都未入藏，古史研究者需要参考很难觅到，希望出版社能重印一下，或者把他已刊、未刊的研究古史的著作全部汇编出版，以便利读者。

又顾师读书笔记《愚修录》第十一册，1966年5月所写《丁山事迹》条，对他的生平有简略的记载，附录于下：

> 丁山为予旧友，于一九五二年一月十八日病殁于青岛，予久乃闻之。一九五九年夏，至青岛休养，因就其夫人陶梦云问其生平。据云：渠生于一九〇一年，籍安徽和县。三岁丧父，家仅有田二亩半，赖舅父接济以生。上中学不久，舅死，赖同学郭君之助，得毕业。求为小学教员不得，其堂母舅赵凤喈在

北京，走投之，得至北京大学，为偷听生。其后，为沈兼士先生所发现，会试入研究所国学门攻读，由是精心治学，写作甚多。其任职之所凡十二：厦门大学、中山大学、中央研究院、山东大学、同济大学、四川大学、东北大学（三台）、西北大学、四川大学（疑误）、齐鲁大学、南京临时大学、暨南大学是也；中央、东北、山东三大学皆两至。其性情傲上而亲下，故不能久其职，李济尝诮之，以为是“旅行教授”。前妻生子二，后妻生子五。又云：其父于兄弟行最长，以劳动过甚，年二十八即死。其母能剪花样，以所得钱贴补其学费。家贫，少岁惟以南瓜当主食，营养不足，故体羸弱，卒以肺病丧其生。其舅为乡间名医，常令服药。遗著无人整理。

王煦华　1985 年 5 月 15 日

由三代都邑论其民族文化

（一）引言

由初民部族演进为封建，为郡县，国家政权由分治而渐集于中央，帝王都邑，遂由流动的而渐趋于固定。汉唐之居长安，南朝之居建康，五代北宋之居汴梁，金元明清之居燕京，久者三四百载，暂者一二百年，虽易姓改王，国都往往仍旧；其帝祚未移，国都中易者，若汉献帝初迁长安，再迁许，唐昭宗车驾东都，则大盗移国，徐图不轨也；若晋元帝徙都建康，宋高宗临安驻跸，则外逼于强寇，内利于偏安，皆非出于政治环境之自然，亦非出于民族共同之要求。盖当郡县制度既行，国家文物，随政权而集于中央，都邑不定，则一切失其中心，为保全国家文物及中央政权安宁计，自以国都安定为上。于是秦汉大一统以来，全国政治中心之都邑，无形中乃以安定不迁为原则，其一迁再迁者，皆由于政治之变态。若夫由部落演进为封建时代则不然。部落时代之生产，农业方在萌芽，大部分生活基础仍为游牧，游牧者因水草而转徙，部落之领袖因其族类而亦转徙不定；于是政治中心所在，既无所谓都邑，更无固定可言。逮夫部落互相吞并而渐进于封建，人民生活基础渐弃游牧而尚农业，播殖有常地，耕稼有定时，芸芸众生，渐安攸居，食土之君，乃有常邑。北魏金元之都邑屡迁，固可考见其为游牧民族，即始皇未统一中国前，非子居犬邱，文公居西垂，宁公徙居平阳，德公居雍城，献公城栎阳，至孝公都咸阳（详《史记·秦本纪》），秦人自西徂东，凡五迁其居，亦可证其尚未完全脱离游牧生活。更上考之三代，夏后氏十迁，宗周以前，周人七迁，不独殷人之“不常厥邑于今五邦”而已也。

（二）夏后氏都邑十迁

夏后氏不常厥邑，据朱右曾、王国维二君《校辑古本竹书纪年》云：

> 禹居阳城，
> 太康居斟鄩，
> 后相居商邱，又居斟灌，
> 帝宁居原，自原迁于老邱，
> 胤甲居西河，
> 桀居斟鄩。

是夏后都邑，一迁再迁，自禹至桀，其居有八。世本又云：

> 夏禹都阳城，又都平阳，或在安邑，或在晋阳。（《史记·封禅书·正义》引。）

即禹之身,似已三易其居矣。至金鹗《禹都考》力辟禹都安邑之说,而谓禹都有二,其始都阳城,而其后乃都晋阳。其《桀都安邑辨》又谓桀始都斟鄩,后都洛阳,(二文载《求古录礼说》。)是桀亦有二都。雷学淇《夏都考》亦谓,"《纪年》言夏邑綦详,而独无安邑,皇甫谧作《帝王世纪》始云,禹自安邑都晋阳,至桀徙都安邑。"(雷学淇:《介庵经说》卷二。)综计群说有夏都邑,有阳城、晋阳、斟鄩、商邱、斟灌、原、老邱、西河、洛阳九地。

帝邱 顾后相居商邱,《御览》引《世本》则云:"相徙商邱,本颛顼之虚。"《史记·夏本纪·集解》引宋衷《世本注》云:"相土就契封于商。"验以襄九年《左传》云:"陶唐氏之火正阏伯居商邱,相土因之,故商主大火。"则居商邱者,为殷王相土,非夏后相;夏后相所居商邱,当为帝丘之误。(王应麟:《通鉴地理通释》。)僖三十一年《左传》:"狄围卫,卫迁于帝邱,卫成公梦康叔曰,相夺予享。公命祀相。宁武子不可。曰,鬼神非其族类,不歆其祀,杞鄫何事?相之不享于此久矣,非卫之罪也。"杜预注:"帝邱,今东郡濮阳县也。故帝颛顼之虚,故曰帝丘。"《清一统志》:"濮阳故城,今大名府开州西南。"则后相所居帝丘,即今之河北省濮阳县也。

斟灌 濮阳东约百里许,即山东省观城县。观城于汉为观县,属东郡,应劭《地理志注》云"夏有观扈",是今观城,即有夏观氏之虚也。观灌同谐雚声,字可通用,《尔雅·释木》:"木丛生为灌。"《洪范五行传》则云"地上之木为观",是观扈之观,亦即后相所居之斟灌,其地约当今山东省西南部观城境内,旧说谓在汉之北海郡平寿县则非矣。

斟鄩 旧说亦谓在汉之平寿,惟臣瓒《汉书音义》云:"斟鄩在河南,不在此也。《汲冢古文》云,大康居斟鄩,羿亦居之,桀亦居之,《尚书序》云,太康失邦,须于洛汭,此既大康所居,为近洛也。又,吴起对魏武侯曰,昔夏桀之居,左河、济,右大华,伊阙在其南,羊肠在其北,河南城为值之。又,《周书·度邑篇》曰,武王问周公曰,吾将因有夏之居,南望过于三涂,北瞻望于有河、有夏之居,即河南也。”玩臣瓒注文,似谓斟鄩在成周附近。按,昭二十三年《左传》:“二师(晋师、王师)围郊,癸卯,郊鄩溃。”杜注:“河南巩县西南有地名鄩中,”《水经·洛水注》,“洛水又北,径偃师城东,东北历鄩中,水南谓之南鄩,亦曰上鄩也,径訾城西,司马彪所谓訾聚也。而鄩水注之。水出北山、鄩溪,其水南流,世谓之温泉水。鄩水又东南于訾城西北,东入洛水。故京相璠曰,今巩洛渡北有鄩谷水,东入洛,谓之下鄩,故有上鄩、下鄩之名。亦谓之北鄩,于是有南鄩、北鄩之称矣。又有鄩城,盖周大夫鄩肹之旧邑。”《后汉·郡国志》河南尹巩县下亦云,有寻谷水。然则斟鄩盖因鄩水得名,桀都斟鄩,正在洛阳附近,金鹗别斟鄩、洛阳为二地,盖亦失之。

阳城 禹都阳城,阳城何在?汉以来皆于颍川求之。如《地理志》颍川郡阳翟县下云,“夏禹国。”应劭注云,“夏禹都也。”臣瓒曰,“世本言禹都阳城,《汲郡古文》亦云居之,不居阳翟也。”然以成汤卜辞、金文均作成唐,易声字古或作唐例之,阳城故名,当曰唐城。定四年《左传》,“周公相王室,以尹天下,封唐叔以大路,密须之鼓,阙巩沽洗,怀姓九宗,职官五正,命以唐诰,而封于夏虚。启以夏政,强以戎索。”叔虞所受封地在夏虚,其名曰唐,是可证禹都阳城,实唐城之误。唐所在地,《汉书·地理志》以来率以太原郡晋阳县当之。臣瓒注则谓在河东永安,去晋阳四百里。汪远孙曰,“永安即彘县,”《水经》“汾水又南过永安县西,历唐城东”注,“故彘县也。周厉王流于彘,即此城也。唐城东去彘十里。”《周本纪》

正义引《括地志》,“晋州霍邑县,本汉彘县,后改曰永安。”如魏晋人说,唐城约在今山西省霍县地。然唐人著书,则皆谓在翼城县境。《晋世家》,“武王崩,成王立,唐有乱,周公诛灭唐,”正义引《括地志》云,“故唐城在绛州翼城县西二十里,即尧裔子所封。”《元和郡县图志》亦云。顾应劭注《汉书·地理志》云,“平阳,尧都也,在平河之阳”,《魏土地记》云,“平阳城东十里,汾水东原上有小台,台上有尧神屋石碑。”唐尧遗迹,皆在霍县南,则谓唐城在翼城西者较确。

晋阳　翼城距西北平阳(按今名临汾县)百二十里。平阳依应劭说,以平水得名。按,《水经·汾水注》,“平水出平阳县西壶口山,《尚书》所谓壶口治梁及岐也。其水东径狐谷亭北,又东径平阳城南,东入汾,俗以为晋水非也。”考《魏书·地形志》云,“平阳有晋水,”《太平寰宇记》引《冀州图》云,“平水即晋水,”则俗名晋水,盖由习俗相沿,或胜于后世史家之牵附,晋水之名必较平水为古,是春秋战国间所称平阳,实即古晋阳,禹都平阳,即都晋阳,禹都阳城,即都唐城。更验以春秋晋国都邑,若绛若翼,若曲沃,若新田,不出汾、浍之间,则叔虞受封唐城,亦必于汾、浍间求之,故曰,唐人谓唐城在翼城西者较确。是禹都阳城,值今翼城县西,不在颍川阳翟也。禹都阳城,本在浍水流域,不独唐叔虞之都可证也。《吴太伯世家》,“武王克殷,求太伯仲雍之后,得周章,已君吴,因而封之。乃封周章弟虞仲于周之北,故夏虚,是为虞公。”(“公”本作“仲”,据段玉裁校改。)索隐曰,“夏都安邑,虞仲都大阳之虞城,在安邑南,故曰夏虚。”大阳之为虞都,详于《汉书·地理志》。志曰,“大阳,吴山在西,上有吴城,周武王封太伯后于此。”汉之大阳,唐以后改名平陆。《太平寰宇记》,吴山俗谓虞坂,在平陆县北五十里。《元和郡县图志》则云,“故虞城在平陆县东北五十里,虞山之上。”平陆之北百里即安邑,然则《世本》谓禹都或在安邑者,盖在安邑东南之虞山。自安邑至翼城,不过二百余里,自翼城至平阳不过百余里,平阳安邑间三四百里,固即帝禹游牧之地,故春秋时犹有大夏之称矣。(《左传》昭元年。)

黄台之邱　禹居河东大夏,而《地理志》以来皆谓禹居颍川阳城者,盖牵于《书序》云“太康失邦,昆弟须于洛、汭,”洛、汭既在河南,不得不移河东之唐城,为河南之阳城,实则居阳城者夏后启,非禹也。《穆天子传》,“天子东游于黄泽,宿于曲洛,废□。使宫乐谣曰,黄之池,其马歕沙,皇人威仪。黄之泽,其马歕玉,皇人受谷。丙辰,天子南游于黄台之丘,(今本作“黄□室之丘”,据《文选》注引改。)以观夏后启之所居,乃□于启室。”郭璞《注》,“疑此言太室之丘嵩高山,启母在此化为石,而子启亦登仙,故其上有启室也。”按,《汉书·武帝纪》,“元封元年,登礼中岳,见夏后启母石,”颜师古《注》引《淮南子》言“涂山氏化为石,石破生启,”启之生地,传说虽在太室,但太室之北无黄池黄泽,亦无黄台之丘。惟《水经注》云,“洧水又东南,赤涧水注之,水出武定冈,东南流,径皇台冈下,注于洧。洧水又东,与黄水合。黄水出太山南黄泉。黄即《春秋》之所谓黄崖也。故杜预《注》云,苑陵县西有黄水者也。又东南流,水侧有二台,谓之积粟台。黄水又东南,径龙渊东南,注于洧水。”洧水先受赤涧水,次受黄水,黄水如可指为《穆天子传》之黄泽,则积粟台非传文黄台之丘,黄台之丘可确指其即赤涧水旁之皇台冈。洧水出于阳城山,与黄水所出之太山,正是一脉;而黄阳二字,古音同部,意者洧黄之间,即夏后启故居,《地理志》阳翟县下云“夏禹国,”实夏后启都传闻之误。夏后启之居阳城,《穆天子传》其确征也。

原　《纪年》,“帝宁居原,迁于老邱。”原于春秋属晋,老邱则为宋地。僖二十五年《左传》,“夏,王与之阳樊温原攒茅之田,晋侯于是乎始启南阳。阳樊不服,围之。冬,晋侯围原,退一舍而原降,迁原伯贯于冀,赵衰为原大夫。”《赵世家》正义引《括地志》,“原在怀州济源县西北二十里。”按,隐十一年《左传》,“王与郑人苏忿生之田,温原絺樊攒茅隤怀,”杜注云,“原在沁水县西,樊一名阳樊,野王县西南有阳城,怀今怀县也。”则阳樊与原,确近于怀。《国语·晋语》,“晋侯围阳樊,仓葛呼曰,阳人未狎君德,而未敢承命,君将残之,无乃非礼乎!阳人有夏商之嗣典,有周室之师旅,樊仲之官守焉。”阳樊之有夏商嗣典者,盖以近怀之邢邱,为殷仲丁之故都,原本夏帝宁之都邑,夏殷之流风余韵,遂存于阳樊怀原。自原而南,可七十里,达于河,渡河即孟津,孟津至巩,不过百里之遥耳。巩之西南有鄩城,前文既确定其为斟鄩之虚,头则夏后自阳城播迁斟鄩,原其必经之路,故武王克商封原伯于此,以扼其卫,帝宁居原,殆亦因先王旧居也。

老邱　定十五年《左传》,“郑罕达败宋师于老邱,”杜注,“老邱,宋地也。”顾栋高《春秋大事表》,“今开封府陈留县东北四十五里有老邱城。”按,陈留东南不百里即雍邱,《地理志》,“雍邱,故杞国也。周武王封禹后东楼公。”《陈杞世家》,“杞东楼公者,夏后禹之苗裔也。殷时或封或绝,周武王克殷纣,求禹之后,得东楼公,封之于杞,以奉夏后氏祀。”由史汉说,杞之受封,始于周初。按卜辞有云:

> 丁酉卜,㱿贞,杞侯炪弗其囚凡㞢疾。(罗振玉:《殷虚书契后编》,下,三七)
>
> 庚辰卜,行贞,王其步自杞于□,亡灾。(同上,上,十三)

则殷商之际，已有杞侯，杞侯之封，远在殷际。殷封夏后于杞，盖犹武王封武庚于殷，周公封微子于宋，宋殷俱为殷人故都。古之革命者，斵其权不绝其世，移其民不改其都，殷人封夏后于杞，亦因于帝宁之故都。是夏后势力，固尝东临殷商之郊也。其西，则抵西河。

西河　西河旧有二说，《礼记·檀弓》，“子夏退而老于西河之上，”郑玄注，“西河龙门至华阴之地。”《魏世家》，“襄王五年，予秦河西之地，”正义云，“自华州北至同洲，并魏河西之地，”是子夏居西河，即居河西也。但《孔子弟子列传》正义说则不然，曰：“西河郡，今汾州也。《尔雅》云，两河之间曰冀州，《礼记》云，自东河至西河之东，故号龙门河为西河，汉因为西河郡。”《索隐》亦曰，“西河在河东郡之西界，盖近龙门，”是西河在黄河东岸，且近于龙门。龙门水不可考。唐时龙门县，今为河津县，河津未闻有何子夏遗迹。惟汾阳县谒泉山有一石室，去地五十丈，《水经·汾水注》引《随国集记》云，“此为子夏石室，”但距河辽远，魏武侯无从泛舟河上。（详《史记·吴起传》及《战国策·魏策》。）由“武侯浮西河而下中流，顾谓吴起曰，美哉乎山河之固”观之，终以西河在陕西省境说为胜。《水经·河水注》，“河水又南，徐水注之。水出西北梁山，东南径子夏陵北，东入河。河水又南径子夏石室东，南北有二室，临侧河崖，即子夏庙室也。”子夏陵与庙室既在徐水南郃阳县境，胤甲所居西河，亦当求之陕西省郃阳附近。夏后踪迹尝至河西，不独胤甲居西河可考也。河西之地，即《周书》所谓西土，周之发祥地也。《大雅》公刘、古公所居之地，尝谓之胥，如，

笃公刘，于胥斯原，既庶既繁，既顺乃宣，而无永叹！（《诗经·大雅·公刘》）

古公亶父，来朝走马，率西水浒，至于岐下，爰及姜女，聿来胥宇。(《诗经·大雅·绵》)

此两胥字，《毛传》训相，胡适之先生《谈谈诗经》以文法比勘，谓是地名，(顾颉刚:《古史辨》第三册，第582页，朴社出版经理部，1931年。)而未指实其地。山按，胥以疋得声，据上文说，字古当作疋，说文所谓“疋古文以为《诗·大雅》字，或曰胥字”是也。《荀子·荣辱》，“越人安越，楚人安楚，君子安雅，”《儒效篇》则云，“居楚而楚，居越而越，居夏而夏。”夏，《说文》古文作𠍴，《正始石经》古文作昰，并谐疋声，尝疑六国古文即以疋为夏。《书·汤誓》“舍我穑事而割正夏，”《史记·殷本纪》引作“舍我啬事而割政，”段玉裁《古文撰异》，疑今本夏字剩是也。顾正下何由衍夏字？段君无说。山谓正《古文尚书》当作疋，形近篆文正，故今文本讹疋为正，复讹为政；古文读疋为夏，传录者不察，因窜旁注为正文，而为正夏。由《尚书》今古异文考之，知六国古文，夏通作疋，《大雅》《小雅》，古文作疋，疋即夏字。王引之、张行孚皆谓雅读为夏，雅为正声，即是夏声，(详王引之:《经义述闻》，张行孚:《说文发疑》。)固确切不移之论，即《诗》之“于胥斯原，”“聿来胥宇，”亦何莫非夏之声讹。《雅》仿自周，周、秦同地。吴公子札观乐于鲁，为之歌《秦》，曰，“此之谓夏声，夫能夏，则大，大之至也，其周之旧乎！”(《左传》襄二十九年。)其称周、秦之乐为夏声，此尤可证丰、镐、汧、渭之间，本夏后旧地。《汉书·地理志》右冯翊有夏阳云，“故少梁，秦惠文王十一年更名。”《史记·秦本纪》正云，“惠文王十一年，更名少梁曰夏阳，”少梁何为更名夏阳？疑其地本胤甲所居，相沿犹称大夏。周因夏后故地；故周初诰命，往往自称有夏，云，

在昔上帝割申劝宁王之德，其集大命于厥躬，惟文王尚克修和我有夏……式商受命。(《尚书·君奭》)

呜呼其在受德暋，惟羞刑暴德之人，同于厥邦，乃惟庶习逸德之人，同于厥政。亦钦罚之，乃伻我有夏，式商受命，奄甸万姓。(《尚书·立政》)

姜亮夫君《夏殷民族考》尝谓周为夏后，(姜亮夫:《夏殷民族考》，《民族杂志》一卷十一期。)虽不敢尽信，兹由《公刘》"于夏斯原"，《古公》"聿来夏字"考之，则周与夏后遗民之关系，纵非同一血统，谓夏后遗民为周人征服，周人承袭夏后文化以为自身之文化，蛛丝马迹，不无可寻。胤甲居西河，是亦可证有夏民族曾居河西，故河西得有大夏之名矣。综前所论，可知有夏都邑之踪迹如次：

都邑名	迁居者	考证
阳城即唐	禹	今山西省翼城县西
晋阳即平阳	禹	今山西省临汾县西
安邑	禹	今山西省平陆县东北虞山
黄台之丘	启	今河南省新郑密县间
斟鄩	太康、桀	今河南省巩县西南寻谷水畔
斟灌	后相	今山东省观城县
帝邱	后相	今河北省濮阳县
原	帝宁	今河南省济源县西北
老邱	帝宁	今河南省陈留县东北
西河	胤甲	今陕西省郃阳县附近

（三）殷商都邑十六迁

殷人都邑，《书序》谓“自契至汤八迁，汤始居亳，从先王之居。”自汤至盘庚，《书盘·庚》云，“不常厥邑，于今五邦，”张衡《西京赋》所谓“殷人屡迁，前八后五，居相圮耿，不常厥土”也。汤前八迁，孔颖达《尚书正义》考见其四云，

> 《商颂》云，帝立子生商，是契居商也。《世本》云，昭明居砥石，《左传》称相土居商邱，及汤居亳，事见《经》、《传》者，有此四迁，未详闻也。

王国维《说自契至于成汤八迁》则谓《正义》仅举其三，复考之古籍云：

> 《世本·居篇》云，契居蕃，契本帝喾之子，实本居亳，今居于蕃，是一迁也。《世本》又云，昭明居砥石，由蕃迁于砥石，是二迁也。《荀子·成相篇》云，契玄王，生昭明，居于砥石迁于商，是昭明又由砥石迁商，是三迁也。左氏襄九年《传》云，陶唐氏之火正阏伯居商邱，祀大火而火纪时焉，相土因之，故商主大火，是以商邱为昭明子相土所迁。又，定四年《传》，祝鮀论周封康叔曰，取于相土之东都，以会王之东蒐，则相土之时，会有二都，康叔取其东都，以会王之东蒐，则当在东岳之下，盖如泰山之祊为郑有者，此为东都，则商邱乃其西都矣。疑昭明迁商后，相土又东徙泰山下，后复归商邱，是四迁五迁也。今

本《竹书纪年》云，帝芬三十三年，商侯迁于殷，是六迁也。又，孔甲九年，殷侯复归于商邱，是七迁也。至汤始居亳，从先王居，则为八迁。（王国维：《说自契至于成汤八迁》，《观堂集林》卷十二。）

其引《今本纪年》，未可依据，所谓商侯迁殷，殷侯复归商邱，六迁七迁，事犹待考。商邱与商，本为一地，昭明、阏伯，疑即一人，相土所居，名异而实不殊。王氏所考，惟契居蕃，昭明迁商，与相土东都，可以补苴孔疏耳。《山海经·大荒东经》，"王亥托于有易河伯仆牛，有易杀王亥，取仆牛，"郭璞《注》引《纪年》，

殷王子亥宾于有易而淫焉，有易之君绵臣杀而放之，是故殷主甲微假师于河伯，以伐有易，克之，遂杀其君绵臣也。

此种纪载，虽不能断言王亥、上甲曾居有易，然观其游牧征伐所至，所居必距有易不远，或即居昭明所居砥石。是自契至汤前后八迁，今惟契、昭明、相土、王亥，与汤事实可考；而其地名可指者，亦惟砥石、蕃、亳、商邱、相土东都，与有易附近而已。汤后五迁，旧说亦不齐。《殷本纪》云，"盘庚渡河南，复居成汤之故居，五迁无定处，"以五迁为盘庚一身之事。《纪年》则谓，

仲丁即位元年，自亳迁于嚣。

河亶甲整即位，自嚣迁于相。

祖乙滕即位，是为中宗，居庇。

南庚更自庇迁于奄。

盘庚旬自奄迁于北蒙，曰殷。

是汤后五迁,迁于仲丁、河亶甲、祖乙、南庚、盘庚五王。《书序》亦云,"仲丁迁于嚣,作仲丁;河亶甲居相,作河亶甲;祖乙圮于耿,作祖乙;"《殷本纪》亦有"中丁迁隞,河亶甲居相,祖乙迁邢"之说;是五迁事,终以分属五王说为胜。即以五王所迁之地论,仲丁所居,《纪年》、《书序》皆云在嚣,《史记》则云在隞;祖乙所居,《纪年》云在庇,《书序》云在耿,《史记》则云在邢;嚣隞古音同豪部,邢耿古音同青部,固可谓嚣隞与邢耿并一地之异名;若邢与庇,音形俱远,绝不得指为一地;是祖乙既迁隞,又居庇,一人之身,都凡再徙,自汤至盘庚,都邑计六迁矣。盘庚以后,《纪年》谓至纣之灭,二百七十三年,更不徙都。《殷本纪》则谓,

> 帝武乙立,殷复去亳,徙河北。

皇甫谧《帝王世纪》则谓,

> 帝乙徙朝歌。(王应麟:《诗地理考》引。)

《国语·楚语》则谓,

> 殷武丁能耸其德,至于神明,以入于河,自河徂亳。

武丁者,小乙之子,而盘庚之侄也。盘庚迁殷,《史记》谓之亳殷,指其地即成汤所居之亳。由中央研究院安阳发掘结果,及董彦堂先生《殷虚沿革》说,已充分证明康叔所受封之殷虚,即今安阳县小屯村;是盘庚自奄迁殷,殷在今河南省安阳县境。

亳与殷　亳传说有三，皇甫谧云，“蒙为北亳，谷熟为南亳，偃师为西亳，”（孔颖达：《尚书正义》引。）汤所都者，《地理志》谓在偃师，阎若璩《四书释地》谓在谷熟，金鹗《汤都考》调停其间曰，“汤未灭桀之先，始居谷熟，及灭桀之后，乃迁居偃师。然居谷熟之时，尚为诸侯，其国非帝王之都，迨即天子之位，而居偃师，则惟偃师可为汤都，故班固不以汤都注于谷熟而特注于偃师也。”而臣瓒注《地理志》山阳郡之薄县云，“汤所都，”王国维《说亳》韪之，曰：

山阳之薄，即皇甫谧所谓北亳。后汉以薄县属梁国，至魏晋并罢薄县，以其地属梁国之蒙县，故谧云，蒙为北亳者，浑言之。杜预于庄十二年《传》注云，蒙县西北有亳城，则析言之。蒙之西北即汉山阳郡薄县地也。其为汤都，有三证。一，以春秋时宋之亳证之。《左传》庄十二年，宋万杀公于蒙泽，立子游，群公子奔萧，公子御说奔亳，南宫牛猛获帅师围亳。冬，十月，萧叔大心及戴武宣穆庄之族以曹师伐之，杀南宫牛于师，杀子游于宋，立桓公。猛获奔卫，南宫万奔陈。杜注以亳在蒙县西北。如杜说，则亳与曹接境，曹师之伐，先亳后宋，猛获在亳，故北奔卫；南宫万在宋，故南走陈；是宋之亳，即汉之薄县。又哀公十四年《传》，桓魋请以鞍易薄。景公曰，不可。薄，宗邑也，乃益鞍七邑。鞍，桓魋之邑，地虽无考，当与薄近。是岁，魋入曹以叛，时曹地新入于宋，虽未必为魋采邑，亦必与魋邑相近，则其所欲易之薄，亦必与曹相近，殆即前汉山阳郡之薄县。而此亳为宋宗邑，尤足证其为汤所都。然则此北亳者，于春秋时为亳为薄，于两汉为薄县。晋时县治虽废，而尚有亳城。若南亳西亳，不独古籍无征，即汉以后，亦不见有亳名，其证一也。二,以汤之邻国证之,《孟子》言汤居亳,与葛为邻,皇甫谧、孟康、司马彪、杜预、郦道元均以宁陵县之葛乡当之,为葛伯国。谧且谓偃师去宁陵八百余里,不能使民为之耕,以证汤之所都,当为谷熟之南亳。然谷熟之去宁陵,虽较偃师为近,中间尚二百余里;若蒙县西北之薄,与宁陵东北之葛乡,地正相接,汤之所都,自当在此,其证二也。三,以汤之经略北方证之,汤所伐国,韦、顾、昆吾、夏桀,皆在北方。昆吾之虚,地在卫国,《左传》、《世本》,说当可据。而韦国郑笺以为豕韦。按,《续汉书·地理志》,东郡白马县有韦乡,杜预亦云,白马县东南有韦城,古豕韦氏之国。又,白马之津,《史记·曹相国世家》亦谓围津,是韦与昆吾为邻国,与亳相距不过二百里。顾地无考。《汉书·古今人表》作鼓。案,《殷虚卜辞》云,王步于𡪊,𡪊当即鼓字。卜辞所载地名,大抵在大河南北数百里内,知亦距韦与昆吾不远。且顾与昆吾,《郑语》均以为己姓之国,故卫之帝邱城外有戎州己氏,而梁国蒙薄之北,汉亦置己氏县,疑古顾国,当在昆吾之南,蒙薄之北。然则亳于汤之世居国之北境,故汤自商邱徙此,以疆理北方,逮北伐韦顾,遂及昆吾,于是商境始北抵河,王业之成,基于此矣。汤之时,方有事北方,决无自商邱南徙谷熟之理。至偃师之地,更与诸国风马牛不相及,其证三也。(王国维:《说亳》,《观堂集林》卷十二。)

案:王氏所举三证,惟由《左传》"薄宗邑也"一语,证北亳为成汤所都,是最胜义。亳在河之南,殷在河之北,《楚语》云,"武丁入于河,自河徂亳,"是盘庚迁殷之后,殷人都邑,又一迁也。武丁入亳,而殷之亡国,实在河北,是自盘庚后,国都必再迁。还河北者,《殷本纪》谓在武乙时,《帝王世纪》谓在帝乙时,书缺有间,无从质证。惟《周语》有云,"伊洛竭而夏亡,河竭而商亡,桀都斟鄩,地滨伊、洛,史家以伊、洛为夏亡国之兆,则商未亡之先,都必滨河。"《御览》引《纪年》云,"文丁三年,洹水一日三绝,"洹水三绝,即所谓河竭也。文丁之时,即以洹水为亡国之兆,洹水正环殷虚,是文丁即位居殷,殷人去亳复居河北,必在武乙时。武乙济河而北,复盘庚故居,是盘庚后殷都再迁也。太史公知武乙去亳徙河北,而失盘庚后自殷徂亳之人,乃曰"盘庚之时,殷已都河北,盘庚乃遂涉河南治亳,复居成汤之故居,"误以为盘庚迁殷,即迁于亳,《书序》承其谬误,乃曰,"盘庚五迁,将治亳殷,"更合殷亳为一地,得《楚语》武丁徂亳一事,而知盘庚以后,殷都犹再迁。然则殷人都邑,自契至帝辛亡国凡十六迁,其展转迁移之地名可考者,则为蕃、亳、商邱、砥石、相土东都、嚣、庇、奄殷九地。

商邱 殷、亳地望,既如前论。商与商邱为一地,可于《左传》之"阏伯居商邱,祀大火而火纪时焉,相土因之,故商主大火,"及昭元年《传》云,"后帝不臧,迁阏伯于商邱,主辰,商人是因,故辰为商星,"两段纪载,证实此说。是殷人国号,所以又称商者,以其曾居商邱。王国维《说商》云,"邱者虚也,宋之称商邱,犹洹水南之称殷虚",(王国维:《观堂集林》卷十二。)是商邱本名商,邱字为后人所附。杜预《春秋释例》云,"宋、商、商邱,三名一地,"其说得之。商邱秦置睢阳县,隋改睢阳曰宋,至明嘉靖间始复旧名,是殷之商邱,即今河南省商邱县也。

砥石 昭明居砥石,杨倞《荀子注》,未详其所在。山谓砥当为泜,泜石当在泜水流域。《史记·五帝纪》,"黄帝娶于西陵氏之女,是为嫘祖,生二子,其后皆有天下。其一曰玄嚣,是为青阳,青阳之孙高辛,是为帝喾。青阳降居江水。”江水,《大戴记·帝系》作泜水。《山海·北山经》,“敦与之山,其上无草木,有金石,泜水出于其阴,而东流注于彭水。”郭璞注,“今泜水出中丘县西穷泉谷,东注于堂阳县入于漳水。”按,今本《水经·漳水注》无泜水,赵一清《水经注释》云,

> 全氏(榭山)曰,《汉志》常山郡元氏县下云,沮水首受中邱穷泉谷,东至堂阳,入横河,而水经无闻。及读郭氏《山海经注》,乃悟泜水之误为沮水也。一清按《太平寰宇记》赵州临城县下引《水经注》云,泜水东出房子城西,出白土,细滑如膏,可用濯绵,色夺霜雪,光彩鲜洁,异于常绵,俗以为美谈,言房子之纩也。抑亦如蜀锦之得濯江矣。按,《御览》引此注云,故岁贡其绵,以充御用。又,县有百畅亭,《水经注》云,泜水东经百畅亭。又,《汉志》常山郡房子县赞皇山,石济水所出,东至于廮陶入泜。石邑县,井陉山在西,洨水所出,东南至廮陶入泜。《寰宇记》,镇州石邑县下引《水经注》云,洨水出常山郡石邑县。又,获鹿县下飞龙山引《水经注》云,洨水东经飞龙山北,是为井陉口。又,《元丰九域志》,邢州古迹干言山引《水经注》云,泜水又经干言山,《邶诗》曰,出宿于干,饮饯于言是也。凡此引文,今本皆无之。

凡今本所无者,非宋人误引,实郦书之佚文。兹据诸书征引,参以《山海经》、《地理志》等,可补泜水篇云:“泜水出中丘县西穷泉谷,又东,径房子城西,百畅亭南,又东,径干言山北,又东径廮陶县南,石济水北来注之。泜水又东,径堂阳县北,入于衡漳。”若以“互摄

通称”例之，石济水既注泜水，泜水故有石济水之名。颇疑泜与石济互摄之下游，古有泜石水之名，昭明所居，即在其处，故谓之泜石。《史记》青阳降居江水，江水实泜水之误。后人未达泜本水名，而从以石济之石，泜误为砥，于是乎有砥石之名。砥石所在，由泜洨石济诸水相汇之处测之，当在今河北省隆平柏乡宁晋诸县间，或在汉之廮陶县境。廮陶故城，《清一统志》云，“在今宁晋县西南二十五里，”则砥石所在，亦可指即今之河北省宁晋县西南境。

燕亳　昭明，契子也。昭明居砥石，帝喾居泜水，皆在河北，不应契忽居河南之亳。契所居亳，以情势言，当在河北，或与燕亳为近。昭九年《左传》，“昔武王克殷，肃慎、燕亳，吾北土也。”韦昭《国语注》，“肃慎，北夷之国。”燕亳何地？旧鲜征说。按，《礼记·乐记》，“武王克殷未及下车，而封黄帝之后于蓟。”蓟，《说文》作郪云，“周封黄帝之后于郪也。从邑，契声，读若蓟。上谷有郪县。”是郪蓟古今字，汉人名蓟，六国古文字或作郪。郪谐契声，与殷契名适契合。《汉书·地理志》，“蓟，故燕国，召公所封，”《水经》“㶟水过广阳蓟县北”，《注》亦云，“昔周武王封尧后于蓟，今城内西北隅有蓟邱，因邱以名邑也。犹鲁之曲阜齐之营邱矣。武王封召公之故国也。秦始皇灭燕，以为广阳郡。”其云，封尧之后，与《乐记》微异，而以蓟为燕国故都，则与《汉志》同，故后人亦谓之燕蓟。蓟郪即为古今字，郪之为名，或因殷契所居而得，史言契居于亳，燕亳也者，其即蓟邱之初名乎？蓟邱今名北平，北平西南二百里许易县，为战国时燕国下都，固夏殷之世有易之虚也。有易文物，传于今者，有三句兵，其铭曰，

大且日己，且日丁，且日乙，且日庚，且日丁，且日己，且日

己,(其一)

且日乙;大父日癸,中父日癸,父日癸,父日辛,父日己;(其二)

大兄日乙,兄日戊,兄日壬,兄日癸,兄日癸,兄日丙。(其三)

其先君皆以日干为名,既符合殷人制度,而其弟兄名号骈列,亦有合乎殷人宗法。证以《山海经》、《纪年》所载王亥仆牛有易上甲杀有易之君绵臣事,有易文化,显与殷人同一系统,则谓契所居亳,非商邱、蒙薄;实即春秋时燕亳,两汉之蓟县,似无不可。藉曰,语无直证,无征不信,亦可于汉常山郡薄吾县求之。薄吾,战国时谓之番吾。《史记·赵世家》,"秦攻番吾,李牧与之战,却之,"《正义》曰,"番又作蒲"。又,《苏秦传》,"秦甲渡河,逾漳,据番吾,则兵必战于邯郸之下矣。"徐广曰,"常山有蒲吾县,"《括地志》曰,"蒲吾故城,在镇州常山县东二十里,"是汉以来蒲吾,战国时皆曰番吾,番、蕃,古今字,则谓番吾即殷契所居之蕃,可无疑也。《平山县志》,"嘉阳城距今治十八里,即春秋晋之蒲邑也。汉于此置蒲吾县。"蒲吾位洨水上源,宁晋当洨水入泜之会,然则契自泜水居蕃,正逆洨水而上,所行不远,故其子昭明,得复居泜石矣。

滴　《荀子》言昭明居于砥石迁于商,商旧说即河南商邱,不确。河南商邱,武丁所居也,昭明时代,游牧决不及此。《韩非·外传说左下》,"管子曰,吾不若弦商",《吕览·勿躬》作"弦章,"王念孙尝谓"商与章古字通。"则卜辞所见"王涉滴,"(续三、44,3。)"王其涉滴亡灾"(粹编1549。),滴,当即漳水,然亦即昭明所居,春秋所谓帝邱者是已。

相土东都　安徽宿县西北七十里有故相城,即汉之沛郡相县,唐属符离县。《元和郡县图志》，"符离县，故相城在县西北，盖相土旧都也。"此谓相土东都，即沛郡之相县，说似可信。然观定四年《左传》云，"封康叔以殷民七族，封畛土略，自武父以前，及圃田之北竟，取于有阎之土以共王职，取于相土之东都以会王之东蒐，命以康诰，而封于殷虚。"康叔封地，以殷虚为中心，北至武父，南至圃田，东包有阎及相土东都。《诗·十月之交》，"艳妻煽方处，"《汉书·谷永传》引作阎妻，《中候擿雒戒》阎又作剡。阎、剡既音近字通，有阎自可谓既有郯。郯国本少皞后，少皞之虚在鲁，(另详本书《由陈侯因資鐘铭黄帝论五帝》篇。)是康叔所取有阎之土，即瓜分郯国西部，所谓相土东都，必介于鲁卫之间。《书序》，"河亶甲居相，"《伪孔传》云，"相在河北。"《史记正义》引《括地志》云，"故殷城在相州内黄县东南十三里，即河亶甲所筑都之，故名殷城也。"河亶甲所居既在河南内黄，相土东都自亦可指，《元和志》，直以沛郡相县，非矣。

嚣 仲丁所迁，《纪年》、《书序》皆云在嚣，《殷本纪》则云在隞。嚣，《尚书正义》引李颙说，"在陈留浚仪县。"又引皇甫谧说"嚣在河北，或曰今河南敖仓，未知孰是。"《括地志》则从敖仓说云，"荥阳故城，在郑州荥泽县西南十七里，殷时敖地也。"按，《穆天子传》，"乙丑，天子东征，舍于五鹿。己巳，天子东征，食马于漯水之上。癸酉，天子南征，至于菹台。仲冬，甲戌，天子西征，至于因氏，天子乃钓于河，以观姑繇之水。丁丑，天子北征。戊寅，舍于河上，乃致父兄子弟王臣姬□祥祀，毕哭。终丧于嚣氏。己卯，天子济于河嚣氏之遂，舍于茅尺。癸未，至于野王。"此其经行之路，约在大河两岸。五鹿介于观城内黄间，在黄河故渎之滨(即王莽河)。漯水故道，在观城东北，故穆王得自五鹿食马于漯上。菹台既城钼，春秋时为卫邑，因氏不可考。茅尺即春秋时攒茅。野王故城，在今怀庆，与东北之攒茅甚近。穆王自城钼西行，历因氏而至嚣氏，自嚣氏之遂济河，至于攒茅，是嚣氏，必在河滨，且近于攒茅。考之春秋地理，敖山正与攒茅隔河相望，是《穆天子传》所称嚣氏，即是敖氏，《殷本纪》云，“仲丁迁于隞，”隞乃秦汉以后之名，本当如《纪年》作嚣也。

邢 祖乙所居在邢不在耿，王国维曾有说云：

> 《尚书序》，祖乙迁于耿，《史记·殷本纪》作邢。《索隐》以为河东皮氏县之耿乡。然仲丁迁隞，河亶甲居相，其地皆在河南北数百里内，祖乙所居，不得远在河东。且河东之地，自古未闻河患，耿乡距河稍远，亦未至遽圮也。段氏《古文尚书撰异》引《说文》，邢，郑地有邢亭，疑祖乙所迁，当是此地。然《说文》邢字下云，邢，周公子所封地，近河内怀，其云周公子所封，则指邢茅胙祭之邢。然又云，地近河内怀，则又指《左传》、《战国策》之邢邱。邢邱即邢虚犹言商丘，祖乙所迁，当即此地。其地正滨大河，故祖乙圮于此也。（王国维：《说耿》，《观堂集林》卷十二。）

按，《水经·沁水注》，“朱沟枝渠又东，径怀城南，又东径殷城北，郭缘生《述征记》曰，河之北岸河内怀县有殷城，或谓楚汉之际，殷王卬治之，非也。余按《竹书纪年》云，秦师伐郑，次于怀城、殷，即是城也。然则殷之为名久矣。”《韩诗外传》亦曰，“武王伐纣，到邢邱，更名邢邱曰怀，”是怀本名邢邱，邢邱东南之殷城，确即祖乙故都。殷城既滨大河，自易圮毁，故《书序》又有圮于耿之说矣。

庇　祖乙圮于邢，势不得不再迁。《纪年》云，“祖乙居庇，帝开甲祖丁因之，”庇地何在？旧亦鲜征。今自南庚自庇迁于奄考之，盖即春秋鲁国之比蒲与毗。《春秋》屡言大蒐于比蒲，杜氏注，“鲁地，阙。”而昭十一年《经》云，“五月大蒐于比蒲，仲孙貜会邾子，盟于祲祥。”定十四年《经》云，“大蒐于比蒲，邾子来会公，”鲁蒐比蒲，即会邾子，比蒲必在鲁之南疆，与邾为近。哀五年《经》，“春，城毗，”杜注，“无传，备晋也。”江永《春秋地理考实》由备晋说推之，谓在鲁之西境。毗谐比声，与比蒲自为一地之异名。比蒲在鲁南，毗在鲁西，合而审之，毗必在鲁之西南疆。鲁之西南疆，虽无毗迹可寻，却有费邑可考。隐元年《左传》，“费伯帅师城郎。”顾栋高曰，“费，鲁大夫费庈父之食邑，与季氏费邑有别。季氏费邑，在今沂州府费县治西南七十里，庈父费邑在今兖州府鱼台县西南。”按，鱼台县清属济宁州，郎亭在其东北，费亭在其西南，与《左传》所谓“费伯城郎，”地望适合。又按，今地志，鱼台东至滕县百六十里，滕县北至曲阜约百四十里，由阜为鲁虚，滕为邾虚，是鱼台费亭与邾鲁成犄角形，费亭正在鲁之西南疆。费比声之转，古文尝通用。如今本《尚书》“费誓，”《说文》引《古文尚书》作“粊誓”，是费伯之费，古文或作粊。粊毗俱谐比声，则谓毗与比蒲即费庈父所居之费；祖乙所迁庇邑，亦即鲁西南疆之费邑，绝非意必之辞也。

奄　定四年《左传》，“周公相王室，分鲁公以殷民六族，因商、奄之民，命以《伯禽》，而封于少皞之虚。”《后汉·郡国志》亦云，“鲁国，古奄国，”奄里在今曲阜县东二里，然则南庚自庇迁于奄，即自费邑迁于鲁。鲁在今山东省曲阜县，庇在今山东鱼台县境，盘庚自奄迁殷，实自东渡河而西，旧说以为自南徂北，盖亦失之矣。

综前所论,可得殷人踪迹如下表:

都邑名	迁居者	考　证
蕃,一作亳	契居此	今河北省平山县附近
砥石	昭明居此	今河北省隆平、宁晋县间泜水下游
滴,一名商邱	昭明自砥石迁此, 相土因之	今河南濮阳县
相	相土东都 河亶甲自嚣迁此	今河南省内黄县境内
有易	王亥仆牛于此	今河北省易县境内
亳,一作薄	汤居此 武丁自殷迁此	今河南省商邱县北四十里薄城
嚣,一名敖	仲丁自亳迁此	今河南省荥阳县敖山上
邢,一名耿	祖乙自相迁此	今河南省武涉县东南有殷城
庇	祖乙自邢迁此	今山东省鱼台县西南之费亭
奄	南庚自庇迁此	今山东省曲阜县东之奄里
殷,一名北蒙	盘庚自奄迁此 武乙自亳迁此	今河南省安阳县殷虚

(四)周都十余迁

周人起自西土,宗周以前,都邑多在河西。自犬戎杀幽王,平王依晋郑而都洛邑,王纲废坠,王畿日蹙,周复分为东西,东南居巩,西周居王城,天子既成具位,政治失其中心,都邑迁徙,卑不足论。兹所论者,姑止宗周以前。《史记·周本纪》:

> 周后稷,名弃,其母有邰氏女,曰姜嫄……弃为农师……(帝舜)封弃于邰。

后稷卒，子不窋立……不窋以失其官，而奔戎狄之间。

公刘虽在戎狄之间，复脩后稷之业……自漆沮渡渭……

公刘卒，子庆节立，国于豳。

古公亶父……去豳，度漆沮，逾梁山，止于岐下。……于是乃贬戎狄之俗，而营筑城郭室屋。

（文王）伐崇侯虎，而作丰邑，自岐下而徙都丰。

（厉王）好利，近荣夷公，（芮良夫召公谏，不听）国相与畔……厉王出奔于彘。

（犬戎）杀幽王于骊山下，诸侯……共立……平王……东迁于洛邑，辟戎寇。①

《鲁周公世家》：

成王七年，周公往营成周洛邑，卜居焉，曰，吉！遂国之。

由《史记》说，周自后稷居邰，至于平王东迁洛邑，其居有六，然《周书·大匡》则云：

惟王季宅于程。（“王季”《今本》作“周王”，据《寰宇记》引正。）

《世本》则云，

① 原引与《史记·周本纪》略有出入，今据中华书局标点本加上括号和省略号。——本书编辑。

武王在丰镐。(《文选·西都赋》"注"引)

懿王徙于犬邱。(《诗·小雅》"正义"引)

《纪年》则云:

穆王以下都于西郑。

金文则又云:

穆王在莽京(遹𣪕)

王在雝居(蔡𣪕)

王在杜居(师虎𣪕)

王徙于楚麓,令小臣夌先省楚居(小臣夌鼎)

王在䧹居(农卣)

是周自后稷封邰,不窋窜于戎狄,公刘自漆沮渡渭,庆节国豳,古公亶父居岐下,王季宅程,文王居丰,武王都镐,成王作洛邑,穆王都西郑,又居莽京,懿王居犬邱,至于平王东居洛邑;即置厉王居彘,及他王在楚,在䧹,在雝,在杜而不计,都邑计十余迁。其迁地可指者,有邰、豳、岐、程、丰、镐、洛邑、西郑、莽京、犬邱等十地。此十邑也,除洛邑在今河南省外,自来《经疏》《地志》,皆谓在今陕西省境内,钱穆先生作《周初地理考》则非之,曰:

今考姜嫄为有邰氏女,邰亦作骀,《路史·疏仡纪》,高辛氏上妃有骀氏女,曰姜嫄是也。闻喜于古为台骀邑。台骀之称有骀，犹陶唐之称有唐也。《左传》昭元年，晋侯有疾，叔向问于子产曰，寡君之疾，卜人曰，实沈台骀为祟，史莫之知，敢问此何神也？子产曰，昔金天氏有裔子曰昧，为玄冥师，生允格台骀，台骀能业其官，宣汾洮，障大泽，以处大原，帝用嘉之，封之汾川，今晋主汾，而灭之矣。由此观之，则台骀汾洮之神，而处大原者也。……台骀所处大原，兼带汾洮，在河东，障大泽，实相当于今之闻喜，即姜嫄之有邰，而后稷之所生也。

邠则滨汾之邑。《逸周书·度邑》，维王克殷，九牧之师，见王于殷郊，王乃升汾之阜，以望商邑，永叹，云云。汾一作邠，《史记·周本纪》引作豳。豳、邠，古今字，而汾、邠亦相通。窃疑周人既克殷，乃归途至于晋之汾阜，昔者公刘之故土，因登望而兴叹云尔。……临汾有古山古水，公亶父本居其地，故称古公，犹公刘之称豳公也。由此推之，公刘居邠及于亶父，盖在临汾古水之滨。（钱穆：《周初地理考》，《燕京学报》第十期。）

钱君并举后稷所居即是河东稷山为证。大要谓后稷居邰，公刘居邠，古公亶父居岐，邠、岐与邰，皆在河东闻喜左近。钱居自谓“其说虽创，其证甚密”。然以宗周铜器铭文证之诗书传说，则旧说未可非，钱《考》未必是也。

邰 《大雅·生民》，

厥初生民，时维姜嫄，履帝武敏歆，攸介攸止，载震载夙，载生载育，时维后稷。……诞后稷之穑，有相之道，茀厥丰草，……实坚实好，实颖实栗，即有邰家室。

此即《史记》“后稷母曰姜嫄，弃为农师，帝舜封弃于邰”之所本也。邰，齐诗作斄。《地理志》右扶风斄县下云，“周后稷所封”是也。斄古作𠩺，其见于金文偏旁者，或作□（芮伯壶铭釐所从），□（师酉毁釐所从），与散氏盘铭𣪊□𢓊□道，逨所从者偏旁相似，然则《齐诗》之斄，殆即散盘之逨，诗之有邰，可以散盘刍逨𢓊逨当之。

豳 《史记》：“公刘自漆沮渡渭，子庆节国于豳，”说亦本《大雅·公刘》：

> 笃公刘，于胥斯原，陟则在𪩘，复则在原。……笃公刘，逝彼百泉，瞻彼溥原，乃陟南冈，乃觏于京，京师之野，于时庐旅。……笃公刘，于京斯依。……笃公刘，既溥且长，既景乃冈，度其隰原，彻田为粮，度其夕阳，豳居允荒。……笃公刘，于豳斯馆，涉渭为乱。夹其皇涧，溯其过涧，止旅乃密，芮鞫之即。

特居豳者始公刘，非庆节，《史记》以为庆节国于豳，非出《世本》旧文，即后来传写之误。豳，汉以来字或作邠，其在宗周古文则作□。（详拙著：《说文·缺义笺》。）趞鼎铭，“王若曰，趞命女作□师家嗣马，啻官仆射士讯，”□师以为卿大夫。然有盉铭曰，

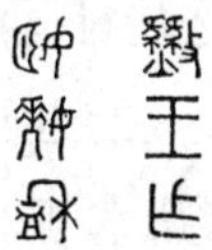

□既称王，实为诸侯之国。周世诸侯，若楚，若郐，若吕，若夨，异姓称王者也；若工𠭯则同姓称王矣。豳为公刘旧邑，□王纵非公刘苗裔，亦必戎狄之君，入据豳地者。《大雅·韩奕》，“韩侯取妻，汾王之甥，蹶父之子，”汾王，郑《笺》谓即厉王云，“厉王流于彘，彘在汾

水之上，故时人因以号之。”山谓汾王即𤔲王，公刘所居之邠，字当如金文作𤔲，或省作豳，非因汾水为名也。《说文》，“溼，幽溼也，从水，一所以覆也，覆而有土，故溼也，㬎省声。濕水出东郡武阳，入海，从水，㬎声。”溼、濕谊虽不同，其实一字。襄八年《谷梁传》，“获蔡公子濕”，《释文》，“濕本作隰”，《尔雅·释地》，“下溼曰隰”，《释文》，“溼俗作濕”，而哀十年《左传注》，“犁一名隰”，《释文》云，“隰本作濕”，是两汉以来，溼隰字常通用，公刘之隰原，可指其即散盘溼田也。散盘之絛从䍐，王国维考释疑即𤔲絛从之倒云，“䍐，从鬲，吅声，《说文》，吅读若讙，䍐以声类求之，当即𤔲字。过从咼声，咼即𤔲之笔误”，是公刘过涧，又可指即散盘絛从䍐之𤔲也。克钟铭，“王寴命克遹泾东至于京师”，克鼎铭，“锡女田于陴原”，陴溥不过偏旁之差；而京师之名，全同于《公刘》，则《公刘》溥原，固可指即克鼎铭之陴原也。若夫眉胃古音相同。《崧高》诗云，“申伯信迈，王饯于郿”，郿旧注多指为扶风郿县。郿在丰镐西，申在成周南，南辕北辙，说不可通。实则郿当为湄，读为渭，《诗》言王饯申伯于渭水之滨，不必泥于字面，诬为郿县。眉渭古今字，《公刘》之渭，固可确指其即散盘之眉也。散氏盘为宗周时散国器。散国，王国维谓在《水经》渭水注大散关沔水注大散岭附近。善夫克鼎出于岐山县法门寺之任村，（详《集古遗文》卷三，第三十五页。）克之食邑，当在漆杜岍渭附近。是《生民》所见有邰，公刘所见隰原溥原过涧，亦当求之漆杜岍渭诸水间，至远不得过于泾洛，钱氏所考，谓豳邰皆在河东非矣。

岐 《大雅·绵》：

绵绵瓜瓞，民之初生，自土沮漆。古公亶父，陶复陶穴，未

> 有室家。古公亶父,来朝走马,率西水浒,至于岐下。爰及姜女,聿来胥宇。周原膴膴,堇荼如饴……曰止曰时,筑室于兹。

岐下旧说皆谓岐山之下。《寰宇记》云,"《河图括地象》曰,岐山在昆仑山东南,为地乳,上多白金。周之兴也,鸑鷟鸣于山上,时人亦谓此山为凤皇堆。郦道元注《水经》云,天柱山有凤皇祠,或曰其峰高峻,迥出诸山,状若柱,因以为名。"是岐与天柱,似为一山之异名。岐,《说文》所载古文或从枝作,与柱之从木者形相似。榼谐枝声柱谐主声,支主一声之转,古音亦相近,颇疑岐山,古名柱山,柱篆文作,当即散盘之形讹。盘铭曰,"涉湋,陟雩,𠭯䍜陕,以西封于𢽁城柱木,"柱木在湋水之东,与岐山汧水地望适合,是古公所居岐下,可指即散盘柱木,散盘之周道、原道,亦可指为绵之周原,亦即《小雅》"周道倭迟"、"周道如砥"之周道。自土沮漆,《齐诗》土作杜,杜与柱形音俱近,然则柱山(即岐山),杜水,相因为名,《禹贡》所谓"导汧及岐,至于荆山,"岐固在汧山汧水之东,杜水上游,不在泾水之阳,尤非河东狐岐,可由散盘所纪之地理决之也。至于后稷之稷,《说文》云,"从禾,畟声。"畟,《说文》作云,"从田,从人,从夂。"按,畟畯声同,金文畟通作,秦公𣪘铭,"畯疐在天,"盂鼎铭,"畯正厥民,"畯皆读为允。是畟"从田,从人,从夂,"当为"从田,允声"之误。克鼎铭,"锡女井家𤔲田于,"其字从山,畟声,当为稷山本字,或畟山合文。克之食邑,既知其在岐山附近,则泾杜漆汧诸水间,亦必有山以稷为名者,是后稷生地,固不必确定其即河东汾水流域之稷山也。河西畟山,当今何地?书阙有间,不复可指。《周语》,"昔我先世后稷,以服事虞

夏。及夏之衰也，弃稷弗务，我先王不窋，用失其官，而自窜于戎狄之间，不敢怠业，时序其德，奕世载德，不忝前人，”韦昭《注》，“不窋去夏而迁于邠，邠西接戎，北近翟。”按，邠在西周时，诚介戎狄之间，但《地理志》栒邑豳乡下云，“公刘所都，”绝无不窋遗迹。而《寰宇记》庆州安化县引《水经注》云，“尉李城，亦曰不窋城，洛水南径尉李城东北，合马岭水，号白马水。”谢钟英《补泾水》则谓《寰宇记》所引洛水，实泥水之讹。泥水出上北蛮夷中，（班固：《汉书·地理志》。）南流入于泾。尉李城，汉为郁郅县，属北地郡，唐以来或名宏化，或名安化，故《括地志》云，“不窋故城，在庆州宏化县南三里。”宏化今曰安化，属甘肃省，然则不窋所居，当今甘肃省安化县境，直汉扶风栒邑之北。栒邑，晋曰豳邑，明以来置三水县，属邠州。今之邠县，汉为漆县，《后汉·郡国志》云，“漆，豳国在东北，有豳亭，”然则公刘所居之豳，当今陕西省栒邑豳县之间，泾水之畔，其迁徙之迹，盖自不窋城沿泥水泾水而南行也。《吕氏春秋·审为》，“太王亶父居邠，狄人攻之，事以皮帛而不受，事以珠玉而不肯，狄人之所求者地也。杖策而去，民相连而从之，遂成国于岐山之下。”高诱《注》，“岐山，在右扶风美阳之北，其下有周地，周家因之，以为天下号。”《地理志》，“美阳，《禹贡》岐山在西北中水乡，周太王所邑。”太王迁徙之地，据《绵》诗云，“自杜沮漆，至于岐下，宇于周原，”《周本纪》则云，“度漆沮，逾梁山，止于岐下。”岐下既知其在扶风美阳县矣，所谓杜、漆、周原、梁山，亦可征乎？考《水经·渭水注》，“雍水又东南流，与横水合。水出杜阳山，其水南流谓之杜阳川。东南流，左会漆水。水出杜阳县之漆溪，谓之漆渠。漆渠水南流，大峦水注之。水出西北大道川，东南流入漆，即故岐水也。二水并逝，俱为一水，南与横水合，自下通得岐水之目，俗谓之小横水。径岐山西，又屈径周城南。城在岐山之阳，而近西，所谓居岐之阳也。北则中水乡，成周聚，故曰有周也。水北即岐山矣。岐水又东径姜氏城南，为姜水，东注雍水。雍水又南，径美阳县之中亭川，合武水。水发杜阳县大岭侧，疑即杜水矣。其水东南流，东径杜阳县故城。又，故虢县有杜阳山，山北有杜阳谷，故县取名焉。亦指是水而摄目矣。故《地理志》曰，县有杜水。杜水又东，又南，莫水注之。水出好畤县梁山大岭，东南径梁山宫西，故《地理志》曰，好畤有梁山宫。杜水又南，径美阳县之中亭川，注雍水，谓之中亭水。雍水又南，径美阳县西，又南流，注于渭。”由郦书水道言，则太王迁岐自泾水而逾梁山大岭，更沿莫水南下，逾好畤梁山，故《史记》曰，“逾梁山；”更由莫水涉杜水，沿雍水西行，而至漆水之滨，岐山之下，故《诗》曰，“自杜沮（读为徂）漆，率西水浒至于岐下，”是太王迁居，先沿莫水而南，继涉杜水沿雍水而西，踪迹显然，无待他求。雍水今名沣水。沣、淮古音相近。淮，曾伯霥簠“克狄淮夷”作，雍，遇鼎作，二字形亦相似。深疑雍水本名淮水，淮水即散盘所称“淮工虎”国也。故汉时武功县犹有淮水祠。《地理志》，“扶风郡武功县有垂山、斜水、淮水祠三所，”赵一清云，“淮疑雍之误，”由散盘推之，秦汉以来所谓雍水者，固皆淮水之误；而散盘之莫眉，固可指即杜水所受之莫水，所流之渭水，若诗之周原，尤可指为散盘之周道原道，《史记》之梁山亦可指即散盘之量道。以散氏盘克鼎诸器铭识证《公刘》、《绵》诸诗之地望，则旧说公刘古公所居之豳岐皆在泾汧之间，自不可易。

程　《周书》言王季宅于程，《孟子》言“文王卒于毕郢，”郢、程同谐呈声，当是一地。《周本纪》“西伯崩，”《正义》引《括地志》云，“周文王墓在雍州万年县西南二十八里毕原上。”《元和郡县志》亦曰,“毕原在万年县西南二十八里,《诗注》云,毕,终南之道名也。《书》云,周公薨,成王葬于毕是也。”按,万年县本秦之栎阳,汉高葬太上皇于此,遂分置万年。栎阳故城,《清一统志》谓当今临潼县东北七十里,是毕原在今渭水南岸临潼县境。僖二十四年《左传》,“毕原酆郇,文之昭也,”顾栋高《春秋大事表》曰,“今陕西西安府咸阳县北五里有毕原。”是渭北咸阳附近,古亦名毕也。《括地志》遂以渭北毕原即古毕郢云,“安陵县故城,在雍州咸阳县东二十一里,周之程邑也。”

镐与莽京　然在《大雅》则谓公刘、王季、文王所居者皆为京,或曰京师云:

> 笃公刘,逝彼百泉,瞻彼溥原,乃陟南冈,乃觏于京。京师之野,于时处处,于时庐旅。……笃公刘,于京斯依。跄跄济济,俾筵俾几,既登乃依,乃造其曹。(《诗经·大雅·公刘》)
>
> 挚仲氏任,自彼殷商,来嫁于周,曰嫔于京。乃及文王,维德之行。……有命自天,命此文王,于周于京,缵女维莘,长子维行,笃生武王。(《诗经·大雅·大明》)
>
> 思齐大任,文王之母,思媚周姜,京室之妇。大姒嗣徽音,则百斯男。(《诗经·大雅·思齐》)
>
> 密人不恭,敢距大邦,侵阮徂共。王赫斯怒,爰整其旅,……依其在京,侵自阮疆,陟我高冈,……度其鲜原,居岐之阳,在渭之将。(《诗经·大雅·皇矣》)
>
> 下武维周,世有哲王,三后在天,王配于京。王配于京,世德作求,永言配命,成王之孚。(《诗经·大雅·下武》)

京、郢古音同部，王季居程，文王卒于毕郢，郢也，程也，盖皆京之音讹。周人都邑，若豳若岐，若丰，若宗周，若成周，绝无称京者。有之，《文王有声》云：

> 镐京辟雍，自西自东，自南自北，无思不服。考卜维王，宅是镐京，维龟正之，武王成之。丰水有芑，武王岂不仕。诒厥孙谋，以燕翼子。

惟镐尝称京耳。金文数云，

> 佳王大龠于宗周，徙饔莽京年。(《臣辰盉》)
> 王在莽京湿官。(《史懋壶》)
> 穆王在莽京，渔于大池。(《遹毁》)
> 王在莽京，以吴来吕犁会數莽师射于大池。(《静毁》)

惟莽亦有京称耳。遹毁静毁皆称莽京旁有大池。《后汉·郡国志》京兆尹长安县下云，"镐在上林苑中，"孟康《注》则曰，"长安西南有镐池。秦始皇，江神反璧曰，为吾遣镐池君。《古史考》曰，武王迁镐，长安丰亭镐池也。"《水经·渭水注》亦曰，"渭水又东北，与鄗水合。水上承鄗池，于昆明池北，周武王之所都也。故《诗》云，考卜维王，宅是鄗京，维龟正之。武王成之。自汉武帝穿昆明池于是地，基构沦褫，今无考究。"是镐京旁有镐池，不得谓与莽京之大池偶合也。即以猃狁之难言，《小雅·六月》，一则曰"王于出征，以匡王国，"再则曰，"王于出征，以佐天子，"自来说诗者，皆以为王即天子。以愚管见，王国天子，自为周天子；所谓"王于出征"

之王，明系诸侯称王者。《六月》之《诗》，明为诸侯纪功之作。其末章曰，“吉甫燕喜，既受多祉，来归自镐，我行永久，”吉甫即出征者王名，来归自镐，明归自镐京归于其国，非谓周王自千里之镐，归于宗周。知《六月》非纪宣王北伐诗，则“𤞤狁匪茹，整居焦获，侵镐及方，至于泾阳，”事乃可说。汉阳即汉之冯翊郡池阳县，苻秦以来之泾阳县，当泾水东北岸将入渭之地。镐即镐京，方当为文王作邑于丰之丰，盖以协下文阳，央，行，数韵，口说相传，丰讹为方。𤞤狁侵镐及丰，即侵宗周。宗周之与泾阳，不过渭水之隔耳。故《诗》曰，“我服既成，于三十里，”三十里者，言其迫近丰镐也。𤞤狁之寇近宗周，不独《六月》之说为然。不娸殷铭，“伯氏曰，不娸，驭方严允，广伐西俞，王命我羞追于西。余来归献禽。余命汝御追于䍐（读为洛），汝以我车宕伐厰允于高陵，汝多折首执讯。”高陵即冯翊高陵县，西至池阳不过四十余里。颇疑《六月》之诗，与不娸殷铭所纪，实一时之事。不娸殷铭之伯氏，即《六月》之吉甫，亦即兮甲盘铭之兮伯吉父。盘铭曰，“王初格伐厰孰于䍐盧，兮甲从王，折首执讯，休，亡敃。”䍐盧，王国维谓即彭衙。彭衙于汉为冯翊衙县，地正近于洛水，然则《六月》云，“薄伐𤞤狁，至于大原”者，盖谓逐𤞤狁于河洛之间，广平之地。大原既不在河东，葊京自不得远而求之西河之外。吴大澂《说文古籀补》尝疑葊京即镐京云，“古镐京字必非从金从高之字。许氏说镐，温器也，武王所都，在长安西上林苑中，字亦如此。丰多丰草，镐多林木，故从茻，从㫄，他邑不得称京，其为镐京无疑，”其说是也。边，盂鼎铭作，散氏盘铭作，下皆从方，小篆则误从冂作，（详拙著：《说文阙义笺》。）又何疑葊一必为，再讹为鄗镐乎？知葊京，即镐京，则葊京旁之大池，非镐京旁之镐池莫解。知镐京即莽京，则琱生𣪕铭“王在莽”亦即镐京省称，而克钟铭“王窥命克遹泾东至于京师，”京师盖亦镐京之别名。凡《公刘》、《大明》诸诗所称京师或京，均谓镐京。镐在渭南，豳在渭北，公刘居豳，又依于镐京，故诗有“于豳斯馆，涉渭为乱”之说。然则王季宅于程即居镐京；文王卒于毕郢，亦在镐京；周人居镐，始于公刘而底定于武王，故诗曰，“维龟正之，武王成之”矣。

京师地望既得，密与阮、共，亦可考乎？曰，可。《公刘》曰，“夹其皇涧，溯其过涧，止旅乃密，芮鞫之即，”是密、芮地相迩也。《地理志》扶风汧县下云，“芮水出西北，东入泾，《诗》芮阸，雍州川也。”安定郡阴密下云，“诗密人国。”昭十五年《左传》，“密须之鼓，与其大辂，文所以大蒐也。”杜《注》，“密须，姞姓国也，在安定阴密县。”阴密，后汉并入阴槃。阴槃介于泾芮之间，阴密故地，则介乎汧芮。《地理志》汧县下又云，“吴山在西，古文以为汧山，雍州山。汧水出西北，入渭。”是汧山一名吴山。吴虞古今字，吴山附近，疑即虞国旧地。《绵》诗曰，“虞芮质厥成，文王诞厥生，”虞因山为名，芮因水为名，虞芮固在泾水上游，不涉洛汭也。《尚书大传》，“文王一年质虞芮，二年伐于，三年伐密须，”密须地望，既知其即汉阴密，阴密适介于虞芮之间，然则密人所以侵阮徂共者，盖以周人势力，三面包围，不得不孤注一掷，作困兽斗矣。阮，自来言地理者，或以春秋邧地(秦邑，见文四年《左传》)当之，或以汉爰得县(见《地理志》安定郡)当之。惟不𡢁𣪕铭“广伐西俞，”王国维《考释》云，“说文阜部，隃阮诸字，皆古代山阜之通名。隃者，逾也，凡山地之须逾越而过者，皆可谓之逾，亦谓之阮。《吕氏春秋·古乐篇》，伶伦自大夏之西，乃至阮隃之阴。阮隃，《汉书·地理志》作昆仑，《说苑》、《风俗通》皆作崑崙。《说文》阮字《注》，有读若昆三字，是昆仑亦名阮隃，在大夏之西。秦九原郡之地，古称榆中，榆亦隃字之假借。其地在秦为九原郡，在汉为五原郡，而《广韵》作五阮郡，则原又阮字之假借。《说文》阮字下云，代郡，五阮关也，则代郡有五阮。又《淮南·地形训》，九塞之中有荆阮，高《注》，荆阮，在楚。则古时凡山地之当通道路者，皆名之曰隃，曰阮，实共名而非专名，许君以隃为西隃，阮为五阮关之专名，其义转隘。此西俞者，在丰、镐之西，故云王命我羞追于西。以地望与字义求之，远则陇坻，近则水经扶风杜阳之俞山皆足当之。"按，《水经》"漆水出扶风社阳县俞山东南，入于渭，"俞山与扶风隃麋县为近。隃麋西北接于阴密，沿漆水而东南行，可达武功。武功散盘作琟，琟共字音全同，盖即侵阮徂共之本字。由王氏说阮隃本山中通道之共名，则俞山可谓之阮。藉曰不然，阮原音同，《诗》之阮可以散盘原道当之。《诗》之鲜原，可以不𡢁𣪕铭西俞当之。密人沿漆水寇原道而至琟，将犯镐京，此《诗》所谓"密人不恭，侵阮徂共"也。文王自镐京反攻，由原道，陟俞山，灭密须，自密班师，越俞山而居岐阳，此《诗》所谓"依其在京，侵自阮疆，陟我高冈，度其鲜原，居岐之阳，在渭之将"也。由密须入武功文王灭密须之途径皆沿漆水考之，尤可断言王季文王所居毕郢，即《诗》之京师，《诗》之京与京师即武王所营镐京，亦即金文数见之莽京也。

丰　《大雅》又曰，

> 帝谓文王，询尔仇方，同尔兄弟，以尔钩援，与尔临冲，以伐崇墉。临冲闲闲，崇墉言言，执讯连连，攸馘安安。……临冲茀茀，崇墉仡仡，是伐是肆，是绝是忽，四方以无拂。（《诗经·大雅·皇矣》）

文王受命，有此武功，既伐于崇，作邑于丰。筑城伊淢，作丰伊匹，匪棘其欲，遹追来孝。……丰水东注，维禹之绩，四方攻同，皇王维辟。（《诗经·大雅·文王有声》）

旧说皆谓丰邑即崇侯旧地。按，昭四年《左传》，“康有酆宫之朝，”酆宫当即文王所作丰邑，是文王作邑，即作宫也。《括地志》，“鄠县东三十五里，有文王酆宫，”《三辅决录》，“镐在丰水东，酆在丰水西，相去二十五里，”丰镐相距如是其近，崇果即丰，其墉既仡，其势又雄，周人焉得奕世载德，安枕镐京？崇所在地，自以徐中舒先生《再论小屯与仰韶》说，崇、嵩一字，崇在今河南嵩县附近地之说为允。（《安阳报告》第三期。）盖文王既克崇侯，三分天下有其二，乃大其宫室，而作丰宫。庚赢鼎铭，“王客丰宫，”朕段铭，“王又大丰，王凡三方，王衣祀于天室，降天，亡尤，王衣祀于王丕显考文王，事喜上帝，”（俗名大丰段）。王于大丰衣祀文王，是大丰即丰宫也。麦尊铭，“井侯见于宗周，会王饔莽京，酒祀，雩若翌日，在辟雝，王乘于舟，为大丰，”是大丰距莽京甚迩。莽京有辟雝，与诗所谓“镐京辟雝，自西自东，自南自北，无思不服，”其说密合。然则莽京即镐京于麦尊又得一有力直证，而丰邑即丰宫，文王作邑于丰，即作邑于镐，是又可证文王卒于毕郢，即卒于酆镐也。《元和郡县志》，“长安县，周武王宫，即镐京也。在县西北十八里。自汉武穿昆明池于此，镐京遗址沦陷焉。”镐京地望，今虽可指，镐京遗迹，不复可寻矣。

西郑 《汉书·地理志》京兆尹郑县下云，“周宣王弟郑桓公邑。”颜《注》引臣瓒曰，“周自穆王以下都于西郑，”王国维疑此为隐括《纪年》语。按《初学记》引《纪年》云，“穆王所居郑宫春宫”，

《御览》引《纪年》云,“懿王元年,天再旦于郑,”穆王懿王均尝居郑,臣瓒所云,必有所本。《穆天子传》,“吉日甲申,天子祭于宗周之庙。(“宗周”当为“成周”。)乙酉,天子□六师之人于洛水之上。丁亥,天子北济于河,升于盟门九河之隥。乃逐西南。仲冬,壬辰,至累山之上。吉日丁酉,天子入于南郑,”郭《注》,“今京兆郑县也。《纪年》,穆王元年,筑祇宫于南郑,传所谓王是以获没于祇宫者。”由《穆天子传》所纪地望说,南郑在河洛之西南,恰当京兆郑县。由郭《注》引《纪年》说,则臣瓒所称西郑,或南郑之误。南郑者,所以别虢郐间之圃郑。(详《穆传》。)新郑,要其本名只当曰郑。《清一统志》云,“郑县故城在华州北,”是穆王所居郑邑,约当今陕西华县境内。

犬邱 由《纪年》天再旦于郑说,懿王初年,似居南郑。但《世本》又云,“懿王二年,自镐徙都犬邱。”《地理志》,扶风槐里县亦曰,“周曰犬邱,懿王都之,秦更名废邱,高祖三年更名。”《秦本纪》,“非子居犬邱,”《正义》引《括地志》,“犬邱故城在雍州始平县东南十里。”唐之始平今曰兴平。兴平东至长安,不过百里,犬邱之与镐京,不过渭水之隔耳。懿王既都于镐,何必迁于犬邱?颇疑《世本》“自镐徙犬邱,”镐当为郑。郦道元注《水经》尝疑《地理志》以郑为桓公邑,贤于臣瓒穆王居郑之说,颜师古注《汉书》,颇韪之。以愚管测,宣王封弟友于郑,远在懿王自郑徙居犬邱之后,不碍郑本王居之说。若泥于陈言,王居不得分封,则豳为公刘所居,不得又有𤔲王;岐为古公所居,不得分于夨、散;镐京为周人累世宗庙所在,不得以赐媭伯。(详卯毁铭。)以是言之,郑桓公所居棫林,固即穆王所居南郑也。懿王居犬邱,而幽王被杀于骊山之下。骊山,汉属新丰,在渭水南,似懿王后,都邑又徙丰镐。《纪年》,“宣王三十年,有兔舞于镐京，"镐即宗周，《诗》故有"赫赫宗周，褒姒灭之"之叹矣。

雍居 𨽍居、楚居、杜居、雝居诸地，似皆离宫别馆之名，非宗庙朝聘之所，𨽍字篆文作，字不可识，地故不可指。《秦本纪》，"德公元年，初居雍城大郑宫，"《封神书》亦曰，"秦德公既立，卜居雍，后子孙饮马于河，遂都雍，"《括地志》，"岐州雍县南七里，故雍城，秦德公大郑宫城也。"秦汉间之雍城，疑即蔡𣪕铭之"王在雍居"矣。不然，则雍或即淮之异名，地当在武功县境。《地理志》，扶风杜陵，班氏自注云，"故杜伯国。"《水经·渭水注》，"沉水上承皇子陂于樊川，其水西北流，径杜县之杜京西，西北流径杜伯冢南。杜伯与其友左儒事宣王，儒无罪见害，杜伯死之，终能报恨于宣王。沉水又西北径下杜城，即杜伯国也。"下杜，杜陵，疑即师虎𣪕铭之"王在杜居"矣。《战国·魏策》，"昔王季历葬于楚山之尾，栾水啮其墓。"皇甫谧曰，"楚山一名潏山，鄠县之南山也。"《括地志》，"终南山一名橘山，一名楚山。"徐文靖《竹书纪年统笺》以楚山当小臣夌鼎铭之楚居是已（小臣夌鼎，俗名季娟鼎）。《元和郡县图志》，"终南山在鄠县东南二十里。"《清一统志》，"杜陵故城，在咸宁东南，雍县故城，在今凤翔县南。"咸宁今废，属长安，是金文所见周之离宫别馆，大抵在丰镐附近，其远者或在岐山之西，要亦不出渭水流域也。

统观周人迁徙之迹，不窋居于泾水上游，公刘沿泾水而南，历豳渡渭而至京师，太王则由泾而杜、漆至于岐下，王季以后始以丰镐为中心，其展转迁徙，终不出渭水沿岸也。为便省览，列表如下：

都邑名	迁居者	考　证
邰,或作㰯	后稷所居	今陕西省武功县西南
戎狄之间	不窋所窜	今甘肃省安化县南尉李故城
豳,当作𡙇	公刘所居	今陕西省栒邑邠县间
岐,当为柱	古公亶父所居	今陕西省岐山县东北境
镐京即䔍京省称京或曰京师音讹为程为郢	公刘初来此王季文王继居之武王成之	今陕西省长安县境内
丰邑即丰宫	文王所营	今长安西北境
洛邑即成周	成王所营	今河南省洛阳县
郑即南郑或讹西郑	穆王所居	今陕西省华县北
犬邱	懿王所居	今陕西省兴平县境
雝居		今陕西省凤翔或武功县境内
杜居		今长安县境内
楚居		今陕西省鄠县南境
𨽻居		待考

（五）论三代异族

综述前论,可为要略如下:

夏后氏起自今山西省西南隅,渡河而南,始居新郑、密县间,继居洛阳,展转迁徙,东至于河南陈留、山东观城,北至于河北濮阳,西至于陕西东部,踪迹所至,不越黄河两岸,其方向则自西徂东,显然中原固有之民族也。

殷人起自今河北省泜水流域,其游牧所至,北抵燕蓟、易水,南抵商邱,东抵邹鲁,西抵河内武涉,其踪迹大抵沿衡漳、黄河两故渎,逐渐南下,显然东北民族燕亳、山戎之类也。

周人起自陇右，展转而至栒邑、岐下，入于丰镐，更伐崇作洛，居有夏之故居，其踪迹初沿泾渭而达于河，继沿河东进，北征燕蓟，南征蛮荆、淮夷，东征徐、奄，匍有诸夏，显然西北民族戎狄之类也。

（六）论三代文化异征

徐中舒先生从古书中推测之殷周民族以为殷周似属两种民族（《清华国学论丛》一卷一期），自是确切不移之论。由吾说而测之，夏与殷周，实亦非同族类。故其制度文物，生活习惯，颇多不同。《论语》言“殷因于夏礼，所损益可知也；周因于殷礼，所损益可知也。”（《为政篇》）又云，“夏礼吾能言之，杞不足征也；殷礼吾能言之，宋不足征也，足则吾能征之矣。”（《八佾篇》）是夏礼殷礼，显然不同。其见于《论语》者，如，

> 行夏之时，乘殷之辂，服周之冕，乐则舞韶。（卫灵公篇）
>
> 社，夏后氏以松，殷人以柏，周人以栗，使民战栗。（《八佾篇》）

见于《孟子》者，如，

> 夏后氏五十而贡，殷人七十而助，周人百亩而彻，其实皆什一也。（《滕文公篇》）
>
> 夏曰校，殷曰序，周曰庠，学则三代共之。（《滕文公篇》）

见于《考工记》者，如，

有虞氏上陶，夏后氏上匠，殷人上梓，周人上舆，故一器而工聚焉。（《序》）

夏后氏世室，殷人重屋，周人明堂。（《匠人节》）

《礼记》所述，事类尤繁，撮其要者，如，

夏后氏尚黑，大事敛用昏，戎事乘骊，牲用玄；殷人尚白，大事敛用日中，戎事乘翰，牲用白；周人尚赤，大事敛用日出，戎事乘騵，牲用骍。（《檀弓》）

幼名冠字，五十以伯仲，死谥，周道也。绖也者，实也。掘中霤而浴，毁灶以缀足，及葬，毁宗躐行，出于大门，殷道也。学者行之。（《檀弓》）

仲宪言于曾子曰，夏后氏用明器，示民无知也；殷人用祭器，示民有知也；周人兼用之，示民疑也。曾子曰，其不然乎！其不然乎！夫明器，鬼器也；祭器，人器也；夫古之人胡为而死其亲乎。（《檀弓》）

爵，夏后氏以琖，殷以斝，周以爵。（《明堂位》）

灌，夏后氏以鸡彝，殷以斝，周以黄目。（《明堂位》）

有虞氏之两敦，夏后氏之四琏，殷之六瑚，周之八簋。（《明堂位》）

有虞氏皇而祭，深衣而养老；夏后氏收而祭，燕衣而养老；殷人哻而祭，缟衣而养老；周人冕而祭，玄衣而养老。（《王制》）

有虞氏服韨，夏后氏山，殷火，周龙章。（《明堂位》）

委貌，周道也；章甫，殷道也；毋追，夏后氏之道也。周弁，殷冔，夏收，三王共皮弁。(《郊特牲》)

鸾车，有虞氏之路也；钩车，夏后氏之路也；大路，殷路也；乘路，周路也。(《明堂位》)

有虞氏之旂，夏后氏之绥，殷之大白，周之大赤。(《明堂位》)

夏道尊命事鬼，敬神而远之，近人而忠焉，先禄而后威，先赏而后罚，亲而不尊，其民之敝，蠢而愚，乔而野，朴而不文。殷人尊神，率民以事神，先鬼而后礼，先罚而后赏，尊而不亲，其民之敝，荡而不静，胜而无耻。周人尊礼尚施，事鬼敬神而远之，近人而忠焉，赏罚用爵列，亲而不尊，其民之敝，利而巧，文而不惭，贼而蔽。(《表记》)

自晚周儒者传述三代因革观之，夏后氏国有社，学有校，庙有世室，葬有明器，爵有琖，灌有鸡彝，食有琏，冠有收，服有燕衣，行有钩车，田赋有贡，色尚玄，尊命而事鬼，其文物灿然矣。顾在今日考古学上，足以证夏后氏文化者，唯李济之博士《西阴村史前的遗存》而已。西阴村属今山西省夏县，由地名沿革论，正为有夏之虚。其所出土之单色陶片，有绳印之斜纹(图1、2)，有带槽之横纹(图3)，绳印纹较诸殷虚出土绳纹瓿圜络鬲之花纹为疏(图4、5)。制作时代，或先于殷虚陶器。带槽纹，则与仰韶出土单色陶器残片绝相似(图6)。若论西阴村着色陶器，其花纹形色，尤与仰韶遗物为近。仰韶遗物之时代，据阿恩博士《河南石器时代之着色陶器》推测，约在纪元前二千五百年至三千年之间，与历史上传说夏后氏之时代正相近。是西阴村出土器物，不妨假定为夏后氏遗存。左氏宣三年

《传》,"昔夏之方有德也,远方图物,贡金九牧,铸鼎象物",历史传闻,夏后氏似已进化于铜器时代矣。顾在西阴村遗存,绝无铜器的发现,凡铜器时代之镞也,戋也,鸡彝也,西阴村遗存无有也。由西阴村遗存言夏后氏文化,似犹在新石器时代末期,其时有无文字,尚不可知。自宋元来出土之铜器众矣。商鼎,周盘,形制不齐,古文奇字,结体诡异,除薛氏《钟鼎款识》所著录晚周琱戈钩带,误为夏后氏遗物外,然自文字上,确可指为夏后氏鼎彝者,终不可得。际兹夏后氏文字记载尚未有直接的发现时,吾人欲凭藉儒者一家之言,以论夏后氏文化之特征,固属荒唐;即藉西阴村遗存无文字记载之陶片,以考夏后氏文物,盖亦有文献不足之憾。

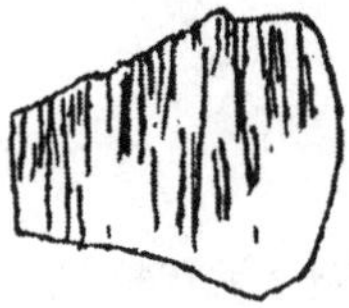

(1)《西阴村史前遗存》第四版第十四图

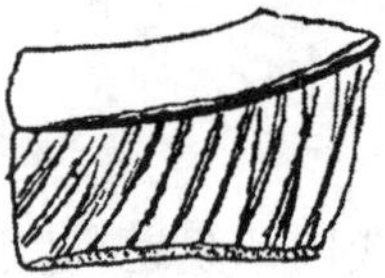

(2)《西阴村史前遗存》第四版第八图

(3)《西阴村史前遗存》第四版第四图

(4)《安阳发掘报告》第一期《殷商陶器初论》所附第三图

(5)《安阳发掘报告》第一期《殷商陶器初论》所附第十一图

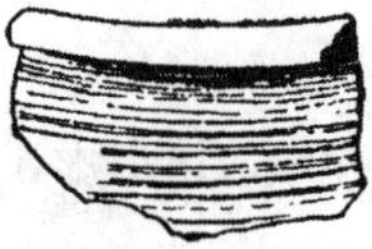

(6)《河南石器时代之着色陶器》第九版30a图

（七）夏后氏文化

吾人钩稽周人传述夏后氏之故事，而知其文化特征，有足道者。《书·立政》云，

> 古之人迪惟有夏，乃有室。大竞吁，俊尊上帝，迪知忱恂于九德之行。乃敢告教厥后曰，拜手稽首后矣。曰，宅乃事，宅乃牧，宅乃准，兹惟后矣。谋面用丕训德，则乃宅人。兹乃三宅，无义民。桀德，乃弗作往任，惟是暴德，罔后。

曰"乃有室，俊尊上帝"，是盖《考工记》"夏后氏世室"之所本也。曰"宅乃事，宅乃牧，宅乃准"，注者率因周制为说云，"事者三事大夫，牧者州长，准当为辟，法也。"（孙星衍《尚书今古文注疏》）山谓州长非古也，《立政》之"宅乃牧"，似亦谓牧畜田猎，夏后氏盖犹以田牧为其生活基本。九德者何？文七年《左传》，"九功之德，皆可歌也，六府三事，谓之九功，——水，火，金，木，土，谷，谓之六府；正德，利用，厚生，谓之三事。"是夏后氏忱恂于九德之行，即实行六府三事。顾在东周学者，传述夏后事迹，则皆以九为纪，如，

> 禹曰，予决九川，距四海，浚畎浍距川。（《书·皋陶谟》）
>
> 禹敷土，奠高山大川，九河既导，九州攸同，四奥既宅，九山刊旅，九川涤源，九泽既陂，禹锡玄圭，告厥成功。（《书·禹贡》）
>
> 箕子乃言曰，我闻在昔鲧堙洪水，汩陈其五行，帝乃震怒，

不畀洪范九畴，彝伦攸斁。鲧则殛死。禹乃嗣兴，天乃锡禹《洪范》九畴，彝伦攸叙。(《书·洪范》)

虩虩成唐，有严在帝所，尃受天命，删伐履司，敳乃灵师，伊小臣隹補。咸有九州，处禹之堵。(齐叔弓钟铭，薛氏《钟鼎款识·题齐侯镈钟》)

王孙满曰，昔夏之方有德也，远方图物，贡金九牧，铸鼎象物，百物而为之备，使民知神奸。桀有昏德，鼎迁于商；商纣暴虐，鼎迁于周。(宣公三年《左传》)

昔者夏后开使蜚廉析金于山川，而陶铸于昆吾，使翁难雉乙卜曰，九鼎既成，迁于三国，夏后氏失之，殷人受之，殷人失之，周人受之。(《墨子·耕柱》)

《夏书》曰，戒之用休，董之用威，劝之以九歌，使勿坏。(文公七年《左传》引)

启《九辩》与《九歌》兮，夏康娱以自纵。(《离骚》)

启棘宾商，《九辩》、《九歌》。(《天问》)

西南海之外，赤水之南，有人曰夏后开。开上三嫔于天，得《九辩》、《九歌》以下，此天穆之野，高二千仞，开焉得始歌九招。(《山海经·大荒西经》)

大乐之野，夏后启于此儛《九代》。(《山海经·海内西经》)

夏后启九年，舞《九韶》。(《竹书纪年》)

夏伯、杼子东征，获狐九尾。(《纪年》)

后芬三年，九夷来御。(《纪年》)

后荒元年，以玄珪宾于河，命九东狩于海，获大鸟。(《纪年》)

不降六年，伐九苑。(《纪年》)

由传述者时代考之,《墨子》、《离骚》、《纪年》以及《山海经》等书,大抵成书于战国后期,叔弓钟铭为春秋中叶作品,《立政》则成于周初。九州果如徐中舒先生《再论小屯与仰韶》说即鬼州鬼方(《安阳发掘报告》第三期),《九歌》、《九辩》、《九韶》、九夷、九苑、九东固可解为鬼歌、鬼辩、鬼韶、鬼夷、鬼苑、鬼东,但九代、九鼎、九畴,则皆明以数纪,非种族之号;《立政》九德,明谓六府三事,不得解以鬼方之德。哀七年《左传》述子服景伯之说曰,"周之王也,制礼上物,不过十二,以为天之大数也。"九者,究也,数之终也,窃谓周人法天,以十二为度,夏后氏取于数之终,以九为度,故夏后氏礼乐制度,无不纪于九。《左传》述周太史辛甲命《虞人之箴》曰,"芒芒禹迹,画为九州,经启九道,民有寝庙,"(襄公四年)其于九州曰画,明谓划分九部,九州为总名,非别名,与九德同意。以九德比九州,以九州比九鼎、九韶、九歌、九畴,则谓夏后氏文化之特色尚九,《周官·大宗伯》"凡乐事以钟鼓奏九夏,王夏,肆夏,昭夏,纳夏,章夏,齐夏,族夏,祴夏,骜夏,"九夏之乐,其即夏后氏《九歌》、《九韶》所演变乎?吾读屈原《九歌》、《九章》,宋玉《九辩》,又未尝不疑荆楚文化,有夏后氏遗风也。夏后氏文化,流传于南国,不独《九歌》、《九辩》而已也。卜辞尝见殷人桒年于龙,桒雨于龙之事,如,

> 乙未卜贞,在龙囿,受之年。(《前编》四,第五三页)
>
> 甲子卜,亚哉[illegible]龙毋启,弗每,有雨。(《后编》上,卅页)

殷人于龙,固已敬若神明。但在《国语》、《左传》所述夏后氏关于龙的故事,大异其趣,曰:

> 夏之衰也，褒人之神，化为二龙，以同于王庭，而言曰，余褒之二君也。夏后卜，杀之与？去之与？止之？莫吉。卜请其漦而藏之，吉！乃布币焉，而策告之。龙亡而漦在，椟而藏之，传郊之，及殷周莫之发也。（《郑语》）
>
> 及有夏、孔甲扰于帝，帝赐之乘龙，河汉各二，各有雌雄。孔甲不能食，而未获豢龙氏。有陶唐氏既衰，其后有刘累，学扰龙于豢龙氏，以事孔甲，能饮食之，夏后嘉之，赐曰御龙，以更豕韦之后。龙一雌死，潜醢以食夏后。夏后飨之。既而使求之，惧，而迁于鲁县，范氏其后也。（昭公廿九年《传》）

褒人化龙，类似神话，策藏龙漦，周世犹存，《郑语》所传，固亦龙而神之也。但《左传》谓孔甲豢龙，食龙，御龙，龙则牛马同科。龙者，蛇也，祀蛇之俗，今惟印度人有之，豢蛇食蛇，今惟粤人好之，巴蛇吞象，传说自南方，夏后食龙，最近南国习俗，荆楚民族，岂即夏后氏孑遗欤？观于楚灵王云，“我皇祖昆吾，旧许是宅，”（昭十二年《左传》）则楚亦中原旧族，其染于夏后文化宜也。

（八）殷商文化

殷人社以柏，用祭器，服火，哻而祭，缟衣而养老，毁宗躐行以葬，田赋七十而助，此等传说，固未易质证。即孔子所称殷辂，为其文饰美于夏、周之辂乎？为其形制便于用乎？语焉不详，末由稽考。然验诸卜辞车之象形字，

《前编》七，第五页

《菁华》三页

《藏龟》一一四页

其轮，其辀，其衡，则与䡅侯鼎、毛公鼎所见车之象形字，无大异也。将谓殷人祭牲，果如《礼记》云“色尚白”乎？验诸卜辞：

壬子卜，𡧊贞，桒年于丁，亜十犁牛，𣍘百犁牛。（《续编》一，第四十四页，犁旧释物，从董彦堂说改正。）

其㦸，兹用。（《前编》一，第廿一页）

叀𬌗，兹用。（《前编》一，第十三页）

叀黄牛。（《佚存》二五八版）

则殷之祭牲，有𬌗，有㦸，有黄牛。犁为黑色牛，㦸𬌗皆赤色牛，是殷人色尚白，尚黄，兼尚赤黑矣。将谓殷人明堂果如《考工记》云其名重屋乎？验之卜辞：

庚辰卜，大贞，来丁亥其𠦪于大室，利丁，西卿。（《前编》一，第卅六页）

贞翌辛未，其之于盟室，三大宰，九月。（《藏龟》一七六页）

乙酉卜，兄贞，叀今夕，告于青室。（《前编》三，第卅三页）

壬辰卜贞，[illegible]司室。（《前编》四，第廿七页）

大室固即明堂中央室，盟室、青室、司室，固即明堂之四方室，则殷

时绝无所谓重屋也。以殷人当时之实录,证晚周儒者所述殷人之文物,既多不符,则儒家传述三代之因革,纵不能如康有为氏《孔子改制考》说出于学者托古改制,要其事实,不得不由考古学上重加检讨。

《明堂位》言殷人爵灌皆以斝,斝之见于著录者确多殷器,《殷文存》一书录其铭文至于十数,虽不可尽信,可证殷人确用斝也。若殷之六瑚,瑚以字音测之,盖当为簠,簠虽不见《殷文存》,卜辞则数见匚字,匚即古文簠所从之匚也。簠方而簋圆,匚殆簠之本字。其辞曰:

> 贞庚辰酒匚(下缺,《前编》四,第十五页)
>
> 乙丑卜,出贞,大史𠃊先酒,其之匚于丁,卅牛,七月。(《前编》四,第三十四页)

有匚而无数,六瑚之说,是亦未敢必为殷制。殷人文物,今可考见者,自以罗振玉印《殷虚古器物图录》、《殷契书契》及中央研究院历史语言研究所出版之《安阳发掘报告》等书为最真确可信。《古器物图录》成书之前,罗氏尝亲访殷虚,据其纪述云:

> 小屯在郡城之西北五里,东西北三面,洹水环焉。《彰德府志》以此为河亶甲城。宋人《考古图》载古礼器之出于河亶甲城者不少,殆即此处。近十余年间,龟甲兽骨,悉出于此。询之土人,出甲骨之地,约四十余亩,因往履勘其地,则甲骨之无字者,田中累累皆是。拾得古兽角一,甲骨盈数掬。所出之物,骨甲以外,蜃壳至多,往岁所未知也。古兽角亦至多,其角

非今世所有。土人谓往岁会于此得石磬三。予曩亦得雕磬断片,两面及侧,均刻镂,与古礼器同。予旧所得又有骨镞,有象匕,骨匕,有象揥,有骨筒,有石刀,石斧,今又得贝璧一,其材以蜃壳为之,雕文与古玉蒲璧同,惜已碎矣。(节录五十日《梦痕录》三月三十日记)

故其图录有疏匕、象笄、雕磬等。综计《安阳发掘报告》所获殷人遗物,石器有刀,有镞,有镂刻花纹之人像;陶器有尊、罍、壶、斝、爵、皿、𣪘、釜、鬲、带釉陶片、带彩陶片等;铜器有觚、爵、戈、矛、锛、镞、刀、锥、钉等;而骨器兽角与甲骨刻辞,尚不与焉。李济之先生根据出土遗物之地层坑位,而研究殷人文化,会得若干重要结论,兹为节录如次:

(一)因铜器与刻字甲骨同时出土,足证商代实已进于青铜器时代。因为发现若干铜范,可证商人已知铸铜艺术。商人铸铜艺术虽高,但以生铜供不应求,普通日用器具,故仍用石器。(详《报告》第二期,《十八年秋工作之经过及其重要发现》)

(二)俯身葬早于仰身葬,是铜器时代的一种风俗,小屯在殷商都城废弃以后,尚有这习惯。因为殉葬的破鬲尚有熏烟痕迹,可证古人一部分生前的用物随着他死随着他葬,孔子谓"为明器者,知丧道矣,备物而不可用也",这些议论,恐怕不能代表一切习惯。(详《报告》第三期,《俯身葬》)

(三)安诺及貔子窝均有两种陶器发现,两处均是带彩的陶器在前,刻纹在后,因此我们不能不认定殷虚的带彩陶器出产期较商期早;所以仰韶文化期由此得一个最低限制。(《报告》

第二期,《小屯与仰韶》)

(四)商周的铜器名称,向不一致,传到现在的,多属尊彝,用器很少。即这尊彝的形状,却与我们这次所得的陶器相像处很多。这是中国器形演化的一个大关键。我们要认定礼器的形制,全是由用器得来的。铜器的形制,全是由瓦器得来的。即瓦的豕爵花纹说,那云雷纹都是很普通的铜器花纹,我们第一次知道,殷商铸铜器的人,不但抄了陶器的形式,连那装饰的花纹也全借过来。(详《报告》第一期,《殷商陶器初论》)

李先生所论,虽散见各篇,而其结论,实乃一贯。作者不惮冒昧,就李先生所得结论,更作一简括之结论:

殷人文化,确已进于青铜器时代;而铸铜之艺术,则皆因袭古代陶器的形制与花纹。陶器花纹,带彩者时代较早于刻纹者。

证之梁思永先生《后冈发掘小记》云:"后冈上层所包含的是白陶文化——小屯文化——的遗物,中层所包含的是黑陶文化——龙山文化——的遗物,下层所包含的是彩陶文化——仰韶文化——的遗物。如果把地层上下的次序,依据考古学的基本原则翻译成时间的先后,我们就可以知道,后冈上在白陶文化的人居住之前,黑陶文化的人曾在那里住过;在黑陶的人以前,又有彩陶文化的人在那里住过。"(《安阳报告》第四期)则李先生带彩陶先于刻纹陶之论,又得地下新证明,更无可疑。徐中舒先生《再论小屯与仰韶》尝疑仰韶遗物,或为夏后氏文化者(《安阳报告》第三期),亦绝非臆必之辞。子曰："殷因于夏礼，所损益可知也。"（《论语》）殷人，承袭夏后氏文化，自小屯与仰韶所录殷虚彩陶（图7）与河南仰韶彩陶（图8、9、10）之花纹相较，其花纹形色，极其相似，吾人不能不信十八年（1929年）殷虚出土之彩陶，确如李先生说为仰韶时代传来之古董。夏殷两代之文化，即此三数彩陶残片，不难推测其嬗递之迹。顾自《后冈发掘小记》所获彩陶花纹观之，则与仰韶文化，风趣迥异。仰韶彩陶之花纹，器口虽多缋以网形，器腹则多由曲线组成目形、棱形、圆形、三角形，或一器而数形毕具，与西阴村史前遗存，大同小异；而后冈出土之彩陶花纹，则纯粹直线的，或以斜直线组成单调的三角形（图11、12、13），或但缋以平行短线数条（图14），即后冈出土之刻纹陶，亦有类似彩陶上三角纹之发现（图15）。更有以三角形为廓，中实以网形纹者（图16），将谓后冈彩陶为数无几，不足以较仰韶文化异同乎？然自《殷商陶器初论》所附刻纹陶片十四种观之（图17、18、19），镂三角形者什七八，镂网形什二三（图20、21），网形纹亦见于后冈绳印纹陶片（图22）。吾人于此，不得不承认殷虚出土之灰色刻纹陶片，其花纹实直接的承袭后冈彩陶文化也。后冈出土之白陶，《发掘小记》虽未附图，可由梅原末治君《殷虚出土白色陶器之研究》所附残壶花纹，得其梗概。壶颈作三角纹，余则多作粗直线之浪纹，中或间以细直线云雷纹（图23），以较《殷商陶器初论》所附"刻纹罍"腹部所刻简单三角形（图24），不过有精粗之别耳。殷虚刻纹灰陶之时代，纵不敢必谓早于白陶，但白陶灰陶所刻之花纹，均以直线组合而成，

（7）《安阳发掘报告》第二期

小屯与仰韶图版二

(8)《河南石器时代之着色陶器》第九版30图

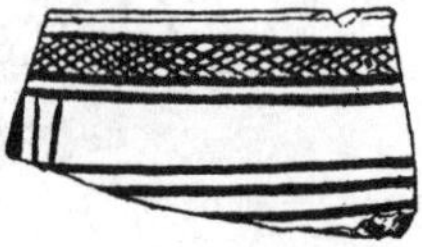

(9)《河南石器时代之着色陶器》第十版38图

(10)《河南石器时代之着色陶器》第十三版67图

(11)《后冈发掘小记》图版三

(12)《后冈发掘小记》图版三

(13)《后冈发掘小记》图版三

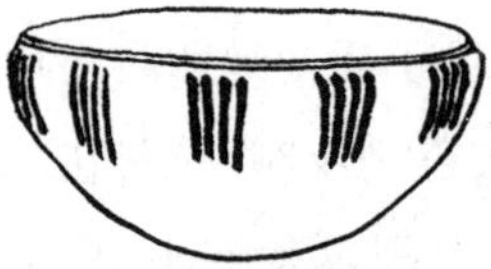

(14)《安阳报告》第四期《后冈发掘小记》所附图版三

(15)《安阳报告》第四期《后冈发掘小记》所附图版五

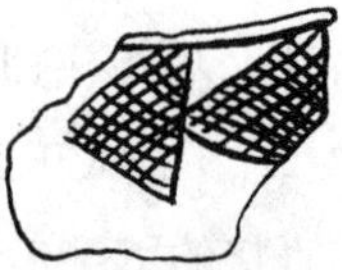

(16)《后冈发掘小记》图版五

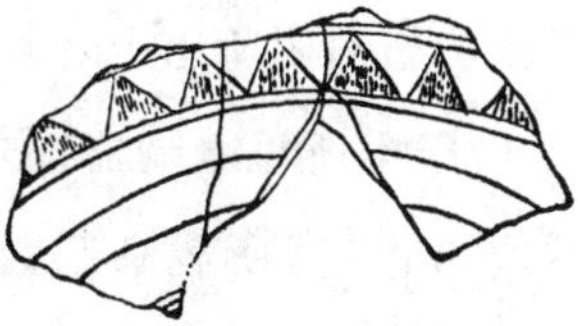

(17)《安阳报告》第一期《殷商陶器初论》所附第十七图

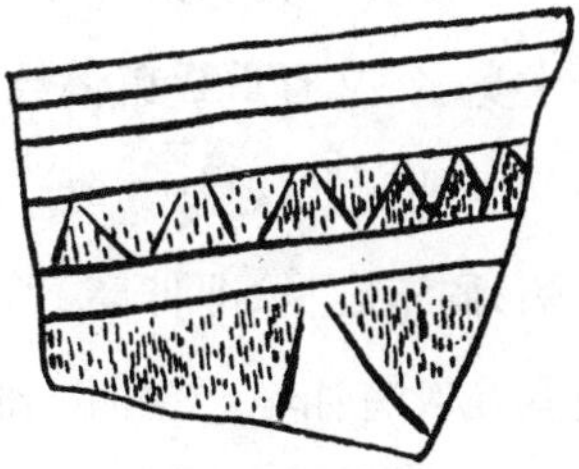

(18)《殷商陶器初论》第十七图

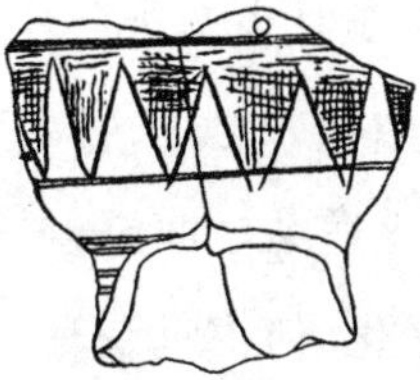

(19)《殷商陶器初论》第十七图

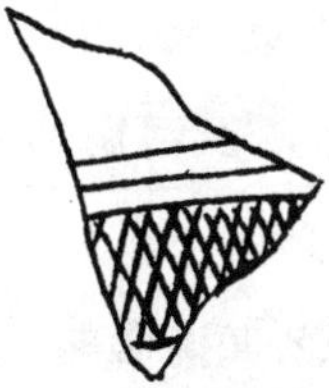

(20)《殷商陶器初论》第十七图

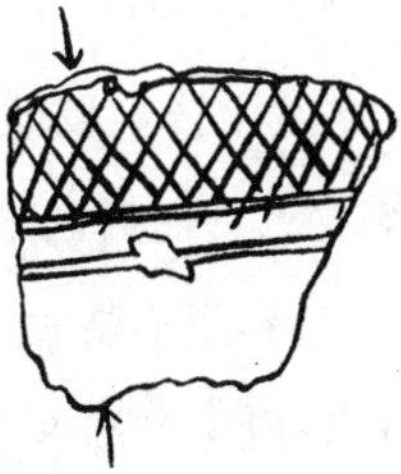

(21)《殷商陶器初论》第十七图

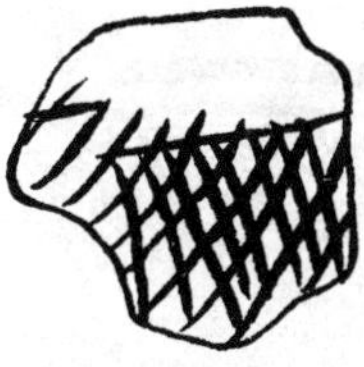

(22)《后冈发掘小记》图版五

(23)《殷虚出土白色陶器之研究》图版第二〇

(24)《殷商陶器初论》所附第六图

是亦不容吾人否认白陶花纹非间接承袭于彩陶文化也。白陶花纹所常见者，又有重叠粗浪纹中间以细回纹（图25），或为并列粗水纹中间以细云雷纹（图26、27），此类花纹，无论殷虚后冈所出土之彩陶灰陶，固未之见；即仰韶、西阴村、沙锅屯诸虚中所见之陶器，亦未见其花纹有如是严整者。惟安特生《甘肃考古记》所载马厂期陶瓷，有此规矩（图28）。马厂陶瓷之近口处缋有⺕纹，与殷虚白陶之粗水纹既相仿佛，腹部三角纹之尖顶，更缋以手形，与殷虚白陶残壶之刻手形于叠浪纹两端者（图23）尤为神似。且殷虚白陶叠浪纹之字纹中皆刻以细云雷纹，此类云雷纹，亦尝见于甘肃辛店期之陶瓷（图29）；而后冈彩陶刻纹陶及河南仰韶遗物中绝未之见，吾人于此，又不能不疑殷虚白陶文化，非后冈彩陶文化适系之演进，显受甘肃马厂、辛店两文化期之直接影响。殷人文化，何由远受马厂、辛店两文化期陶纹之影响？自历史传闻考之：

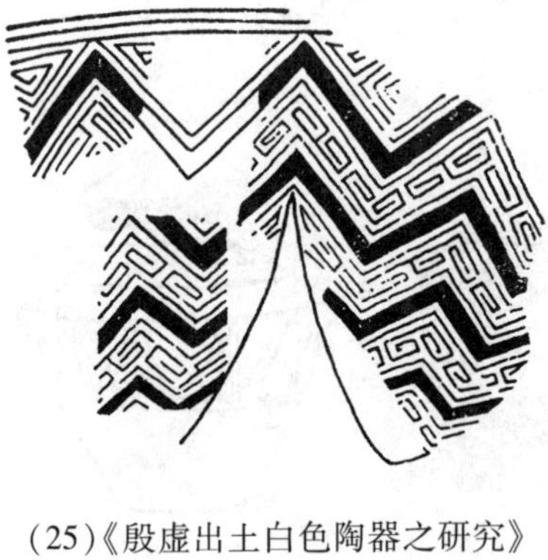

(25)《殷虚出土白色陶器之研究》第廿九图花纹集拓第一类4图

(26)《殷虚出土白色陶器之研究》第卅一图花纹集拓第二类VIII6

(27)《殷虚出土白色陶器之研究》第卅一图花纹集拓 XXVI3

(28)《甘肃考古记》附图第九版2

(29)《甘肃考古记》附图第三版2

《易·既济》:九三,高宗伐鬼方,三年克之。

卜辞:乙酉卜,鬼方囚。(中央研究院藏四,二,○○一○)

鬼方地望,据王国维《鬼方昆夷玁狁考》谓在汧陇之间,或更在其西。(《观堂集林》卷十三)易云高宗,即殷王武丁,卜辞所见鬼方,据董作宾先生《甲骨文断代研究》推测,亦为武丁时所卜,是殷之中业,其武功曾达汧陇之西,陇西之文化,武丁以前,即传入殷东,固其所也。马厂文化之传入殷东,另一原因,则周人为之媒介。《易·既济》称高宗伐鬼方矣;《未济九四》又云,

震用伐鬼方,三年,有赏于大国。

由《周书》小邦周,大邦殷,大邑商论,未济之大国,盖指殷国,此辞当为周人所卜。《纪年》:"武乙三十五年,周王季伐西落鬼戎,俘二十翟王。"《诗·绵》复称太王时,"昆夷駾矣",则周未克殷时,亦屡

征鬼方,"震用伐鬼方",或太王王季时事。周与殷人关系,可由卜辞测之:

> 贞令周侯,今夕亡𡆥。(《新获卜辞写本》二七七版)
>
> 壬戌卜,令周,若。(《藏龟》一二八页)
>
> 弗戋周,十二月。(《藏龟》廿六页)
>
> 贞令侯周。(《前编》七,第卅一页)
>
> 癸未贞,令旅族周。(《前编》四,第卅二页)
>
> 丁卯卜,□弗𦎫周。(《藏龟拾遗》第四页)

其曰,"令周侯","令周"周固殷人属国。《周书·商誓》亦曰,"在商先誓王,明祀上帝,亦惟我后稷之元谷用告和,用胥饮食,肆商先生誓王,维厥故,斯用显我西土。"殷显周人于西土,周人自不能不朝贡于殷。甘肃马厂期文化所以传入殷东者,谓周人为之媒介,固意中事也。《商颂·殷武》曰,"昔有成汤,自彼氐羌,莫敢不来享,莫敢不来王,"殷虚白陶花纹之同于马厂期文化,是其有力之证明矣。《长发》又曰,"相土烈烈,海外有截,"海外何在?郑玄王肃注并以为在四海之外。傅孟真先生《东北史纲》则据安特生君《奉天锦西县沙锅屯洞穴层》所发现之彩陶与仰韶遗物,同一时期同一民族遗留之结论,谓海外当即渤海之东。(《史纲》第二十四页,)山按,殷王相土曾经武辽东,不独沙锅屯出土彩陶可征也。辽东之貔子窝遗存与殷虚文化之关系,尤斑斑可考。貔子窝、高丽寨出土陶器之刻纹,有作三角形者(图30、31、32),有作网形者(图33、34、35),取较殷虚出土之刻纹陶，或绳印纹陶，最足惊异者，殷虚白陶之水纹，竟见于貔子窝、高丽寨之刻纹陶中（图36、37）。凡貔子窝出土陶片之刻纹，大抵由直线组成者多，与殷虚后冈出土彩陶刻纹陶之直线的文化，规模正相同。然则貔子窝文化与殷虚文化，又不容吾人否认非同一民族之遗存。有沙锅屯、仰韶两遗存而史前的辽东民族与中原民族之文化关系，得一确切之证明；有貔子窝、殷虚两遗存，而有史之初，辽东民族与中原民族尤可证其文化同一根源。以古陶器花纹，证诸殷人播迁踪迹。吾故疑殷本燕亳、山戎之类，我中国东北民族也。

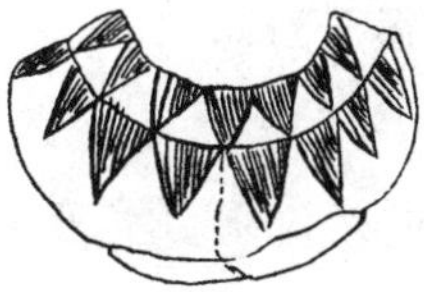

（30）《貔子窝》附图第五二版1

（31）《貔子窝》附图第五二版4

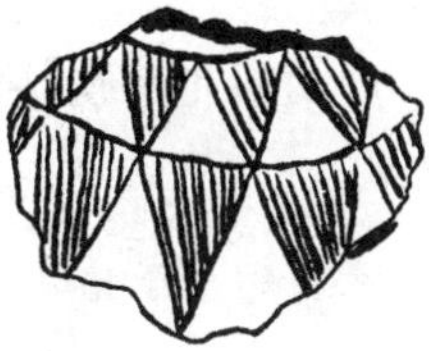

（32）《貔子窝》附图第五二版5

（33）《貔子窝》附图第五二版7

（34）《貔子窝》附图第五二版18

（35）《貔子窝》附图第五二版37

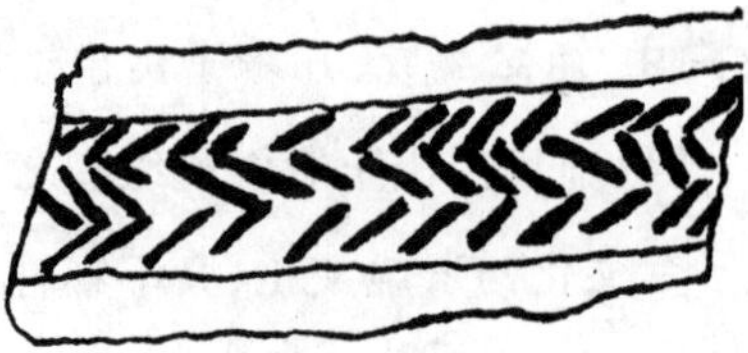

(36)《貔子窝》附图第五二版 12

(37)《貔子窝》附图第五二版 8

(九)周代文化

周本西北民族,最显著之论证在《孟子》。《孟子》曰,

> 舜生于诸冯,迁于负夏,卒于鸣条,东夷之人也。文王生于岐周,卒于毕郢,西夷之人也。地之相去也,千有余里,世之相后也,千有余岁,得志行乎中国,若合符节,先圣后圣,其揆一也。(《离娄下》)

其所谓中国似谓夏后氏所都洛邑,所谓地之中也。岐周、毕郢,俱在洛邑西,故谓文王为西夷之人。是晚周学者尝指周人为西夷也。上考之周初文献,武王、周公之诰命,亦往往自称西土之人,《商誓》之“斯用显我西土,昔在西土,西土疾勤,予维及西土。”武王既屡称西土矣。其在《周书》,武王之自称西土者,复有:

> 王曰,逖矣西土之人!……弗迓克奔,以役我西土。(《牧誓》)

王曰，旦，予克致天之明命，……日夜劳来，定于我西土。(《逸书·度邑》)

周公之自称西土者，有：

惟乃丕显考文王，克明德慎罚，用肇造我区夏，越我一二邦，以修我西土。(《康诰》)

王若曰，明大命于妹邦，乃穆考文王肇国在西土。(《酒诰》)

周公敬念于后曰，予畏周室不延，俾中天下。乃将致政，乃作大邑成周于土中，立城，制郊甸，方六百里，因西土为方千里。(《逸书·作雒》)

逮至康王亦有惟"文武诞受羑若，克邮西土"之语(《顾命》)。据《康诰》云，"我西土时怙，冒闻于上帝，……肆汝小子封在兹东土，"西土似与东土相对为名，犹《周易》云"东邻杀牛不如西邻之禴祭"。顾在卜辞，殷人绝无自称东土者，而时见卜西土之事：

乙巳卜，𣪘贞，西土受年。(《后编》下，第卅八页)

西土亡堇。(《后编》下，第廿四页)

㞢伐西土。(《殷契卜辞》八〇版)

又有辞云，"贞之于西邑，"(《龟甲兽骨文字》卷一，第九页，)然则西土即西邑，西邑即西国，凡卜辞所谓西土者亦谓周人。文王之称西伯，盖以肇国在西土，犹彔王之称彔伯(彔伯𢦚𣪘)，非秉鞭作牧之谓。周人世居西土，不独卜辞、《尚书》可征也。《大雅·皇矣》称太伯

王季之德曰，

> 皇矣上帝，临下有赫，监观四方，求民之莫。维此二国，其政不获，维彼四国，爰究爰度。上帝耆之，憎其式廓，乃眷西顾，此维与宅。

此二国者，自谓殷周。殷为东土大国，周为西土大国，上帝眷顾于西，即眷顾周家。《绵》诗称古公之德曰，

> 乃慰乃止，乃左乃右，乃疆乃理，乃宣乃亩，自西徂东，周爰执事。

按，《韩非·五蠹》，"古者太王处丰镐之间，地方百里，行仁义而怀西戎，遂王天下，"是太王之自西徂东，亦主丰镐为说，周称西土，盖自太王始。太王，《诗》又称为古公；公刘则谓之笃公。古公、笃公，钱氏《周初地理考》谓皆以地得名是也。古公所居，钱考谓在山西绛县北之古山古水间；笃公所居，钱考谓在临汾董泽附近。山按，散氏盘铭有大沽，地与岐阳相近，颇疑太王所以称古公者，以居岐阳附近之大沽。若笃公，笃盖杜之声讹，为公刘曾居杜水流域也。杜，古文作土，与土方名正同，卜辞常见卜土方之事云：

> 戊午卜，宾贞，王从沚或伐土方，受之又。（《后编》上，十七页）
>
> 丁酉卜，𣪕贞，今𡆥，王收人五千，正土方，受之又。（《后编》上，卅一页）

庚申卜，㱿贞，今𡆥，王循伐土方。(《龟甲文字》卷一，第廿七页)

贞利正土方。(《龟甲文字》卷二，第十二页)

癸巳卜，㱿贞，旬亡𡆥。王固曰，之求其之来婠，三至，五日丁酉，允之来婠自西，沚或告曰，土方正于我东鄙，□二邑。𢀛方亦𠬝我西鄙田。(《菁华》第一页)

王固曰，之求其之来婠，三至，九日辛卯，允之来婠自北。㕚敏𡆥告曰，土方𠬝我田十人。(《菁华》第二页)

土方也者，窃尝疑即公刘之后，周人有国之号矣。《诗》之咏公刘曰："笃公刘，匪居匪康，乃埸乃疆，思辑用光，弓矢斯张，干戈戚扬，以先启行。"又曰，"笃公刘，既溥既长，其军三单。"公刘之时，军有三单，行张弓矢，黩武穷兵，势既强大，其后世乃东驰西骛，以为殷边世患，自意中事。卜辞屡言土方入寇，殷王征土方，收人至于五千，土方之强梁，亦颇有公刘黩武之风，是固不敢妄言土方即公刘后裔。然在《绵》诗曰，"民之初生，自土沮漆，古公亶父，陶复陶穴，未有室家，"则太王居岐以前，周人曾居漆水东杜水流域，杜水上游，蜜迩豳乡，然则公刘居豳，即居杜水上游，故有杜公之称。庆节、高圉以后，即沿袭公刘所居之地，以为民族徽识，亦非绝不可能。是卜辞所见之土方，纵不得指为周人适祖，谓为公刘之后，或姬周支族，固信而有征也。土方地望，董作宾先生《甲骨文断代研究例》谓在殷都之北。然卜辞有云，"甲寅卜，□贞，戉伐其获征土方"。(《戬寿堂甲骨文字》十二页)土方与戉地亦相近。据《断代研究》征引之辞云，"婠自西戉"，戉又在殷都之西，则土方地望，约在殷都之西北，是土方与周之先民，亦不得谓其毫无关系也。公刘以上，《国语》言“不窋窜于戎狄之间”，而《山海经·海内经》既云：“华山西南，黑水之间，都广之野，后稷葬焉。”《海内西经》又曰，“后稷之葬，山水环之，在氐国西。”氐在陇西，不待烦言。黑水所在，注《禹贡》者，说最纷歧。由《海内经》华山西南说，《水经注》以泸水直黑水者近是。由于《经注》说，后稷葬于泸水之滨；由《西山经》说，则后稷葬于陇西，殆近于不窋城。后稷疑冢，既难确定其是非；而后稷武王间之世系，复论者尤多异辞。

（一〇）论周祖后稷兴于夏衰

《国语·周语》云：

> 昔孔甲乱夏，四世而殒；玄王勤商，十有四世而兴，帝甲乱之，七世而殒；后稷勤周，十有五世而兴，幽王乱之，十有四世，守府之谓多，胡可兴也！

又云：

> 自后稷之始基靖民，十五王而文始平之，十八王而康克安之，其难也如是！厉始革典，十四王矣。基德十五而始平，基祸十五，其不济乎！

是自后稷至于武王克殷，十六世而已。按之《书·酒诰疏》引《世本》及《史记·周本纪》，可为周初世系如下：

后稷—不窋—鞠(《世本》作鞠陶)——公刘—庆节—皇仆—差弗—毁隃—

—公非—高圉—亚圉—公叔祖类(《世本》作祖绀)—古公亶父—太伯
—虞仲
—王季—

—文王—武王
—周公

而《史记正义》引《世本》则云,“公非辟方,高圉侯牟,亚圉云都,太公祖绀诸盩,亶父,”《汉书·古今人表》则云,辟方,公非子,高圉辟方子,侯牟亚圉皆高圉子,云都亦亚圉之弟,《路史》引《世本》则又云,侯牟生亚圉;即综《世本人表》说,周人皆复名,每一复名,代表一世自后稷至于武王,亦不过廿世,(《世本》太公祖绀诸盩亶父,明系太公亶父祖绀诸盩之误,太公即亶父,故省去一世。)以较殷之先君,自成汤至帝辛三十二君,十七世,约略相当,以较自契至帝辛四十六君,三十世,则世系未免悬殊。于是考史者,有谓“《周语》自后稷之始基靖民,十五王而文始平之,当以后稷、不窋、鞠及公刘后之为诸侯者,其不窋后之在戎狄者十余世,既失其官,不列于诸侯,故周宗庙不立其主,《周语》亦不及其数”者,黄以周《周十五王说》(《儆季杂著》)是已。有谓“不窋以上,世为后稷之官,不知凡几,传至不窋,直夏孔甲淫乱,后稷之官与有邵之封,相因而失,微窜之际,典文谍记,一切荡然,虽公刘复立国于豳,后已无旧人能追先世之代系,故《国语》称十五王”者,戴震《周之先世不窋以上阙代系考》(《东原集》)是已。按,《鲁语》云,“昔烈山氏之有天下也,其子曰柱,能殖百谷百蔬,夏之兴也,周弃继之,故祀以为稷,”与《周语》所谓昔我先王世后稷以服事虞夏,其说符合。但《周语》于世后稷下,继言“及夏之衰也,弃稷弗务,我先王不窋,用失其官,而自窜于戎狄之间。”不窟，弃子也，弃以后稷服事虞夏，何其子不窟失官于夏衰？弃岂寿如彭祖乎？稽诸载籍，无是说也。考之《礼记·祭法》则云，“是故厉山氏之有天下也，其子曰农，能殖百谷，夏之衰也，周弃继之，故祀以为稷。”由《周语》“孔甲乱夏，四世而殒”说，则夏衰于孔甲，弃为后稷，实在孔甲之世。孔甲见于《史记》，而《纪年》无征；胤甲见于《纪年》，而《史记》无考。《史记·夏本纪》，“帝不降崩，弟帝扃立。帝扃崩，子帝廑立。帝廑崩，立帝不降之子孔甲，是为帝孔甲。”《纪年》则曰，“帝廑一名胤甲，即位，居西河。”综而观之，胤甲孔甲，正弟兄行。窃疑乱夏之孔甲，即居西河之胤甲，弃为后稷，即在胤甲居西河时。胤甲四传至于帝桀，为殷所灭。昭廿九年《左传》，“稷，田正也，有烈山氏之子曰柱，为稷，自夏以上祀之，周弃亦为稷，自商以来祀之。”商以来祀弃为稷，是可证弃诚为古之田正；若由夏以上祀柱而不祀弃论，则《周语》所谓先王世后稷，以服事虞夏者明出周人之附会。《尧典》所谓“禹让于稷契暨皋陶，”稷当为烈山氏之子柱或农；其云，“帝曰，弃，黎民阻饥，汝后稷，播时百谷，”此弃也，明由晚周学者习闻弃为后稷，而不知弃之前有柱，乃因《周语》之附会而重附会之。若《大戴礼·帝系》云：

> 帝喾卜其四妃之子，而皆有天下：上妃，有邰氏之女也，曰姜嫄氏，产后稷；次妃有娀氏之女也，曰简狄，产契；次妃曰陈隆氏，产帝尧；次妃曰陬訾氏，产帝挚。

复以弃契帝尧为异母同父之弟兄，盖又因《尧典》之误而重附会之。自宋以来，若欧阳修《帝王世次图序》、苏洵《喾妃论》、崔述《考信录》，尝摘其缪，议其非矣。而不知虞夏间之后稷，柱或农也，非弃也。弃生于夏之衰世,《左传》之“自商以来祀之”,固其有力之旁证。《鲁颂·閟宫》亦曰:“是生后稷,缵禹之绪。”是鲁人述祖德,亦未尝以稷禹为同时人,且为虞廷同僚也。假定《祭法》说“夏之衰也周弃继之”为未经后儒涂改之真实记载,则不窋窜戎狄,约当夏后皋后发之时,鞠生约当夏桀之暴虐,公刘复兴祖业,正值殷商开国之初,相传之周初世系,与殷人世数,既不悬殊;不窋之前,典祀固无所阙,不窋之后,周庙亦无虚主,《世本》所纪周初世系,笃实可信,《史记》因《帝系》之误,以弃为帝喾之子,以殷周同一先祖,实其荒唐矣。弃所食土,据《生民》诗云,“即有邰家室。”有邰于夏属西河,于殷为西土,依《孟子》说,后稷亦西夷之人也。后稷事业,据《生民》与《閟宫》,似为中国农业创始者,而《鲁语》、《祭法》,则谓弃之前有烈山氏子,能殖百谷,是周人以农立国之说,已不足信。《公刘》之诗曰,“匪居匪康,乃埸乃疆,”则公刘时居止靡定,周人犹为游牧民族。更自《绵》诗考之,其辞曰,“古公亶父,陶复陶穴,未有家室,”则至古公时,周人尚靡室靡家,穴居野处,《周易》所谓“需于血,出自穴,入于穴,有不速之客三人来”者,正为周人穴居之写照。《周颂》曰,“天作高山,太王荒之,彼作矣,文王康之。”《皇矣》曰,“帝省其山,柞棫斯拔,松柏斯兑,帝作邦作对,自太伯王季,”然则周王之业,非由后稷始基靖民,实始太王之筚路蓝缕,以启山林,太王以前,周人之文化,固可以穴居游牧两事尽之。穴居者,石器时代人之生活也。游牧为生者,猃狁西羌之俗也。《史记·匈奴传》言“匈奴人随畜牧而转移,逐水草而迁徙,无城郭常忧耕田之业,无文书,以言语为约束。”《后汉书·西羌传》亦言“西羌人所居无常,依随水草,”与《公刘》所谓“匪居匪康,乃埸乃疆,”情形固极相似。《公刘》又曰:“涉渭为乱,取厉取锻,”释文,“厉本又作砺，锻本又作碫，”《毛传》亦曰，“锻，石也。”《公刘》生当殷初，其时殷人已进至铜器时代，《公刘》不曰“取金取铜，”而曰“取砺取碫，”从是可知殷人虽用青铜器，周人尚在石器时代。传世铜器，不啻数千，但求王季文王时周人之制作，尚未之见，从是可知太王勤周以前，周人曾否达到铜器时代，曾否有文字纪事传言，非有地下证明，不敢臆测。然以殷虚文物，证经传传闻以经传传同，考周初历史，不容吾人否认周在三代中为文化落后之民族，为崛起戎狄之民族，不窋窜于戎狄之间，消极的可例“子欲居九夷，”积极的大可证明周本戎狄之类矣。

一九三四年九月初稿，十二月增订于青岛山大，

曾刊《中央研究院历史语言所集刊》第五本。

新殷本纪

昔太史公据左氏《国语》，采《世本》、《国策》，贯穿《经》、《传》，驰骋古今，而作《史记》，辞弘义备，百世而下，不离其宗。其撰《殷本纪》也，自谓“以颂次契事，成汤以来，采于《诗》、《书》。”考，《颂》言“相土烈烈，”《纪》既阙略；《书》言三宗，史公移缀于《鲁世家》；《诗》、《书》、《国语》所传殷商佚闻，史公既未尽深考；而《汲冢》、《纪年》、《殷虚卜辞》、《两周金文》，并非天禄石渠所藏，太史公所得论次也。兹网罗遗佚，验以《殷契》，重述商事，笔削之故附注详之。

殷契，母曰简狄，有娀氏之女也。有娀氏有二佚女。为之九成之台，饮食必以鼓。帝令燕往视之，鸣若嗌嗌。二女爱，而争搏之，覆以玉筐。少选，发而视之，燕遗二卵。简狄取吞之，因孕，生契。故《诗》人颂之曰，“天命玄鸟，降而生商。”①

---

① 《大戴礼·帝系》“帝喾卜其四妃之子而皆有天下，上妃，有邰氏之女也，曰姜嫄，产后稷。次妃，有娀氏之女也，曰简狄，产契。次妃陈锋氏之女也，曰庆都，产帝尧。次妃陬訾氏之女也，曰常仪，产帝挚。”挚与契、后稷、帝尧为同父异母兄弟，《大雅》不得言“厥初生民，时维姜嫄”，《商颂》不得言“天命玄鸟，降而生商，”玄鸟卵与巨人迹说，由今初民社会学言，固皆成孕图腾也。所谓契与后稷皆帝喾子说，疑皆演自“天父地母”神话，于拙著《姜嫄简狄考》，另详之。卜辞所见“癸巳，贞于高祖夒，”或谓即帝喾，或谓即帝舜。余按，夒作，初变为（毛公鼎），孳乳为即项字。所谓“高祖夒”者，余于《由陈侯因資錞铭黄帝论五帝》中说明即颛顼，（接下页注）

契盖兴于唐虞之际。①舜命曰，"契，百姓不亲，五品不训，汝为司徒，而敬敷五教，五教在宽。"契能和合五教，以保于百姓，达于大小诸邦。②帝乃封之于番。③是为玄王。④

玄王卒，子昭明立。初迁砥石，再迁于商。⑤

(接上页注)音乃讹为舜。《鲁语》，"商人禘舜而祖契"，《礼记·祭法》则云"禘喾"。《楚辞·天问》"简狄在台喾何宜，玄鸟致贻女何嘉?"是简狄为喾妃说所本也。考，简狄在台故事，详于《吕氏春秋·音初篇》，即本文所录者，只言有娀氏女，不云喾妃，最合"天命玄鸟，降而生商"本象，亦符合成孕图腾神话，是以本文断取音初，不论《帝系》。《魏书》百零三卷《高车传》尝有同样故事略云，"匈奴二女在台后降为狼妻而生高车。"以彼例此，帝喾，即狼矣。故知卜辞所见"高祖夒"，决为商之民族图腾。又，契，《汉书·古今人表》作卨。说文，"卨，虫也，从厹，象形。读与偰同。古文卨。"郭沫若先生据古文卨字以释卜辞所见"于"(见《卜辞通纂考释》七一页)，若得"高祖蠆"或"王蠆"之辞为证，则更确矣。故未径改。

① 《史记》"契长而佐禹治水有功"句，未知所本。按：司徒，金文作嗣土，虽官司土田，非水官也。契佐禹事，疑因《鲁语》有云，"契为司徒而民辑，冥勤其官而水死，"涉冥死于水之事而误，故删去。

② 《郑语》，"商契能和合五教，以保于百姓者也。"据补。

③ 《史记》云，"封于商，赐姓子氏"，盖因"天命玄鸟，降而生商"为说也。《世本》则谓，"契居蕃"，蕃亳一声之转，余于《由三代都邑论其民族文化》中已说明即燕亳矣，兹不赘。

④ 《商颂·长发》"玄王桓拨，受小国是达，受大国是达，率履不越，遂视既发。"陈奂《毛诗传疏》云，"《国语·周语》，玄王勤商，十有四世而兴。《鲁语》，自玄王以及主癸莫若汤。《荀子·成相》，契、玄王，生昭明，十有四世乃有天乙是成汤。是玄王为契矣。《汉书·礼乐志》以契、玄王为二人，《白虎通义·瑞贽篇》引《诗》，以玄王为汤，皆非也。"余谓玄王，得名于玄鸟，谓其本玄鸟之子矣。

⑤ 襄九年《左传》，"陶唐氏之大正阏伯居商丘，祀天火而火纪时焉，相土因之，故商主大火。"又，昭元年《传》，"昔高辛氏有二子，伯曰阏伯，季曰实沈，居于旷林，不相能也。后帝不臧，迁阏伯于商丘，主辰，商人是因，故辰为商星。"高辛，《楚辞》谓即帝喾；喾在卜辞，有谓即帝下夒者，则阏伯应即商人之祖。证之《荀子·成相》云，"契玄王，生昭明，居于砥石迁于商。"商之为商，始于昭明，与《左传》之说正合；是知阏伯即昭明。砥石，在河北泜水附近，说详拙著《由三代都邑论其民族文化》篇。

昭明卒，子相土立。相土作乘马、营东都，①威武之盛，海外率服。②

相土卒，子昌若立。

昌若卒，子粮圉立。③

粮圉卒，子季立。季为玄冥，勤其官而水死，故殷人郊之。④

玄冥卒，子王亥立。亥与弟恒仆牛于有易，并淫焉。有易之君绵臣杀而放之，取其仆牛。上甲微假师河伯以伐有易，克之，遂杀绵臣。上甲能帅契德，故殷人报焉。⑤

上甲卒，子匚乙立。⑥

匚乙卒，子匚丙立。⑦

---

① 定四年《左传》，"封康叔以殷民七族，封畛土略，自武父以南，及圃田之北境，取于有阎之土，以共王职，取于相土之东都以会王之东蒐"。相土东都，杜预《春秋土地名》未详其处。孔氏《正义》云，"会王东蒐，则为从王巡守，助祭泰山为汤沐之，邑，若郑之祊田，盖近泰山也。"相土东都地在卫东，疑即《汉志》鲁国蕃县。

② 《商颂·长发》，"相土烈烈，海外有截。"《笺》云，"相土居夏后之世，承契之业，入为王官，出长诸侯，其威武之盛，烈烈然，四海之外率服。"卜辞常云，"㚑于土"，"桒年于土，"王国维《卜辞所见殷先公先王考》，谓即相土。相土作乘马，见《世本》。

③ 粮圉，《史记》作曹圉，据《世本》正。粮圉，卜辞未见。昌若，卜辞作"之若，"详《殷先公别考》篇。

④ 《鲁语》，"冥勤其官而水死，汤以宽治民而除其邪；故商人郊冥而宗汤。"冥即玄冥，官名也。在《天问》则谓之季。卜辞，"辛酉、卜、㝵贞，季𦥑王"，(《前编》五，第四〇页)"贞㞢于季，"(《后》上九页)季，王国维谓即冥，是也。

⑤ 亥，即卜辞所见王亥，《史记》讹振。恒，即卜辞所见王恒，《史记》失传，据王国维说补。王亥王恒仆牛于易，顾颉刚先生《周易卦爻辞中所见故事》谓即周易所谓，"丧牛于易"是也。"微能帅契，殷人报焉"，见《鲁语》。上甲，谯周以为"死称庙主曰甲，"是也。说详王国维《殷礼徵文》。

⑥ 《史记》误为"微卒，子报丁立。"

⑦ 《史记》误为"报丁卒，子报乙立。"

匚丙卒,子匚丁立。[1]

匚丁卒,子示壬立。[2]

示壬卒,子示癸立。[3]

示癸卒,子成汤立,是为天乙。[4]

自契至汤,八迁。汤始居亳,从先王居,作《帝诰》,曰,“施章乃服,明上下。未命为士者,不得朱轩,骈马,衣文绣。命,然后得以顺有德。”[5]汤曰,“予有言,人视水见形,视民知治否。”伊尹曰,“明哉!言能听,道乃进,君国子民,为善者皆在王官。勉哉!勉哉!”[6]伊尹者,有莘氏媵臣也。负鼎俎,以滋味说汤,致于王道。汤举,任以国政。[7]汤出,见野张网四面者祝曰:“自天下四方皆入吾网。”汤

① 《史记》误为,“报乙卒,子报丙立。”报乙,报丙,报丁,卜辞作匚、匚、匚,外皆从匚,读若方。方、报双声,故《史记》通讹为报。知上甲以后,以乙丙丁为次者,卜辞尝见“乙未,酒,𢆶,品,上甲十,匚三,匚三,匚三,示壬三,示癸三,大乙……”(董彦堂《甲骨文断代研究例》引)明文,不以报丁、报乙、报丙为次,故王国维云,《史记》达于事实。

② 示壬,《史记》作主壬。

③ 示癸,《史记》作主癸。主者,神主,神、示,古今字。

④ 汤,卜辞作唐宗,齐叔弓钟铭作成唐。唐与天乙皆庙号,履其生称也。《史记》误天乙为生称,故曰,“天乙是为成汤。”天乙,卜辞多作大乙。

⑤ 《困学纪闻》卷二引《帝告》云“施章乃服明上下,”《帝告》即《帝诰》。“未命为士者不得朱轩,骈马,衣文绣,”见《尚书大传》。(《通鉴外纪》卷二引)

⑥ “勉哉勉哉”句,《史记》继以“汤曰,汝不能敬命。予大罚殛之,无有攸赦。”与伊尹相答之辞不伦,若非《葛伯仇饷》篇佚文,必《汤誓》末节之错简,故删去。

⑦ “致于王道”下,《史记》有,“或曰,伊尹处士,汤使人聘迎之,五反,然后肯往,从汤,言素王及九主之事。”按,“素王”一辞,创自儒家,汤聘迎伊尹事,亦始见《孟子》。万章问曰,“人有言,伊尹以割烹要汤,有诸?”孟子曰,“否!不然。伊尹耕于有莘之野,而乐尧舜之道。汤三使往聘之,故就汤而说之以伐夏救民,”此《史记》所本也。考《墨子·尚贤》,“昔伊尹为莘氏女师仆,亲为庖人,汤得而举之。”《庄子·庚桑楚》,“汤以胞人笼伊尹。”《吕览·本味》,“有侁氏女子采桑,得婴儿于空桑之中,献之其君,其君令烰人养之。长而贤。汤闻伊尹,使人请之有侁氏,有侁氏不可。伊尹亦欲疏汤。汤于是请取妇,为婚,有侁氏喜,以伊尹媵女。汤得伊尹,设朝而见之。(接下页注)

曰,“嘻! 尽之矣!”去其三面,祝曰,“欲左左,欲右右,不用命,乃入吾网。”诸侯闻之,曰,“汤德至矣,及禽兽。”亳与葛为邻。葛伯放而不祀,汤使遗之牛羊,葛伯食之。汤使亳众往为之耕,老弱馈食,葛伯夺而杀之。汤始伐之;作《汤征》;①因尽征彭祖、诸稽、韦、顾、昆吾诸族,②十一征而无敌于天下。乃以良车七十乘,必死六千人,伐夏后桀。③汤曰,“格! 汝众庶,来! 女悉听朕言。匪台小子,敢行举乱,有夏多罪。予维闻汝众言,夏氏有罪,予畏上帝,不敢不正。今夏多罪,天命殛之。今汝有众,汝曰,我君不恤我众,舍我啬事,而割正。汝其曰,有罪其奈何? 夏王率止众力,率夺夏国,有众率怠,不和,曰,是日何时丧,予与汝皆亡。夏德若兹,今朕必往。尔

(接上页注)说汤以至味。”伊尹出处,战国诸子固盛传举于庖厨之中也。三占从二,万章所问,当较孟子弥缝之言为信。故删去“或曰”之辞。若《韩非子·难言》云,“上古有汤,至圣也。伊尹至智也。夫至智说至圣,然且七十说而不受,身执鼎俎,为庖宰昵近习亲,而汤乃仅知其贤而用之。”君臣相与,又难于汤之三聘矣。伊尹之为媵臣,疑演自小臣。《墨子·尚贤下》,“汤有小医。”《吕览·尊师》,“汤师小臣。”叔弓钟铭,“汤有九州,伊小臣唯辅。”小臣习见于卜辞,未知当《周官》何等? 殷人卜祭伊尹,大抵在丁日,云,“癸丑,子卜,来丁,酒伊尹”(《菁华》十一页),则伊尹或卒于丁日。

① 《孟子·滕文公下》,“汤居亳,与葛为邻。葛伯放而不祀。汤使人问之曰,何为不祀? 曰,无以供牺牲也。汤使遗之牛羊。葛伯食之,又不以祀。汤又使人问之。曰,无以供粢盛也。汤使亳众往为之耕,老弱馈食。葛伯率其民,要其有酒食黍稻者夺之,不授者杀之。《书》曰,葛伯仇饷,此之谓也! 汤始征,自葛载。十一征而无敌于天下,东面而征,西夷怨;南面而征,北狄怨。《书》曰,徯我后,后来其无罚。”《孟子》言伊尹事,未尝引《书》;而一再引《书》以证葛伯仇饷事,则汤征葛伯,实为《商书·汤征》佚文。《史记》次《汤征》于汤训《伊尹》之后,非也。

② 《郑语》,“重黎之后八姓:昆吾为夏伯矣,大彭、豕韦为商伯矣。”又曰,“彭姓,彭祖、豕韦、诸稽,则商灭之矣。”豕韦即《商颂·长发》所谓韦国。《颂》曰,“武王载旆,有虔秉钺,如火烈烈,则莫我敢曷。”韦顾既伐,昆吾夏桀。以《诗》证之,汤未伐夏,先灭重黎之裔,此中实隐含有种姓问题,容于《先秦方国志》中详之。

③ 《吕氏春秋·简选》,“殷汤良车七十乘必死六千人,以戊子战于郕,遂禽推侈、大牺,登自鸣条,乃入巢门,遂有夏。”

尚及予一人致天之罚。予其大理汝。汝毋不信,朕不食言。汝不从誓言,予则帑僇汝,无有攸赦。"以告令师,作《汤誓》。戊子,战于郕,禽推侈、大牺。桀奔于鸣条。汤遂登自鸣条,入巢门,放桀于历山。① 天乃命汤于镳宫用受有夏之大命。② 汤既胜夏,欲迁于社,不可。遂伐三嵏,俘厥宝玉以归。汤归,至泰卷,中䗪作《诰》,曰,"诸侯自为得师者王,得友者霸,自为谋而莫若己者亡。③ 我闻,有夏人矫天命于下,帝式是憎,用爽厥师。"④维三月,王自至于东郊。告诸侯群后,"毋不有功于民,勤力乃事,予乃大罚殛汝,毋予怨。"曰,"古禹、皋陶,久劳于外,其有功于民,民乃有安。东为江,北为济,西为河,南为淮,四渎已修,万民乃有居。后稷降播,农殖百谷。三公咸有功于民,故后有立。昔蚩尤与其大夫作乱百姓,帝乃弗予有状。先王言不可不勉。"曰,"不道,毋之在国,汝毋我

① 《淮南·修务》,"汤整兵鸣条,困夏南巢,以其遇放之历山。"高诱《注》,"历山,盖历阳之山,"在居巢东,仍南巢也。若《周书·殷祝》云,"汤将放桀于中野,桀与其属五百人,再徙至南巢,"一若汤有天下,得于桀之三让,疑非其实。

② 《墨子·非攻下》"逮至夏王桀,天有诰命,日月不时,寒暑杂至,五谷焦死,鬼呼于国,鹳鸣十余夕,天乃命汤于镳宫,用受有夏之大命。夏德大乱,予其卒其命于天矣,往而诛之,必使汝堪之。汤马奉率其众,是以取有夏之境,帝乃使阴暴毁有夏之城。少少,有神来告曰,夏德大乱,往攻之,予必使汝大堪之。予有受命于天,天命融隆火于夏之城间西北之隅。汤奉桀众,以克有夏,属诸侯于薄,荐章于天,通于四方,而天下诸侯莫敢不宾服,则此汤之所以诛桀也。"此中多杂五行家言,未可依据。惟谓"天命融隆火于夏之城间,"正《周语》所谓"夏之亡也,回、禄信于聆隧";其云,"天乃命汤于镳宫,"固即昭四年《左传》所谓,"成汤有景亳之命"也。景亳,即镳宫。

③ 《荀子·尧问》引中蘬之言。中蘬即中䗪。《吕氏春秋·骄恣篇》引作中虺,虺、䗪音同。

④ 《墨子·非命下》引《仲虺之告》文。

怨。”以令诸侯。[1] 时，天大旱，五年不收，汤乃以身祷于桑林曰，“惟予小子履，敢用玄牡，敢昭告于皇皇后帝，曰，呜呼！古者有夏，方未有祸之时，百兽贞虫，允及飞鸟，莫不比方，矧为人面，胡敢异心？山川鬼神，亦莫敢不宁。若能共，允惟天下之合，下土之葆。今天大旱。即当朕身。履未知得罪于上下。政不节与？使民疾与？何以不雨，至斯极也？宫室荣与？妇谒盛与？何以不雨，至斯极也？苞苴行与？谗夫兴与？何以不雨，至斯极也？聿求元圣，与之戮力同心，以治天下。有善不敢蔽，有罪不敢赦，帝臣不蔽，简在帝心，朕躬有罪，无以万方；万方有罪，罪在朕躬；无以一人之不敏，使上帝鬼神，伤民之命。”于是剪其发，𫔎其手，以身为牺牲，用祈福于上帝。民乃甚说，雨乃大至。作《汤诰》。[2] 汤遂改正朔，易服，色尚白，朝会以昼。[3]

汤陟，[4] 太子大丁未立而卒，乃立大丁之弟胜，是为卜

---

① “维三月”以下，至“以令诸侯，”大意全同《吕刑》，改“伯夷降典折民惟刑”为皋陶，与《尧典》说全相应，疑此《汤令》，或为后儒伪托。惟云，“东为江，北为济，西为河，南为淮”四语，极似殷初疆域，故存之。

② 此《汤诰》原文，全录徐时栋《逸汤誓考》。徐氏尝录晚周诸子引《汤誓》文，错综成篇，置之《伪古文尚书》中，殊未易辩，徐氏尝自比《金滕》云，“其事虽异，其体则同。”山谓与名《逸汤誓》，毋宁题曰《汤祷雨辞》。

③ 《史记》于“作《汤誓》”下曰，“于是汤曰，吾甚武，号曰武王，”此盖《鲁诗》旧说也。考卜辞，数见武唐云，“叀武唐用，王受又。”（续、一、7、6）“……卜出贞，今日之鱼□武唐□□允□”（铁、64、7）正《玄鸟》所谓“古帝命武汤，正域彼四方”说所本。周发自称武王，盖仿成汤庙号矣。《玄鸟》之诗又曰，“武丁孙子，武王靡不胜。”当为“武汤孙子，武丁靡不胜”传诵之误。《史记》据《诗经》误本，而谓汤亦，自号武王，王若虚《滹南辩惑》，已摘其误。

④ 《公羊》隐三年《传》“天子曰崩，诸侯曰薨，”此晚周制也。《韩昌黎集·黄陵庙碑》曰，“《纪年》，帝王之没皆曰陟。陟，升也，谓升天也，”验以安阳侯家庄出土甲骨文字屡称“兹陟帝。”（见《田野考古报告》一五七页）陟帝，犹顾命称成王为“新陟王，”是宗周文献亦称“王陟，”不称“王崩。”盖犹用殷礼矣。《史记》用周礼称崩，与殷礼不合，故本文皆改为陟。

丙。[1]

卜丙即位，二祀，陟，立卜丙之弟南壬。

南壬即位，居亳。四祀，南壬陟。卿士伊尹放大丁之子大甲于桐，而自立。七年，大甲潜出自桐，杀伊尹，立其子伊陟、伊奋，命复其父之田宅。[2]

① 卜丙，《史记》作外丙，云，“是为帝外丙。”外丙以下，先王名上，皆着“帝”字由本篇末“周武王为天子，其后世贬帝号，号为王”说，殷之先王，似尚帝号。考之载记，宋祖帝乙，纣名帝辛，卜辞亦尝见帝甲，此等“帝”号，皆《曲礼》所谓“天王崩，措之庙，立之主，曰帝”也；跻主之后，或冠“太”字，或冠“祖”字，或冠“武”字、“文”字，凡在大宗，皆有定名，此种定名，当即周人谥法先声。祖甲以前，未有帝号，《史记》于外丙中壬亦皆“帝”之，与《孟子·万章》所谓，“太丁未立，外丙二年，仲壬四年，”说亦不符。故先王名上，《史记》所冠“帝”字，今皆删去。又卜辞所见南壬，即仲壬，说详董彦堂先生《甲骨文断代研究例》。

② 伊尹放太甲，旧有二说：《孟子·万章》，“太甲颠覆汤之典刑，伊尹放之于桐。三年，大甲悔过，自怨自艾，于桐，处仁迁义，三年，以听伊尹之训已也，复归于亳。”《书序》及《殷本纪》皆因之，后儒更有辩及居桐为六年者。（如焦循《孟子正义》引周柄中说。）在《古本纪年》则谓，“仲壬即位，居亳，其卿士伊尹。仲壬崩，伊尹放太甲于桐，乃自立也。伊尹即位于太甲七年。太甲潜山自桐，杀伊尹，乃立其子伊陟、伊奋，命复其父之田宅而中分之，”（《通鉴外纪二》引）刘恕尝辩为流俗妄说。今考，《纪年》为书，其异于《殷本纪》者，与卜辞多不谋而合，则信《本纪》，不如从《纪年》。且，在周公训成王，作《毋逸》曰，“惟祖甲（即太甲）不义，惟王旧为小人，”小人，犹今言平民。

太甲复辟以前，旧为平民，最可反证《孟子》所谓“颠覆典刑”之无稽。由周人宗法“立嫡以长不以贤”言，汤崩，当传位太丁，太丁早卒，应立其嫡长子太甲。《史记》云，“太甲，成汤适长孙也，”即依周人宗法为说。在殷代则“兄终弟及，以子能继身者为大宗，”余于《宗法考源》中言之已详，无待申述。由殷人习惯法言，仲壬既崩，王位应传仲壬之子，不及太甲；太甲在汤崩时，已降为平民，故周公有“旧为小人”之说也。则伊尹所篡，为仲壬子位。《纪年》不言放仲壬之子者，疑仲壬无子不得已而以太甲为嗣。伊尹之放太甲，正以其不当位。伊尹本有莘氏媵臣。莘，《吕览》作侁。昭元年《左传》言，“诸侯逐进商有姺，邳，”姺即有莘，盖指伊尹篡位事。惟太甲见放七年，尚能光复祖业，故殷人尊为太宗。又，《史记》及《书序》俱云，太甲元年，伊尹作《伊训》、《肆命》、《徂后》。按，《肆命》、《徂后》，今无存语。若《伊训》，《汉书·律历志》引其发端云，“惟太甲元年十有二月乙丑朔，伊尹祀于先王，诞资有牧方明，”且为之说曰，“商十二月，乙丑，朔，冬至。”（《汉书》原文作“商十二月甲申朔旦冬至，”此处作者引用有误。——本书编辑）殷初，有无冬至节气，今不可考。所可考者，殷人以祀为年，今《伊训》首云，“太甲元年，”非古也。卜辞纪时，先日辰，次月，次时王在位岁数；且日辰在文首，月祀缀于篇末；今伊训先年而次月日，（接下页注）

太甲即位，保衡为政。①惟王旧为小人，作其即位，爰知小人之依，能保惠于庶民，不敢侮鳏寡。②尝为《训》曰，“天作孽，犹可违，自作孽，不可活。③毋越厥命，以自覆也。若虞机张，往省括于度，则释。”④又曰，“民非后，无能胥以宁，后非民，无以辟四方。”⑤

（接上页注）亦非古也。再以《伊训》内容考之，《孟子·万章》引云，“天诛造自牧宫，朕载自亳。”郑注《典宝》引其辞云，“载孚在亳，征自三朡。”（《尚书正义》引）征三朡为汤时事，造自牧宫，即《左传》所谓“汤有景亳之命，”亦似成汤语，则世传《伊训》佚文，盖汤训伊尹之辞，非伊尹训太甲文也。是在《尚书》，毫无伊尹相太甲明文，论史者，又未可据《伊训》以驳《纪年》。盖周公尝履天子之藉，七年，而复位成王矣。伊尹迎太甲，殆涉周公复位之事而误。

① 《书·君奭》言殷世贤臣云，“我闻在昔，成汤既受命，时则有若伊尹，格于皇天；在太甲，时则有若保衡，”保衡，旧注皆谓即伊尹。《商颂·长发》，“武王载旆，有虔秉钺……韦顾既伐，昆吾夏桀。昔在中叶，有震且业，允也天子，降予卿士，实维阿衡，实左右商王。”《毛传》亦谓，“阿衡，伊尹也。”总绎《诗》意，明言阿衡在商中叶，后于成汤伐桀若干年，与《君奭》之别伊尹、保衡为二人者，谊若合契。保衡、阿衡，当即卜辞所习见黄尹（《后编上》廿九页），黄尹、伊尹，犹楚人所谓令尹。

《左传》言楚之令尹有子元、子玉、子上等不得以其同为令尹而指为一人，焉得谓黄尹即伊尹？知伊尹自伊尹，保衡即黄尹，则太甲杀伊尹事，又得力证。

② “惟王旧为小人”节，见《周书·毋逸》，今本作祖甲，且次于中宗、高宗之后。按《史记》后文云，武丁崩，子祖庚立。祖庚崩，弟祖甲立，是为帝甲。在《周语》则谓“玄王勤商，十有四世而兴；帝甲乱之，七世而陨。”

祖甲既乱商法，周公不应称其“不义。”疑祖甲当为太甲。孙星衍《尚书今古文注疏》云，“《熹平石经》，‘或怨，肆高宗之享国百年，自时厥后’下阙。洪氏《隶释》载其文云，‘此碑独阙祖甲，计其字当在中宗之上，以传序为次也’。按《汉书·韦玄成传》，王舜、刘歆议曰，‘于殷太甲曰太宗，大戊曰中宗，武丁曰高宗；周公为《毋逸》之戒，举殷三宗，以劝成王’。《熹平石经》既以‘高宗享国百年’，《经文》接连‘自时厥后’，则《今文》‘其在祖甲’一节，必在殷王中宗之前。”《今文尚书》既次祖甲于中宗、高宗之前，其为太甲，自无可疑。太甲，据《史记》及刘歆说，庙号太宗，在卜辞则尚无征。盖卜辞虽常见“太宗，”犹后世言“太庙，”对“小宗”而言，非太甲专庙也。

③ 《孟子·公孙丑》引《太甲》文。

④ 《礼记·缁衣》引《太甲》文。

⑤ 《礼记·表记》引《太甲》文。《太甲》篇，《史记》、《书序》均谓伊尹作。考，太甲即位，伊尹已死。《太甲佚文》盖犹《汤誓》、《盘庚之诰》，皆太甲告戒百僚之辞。

三十三祀，太甲陟，子艼丁徇立。[①]

艼丁陟，弟大庚辩立。

大庚陟，子高立，是为小甲。

小甲陟，弟雍己立。殷道衰，诸侯或不至。

雍已陟，弟大戊立。时则有伊陟、[②]臣扈，[③]格于上帝，咸戊乂王家，[④]殷道复兴。[⑤]

---

① 艼丁，卜辞作，《史记》讹沃丁。

② 伊陟，郑玄谓伊尹子。按，伊尹子，名伊挚，亦即保衡，已如上论。挚者，执之形讹。卜辞，"庚辰卜，大贞，来丁亥，㝠帝㞢，岁艼卅、卯十牛，十月。"（《前编》六，第十六页。），商锡永释埶。埶即今树艺之本字，今语谓之植。植、执音近，字故又别为执字。卜辞所谓"㝠帝㞢埶，"疑即祭伊挚。伊挚自《孙子》、《墨子》、《楚辞》以来皆谓即伊尹（见《史记索隐》）。如《天问》云，"帝乃降观，下逢伊挚，何条放致罚，而黎服大说？"此即商颂所谓"降于卿士，实为阿衡"也。阿衡即保衡，为太甲时贤相。余由《君奭》分述伊尹、保衡，已论定保衡决非伊尹。则太戊时伊陟，又不得指为保衡。颇疑，伊挚，伊尹子也；此伊陟者或伊尹孙。盖自太甲至太戊，时历六君，保衡骨已朽矣，不得更事大戊。官有世禄，古之制也。若以殷王与伊氏家世相较，成汤—卜丙—南壬—太甲—艼丁—大庚—小甲—中己—大戊—伊尹—伊挚（保衡）—伊陟，则其年代约略相当。殷王多兄终弟及，以大宗论，自汤至大戊，不遇五世，以当伊氏之三世，尚有余年。总之，殷之伊氏与周之周、召同，盖世为王官，绵绵不替，故晚周诸子初误保衡、伊挚为伊尹，郑玄更误伊陟为伊尹子矣。

③ 臣扈，《书序》误为汤时人云，"汤既胜夏，欲迁其社，不可，作夏社，疑至臣扈。"马融《注》，"疑至臣扈，二臣名。"汤至太戊，已历五世，臣扈不应尚在。疑臣扈即雇国之君，为汤所灭，其子孙归殷之后，以功，复相太戊，再封于扈，卜辞所数见之雇国，是也。

④ "时则有伊陟、臣扈、咸戊"节，录自《尚书·君奭》。但咸戊，《今本尚书》作巫咸。卜辞，"贞出于咸戊。"（《前编》一，第四三页）王国维谓咸戊即巫咸，是也。

⑤ 《史记》于太戊时，除录《书序》之《咸艾》、《太戊》、《原命》外，尝著"亳有祥，桑谷共生于朝"事。考其时代，传说不一：《吕氏春秋·制乐》，"成汤之时，有谷生于庭，昏而生，比旦而大拱。其吏请卜其故。汤退。卜者曰，吾闻祥者福之先者也；见祥而为不善，则福不至；妖者祸之先者也，见妖而为善，则祸不至。于是早朝晏退，问疾吊丧，务镇抚百姓，三日而谷亡。"《韩诗外传三》亦谓"谷生汤庭，伊尹劝汤吊死问疾，赦遇赈穷，七日而谷亡。"在《尚书大传》则谓，"武丁之时，桑谷俱生于朝，七日而大拱。武丁召其相而问焉。其相曰，吾虽知之，吾不能言也。问诸祖己。曰，桑谷，野草也，野草生于朝，亡乎！武丁惧，侧身修行，思昔先王之政，（接下页注）

大戊陟，子中丁立。中丁元祀，自亳迁嚣，[①]征蓝夷。[②]

中丁陟，弟卜壬立。[③]

卜壬陟，弟戋甲整立。[④]戋甲即位，自嚣迁于相，数征蓝夷班方。[⑤]

戋甲陟，立其兄中丁之子滕，是为祖乙。[⑥]祖乙，即位，居庇，[⑦]任用巫贤，[⑧]严恭寅，畏天命，自度以民，祗惧，不敢荒宁，[⑨]殷复兴。

（接上页注）兴灭国，继绝世，举逸民，明养老之礼，重译来朝者六国。”（《御览》八三卷引）惟《说苑·君道篇》同于《史记》，谓在太戊时。按秦建阿房宫前，古代宫殿，大抵茅茨土阶，未尝有雕栏石砌，桑谷生朝，自理之常。其云昏生旦拱，或七日大拱，则必无之事。此后世设为妖祥以儆人臣之辞，或五行家所造作譬言，故删。

① 见《古本纪年》。嚣、隞，一声之转，故《史记》作隞。

② 见《古本纪年》。

③ 卜壬，见卜辞。《史记》讹外壬。

④ 戋甲见卜辞。戋、亶古音同部，故《史记》《纪年》并讹为河亶甲，此郭沫若说。

⑤ 河亶甲迁于相，征蓝夷，征班方，俱见《古本纪年》。

⑥ 祖乙，《史记》谓河亶甲子。《汉书·古今人表》谓河亶甲弟。考，《殷契佚存》九八六版云，“□未卜，桒上甲大乙大丁大甲大庚大戊中丁且乙且辛且丁，十示，率牡，”直以祖乙嗣中丁，自可断言《人表》以祖乙为河亶甲弟说之误。再征诸拙著《宗法考源》所谓，“子能继身为大宗，凡大宗之妣，始得配享，”使如《史记》所云，祖乙为戋甲子，则卜辞所见《大宗表》应为“大庚、大戊、戋甲、祖乙”；戋甲之妣，应予配食。今捡卜辞，先妣配享者，为中丁之妃妣癸，而未见戋甲之妣；在《大宗表》中亦祧中丁而非戋甲；是知祖乙确为中丁子，而非如《史记》云戋甲子也。以祖乙祧中丁，正犹太甲之祧太丁。太甲祧太丁，则卜丙、南壬俱闰位；祖乙祧中丁，故卜壬、戋甲皆降为小宗。此殷人不易之宗法也。故据卜辞所见大宗世系，改祖乙为中丁子。

⑦ 《御览》八三引《纪年》，“祖乙滕即位，是为中宗，居庇。”庇，疑当为邶，即《春秋》所见鲁之比蒲。形乃讹为邢，故《史记》有“祖乙迁于邢”之说也。邢耿古音同部，故书序又有“祖乙圮于耿”之说也。说详拙著《由三代都邑论其民族文化》。

⑧ 《君奭》，“在祖乙，时则有若巫贤。”巫贤，卜辞未见。

⑨ 《毋逸》，“昔在殷王中宗，严恭寅畏天命，自度治民，祗惧，不敢荒宁，肆中宗之享国七十有五年。”治，《鲁周公世家》作“以”（原作㠯。）是也。“自度以民，”犹汤征云，“视民知治”矣。“以”讹为“治，”故今本多失其读。此中宗者，《尚书》今古文说皆谓太戊。王国维尝据卜辞云“中宗祖乙，牛告”（《戬寿堂》三页）。验以《古本纪年》云，“祖乙是为中宗，”谓毋逸之中宗，当为祖乙是也。

故后世尊为中宗。

七十五祀，中宗陟，子祖辛立。

祖辛陟，弟芍甲逾立。①

芍甲陟，兄祖辛之子祖丁嗣立。

祖丁陟，立芍甲之子南庚。南庚即位，自庇迁奄。②

南庚陟，立祖丁之子喙甲。③ 喙甲之时，殷复衰，诸侯莫朝。④

喙甲陟，弟旬立是为般庚。⑤ 自汤至于般庚，五迁无定处。⑥般庚将自奄涉河西迁北蒙，⑦殷民咨胥，皆怨，不欲徙。般庚乃命诸侯大臣悉至王廷、而告之，曰“呜呼！古我先后，罔不惟民之承，保后胥戚，鲜不以浮于天时，殷降大丧，先王不怀，厥攸作，视民利以迁。汝曷不念我古后之闻？承汝，俾汝，惟喜康共，非汝有咎，比于罚。予若吁怀若新邑，亦惟汝故，以丕从厥志。今予将试以汝迁，安定厥邦。往哉！生生。”⑧般庚既迁，奠厥攸居，乃正厥名曰衣，周

① 芍甲，见卜辞。《史记》讹为沃甲，郭沫若说。

② 《古本纪年》，“祖乙居庇，南庚更自庇迁于奄。”奄即奄里，在曲阜。

③ 喙甲，见卜辞。喙、阳，古音同部，故《史记》讹为阳甲，郭沫若说。

④ “殷复衰”下，《史记》有“自中丁以来，废适而更立诸弟子，弟子或争代立，比九世乱”数语，因与殷人宗法未符，故略之。

⑤ 般庚，见卜辞。《今本尚书》、《史记》，皆作盘庚。

⑥ 汤居亳，中丁迁嚣，戋甲迁相，祖乙迁庇，南庚迁奄，此即《盘庚篇》所谓，“不常厥邑，于今五邦”也。《史记》失南庚迁奄一事，不足自汤至盘庚五迁之数，不得不弥缝其辞曰，“盘庚乃五迁无定处”矣。谓盘庚之时五迁无定处，则与《盘庚篇》乖剌，故正之如是。

⑦ 《古本纪年》，“盘庚旬自奄迁于北蒙，曰殷。”时河出北河，入海，奄在河东，殷在河西，谓“涉河西迁北蒙”可也。《史记》谓“殷已都河北，盘庚渡河南，复居成汤故居”，与史实全违。说详《论三代都邑篇》。

⑧ 自“呜呼！”至“往哉生生，”节录《盘庚》中篇。

以来所谓殷矣。①

般庚陟,弟小辛颂立。

小辛陟,立其弟小乙欽。②

小乙陟,子武丁立。武丁旧劳于外,爰暨小人,作其在位,乃或谅暗,三年不言。③ 卿士患之,曰,“王言以出令也;若不言,是无所禀令也。”武丁于是作书曰,“以余正四方,余恐德之不类。兹故不言。”如是,而又使以象梦,旁求四方之贤,得傅说以来,升以为公,而使朝夕规谏曰,“若金,用汝作砺;若津水,用汝作舟;若天旱,用汝作霖雨;启乃心,沃联心;若药不瞑眩,厥疾弗瘳;若跣不视地,厥足用伤。”④武丁复师甘般。⑤ 用能密靖殷邦,至于小大无怨。乃入于河,自河徂亳。⑥ 时壹方、土方、鬼方、𢀛方诸族,雄据西北,数侵

① 殷,周人所名也,在卜辞通书为衣,说详拙著《辨殷商》。(见《山东大学文史丛刊》第一期)

② “弟小乙立”下,《史记》有“殷复衰,百姓思《盘庚》,乃作《盘庚》三篇。”按《盘庚》三篇,具在,全为盘庚当时诰命,非小乙时代追录。工若虚《史记辨惑》尝已辨之。

③ 武丁旧劳于外节,见《毋逸》。

④ 自“卿士患之,”至“厥足用伤”节,见《国语·楚语》。

⑤ 师般见卜辞。董彦堂谓即甘盘。《君奭》,“在武丁时则有若甘盘。”甘盘之一号师般,盖犹吕尚之称师尚父,师者,太师也。太师所以总领师干之师,颇疑武丁之时,甘盘之功特多,故周公作《君奭》称之。

⑥ 《楚语》,“武丁能耸其德,至于神明,以入于河,自河徂亳。”亳即王国维《说亳》所谓蒙亳者也。殷人至是,始渡河南。《史记》脱此武丁迁亳事,则后“武乙去亳,徙河北”语,无着落;故不得不曲解盘庚迁殷为渡河而南。若《纪年》谓,“自盘庚迁殷,至纣之灭。二百七年(引语有误,当作“二百七十三年”——本书编辑),更不徙都,”语亦未得。余于《论三代都邑篇》详之,兹不申述。

殷边侯田。[1] 武丁乃登人三千征壹方。[2] 登人五千征土方，[3]登旅万三千人伐苎方。[4] 又征鬼方，三年，克之。[5] 殷道复兴。

五十五祀武丁陟。[6] 子祖己早卒。[7] 立祖己之弟曜，是为祖庚。祖庚祭武丁之明日，有飞雉，登鼎耳而呴。其卿士训于王曰，“唯天监下，典厥义，降年，有永，有不永；非天夭民，中绝其命，民有不若

---

① 壹方，卜辞作[illegible]方。[illegible]字余释为壹，说详《殷商方国志》。《殷虚书契菁华》有云，“癸巳卜，㱿贞，旬亡𡆥。王固曰，㞢希，其㞢来嬉。乞至。五日丁酉，允㞢来嬉自西。主皾告曰，土方征于我东鄙𢦏二邑。吕方亦侵我田十七人。”主皾为殷边侯田，土方，壹方，郭沫若谓皆殷人西北方之劲敌，其地望则不可确指。鬼方亦见于卜辞云，“乙酋卜，鬼方𡆥。五月。”其地望及势力，参阅王国维《鬼方昆夷玁狁考》。

② 卜辞，“庚子卜宾贞，勿登人三千，乎壹方，弗受之祐。（《前编》七，第二页。）此为武丁时记录，虽未言征伐，则武丁固尝以三千人征吕方矣。

③ 卜辞，“丁酉卜，㱿贞，今春，王登人五千，征土方，受之又。三月。”（《后编》上册一页。）㱿为武丁时官吏则登人之王，实为武丁。

④ 《库方氏甲骨卜辞》三百十片云，“辛巳卜，贞，登妇好三千，登旅一万乎伐苎，”伐苎方用人至于万有三千，此为武丁时代最大战争矣。

⑤ 《周易·既济》，“九三，高宗伐鬼方，三年，克之。”此高宗，当即《毋逸》所谓“高宗，”武丁也。

⑥ 《毋逸》“肆高宗之享国五十有五年”，《今本尚书》作五十九年，《熹平石经》作“享国百年，”未知其谂，姑依《史记》云。

⑦ 卜辞，“己巳卜，贞，王宾祖己 賓亡尤。庚午，卜贞，王宾祖庚，賓亡尤。”（《前编》一，第十九页。）王国维谓“祖己或即雍己孝己。”按：雍己卜辞已见。此祖己与祖庚先后同祭，其为孝己无疑。《战国·秦策一》，“孝己爱其亲，天下欲以为子，”高诱《注》，“孝己，殷王高宗武丁之子也。”《庄子·外物》，“人亲莫不欲其子之孝，而孝未必爱，故孝己忧而曾参悲。”在《尸子》亦谓，“殷高宗之子曰孝己，有孝行，其母早死。高宗惑后妻之言，放之而死。”此孝己为孝，固盛道于晚周诸子也。另一方面，足证祖己即孝己者，卜辞有云，“癸酉卜，行贞，王宾父丁，岁三牛，眔兄己一牛，兄庚一牛，亡尤。”（《后编》上，十九页。）王国维《先公先王考》云“考商时诸帝中，凡丁之子无己庚二人相继在位者，惟武丁之子有孝己，有祖庚，有祖甲，则此条乃祖甲时所卜；父丁即武丁，兄己、兄庚即孝己、祖庚。”孝己既被放而死，故祖甲称之曰兄己，后世尊之曰祖己。祖己既为武丁子，祖庚兄，不得再为祖庚之臣，更不得如《高宗肜日》云，“祖己乃训于王”也。

德，不听罪。天既附命正厥德，乃曰，其奈何？呜呼！王嗣敬民，罔非天继，常祀毋礼于弃道。”乃立武丁之庙为高宗，作《高宗肜日》及《训》。①

祖庚陟，弟祖甲戴立，是为帝甲。② 帝甲乱汤典刑，殷复衰。

帝甲陟，子廪辛先立。③

---

① 《尚书大传》说《高宗肜日》云，“武丁祭成汤，有飞雉登鼎耳而雊。武丁问诸祖己。祖己曰，雉者，野鸟也。不当升鼎。今升鼎者，欲为用也，远方将有来朝者乎？故武丁内反诸己，以思先王之道。三年，编发重译来朝者六国。”与《今本高宗肜日》内容全异；其谓武丁问祖己则一。祖己即孝己，父问于子，固事之常。至《书序》言祖己训高宗，以子训父，大背人情矣。祖己本祖庚兄，先武丁卒，至《史记》谓祖己嘉武丁之德而作《高宗肜日》，愈失不经。余考，“肜日”一辞，常见卜辞；其上多为先王名，如，“丁未卜贞，王宾康祖丁，肜日亡尤。”（《前编》一，第廿三页。）“戊寅，卜贞，王宾祖甲，爽妣戊，肜日，亡尤。”（《后编》上四页。）“庚子卜贞，王宾祖辛，爽妣庚，肜日，亡尤。”（《后编》上三页。）关于武丁者，亦尝有辞云，“丁未卜，贞王宾武丁，肜日，亡尤。”（《前编》一，第十八页。）若易武丁为高宗，而省却“王宾”“亡尤”诸辞，正成“高宗，肜日。”余谓《今本尚书》“高宗肜日，”即“王宾高宗肜日，亡尤”之残辞，金履祥《尚书表注》谓后王祭武丁之记事，自是不易之论，故改曰“祖庚祭武丁之明日。”

《高宗肜日》内之祖己，或为己氏传说之误，《粹编》一二三九片云，“丁亥卜己贞子商妾不其改贞人己氏殆即孝己子、然亦不能训其叔祖庚，故不能不改‘祖己训王’为，其卿士乃训于王。”总之，《高宗肜日》确为殷人记事文字之残泐，其内容尚待考。

② 《周语》，“玄王勤商，十有四世而兴；帝甲乱之，七世而陨。”韦《注》，“帝甲，汤后廿五世也。乱汤之法，至纣七世而亡。”则帝甲即祖甲。卜辞云“己卯卜，旻贞，帝甲□，其眔祖丁，□，”（《后编》上，四页。）王国维以祖丁求之，谓即祖丁叔父沃甲。（《观堂集林》卷九。）余谓帝甲仍当为祖甲；“其眔祖丁，”即康祖丁之初称。旻，盖文丁时贞人。文丁之子康丁，当称祖丁，恐与祖辛子无别，故冠“康，”或省称康丁也。卜辞又尝云，“甲申卜，贞，王宾祖甲。祭，亡尤。□卜贞，王宾，康祖丁，祭，亡尤。”（《前编》一，第廿四页。）祖甲、康丁，并见一版，亦可证前辞之祖丁或康丁，帝甲即祖甲。

③ 廪辛，《古今人表》、《帝王世纪》皆作凭辛，卜辞未见。但，辞有云，“兄辛岁，亩御，各于日□，”（三二，四八四）董彦堂谓，“为康丁时物，兄辛即廪辛。”廪辛未冠谥字，未知其故。疑，或如太丁未即位，廪辛，又无子为嗣之故欤？

廪辛陟，弟康丁立。[①]

康丁陟，子武乙立。殷复去亳徙河北。[②] 卅五祀，周王季伐西落鬼戎，俘二十翟王，[③]周势自此盛矣。武乙猎于河、渭之间，暴雷，震死。[④] 子文丁立。[⑤]

文丁之世，周人屡克诸戎，[⑥]雄长西土。四年，命王季为牧师，[⑦]

---

① 康丁，卜辞一称康祖丁，《史记》讹为庚丁。

② "殷徙河北"句下，《史记》有"帝武乙无道，为偶人，谓之天神，与之博，令人为行。天神不胜，乃僇辱之，为韦囊，盛血，仰而射之，命曰射天"节。按射天事，《宋世家》又属之宋工偃。在《战国·燕策二》，则谓"秦以宋委于齐曰，宋王无道，为本人以写寡人，射其面。寡人地绝兵远，不能攻也。王苟能破宋有之，寡人如自得之。"颇疑王偃射天事，即由宋王射秦王故事演绎而成；武乙射天事，又宋王偃传说之误。

《墨子》为书，尊天明鬼，其《明鬼篇》举桀、纣诟天侮鬼致招鬼神之诛，武乙果因射天而死于暴雷，正是《墨子·明鬼》上等材料。今《墨子》无其说，足证武乙射天故事，墨子以前无闻，故删。

③ 周王季伐西落鬼戎事，见《后汉书·西姜传》注引《纪年》。《周易·未济》，"九四，震，用伐鬼方，三年，有赏于大国。""大国"即"大邑商，"颇疑震伐鬼方，即指王季伐西落鬼戎事；而《既济》之高宗，又未始不可谓即王季也。

④ 武乙暴雷震死说，他书无徵。考殷末诸王，冠"武"号者，始于武丁，以其有伐壹方、土方、鬼方诸功也。帝辛既死，周封其子禄父于殷。周武王崩，禄父叛周，中兴之功未成，而庙号亦曰武庚；则凡以"武"为庙号者，皆由于武功。文丁之一称文武丁，武乙之为武乙，当亦肇敏戎功。武乙卅五年，周伐西落鬼戎，俘二十翟王，国势渐盛。颇疑武乙死于河渭之间，非由暴雷，或殁于殷周之战，殷周两大民族之冲突盖自兹始矣。以武庚庙号推之，故得例称武乙。

⑤ 文丁，见《纪年》、卜辞，一称文武丁，《史记》讹太丁。

⑥ 《后汉·西羌传》注引《纪年》，"文丁二年，周人伐燕京之戎，周师大败。四年，周人伐余无之戎，克之。七年，周人伐始呼之戎，克之。十一年，周人伐翳徙之戎，捷其大夫。"（《西羌传》"注"之引文为"太丁七年，周人伐始呼之戎，克之。十一年，周人伐翳徒之戎，捷其三大夫。"而伐燕京之戎、余无之戎则为《传》中所记，非"注"中所引——本书编辑）故云，"周人屡克诸戎，雄长西土。"

⑦ 《纪年》于文丁四年，周克余无之戎，继之云，"周王季命为殷牧师。"牧师，盖即西伯。

妻以太任,①既而杀之。②

文丁十一祀陟,子帝乙立。帝乙二祀,周人来伐。殷益衰。复以其妹归周文王。③

帝乙有子三人,曰微子启,曰仲衍,曰受。④ 帝乙陟,季子受立,是为帝辛。⑤

---

① 《大雅·大明》,"挚仲氏任,自彼殷商,来嫁于周,曰嫔于京,乃及王季,维德之行,大任有身,生此文王。"此言殷商嫁女于王季。所谓挚仲,即《周语》云,"挚畴之国也由太任。"挚,《左传》作薛,相传为奚仲后,由《诗》考之,殆不然矣。挚仲何年归周?今不可考。意或在命王季为牧师时,故暂著于此。

② 《晋书·束皙传》及《史通·杂说》俱引《纪年》云,"文丁杀季历。"《吕氏春秋·首时》亦谓,"王季历困而死。"则王季死于文丁之手,实为古代通说。《今本纪年》次王杀季历于"周人伐翳徙之戎,来献捷"之后盖确。盖文丁十一年,周克翳徙,其年文丁崩。文丁杀季历,决不能后于是年。

③ 文丁十一祀陟,见《通志》引《纪年》,今辑《纪年》者皆失收。《大雅·大明》,"文王嘉止,大邦有子,大邦有子,俔天之妹。文定厥祥,亲迎于渭,造舟为梁,不显其光。"此大邦之子,即《思齐》所谓,"太姒嗣徽音"也。太姒旧皆谓莘氏之女。按,《大明》云,"大邦,"当即所谓,"大邑商,""俔天之妹,"亦即《周易·归妹六五》所谓,"帝乙归妹,其君之袂不如其娣之袂良。"哀九年《左传》,"宋伐郑。晋赵鞅卜救郑,不吉。阳虎以《周易》筮之,得泰之需,曰,微子启,帝乙之元子也。若帝乙之元子,归妹而有吉禄,我安得吉禄?乃止。"以"大邦有子"证之,疑大姒即帝乙元子。说详黄以周《史记略》、《商帝乙考》。

④ 《史记》,"帝乙长子曰微子启,启母贱,不得嗣;少子辛,辛母正后,辛为嗣。"此因《吕氏春秋·当务》为说也。《吕览》曰,"纣之同母三人,其长曰微子启,其次曰中衍,其次曰受德;受德,乃纣也,甚少也。纣母之生微子启与中衍也,尚为妾;已而为妻,生纣。纣之父母欲置微子启以为太子,太史据法而争之曰,有妻之子而不可置妾之子,纣故为后。"余谓纣之立,非因嫡子。殷之宗法,王位继承,多季之子。康丁以后,变为单传,未必尽为独子。颇疑殷之末叶,已废"兄终弟及"制度,改为"父终子及。"子所及者,仍为季子,非如周人"立嫡以长不以贤,"故微子虽为元子,不得嗣帝乙。说详《宗法考源》。

⑤ 《史记》,"帝乙崩,子辛立,是为帝辛,天下谓之纣,"非也。帝辛为庙号,纣为生名。纣,故《书》或作受,如《牧誓》云,"今商王受惟妇言是用,"《立政》云,"其在受,德啟,"受在金文作

(尊文)或从亚作 (鼎文) (接下页注)

帝辛初立，有微子、微仲、王子比干、箕子诸贤相与辅相之，犹有善政。[①]及伐有苏，有苏氏以妲己女焉。妲己有宠，[②]乃其言是用。[③]使师延作新声，[④]《北里之舞》，[⑤]《靡靡之乐》。[⑥]受渐迷乱，沉酗于酒。[⑦]而外侯田男卫，内而百僚庶尹百姓里君，罔不率肆于酒，[⑧]败厥德于下。殷罔不小大好草窃奸宄，卿士，师师，非度。凡有罪辜，既无维护，[⑨]受复不肎事上帝，弃厥先神祇不祀，[⑩]殷民乃

(接上页注)亚中之受，似为亚旅之名；若受尊之受，颇疑帝辛作器之自名，《古文尚书》作受，是也。《吕览》误会《立政》"其在受，德暋"为"受德"，固非；《史记》因袭今文家言，而谓，"天下谓之纣"，亦谬。纣者，受之音讹；此帝辛之名，所当据金文为之是正也。

① 《孟子·公孙丑上》，"纣之去武丁，未久也。其故家遗俗，流风善政，犹有存者，又有微子、微仲，王子比干、箕子、胶鬲，皆贤人也，相与辅相之，故久而后失之也。"胶鬲，在《晋语》则谓其与妲己比而亡殷，异于《孟子》所闻，故删之。

② 受伐有苏事，见《晋语一》。

③ 《书·牧誓》，"今商王受惟妇言是用。"

④ 《韩非子·十过》，昔卫灵公之晋，至濮水之上。夜分，而闻鼓新声。召师涓抚琴而写之。遂去，之晋。晋平公觞之，乃召师涓援琴鼓之。未终。师旷抚止之，曰，"此亡国之声。此师延之所作，与纣为《靡靡之乐》也。及武王伐纣，师延东走，至于濮水而自投；故闻此声者，必于濮水之上。"《史记·乐书》引之，亦如是。《吕览·长见》"晋平公铸为大钟。师旷曰，不调。至于师涓而果知钟之不调也。"则师涓确卫灵公时人，《史记》谓"使师涓作新淫声"，师涓当为师延之误。

⑤ 《北里之舞》，见《史记》，未知所本。

⑥ 《靡靡之乐》，见《韩非子·十过》。

⑦ 受沉酗于酒，见《书·微子》及《毋逸》。

⑧ 外而"侯田男"数语本《酒诰》。大盂鼎铭亦曰，"我闻殷坠命，佳殷边侯田雩，殷正百辟，率肆于酒，故丧师。"则殷之亡也，上下荒湎于酒，为最大原因。顾颉刚先生《纣恶七十事的发生次第》尝以殷人酗酒，比于现代人吸食鸦片，当是确论。又谓纣之罪状，在《尚书》传说中，不过六项，至后世言恶必稽焉，其罪恶因年代久远，愈积愈丰富，于是天下暴虐，尽归于纣(详《古史辨》第二册)。故本文对于《史记》所传纣之罪恶，非得较确论证，陈言务去。

⑨ "败厥德于下"数语，见《书·微子》，间有奥语，从《史记》改。

⑩ "受不肎事上帝"二语，见《墨子·天志》引《泰誓》。《牧誓》亦谓受"昬弃厥肆祀弗答。"《逸周书·商誓》亦谓，"纣昬忧天下，弗显上帝。"由《左传》"国之大事，惟祀与戎"说，纣之昬弃禋祀，确为古人心目中之大罪。

攘窃神祇之牺牲，容以将食。[①] 微子去之，箕子为之奴，比干谏而死；[②]于是耇长旧人渐废，[③]惟羞刑暴德之人同于厥邦，惟庶习逸德之人同于厥政。[④] 费仲善谀，好利，[⑤]殷人弗亲，受任之。飞廉善走，恶来有力，父子俱以材力事受。[⑥] 作为璇室，筑为顷宫，[⑦]南距朝歌，北据邯郸及沙丘，皆为离宫别馆。[⑧] 又厚赋税以实鹿台之财，而盈钜桥之粟。[⑨] 百姓怨望，诸侯有叛者。受乃重刑辟，贼诛无罪。鬼侯有女，受刑之而取其环，截涉者胫而观其髓，剖孕妇而观其化，[⑩]杀梅伯而醢之，杀鬼侯而脯之，以礼诸侯于庙，[⑪]诸侯以此益疏。时，周文王沿河东下，挟其钩援临冲，灭崇侯虎，[⑫]伐密

① 殷民攘窃神祇之牺牲事，见《书·微子》。

② 微子三句，见《论语·微子篇》。

③ 《书·微子》，"咈其耇长旧有位人。"咈疑废之音讹；即《牧誓》所谓，"昏弃厥遗王父母弟不迪"矣。

④ 惟羞刑暴德之人二句，见《书·立政》。

⑤ "费仲善谀，好利"，见《史记》；费仲之名，见《墨子·明鬼》。

⑥ 飞廉父子事受，见《史记·秦本纪》。

⑦ 纣筑璇室顷宫，见《吕览·过理》。

⑧ 南距朝歌三句，见《古本纪年》，《荀子·成相》，"世之灾，妒贤能，飞廉知政，任恶来，卑其志意，大其园囿，高其台。"则受之大兴土木，皆飞廉父子成之也。

⑨ 纣厚赋税二语，见《史记》，证之《周书·克殷》言武王灭纣之后，"乃命南宫忽振鹿台之财，巨桥之粟"，说宜可信。

⑩ 受常贼诛无罪语，本《墨子·明鬼》。刑鬼侯女而取其环三事，见《吕览·过理》。

⑪ 杀梅伯以礼诸侯事，见《吕览·行论》。《韩非子·难言》则有"翼侯炙"语。《礼记·明堂位》则但曰，"昔殷纣乱天下，脯鬼侯以飨诸侯"而已。

⑫ 《大雅·文王有声》，"文王受命，有此武功，既伐于崇，作邑于丰。"又《皇矣》，"帝谓文王，询尔仇方，同尔弟兄，以尔钩援，与尔临冲，以伐崇墉。"崇，即崇侯虎国也。灭崇时期，《尚书·大传》谓，"西伯既伐耆，纣囚之牖里。散宜生陈宝于纣之庭。纣曰，非子罪也，崇侯也。遂遣西伯伐崇。"又云，"文王受命，五年伐耆，六年伐崇。"《周本纪》亦谓，"文王受命，六年伐崇。"张守节《正义》云，"崇国，盖在丰镐之间，《诗》云，既伐于崇，作邑于丰，是国之地也。"按：宣元年《春秋》，（接下页注）

须，[①]败畎夷，[②]复回师渡孟津，伐邘，[③]伐耆，渐逼殷畿矣。[④]祖伊恐，奔告于受曰，"天子！天既讫我殷命，格人元龟，罔敢知吉。非先王不相我后人，惟王淫虐，用自绝。故天弃我，不有康食，不虞天性，不迪率典。今我民罔不欲丧，曰，天曷不降威，天命胡不至？今王其奈何？"受曰，"我生不有命在天乎！"[⑤]于是为耆之蒐，[⑥]而囚

(接上页注)"冬，晋、赵穿帅师侵崇。晋人、宋人伐郑。"崇，《公羊》作柳，云，"天子之邑也。"柳，盖即隐十一年《左传》所谓"王取邬、刘、蔿、邘之田于郑，"周之刘邑。刘在《左传》又作崇。证之《经》云，晋先侵崇，然后伐郑；则崇当在周郑之间，徐中舒先生谓崇在嵩高山附近，是也。(详《再论小屯与仰韶》篇)《诗》言伐崇之上云，"文王受命，有此武功，"则伐崇应在文王受命元二年间；《大传》及《史记》均谓在六年，疑非。

① 《大雅·皇矣》，"密人不恭，敢距大邦，侵阮徂共。王赫斯怒，爰整其旅，……依其在京，侵自阮疆。"密须国，旧注多谓即密阴，其故城在今甘肃灵台县，与姬姓之密，在汉河南郡密县者有别。以隐元年《左传》言，郑庄公初封叔段于京，"谓之京城大叔，京叛大叔段，大叔出奔共"考之，《诗》所谓京与共，皆在郑国，则密须宜即《汉志》河南郡密县下云，"故国。"昭十五年《左传》，"密须之鼓，文之所以大蒐也。"《书·大传》及《周本纪》次伐密须于文王受命三年，是也。密在崇东，故周人必先灭崇然后伐密。

② 《大传》，"文王受命四年，伐畎夷。"《古本纪年》"夏后泄二十一年，命畎夷白夷。"畎夷，《后汉·东夷传》谓即东夷九种之一。《汉志》沛郡有敬丘县，应劭《注》谓即"《春秋》遇于犬丘。"犬丘，即卜辞所见犬侯国，文王所伐畎夷，此其是矣。《周本纪》改为"受命明年，伐犬戎，"则东夷讹为西戎矣。敬丘又在密须之东，故知文王伐畎夷，应在受命四年。

③ 《大传》"文王二年，伐于。"《周本纪》谓在六年，疑均误。按：《括地志》"故邘城，在怀州河内县西北二十七里，"徐广亦谓"邘城在野王县西北。"邘在孟津之北，疑文王伐邘，当在畎夷回师之后。

④ 《大传》，"文王四年，伐畎夷，纣乃囚之。四友献宝，乃得免于虎口，出而伐耆，"耆即卜辞所数见之下旨，在殷虚西。《周本纪》次伐耆事于文王受命四年。耆，徐广曰，"一作阢"，邹诞生曰，"本或作黎"。《括地志》，"故黎城，黎侯国也。在潞州黎城县东北十八里。《尚书》云：西伯戡黎是也。"而《诗周南召南谱疏》引郑玄《尚书注》则谓，"戡黎入纣圻内。"是文王伐耆，真欲剪商矣。统观文王受命后所有武功，盖，二年，灭崇。三年，灭密须。四年，败畎夷。五年，伐邘。六年，伐耆。先沿河东下，征抚南国东国，然后回师北伐，直入殷畿，显欲剪灭殷商，以复文丁杀季历之仇。自汉以来，多误密须、畎戎于西戎，即崇国亦迷失其地望，殷周兴亡之迹，遂不可考。故特依周师征伐路线，厘定文王受命后大事年代如是。盖克殷以前，周人本无"时王在位年数"纪年法，全以大事为纲(另详拙著《周开国前文化与西域之关系》)。故《大传》、《史记》所传述年代，又复不同也。

⑤ "祖伊恐……我生不有命在天乎。"《书·西伯勘黎》文。

⑥ 昭四年《左传》，"纣为黎之蒐，而东夷叛之。"黎即文王所戡之耆，卜辞又常见"王步于旨"(《前编》二，第十九页)。疑即受为黎蒐时之纪事。

文王于羑里。① 耆蒐未毕，东夷叛之。② 受乃移师东指，次于齐、

---

① 受囚文王于羑里，《周本纪》谓在文王受命之前，《尚书大传》谓在文王败畎夷之年。其免也，《大传》、《史记》皆谓以四友献宝，获受之心。襄卅一年《左传》则谓，"纣囚文王七年，诸侯皆从之囚。纣于是乎惧而归之，可谓爱之，文王伐崇，再驾而降为臣，蛮夷帅服，可谓畏之。"与《大传》、《史记》之说，又绝乖异。余谓纣囚文王七年者，或文王受命七年而被囚传说之误。盖，文王六年伐耆，七年在耆遇受来蒐，或兵败被俘，或朝会被陷。要文王是否善终？为历史上一大疑问。据《大传》及《史记》皆谓"文王受命七年而崩。"以史实推之，是年，文王正囚于羑里，此可疑者一。《泰誓》，武王誓师辞也。《礼记·缁衣》引《泰誓》曰，"予克纣，非予武，惟朕文考无罪；纣克予，非朕文考有罪，惟予小子无良。"武王之言若是，则其伐纣也，明又复文王之仇。文王非死于纣手，何武王屡称文考无罪？此可疑者二。武王出师经过，详于《周易·师卦》其六三曰，"师或舆尸"，六五曰，"长子帅师，弟子舆尸，贞凶。"此二爻辞，余尝谓即《天问》所谓，"武发杀殷何所悒？载尸集战何所急？"亦即《周本纪》所谓，"武王东观兵，至于孟津，为文王木主，载以车"也。武王行师，何以载文王木主？显以文王死于非命，归骨未得，藉木主以鼓怒士气，此可疑者三。文王既崩，武王即位，以殷王纪年法例之，宜即改元。考《大传》、《史记》及《古本纪年》俱以武王元年为文王八年。即武王观兵孟津，作《太誓》，亦自称"太子发"（《墨子·非命》引《太誓》讹为於去发）。意其时文王虽死羑里，武王不共戴天之仇未报，三年无改，故顺续文王受命之年以自惕自励。吾于周初纪年，独以文王受命年为法，尝疑其中必有隐痛在。《吕览·首时》，"王季历困而死，文王苦之；有不忘羑里之丑，时未可也。武王事之，夙夜不懈，亦不忘王门之辱；立十二年而成甲子之事。"王门之辱，旧史不详；而王季困死则见于《纪年》，亦不见于《诗》、《书》。《诗》、《书》，大抵周人之遗也，既羞言文丁杀季历事，则文王死于羑里，宜亦《诗》、《书》所不忍言。《战国·赵策》，"鲁仲连曰，昔者鬼侯、鄂侯、文王，纣之三公也。鬼侯有子而好，故入之于纣。纣以为恶醢鬼侯。鄂侯争之，辩之疾，故脯鄂侯。文王闻之，喟然而叹，故拘于牖里之库百日，而欲令之死。曷为与人俱称帝王，卒就脯醢之地也。"俱称帝王，虽谓战国时之齐秦，以齐称帝，为就脯醢，以比文王之囚羑里，意晚周时亦尝有文王死于羑里传说。故《史记》所传闳天献美女以求赦文王说。今皆删去。

② 《左传》，"纣为黎之蒐，而东夷叛之。"黎蒐所以伐周文王，东夷之叛，则疑齐太公主之。《孟子·尽心》，"太公辟纣，居东海之滨，闻文王作，兴曰，盍归乎来！"《吕览·首时》，"太公望，东夷之士也。欲定一世而无其主。闻文王贤，故钓于渭以观之。"文王、太公之相得，世多美谈。文王既因伐耆而囚羑里，太公逐率东夷叛受，此意中事。昭十一年《左传》，"纣克东夷，而陨其身。"是可证东夷之叛，与周人战略有关。

雇、旧、滆以伐夷方。① 及东夷底定，殷力衰竭，周师又渡孟津。内史向挚载其图法，②太师、少师抱其祭乐器，皆出亡之周。③ 受亦发兵距周师于牧野。二月，甲子，殷师败。④ 受走，取天智玉琰五，环身以自焚。⑤ 周武王入鹿台，适受死所，克射之，三发，而后下车，击之以轻吕，斩之以黄钺，悬诸大白。适妲己自缢之所，武王又射之，三发；击之以轻吕，斩之以玄钺，悬诸小白。⑥ 殷之属国，若方来、越、戏方、靡、卫、宣方、蜀、厉、艾侯等，遂尽灭于周，⑦流血

---

① 卜辞常见伐夷方纪录云，

癸巳，卜贞，王旬亡畎，在二月。在齐𩁹。隹王来征夷方。(《前编》二，第十五页。)

癸刻王卜贞，⊠在九月。王征夷方在雇。(《林书》一，第九页。)

⊠在正月，王来征夷方，在攸。(《明氏藏片》。)

癸未，王卜贞，旬亡畎，在十月又二。王来征夷方，在旧。(《前编》二，第五页。)

癸巳卜黄贞，王旬亡畎。在十月又二。征夷方，在滆。(《明氏藏片》。)

董彦堂先生谓皆帝辛时事，证之《左传》云，"纣克东夷而陨其身"；夷方当即东夷。考，卜辞，王来征夷方，正月在攸，二月在齐，九月在雇，十二月在旧，在滆，至少已历年时，夷方之强梁，可以想见。则《左传》所谓克东夷而陨身者，决非言过其实。故余于后文特云，"及东夷底定，殷力衰竭"，以见。帝辛之亡非亡于酒色，实亡于周师西逼，吕尚东扰，东西交侵，殷人疲于奔命也。

② 《吕览·先识》，"殷内史向挚见纣之愈乱迷惑也，于是载其图法出亡之周。"

③ 《论语·微子》，"太师挚适齐。少师阳击磬，襄入于海。"董仲舒《对策》谓皆纣时人云，"殷纣逆天暴物，杀戮贤知，残贼百姓，守职之人，皆奔走逃亡，入于河、海。"《史记》云，"殷之大师、少师乃持其祭乐器奔周，"疑亦古《论语》说。

④ 《周语》"昔武王伐殷，岁在鹑火，月在天驷，日在析木之津，星在天鼋……以二月癸亥，夜陈，未毕而雨。"《周书·世俘》，"越若来二月既死魄，越五日甲子，朝至，接于商，则咸刘商王纣。"纣之死，世皆据《世俘》、《牧誓》、《周语》等，谓在甲子日。考之殷人忘日为庙号制，受号帝辛，应死辛日，所谓甲子者，殷周大战之日也。

⑤ 《世俘》，"时甲子夕，商王纣取天智玉琰五，环身以自焚。"甲子夕三字，仍待考。

⑥ "周武王入鹿台"至"悬诸小白"节，见《周书·克殷》。

⑦ "殷之属国，……尽灭于周"，详《周书·世俘》。

浮杵。[1] 四月辛亥，武王荐俘殷王鼎，告天宗上帝以殷罪。壬子，正邦君，[2]封受子武庚、禄父，俾守殷祀，建管叔于东，建蔡叔、霍叔于殷，俾监殷臣。[3]

周武王崩，周公即位，武庚与三叔率殷、东、徐、奄及熊、盈十有七国以略。周公作师旅，临卫，政殷，殷大震溃。俘殷献民，迁于九毕；[4]分康叔以殷民七族，陶氏、施氏、繁氏、錡氏、樊氏、饥氏、终葵氏；分鲁公以殷民六族，条氏、徐氏、萧氏、索氏、长勺氏、尾勺氏。[5]

---

① 《孟子·尽心》，"尽信书，则不如无书。吾于《武成》，取二三策而已矣。仁人无敌于天下，以至仁伐至不仁，而何其血之流杵也？"《论衡·艺增》复申《孟子》曰，"夫《武成》之篇，言武王伐纣，血流浮杵。助战者多，故至血流如此，皆欲纣亡也，土崩瓦解，安肯战乎？《武成》言血流浮杵，亦太过焉。死者流血，安能浮杵？"夫浮杵者，言其杀人之众也。文丁杀季历，帝辛囚文王，殷周已成世仇，武王克殷，以战略胜，乌睹所谓"至仁杀至不仁"哉。

《汉书·律历志》引《武成》佚文，大抵同于《周书·世俘》。而《世俘》所见方来、宣方、蜀、艾侯等，均见卜辞。孔广森《经学卮言》虽尝谓，"未可竟以《世俘》当《武成》，"（卷二）要谓世俘为周初实录，盖无可疑。观于《世俘》，自二月甲子接于商，至四月乙巳，告禽献馘时，历二三月，灭国十余数，又乌睹所谓"至仁"哉。

② "四月辛亥，……壬子，正邦君，"节录《世俘》文。

③ "封受子武庚，……俾监殷臣，"《周书·作雒》文。

④ "武王崩……迁于九毕"，《周书·作雒》文。

⑤ 定四年《左传》，"昔武王克商，成王定之，周公相王室以尹天下，分鲁公以殷民六族，条氏、徐氏、肃氏、索氏、长勺氏、尾勺氏，使帅其宗氏，辑其分族，将其丑类，以法则周公。分康叔以殷民七族，陶氏、施氏、繁氏、錡氏、樊氏、饥氏、终葵氏，皆启以商政，疆以周索。"此周初瓜分殷民之实录也。《周书·商誓》，"告尔伊、旧、何、父、几、耿、肃、挚，乃殷之旧官人。"几即康叔受封之饥氏，肃即鲁公受封之肃氏，则殷之氏族可考者凡十九。太史公曰，"其后分封，以国为姓，有殷氏、来氏、宋氏、空同氏、稚氏、北殷氏、目夷氏。"《索隐》，"按《系本》，子姓，无稚氏、北殷氏，《系本》作髦氏。又有时氏、肃氏、黎氏。"余谓，《世本》所见黎氏，即迁史所谓来氏；髦氏，即迁史所谓目夷氏；迁史所谓稚氏，稚当为椎，即康叔受封之终葵氏。若，空同氏，即孔氏之缓言，孔子所谓"予殷人"者是也。如是，则殷之氏族可考者，有：

殷氏，（依卜辞当为依氏。）

北殷氏，（殷字疑衍，即《诗》所谓"奄受北国"。） （接下页注）

殷民既散，周公复立微子于宋，以续殷祀焉。

丁山曰，“殷之兴也，汤先静东国；其亡也，东夷先叛。周人起自西土，太王始欲剪商，王季、文王继之，蚕食河南、河内，殷之与国尽矣！而世人大共非訾受之荒淫好货，残杀忠良以丧其国，不亦谬乎？”子贡曰，“受之不善，不如是之甚也，是以君子恶居下流，天下之恶皆归焉。”（《论语·子张篇》）谅哉！

一九四〇年五月刊于《史董》第一册。

（接上页注）宋氏，（微子后，但卜辞已见宋伯。）
伊氏，（即伊尹后。）
空同氏，（即孔氏。）
终葵氏，（即椎氏，《史记》讹为稚氏。）
目夷氏，（即髦氏。）
黎氏，（即耆氏，《史记》作来氏。）
条氏，（即卜辞所见攸国。）
徐氏，（即周人所谓徐方，或谓之群舒。）
萧氏，（《周书》作肃氏。）
索氏，
长勺氏，（见《春秋》及《左传》。）
尾勺氏，
陶氏，（黏鎛作䍃。）
施氏，
繁氏，（又见班𣪘铭。）
錡氏，
饥氏，（《周书》作几氏）
樊氏，
旧氏，（见卜辞。）
何氏，（疑即《穆天子传》所谓河宗氏。）
时氏，
父氏，（疑即传说后，卜辞所谓梦父之国矣。）
挚氏，（《周书》作执，即《诗》所谓“挚仲氏任”也。）
凡廿有三族。氏族既蕃，帅辑不易，以当维新之周邦，政令之一统，故虽于不亡矣。

卜辞所见先帝高祖六宗考

成汤以前，殷之先公先王名号，见于《史记·殷本纪》者，据前此古史学者考证，不尽见于卜辞；而卜辞所见先帝高祖名号，间亦不见《殷本纪》。用不揣谫陋，就余所见有限甲骨文材料，分论先帝、高祖及多公问题如次：

（一）先帝

《礼》："不王不禘"，"王者禘其祖所自出者为帝"，虽周人学说，实出殷商祀典。祖甲别号帝甲（见《国语·周语》），宋祖帝乙（见《左传》），受号帝辛，此皆《曲礼》所谓"天王崩……措之庙，立之主曰帝"也。其为先祖，冠以帝号，不见《殷本纪》，惟见卜辞者，则有

（A）帝鸿

己巳卜，贞，帝鸿。〇贞，帝鸿，三羊、三豕、三犬。（《前》4、17、5）

(B)帝豩(遂)

……帝豩……(《前》1、31、1)

□□卜,大贞,□十宰,豩。五宰、蠶示。八月。(《后》上、28、6)

(C)帝云(雲)

贞,帝禘于帝云。○贞;□今十二月,雨。(《续》2、4、9)

寮于云。(《通纂》别2、中村5)

(D)帝凤(风)——帝史凤(使风)——帝史(使)

辛未卜,帝凤、不用、亦雨。(《佚存》227)

于帝史凤,二犬。(《通纂》398)

乙巳卜贞、王宾帝史,亡尤。(《通纂》64)

(E)帝臣——帝五臣——帝五丰臣

贞,帝臣令。(《后》上、30、12)

隹帝臣令。(《续》3、42、7)

王岁于帝五臣,正隹,亡雨。○辛亥卜……五臣……(《粹》13)

庚午贞,雚,大雋于帝五丰臣,血,□在祖乙宗、卜。(《粹》13)

癸酉贞,帝五丰,其三小宰。(《后》上、26、15)

(F)帝汅河

帝汅㞢疾。(《后》下、30、2)

(G)帝工

辛亥卜,帝工虽我,又卅宰(《邺羽》三下、46、5)

(H)帝北巫　帝东巫　巫帝

辛亥卜,帝北巫。(《邺羽》三下、46、5)

帝东巫。(《粹编》1311)

壬午卜,賁土徙巫帝乎……(《拾遗》1、1)

丁酉卜,巫帝□(《粹编》1268)

(I)嬰帝

丁酉卜,嬰帝南。(《粹编》1268)

(J)帝黄

戊戌□帝黄,爽,二豕。〇帝黄,爽,三豕。(《前》6、21、3)

戊戌卜,帝于黄□。(《林》1、11、6)

(K)方帝

贞,方帝,夘一牛,㞢南。(《前》7、1、1)

方帝(《粹编》810)

桒年于方,又大雨。(《粹编》808)

(L)帝甲

己卯卜,貫,贞帝甲,𪚶,其眔祖丁□。(《后》上、4、16)

□酉卜……帝甲、丁其牢□□。(《戬》5、13)

(M)帝丁——文武帝

甲戌卜,王曰贞,利,告于帝丁,不𢀛。(《粹编》376)

……卜贞,大……王其又□文武帝,正,王受又。(《前》1、22、2)

□子,卜贞,王其又勺于文武帝,其吝月,又于小乙,王弗每。(《续》2、7、1)

(N)文武帝乙——文武帝

乙巳,王曰,尊文武帝乙,宜,在召大庭。……(《𢦏其卣铭》)

乙丑卜贞,王其又勺文武帝三牢,正,王受又。(《前》4、17、4)

帝字之下,或缀专名,其上或冠神号,粗计之不下十数见。文武帝乙,即帝乙;帝丁,即文丁;帝甲,即祖甲,或太甲;皆望而可识,且皆成汤以后之后王，在此姑不申论。而最可注意之殷商始祖“帝喾”，独于卜辞无徵（希望将来能有发现，以祛吾说），则《帝系》、《殷本纪》所传简狄为帝喾次妃说，纵本于屈原《离骚》所谓“恐高辛之先我”，必待地下新证，然则始可论其有无。

帝鸿，郭鼎堂先生，尝“疑即《山海经》帝俊生帝鸿之帝鸿”，（《通纂考释》772片）自是确论。郝懿行《大荒东经笺疏》云：“帝鸿，黄帝也，见贾逵《左传注》。”按，黄帝，即J节所引“帝黄”，其原始之神格尚待研究。若帝鸿见于文公十八年《左传》曰：“昔帝鸿氏有不才子，掩义隐贼，好行凶德，丑类恶物，顽嚚不友，是与比周，天下之民，谓之浑敦。”浑敦，《山海·西山经》作浑沌云：“天山，有神鸟，其状如黄囊，赤如丹火，六足四翼，浑沌无面目，是识歌舞，实惟帝江也。”帝江，浑沌无面目，正《庄子·应帝王》所谓“中央之帝曰浑沌”。浑沌氏，果如《庄子》说七窍不通者，应是天地未辟之象；果如《山海经》说为天山之神鸟，是即共工氏别名（语在《由鲧陻洪水论舜放四凶》），盖旱魃之神。

帝工之名，疑即帝鸿别写，是共工也。

帝𦃡，𦃡篆作，即字初写。《虞书》“𦃡类于上帝”，今本《尚书》作肆，《史记·五帝纪》作遂。帝𦃡，殆即燧人氏。《周官·大司寇》：“司烜氏掌以夫遂取明火于日。”《注》：“夫遂，阳遂也。”《淮南·天文》：“阳燧见日则然而为火。”《论衡·率性》：“阳遂取火于天，五月丙午，日中之时，销炼五石，铸以为器，仰以向日，则火来至。”阳遂，古一称金燧。《礼记·内则》：“小觿，金燧；大觿，木燧。”《注》：“金燧可取火于日；木燧，钻火也。”《淮南·时则》曰：“春爨萁燧火，夏秋爨柘燧火，冬爨松燧火”；此《论语·阳货》所谓“钻燧改火”也。由阳燧向日生火，木燧钻而生火，《世本》乃演而

为“造火者燧人”。然则，帝𪓐，殆即燧人本名，殷之火神也。

帝云，郭鼎堂读为云，是也(《通纂》259片)。云神，《楚辞·九歌》称为云中君，《离骚》与《远游》又称为丰隆。《穆天子传》：“天子升昆仑，封丰隆之葬。”郭璞《注》：“丰隆，筮师，御云，得《大壮》卦，遂为雷师。”《归藏》亦曰：“丰隆筮云气而告之。”沛然作云，轰然雷鸣，油然下雨，雷雨之兴，必藉风云，《管子·封禅》：“昔无怀氏封泰山，禅云云；虑羲氏封泰山，禅云云。”云云之山，古昔相传盖为云神所宅，故祈羊至焉。文公十八年《左传》云：“缙云氏有不才子，贪于饮食，冒于货贿，天下谓之饕餮。”缙云疑即“卿云”，或“景云”之语讹，亦即“云中君”，在殷则称帝云。

帝使，即上帝之使，凤，古文鹏字。《庄子·逍遥游》所谓大鹏，实大风喻言。风神，《楚辞》或称为风伯，要其初名，当为帝凤。《离骚》：“望瑶台之偃蹇兮，见有娀之佚女，心犹豫而狐疑兮，欲自适而不可，凤皇既受诒兮，恐高辛之先我。”凤皇受遗而使有娀氏，是即凤为帝使之确解。

《墨子·兼爱》述汤祷雨之辞曰：“有善不敢蔽，有罪不敢赦，简在帝心。”《论语·尧曰篇》引则作“帝臣不蔽，简在帝心”。帝臣，盖谓上帝之臣。上帝之臣，卜辞一称“帝五丰臣”。郭鼎堂尝谓：“丰读为介，五丰臣，犹《秦誓》言一个臣。”(详《通纂考释》)山谓，“五丰臣”，即昭公廿九年《左传》所谓“五行之官，封为上公，祀为贵神，社稷五祀，是尊是奉。”汉以来所谓“五帝佐”。五帝佐，盖司天之时令，故卜辞又谓之“帝臣令”。

《大荒西经》：“有灵山，巫咸、巫即、巫肦、巫彭、巫古、巫真、巫礼、巫抵、巫谢、巫罗十巫从此升降，百药爰及。”《海内西经》“开明东，有巫彭、巫抵、巫阳、巫履、巫兄、巫相，夹窫窳之尸，皆操不死之药以距之。"《论语》曰："人而无恒，不可以学巫医。"凡《山海经》所谓群巫者，盖皆古医药之神。《史记·封禅书》以为巫咸兴于殷大戊时。《玉烛实典》引《庄子》则曰："黄帝氏立巫咸，教黔首。"巫咸，固亦天神也。巫神在天，既有东、有北，宜更有"南巫、西巫"，待卜辞上将来之证明。换言之，巫神因在天方位不同，在殷时应有四巫或五巫。《封禅书》言高祖即位，"晋巫祠五帝"，又令"九天巫祠九天"。九天之说，起于战国，春秋以前，但称五天。祠五天者，东巫祠东方帝、北巫祠北方帝；余故谓，五帝学说，殷人创立；五行思想，殷人传之（另详《五行考原篇》）；此北巫、东巫，即其有力之证明。然则，巫帝，即九天巫之滥觞。

方帝，即五方天帝，语在《由黄帝论五帝篇》。

帝黄，即黄帝。《月令》："中央土，其日戊己，其帝黄帝，其神后土。"郑玄《注》："日之行，四时之间，从黄道，月为之佐。"《正义》引《考灵耀》曰："春则星辰西游，谓星辰在黄道之西游也；日依常行，在黄道之东。季春日依黄道而行。夏，日依常行，在黄道之南；至季夏，日依常行黄道。秋，日行黄道之西；冬，日行黄道之北；季冬，日依常行黄道。"由是言之，黄帝，盖因九天黄道得名；即汉儒传说五色帝，亦无非日月行道之代名。殷有"方帝"，当有天道（即日月行道）学说，亦即有黄道名词。余谓，卜辞所见"帝黄"，决为黄道；其祭帝黄以"戊戌"日，固即《月令》所谓"其日戊巳"矣。

㝨帝之㝨，郭鼎堂释要。要帝，载籍无徵。要倏一声之转，《庄子应帝王》："南海之帝为倏，北海之帝为忽。"倏为南海帝，卜辞"要帝南"，固即《庄子》寓言之根据欤？

统观诸帝祀典，或以二犬；或以三豕、三羊、三犬；或以三少宰；最高不过三十少宰；尚无“太牢”之发现，似非天神之至尊者。天神之至尊者，就今所见卜辞考之，惟：

□□卜，出贞，……上帝……兄。（《后》上、28、14）

上帝一见耳。以上帝为主，附以方帝之东、南、西、北四帝，即为五帝，余故曰：五帝系统之构成，定在殷商之世，然而，非黄帝、帝喾、颛顼、尧、舜也。

（二）高祖

帝喾生契，契生昭明，昭明生相土，相土生昌若，昌若生曹圉，曹圉生冥，冥生振，振生上甲微，子孙绳绳，载在《殷本纪》。王国维《先公先王考》验诸卜辞，以为喾即“高祖夒”，相土即邦土，冥当为季，振当为王亥，王亥之次，敚其弟王恒，是已。郭鼎堂《通纂考释》谓卜辞所见王矢即曹圉，蘁亦即契。董彦堂谓契在卜辞作兕，亦有可能（《甲骨文断代研究例》）。按：卜辞于夒与王亥、大乙数称高祖，于河于岳，亦间称高祖；而禘祫之典，例自上甲始，如：

乙未，酒，兹，品，上甲十，匚乙三，匚丙三，匚丁三，示壬三，示癸三，大乙十，大丁十，大甲十，大庚七賁三……三祖乙……（王、董合并残骨文）

但自上甲酒𧂭，次及报乙、报丙、报丁、示壬、示癸，此先王祀典表，卜辞又常省报乙以下而不名云：

癸未，王卜贞·彭，彡夕自上甲至多毓，衣。亾𡆥，自畎。在四月，隹王二祀。(《前》3、27)

癸卯，王卜贞，彭，翌日，自上甲至多毓，衣。亾𡆥，自畎。在九月。隹王五祀。(《后》上、20)

癸卯卜，彭桒，贞。乙巳，自上甲廾示，一牛；二示，羊，土𤇾；三示，𩵋牢；四示，犬。(《戬寿堂》1)

乙未贞，其桒，自上甲十示又三，牛；小示，羊。(《后》上、28)

辛巳卜，大贞，㞢自上甲，元示，三牛，二示，一牛。十三月，(《前》3、22)

此种禘祫大典，不数王恒以前；盖前此世系或以年代湮远，无从世次；或非先王正统，亦皆神祇已。

(A)说夒即简狄——由今社会学言，凡属初民，无不各有其氏族宗神。此一宗神，或取象生物，或取象人体，传说既久，往往变为氏族始祖，或为宗姓，此所谓图腾也。《商颂》尝称："天命玄鸟，降而生商。"商人以玄鸟为图腾。顾在周人传说，商为子姓，子与玄鸟不相应也。间尝疑子姓来源，或"天子"省称。殷末卜辞屡称"子卜贞"，皆商王亲卜者也。王而称子，当为天子。宋为天子苗裔，子姓，或天子、王子省称，俗传子即燕子，殆不然矣。《殷纪》托始于简狄。《离骚》及《吕览·音初》俱以为有娀氏佚女。于文，戎农音近字通(《毛诗》"何彼襛矣"，《韩诗》作"茙矣"。)《说文》："狨，犬恶毛也，从犬,农声。”朱氏《通训定声》云:“《〈尔雅·释兽〉注》,𤞞,毛狨长,今读如猱,犹《诗·远》之猱,《韩》作嶩也。农猱一声之转。”又《说文》:“蝚蛭,至掌也。”《〈汉书·司马相如传〉注》亦曰:“蝚,今谓之戎皮。”柔戎音近字通,故有娀氏得读为猱氏。猱,《说文》谓即夒字,或体云“贪兽也;一曰母猴”,王国维谓  形象之。然则卜辞云:

> 叀高祖夒,祝用,王受又。(《粹编》1)
>
> □戌贞,其告蒐□于高祖夒,六□。(《粹编》2)
>
> 于高祖夒,桒。(《佚》645)

凡此夒字,直接读为有娀氏,间接可指为契母简狄。简狄,盖即商人图腾母猴别名。

简狄之狄,《说文》训为“赤狄,犬种也”。《史记·赵世家》:“简子萝帝赐二笥,皆有副;帝又属一翟犬。当道者曰,主君之子,将克二国于翟,皆子姓也。翟犬者,代之先也。主君之子,必将有代。”代,金文自称为“杕氏”(有壶传世)。《颜氏家训·书证》:“《诗》有杕之杜,江南本并木旁施大,而河北本皆为夷狄之狄。”是代也,杕也,狄也,皆赤狄一名之变,《魏书》百零三卷《高车传》云:

> 高车,盖古亦狄之余种也。初号狄历,北方以为敕勒,诸夏以为高车、丁零。其语略与匈奴同,而时有小异。或云,其先匈奴之甥也。其种有狄氏、袁纥氏等。俗云,匈奴单于生二女,姿容甚美,国人皆以为神。单于曰:“吾有此女,安可配人?将以与天。”乃于国北无人之地,筑高台,置二女其上,曰:“请

天自迎之。”三年，其母欲迎之。单于曰：“不可，未彻之间耳。”复一年，乃有一老狼，昼夜守台，嗥呼，因穿台下为空穴，经时不去。其小女曰：“吾父处我于此，欲以与天；而今狼来，或是神物，天使之然。”将下就之。其姊大惊曰：“此是畜生，无乃辱父母也！”妹不从，下，为狼妻，而产子，后遂滋繁成国。

以此成孕图腾神话，印证《吕氏春秋·音初》所传“简狄在台”故事，余知殷商民族，与高车、丁零同一血统。《淮南·地形》尝云：“有娀国，在不周之北，长女简狄，少女建疵。”不周山在中国西北，秦、汉而后，为丁零、高车蕃息之地。曩作《由三代都邑论其民族文化》尝论定殷商民族自北方南下，犹辽、金、元之入统中国者然，得此高车图腾神话印证，余知商人，本赤狄矣。赤狄余裔，代氏（即杕氏），子姓，与商人正同族类。商之成孕图腾夒，释为母猴，可也；释为老狼，可也；释为简狄、建疵，可也；王国维以来，必以“高祖夒”傅合帝喾或帝俊，并失之迂。

（B）商人禘舜说——《国语·鲁语上》：“商人禘舜而祖契，郊冥而宗汤。”韦氏《解》，“舜当为喾，字之误也。《礼·祭法》曰：商人禘喾。喾，契父，商之先，故禘之。”此舜与喾一字之歧，所关于商代民族宗教图腾神话者至为重大。如《祭法》“禘喾”说是也，则商人确以喾为高祖，韦氏据《五帝德》、《帝系》、《殷本纪》以改《国语》，自不可易。若以成书年代论之，则《国语》前于《帝系》、《五帝德》，《帝系》、《五帝德》前于《殷本纪》。吾人研究古代，宁取较古史料以正后世传说之误，不当据后世传说以追改较为原始史料。

故论商代图腾神话，与其信任《帝系》、《殷纪》，不如依据《国语》之较为近真也。

曩作《由黄帝论五帝》，尝谓："夔之变也，项爕篡作项，即颛顼本字。夔，一省而为顼，再省而为允，三讹而为舜，是舜即夔，亦即颛顼也。"杨宽先生认为鄙说除毛举一二古文字外，他无实证。十余年前旧作，得友朋善意之指正，至为荣幸！由文字演变之迹以论史实之递传递变，犹近世东西学者藉语文异同以探寻民族分合之迹，同为治史者极基本工作。两千年以上之史实，待吾人自其流传之直接文字记载而加剖析综合，以明古代真相者，其事实繁。前此，余好自文字论古文，直指舜与颛顼，皆夔字所分化，至今自我检讨，似无矛盾之处必须修订。

《山海经》言帝俊者十余事。《东荒经》："有中容之国，帝俊生中容。"郭璞《注》曰："俊，亦舜字，假借音也。"《西荒经》："有西周之国，姬姓，有人方耕，名曰叔均。帝俊生后稷，稷降以百谷。稷之弟曰台壐，生叔均，叔均是代其父及稷播百谷，始作耕。"郭《注》又曰："俊宜为喾，喾第二妃生后稷也。"此盖欲据《帝系》及《周本纪》以订《大荒经》之误也。顾俊字与喾，形既不伦，音复远隔，喾何由误俊？殊不可解。若叔均，当是商均传说之误。《南荒经》曰："南海之外，有阿山者，赤水穷焉。赤水之东，有苍梧之野，舜与叔均之所葬也。"郭《注》："叔均，商均也。舜死苍梧而葬之，商均因留，死，亦葬焉。"证之《楚语上》云："太子若不欲善则不善至，故尧有丹朱，舜有商均。"《今本纪年》云："舜廿九年，帝命子义均封于商。"郭谓叔均，即商均，是也。叔均封于商，正是商人始祖。商人例得祖舜，《鲁语》所谓"商人禘舜祖契"，自是春秋士大夫通说。

韦《解》不暇比勘《国语》前后文，径据战国以后所传《帝系》、《殷本纪》误说以改《国语》，固嫌未当；而清代疏证《国语》者，若汪氏《发正》，董氏《正义》，均沿韦误而不觉，近徐元诰先生作《集解》，径据韦误以改正文；于是《帝系》、《殷本纪》因《祭法》"禘喾"之误，而误以为喾为商祖，二千年来竟无能发其覆者矣。

"俊亦舜字"，郝氏《笺疏》云："未审所据？《南荒经》云'帝俊妻娥皇'，郭盖本此为说。然《西荒经》又云'帝俊生后稷'，是帝俊即喾矣。但《经》内帝俊叠见，似非专指一人。"按《南荒经》云："帝俊妻娥皇生此三身之国，姚姓。有渊，四方，北旁名曰少和之渊，南旁名曰从渊，舜之所浴也。"此舜与帝俊，并见一则之内，自可证俊为舜之异文；且俊子，姚姓，与舜同族；此三身之国所以必祖舜也。（《大荒海内经》又云，三身生义均，义均封于商，此亦商人禘舜直证。）《东荒经》："帝舜生戏，戏生摇民。"此即《南荒经》所谓"帝舜生无淫，降臷处，是谓巫臷民"也。在《海内荒经》则又谓："帝俊生禺号，禺号生淫梁，淫梁生番禺，是始为舟。"淫梁之与摇民，摇民之与淫，固皆一名所分化也；则谓帝俊即帝舜，在荒诞不经之《大荒经》中，已多论证，况有《鲁语》"商人禘舜"较古传说足以定《荒经》之歧误乎！

郝氏《笺疏·东荒经》"帝俊生中容"云："据《左传》文十八年云，高阳氏才子八人内有中容；然则，此《经》帝俊，又当为颛顼矣。"按：颛顼之即帝俊，可于《北荒经》得其消息。《经》曰："附禺之山，帝颛顼与九嫔葬焉。……丘方员三百里，丘南，帝俊竹林在焉，大可为舟。竹南，有赤泽水，名曰封渊。丘西有沈渊，颛顼所浴。"此附禺之山，全言颛顼事，中忽插以"帝俊竹林，大可为舟"，帝俊未始不可指为颛顼误字。帝俊,吾于上文已证明即帝舜,舜与颛顼自不难论定为一名所分化。再就《大荒经》中传述帝舜、帝俊与颛顼相似之故事,作一比较:

颛顼	帝俊	帝舜
《西荒经》:"黄帝之孙始均生北狄,有榣山,其上有人,号曰太子长琴。颛顼生老童,老童生祝融,祝融生太子长琴,是处榣山,始作《乐风》。有五采鸟,三名:一曰皇,一曰鸾,一曰凤。"		《东荒经》:"帝舜生戏,戏生摇民。"
	《海内荒经》:"帝俊有子八人,是始为歌舞。"	《南荒经》:"帝舜生无淫,降臷处,是谓巫臷民。……爰有歌舞之鸟,鸾鸟自歌,爰有百兽,相群爰处,百谷所聚。"
	《东荒经》:"有五采之鸟,相乡弃沙,惟帝俊下友。"	
《东荒经》:"东海之外有大壑,少昊孺帝颛顼于此。弃其琴瑟。"	《海内荒经》:"帝俊生晏龙,晏龙是为琴瑟。"	
《南荒经》:"有季禺之国,颛顼之子食黍。"	《海内荒经》:"帝俊生禺号,禺号生淫梁。"	

余知帝俊之子晏龙为琴瑟,即《吕览·古乐》所谓"帝舜命延益瞽叟瑟八弦以为二十三弦之瑟";颛顼之孙长琴始作《乐风》,亦即《书·益稷》所谓"萧韶九成,凤皇来仪。"《礼记·乐记》:"武王克殷,未下车而封帝舜之后于陈。"陈,相传舜后也。然昭公八年《左传》既谓"自幕至于瞽叟无违命,舜重之以明德"矣;又曰"陈,颛顼之族也。"由《鲁语》"有虞氏禘黄帝而祖颛顼,郊尧而宗舜"说,舜诚如《帝系》所传为颛顼七世孙。顾《周语下》则又谓:"星与日辰之位,皆在北维,颛顼之所建也。"以颛顼为日在北维之专名。**殷商与于华北,游牧涞、易。其有上帝,必祭颛顼,固矣**。《东荒经》于王

亥托于有易河伯仆牛故事之后，继之曰"有易潜出为国于兽方，食之，名曰摇民。帝舜生戏，戏生摇民"，直以有易为舜后。有易，王国维已考证读为有狄，有狄，余亦论定为简狄母国，亦即殷商种族之号；是知卜辞所见"高祖夒"以民族图腾言，决为戎简，以禘祫之典言，决为颛顼，亦即帝舜，《鲁语》"商人郊舜"说，《大荒经》之帝舜生有易故事，亦颠扑不破之确证也。

(C)商人祖契——契，《许书》作契云："高辛氏之子、尧司徒，殷之先也，从人，契声。"又曰："契，大约也。从大、㓞，㓞亦声。㓞，巧㓞也，从刀、丰，丰亦声。"卜辞曾见㓞字云：

□亥□贵、夘，丁，帝其降囚，祸，其㓞(《佚存》36)

㓞即㓞，此当读为割、为匄，非"殷之先"也。由契孳乳之鄋，许君以为黄帝之后封地，读若蓟；《礼记·乐记》正作"武王封黄帝之后于蓟"。蓟，谐魝声，魝象治鱼形，治鱼之魝，甲骨文今尚无徵。契为殷之先祖，亦即殷之大神，卜辞不应不见。郭鼎堂先生因谓：

丙子卜、㐭，利。○㐭于萬。(《林》2、2、13)

萬即古文禼。禼，《汉书·古今人表》正以为殷之先祖契。(详《通纂考释》350片)

按，萬在卜辞，尚有一见云："戊…… 萬 ……川。"(《后》下、19、8)文已过泐，未审其谊。以萬释契，在文字学上毫不扞格，倘得"高祖萬"连文为证，鼎堂之说，方成定案。所不能无疑者，契为大神、卜辞屢见此一二则，似不合于商之祀典。董作宾先生因谓：

尞于贞，勿尞于。（《前》1、51、2）

即兕字。兕、禼、契，音同相假，兕疑即契。（详《甲骨文断代研究例》见于《卜辞的先公先王》节）考卜辞称，“尞于兕”，或“桒年于兕”，或“桒雨于兕”者甚众；且多与“尞岳”、“尞河”同版，兕在祀典上地位，应与河岳相等，如《通纂》所拼259片残骨云：

丙寅贞，燔三小宰，夘牛于□。

丙寅贞，又，勺、岁，于伊尹，二牢。

丙寅贞，叀丁卯，酒于兕。

丙寅贞，于庚午酒于兕。

丁卯贞，于庚午酒，燔于兕。

戊辰卜，及今夕雨。〇弗及今夕雨。

己巳贞，庚午酒，燔于兕。

庚午，燔于岳，又从才雨，〇燔于岳，亾从，才雨。

壬申，刚于伊、尞。

壬申贞，桒年于夒。

壬申贞，桒年于汅（河）。

癸酉卜，又燔于六云，五豕，夘五羊。

癸酉卜，又燔于六云，六豕，夘羊六。佳其雨。

此为求雨大典，其所宗祀之神，若夒，若岳，若河，皆卜辞所习见大神，甚或尊为“高祖”者也。六云，即帝云，是云神。伊尹为成汤时名臣，亦数见祀典于卜辞。兕与河、岳、夔、云，同其祀典，其神格决不微于诸“高祖”；在《粹编》之廿三片有云：

己亥卜，田率，尞土，豕；且兕豕；且（此字泐）丂豕；岳，岳，□。

此辞，且如上属“豕且”，应读为宜；如下属读，则成“祖兕”、“祖河”。“祖河”，卜辞一称“高祖丂”；则此称“祖兕”，应有“高祖兕”之辞，尚待发掘。有此“祖兕”一辞，足证实《鲁语》所谓“商人禘舜而祖契”确为殷商祀典已。由是言之，兕即《北山经》所谓“状如牛之窫窳”。

（D）高祖河——《双剑誃殷契骈枝》三编《释丂叏》引卜辞拓本一则云：

辛未贞，桒禾高且丂。于辛巳，酒尞。

丂，称高祖，泆出《殷本纪》所传先公世系之外，是果《史记》阙文乎？曰：高祖丂，丂帝丂。帝丂者，河神也。卜辞言，桒禾于丂，桒年于丂，告𪓐于丂者，众矣。又曰：

……卜，㱿贞，涉丂，……我……（《佚》868）

己卯卜，出贞，今日，王其往丂。（《燕大》408）

乙酉卜，宂贞，使人于丂，𠂤三羊，𠕋三牛，三月。（《粹编》36）

乙亥卜，行贞，王其𠬝舟于沔，亡𡿧。(《前》2、26、2)

凡此河字，当释河水，即今黄河。黄河为蕴毓我国文明圣水，自古皆有祭河大典。《礼记·礼器》："晋人将有事于河，必先有事于恶池。"祭河之所，尝立专祠，谓之河宗。《史记·赵世家》："奄有河宗，至于休溷诸貉。"《正义》谓："河宗，在龙门河之上流，岚、胜二州之地。"证诸《穆天子传》云："天子西征至阳纡之山，河伯冯夷之所居，是为河宗氏，天子乃沉璧，礼焉"，则卜辞云：

贞，于南方，将沔宗，十月。(《续》1、38、3)

此沔宗者，决为河神祠，所以宗祀河伯冯夷者也。河伯与殷商之关系，如《纪年》云："殷王子亥宾于有易而淫焉，有易之君绵臣，杀而放之；是故殷主甲微，假师于河伯，以伐有易，灭之，遂杀其君绵臣也。"《东荒经》亦谓："王亥托于有易，河伯仆牛，有易杀王亥，取仆牛。河念有易。"河伯，尝援立上甲，破灭敌国，固宜专祠宗之。宗祀河神，而亦尊为"高祖"，则凡称"高祖某"者，宜皆殷商民族之大神，不必别子为祖，或继别为宗矣。

(E)高祖岳——近有告余卜辞已发现"高祖岳"者，以"桒年于岳，沔，夒"(《前》7、5、2)，夒、沔，既并尊高祖，岳自不能例外。卜辞祀岳之典，为泰山乎？嵩高乎？尚待考定。余尝谓岳篆作，象燔柴于山形，至晚周乃演成"火山为岳"说，语在《论炎帝大岳与昆仑山》篇。故卜辞犹或以岳为祭名云：

岳于三户，〇己卯卜，取，岳雨。〇
壬午卜，岳，来，于斸叡。（《后》下、36、3）
岳于三门。〇岳于楚。〇岳于南单。（《粹编》73）

凡此诸字，均谓于山顶燔柴，是即岳字本谊，引申为山高而可燔柴祭天者皆谓之岳。卜辞："丙辰卜，㕣贞，帝于岳。"岳在商代，固尝与天帝同其祀典。岳喾音近，故晚周人即讹为帝喾。《帝系》、《殷本纪》用晚周传说而谓简狄为帝喾次妃，正以"高祖岳"之故。然，"嵩高维岳，生甫申"，岳为羌族大神。周祖姜嫄，与羌族尝有血缘关系，故祖帝喾。殷商以夔为图腾，而又有"高祖岳"纪录者，盖缘"天下祭天下名山大川"，靡神不宗，遂亦靡神不祖矣。

（F）高祖王亥及王恒——祭亥、恒事，见于卜辞者甚众，兹选录数则如次：

贞，㞢于王亥，卌牛，辛亥用。（《前》4、8、3）
贞，㚇于王亥，五牛。（《林》1、9、3）
癸卯卜，贞，弜〇□高且王亥酒叀卅……（《后》上、21、13）
……高且亥……（《戬寿》1、4）
贞，㞢于王恒。（《后》上、9、10）
贞，勿㞢于王恒。（《后》下、7、7）
贞，王恒易卬。〇王恒易卬。（《金璋》449）

惟王亥或称"高祖"。曩论五帝，尝疑亥即《左传》所传少皞氏四叔，"该为蓐收"，尚未尽其蕴。《纪年》言，"王亥仆牛"，《世本》言

"王亥服牛"，服牛，虽不必为牛耕权舆，要牵牛服车，以载刈获，不得谓与农田绝无关涉，农事备收之日，固宜祭及王亥。王亥，果何神耶？兹欲究其最初神格，不能不先论王恒。

王恒之恒，甲骨文作亘、𢎘，王国维说曰："《说文·二部》：'恆，常也，从心，从舟在二之间，上下，心如舟施恆也。'亙，古文恒，从月，《诗》曰：'如月之恒'。"《𦨶鼎》有𢛳字，从心，从亘，与古文之恒从月者同，即恒之初字。卜辞亘字从二，从D，其为𠄢之省无疑。《诗·小雅》："如月之恒。"《毛传》："恒，弦也。弦本弓上物，故又从弓作𢎘。"（详《卜辞所见殷先公先王考》）如王氏说，亘象月之上弦，**王恒，盖初月之神也**。

亥字，篆文作𠀅，许君谓："从二，一人男，一人女也；从乚，象怀子咳咳之形也。《春秋传》曰：'亥有二首六身。'"按，亥，春秋时铜器铭文均有下列诸种写法：

余义钟　齐命钟　姑冯句鑃　子璋　鄦子妆簠

显自甲骨文亥诸体直接演来未见其何为二首，何为六身也？襄三十年《左传》述亥有二首六身之本事曰：

> 晋悼夫人食舆人之城杞者。绛县人或年长矣，与于食。使之年。曰："臣，小人也，不知纪年。臣生之岁，正月甲子朔，四百有四十五甲子矣；其季于今三之一也。"
>
> 师旷曰："七十三年矣。"
>
> 史赵曰："亥有二首六身，下二如身，是其日数也。"

士文伯曰："然则二万六千六百有六旬也。"（俗本讹二千）

此二万六千余日，孔颖达《正义》如以冬至年日数，适七十三岁；其推步之法，如次：

$$365\frac{1}{4}\times 73=26663\frac{1}{4}\text{日}$$

$$26660\div 60=444\frac{20}{60}\text{甲子}$$

是史赵所谓"二首六身"，即二万六千日 谶语，盖以豖所从上，与二相似；下豖与甲骨文"乎勹万艼丁"（《前》5、7、1）之万相似。万，即《亚万父丁甗》所称万氏。（见《三代吉金文存》五卷二叶）万，汉《日入千万钟》《巨万钩》皆假为万。如史赵士文伯说：豖即二万合文，含有二万六千日大数于其中。二万六千，亦阴阳家自昔相传之大地经距也。《吕览·有始》："凡四海之内，东西二万八千里，南北六千里。"《淮南·地形》亦云："禹乃使太章步自东极至于西极，二亿三万三千五百里七十五步；使竖亥步自北极至于南极，二亿三万三千五百里七十五步。"此檃括《五藏山经》与《海外东经》为说也。《中山经》既谓"天地之东西二万八千里，南北二万六千里"矣；《海外经》又谓"禹使大章步自东极，至于西垂；使竖亥步南极，北尽于北垂。"所谓四极二亿三万余里之距离，约为四海之内二万六千里之九倍。余在《九州通考》中尝说明，二万六千里之经距，即邹衍所谓稗海九州；二亿三万余里之四极，即邹子所谓瀛海九州，凡邹子所谓九州面积，皆得自步天之学。由亥有二首六身说测之，亥步故事，盖自春秋士大夫传之。《楚辞·天问》述王亥之德曰："有扈牧竖，云何而逢？击床先出，其命何从？"直称王亥为牧竖，则竖亥步天故事，实造说于殷商之世；王亥犹《天官书》中之"王良策马"，故有服牛传说矣。

王亥步天，自南极至北极，此昭公四年《左传》所谓"日在北陆而藏冰"也；其自北极至南极，亦"西陆朝觌而出之"之象。日在北陆，日南至也；日在西陆，春分之候也。自春分至日北至为万物发生期；自秋分至日南至为万物成熟期。《淮南·时则》："孟冬之月，招摇指亥。"《史记·律书》："十月，于十二子为亥。亥者，该也，言阳气藏于下，故该也。"以时令言，王亥殆为秋尽冬初，万物该藏之神；径言之，即冬月之神。《管子·五行》："北方曰月，其时曰冬。"是即王亥神格之正解乎！

（G）季——日发冬至点复归冬至点，是为一年。我国地在北纬，一年之中，分为四季。卜辞：

> 贞，㞢于季。（《后》上、9、6）
>
> ……子贞，献季。（《后》下、13、7）
>
> ……卜贞，□其又季。（《前》5、40、4）

季，殆即四季神。《天问》："亥秉季德，厥父是臧（读为藏），胡终弊于有扈、牧夫牛羊？恒秉季德，焉得夫朴牛？何往营班禄，不旦（今讹但）还来？"不旦还来，盖为新月夕出之象；若亥秉季德，当为暑往寒来之象。

（H）郊冥——《鲁语》："冥勤其官而水死，故商人郊冥。"昭公元年《左传》则谓："金天氏有裔子昧为玄冥师。"二十九年《传》又

曰:“少皞氏四叔,修及熙为玄冥。”冥,王国维求诸卜辞而不得,遂以当季当之。余谓,不然,辞有曰:

> 贞,㞢闻曰,𢀛方……(《前》7、7、3)
>
> ……卜贞,方𠭯闻。(《前》6、17、1)
>
> 庚子卜,王贞,王固曰,其㞢来闻其隹甲、不口。(《前》7、31、2)
>
> 贞、𢀛方亡闻。(《续》1、13、5)

闻,董彦堂先生尝谓即闻之本字,是也。盂鼎铭:“我闻殷坠命。”闻篆作[illegible]。毛公層鼎铭云:“非庸又䎽。”则又假昏庸字。克盨铭云:“佳用献于朋友䎽遘。”则又假婚媾字。卜辞云“𢀛方亡䎽”,曰“其㞢来䎽”,䎽均读为昏媾,盖卜与𢀛方通婚之事矣。昬,孳乳为湣,《谥法》或书为闵。闵冥音同,余知其古本一字,凡辞云:

> 贞,烄䎽,㞢从雨。〇贞,勿烄。(《续》5、14、2)
>
> 己亥卜,宂贞,㞢䎽,允其□。(《续》5、23、6)

凡此䎽字,宜读为冥,即玄冥本名。且《辞》称“烄䎽”,烄䎽郊本字,象燔柴形;烄䎽连文,惟《鲁语》“郊冥”说足以解之。然而,䎽即昏冥,是天时黑暗之谊。䎽宜即司日落崦嵫,天地昏黑之神,近世言《楚辞》者,率因“昬、微遵迹,有狄不宁”说,以为即上甲微,非也。

(I)昭明——《荀子·成相》:“契玄王,生昭明,居于泜石迁于商。”杨倞注:“《左传》曰:‘阏伯居商邱,相土因之。’相土,昭明子也。言契初居砥石,至孙相土,乃迁商邱也。”按:《左传》言阏伯者二事。襄公九年："士弱曰：'陶唐氏之火正阏伯居商邱，祀大火而火纪时焉；相土因之，故商主大火。'"昭公元年："子产曰：'昔高辛氏有二子，伯曰阏伯，季曰实沈，居于旷林，不相能也。后帝不臧，迁阏伯于商邱，主辰，商人是因，故辰为商星。迁实沈于大夏，主参，唐人是因；故参为晋星。由是观之；则实沈，参神也。"如子产说，实沈即长庚，阏伯即启明。《诗·小雅·大东》："东有启明，西有长庚。"《韩诗》曰："大白晨出东方为启明，昏见西方为长庚。"启明晨见东方，故传又谓之辰星。辰星见而天明，此阏伯所以又名昭明欤！卜辞屡云：

> 岳众沈、酒，王受又。（《后》上、20、10）
>
> 来年于沈，又雨。（《粹编》834）
>
> 丁卯卜，狄贞、其来年于沈，甾祝用。（侯家庄4甲）
>
> 贞，王其田于兀，闌于沈，吉。（同上版）
>
> 癸酉卜贞，王其闌于沈，王宾，吉。（同上版）

沈，郭鼎堂尝谓即实沈，参神也，殆不易之论。卜辞既见实沈，不能独阙阏伯。余意，阏伯即昭明，明篆文从囧，卜辞作囧云：

> 乙未贞，王燔叀口以于囧。（《后》上、25、7）
>
> 丁巳贞，其登口囧、燔，佳乙亥。（《后》下、23、5）
>
> 己巳贞，王……囧；登于口。（《戬》37、3）
>
> 庚寅贞，王尞于囧，以且乙。（《粹编》227）

囧，殆即昭明。囧，孳乳为盟，为盟，辞云：

贞，酒匚于盟室，亾尤。（《铁》50、1）

己巳卜，兄贞，𢓊告盟室，其祟。（《前》4、23、2）

辛未其㞢于盟室，十大牢，七月。（《金璋》466）

己卯卜，出贞，今日夕，㞢于盟室，牛，不用，九月。（《库方》505）

凡此盟室，宜为祭昭明之室，至周则称为明堂太室。《礼记·祭法》："埋少牢于泰昭，祭时也。"郑注："昭，明也，亦谓坛也。时，四时也，亦谓阴阳之神也。"山谓，"泰昭"即"大火昭明"省称；祭时，亦祭辰星之误解，郑君解以"阴阳之神"其失愈远。

（J）亳社——卜辞云：

其尞于土。（《戬寿》1、2）

贞，桒年于土。（《铁》216、1）

贞，勿桒年于邦土。（《前》4、17、3）

王国维既谓"土，即相土"，又谓"邦社，即《祭法》之国社"；是相土即商代社神。邦社，卜辞又常谓之亳土云：

其又尞亳土，又雨。（《佚存》928）

于兕钟。○于亳土钟。（《粹编》20）

囚亳土，叀小窜。（《粹》21）

其又亳土。○弜。（《粹》22）

亳土，即亳社。《春秋》哀公四年："亳社灾。"《公羊传》作蒲社，云：

"蒲社者何？亡国之社也。其言灾何？亡国之社盖掩之，掩其上而柴其下。"《礼记·郊特牲》："天子大社，必受霜露风雨以达天地之气也。是故丧国之社，屋之，不受天阳也。薄社北牖，使阴明也。社，所以神地之道也。"亳社者，商社也。商相音近，谊得通用，余谓相土，即"商社"之语讹。

(K)若——止若——相土之子昌若，王国维作《先公先王考》时所见材料未广，未能自卜辞中获得证明，于是言商史者，纷纷臆测，莫可质信。余考甲骨文纪祭若之辞极夥，略举之：

> 贞，翌甲申，㞢艿于若。(《铁》52、4)
>
> 贞，征奠若。(《遗珠》343)
>
> 贞，若奠。五月。(《续》1、52、5)
>
> 于章，祀若。(《燕大》128)
>
> 己酉卜，王曰，贞，叀左自取且乙于若。(《燕大》25)
>
> 辛未卜，㞢贞，宕若，以囚。(《续》4、35、4)
>
> 丁未卜，秉又祭于若示。(《前》8、10、4)

凡此若字，骤读之，似为若与"不若"；细绎之，若上所用奠、㞢、祭、祀、槱等字，皆祭名也；若，即其所祭之神祇，所谓"又祭于若示"，则更非昌若莫解。若示，辞或称为止若云：

> 庚午，子卜，贞，弗酒于止若。(《续》4、34、10)
>
> 戊申卜，……止若。(《福氏》33)
>
> 匚，二示，卯。王叙于止若、又正〇弜叙于止若、又正(《粹编》542)

㕣于止若𡩊宗，王受又。(《佚存》217)

陈邦怀《殷虚书契考释小笺》尝“疑止若，即昌若之弟兄”，余谓：昌止一声之转，昌若正止若语误。观于辞云“王𢽊止若”，与三匚二示并祀，非先王不能当此；而“㕣于止若𡩊宗”，可证其宗庙常新，尤非商之大神不能有此。《庄子·秋水》：“河伯至于北海，东面而视，不见水端，于是望洋向若而叹。”北海若曰：“今尔出于崖涘，观于大海，乃知尔丑，尔将可以语大理矣。”司马彪《注》：“若，海神也。”然则，止若即商时北海大神矣。

(L)王吴——卜辞常见王夨，一作王吴，云：

丙，𡦼岳，夨，匄……(《续》1、49、4)

辛酉卜，㕣贞于夨𦉪，一月。(《前》1、48、3)

㞢于王夨口二犬。(《后》下、4、14)

贞，勿𢦏于王吴，三宰。(《通纂》33片)

郭氏《通纂考释》谓王夨之夨，即吴字省写云：“王吴，当即粮圉，《殷本纪》误作曹圉。《天问》：‘吴获迄古，南岳是止，孰意去斯，得两男子。’吴，盖指此王吴矣。”山按：王吴止于南岳事，今不可考。(方诗铭君尝考证吴获即吴回，其庙在衡山祝融峰，封得两男子事，未有所证，录此，存参。)其所得两男，宜即王亥、王恒。王吴之神格，疑即东海大神，或为水伯天吴。《山海经》数称天吴云：

朝阳之谷，神曰天吴，是为水伯，在𧈢𧈢北，两水间。其为

兽也，八首，人面，八足，八尾，皆青黄。（《海外东经》）

大荒中，有神人，八首，人面，虎身，十尾，名曰天吴。（《东荒经》）

或曰天虞：

天虞之山，其下多水，不可以上。（《南次三经》）

大荒之中，有人反臂，名曰天虞。（《西荒经》）

或曰天愚：

堵山，神天愚居之，是多怪风雨。（《中次七经》）

知天愚即天吴也，则《经》云：

北方愚彊，人面，鸟身，珥两青蛇，践两青蛇。（《海外北经》）

有神，人面，鸟身，珥两青蛇，践两赤蛇，名曰禺彊。（《北荒经》）

又云：

东海渚中，有神，人面鸟身，珥两黄蛇，践两黄蛇，名曰禺京。黄帝生禺䝞，禺䝞生禺京。禺京处北海，愚䝞处东海，是惟海神。（《东荒经》）

无论为禺彊，为禺京，要皆天愚之化名。《庄子·大宗师》："禺彊得道以立北极。"《释文》引《归藏》云:"昔周穆王筮卦于禺彊。"愚彊之为北海大神,确矣。禺彊之与粮圉,不别语倒耳。余谓《世本》所传粮圉,亦圉粮传写之误。圉粮当为虞量,即天吴矣。天吴,在《海外经》、《大荒经》均次于东方,《东荒经》更有"禺虢处东海"之说。然则,王吴者,盖商代东海大神,与止若或为弟兄,《秋水》尝言:"河伯顺流而东行,至于北海,东面而视,不见水端。"河伯即水伯,王吴似又河神别名。河神也,海神也,王吴止若,皆商之大神也。

(三)六宗

天神地祇,所见众矣,卜辞独不见日神,其事甚怪!

上甲微后六世,《殷本纪》所传,世次颠倒,名字讹误,王国维已据卜辞《祭典表》一一是正,为:

上甲——匚乙——匚丙——匚丁——示壬——示癸

此所谓"自上甲六示"(《院》二、二、〇九六)也。六示之写法,略为:

上甲之甲,字外从□;乙、丙、丁字外皆从半□作コ;示壬示癸则均作示;因此,在祀典中或综称乙丙丁为三匚,云

……兄祝三匚，叀羊。（《粹编》118）

自三匚至父乙，桒。（《粹编》119）

或综称壬癸为二示，云：

贞，勿㞢自上甲二匚。（《铁拾》1、6）

或综称为三匚二示，云：

𠃧（三匚合文）二示卯，王叙于止若。又正。（《粹编》542）

丙申卜，又三匚二示。（《遗珠发凡》627片引，书中未见拓本）

而二示之示，外或从匚作𠤎，是知示即匚也。𠤎，或称示丁，（《后》上1、2）三匚，或称三示，（《遗珠》402："癸酉卜其帝三示"。）是知匚即示也。示，神事也。示壬示癸，犹言神壬神癸，二示之为神祇，固矣。匚，唐兰先生以为即《说文》匚字，读若方云："方，读为祊，亦即鬃。祊祭，即报祭；故祊乙，祊丙，祊丁，音乃讹为报乙，报丙，报丁。"（详燕京大学所藏甲骨墨片跋尾。）其说甚谛！但谓"殷人祊祭上甲于门内，故甲字从口；而乙、丙、丁三人配两旁，故从匚以象之"，则祀典可商矣。

按，《礼记》言祊祭者，约有三则：

《礼器》："设祭于堂，为祊乎外，故曰，于彼乎？于此乎？"

《郊特牲》："索祭祝于祊，不知神之所在，于彼乎？于此乎？或诸远人乎？祭于祊，尚曰，求诸远者欤？祊之为言倞也。”

又曰：“绎之于库门内，祊之于东方，失之矣。”

祊至周代，索祝庙门外东方，说者谓出于殷礼。《礼记·郊特牲》：“祭，殷人先求诸阳。”求诸阳者，郊也。《记》曰：“郊之祭也，迎长日之至也，大报天而主日也。兆于南郊，就阳位也。”报天主日，《大戴记·四代》则谓在东堂，云：“天子朝服日于东堂，以教敬，示威于天下也。”《朝事》曰：“天子率诸侯而朝日东郊，所以教尊尊也。”即《小戴记·玉藻》亦曰：“天子玉藻，玄端而朝日于东门之外。”《管子·轻重》亦曰：“冬尽春始，天子东出其国而坛，朝诸侯卿大夫列士，循于百姓，号曰祭日。”祭日于国东门外，盖三代通礼，此《书·尧典》所以有“寅宾出日，平秩东作”之说也。宾日之典，见于卜辞曰：

……出入日，岁三牛。（《粹编》17）

辛未卜，又于日出，兹不用。（《佚存》86）

乙巳卜，王宾日。〇弗宾日。（《佚存》872）

宾日，又于日出，即《尧典》“寅宾出日”说所本。《大戴·诰志》：“日归于西，起明于东”；《小戴·祭统》：“大明生于东”；祊之于东方，显为祭日遗迹。祭日，卜辞一曰“即日”（《佚存》892），祖甲以后或省书日中之点云：

丁丑贞，桒，其即口。（《邺》三下、40、2）

此□字，明是日字，决不能释丁。众人之众，甲骨文以从日作为正体，但有时亦省书作如：

《铁》72、3 《后》下38、9 《林》1、24、16 《后》下27、14

由是言之：丁之作□，实即日字；故卜辞又常以丁为日云：

> 己亥卜，中贞曰，其𡳿于□，叀三䆁，九月。（《佚存》874）
> 己卯卜，贞，弹弓𢓊于□宗亯。（《前》5、8、5）
> 乙酉卜，穷贞，□宗，𠨑不若，六月。（《续》4、35、5）
> 贞，咸桒□宗。（《续》4、44、3）

凡此□字，当读为日；□宗，即日神庙。不特此也。辞曰：

> 甲辰卜贞，武祖乙宗，□，其牢兹用。（《徵文·帝系》135）
> 丙辰卜贞，康祖丁，□，其牢。（《前》1、21、4）
> 癸巳卜贞，祖甲，□其牢。（《通纂》64）
> 甲申卜贞，武乙，□其牢，兹用。（《佚存》981）
> 丙戌卜贞，武丁，□其牢，兹用。（同上版）

凡此□字，旧皆释丁。□果丁字、康丁、武丁之下，记以重文，其谊已显，何必复见丁字？且丁日祭武丁、康丁，丁日用牢，可也；若祭祖甲、武乙，非丁日也，其牢何必待丁而用？有上"即日"或作"即丁"，"丁宗"即是"日宗"为例，余知"□其牢"，即谓其日用牢；日丁两字书法，在殷代可作同体，余知阴阳家言丁火肖日者盖造说于殷商之世，不自晚周诸子始。申言之：五行学说，实滥觞于箕子陈鸿范时代之前，近世言思想史者，率守《荀子·非十二子》说断自子思、孟轲，余知其不然矣。

知日字在甲骨文中可省写为□，则上甲之甲必加□其外作田者，非以别于十干之甲，实为“日甲”合文。《易·说卦传》：“难，为日，为火，为甲胄。”甲胄之戎，金文或作：

从彝见《三代吉金文存》六第三九页

象左手执戈，右手执盾，头戴甲胄形，此商代武装士兵之写生，戎字初文也。商君之法曰“虏甲首者爵一级”，甲首之甲，殷商时亦或作⊞不独《兮甲盘铭》甲字作⊞可证其为日甲合文也。上甲，卜辞一称“高祖甲”。此为“高祖日甲”合文，证以易县出土《三句兵铭》（参见《三代吉金文存》卷十九）云：

《续编》卷一叶二、片四

大祖日己　祖日丁　祖日乙　祖日庚　祖日丁　祖日己　祖日己。（其一）

祖日乙　大父日癸　大父日癸　中父日癸　父日癸　父日辛　父日己。（其二）

大兄日乙　兄日戊　兄日壬　兄日癸　兄日癸　兄日丙。（其三）

则凡卜辞所见大乙、大甲，当是太祖日乙、太祖日甲省文；而祖日乙、祖日丁、父日庚、父日甲，卜辞乃省称为祖乙、祖丁、父庚、父甲，可以断言。由殷商祭典之惯例考之，凡先王庙号，日辰之上，例当著日字，则“高祖田”必释为“高祖日甲”，而上甲之为日神、卜辞金文特于甲字加□，固其显迹。昔王国维作《兮甲盘跋》曰：“甲者，日之始，故兮甲字曰伯吉父。吉有始义。古人名月朔为吉月，以月之首八日为初吉，是其证也。”（见《观堂集林别集补遗》）甲为日始，晚周阴阳家尚能征其说。《效特牲》曰：“日用甲，用日之始也。”日何以始甲？为我国自古以干支纪日，商人沿而为旬，十日为旬，甲其首也。故欲论纪旬之术，不能不略述十干历史。

《吕览·勿躬》及《世本·作篇》俱谓“大桡作甲子”。《世本》更以大桡为黄帝臣。此探原人类文化不得而尽诿称上帝创造之通则也，然，观卜辞，盘庚以来，即以干支纪日，周而复始，约当两月日数；而朔旦不尽为甲子甲午，知其时历术确已达到“期三百有六旬有六日，以闰月定四时成岁”阶段。有闰月，即有大月小月。月有大小，朔旦自不能尽为甲日，稍明历数者，皆知商代历法已达到成熟时期；如绛县老人记甲子周而不记年龄者，适足证明彼亦“信而好古”之徒，非春秋后期，三晋文物仍滞留于甲子周纪月也。知绛县老人记甲子不记年为古代原始历法，意以十干纪日，应为我国最原始之历法。《左传》：

明夷，日也。日之数十，故有十时，亦当十位。（昭公五年）

天有十日，人有十等。（昭公七年）

十日，本谓甲癸一周，乙丙相代也。但在《庄子·齐物论》则讹为"十日并出，万物皆照"，《楚辞·招魂》亦谓"十日代出，流金铄石"。由是更讹为"商王纣时，夜中十日"（《墨子·非攻》下）；"尧之时，十日并出，焦禾稼，杀草木"（《淮南·本经》）诸说。三讹为"羿焉弹日，乌焉解羽"（《楚辞·天问》），"羿上射十日，下杀猰貐"（《淮南·本经》）神话，语在《由鲧堙洪水论舜放四凶》篇。至《大荒南经》更神其说曰：

东南海之外，甘水之间，有羲和之国。有女子名曰羲和，方浴日于甘渊。羲和者，帝俊之妻，生十日。

帝俊，卜辞称为"高祖夒"，证诸辞云：

……夒众上甲，其即。（《粹编》3）

疑在商代即有"夒生上甲"之说。夒，在上文，余已说明即帝舜，然则《尧典》所谓"乃命羲和，钦若昊天"故事，决亦传自商代。羲和者何？卜辞：

亳兮不……（《林》1、9、9）

亳兮雨。（《粹编》716）

昏，至□兮，其雨。○亳兮至昏，不雨。○亳兮其雨。（《粹编》717）

郭鼎堂《考释》云:“兮假为曦。”《论衡·是应》:“尧候四时之中,命曦和察四星以占时气”;则羲仲者,晓神也。和仲之和,两汉传本无异辞,意者,娥之音讹。辞云:

> 癸丑卜,㝅贞,㞢犬于娥,翌言正。(《通纂》360片)
> 癸卯卜,㱿贞,来年娥于河。(《林》1、21、19)
> 甲申卜,贞,于帝年娥。(《佚存》143)
> 甲子卜,㝉贞,𢦏雨,娥。(《佚存》38、9)

《通纂考释》尝谓“娥即《南荒经》言帝俊妻娥皇,亦即羲和”,是也。观于辞之以甲日祭娥,即于癸日,亦曰“翌言正”,知娥必与甲日有关。屈原《离骚》:“欲少留此灵琐兮,日忽忽其将暮;吾令羲和弭节兮,望崦嵫而勿迫。”王逸《章句》“羲和,日御也。”《天问》:“日安不到?烛龙何照?羲和之未扬,若华何光?”《章句》既训羲和为日御,又谓“言日未出之时?若木何能有明”,则以羲和为日神。反观《天问》上文云“出自汤谷,入于蒙汜,自晦及明,所行几里?夜光何德?死则又育;厥利维何?而顾菟在腹。”吾谓羲和宜即月御,以卜辞所见“示壬妾”(《铁余》2、4)、“示癸妾”(《铁拾》1、8)例之,娥殆即王恒妾;故汉后辞章家每以“恒娥”连文,或因汉文帝讳,称为“常娥”。(刘盼遂先生曾有考证)据薛曼尔(E. Simmel)《神之由来》说:“摩伽(Maja)生佛陀,马利亚(Maria)生耶稣,皆月神生日之喻言。”(详郑绍文译本)则“夜光何德,死则又育”,“羲和未扬,若华何光,”亦为月神生日神古代神话之仅存文献矣。由是言之:纪年以上甲为王亥王恒之子,正是明月生日神话之变相。即“夏胤甲居西河,有妖孽,十日并出”(《古本纪年》云),与“王恒生上甲”,当为同一故事之演化。

换言之：商以上甲为日神，固多神话的证明，即三匚二示，何往而非日神哉！

示壬示癸，《殷本纪》作主壬主癸，由《郊特牲》“报天主日”说，二示，犹言日神壬、日神癸，可断言也。若三匚之匚，卜辞或为祭名，云：

> 贞，其又于上甲。（《金璋》354）
>
> 贞，其口㞢匚于上甲家，其廾口。（《铁拾》1、7）
>
> 酒匚于上甲、九芍、夘一牛。（《后》上、28、2）
>
> 贞，酒匚于盟室、亡尤。（《铁》50、1）
>
> 戊戌卜，出贞，其㞢匚于保，于䵼室、酒。（《文录》379）

䵼室，待考。盟室，即明堂，祭日月之堂。其余匚祭，多用于上甲祠，足证上甲所从之□，谊与匚同。辞有云：

> ……其弗宆三□，日，其㣇，队□。（《邺羽》初下、40、11）

以“匚日”连文，与他辞云：

> ……卜，大贞，来丁亥、㞢匚于丁。（《续》1、44、5）

以丁为日，同其辞谊，用知“匚于丁”，即“匚于日”。“匚于日”者亦“报天主日”之谓；此《殷本纪》所以读“三匚”为报乙报丙报丁也。由《殷本纪》改“三匚”为“三报”，“二示”为“二主”，适合“报天主日”祭典，用知三匚、二示，皆日神也。

日之数十，商人独祭甲、乙、丙、丁、壬、癸，而阙戊、己、庚、辛，何也？曰，匚祭，古盖祭方明。《汉书·律历志》引《商书·伊训》逸文曰：“惟太甲元年十又二月乙丑朔，伊尹祀于先王，诞资有牧方明。”如淳注：“觐礼，诸侯觐天子，为坛，十有二寻，加方明于其上。”方明，《仪礼》曾说明其形制云：

> 方明者，木也。方四尺，设六色：东方青，南方赤，西方白，北方黑，上玄，下黄。设六玉，上圭，下璧，南方璋，西方琥，北方璜，东方圭。

此四尺方木，聂崇义《三礼图》卷十一引旧图云：“四方神明之象，槐木为之”；因写其象为：

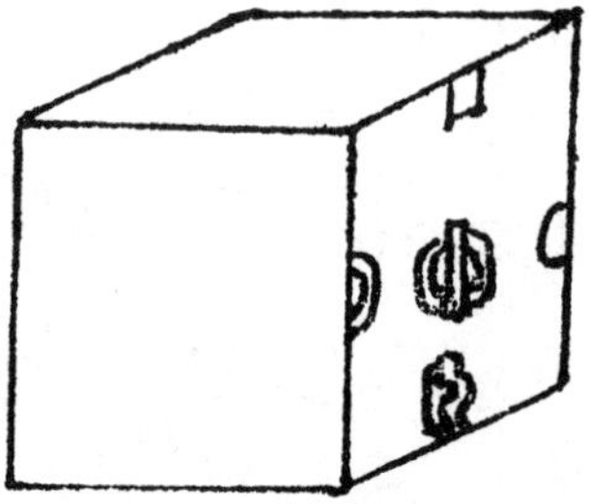

证之郑注云：“方明者，上下神明之象也；上下四方之神者，所谓明神也。”聂氏所图，自无可疑。但“上下四方神明”之说，究嫌空洞；即胡培翚《仪礼正义》以襄公十一年《左传》“司慎司盟，明神殛之”疏通，方明为司盟之神，终未能祛读者之蒙。

《尧典》言“舜受终于文祖”之后，继之曰：“肆类于上帝，禋于六宗，望于山川，遍于群神。”此六宗者，如非大宗传写之误（秦篆大字，形与六近），宜即方明之神。《尚书大传》：“万物非天不生，非地不载，非春不动，非夏不长，非秋不收，非冬不藏，《书》曰，禋于六宗，此之谓也。”今按：山川可以代表地神，上帝即是天神，舜既类既望之矣，何为又禋天地？山谓：方明，六方，使以顶方为上甲，前方为乙，左方为丙，右方为丁，背方底方为壬癸，见图。

正视

倒视

壬方、癸方在背底，正视不得见；丙方、丁方在两侧，近背之面模糊，乙方下缘与底接，亦不分明，惟甲方周缘显著；意者，甲外作口，乙、丙、丁外作コ或匚者，皆因方明视线而异，匚之与口，其实一也。壬癸称示，示在卜辞中间有作匸者，意其字初必作匡作匽亦得名于方明矣。

《易传》以来，人习闻“天数五，地数五”之说，佥以为“天有五行，地有五常”，五为天之大数。《国语·周语》下则谓：“天六，地五，数之常也。”天数何以为六？《汉书·律历志》引昭公元年《左传》“天有六气，降生五味。”解之曰：“夫五六者，天地之中合，而民受以生也。故日有六甲，辰有五子，十一而天地之道毕，言终而复始。”六甲五子，即甲骨文数见干支表：

甲子	乙丑	丙寅	丁卯	戊辰	己巳	庚午	辛未	壬申	癸酉
甲戌	乙亥	丙子	丁丑	戊寅	己卯	庚辰	辛巳	壬午	癸未
甲申	乙酉	丙戌	丁亥	戊子	己丑	庚寅	辛卯	壬辰	癸巳
甲午	乙未	丙申	丁酉	戊戌	己亥	庚子	辛丑	壬寅	癸卯
甲辰	乙巳	丙午	丁未	戊申	己酉	庚戌	辛亥	壬子	癸丑
甲寅	乙卯	丙辰	丁巳	戊午	己未	庚申	辛酉	壬戌	癸亥

（原片藏燕京大学国学研究所）

甲子竖读至甲寅是为六甲；甲子斜读丙子、戊子、庚子、壬子，是为五子。五子为支，地之数也；六甲为干，天之数也。周天三百六十度，周年三百六十五日，如以六甲，适为六周，意者“自上甲六示”，殆以象征周天宫度与夫周年日数欤？《秦始皇本纪》：“改年始，朝贺，数以六为纪”，推以五德终始说，秦为“水德之始”也。水，于《明堂月令》属冬，“其日壬癸，其帝颛顼，其神玄冥，其数六”。颛顼，即高祖夔，玄冥即䏁，皆殷商宗神也。《礼记·明堂位》亦谓：“殷之六瑚。”六瑚者，六匿也（陆懋德先生有《瑚琏考》）；六匿者，六匚也；商以六瑚祭上帝，即祭上甲六示，象征六方。

悬象著明，莫大乎日月，郊之祭大报天而主日，配以月，日月在古代祀典宜为天神。《周官·大司乐》：“舞云门以祀天神。”注云：“天神，谓五帝及日月星辰也。”自是古说。古人言“今日”、“明日”，现代语为“今天”、“明天”，此固日神即天神之切证。天神，古或曰帝，或曰上帝，或曰昊天上帝。上帝，希伯来教以来均以十字架为象征。十字架之来源，据宗教家研究，演自埃及十二宫之白羊座，故原始十字架图，均与白羊结为一体，嗣乃演变而为耶稣钉死十字架上。薛曼尔《神之由来》则谓“十字为一切原始民族所崇敬之符号，象野蛮人生火之钻凿形。由于人间钻燧生火经验而想像日月之光明温暖亦生于钻凿，因以十字架代表耶稣——日月之神。"（详郑译本114页）然则，上甲为田，殆亦与钻火故事有关，确为我国最古日神。《淮南·精神》"日中有踆乌，而月中有蟾蜍。"高《注》："谓三足乌。"日中之乌，《东荒经》谓所以戴日而行者也，曰："大荒之中，有汤谷，上有扶木，一日方至，一日方出，皆戴于乌。"卜辞有云：

……上甲……其𡨦……王 （《粹编》1563片）

辞已残泐，不明此头戴十字之乌，为人名，抑为神名？由上证明，十字即日神之象征，则此头戴十字之乌，决为上帝专名，故称"王𦊆"。此"王𦊆"之𦊆，与《神之由来》所著《羔羊在天的宝座上》图像相似。

在此，不暇详论"王𦊆"相当于载籍何帝何王？但欲证明殷商时代确有十字架象征日神上帝之习俗。"画押"风俗，不知何始？今农村文盲，不能签名，常画十字以昭信用。俗名十字，古名上甲，亦即上帝。上帝，上甲，由甲骨文各面审之，吾知其必为日神。

以日神代表上帝，上帝之子降生为人群领袖，谓之天子，此我国古代传说也。埃及第五王朝之后，其"法老"初讹为鹰神 Horus 化身，嗣乃自称为日神 Re 之子而渐尊祀 Re 为民族保护大神。（详迈尔氏《古代史》)即如卜辞所见祭典表,以成汤祧二示三匚,以三匚祧上甲,殷代禘祫之典断自上甲,亦不过证明为日神子孙而已。日神首上甲,故在祀典中或摒三匚三示直以成汤祧上甲:

辛未卜,桒上甲大乙大丁大甲大庚大戊仲丁祖乙祖辛祖丁十示,率牡。

(《佚存》986片)

此以大乙祧上甲,无异说成汤即上甲子,亦即日神之子。上甲,卜辞称为"高祖日甲",与王亥同尊,自表面观之,上甲似为王亥子;实则月神生日神神话之系统化而已。汤祖六甲,诞祀"方明",方明之神,何以舍戊、己、庚、辛而祖上甲与三匚二示?书阙有间,请俟地下新材料,再为论定。

(四)结论

(A)卜辞所见帝鸿、帝工、共工,旱神也。帝𤐫,即燧人,火神也。帝云即云神,帝凤即风神,帝黄,盖日缠黄道,即黄帝也。巫帝即医药神,要帝即南海帝儵;方帝即四方上帝,会以天神上,适为五帝;帝五丰臣,盖即五帝佐。凡此诸帝,见于祭典者,远不及高祖之尊严;故《世本》、《殷本纪》不列先王系统。

(B)凡卜辞所尊为"高祖"者,夒读为戎,即娀简本名;但自字形演变痕迹察之,或讹为帝俊,或讹为帝舜,或讹颛顼,盖商代原始图腾也。高祖河,或称帝河,是河伯也。高祖岳,即山岳配天之神,周以来所谓帝喾矣。《殷本纪》所谓昭明者，卜辞作囧，或盟室；所谓相土，卜辞作邦社，或亳社；一为星神，一为地神，二者尚无称高祖迹象。昌若，卜辞作止若，北海神也；曹圉，卜辞作王吴，东海神也。玄冥，卜辞作㽙，或为汾水之神。《天问》所谓“亥秉季德，恒秉季德”季者，四季神，王恒盖春夏月神，王亥盖秋冬月神，皆月神也。商之始祖契，卜辞作兕，以《魏书·高车传》所传神狼与天女（即匈奴单于女）通婚拟之，契即神狼，即是窫窳。

（C）上甲，甲骨文作田，即“日甲”合文，日甲者日神甲也。匚、匛、匝，亦日神乙，日神丙，日神丁合文。示壬、示癸者，壬日神、癸日神。《记》曰：“郊之祭也，迎长日之至，大报天而主日”；故《殷本纪》讹二示为主壬、主癸，讹三匚为报乙、报丙、报丁；然则上甲，即“长日之至”，亦即“用日之始”。自上甲六示，《尧典》总谓之“六宗”，《观礼》传为方明。《尚书大传》述古代迎日之辞曰：“维某年月上日、明光于上下，勤施于四方”；此正方明之确解。天有十日，而方明独祭上甲与三匚二示，屏退戊、己、庚、辛，理不可解。所可征信者，希伯来教以来所借十字架以象征上帝者，公纪前一二〇〇年以前，我国即有此习惯，上甲是也；至今文盲以十字代画押，十字亦为上帝之征，而名为押，即上甲也。

兹以“高祖夒”为中心论殷商民族问题。夒或作猱，可能为柔然氏得名之由。柔然，东胡苗裔也。高车，古赤狄之余种也，考其民族图腾，有类似“简狄在台”神话；其为殷商余裔可知也。狄族，子姓，与商同宗；而简狄为有娀氏女，娀、夒一声之转，《经》、《传》通用，余知殷商民族，在宗周为山戎（山或商字语讹），在春秋为赤狄，在战国为代犬，秦汉以来或曰东胡，或曰鲜卑，自其民族迁徙路线测之，初居涞、易，后沿漳水南牧，东居齐、鲁之郊，然后涉河西迁洹水上殷虚，显然来自北区域（详上《论三代都邑》篇），即以民族地理言，余敢重申前论曰：商东胡民族也。

一九四三年九月初写于渝中大石门村，

一九四八年五月修订于青岛山大。

宗法考源

《礼记·丧服小记》述周人宗法曰:“别子为祖,继别为宗,继祢者为小宗。有五世而迁之宗,其继高祖者也。是故祖迁于上,宗易于下,尊祖故敬宗,所以尊祖祢也。”《大传》亦曰:“别子为祖,继别为宗,继祢者为小宗。有百世不迁之宗,有五世则迁之宗。百世不迁者别子之后也,宗其继别子者(别子下今本衍“之所自出”四字),百世不迁者也;宗其继高祖者,五世则迁者也。”《白虎通义》曰:“宗其为始祖后者为大宗,此百世之所宗也;宗其为高祖后者五世而迁者也;故曰:祖迁于上,宗易于下。宗其为曾祖后者为曾祖宗,宗其为祖后者为祖宗,宗其为父后者为父宗;父宗以上至高祖宗皆为小宗,以其转迁,别于大宗也。别子者自为其子孙祖,继别者各自为宗。所谓小宗有四,大宗有一,凡有五宗,人之亲所以备矣。”此其叙述,比《礼记》尤为详明。若为世系,当如下图:

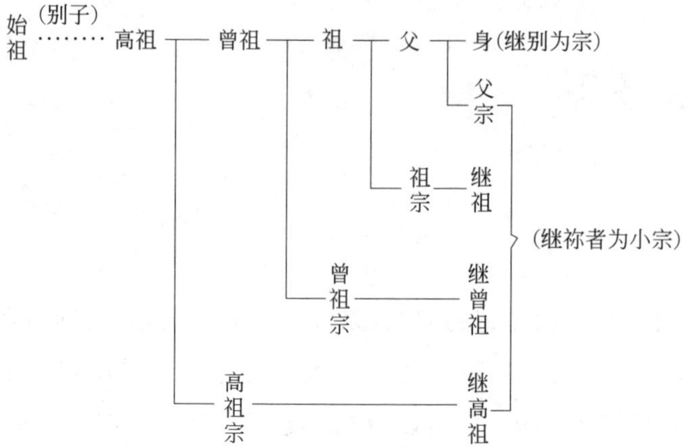

高祖宗比于大宗之曾祖，则为父宗；曾祖宗比于大宗之父，则曾祖宗为祖宗，祖宗亦为父宗；父宗，降至大宗之子则为祖宗，降至大宗之孙，则为曾祖宗；祖宗，降至大宗之子为曾祖宗，至大宗之孙则为高祖宗；曾祖宗降至大宗之子则为高祖宗；高祖宗降至大宗之子则迁。此所谓"祖迁于上，宗易于下，继高祖者五世则迁，百世不迁者别子之后也。"《尔雅·释亲》："父为考，父之考为王父，王父之考为曾祖王父，曾祖王父之考为高祖王父。"又曰："子之子为孙，孙之子为曾孙，曾孙之子为玄孙，玄孙之子为来孙，来孙之子为晜孙，晜孙之子为仍孙，仍孙之子为云孙。"卫太子蒯聩，文王之二十世孙，而襄公之孙也，其祷于文王曰："曾孙蒯聩，敢昭告皇祖文王，烈祖康叔，文祖襄公。"（哀二年《左传》）不曰仍孙云孙，亦不曰玄孙，而曰曾孙；则《周颂》"惠于文王，曾孙笃之"，郑玄《笺》云："曾犹重也，自孙之子而下，事先祖皆称曾孙"，最为确论。《书·金縢》："周公乃告太王、王季、文王，史乃祝册曰：惟尔元孙发遘厉虐疾，若尔三王，是有不子之责于天。"元孙者长孙也。犹微子为帝乙长子，文二年《左传》称为"帝乙之元子。"僖二十八《传》曰,"及其玄孙无有老幼","玄孙"疑为"元孙"传写之误。而如《史记·孟尝君传》说:"子之子为孙,孙之孙为玄孙,玄孙之孙不能知",可证《尔雅》所说"来孙",仍孙非战国人所能知;如《诗》、《书》传说,玄孙亦非宗周人所能知。宗周人但知曾孙而已。

与曾孙对立者为曾祖,顾《诗》、《书》、彝器刻辞绝无曾祖明文,但有高祖、大祖、皇祖、艺祖、文祖、烈祖之称。《商颂》:"奏鼓简简,衎我烈祖",又曰:"嗟嗟烈祖,有秩斯祐。"烈祖者,有功烈之祖也。(毛《传》云)《书·尧典》:"舜让于德,弗嗣,正月上日,受终于文祖",又曰:"归,格于艺祖",艺祖者,祢庙也(此用马融说。);文祖者,尧大祖也。(司马迁说。)皇祖,杜预《左传注》亦训皇为大,《诗·常武》:"南仲大祖,大师皇父",《传》、《笺》无释,而《诗》之称皇祖尤众。《鲁颂·閟宫》,既曰"皇皇后帝,皇祖后稷"矣,又称"皇祖周公,亦其福女";《周颂·闵予小子》,既曰"念兹皇祖,陟降庭止",又称"于乎皇考,永世克孝";皇祖可谓大祖,则皇考不得谓之大考,郑《笺》故又训皇为君。案:金文晋邦盦铭,"我皇祖唐公,□受大命,左右武王",秦公段铭,"丕显朕皇祖,受天命,鼏宅禹迹",齐𩵦子紟鎛铭,"用亯用孝于皇祖圣叔,皇妣圣姜,□皇祖又成惠叔,皇妣又成惠姜,皇考迹仲,皇母",皇祖烈祖,意实相近,是神祖也。若夫高祖,《尔雅》谓即曾祖之考。卜辞则曰,"高祖夒,高祖亥,高祖乙",均为远祖或始祖之称。《书·盘庚》:"肆上帝将复我高祖之德越乱我家",高祖谓汤,亦远祖也。其在《春秋》,郯子曰,"我高祖少皞挚之立也,凤鸟适至,故纪于鸟,为鸟师而鸟名。"(昭十七年《左传》)其在战国,齐威王因資作鐘曰:"其唯因資扬皇考,邵緟高祖黄帝,侎嗣趣文",(另详拙著《由陈侯因資鐘铭黄帝论五帝》)亦莫不称始祖为高祖。然则高祖者远祖也，始祖也，非所谓“曾祖之考”也；曾孙者远孙也，亦非如《尔雅》之限于孙之子而已也。以《诗》、《书》、彝器铭识考之，尝疑周人亲属称谓，上终于祖，下终于孙，祖之考为祖，祖之祖亦为祖，无曾祖、高祖之别；孙之子为曾孙，孙之孙亦为曾孙，无玄孙、来孙之名；其所谓曾孙，远孙之通称；其所谓高祖，亦远祖之通称。高祖、曾孙相对为名，所以表示其世代悠远，无所谓曾祖、玄孙，自不得有继曾祖宗，继高祖宗者即继别之大宗，自不得复为继祢之小宗。

故论周人宗法，盖唯继高祖之大宗，继祖继父之小宗，三宗而已。逮秦汉博士儒生，因曾孙而创称祖之考为曾祖，复因祖之祖为高祖而创称玄孙，以曾孙为继曾祖宗，以玄孙为继高祖宗，别以屡世相沿之嫡长子为继别大宗，于是焉有五宗。五宗者秦汉以后之新制，必非周人之旧法。《诗·大雅·板》：“价人维藩，大师维垣，大邦维屏，大宗维翰。怀德维宁，宗子维城，无卑城怀，无俾斯畏。”郑玄《笺》：“大宗，王之同姓适子也；宗子，谓王之适子。”是宗子，大宗，皆适子也。然考之彝器刻辞：

> 叡钟铭：“叡作宝钟，用追孝于己伯，用亯大宗，用泺好宗。”
>
> 丫敖壶铭：“丫敖作尊壶，用亯孝于大宗。”
>
> 陈逆簠铭：“余寅事齐侯，欢恤宗室，铸兹宝簠，以亯孝于大宗皇祖，皇妣，皇考，皇母，用匄永命，眉寿万年。”
>
> 陈逆殷铭：“陈氏裔孙逆作为先祖大宗殷，以賀羕令。”

大宗之上，或曰“用追孝于己伯”；大宗之下，或曰“皇祖，皇妣，皇考，皇母”；而其连文，皆称亯孝。《诗·小雅·天保》：“吉蠲为饎，是用孝亯”，《传》：“亯，献也”，《笺》云：“谓将祭祀也。”《周颂·载见》：“率见昭考，以孝以亯”，《笺》亦云：“以致孝子之事，以献祭祀之礼”；则凡所谓亯孝者皆享祀孝敬之意。孝敬可施于适子，享祀不可施于适子，但可用于祖考之庙，是金文所见之大宗，皆谓祖考宗庙，非如郑玄说“王之同姓适子也。”故金文有时不称大宗，径曰宗庙。如：

> 𩵦鼎铭：“南公有辞𩵦作尊鼎，用亯于宗庙。”
>
> 𠂤伯𣪘铭：“用作朕皇考武𠂤幾王亯𣪘，用好（读为孝）宗庙，亯夙夕好朋友，雩百诸婚遘。归夆其万年日用享于宗室。”

或省称曰宗：

> 周䜌壶铭：“周䜌作公日己尊壶，用享于宗。”
>
> 叔氏林钟铭：“作朕皇考叔氏林宝钟，用亯于宗。”
>
> 琱生𣪘铭：“对扬朕宗君其休，用作朕烈祖召公尝𣪘，用亯于宗。”

盖宗即庙也。《仪礼·士昏礼》：“承我宗事”，郑玄注：“宗事，宗庙之事。”许慎《说文》：“宗，尊，祖庙也。从宀示”，又曰：“示，神事也。”神示一声之转，周人言鬼神，于殷则言示（详下文）。《论语·述而》：“祷尔于上下神祇”，宗周钟铭：“惟皇上帝百神。”此天神也。

《吕览·民顺》:“使上帝鬼神伤民之命”,陈财段铭:“龚盟禋神,虔龚愄忘”,此鬼神也。天神所居曰大室,鬼神所居曰大宗,然则斧伯段铭:“用享于宗室”,宗室即宗庙。

仲殷父段铭:“中殷父铸段,用朝夕亯孝于宗室。”

曼𪏾父盨铭:“曼𪏾父作宝盨,用亯于宗室。”

师器父鼎铭:“师器父作尊鼎,用亯孝于宗室。”

过伯段铭:“俘金,用作宗室宝尊彝。”

𤆍段铭:“𤆍作文祖考尊宝段,用孝于宗室。”

善鼎铭:“善作宗室宝尊,唯用锡福于前文人,康绥共屯。余其用各我宗子,雩百姓。”

凡此宗室,当如《诗·采蘋》“于以奠之,宗室牖下”《传》云:“大宗之庙也。”《士昏礼》:“祖庙未毁,教于公宫,三月;若祖庙已毁,则教于宗室”;以宗室对祖庙为文,尤可证宗室即宗庙。所差异者,一为祢庙,一为大宗。䣄钟铭既云“用享宗室”,又云“用乐好宗”,好宗即考宗,大宗即宗室。宗室为大宗则祖庙考宗,皆继祢之小宗。由是言之,大宗者,太庙也;小宗者,祢庙也;宗法者,初以辨先祖宗庙之昭穆亲疏,非以别继祖继祢后世子孙之嫡庶长幼也。即以后世宗法名称论:《士昏礼》“宗子无父母命之,亲皆没,已躬命之”,《注》:“宗子者,适长子也。”则宗妇自为适长子妇,如《礼记·内则》“适子庶子祗事宗子”《注》所云:“宗,大宗。”而《特牲馈食礼》,既有大宗之主妇,复有“宗妇北堂东面北上”所谓族人妇之宗妇。如《特牲馈食礼》宗妇既为族人之妇矣;而金文所见:

宗妇鼎铭："王子刺公之宗妇䣄婴为宗彝鬻彝，永宝用。以降大福，保辥䣄国。"

晋邦盦铭："雒，余小子，整辥尔家，宗妇楚邦，乌□万年，晋邦佳翰。"

一则以宗妇为王子刺公之適妇，一则以宗妇为楚邦之小君（晋邦盦为晋侯嫁女楚王媵器），如《士昏礼》宗子即適长子矣；而善鼎铭："余其用各我宗子雩百姓"，以宗子百姓并称，又以宗族子弟为宗子。是宗子不必为適子或適长子，宗妇亦不必为族人之妇。《国语·鲁语》："公父文伯之母，欲室文伯，飨其宗老，老请守龟卜室之族。师亥闻之，曰：善哉！男女之飨，不及宗臣，宗室之谋，不过宗人。"韦昭《注》："家臣称宗老（今本误为老宗，宗属下文读），宗人主礼乐者也。宗人则宗臣也。"《仪礼·丧礼传》："公，卿，大夫，室老，士，贵臣"，注："室老，家相也。"是室老，宗老，皆宗室之家臣也。而陈逆簠铭既曰"亯孝大宗"，又曰"欢恤宗室"，以宗室为宗族之族众。辛中姬鼎铭："用亯孝于宗老"，宗老之名，固当于《诗·思齐》"惠于宗公，神罔时怨"，《笺》云："宗公，大臣也。"顾《毛传》则云："宗公，宗神也"，孔颖达《正义》："《书序》云，班宗彝，《中庸》云，陈其宗器，皆谓宗庙为宗，下又频言神罔，则宗公是宗庙先公。"宗老纵不得谓即宗庙祖考，亦当为宗室长老，其非宗室之家臣，可断言也。知宗老，宗公，非必宗室之家臣，知宗室非必大宗之家（郑玄《士昏礼注》，宗室，大宗之家），知宗子非必適子，宗妇非必族人之妇；则言宗法者专据《礼记》所谓適，庶，长，幼以辨继别继祢，其本多舛，其流必紊。何也？宗者，宗庙也；宗法者，所以辨宗庙之昭穆也。《鲁语》：

“夏父弗忌为宗，烝，将跻僖公。宗有司曰，非昭穆也。曰，我为宗伯，明者为昭，其次为穆，何常之有？有司曰，夫宗庙之有昭穆也，以世次之长幼而等胄之亲疏也。夫祀，昭孝也，各致齐敬于其皇祖，昭孝之至也。故工史书世，宗祝书昭穆，犹恐其逾也，今将先明而后祖？自玄王以及主癸莫若汤，自稷以及王季莫若文武，商周之烝也，未尝跻汤与文武，为逾也。鲁未若商周而改其常，无乃不可乎？”《春秋》，“八月，丁卯，大事与大庙，跻僖公”，《公羊传》亦曰：“大事者何？大祫也；大合者何？合祭也。其合祭奈何？毁庙之主，陈于大祖；未毁庙之主，皆升，合食于大祖，五年而再殷祭。跻者何？升也。何言乎升僖公？讥。何讥尔？逆祀也。其逆祀何？先祢而后祖也。”（文公二年）由《公羊传》说，则祖庙即大庙，祢庙即宗庙；由《鲁语》说，则跻僖公即乱祖庙之昭穆；其在《礼记大传》则曰：“上治祖祢，尊尊也；下治子孙，亲亲也；旁治昆弟，合族以食，序以昭缪（读为穆）；别之以礼义，人道尽矣。”其在《祭统》则曰：“凡赐爵，昭为一，穆为一，昭与昭齿，穆与穆齿，凡群有司皆以齿，此之谓长幼有序。”直以祖庙之昭穆推而序后世子孙之长幼，然则礼家所辨后世子孙之宗法，实蜕变于先祖宗庙制度。其所谓大宗继祖，即祖庙为大庙为大宗之演变；其所谓小宗继祢，即祢庙为小宗之演变。考宗法起源者，不当求之后世子孙之嫡庶长幼，当反求诸宗庙之昭穆亲疏。故曰，宗法者，宗庙之法也。《祭法》：“有虞氏禘黄帝而郊喾，祖颛顼而宗尧；夏后氏亦禘黄帝而郊鲧，祖颛顼而宗禹；殷人禘喾而郊冥，祖契而宗汤；周人禘喾而郊稷，祖文王而宗武王。”《鲁语》亦曰：“有虞氏禘黄帝而祖颛顼，郊尧而宗舜；夏后氏禘黄帝而祖颛顼，郊鲧而宗禹；商人禘舜而祖契，郊冥而宗汤；周人禘喾而郊稷，祖文王而宗武王。”宗禘之人，虽颇违异，郊宗之礼，大抵不殊。《鲁语》又曰：“幕能帅颛顼者也，有虞氏报焉；杼能帅禹者也，夏后氏报焉；上甲微能帅契者也，商人报焉；高圉太王能帅稷者也，周人报焉；凡禘，郊，宗，祖，报，此五者国之典祀也。”依四代世系论之，则禘者禘其祖之所自出，郊者郊其远祖之有功，祖为受命之君，宗为开国之君，报者报其中兴之德。以宗法论之，有虞氏夏后氏并祖颛顼，殷人祖契，周祖文王，皆所谓“别子为祖”；有虞氏宗舜，夏后氏宗禹，殷人宗汤，周宗武王，皆所谓“继别为宗”；虞夏远矣，其详不可得而闻，殷人既有别子之祖，继别之宗，《书·高宗彤日》，“典祀无丰于昵”，马融注：“昵，考也，谓祢庙也。”则殷亦有祢庙小宗。有大宗，有小宗，是宗法起源不始宗周。当在有殷之际或其前世。所不同于宗周宗法者，卜辞云：

乙亥，又彡岁在小宗，自上甲。（《殷虚书契后编》下，第四十二页）

丁丑卜，在小宗，又彡岁。（同上版）

既以上甲为小宗矣。复有辞云：

丙午贞，辛亥，酒，彤，自上甲在大宗聿。（董作宾《甲骨文断代研究例》引容氏拓本）

丁亥卜，在大宗，又亇伐㛸甲十小宰，自上甲。（《殷契佚存》一三一版）

己丑卜，在小宗，又彡岁自大乙。（同上版）

又以上甲为大宗。大乙即天乙，汤之庙号也。由前《祭法》云，“殷人祖契而宗汤，汤，大宗也"，卜辞或云"在小宗"。是殷人宗法，不以宗之大小别祖祢，不特异于礼家所传"继别为祖，继祢者为小宗"，且与前文所论小宗为祢，大宗为祖者亦不符，是知祖为大宗，祢为小宗者宗周之宗法，非殷人宗法也。

殷周宗法之异同，不独如礼家所传之小宗大宗而已也。《礼记·王制》，"天子七庙，三昭三穆，与大祖之庙而七；诸侯五庙，二昭二穆，与大祖之庙而五；大夫三庙，一昭一穆，与大祖之庙而三；士一庙，庶人祭于寝。"《祭法》："王立七庙，一坛一墠，曰考庙，曰王考庙，曰皇考庙，曰显考庙，曰祖考庙，皆月祭之；远庙为祧，有二祧，享尝乃止；去祧为坛，去坛为墠，坛墠有祷焉，祭之，无祷乃止。去墠曰鬼。诸侯立五庙，一坛一墠，曰考庙，曰王考庙，曰皇考庙，皆月祭之；显考庙，祖考庙，享尝乃止。大夫立三庙，一坛，曰考庙，曰王考庙，曰皇考庙，享尝乃止；显考祖考无庙。士二庙，一坛，曰考庙，曰王考庙，享尝乃止；显考无庙，有祷焉。官师一庙，曰考庙，王考无庙而祭之。庶人无庙，死曰鬼。"《大戴礼记·三本》亦曰："有天子者事七世，有国者事五世，积厚者流泽光，积薄者流泽卑。"是周之宗庙，相传天子有七也。但七庙《王制》谓即大祖庙与三昭三穆，《祭法》谓即考，王考，皇考，显考，祖考，与远祖二祧。孔颖达《正义》，"王考庙者，祖庙也；皇考者，曾祖庙也；显考庙者，高祖也；祖考庙者，始祖也；祧谓文武庙也。"文武庙为祧，礼家说者甚众，姑置不论。曾祖之名，非宗周时所有，何得有曾祖庙？况自金文证之，凡所谓祖考者皆祖与父之合称，显考，皇考，皆考也，如《祭法》说，则天子七庙，为考庙三，祖庙二（王考即祖庙，故有二），远祖祧庙各一。祖庙何以二？考庙何以三？《诗》、《书》无征，盖秦汉间儒生之妄言，由史实言，左昭右穆，其事不能始于昭王穆王之前，周别庙制，何由而具三昭三穆？无昭无穆，何由而知天子七庙？《周书·世俘》："辛亥，武王乃翼，矢珪矢宪，告于天宗上帝，王烈祖自大王、大伯、王季、虞公、文王、邑考以列升，维告殷罪。"又曰："时四月，既旁生魄，越六日庚戌，武王朝至，燎于周。武王在祀，大师负商王纣县首白旂，妻二首，赤旂，乃以先馘人燎于周庙。"周庙由吾前说，即是天宗。《月令》，"孟冬之月，天子乃祈来年于天宗。"天宗，郑玄《注》谓"皆天神"。高诱注《吕览》谓"即尧典六宗"。六朝人注又谓"六宗，即大庙外之六庙"。山谓，天宗者，大宗也。武王克商，祀于大宗者惟高祖大王，祖大伯王季、虞公，父文王，兄邑考，充类言之，四世六庙而已，无所谓七庙也。由后儒所传宗法言，大王为祖，大伯即继别之大宗，王季、虞公为小宗；王季、文王为大宗，则大伯、虞公皆小宗，以小宗合祀于大宗，则大宗自可祀于小宗，是周初宗法，固未尝以大小别嫡庶长幼，与殷人所谓大宗小宗，固无异也。

周之宗庙，礼家又有亲尽则毁之说，如朱熹《或问》：

> 天子之庙，其制若何？曰，唐之文祖，虞之神宗，殷之七世三宗，其详今不可考；独周制犹有可言。然而汉儒之说，又有不同矣。谓后稷始封，文武受命而王，故三庙不毁，与亲庙四而七者诸儒之说也。谓三昭三穆与太祖之庙而七，文武为宗，不在数中者，刘歆之说也。但如诸儒之说，则武王初有天下之时，后稷为太祖，而祖绀居昭之北庙，太王居穆之北庙，王季居昭之南庙，文王居穆之南庙，犹为五庙而已。至成王时，则祖绀祧，王季迁而武王祔；至康王时则王季祧，武王迁而成王祔；自此以上，亦皆且为五庙而祧者藏于太祖之庙。至穆王时则文王亲尽当祧，而以有功当宗，故别立一庙于西北而谓之文世室；于是成王迁，昭王祔，而为六庙矣。至共王时则武王亲尽

当祧，而亦以有功当宗，故别立一庙于东北，谓之武世室；于是康王迁，穆王祔，而为七庙矣。自是之后，则穆之祧者藏于文世室，昭之祧者藏于武世室，而不复藏于太庙矣。

案师兑毁铭："隹元年五月初吉甲寅，王在周，各康庙，即位，同仲右师兑，入门，立中廷，王呼内史尹册命师兑世师龢父嗣左右走马。"师龢父即伯和父，即共和摄位之共伯和，毁铭云；"世龢父嗣左右走马"，则师兑作毁时代，非宣王之元年，即幽王之元年。幽王为康王八世孙，宣王为康王七世孙，如朱熹及礼家说，宣幽之际，康王之庙，其毁久矣。而毁铭云："王各康庙"，则康王之庙至宣幽之世，明明存在，是宗周时尚无毁庙迁祧之制，所谓亲尽则毁者，又后儒附会七庙，削足适履之说也。征之卜辞，更无毁庙之迹。卜辞既称大乙在大宗小宗矣，又云：

癸卯卜，宾贞井方于唐宗，彘。(《后编》上，第十八页)

唐以音近，后人误为汤，汤即大乙，是大乙虽祀于大宗小宗，犹有不毁之专庙。此犹可委曰："宗有德，庙不毁"也。卜辞又曰：

□□卜贞酒大甲斱宗，用，八月。(《殷契佚存》一一五版)

(上缺)中宗且乙，牛，吉。(《戬寿堂所藏殷虚文字》第三页)

则太甲祖乙之宗，亦不毁矣。祖乙庙号中宗，汉以来经师皆误为太戊。太戊、太甲之宗何以不毁？刘歆亦为之说曰："天子八庙，七者其正法，数可常数也。宗不在此数中，宗变也。苟有德，则宗之，不可预为设数。故殷于太甲为大宗，太戊为中宗，武丁为高宗。周公为《毋逸》之戒，举殷三宗，以劝成王。由是言之，宗无数也。”（《汉书韦玄成传》引）案：太甲庙号太宗，武丁庙号高宗，卜辞概尚未见，其数见者：

（上缺）彝在中丁宗，在三月。（《续编》卷一，第十二页）

在四祖丁宗。（《佚存》四一九版）

甲戌卜贞，武乙宗，其牢。（《佚存》九四一版）

甲子卜贞，武乙宗，丁，其牢兹用。（《殷契征文帝》系，一三一版）

甲辰卜贞，武且乙宗，其牢。（《佚存》，九八四版）

甲寅卜贞，武且乙宗，其牢兹巜。（《燕京大学藏殷契卜辞》，二五二版）

戊戌卜贞，文武丁宗，其牢兹用。（《殷契卜辞》，二六七版）

丙午卜贞，文武丁宗，其牢兹用。（《殷虚书契》一，第廿三页）

乙酉卜，宾贞丁宗，亡不若。（《续编》四，第卅五页）

贞丁宗□㱿，亡匄。（《后编》下，第廿四页）

己丑卜，告于父丁，其卿宗。（《后编》上，第五页）

（上缺）婀于癸宗，若，王弗每。（《龟甲兽骨文字》二，第廿五页）

尚有中丁，四祖丁，武乙，武祖乙，文武丁，丁癸诸宗。由殷之世系考之，太丁一，沃丁二，中丁三，所谓四祖丁即祖丁；若屏闰位沃丁计之，则四祖丁即武丁，武祖乙即武乙，文武丁即文丁。文丁者帝乙之父而武乙之子也。以周人宗法言，武乙为帝乙祖，文丁为帝乙父，皆祢庙也，例在不毁。若中丁，四祖丁，既无赫赫之功，又非帝乙考与王考，例当毁而祧之，仍而不毁，是殷人亦无毁庙之制也。其所不毁者，不独先祖之庙然也。卜辞：

甲申卜，即贞，其又于兄壬，于母辛宗。(《后编》上，第七页)

贞□于母辛宗，酒。(《藏龟》，第二五七页)

殷之先妣，以辛为号者，就今卜辞所见，一为武丁，一为康丁；殷先王以壬为号者，南壬、卜壬而外，未之有闻；但卜壬母妣壬，南壬母妣丙，皆非妣辛，妣辛终不详其为谁祖之配。先妣尝立专庙，况在先祖乎？殷无毁庙之制，即无祧宗之法，殷无祧宗之法，即无七庙五庙之限；或据商书佚文“五世之庙，可以观怪”(《吕氏春秋·谕大篇》引)，而谓殷世天子五庙，慎矣！

然则殷之宗庙果无亲疏长幼之辨乎？曰，不然。殷人所以辨亲疏长幼者，示也，非宗也。示，许君训神事，而卜辞示壬、示癸，《鲁语》及《史记·殷本纪》并作主壬、主癸，《春秋》文二年：“丁丑，作僖公主”，《公羊传》：“作僖公主者何？为僖公作主也。主者曷用？虞主用桑，练主用栗；用栗者，藏主也。”《穀梁传》亦曰：“作僖公主，为僖公主也。立主，丧主于虞，吉主于练。”主者何？何休《公羊解诂》云：“主状正方，穿中央，达四方，天子长尺二寸，诸侯长一尺。”范宁《穀梁注》与何说同，但又云“主者神所凭依”，是主即神主，示之为言宗庙神主也。《曲礼》：“天王崩，告丧曰：天王登假；措之庙，立之主，曰帝。”是帝甲(见《周语》)帝乙(见《左传》)亦先王庙号，犹主壬之称示壬，主癸之称示癸，所以尊先王之鬼若天神矣。顾卜辞所见，不独主壬主癸之称示也。

□亥卜，贞，三示，御大乙大甲且乙五牢。(《戬寿堂所藏殷虚文字考释》九页引罗氏拓本)

己丑卜，大贞，于五示，告丁，且乙，且丁，羌甲，且辛。(《甲

骨文断代研究例》引孙氏拓本）

董彦堂先生《甲骨文断代研究例》谓："丁即武丁，祖乙即小乙"，芍甲郭沫若先生谓即沃甲；是太乙，太甲，祖乙，武丁，小乙，祖丁，沃甲，祖辛，殷人并尊之为示。且示各一人，人各依于《殷本纪》之世次，是示之为号，更寓有世次之意。《史记》述殷之世次曰：

殷契母曰简狄，为帝喾次妃。契卒，子昭明立。昭明卒，子相土立。相土卒，子昌若立。昌若卒，子曹圉立。曹圉卒，子冥立。冥卒，子振立。振卒，子微立。微卒，子报丁立。报丁卒，子报乙立。报乙卒，子报丙立。报丙卒，子主壬立。主壬卒，子主癸立。主癸卒，子天乙立，是为成汤。汤崩，太子太丁未立而卒，于是乃立太丁之弟外丙，是为帝外丙。外丙崩，立外丙之弟中壬，是为帝中壬。中壬崩，伊尹乃立太丁之子太甲，称太宗。太宗崩，子沃丁立。沃丁崩，弟太庚立。帝太庚崩，子帝小甲立。小甲崩，弟雍己立。帝雍己崩，弟太戊立，称中宗。中宗崩，子帝中丁立。中丁崩，弟外壬立。帝外壬崩，弟河亶甲立。帝河亶甲崩，子帝祖乙立。祖乙崩，子帝祖辛立。祖辛崩，弟沃甲立。帝沃甲崩，立沃甲兄子祖丁，是为帝祖丁。祖丁崩，立沃甲之子南庚，是为帝南庚。南庚崩，立祖丁之子阳甲，是为帝阳甲，阳甲崩，弟盘庚立。盘庚崩，弟小辛立。帝小辛崩，弟小乙立。帝小乙崩，子帝武丁立。武丁崩，子帝祖庚立。祖庚崩，弟祖甲立，是为帝甲。帝甲崩，子帝廪辛立。廪辛崩，弟庚丁立。帝庚丁崩，子帝武乙立。武乙震死，子帝太丁立。太丁崩，子帝乙立。帝乙崩，子辛立，是谓帝辛，天下谓之纣。

以卜辞证之，其庙号及世系，不免稍有传误。庙号之误者，如：曹圉当为王吴，河亶甲当为戋甲，沃丁、沃甲当为芍丁、芍甲（皆郭沫若说），此以音近而讹也。王振当为王亥，报丁、报乙、报丙当为匚乙、匚丙、匚丁，主壬、主癸当为示壬、示癸，外丙、外壬当为卜丙、卜壬，庚丁当为康丁，武乙之子太丁当为文丁（皆王国维说），中壬当为南壬（董彦堂说），此以形近而讹也。世系之敚误者，如：匚，匚丙子也，而误为上甲子；祖乙，中丁子也，而误为河亶甲子；王亥之后敚王恒，祖庚之前敚祖己（董说），凡此，不能谓非史公之阙失。综所匡正，殷之世系，当如下表：

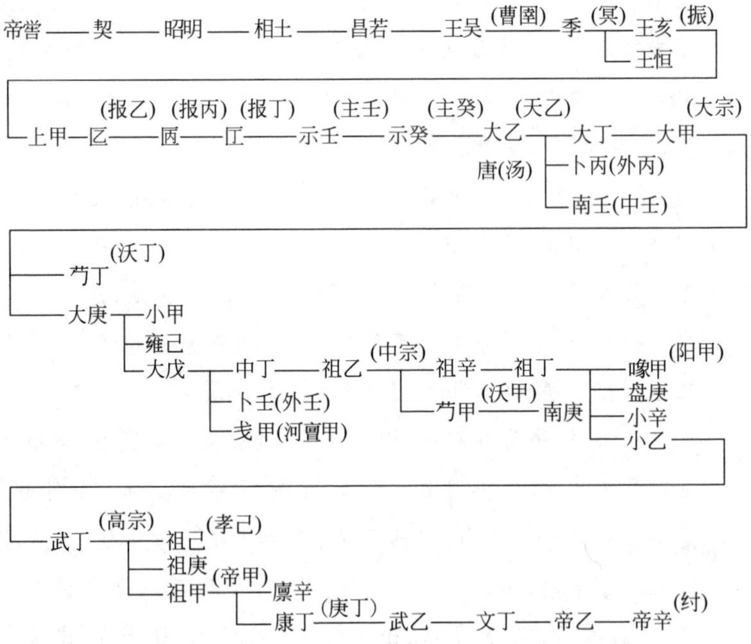

计自帝喾至于帝辛，其先公先王凡四十七人，历世三十有一。由《祭法》说，“殷人禘喾而郊冥，祖契而宗汤”，《鲁语》说“上甲微能帅契者，故殷人报焉”，则殷人禘，祫，殷祭，必自帝喾始。顾卜辞所纪，自喾以下至于王亥、王恒，但有分别賁祭之占，不见列于殷祀之典，而其殷祀，皆始自上甲。如王国维《殷礼征文·殷祭篇》所引：

辛巳卜，贞，王宾上甲𢓊至于多后，衣。(《前编》卷二，第廿五页)

癸丑卜，贞，王宾自上甲至于多后，衣，亡尤。(同上)

癸未，王卜贞，酒，彡日，自上甲至于多后，衣，亡它，自□，在四月，隹王二祀。(《前编》卷二，第廿七页)

丁酉卜贞，王宾，□自上甲，至于武乙，衣，亡尤。(《后编》上，第二十页)

衣，王君读为殷，云：“殷为合祭之名。”合祭者，禘祫也。殷人禘祫，不始帝喾，而自上甲，颇疑殷人即以上甲为祖，非祖契也。《鲁语》所谓报上甲者，当为殷上甲之误。自上甲至于武乙，以先王计，凡三十四君；以世系论，不过二十；卜辞有曰：

癸卯卜，酒，桒，贞，乙巳，自上甲廿示，一牛；二示，羊，土賁；三示，彘牢；四示，犬……(《戬寿堂殷虚文字》第一页)

然则“自上甲至于武乙”，即此“自上甲廿示”，是禘祫之典，以世列升，不以先王人数计，示之为言世也。董彦堂先生尝“疑廿示皆大宗，二示，三示，四示，皆小宗”(详《甲骨文断代研究例》)，细绎卜辞，则董以廿示为大宗，甚是；其疑二示、三示、四示，皆小宗，则非。凡后世宗法所谓大宗者，卜辞皆谓之大示，小宗谓之小示，如：

甲午卜，宾贞，王临大示。（《前编》三，第廿二页）

贞御自上甲，王临大示。（同上书页）

贞叀子渔𢍜于大示。（《后编》上，第廿八页）

（上缺）翌辛，卯一牛，小示；大示，卯宙羊。（《殷虚卜辞》六版）

乙未贞，其桒自上甲十示又三；小示，羊。（《后编》上，第廿八页）

由“卯一牛小示，大示卯宙羊”，证“自上甲十示又三，小示羊。”可知卜辞凡所谓示，皆大示之省称。但有辞云：

□丑卜，其复日缺大示三，五示二，十示又……（《殷契佚存》八八二版）

辛巳卜，大贞之自上甲元示，三牛；二示，二牛；十三月。（《前编》三，第廿二页）

贞㫃元示。（同上书页）

以二示证五示，以元示证大示，可知“自上甲廿示一牛，二示羊，三示彘牢，四示犬”，廿示之下，盖有省文。其辞当曰：“自上甲廿示，元示一牛，二示羊”，所谓：“二示，三示，四示”，犹他辞云：“大示，五示，十示又□”，五示，十示又□，不能解以小宗；则二示，三示，四示，亦不得谓为小宗矣。知二示，三示，四示，五示，十示又□之非小宗小示也，则所谓“□未卜桒上甲，大乙，大丁，大甲，大庚，大戊，中丁，祖乙，祖辛，祖丁，十示，率𤘤”，此十示者皆为大示。即董彦

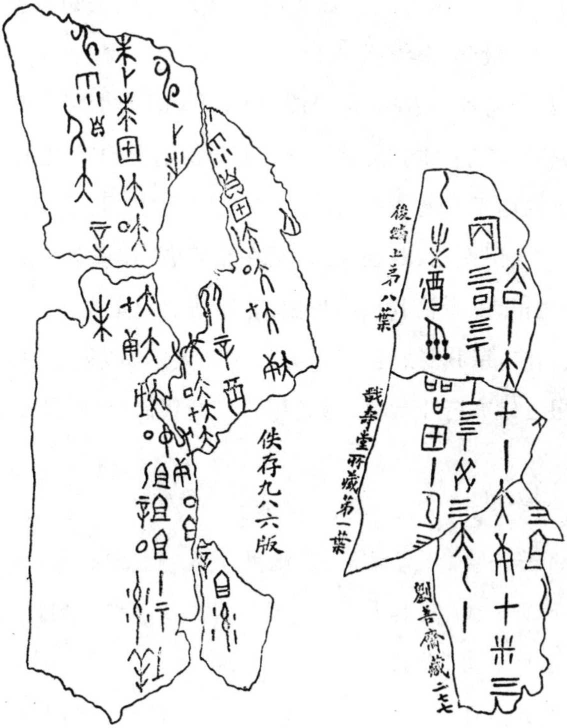

堂先生及王国维所共拼合之残骨，所谓上甲、匚乙、匚丙、匚丁、示壬、示癸、太乙、太丁、太甲、太庚、因 囟、囲 団、祖乙等，亦大示也。大示所以为大示，由前世系表审之，盖皆身死而子继也。太丁太甲之间，不序卜丙南壬，明太甲为太丁子，卜丙南壬皆闰位；太甲太庚之间，不序芍丁；大庚大戊之间，不序祖己小甲；中丁祖乙之间，不序卜壬戋甲；祖辛祖丁之间，不序芍甲；亦以明太戊为太庚子，芍丁为闰位，祖乙为中丁子，卜壬戋甲皆闰位，祖丁为祖辛子，芍甲为闰位；闰位者不序于大示，则大示之意，但示其身所自出，不问其父比于诸父之长幼，与《公羊传》所谓“立嫡以长不以贤，立子以贵不以长"(隐公元年)者,大相违异。然则殷人示法,不以长幼等贵贱,但以子能继父者为最尊,其名为大示,其实即大宗。大宗者,宗其身所自出也。其非身所自出者为闰位,为小示,即为小宗。小宗,亦上甲太乙孙也。不得与于大宗殷祭,遂不得谓无合祭之时,当其合祭,只及卜丙南壬芎甲小甲中己卜壬戋甲芎甲,而不及上甲大乙,是无祖矣。上甲太乙,既在大宗,又在小宗者,盖以其为大宗之祖,亦为小宗之祖,王者禘其祖所自出,非宗法之无定也。

殷之宗法,宗其身所自出者为大宗。大宗所宗,不独先祖而已也,即先祖之妣亦皆予配享。如《甲骨文断代研究例》所引:

> 庚辰卜贞,王宾示癸,奭妣庚,翌日,亡尤。(《后编》上,第一页)
>
> 甲子卜贞,王宾示癸,奭妣甲,□亡尤。(同上页)
>
> 丙寅卜贞,王宾大乙,奭妣丙,翌日,亡尤。(同上页)
>
> 戊戌卜贞,王宾大丁,奭妣戊,祼,亡尤。(《后编》上,第二页)
>
> 辛丑卜贞,王宾大甲,奭妣辛,肜日,亡尤。(《后编》上,第一页)
>
> 壬寅卜贞,王宾大庚,奭妣壬,𪡏,亡尤。(《后编》上,第二页)
>
> 壬寅卜贞,王宾大戊,奭妣壬,𪡏,亡尤。(同上页)
>
> 癸丑卜贞,王宾中丁,奭妣癸,祼,亡尤。(同上页)
>
> 己巳卜贞,王宾祖乙,奭妣己,肜日,亡尤。(《后编》上,第三页)
>
> 庚午卜贞,王宾祖乙,奭妣庚,𪡏,亡尤。(同上页)
>
> 庚子卜贞,王宾祖辛,奭妣庚,肜日,亡尤。(同上页)
>
> 己巳卜贞,王宾祖丁,奭妣己,肜日,亡尤。(同上页)
>
> 癸酉卜贞,王宾祖丁,奭妣癸,𪡏,亡尤。(同上页)
>
> 庚午卜贞,王宾小乙,奭妣庚,𪡏,亡尤。(《后编》上,第四页)

辛巳卜贞，王宾武丁，奭妣辛，祼，□□。（同上页）

戊子卜贞，王宾武丁，奭妣戊，祼，亡尤。（同上页）

癸未卜贞，王宾武丁，奭妣癸，祼，亡尤。（同上页）

戊午卜贞，王宾祖甲，奭妣戊，祼，亡尤。（《后编》上，第四页）

辛巳卜贞，王宾康丁，奭妣辛，□，亡□。（同上页）

武乙之妣，卜辞未见，肄作父乙彝铭可以补之：

戊辰，弜师锡肄户賁贝，用作父乙宝彝。在十月一，隹王廿祀。㫺日，遘于妣戊，武乙奭。豕一旅。（《殷文存》上，第十九页）

妣号甲者祭以甲日，号乙者祭以乙日，与祀先王之礼同。妣下奭字，篆作诸形，罗振玉《殷虚书契考释》谓即召公奭之奭是也。奭配双声，此当读为配。《少牢馈食礼》："孝孙某来日丁亥，用荐岁事于皇祖伯某，以某妃配，某氏尚飨"，郑《注》："合食曰配"，《公羊传》："郊则曷为必祭稷？王者必以其祖配"（宣三年），何氏《解诂》亦曰："配，配食也，"是"王宾祖□，奭妣□"，即以妣配享于祖之意。其非大宗之妣，而得配享者：

己巳卜，行贞，翌午，岁，其征于㚸甲，奭妣庚。（《殷契佚存》八七八版）

惟㚸甲之妣妣庚一见。盖㚸甲虽在小宗，有子南庚嗣之，实同大宗。尤可证殷之大宗，不在身能继祖，而在子能继身。《公羊》三十二年传云："有子则庙，庙则书葬，无子不庙，不庙则不书葬"；以子之有无，定庙之存废，犹有殷人宗法遗意。若夫祖乙之配，有妣己妣庚；祖丁之配，有妣己妣癸；武丁之配，至有妣辛妣癸妣戊三人；殆以废立不常或先殂后继之故。《尸子》曰："殷高宗之子曰孝己，有孝行，其母早死，高宗惑后妻言，放之而死。"《庄子·外物》曰："人亲莫不欲其子之孝，而孝未必爱，故孝己忧而曾参悲。"《荀子·性恶》亦有"孝己独厚于孝之实而全于孝之名者以綦于礼义"之说。是孝己即高宗武丁子，武丁三配，皆由先殂后继，非如少康二姚也。且殷人婚姻，尝有妻妾区别，卜辞既载示壬之配为妣庚矣。又云：

贞来庚戌之于示壬妾，不□。（《藏龟之余》四页）

之于示壬妾妣乙，牝，白豭。（《殷契佚存》九九版）

是示壬又有妾，其妾即卜辞数见之妣乙。妣乙何为特祀？颇疑示癸非妣庚適子，乃妣乙所出，王者禘其身所自出，故虽妾媵，亦得特祀。《礼记·杂记》："妇附于其夫所附之妃，无妃，则亦从其昭穆之妾。"由卜辞证之，妾之配祀，不自周人始。有妾有妻，即有嫡庶，有嫡有庶，即有宗法。

然则宗法之起，不始周公制礼，盖兴于宗庙制度。殷之宗庙，以子能继父者为大宗，身死而子不能继位者，虽长于昆弟，亦降为小宗，与礼家所传"继别为宗，继祢者为小宗"，适得其反。凡礼家所谓继别，继祢，则近于周人之大宗为祖，小宗为祢，是后儒相传之宗法，即周宗昭穆之演变。吾故曰，宗法者，辨先祖宗庙昭穆亲疏之法也。

一九三四年一月初稿，四月修订于青岛山大，

曾刊《中央研究院历史语言所集刊》第四本第四分。

按，儒家相传的宗法，即现今法律的“继承法”。继承之法，大别二类，一曰长子继承，即《公羊传》所谓“立嫡以长不以贤，立子以贵不以长”，是周道也。二曰兄终弟及，季子之子继承，此殷道也。人群心理，父母多爱少子，如触龙所谓，“丈夫爱少子，甚于妇人。”（详《战国 · 赵策》）《隋书 · 南蛮传》，“赤土人既娶，则分财别居。唯幼子与父母同居”，此正殷代继承法嫡传。观于《世系表》，殷自武乙以后，渐废兄终弟及制。《吕氏春秋》尝谓，帝乙欲立元子启，太史力争有妻之子，不能立妾子，此误以周道论殷礼也。帝乙之废微子、仲衍而立季子受，盖防弟兄争位，而直以“幼子同居”为宗法。此宗法上一大变局。周初太伯、仲雍，让位王季，正用殷代继承新法，无何“让天下”美德。至周公身先表率，复位成王，以创制嫡长子继承，此宗法之再变也。世之言礼经与夫继承法者，均未探源及此。当十五年前余草《宗法考源》时，亦未能阐明由父母爱少子心理，产生殷代“兄终弟及季子之子继承”制度，实为未竟之作。附记于此，以为补苴。

一九四八年五月廿日，丁山记于山大。

开国前周人文化与西域关系

前作《由三代都邑论其民族文化》因地理上证明周人起自西北,尝疑其本为西域民族,未遑详证其文化源流。今考《穆天子传》云:

> 赤乌氏之先,出自周宗。太王亶父之作西土,封其壁臣季绰于舂山之虱,妻以元女,诏以玉石之刑,以为周室主。

春山,据日人小川琢治研究谓,在今新疆哈密西北,则赤乌氏或汉乌孙之旧名,必西域民族也。周人若非西域民族,太王以前,何以不与殷商通婚媾,而妻元女于赤乌氏?此克殷前周与西域民族关系之消极证明也。积极的可以证明周人文化直接承受西域者则更有下列三事。

(一)七日周制

"巴比伦人仰观天体之罗布与其周日运动,认知具体的天球之存在。更见诸星之周年运动及黄道运动有种种样式,遂认天球不独一个,而有多数存在。不特以单独运动之恒星全数配列于同一之天球上；日、月、水、火、木、金、土七个天体，各有不同之速度，故认为皆载于另一天球上，遂置火、水、木、金、土五星与日月为同序位置，全部称之日七行星。”（详陈遵妫译《宇宙壮观》第四篇《西洋古昔之宇宙论》。）七行星之见我国古籍者，谓之“七政”。《书·尧典》，“在璿玑玉衡，以齐七政。”《玉海·天文书》引《伏生大传》，“七政布位，日月星之主，五星时之纪。日月有薄食，五星有错聚，七者得失在人君之政，故谓之政。”马融《尚书注》亦以“视璿玑玉衡以验齐日月五星行度知其政”（《尚书正义》引）释七政。《尧典》所见各中星，竺可桢先生尝以天文学专门知识证明其为周初天象，则七政学当亦周初人新说。是“七政”学可以假定周初人传自西域也。

以七行星纪日，是为七日周，此其说创自希伯来人。如《创世记》所传“上帝造物，七日而齐毕”是已。其在我国，殷商之世，似无七日周制，其时习惯，“旬”以为期，见于卜辞者，固不鲜矣。即《周易》亦常见卜旬之辞。如《丰之初九》云，“遇其配主，虽旬，无咎！往有尚。”卜旬者，殷人遗法也。然又有辞云：

> 震来厉亿，丧贝，跻于九陵，勿逐，七日得。（《震》六二爻辞）
>
> 妇丧其茀，勿逐，七日得。（《既济》六二爻辞）
>
> 复，亨！出入无疾！朋来无咎！反复其道，七日来复，利，有攸往。（《复卦辞》）

所谓“七日得”，固可谓偶然巧合希伯来人七日周也。若“反复其道，七日来复”，则非七日周说无以通其义。故郑玄《易注》云，“建戌之月，以阳既尽；建亥之月，纯阴用事；建子之月，阳气复生；隔此纯阴一卦，卦主六日七分，举其成数言之，而云七日来复。”以卦气释七日，说虽出于孟喜，要必为周人遗说。何谓六日七分？《易纬是类谋》，“冬至日在坎，春秋日在震，夏至日在离，秋分日在兑，四正之卦，卦之六爻，爻主一气；余六十卦，卦主六日七分八十分日之七。岁有十二月，三百六十五日四分日之一，六十而一周。”（详惠栋《易汉学》卷一），是两汉师说犹知《周易》“七日来复”即七日周。郑稗灶言于子产曰：“天以七纪。”七纪，自星辰言之，即七政；自历法言，即为七日周。周代历法，以七为纪，不独《周易》“七日来复”为可考矣。

《周书》常见“哉生魄”，“旁死魄”，“朏”，“既望”种种纪日名词，两汉师说，说颇不齐，逮王国维氏始“览古器物铭而悟古者盖分一月为四分，一曰初吉，谓自一日至七八日也；二曰既生霸，谓自八九日以降至十四五日也；三曰既望，谓十五六日以后至二十二三日；四曰既死霸，谓自二十三日以后至于晦也。”（详《观堂集林》一《生霸死霸考》）日人新城新藏尝据此以为“月之四分法者，乃以月分七日为一分，用以纪日，即今日西洋周法之原始形。”又谓“古来月之三分法行于东方，月之四分法则行于西方，致其文化各具特色。”（详《中国上古天文》第二节《旬与周》）周人通行月之四分法，每分约得七八日不等，此正《周易》“七日来复”之的解。殷人以十日为旬，周人以七日为周，此殷周民族文化之显然不同处。假定七日周制为周人本有之纪日法，则周人文化，显与希伯来人同一系统。

（二）以事纪年

文武周公之世，周人如何纪年，此经学一大谜。王国维尝据

《周书》及伏生《大传》作《周开国年表》,谓开国之初,周人以文王受命年数纪年,至成周告成,始改称成王元祀,中间凡历十九年。文王受命七祀而崩;自八祀十三祀为武王在位年代,十四祀以后为成王在位年代。且举《洪范》"唯十有三祀王访于箕子"为证。(《观堂别集补遗》)郭沫若先生《两周金文辞考释》更举睘卣铭"隹十又九年,王在厈",证成其说。余案,《洪范》成书时代,颇多疑谳,不足以证周初纪年法。论周初纪年法材料,莫信于《洛诰》。《洛诰》之说曰,"王肇称殷礼,祀于新邑,咸秩无文。"又曰,"今王即命曰,祀宗功,以功作元祀。"又曰,"惇宗将礼,称秩元祀,咸秩无文。"此皆记成王改元事也。而篇末云,"在十有二月,惟周公诞保文武,受命惟七年。"此"七年"者,明系周公摄政之七年,非文王受命之七年也。则王氏所考文王受命十四祀以后之纪年至于十九祀,绝非周初事实。睘卣铭之"隹十又九年",自不得指成王六年,文王受命十九祀器。余考宗周鼎彝刻辞,尝疑周初纪年之法有三变,如:

> 䣄卣铭,"隹明保殷成周年。"
> 中齋铭,"隹王令南宫伐反虎方之年。"
> 旅鼎铭,"隹公太保来伐反夷年。"
> 厚趠齋铭,"隹王来格成周年。"
> 臣辰盉铭,"隹王大龠于宗周出餈莽京年。"

此如郭沫若氏所考,确为成王时器,皆以事纪年也。康昭以降,始渐变以时王在位年数纪年。如,康王时所作,

> 大盂鼎铭,"隹王廿又三祀。"

小盂鼎铭,“隹王廿又五祀。”

纪时王在位年数于铭文之末,与卜辞所见殷人纪年之法相同,当为周人废周礼,用殷制之始。殷人纪年于辞末,周人纪年于铭首,此亦殷周文法习惯之不同也。昭穆以后,所见金文,如:

段𣪘铭,“隹王十又四祀,十又一月,丁卯。”
趞曹鼎铭一,“隹七年十月,既生霸。”
趞曹鼎铭二,“隹十又五年五月,既生霸,壬午。”
史颂鼎铭,“隹三年五月既死霸甲戌。”
师虎𣪘铭,“隹元年六月既望,甲戌。”

其著时王在位年数于铭首,则变殷制,从周礼,此纪年法之三变也。而以事纪年著于铭文之首,既皆成王时器,当可确定本周人旧制。此种纪年法,春秋后复盛行于齐;如,国差𦉜铭之称“国差立事岁”,陈纯釜铭之称“陈犹立事岁”,以执政者受命之年纪年,颇似《洛诰》之纪周公年。其来源,若非模仿周初文献,当因海上交通发达,西南海外民族辐凑琅邪(详徐中舒先生《古代狩猎图象考》),直受海外民族纪年之影响。若周初之以事纪年,谓其来自西域,则毫无问题。西域文化,巴比伦较早。近来出土巴比伦古代文书,当纪元前2474—前2358年间,有Bursin王者,在位九年,其第一年平Urbillum城,因称元年为“平Urbillum城年”;第五六年平Sharu与Hahunri两城,因称第五年为“平Sharu年”,六年为“平Hahunri年”;其余或以军事纪年,或以宗教纪年;(详德拉坡著:《米索不达米亚巴比伦与亚述之文化》)绝未有纪以时王在位年数者,风气所播,至于希腊时代犹存。

则以时王在位年数纪年者，东方海滨民族殷人所特有；以军事宗教纪年者，乃亚洲西南海滨民族雅利安人之旧法。回顾上举成王时代诸铜器如𨨏卣中甗旅鼎等皆以军事纪年，臣辰盉以祭事纪年，即以宗教纪年，吾人不能不信成王以前，周人以大事纪年法，来自西域（文武以前，无实物可征，故浑言之）。此周人本有文化与西域人同一系统之又一证也。

（三）火葬

《周易》一书，颇多周代开国前史料。其《离卦》云：

> 九四，突如，其来如，焚如，死如，弃如。
>
> 六五，出涕沱若，戚嗟若。

此种记载，可作两面解释：一谓人或为火焚死，弃尸原野，故其家人涕沱戚嗟。另一解释，或为“死如，焚如”之倒误，死而焚之，是火葬也。火葬习惯创自巴比伦，演而为波斯拜火教，遂盛行于印度。《梨俱吠陀》云，“火葬者以野羊与死尸共烧之。”至《阿闼婆吠陀》时代，火葬之外又有投弃与曝弃二型。至于我国《墨子·节葬》即有“秦之西有仪渠之国者，其亲戚死，聚柴薪而焚之，熏上，谓之登遐”说。《吕览·义赏》亦曰，“氐羌之民，不忧其系累，而忧其死之不焚也。”泾渭以西，陇坻居民，晚周之际，亦盛行火葬风俗；则《周易》所谓“死如焚如”决，为周初举行火葬典礼之记载。周以火葬为大典，大异殷人“型棺椁”，厚衾敛矣。文王死于非命，固难寻其陵墓；即武王、成王、周公之陵，是否有殉葬之物可供吾人研究周初习俗与文化？余不敢言。

要而言之，以火葬习惯、大事纪年与“七日来复”三重重大事实迥异，殷人时王在位纪年，十日为旬，与夫棺葬，余知成王以前，周人文化，实与古代波斯、印度成一系统，决非偶然之事。孔子曰，“周因于殷礼，可损益，可知也。”孔子所知者，殆皆昭康以后之事实。孟子尝称文王为“西夷之人”，由今考之，西夷殆即西域矣。穆王西征，与大王妻元女于赤乌氏，固皆周人来自西域之旁证。

1936 年 8 月写于南京，并刊《禹贡》六卷十期；

1948 年 5 月增订于青岛。

由陈侯因資鐘铭黄帝论五帝

佳正六月，癸未，陈侯因資
曰，皇考孝武趄公，龚哉！大
慕克成。其惟因資扬皇考，
绍緟高祖黄啻，屎嗣趄文，
朝爵诸侯，合扬厥德。诸侯
盥荐吉金，用作孝武趄公
祭器鐘。以烝以尝，保有齐
邦，世万子孙，永为典尚。

因資，《攈古录金文》引翁祖庚释因资云，

案陈侯因资即齐威王。《史记》，威王名因齐，而此作因资者，古齐资字通。《易》，得其资斧，《子夏传》及诸家作齐斧。《礼记·昏义注》，资当为齐。《考工记注》，故书资作齐。《诗》楚茨，《玉藻注》引作楚荠，记古书及汉碑有作楚薋者。余如《周礼·眡祲注》，故书隮作资之类，不可枚举。桓公(案即趄公)，即《史记》桓公午，乃威王父也。《史记》称桓公，此称孝武桓公者，犹卫之睿圣武公，只称武公，楚顷襄王只称襄王也。

桓文之桓，春秋之桓公也(卷三之一，第七十六页)。

案：资从贝，资从肉，一为资斧本字，一为齋之古文，威王本名因资，后乃由齋省为齊，《史记》之因齊，当为因资之误。

錞铭黄啻，《攈古录》释勳庸，孙诒让《古籀余论》审其不类，改释堇啻，云，“其义未详”。郭沫若《两周金文辞大系》谓即瑾嫡借字(二五九页)瑾嫡连文，经籍鲜征。山以字形审之，谓即旧史传说之黄帝。《说文》，“黄，地之色也；从田，从炗，炗亦声；炗古文光”。光，《古文四声韵》有作黄，与弭仲簠铭“其玄其黄”，黄之作黄者，正同。《续齐鲁古印攈》载黄子玺，黄亦作黄，是篆文黄字，即移黄下两点于田上而成，其字本当如錞铭作莫也。啻本啻字。小盂鼎铭，“用牲啻周王□王成王”，剌鼎铭，“丁卯，王啻，用牲於大室，啻昭王”，啻并假为禘字。《旧唐书》引《礼记》卢《注》，“禘，帝也，事尊明帝，故曰禘。”《吕氏春秋·下贤》，“帝也者，天下之所适也”。适，以啻得声，古当作啻。是啻禘皆帝字所孳乳，后人言禘言啻，于古但作帝。黄帝之为陈侯因资高祖，不独文字足征也。《史记》：

陈胡公满者，虞帝舜之后也。舜已崩，传禹天下，而舜子商均为封国。夏后之时，或失或续。至于周武王克殷纣，乃复求舜后，得妫满，封之于陈，以奉帝舜祀，是为胡公。胡公卒，子申公犀侯立。申公卒，弟相公皋羊立。相公卒，立申公子突，是为孝公。孝公卒，子慎公圉戎立。慎公卒，子幽公宁立。幽公卒，子釐公孝立。釐公卒，子武公灵立。武公卒，子夷公说立。夷公卒，弟平公燮立。平公卒，子文公圉立。文公卒，长子桓公鲍立。桓公卒，其弟佗因蔡人杀五父及桓公太子免而立，是为厉公。厉公生子敬仲完，周太史过陈，以《周易》筮之，卦得观之否，是为“观国之光，利用宾于王”，此其代陈有国乎！不在此，其在异国：非此其身，在其子孙。若在异国，必姜姓。（《陈杞世家》）

陈完者，陈厉公佗之子也。蔡人杀陈佗，桓公之少子林自立，是为庄公。卒，立弟杵臼，是为宣公，宣公杀其太子御寇，御寇与完相爱，恐祸及己，完故奔齐。桓公以为工正。完卒，谥为敬仲。仲生穉孟夷，穉生湣孟庄，湣生文子须无，文子生桓子无宇，无宇生武子开与釐子乞，立悼公，为相，专齐政。乞卒，子常代立，是为田成子。田常卒，子襄子盘代立。襄子卒，子庄子白立。庄子卒，子太公和立，立为齐侯，列于周室。和卒，子桓公午立。桓公卒，子威王因齐立。廿六年，齐起兵击魏，大败之桂陵，于是齐最强于诸侯，自称为王，以令天下。（《田敬仲完世家》）

是陈侯因𪒠者，陈完十二世孙，陈胡公之廿三世孙也。胡公之为舜后，又不独《史记》之说为然。《国语·鲁语》，“昔武王克商，肃慎氏贡楛矢石砮，其长尺有咫，以分大姬，配虞胡公而封诸陈。”春秋昭八年《左传》，“楚公子弃疾帅师灭陈，晋侯问于史赵曰，陈其遂亡乎？对曰，未也。陈，颛顼之族也。岁在鹑火，是以卒灭，陈将如之。今在析木之津，犹将复由。且陈氏得政于齐，而后陈卒亡。自幕至于瞽瞍无违命，舜重之明德，置德于遂，遂世守之。及胡公不淫，故周赐之姓，使祀虞帝。”是陈为舜后，其说传自春秋。舜为黄帝之后，则详于《大戴礼·帝系》：

黄帝产昌意，昌意产高阳，是为帝颛顼。颛顼产穷蝉，穷蝉产敬康,敬康产句芒,句芒产蟜牛,蟜牛产瞽叟,瞽叟产重华,是为帝舜。

《史记·五帝本纪》因之,曰:

黄帝正妃,生二子,其后皆有天下。其一曰玄嚣,是为青阳;其二曰昌意,昌意娶蜀山氏女,曰昌仆,生高阳。帝颛顼高阳者,黄帝之孙,而昌意之子也。

虞舜者,名曰重华。重华父曰瞽叟,瞽叟父曰蟜牛,蟜牛父曰句望,句望父曰敬康,敬康父曰穷蝉,穷蝉父曰帝颛顼,颛顼父曰昌意,以至舜七世矣。

是舜为黄帝八世孙,陈为舜后,亦即黄帝后,陈侯因資正黄帝之远孙也。若为世系,可得下图:

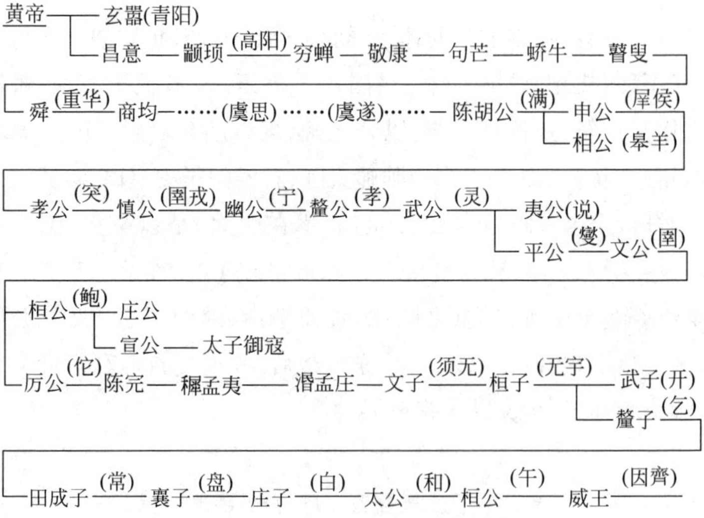

古无五宗之法，惟远孙称曾孙，远祖始称高祖。少皞挚，郯子之远祖也。昭十七年《左传》，郯子则曰“我高祖少皞。”王亥与夔，殷之远祖也，而卜辞亦尊之曰高祖夔，高祖王亥（详拙著《宗法考源》），陈侯因资既为黄帝远孙，其于黄帝，自当尊为高祖。錞铭曰，“绍缍高祖黄帝”，正其缵绪祖德之意。《鲁语》，“有虞氏禘黄帝而祖颛顼，郊尧而宗舜，幕能帅颛顼者也，有虞氏报焉。”幕为谁人虽不可考，而黄帝之为有虞氏祖，为陈侯因资祖，皆确凿有据；则凡《帝系》、《国语》所载古帝王世系，亦必渊源有自，绝非晚周诸子，驺衍之徒所得凭空虚构矣。

《帝系》、《国语》所述古帝王世系，皆有本源，本源维何？周之列国《史记》是已。昭二年《左传》，“晋韩宣子来聘，观书于大史氏，见《易象》与《鲁春秋》，曰，周礼尽在鲁矣，”是鲁有史记也。《晋语》，“悼公问德义，司马侯曰，诸侯之为，日在君侧，以其善行，以其恶戒，可谓德义矣。公曰，孰能？对曰，羊舌肸习于《春秋》。乃召叔向使傅太子彪”，是晋有史记也。墨子曰，“吾见百国《春秋》”（《隋书·李德林传》引）。今本《墨子·明鬼篇》引《周春秋》、《燕春秋》、《齐春秋》；孟子亦曰，“晋之《乘》，楚之《杌梼》，鲁之《春秋》，其实一也。”是周、燕、齐、楚皆有史记也。《史记·六国年表》，“太史公读《秦记》，至犬戎败幽王，东徙洛邑，秦襄公始封为诸侯，作西畤，用事上帝，僭端见矣”，是秦亦有史记也。《十二诸侯年表》，“铎椒为楚威王傅，为王不能尽观《春秋》，采取成败，卒四十章，为《铎氏微》。赵孝成王相虞卿上采《春秋》，下观近世，亦著《虞氏春秋》。秦庄襄王相吕不韦，亦上观尚古，删拾《春秋》，集六国时事，为《吕氏春秋》。及如荀卿、孟子、公孙固、韩非之徒，各往往捃摭《春秋》之文以著书，不可胜纪”，是晚周诸子，著书立说，援古证今，皆自列国史记出，非出於私人杜撰也。不幸，始皇灭学，事不师古，“非秦记皆烧之，非博士官所职，敢有藏《诗》、《书》百家语者悉诣守尉杂烧之”（《始皇本纪》云），列国《史记》尽亡，诸子著书，赖弟子肄习而存，其所存者又复畸零不能悉合，因其传说不同，而疑其传说之人，亦为子虚乌有，未免因噎而废食矣。列国《史记》，传于今者，有鲁之《春秋》，魏之《竹书纪年》，以及著者失传之《世本》。《春秋》上记隐，下至哀公获麟，无头无尾，已非鲁史全璧，固无三王旧事可考。《竹书纪年》，显于典午，出于魏安釐王墓，未尝遭秦火之厄也。其记事，杜预《左传集解后序》谓“起自夏殷周，皆三代王事，无诸国之别也。唯特记晋国，起自殇叔，次文侯昭侯，以至曲沃庄伯，编年相次。晋国灭，独记魏事，下至魏哀王之廿年”；是《纪年》实即《晋魏春秋》。《晋魏春秋》既记三王旧事，列国《史记》，亦得记三王旧事，可以测知。《世本》来历，说者不一，《史通·古今正史》谓楚汉之际好事者所录，《隋书·经籍志》谓刘向撰，《汉书·艺文志》谓，“古史官记黄帝以来，讫春秋时诸侯大夫”，综而论之，《世本》为书，古史官所记，楚汉之际人续之，刘向重编之，其来源亦可谓出于晚周列国史记也。列国史记之名世，亦可于《国语》知之。《楚语》，“庄王使士亹传傅太子葴，问于叔申时，叔时曰，教之《春秋》而为之怂善而抑恶焉，以戒劝其心；教之《世》而为之昭明德而废幽昏焉，以休惧其动；教之《诗》以耀明其志，教之《礼》使知上下之则，教之《乐》以疏其秽而镇其浮”，韦昭《注》，“世，先王之世系也。”其在《周官》谓之《世奠系》。《春官》“瞽矇讽诵《诗》、《世奠系》，小史掌邦国之志，奠系世，辨昭穆。”郑玄

《注》,"《故书》奠或为帝",杜子春《注》,"《世奠系》谓《帝系》,诸侯卿大夫《世本》之属是也。"由是言之,诸侯卿大夫之《世本》,与《大戴礼》、《帝系》,皆古之《世》也。《世本》录自黄帝,《纪年》杜预谓始于夏,《史记·魏世家集解》引和峤谓"起自黄帝",验以郭璞《山海经注》引昌意颛顼后稷事,则和峤之说较信,《纪年》亦录自黄帝,黄帝为人,乃列国史记之公说,非《帝系》、《国语》一家之言也。不宁惟是。

> 夫荆,重黎之后也。黎为高辛氏火正,以淳耀惇大,天明地德,光昭四海,故命之曰祝融。其功大矣哉!夫成天地之大功者,其子孙未尝不章,虞夏商周是也。虞幕能听协风,以成乐物生者也;夏禹能单平水土,以品处庶类者也;商契能和合五教,可保于百姓者也;周弃能播殖百谷蔬,以衣食民者也;其后皆为王公侯伯。祝融亦能昭显天地之光明,以生柔嘉材者也。其后八姓,于周未有侯伯。佐制物于前代者,昆吾为夏伯矣;大彭、豕韦为商伯矣;当周未有。己姓,昆吾,苏、顾、温、董,董姓鬷夷、豢龙,则夏灭之矣;彭姓,彭祖、豕韦、诸稽,则商灭之矣;秃姓舟人,则周灭之矣;妘姓,邬、郐、路、偪、阳;曹姓,邹(案即邾)莒;皆为采卫,或在王室,或在夷翟,莫之数也。而又无令闻,必不兴矣。融之兴者,其在芈姓乎!芈姓,夔越,不足命也;蛮芈,蛮矣,唯荆实有昭德,若周衰,其必兴矣!(《郑语》)
>
> 黄帝产昌意,昌意产颛顼,颛顼娶于滕氏奔之子,谓之女禄氏,产老童。老童娶于竭水氏之子谓之高緺氏,产重黎及吴回。吴回产陆终,陆终娶于鬼方氏之妹,谓之女隤氏,产六子,

孕而不粥，三年，启其左胁，六人出焉。其一曰，樊，是为昆吾；其二曰惠连，是为参胡；其三曰籛，是为彭祖；其四曰莱，是为云郐人；其五曰安，是为曹姓；其六曰季连，是为芈姓。昆吾者，卫氏也；参胡者，韩氏也；彭祖者，彭氏也；云郐者，郑氏也；曹姓者，邾氏也；季芈者，楚氏也。(《帝系》)

《帝系》与《国语》所说，虽或差池，以校诸家所辑《世本》之《帝系》，大抵无殊，是卫韩彭郑邾楚诸氏，皆陆终祝融之后也。楚为祝融后，董彦堂先生《新获卜辞写本考释》，已于殷人卜辞证明之。傅孟真先生《跋文》疏通极其详瞻，无待赘述(董傅两作，均见中央研究院《安阳发掘报告》)。邾为陆终、祝融之后，金文亦有重要之证明。如邾公钓钟铭：

陆[𩫖䖵]之孙，邾公钓，作厥禾钟，用敬恤盟祀，旂年眉寿。用乐我嘉宾，及我正卿。扬君灵(读为命)以万年。

陆[𩫖䖵]，王国维《邾公钟跋》释陆[𩫖䖵]云，"[𩫖䖵]字从䖵，𩫖声，以声类求之，当是螽字，陆螽，即陆终也。"(《观堂林集》卷十八)郭沫若《金文所无考》谓"[𩫖䖵]字从䖵，𩫖声，求之声类，当以融子为近。陆祝古同幽部，终融古同冬部，疑陆终即祝融，郑语不言陆终"，是其证(《金文丛考》四十三页)。自声类言，陆以音近伪为祝，[𩫖䖵]本融字，后以音近一误为螽，再误为终，于是陆[𩫖䖵]一名伪为陆终祝融；一人之身别为父子二人。此一陆[𩫖䖵]也，小之，可证《帝系》之误，大之，足证《帝系》《国语》、《世本》诸书所传古帝王世系皆实有其人，其人皆周世列国之先祖。此邾公钐钟也,既证《帝系》之陆终祝融实有其人,则《帝系》所传舜为黄帝八世孙者,纵有文字舛误,大体亦必可信,陈侯因资錞铭之尊黄帝为高祖,纵非本于《帝系》,亦必本于《齐春秋》或《陈史记》。晚周诸子可伪托也,《世本》、《帝系》、《国语》可伪窜也,《陈史记》、《齐春秋》,国之正史,不可以伪乱真也,《齐春秋》始黄帝,《晋魏春秋》(即《竹书纪年》)亦始黄帝,则黄帝为人,亦非晚周诸子所虚构,可以断言。

吾书至此,读者当曰,"帝之见《诗》《书》者如上帝,皇天上帝(详梁启超《先秦政治思想史》),见于金文者如皇帝,皇上帝(详郭沫若《金文丛考·传统思想考》),传皆谓天神,非人帝,子以黄帝为古人帝,无乃不伦乎?"曰,是有说。僖二十五年《左传》,"晋侯将纳王,使卜偃卜之,曰,吉!遇黄帝战于阪泉之兆。公曰,吾不堪也。狐偃对曰,周礼未改,今之王,古之帝也。"其在《礼记·曲礼》曰,"天王崩,告丧曰,天王登假,措之庙,立之主,曰帝,"是帝为王者庙主之称。王者庙主称帝,周虽无征,殷人则班班可考。《纪年》载殷王名,甲乙丙丁之下,皆有一字,如,外丙胜,沃丁绚,小庚辨,小甲高,雍己伷,河亶甲整,祖乙滕,帝开甲逾,南庚更,盘庚旬,小辛颂,小乙敛,帝祖甲载,《今本纪年》以为胜即外丙名,绚即沃丁名,辨即小庚名,高即小甲名。胜,绚,辨,高,伷,整,滕,逾,更,旬,颂,敛,载,等如为诸王之名,则甲,乙,丙,丁,之类皆先王庙号。太乙本汤庙号,汤为太乙生名,纣为帝辛生名,帝辛亦纣死后之庙号,是纣死而称帝也。《易·归妹》,"六五,帝乙归妹,其君之袂,不如其娣之袂良。"哀九年《左传》,"微子启,帝乙之元子也,若帝乙之元子归妹而有吉禄,我安得吉焉?"文二年《传》亦曰,"宋祖帝乙,郑祖厉王,犹上祖也。"《今本纪年》云,帝乙名羡,不知何据?若以汤庙号太乙,纣庙号帝辛例之,是帝乙亦死而称帝也。《周语》,"昔孔甲乱夏,四世而殒。玄王勤商,十有四世而兴;帝甲乱之,七世而殒。"以《殷本纪》世系推之,祖甲至纣,七世,是帝甲即祖甲,祖甲死亦称帝也。卜辞,"己卯卜,𡧊贞,帝甲𢆶□其眔祖丁,□□□。"(《殷虚书契后编上》第四页)帝甲在祖丁前,罗振玉考释,不知其何帝名。由《纪年》祖甲称帝祖甲例之,则卜辞帝甲即帝开甲,是开甲死亦称帝也。殷之先王,生则称王,死则称帝,帝之古义,不尽为皇天上帝之称;则黄帝之帝,自非皇天上帝,亦"措之庙、立之主"之名,盖其后世子孙所追尊,充类言之,历史相传之五帝,亦何莫非古之人王,晚周诸侯,措庙立主,尊祖配天,始追尊为帝哉!

考五帝人物,汉以后说者纷歧。有本《易·系辞传》之"包牺氏没,神农氏作;神农氏没,黄帝尧舜氏作";以为包牺、神农、黄帝、尧、舜为五帝者,刘歆《三统世经》是已。有跻黄帝为三皇,而以少昊、颛顼、高辛、唐、虞为五帝者,《书伪孔序》是已。有屏帝舜,跻少昊,而以黄帝、少昊、颛顼、帝喾、帝尧为五帝者,梁武帝《通史》是已(刘恕《通鉴外纪》引)。有以德合五帝座为帝,五帝不必五人,而以帝鸿、金天、高阳、高辛、唐、虞六代为五帝者,郑玄《尚书中侯纬注》是已。有以五帝非人帝,即四方上帝,其名为,青帝灵威仰,赤帝赤熛怒,黄帝含枢纽,白帝白招拒,黑帝汁光纪者,《春秋文耀钩》是已。是皆汉以后之谰言,不足论。论五帝说来源,要以《大戴礼·宰我问五帝德》及《吕氏春秋·十二纪》为最古。《五帝德》曰:

> 黄帝,少典之子也,曰轩辕。抚万民,度四方,教熊罴貔豹

虎以与赤帝战于阪泉之野，三战然后得行其志。

颛顼，黄帝之孙，昌意之子也，曰高阳。

帝喾，玄嚣之孙，蟜极之子也，曰高辛。

帝尧，高辛之子也，曰放勳。伯夷主礼，龙夔教舞，举舜彭祖而任之，四时先民治之。流共工于幽州，以变北狄；放驩兜于崇山，以变南蛮；杀三苗于三危，以变西戎；殛鲧于羽山，以变东夷。

帝舜，蟜牛之孙，瞽叟之子也，曰重华。使禹敷土，主名山川，以利于民；使后稷播种，务勤嘉穀；羲和掌历，敬授民时；使益行火，以辟山莱；伯夷主礼，以节天下；夔作乐，以歌乐舞，和以钟鼓；臯陶作士，忠信疏通，知民之情；契作司徒，教民孝友，敬政率经。三十在位，嗣帝所五十，乃死，葬于苍梧之野。

穷其本源，则世系出于《帝系》；黄帝与炎帝战于阪泉，出于《国语》（即僖二十五年《左传》）；尧舜之事，多出《论语》、《孟子》；而其最要之根据，则在《国语》。《鲁语》曰，

夫圣王之制祀也，法施于民则祀之，以死勤事则祀之，以劳定国则祀之，能御大灾则祀之，能扞大患则祀之，非是族也，不在祀典。昔列山氏之有天下也，其子曰柱，能殖百谷百蔬；夏之兴也，周弃继之，故祀以为稷。共工氏之霸九有也，其子曰后土，能平水土，故祀以为社。黄帝能成命百物以明民共财；颛顼能脩之；帝喾能序三辰以固民；尧能单均刑法以仪民；舜勤民事而野死；鲧障洪水而殛死；禹能以德脩鲧之功；契为司徒而民辑；冥勤其官而水死，汤以宽治民，而除其邪；稷勤百

谷而山死；文王以文昭；武王去民之秽。故有虞氏禘黄帝而祖颛顼，郊尧而宗舜；夏后氏禘黄帝而祖颛顼，郊鲧而宗禹；商人禘舜（《礼记·祭法》禘喾）而祖契，郊冥而宗汤；周人禘喾而郊稷，祖文王而宗武王。幕能帅颛顼者也，有虞氏报焉；杼能帅禹者也，夏后氏报焉；上甲微能帅契者也，商人报焉；高圉大王能帅稷者也，周人报焉。凡禘，郊，宗，祖，报，此五者，国之典祀也。加以之社稷山川之神，皆有功烈于民者也。非是，不在祀典。

是《五帝德》之五帝，实截此黄帝、颛顼、帝喾、尧、舜而成，黄帝、颛顼等所以禘郊不衰者，为大有功烈于民也。夏后氏禘黄帝，史有阙文，今不可考。若有虞氏禘黄帝，陈侯因資錞铭，已为《国语》作有力之证明。若殷从禘喾，卜辞亦有明确之记载。则黄帝、颛顼、帝喾皆古代人王，可无疑义。其在《吕氏春秋·十二纪》忽尊黄帝、颛顼为明堂神帝，且配享以五神矣。如：

春月，其帝太皞，其神句芒。天子居青阳。立春之日，迎神于东郊。

夏月，其帝炎帝，其神祝融。天子居明堂。立夏之日，迎夏于南郊。

中央土，其帝黄帝，其神后土。季夏，天子居太室。

秋月，其帝少皞，其神蓐收。天子居总章。立秋之日，迎秋于西郊。

冬月，其帝颛顼，其神玄冥。天子居玄堂。立冬之日，迎冬于北郊。

其以五神配五帝，五帝配明堂五方，此其说虽出明堂阴阳，驺衍五运，要五帝之名亦截取于《左传》。昭十七年《传》：

秋，郯子来朝，昭子问曰，少皞氏鸟名官，何故也？

郯子曰，"吾祖也。我知之。昔者黄帝以云纪，故为云师而云名。炎帝氏以火纪，故为火师而火名。共工氏以水纪，故为水师而水名。太皞氏以龙纪，故为龙师而龙名。我高祖太皞挚之立也，凤鸟适至，故纪于鸟，为鸟师而鸟名。自颛顼以来，不能纪远，乃纪于近，为民师而命以民事，则不能故也。"

郯子称六帝，《吕览》所以独立共工氏者，盖以《鲁语》称其"霸九有"，非受天而王者也。《吕览》所以五神配五帝者，其本在《楚辞》。《远游》曰：

春秋忽其不淹兮，奚久留此故居；轩辕不可攀援兮，吾将从王乔而娱戏；………撰余辔而正策兮，吾将过乎句芒；历太皓（即太皞）以右转兮，前飞廉以启路；………凤凰翼其承旗兮，遇蓐收乎西皇；……指炎帝而直驰兮，吾将往乎南疑；……祝融戒而跸御兮，腾告鸾鸟迎虙妃；……轶迅风于清源兮，从颛顼乎增冰；历玄冥以邪径兮，乘间维以反顾；………经营四方兮，周流六漠；上至列缺予，降望大壑。……

是屈原作赋时，即以句芒为东方神，蓐收为西方神，祝融为南方神，玄冥为北方神，且以句芒配太皞，祝融配炎帝，玄冥配颛顼矣。其西方蓐收，不配少皞者，为秦主少皞之神，楚怀王为秦所绐，身死于秦，师丧国破，不忍言少皞，少皞亦不屑食于秦也。秦主少皞之神，详于《史记·封禅书》：

> 自周幽王为犬戎所败，东徙雒邑，秦襄公攻戎救周，始列为诸侯。襄公既侯，居西垂，自以为主少皞之神，作西畤，祠白帝。其后，秦文公猎汧渭之间，卜居之，吉！文公梦黄蛇自天下，属地，其口止于鄜衍。文公问史敦，敦曰，此上帝之徵，君其祠之。于是作鄜畤，用三牲，郊祭白帝焉。其后，秦宣公作密畤于渭南，祭青帝。秦灵公作吴阳上畤祭黄帝；作下畤，祭炎帝。栎阳雨金，秦献公自以为得金瑞，故作畦畤栎阳，而祀白帝。
>
> 高祖入关，问故秦时上帝，祠何帝也？对曰，四帝有白，青，黄，赤帝之祠。高祖曰，吾闻天有五帝，而有四，何也？吾知之矣。乃待我而具五帝焉，乃立黑帝祠，命曰北畤。

如《封禅书》说，秦主少皞之神，秦为少皞之虚矣。而《左传》则云，“周公相王室，以尹天下，分鲁公以殷民六族，因商奄之民，命以伯禽，而封于少皞之虚。”(定四年)奄，夨令𣪘作炎，即郯子国，证以郯子尊少皞为高祖，则谓鲁郯之郊，即少皞之虚，实无可疑。《左传》又谓，“宋，大辰之虚也；陈，太皞之虚也；郑，祝融之虚也；卫，颛顼之虚也。”由今地望审之，卫在河南滑县境，郑即河南新郑，陈在河南西华境，宋即河南商邱。若以商邱为中央，则鲁郯在东，西华偏南，新郑在西，滑县偏北。若以方位论五帝，则少皞，东帝也；太皞，南帝也；祝融，西方神也；惟颛顼之虚在北，合于《楚辞》、《吕览》所谓北帝耳。由《楚辞》、《吕览》所言之五帝神方位不尽合于少皞、太皞、祝融之故虚言，消极的足证明堂五方帝神方位有误；积极的，大可证明明堂五帝五神之名，实晚周学者割裂《国语》、《世本》、《帝系》之圣王贤臣名号而来，黄帝、炎帝、大皞、少皞、颛顼、句芒、祝融、后土、蓐收、玄冥皆古之圣王贤臣，降至晚周始尊为明堂五帝五神，是神帝之名，袭取人帝，非黄帝颛顼等先为神帝，变为人帝也（另详见《五行考源》）。

何以知其然也？

《曲礼》，“天子祭天地，祭四方，祭山川，祭五祀，岁遍；诸侯祭方祀，祭山川，祭五祀，岁遍。”郑《注》，“祭四方，谓祭五官之神于四郊也。句芒在东，祝融后土在南，蓐收在西，玄冥在北。《诗》云，来方禋祀，方祀者，各祭其方之官而已。”按：《春秋》僖公三十一年，“夏，四月，四卜郊，不从，乃免牲，犹三望。”《公羊传》，“天子有方望之事，无所不通。诸侯山川，有不在其封内者，则不祭也。三望者何？望祭也。然则曷祭？祭泰山河海。”由公羊说，则祭四方者，即天子祭天下名山大川，方祀者诸侯祭其封内名山大川，方即望也。《考工记》，“玉人之事，两圭五寸，有邸，以旅四望”，所谓四望，盖即《虞书》，“岁二月，东巡守，至于岱宗，柴，望秩于山川；五月，南巡守，至于南岳，如岱礼；八月，西巡守，至于西岳，如初；十有一月朔，巡守，至于北岳，如西礼”，《尚书大传》所谓“祀四方，从东始，卒于北方也。”诸侯祭其封内山川者，如，《礼记·礼器》，“晋人将有事于河，必先有事于恶池；齐人将有事于太山，必先有事于配林”；哀六年《左传》，“楚昭王曰，三代命祀，祭不越望，江、汉、睢、漳,楚之望也。”由是言之,秦襄公居西垂,“自以为主少皞之神,作西畤,祠白帝”,亦诸侯祭方祀,望于封内山川之故事。至宣公作密畤,祭青帝,灵公作上畤,祭黄帝,作下畤,祭炎帝,所祭既越其望,神名复混人帝,数典忘祖,愈不足责。所可议者,仍为襄公之“自以为主少皞之神,作西畤,祠白帝。”少皞之虚,远在东土,“襄公自以为主少皞之神”者,实为不伦,既如上论。诸侯祭方祀,鲁望泰山、河、海,齐望泰山、配林,晋望河及恶池,楚望江、汉、雎、漳,皆望其封内山川,秦所望者何以独称白帝?考之《周易》:

> 升,六四,王用享于岐山,吉?
>
> 随,上六,王用享于西山。
>
> 益,六二,王用享于帝,吉!

则殷周之际,周所望者为岐山,为西山,其所享之帝,当即西帝。周祠西帝,不独《周易》可考也。卜辞云,“□申,帝方”(《殷契佚存》二三六版),“甲寅卜,其帝方,一羊,一牛,九犬”(《燕京大学殷虚卜辞》七一八版),帝可谓禘之借字;若云,

> 今丁酉夕,尞豕方帝。(《殷契佚存》五〇八版)
>
> 方帝,勿方帝。(《龟甲兽骨文字》卷一,第十一页)

方帝当即东、南、西、北四方神帝。东、南、西、北,殷人称为四方,卜辞亦有明证。如,“贞于南方,将河宗。”(《殷虚书契续编》卷一,第三十八页)“癸卯贞,东受禾,北方受禾,西方受禾。”(《戬寿堂殷虚文字》二十六

页)曰西方,曰北方,曰南方,可证东即东方省称。则:

己巳卜,王𡌥于东。(《殷契书契前编》卷四,第十五页)

贞𡌥于东。(《殷契佚存》四九五版)

贞𡌥于西。(《殷虚书契后编上》第二十四页)

乙巳卜,𠭁理西,佳㞢。(《后编下》,第二十六页)

乙巳卜,𠭁北,佳㞢。(同上版)

贞沈于北。(《殷契佚存》五七五版)

贞方帝,卯一牛,之南。(《前编》卷七,第一页)

所谓𡌥于东,即祭东方;𡌥于西,即祭西方;沈于北,即祭北方;其云"贞方帝之南",又可证南即南方帝,北即北方帝,东即东方帝,西即西方帝;然则《曲礼》所谓"天子祭四方"即祭四方神帝,所谓四方神帝,其名当曰东帝,南帝,西帝,北帝,非如郑《注》云,句芒,祝融,后土,蓐收,玄冥也。《曲礼》所谓"诸侯祭方祀",亦因诸侯地望而说,齐鲁在东,即祭东帝;荆楚在南,即祭南帝;晋卫在北,即祭北帝;周在西土,故望西山,祭西帝。秦居西垂,作西畤,祠西帝可矣;不祭西帝,而祭白帝,是白帝之名,明明襄公"自以为"是,无知妄作。则宣公祭青帝,灵公祭黄帝、炎帝,所谓青帝、黄帝、炎帝固又承襄公之妄,附会五方五行五色而名,不得因秦人妄造黄帝炎帝之名合于旧史所传之古帝王名,而谓古帝王之黄帝、炎帝,亦四方神帝所蜕变也。知秦公畤祠之黄帝、炎帝皆附会妄作,则明堂五帝之黄帝、炎帝、太皞、少皞、颛顼可知其为古之人帝,非神帝,其所以神化者,又吕氏食客附会之罪也。吕氏所以附会炎帝为南方神帝者，盖亦本于列国《史记》。《晋语》，“昔少典取于有跻氏，生黄帝炎帝，黄帝以姬水成，炎帝以姜水成。”《周语》，“齐吕申许由大姜”，《左传》，“晋赵鞅卜救郑，遇水适火。史龟曰，是谓沈阳，可以兴兵，利以伐姜，不利子商。史墨曰，盈，水名也，子，水位也，名位敌，不可干也。炎帝为火师，姜姓其后也。”(哀公九年)是齐、吕、申、许，皆炎帝后也。《郑语》，“当成周者，南有荆蛮申许”，《左传》又曰，“楚子重请取申吕以为赏田。申公巫臣曰，不可。此申吕所以邑也。是以为赋，以御北方，若取之，是无申吕也。”(成公七年)是许与申吕，皆在南国，翼翼南国，即炎帝之虚。炎帝之虚在许与申吕之郊，祝融之虚在郑，由《春秋》地望审之，郑、许、申、吕，国相密迩，故《山海经·海内经》，又有祝融为炎帝后之说：

> 炎帝之妻，赤水之子听沃，生炎居，炎居生并节，并节生戏器，戏器生祝融。祝融降处江水，生共工，共工生术器，术器方首颠，是复土壤，以处江水。共工生后土，后土生呜噎。

祝融为炎帝后，中土史料，虽无可征，后土之为共工后，则见于《左传》矣。

> 蔡墨曰，夫物，物有其官，官修其方，朝夕思之，一日失职，则史及之。失官不食。官宿其业，其物乃至。若泯弃之，物乃坻伏，郁湮不育。故有五行之官，是谓五官，实列受氏姓，封为土公，祀为贵神，社稷五祀，是尊是奉。木正曰句芒，火正曰祝融，金正曰蓐收，水正曰玄冥，土正曰后土。
>
> 魏献子曰，社稷五祀，谁氏之五官也？

> (蔡墨)对曰,少皞氏有四叔,曰重,曰该,曰修,曰熙,实能金木及水。使重为句芒,该为蓐收,修及熙为玄冥,世不失职,遂济穷桑,此其三祀也。颛顼有子曰犂,为祝融;共工氏有子曰句龙,为后土;此其二祀也。后土为社。稷,田正也。有烈山氏之子曰柱,为稷,自夏以上祀之;周弃亦为稷,自商以来祀之。(昭公廿九年)

蔡墨所谓烈山氏之子柱为稷,同于《鲁语》,但《鲁语》谓其能殖百谷百蔬,故祀以为稷。《礼记·祭法》则谓稷本名农。农,卜辞作䢉,从林,辰声,与蓐之从艸从辱者,字形不过繁简之别(蓐从艸,辱声,辱从又辱,象人耕耨,则辱即耨之本字,农从辰,与蓐从辱同也),颇疑蓐收即古农官之名,与稷亦不过名称之异,烈山氏之子柱为稷,周弃亦为稷,稷官不变,其人屡易,又何疑该为蓐收即为田正乎?以字形言,亥、该本今古文,该为少皞四叔,今虽无考,王亥则见于卜辞,见于《纪年》及《楚辞·天问》,颇疑该即王亥,王亥尝为夏后氏田正矣。不独该为可疑。即玄冥后土,亦重可疑其为殷先祖王季、相土。卜辞常见尞于土,求年于土矣。土,王国维谓即相土。但卜辞有云:

> 贞勿,求年于𤰈土。(《前编》卷四,第十七页)

𤰈,土王君又谓即邦社云,"𤰈从田,丰声,与邦之从邑丰声,籀文社之从土丰声者同。邦社即祭法之国社,汉人讳邦改为国社,古当称邦社也。"(《殷礼征文·外祭》)辞既云求年于邦社,又云求年于土(《铁云藏龟》二一六页),土为相土,则相土即邦社,亦即后土矣。《天问》，“胲秉季德，厥父是臧，胡终弊于有扈，牧夫牛羊？”又曰，“恒秉季德，焉得夫朴牛？”卜辞已证明胲即王亥，恒即王恒，王亥之父，卜辞及《天问》俱称其名为季，但《殷本纪》则谓之冥。《鲁语》及《礼记·祭法》皆云，“冥勤其官而水死，故殷人禘喾而郊冥，祖契而宗汤。”冥死于水，水为其事，与蔡墨所谓“水正曰玄冥”，密合无间，则谓玄冥即殷之王季，可无疑义。更由王季为玄冥，以推论后土即相土，蓐收即王亥，虽不敢谓确切不移，要亦大体可信。若木正句芒，蔡墨谓即少皞子重，按之《书·吕刑》及《楚语》，亦未能合。《吕刑》言“皇天哀矜庶戮之不辜，报虐以威，遏绝苗民，无世在下，乃命重黎绝地天通，罔有降格。”《楚语》，观射父申之曰：

> 及少皞之衰也，九黎乱德，民神难糅，不可方物……嘉生不降，无物以享，祸灾荐臻，莫尽其气。颛顼受之，乃命南正重司天以属神，命火正黎司地以属民，使复旧常，无相侵渎，是谓绝地天通。

是重为颛顼南正，非木正，以后世五行方位论，南方为火，重为南正，即为火正。《郑语》，“黎为高辛火正，以淳燿惇大，天地明德，光照四海，故命之曰祝融”，火正为祝融，则重亦祝融也。颇疑重、黎当从《史记·楚世家》说合为一人，蔡墨观射父所以误别为二者，犹祝融本名陆躂，《帝系》以来皆误为陆终、祝融别为父子二人。重既知其即火正祝融，则木正句芒究为谁氏之子？以文字及史实证之，疑即夏后氏帝芒。帝芒，《御览·书钞》引《竹书纪年》俱作后芒。后者君也，其名本当曰芒。越之见于载记者，或称于越，吴故书雅记亦谓之句吴，金文亦尝见其名攻勮，芒若长言之，自可谓之句芒。《纪年》，“后芒即位元年，以玄硅宾于河，命九东狩于海，获大鸟”，后芒会东狩于海，与明堂祀句芒东堂之说合，然则蔡墨所谓“木正曰句芒”，句芒亦后芒之误。由是言之：明堂五神，出于《左传》五官，五官之名，乃蔡墨难集夏、殷、邾、楚列国先王之名号以成，知后芒、陆𩞁、相土、王亥、王季非神名，则句芒、祝融、后土、蓐收、玄冥，自非神而为人也；知明堂五神之本为人也，则明堂五帝更不得谓其神帝，非人帝，吾故曰，《吕览》明堂五帝，割裂古史帝王世系而来（如《国语》、《帝系》）。古史帝王名号，绝非杂集明堂五帝而来，谓“五帝”共名，因明堂五神帝而生可也；若谓先有明堂之黄帝、炎帝、太皞、少皞、颛顼五神帝，然后有人帝之黄帝、颛顼等，则本末倒植，反果为因，不特黄帝、颛顼可疑其莫须有，即帝甲、帝乙、帝辛亦可谓其必无，帝甲、帝乙、帝辛不复生，何曾定其是非有无耶！

若夫《五帝德》帝喾，王国维《古史新证》（按即《殷代先王先公考》之重编）以卜辞所见，

> 贞𡨦于。（《前编》卷六，第十八页）
>
> 于，𡨦六牛。（罗振玉藏拓本）
>
> 又于。（《后编》下，第十四页）
>
> 𡨦于六牛。（《前编》卷七，第二十页）
>
> 贞求年于，九牛。（罗振玉藏拓本）
>
> 癸巳，贞于高祖。（罗振玉藏拓本）

当之云，象人首手足之形。说文夊部，夒，贪兽也，一曰母

猴，似人，从页；已，止，夊其手足。毛公鼎，我弗作先王羞之羞作，克鼎柔远能𤓰之柔作，番生𣪘作，薛氏《款识》盄和钟之柔燮百邦，晋姜鼎之用康柔绥怀远迩，柔并作，皆是字也。夒，羞，柔三字，古音同部，故互相通假。此称高祖夒。案，卜辞，惟王亥称高祖王亥(《后编》上，第二十二页)，或云高祖亥(《戬寿堂殷虚文字》一页)，大乙称高祖乙(《后编》上，第三页)，则夒必为殷先祖之最显赫者，以声类求之，盖即帝喾也。帝喾之名，已见《逸书》。《书序》，自契至于成汤，八迁，汤始居亳，从先王居，作《帝告》。《史记·殷本纪》告作诰，《索隐》曰，一作俈，案，《史记》之《三代世表》、《封禅书》、《管子·侈靡篇》皆以俈为喾。《伪孔传》亦云契父帝喾，都亳，汤自商邱迁亳，故曰从先王居。若《书序》之说可信，则帝喾之名，已见商初之书矣。诸书作喾作俈者与夒字声相近；其或作夋者则又夒字之讹也。《史记·五帝本纪·索隐》引皇甫谧曰，帝喾名夋，《初学记》引《帝王世纪》曰，帝喾生而神灵，自言其名曰夋。《山海经》屡屡称帝俊，郭璞于《大荒西经》帝俊生后稷下注云，俊宜为喾，余皆以为帝舜之假借字。然《大荒东经》曰，帝俊生仲容，《南经》曰，帝俊生季厘；是即《左传》之仲熊季貍，所谓高辛氏之才子也。《海内经》曰，帝俊有子八人，实始为歌舞；即《左传》所谓有才子八人也。《大荒西经》，帝俊妻常羲生月十有二；又即《传》《记》所云帝喾次妃諏訾氏女，曰常仪，生帝挚者也，曰羲和，曰蛾皇，皆常羲一语之变。三占从二，知郭璞以帝俊为帝舜，不如皇甫谧以俊为帝喾名之当矣。《祭法》，殷人禘喾，《鲁语》作殷人禘舜，舜亦当作夋。喾为契父，为商人所自出之帝，故商人禘之。卜辞称高祖夒，乃与王亥大乙同称，疑非喾不足以当之矣。郭沫若先生因疑帝喾之妃常羲、常仪即帝舜之娥皇、女英,而谓帝舜实即帝喾,由高祖夒一人乃化而为帝俊、帝舜、帝喾三人。帝喾之二妃姜嫄、简狄亦即娥皇、女英之变。且举卜辞“己未俎于□□三牝卯十牛”(《前编》卷六,第二页)为证,以为□即常羲合文,常羲即简狄,亦即女英。卜辞“贞子渔之吅于婁,酒”(《铁云藏龟》二六四页),“贞之犬于婁,卯彘”(《前编》卷四,第五二页),又以为婁即舜妻娥皇,亦即帝喾妃姜嫄,复为表疏其分合之迹:

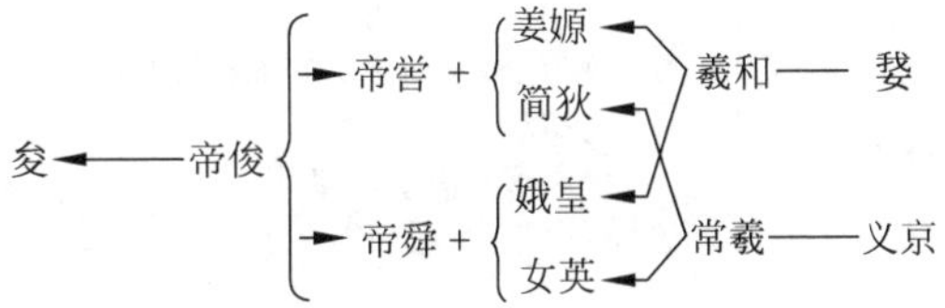

喾与舜果皆帝俊一人所分化(郭说详《中国古代社会研究》第二六三至二六六页及《卜辞通纂考释·世系》),则契即喾子,亦即舜子矣。杨筠如先生据崔述《唐虞考信录》“尧与稷弃非喾之子”说,则谓“卜辞之高祖夒,应释为夒,古夒契同部,而夒契喾三字双声。契之为名,或帝喾所分化。契,《史记·司马相如传作》离,离字上象首,下象兽足蹂地,盖即夒之形讹。”更谓“《史记》以高辛为帝喾,王生生(按即王国维)证明喾即帝俊,《山海经》称帝俊有子八人,应即《左传》高辛氏之才子八人。但《山海经》又谓八人实始为歌舞,与《尧典》之命夒典乐相应;《左传》谓使八元布五教,又与《尧典》契为司徒说相应;则契与夒显系一人所分化也。”(杨说详山东大学《中国通史讲义》,未梓行)杨君结论,颇信其说可以成立,而苦无直接佐证。今由卜辞证三君所论,则以杨说夒子八人,应即《左传》高辛氏之才子八人。即夒,亦即契为最胜义;其以夒即帝喾则非也。帝喾,《史记·殷本纪》作帝诰,《封禅书》作帝俈,俈,诰,喾,皆谐告声,自当以《书序》作告者为得古意。告,卜辞所见者亦从牛从口,与篆文相同。但卜辞又数见□字云:

> 癸酉卜贞,寮于□,三小牢,卯三牢。(《前编》卷七,第二十页)
>
> 丙子卜贞,酒□,三小牢,卯三牛。(同上版)
>
> 甲子卜,𡆥贞之于□。(《铁云藏龟》第二三四页)
>
> 辛亥卜又寮于□。(《戬寿堂殷虚文字》第九页)
>
> 贞桒年于□。(《前编》卷一,第五一页)

□字,孙诒让《契文举例》释岳云,"说文山部,岳古文作□,象高形,此上从□,即象高形,下从□,即象形山字。"罗振玉《殷虚书契考释》则疑为羔字。而□之变也,有作□(《前编》卷六,第四九页)者,有作□(《前编》卷六,第六七页)者,以牢本从牛,卜辞或易以羊例,则□与□形既相近,亦可读为告。告羔一声之转,告岳古音同部,以声音论之,岳羔固皆可转为告,则□可读告,谓卜辞寮于告,桒年于告,告即帝俈,亦即帝喾,可无疑也。按卜辞□有三义,《前编》卷一第五十页,"贞使人于□",《铁云藏龟》三页,"翌癸丑勿呼帚往于□,"□皆读为岳,山名,此一义也,臼骨刻辞,如《前编》卷六,第二十二页"丁丑徙示一矛,□,"此当为刻辞人名,此二义也。余如桒年于□,贞寮于□,当如鄙说,释写告。帝喾为夒父,亦可于卜辞征之:

庚午賁于□,有从,才雨。(《后编》上,第二十二页)

壬申贞,桒年于□。(同上版)

庚日賁□,壬日桒□,先父而后子,夒为喾子,见于同一卜骨之上,消极的可证喾夒绝非一人,积极的,则可证□即帝喾,王国维以来以□为喾,不如郭璞说帝俊为舜之长。《礼记·中庸》,"其斯以为舜乎",郑《注》,"舜之为言允也",(允本作充,从朱骏声说改)《风俗通》"舜者准也,循也,言其准循道德,循尧绪也。"《说文》虽不见舜字(旧说即舜字,未必是),但自舜之声义寻之,皆有驯顺逊顺意,与俊字义极相近,颇疑舜字本作俊,《山海经》帝俊即舜之本名。《洪范》"俊民用章",《史记·宋世家》引作畯。盂鼎铭"畯正厥民",秦公毁铭,"畯疐在天",畯又以畯为之;是畯从夋声,即从允声。允,《说文》作□云,"信也,从儿,目声。"夋《说文》作□云,"行夋也,从夂,允声。"证之卜辞,则□近于□,□近于□,由王国维初释□为夋论之,则郭沫若谓夋即舜是也。□之变也,毛公鼎作□,番生毁孳乳作□,琼燹簋作□。□从囟,从夏,当即颛之古文,□从玉,从夏,当即顼之古文,颛顼之名,字夋从页,颇疑页即□之省变,□即颛顼本字,颛顼一名,亦□所演变。由□一名,一省而为□再变而为□,三讹而为舜,是舜即夒也。由□一变而为□,孳乳而为□,复演而为颛顼,是颛顼亦夒也。由夒之音,一讹为卨,再讹为契,于是夒契别为二人。由舜妃娥皇,名同喾妃常仪,于是帝喾与舜混而无别。寻绎前文,可得帝喾与夒名字演变如次表。

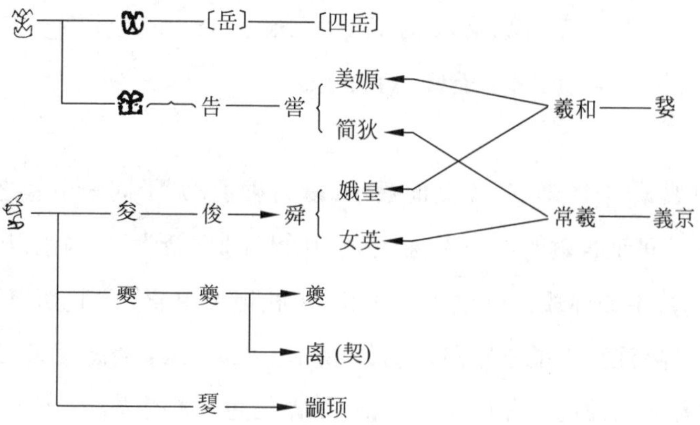

由是言之：颛顼、舜、契固皆夒一名所分化，契、舜、颛顼固皆帝喾之子，《帝系》以颛顼与舜为昌意子孙，疑或有误。然帝喾颛顼非神非怪，其为殷之先王，则甚信也。《五帝德》所述五帝，黄帝见于陈侯因資錞铭，帝喾颛顼与舜见于卜辞；所不可考者，惟尧焉耳。卜辞有ᐞᐞᐞ字（《前编》卷六，第六七页）余永梁先生会释为垚，垚尧，古今字，其辞残泐，不敢断即帝尧。垚从三土，或即后土相土之繁形，亦未可知也。

综前所论，可为要略如次：

（一）自《国语》、《帝系》及《史记》证齐威王为陈完后，完为陈胡公后，胡公为帝舜后，舜为黄帝后，齐威王即黄帝后，故陈侯因資錞铭得祖黄帝，称黄帝为高祖。

（二）自陈侯因資錞铭之称"高祖黄帝"，邾公钓钟铭之称"陆䡳之孙"，皆与《国语》、《帝系》、《世本》相传之古帝王世系密合，可证《国语》诸书所述古帝王世系，皆本于周之列国《史记》，世系名号，虽或乖误，其大体则甚可信。

（三）帝甲帝乙帝辛皆当死后措庙立主，尊祖配天，追称为帝，黄帝亦其子孙尊祖配天，措庙立主之号，非皇天上帝也。

(四)殷人祭四方神帝，东曰东帝，南曰南帝，西曰西帝，北曰北帝，总名“方帝”，秦襄公“自以为主少皞之神，作西畤，祠白帝”，始渐有白帝，青帝，黄帝，炎帝五色帝名目。少皞之虚在鲁郯，以方位论，应称东帝。襄公祠少皞为西帝，与史实不合，足证吕氏《十二纪》明堂五帝，以少皞为西帝，亦沿襄公之误。其余黄帝炎帝太皞颛顼，皆割裂《国语》，附会人帝为神帝，黄帝颛顼非由神帝变为人帝。

(五)明堂五神，出于《左传》五官，五官之木正句芒，为后芒之误；火正祝融，为陆終之误；土正后土，即殷王相土；金正蓐收，即古田正，其人为王亥；水正玄冥，即殷之先祖王季；皆有人可考，非神非怪，吕氏附会为五神，最为荒谬！

(六)《五帝德》之帝喾，卜辞作，决非帝俊；帝俊即帝舜，其字本作，其后孳乳为，又演为颛顼，颛顼即舜，舜即帝俊，俊即夒，夒即契，契也，夒也，舜也，帝俊也，颛顼也，皆一名所分化也。

若夫驺衍五德终始之运云，“五德从所不胜，虞土，夏木，殷金，周火”(李善《文选注》引)，《吕氏春秋·名类》摭述其说云，“黄帝之时，天先见大螾大蝼，黄帝曰，土气胜，其事则土。禹之时，又先见艸木秋冬不杀，禹曰，木气胜，其事则木。汤之时，天先见金刃生于水，汤曰，金气胜，其事则金。文王之时，天先见火，赤乌衔《丹书》，集于周社，文王曰，火气胜，其事则火。代火者必将水，天且先见水气胜，水气至而不知数备，将徙于土。”一始黄帝，一始虞帝，正可证虞为黄帝后，故不改德，是驺衍五德终始之说，亦以列国《史记》为本也。若论五德终始说之是非，顾颉刚先生《五德终始说下的政治和历史》(《清华学报》六卷一期)，论之详矣，兹不辞费。

一九三四年四月廿二日，写于青岛山大。

禹平水土本事考

（一）论书始《尧典》即以洪水神话为国史起点

洪水神话，殆为传说人类史所共有之开宗明义第一章。

巴比伦故书言大神西苏诗罗斯造洪水，洪水之前有十王，历四十三万二千年；洪水后历三万四千八百年，八十六王朝始入 Chaldea 正史时代（详巴比伦高僧 Bersosus 遗书）。斯与两汉谶纬家言自天地开辟设人皇以来至鲁哀公十四年西狩获麟、孔子绝笔《春秋》之岁，凡历十纪，每纪历二十七万六千年者（详《春秋元命苞》及《广雅·释天》），约略相似。由巴比伦洪水神话传播，西则有希伯来人言耶和华上帝愤于人类暴厉恣睢，无有伦纪，大降洪水，歼灭万有，惟挪亚夫妇避于方舟，得免斯难（详《旧约全书·创世记》）。东则有印度人传说神鱼教摩奃系舟山树，以避洪水而传人类之故事（详《百段梵书》一·八一）。今云南猓猓人相传古书，亦谓宇宙初为干燥时代，后为洪水时代。方洪水时，有兄妹四人，长乘铁箱，次乘铜箱，惟三弟与季妹所共载之木箱不没，人类赖以绵绵而存（详鸟居龙藏《苗族调查报告》）。此猓猓人传说洪水神话，有铁有铜，虽不免涉及近世文化，但谓兄妹相婚，仍未失初民内婚制本相；若宇宙先干燥然后有洪水，则与地质学家所考洪积纪之冰河时代相符契。盖自第四冰河时代后，薰风解冻，积雪卒融，大地山河，沦为泽国，有生无生，同为波臣，惟人类或登高陵崇阜，或泛木为舟，载沉载浮，幸免沦没。逮夫陵谷既变，百川归壑，洪水孑遗，每念及曩日波涛之汹涌，大陆之澹泞，则不能衷心无悸。凡事之惊人最剧，创人最深者，其留人之回念也愈永。父以是传之子，子以是传之孙，口说流传，随时染饰，于是人类历史无不托始于洪水神话。《尚书·尧典》曰"汤汤洪水滔天，浩浩怀山襄陵"（此据《史记·五帝本纪》引改正，今本衍误多字）。若非演自巴比伦洪水神话，当亦得自第四冰河时代后之传闻。观于《孟子》云：

> 当尧之时，天下未平，洪水横流，泛滥于天下。草木畅茂，禽兽繁殖，五谷不登，禽兽逼人，兽蹄鸟迹之道，交于中国。尧独忧之，举舜而敷治焉。舜使益掌火，益烈山泽而焚之，禽兽逃匿。禹疏九河，瀹济、漯，而注诸海；决汝、汉，排淮、泗，而注之江；然后中国可得而食也。（《滕文公篇》上）
>
> 当尧之时，水逆行，泛滥于中国。蛇龙居之，民无所定，下者为巢，上者为营窟。《书》曰，洚水警余。洚水者，洪水也。使禹治之。禹掘地而注之海，驱龙蛇而放之菹，水由地中行，江、淮、河、汉是也。险阻既远，鸟兽之害人者消，然后人得平土而居之。（《滕文公篇》下）

洚水警余，今本《尧典》所无。尧时洪水何以逆行？据《吕览·爱类》云："昔上古龙门未开，吕梁未发，河出孟门，大溢逆流，无有邱陵沃衍平原高阜，尽皆灭之，名曰鸿水。"鸿水来源，既非冻雨为灾，又非河堤溃决，而由于龙门未凿，天下未平，正为冰河初解，草昧未辟，荒古时代自然之现象。然则《尚书》首录《尧典》，明以洪水为中国历史之起点；所谓尧舜者，亦洪水后中国首世之君。若《墨子·七患》引《夏书》曰“禹七年水”，《荀子·富国》言“禹十年水”，疑皆后儒增饰之辞，未若《尧典》传闻之足信。

《史记·孔子世家》：“孔子之时，周室微，而礼乐废，《诗》、《书》缺。追迹三代之礼，序《书传》，上纪唐、虞之际，下至秦缪，编次其事。”编次者，序其次第而编辑之，未尝有所去取也。而《尚书中候纬》云：“孔子求《书》，得黄帝玄孙帝魁之书，迄于秦穆公凡三千二百四十篇，断远取近，定可以为世法者百二十篇，以百二篇为《尚书》，以十八篇为《中候》。”《尚书伪孔传序》因之曰：“先君孔子，讨论《坟》、《典》，断自唐、虞。”并谓《尧典》以前，尚有黄帝之《书》。稽之晚周诸子数称黄帝之言及《大戴礼·五帝德》所传黄帝之事，其说是也。衡以《竹书纪年》“起自夏、殷、周，皆三王事，无诸国别”（杜预《春秋经传集解后序》云）；而《论语》亦但称尧、舜，似春秋战国之际，虽有黄帝、炎帝神话，列国史记未尽次黄、炎事迹于先王正统。先王正统，《纪年》断自夏后；《尧典》之文，见于《左传》征引者，往往称为《夏书》。考以“三科之条，五家之教”，则《尚书》为书，亦断自有夏。有夏之于中国上古史，正犹巴比伦之 Chaldea 时代；夏后氏既为正史时代，则其前，吾人可定为神话时代。顾史前神话，因传说悠远，所闻每多异辞，诸子百家，或不同于《左传》、《国语》；《左传》、《国语》，或不同于《诗》、《书》。《尧典》成书于秦、汉之际，缀集于后儒之手（详顾颉刚《古史辨》第一册）。谓为尧、舜时代之实录，固失不经；例诸张霸、王肃之伪《古文尚书》，谓其语有本源，事有依据，不失为远古神话之初集，可与《创世记》、《百段梵书》齐观,绝非过谀之辞。故史前洪水神话,传闻既久,递失其真,尚能于后儒纂集之《尧典》中绎其本象。

(二)论禹平水土故事传自殷商

《尧典》于叙洪水前云:

> 帝曰,畴!咨若予采?驩兜曰,都!共工方鸠僝功!帝曰,吁!静言庸违,象恭滔天。

于叙洪水之后,继之曰:

> 帝曰,咨!四岳!洪水滔天,下民其咨,有能俾乂?佥曰,于!鲧哉!帝曰,吁!咈哉!方命圮族。岳曰,异哉!试可乃已。帝曰,往,钦哉!九载,绩用勿成。
>
> 流共工于幽州,放驩兜于崇山,窜三苗于三危,殛鲧于羽山,四罪而天下咸服。
>
> 舜曰,咨!四岳!有能奋庸熙帝之载,使宅百揆,亮采惠畴?佥曰:伯禹作司空。帝曰,俞!咨!禹!汝平水土,惟时懋哉!禹拜稽首,让于稷、契暨皋陶。帝曰,俞!汝往哉!

禹既受命,平水土,乃"乘四载,随山刊木,决九川,距四海;浚畎浍,距川",此《书·皋陶谟》所传闻也。曰"禹疏九河,瀹济漯,而注诸海;决汝、汉,排淮、泗,而注之江",此《孟子》所传闻也。曰"禹疏河决江，为彭蠡之障，乾东土，所活者千八百国”，此《吕览》所传闻也（详《爱类》篇）。曰“禹湮洪水，决江、河而通四夷九州也，名山三百，支川三千，小者无数”，此墨子所传闻也（《庄子·天下篇》引）。至《禹贡》则总叙禹功曰：“九州攸同，四隩既宅，九山刊旅，九川涤源，九泽既陂，四海会同。”故周景王使刘定公劳赵孟于颍，馆于洛汭，盛赞禹功曰：“美哉禹功！明德远矣！微禹，吾其鱼乎！”（详《左传》昭元年）于是人类相传之第四冰期后洪水，在中国古代载记中，无不泐为禹迹。如《诗》、《书》、鼎彝铭识所载：

信彼南山，维禹甸之。（《诗·小雅·信南山》）

奕奕梁山，维禹甸之。（《诗·大雅·韩奕》）

丰水东注，维禹之绩。（《诗·大雅·文王有声》）

天命多辟，设都于禹之绩。（《诗·商颂·殷武》）

洪水芒芒，禹敷下土方。（《诗·商颂·长发》）

今文子文孙孺子王矣！其勿误于庶狱，惟有司之牧夫，其克诘尔戎兵，以陟禹之迹。（《周书·立政》）

禹平水土，主名山川。（《周书·吕刑》）

秦公曰，丕显朕皇祖，受天命，鼏宅禹迹。（秦公𣪕铭）

虩虩成汤，有严在帝所，敷受天命，剸伐夏嗣，𢿘厥灵师，伊小臣唯辅。咸有九州，处禹之都。（齐叔弓钟铭）

自宗周初叶至于春秋中期，数百年间所流传之可信史料，无不盛道禹平水土之迹。辛甲为周武王太史，命百官，箴王阙，于《虞人之箴》曰：

> 芒芒禹迹，画为九州，经启九道，民有寝庙，兽有茂草，各有攸处，德用不扰。在帝夷羿，冒于原兽，忘其国恤，而思其麀牡；武不可重，用不恢于夏家。兽臣司原，敢告仆夫。（《左传》襄公四年）

牝牡之牝，不从牛而从鹿作麀，正与卜辞所见牡或从鹿符契；此《虞人之箴》可确定为周初作品。而《箴》首言“芒芒禹迹，画为九州”，可知**禹平水土，别九州，其故事流传，不始宗周，当数典于殷商以前**。即《洪范》云：

> 箕子曰，我闻在昔，鲧堙洪水，汩陈其五行。帝乃震怒，不畀《洪范》九畴，彝伦攸斁。鲧则殛死，禹乃嗣兴。天乃锡禹《洪范》九畴，彝伦攸叙。

与夫《左传》僖公三十三年云，“舜之罪也殛鲧，其举也兴禹”，纵不免后儒弥饰之辞，要其本事，亦不得谓非殷人传之也。

（三）论禹字从虫九即《楚辞》所谓雄虺九首

禹平水土与鲧陻洪水故事，虽传自殷人，顾今殷虚所见甲骨刻辞，尚未见鲧、禹二字。禹，《说文》作，云：“虫也。从禸，象形。古文禹。”又曰：“，兽足蹂地也。象形，九声。”按：禽，篆作，而金文或省作（《禽毁铭》）；万，篆作，而金文或省作（《仲

自父毁铭》)、(《宅毁铭》),卜辞通作(《前编》三,第三十页)、(《后编》下,十九页);篆文从厹者,卜辞、金文或省厹所从之九。以禽、万古文变化为例,则卜辞所见:

《戬寿堂》二页十版　《藏龟》四六页二版

《藏龟拾遗》十三页　《前编》二,第廿四页

虽为虫字,亦可谓为禹之初文,金文从九作:

秦公浒铭　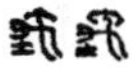齐叔弓钟铭

当为之后起字。,《说文》作,云:"一名蝮,博三寸,首大如擘指,象其卧形。"蝮虫,《尔雅·释鱼》作蝮虺。《国语·吴语》:"为虺弗摧,为蛇将奈何?"韦《注》:"虺小,蛇大也。"但在《楚辞》,一则曰:"雄虺九首,倏忽焉在?"《天问》再则曰:"雄虺九首,往来倏忽。"是象蝮虺,后或从九作者,谓即"雄虺九首"矣。九首之虺,《山海经》则谓之相柳,云:

> 共工之臣曰相柳氏,九首,以食于九山。相柳之所抵厥为泽溪。禹杀相柳,其血腥,不可以树五谷种。禹厥之,三仞三沮,乃以为众帝之台。在昆仑之北,柔利之东。相柳者,九首人面,蛇身而青,不敢北射,畏共工之台。台在其东。台四方,隅有一蛇,虎色,首冲南方。(《海外北经》)
>
> 共工臣名相繇,九首,蛇身自环,食于九土。其所歍所尼,

即为原泽。不辛乃苦，百兽莫能处。禹湮洪水，杀相繇，其血腥臭，不可生谷；其地多水，不可居。禹湮之，三仞三沮，乃以为池。群帝因是以为台。在昆仑之北。(《大荒北经》)

柳、繇古音同部，相柳当即相繇之异名。相繇所歍所尼，即为原泽，其所抵厥为泽溪，又同于《楚辞·天问》之应龙。《天问》曰："河海应龙，何画何历？鲧何所营？禹何所成？"洪兴祖《补注》引《山海经图》云："犁邱之山，有应龙者，龙之有翼者也。昔蚩尤御黄帝，令应龙攻之冀州之野。夏禹治水，有应龙以尾画地，即泉水流通。"应龙所画，即通流泉，相柳抵厥，即成原泽；虽首尾不同，而源泉成因之神话则一。应龙吾知其即相柳；相柳吾知其即九首之虺；九首之虺，吾知其即禹之本名；然则谓禹治水，尝得应龙之助，毋宁谓由应龙画地通流泉，相柳触地成溪泽神话演而禹平水土故事矣。

(四)论能平九土之句龙即禹之化名

应龙之龙，《说文》作，云："鳞虫之长，能幽能明，能细能巨，能短能长，春分而登天，秋分而潜渊。从肉，象飞之形，童省声。"其见于两周金文者，大抵从巳作(邵钟铭)，或从兄作(王孙遗者钟铭龚字所从)；其见于卜辞者，则最多殊体，录其要者，如：

《后编》下，六页　《戬寿堂》第五页　《前编》五，第卅八页

《菁华》第十一页

《前编》四，第五四页　《藏龟》百五页　《后编》上，卅页　《前编》七，第廿一页

《前编》四，第四五页　《后编》上，九页　《藏龟》一六三页　《前编》七，第十六页

有作蛇身蟠互而张其牙者，有以首之仆角尾之句屈搆成虚象者，与《论衡·龙虚》所谓“世俗画龙之象，马首蛇尾”者均不类。而之为形绝象周代钟句。

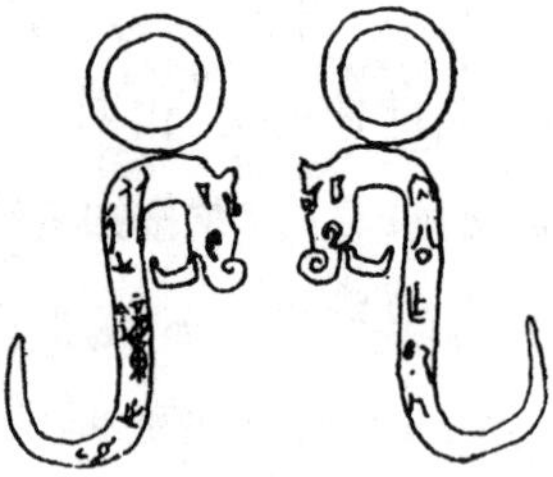

右图器旧藏定远方氏家。罗振玉谓之旋虫，云：“《攈古录》著录一钟鉤，文与方氏藏者正同，而略短。予亦藏有二枚，无款识。四鉤形状相同；以物形如蛇，故谓之旋虫欤？”（《贞松堂集古遗文》卷十一）按：句铭明言“内公作□□从钟”之句，而其形又似卜辞龙字，则谓之“钟句”可也，谓之“龙句”亦无不可。

《礼记·明堂位》：“夏后氏之龙簨虡，殷之崇牙，周之璧翣。”郑玄《注》：“簨虡，所以县钟磬也。横曰簨，饰之以鳞属；植曰虡，饰之以赢属、羽属；殷又于龙上刻画之为重牙，以挂县纨也。”簨虡，《考工记》作笱虡，云：“梓人为笱虡，赢属以为钟虡，鳞属以为笱。凡攫閷援簭之类必深其爪，出其目，作其鳞之而。”笱虡之笱，郑司农以来皆读为竹笱之笱。余谓笱当为笱，读如《尔雅》“嫠妇之笱”（《释器篇》），其字初当作句。句即钟句矣。从钟之句，据罗氏所见四器，形状相同，并作龙体。《大戴礼·易本命》：“有鳞之虫三百

六十,而蛟龙为之长。”是《记》言“鳞属以为笱”,即谓“从钟之句”必作龙形。故“从钟之句”,《郘钟铭》又径谓之龙,云:“大钟八肆,其竈四堵,矫矫其龙,既旃鬯虡。”此以龙虡相对为文,虡果如《尔雅·释器》云“木谓之虡”者,则龙当为“龙笱”之省文;此余所以疑《明堂位》“龙簨虡”为“龙句虡”传说之误;而“从钟之句”古或有“龙句”之名也。龙句,乙言则为句龙。《淮南·泰族》:“阖闾伐楚,五战入郢,破九龙之钟。”《御览》引许慎注:“刻虡为九龙,县钟也。”高诱《训》亦谓“楚为九龙之虡以县钟”。余谓九龙即句龙之声转。句,内公句铭作,《说文》云:“曲也,从口,丩声。”以丩为声之虯字,《说文》云:“龙子有角者。”《广雅·释鱼》亦曰:“有角曰虯龙。”然则,《左传》昭廿九年云:“共工氏有子曰句龙,为后土,后土为社。”句龙为名,明即虯龙之字歧。虯龙,《天问》又作虬龙,云:“焉有虬龙负熊以游?”王逸《章句》谓:“宁有无角之龙负熊兽以游戏?非也。”晋平公有疾,梦黄熊入于寝门,韩宣子问于子产曰:“不知人杀乎,抑厉鬼耶?”子产曰:“昔者鲧违帝命,殛之于羽山,化为黄熊,以入于羽渊。实为夏郊,三代举之。……今周室少卑,晋实继之,其或者未举夏郊耶?”(《晋语》八,《左传》昭公七年略同)鲧之被殛,据《大荒·海内经》云:“洪水滔天,鲧窃帝之息壤以堙洪水,不待帝令。帝令祝融杀鲧于羽郊。鲧复生禹。”《初学记》引《归藏·启筮》亦云:“鲧殛死,三岁不腐,副之以吴刀,是用出禹。”(卷廿二)郭璞注《海内经》引《启筮》则谓“鲧死,不腐,剖以吴刀,化为黄龙。”证之《天问》,云:“永遏在羽山,夫何三年不施?伯禹愎鲧,夫何以变化?”则负熊之虬龙,可知即禹;龙所负之熊,可知即鲧;鲧如解为共工之别名,则共工之子句龙非禹莫属。《鲁语》曰:“共工氏之伯九有也，其子曰后土，能平九土，故祀以为社。”“能平九土”，《礼记·祭法》引作“能平九州”。夫平水土，定九州，自昔相传，皆禹之绩也。而《鲁语》与《祭法》传为句龙。是知句龙即虯龙，虯龙即九龙，九龙即九首之虺；所谓共工氏之子句龙，当即禹之化名。其平水土故事，必演自应龙画地通泉神话。画地何以通泉？余谓演自祷雨故事。

（五）论禹尽力乎沟洫演自“祷雨不如决渎”神话

应龙者何？《山海经图》云：“龙之有翼者也。”《广雅·释鱼》亦曰：“有翼曰应龙。”考之《山海经》，无是说也。《大荒经》言应龙者三事：

> 大荒东北隅中，有山，名凶犁土邱。应龙处南极，杀蚩尤与夸父，不得复上，故下数旱。旱而为应龙之状，乃得大雨。（《东经》）
>
> 大荒之中，有山，名成都戴天。有人，珥两黄蛇，把两黄蛇，名曰夸父。后土生信，信生夸父。夸父不量力，欲逐日景。逮之于禺谷，将饮河而不足也，将走大泽，未至，死于此。应龙已杀蚩尤，又杀夸父，乃去南方处之，故南方多雨。（《北经》）
>
> 大荒之中，有山名不句，海水北入焉。有系昆之山者，有共工之台，射者不敢北向。有人衣青衣，名曰黄帝女魃。蚩尤作兵伐黄帝，黄帝乃令应龙攻之冀州之野。应龙畜水，蚩尤请风伯、雨师，从大风雨。黄帝乃下天女曰魃。雨止，遂杀蚩尤。

> 魃不得复上，所居不雨。叔均言之帝，后置之赤水之北，叔均乃为田祖。魃时亡之。所欲逐之者，令曰，神北行。先除水道，决通沟渎。（《北经》）

应龙处南方，则南方多雨；旱而为应龙之状，即得大雨，寻绎经文，可知畜水之应龙，即雨神之象征。故郭璞注云："今之祷雨土龙，本此。"土龙者，《淮南·泰族》："土龙之始成，文以青黄，绢以绮绣，缠以朱丝，尸祝袀袨，大夫端冕以送迎之。及其已用之后，则壤土草蓟而已。"高诱《训》曰："土龙以请雨。"《春秋繁露·求雨》正谓："四时求雨，皆以水日为龙，必取洁土为结盖，龙成而发之。"由是言之：应龙为龙，固即祷雨所用之土龙，《淮南·地形》所谓"土龙致雨"，是也。其为应也，或取意于"有求必应"矣。

然而，星有好风，星有好雨，雨久自旸，旸久自雨，天之旸雨，自有时也。久旸不雨，禁止屠宰，今之习俗然也。则不如《大荒北经》云："魃时亡之，所欲逐之者，先除水道，决通沟渎。"较为实际。盖旱魃为虐，多由水道不除，沟渎不通。事农耕者，不能通沟渎，除水道，防旱于未萌；而徒乞灵于壤土草蓟之应龙以请雨，则旱灾终无由末减。如是优美之祷雨神话，必盛传于古代农业社会。因此祷雨不如通沟渎神话，流传既久，人们遂讹雨神应龙为沟渎之神，此意中事也。《山海经图》云："夏禹治水，有应龙以尾画地，即泉水流通。"大可证明应龙又为沟渎之神。沟渎之兴，孔子则推为禹功，云：

> 禹，吾无闲然矣！菲饮食而致孝乎鬼神，恶衣服而致美乎

黻冕，卑宫室而尽力乎沟洫。禹！吾无闲然矣！（《论语·泰伯》）

禹尽力乎沟洫一事，若非传闻自巴比伦国王常因开浚运河而受人民之赞美（详沈大鉎译《罕穆剌俾法典注释》八十七页），必蜕变自“祷雨不如决通沟洫”神话。祷雨之事，周曰舞雩，殷人曰𩃧。

（六）论祷雨之祭周名舞雩，雩用人牺

《春秋》书“大雩”者二十余事，大抵在秋时。《公羊传》桓五年云：“大雩者何？旱祭也。然则何以不言旱？言雩则旱见，言旱则雩不见。何以书？记灾也。”《穀梁》则于《春秋》僖十一年“秋，八月，大雩”，发雩之例云：“雩，月正也。雩，得雨曰雩，不得雨曰旱。”又于定元年“九月，大雩”《传》申之曰：

雩月，月之正也。秋大雩，非正也。冬大雩，非正也。秋大雩，雩之为非正，何也？毛泽未尽，人力未竭，未可以雩也。雩月，月之为雩之正，何也？其时穷，人力尽，然后雩，雩之正也。何谓其时穷人力尽？是月不雨，则无及矣；是年不艾，则无食矣；是谓其时穷人力尽也。雩之必待其时穷人力尽何也？雩者，为旱求者也。求者，请也。古之人重请。何重乎请？人之所以为人者，让也。请道，去让也；则是舍其所以为人也，是以重之。焉请哉？请乎应上公。古之神人有应上公者，通乎阴阳，君亲帅诸大夫道之而以请焉。夫请者，非可诒托而往

也，必亲之者也。是以重之。

按：《春秋》成七年："冬，大雩。"《穀梁》云："雩，不月而时，非之也。冬无为雩也。"杨士勋疏引郑氏《释废疾》云："按：《春秋说考异邮》，三时惟有祷礼，无雩祭之事。唯四月龙星见，始有常雩耳。"是即《左传》桓五年所谓："秋，大雩，书不时也。凡祀，启蛰而郊，龙见而雩也。"杜预《春秋释例》："龙见而雩，谓建巳之月，苍龙七宿之体，昏见东方，于是大雩祭天，遂为百谷祈膏雨也。"证之《吕氏春秋·十二纪》云："仲夏之月，命有司为民祈祀山川百源，大雩帝，用盛乐。"《左氏传》与《考异邮》所传"龙见而雩"，似为古说。然而，曾皙言志曰："暮春者，春服既成，冠者五六人，童子六七人，浴于沂，风乎舞雩，咏而归。"（详《论语·先进篇》）。据《论衡·明雩篇》云：

鲁设雩祭于沂水之上。暮者，晚也。春，谓四月也。春服既成，谓四月之服成也。冠者，童子，雩祭乐人也。浴乎沂，涉沂水也，象龙之从水中出也。风乎舞雩，风，歌也；咏而馈，咏歌馈祭也；歌咏而祭也。说《论》之家，以为浴者，浴沂中也；风，干身也。周之四月，正岁二月也，尚寒，安得浴而风干身乎？由是言之：涉水不浴，雩祭审矣。《春秋左氏传》曰：启蛰而雩。又曰：龙见而雩。启蛰龙见，皆二月也。春，二月，雩；秋，八月，亦雩；春祈谷雨，秋祈谷实。当今灵星，秋之雩也。春雩废，秋雩在，故灵星之祀，岁雩祭也。

按:《史记·封禅书》:"或曰,周兴而邑邰,立后稷之祠,至今血食天下。于是高祖制诏御史,其令郡国县立灵星祠。"《正义》引《汉旧仪》云:"辰之神为灵星,故以壬辰日祠灵星于东南。"是王充以秋雩为祭灵星,非也。又按:昭十七《左传》:"火出,于夏为三月,于商为四月,于周为五月。"《论语》所谓"暮春",如谓夏正,则于周正为五月仲夏;如谓周正,则于夏正为正月孟春,是王充以四月为暮春,于古又绝无征。则曾皙所谓"风乎舞雩",自不得如王充说"歌咏而祭也"。

雩之祭,据《左传》、《吕览》、《考异邮》等皆谓在四五月间;而《春秋》书"大雩"或秋或冬,《论语》或言暮春(姑依王充说),《经》、《传》相传本无定时。意者,《公羊》言大雩由于旱灾,《穀梁》言时穷力尽然后雩,雩无定时,较为得之。孟子对梁襄王曰:"王知夫苗乎?七八月之间,旱,则苗槁矣。天油然作云,沛然下雨,则苗浡然兴之矣"(《孟子·梁惠王篇》)。逮夫九月肃霜,十月涤场,黍稷获而稻粱藏,虽乏时雨,农已有秋。《春秋》书雩多在秋三月者,当以其时禾苗需雨正殷而遭逢大旱,不涉龙星出没。是故雩者,旱而求雨之祭也。

求雨之法,《春秋繁露·求雨篇》详矣!然而非古也。《礼记·檀弓》:"岁旱,穆公召县子而问然。曰:天久不雨,吾欲暴尪而奚若?曰:天久不雨,而欲暴人之疾子,虐,毋乃不可欤?然则暴巫而奚若?曰:天久不雨,而望之愚妇人,于以求之,毋乃已疏乎!"《左传》僖廿一年:"夏,大旱。公欲焚巫尪。臧文仲曰:非旱备也。修城郭,贬食节用,务啬劝分,此其务也。巫尪何为?天欲杀之,则如勿生;若能为旱,焚之滋甚!"焚巫暴尪,臧文仲与县子俱谓暴虐不仁,无益于岁;余谓此必古来人牺祷雨遗法。《吕览·顺民》:“昔者汤克夏而正天下,天下大旱,五年不收。汤乃以身祷于桑林,曰:余一人有罪,无及万夫,万夫有罪,在予一人,无以一人之不敏,使上帝鬼神伤民之命。于是剪其发,鄜其手,以身为牺牲,用祈福于上帝,民乃甚说,雨乃大至。”《墨子·兼爱下》亦谓:“天下大旱,汤不惮以身为牺牲,以祠说于上帝鬼神。”汤剪发鄜手以身为牺,当变自人牺。祷雨而用人牺,后儒疑为不仁,在初民则习为常事。郑玄注《礼体》谓:“尪者面乡天,觊天哀而雨之;巫主接神,亦凯哀而雨之。”《左传》杜预注谓:“或以尪为瘠病之人,其面上向,俗谓天哀其病,恐雨入其鼻,故为之旱,是以公欲焚之。”殆不然矣。

(七)论“舞雩”即“羽”之语误,禹之为禹,得名于羽

祷雨之祭,《论语》谓之舞雩。汤祷雨于桑林,《左传》襄十年谓:“宋公享晋侯以《桑林》,舞师题以旌夏。”《周官·大宗伯》亦有“若国大旱,司巫则帅巫而舞雩”之说。是雩祭古必有舞也。又,《大司徒》:“舞师,教皇舞,帅而舞旱暵之事。”郑司农《注》:“皇舞,蒙羽舞,《书》或为翌。”玄谓:“旱暵之事,谓雩也。皇,析五采羽为之。”段玉裁《周礼汉读考》谓:“皇当作翌。乐师,先郑注,皇舞者,以羽冒覆头上,衣饰翡翠之羽;此蒙羽,即谓蒙首也。《说文》释翌为以羽翳首,义亦通。又《说文·雨部》,雩或作咢,注云,羽舞也。羽舞,亦谓此皇舞。”由是言之,舞雩者,首必蒙羽为饰。《春秋繁露·五行·五事》云:“雨者,水气也,其音羽也。”《释名·释天》

云："雨，羽也，如鸟羽，动则散也。"此翌舞所以必蒙羽，而舞雩所以字或从羽作翌欤？然而翌字于古无征。雩字虽尝见于金文、卜辞，

盂鼎："雩殷正百辟。" 毛公鼎："雩参有嗣。" 弔伯殷："雩百诸婚媾。" 散盘："陟雩叡㬎㻭。" 《前编》五，第卅九页："雩乙卯、二牛。" 《后编》下，第八页。

除散盘铭借为地名外，余皆读为《经》、《传》粤或越字，未有用为祭名者。则舞雩之雩，篆文作，疑亦匪古也。

舞，《说文》作，云："乐也，用足相背。从舛，无声。古文舞，从羽亡。"段玉裁注谓："，从羽，亡声也。《攴部》，敄，读与抚同，然则以亡为无也古矣。"则《周易·否》之九五曰："其亡其亡，系于苞桑。"亡亦罡之省形。"其罡其罡，系于苞桑"，当为周初祷雨之纪事，犹殷人祷雨于桑林，郑人祷雨于桑山（详《左传》昭十六年）。苞桑，盖周人祷雨之地。是雩祭古或单名为舞矣。

舞谐無声，《说文》以为"庶草繁無"之本字。而卜辞多作（《藏龟》一二〇页）、（《前编》六，第廿一页），金文或作（般甗铭）、（无㝨卣铭）形，郭沫若先生谓象人之舞蹈，即舞之本字。则卜辞所见：

翌日庚，所其邨乃，卬至来庚，有大雨。（《殷契萃编》八四五版）

弜乎，亡大雨。（《萃编》八四五版）

其，至翌日。于翌日，乃。（《萃编》八四七版）

于翌日⿱雨無。(《萃编》八四八版)

⿱雨無字从雨从無,当即雩之初名。盖雩本以舞为主,故其字初作⿱雨無,因⿱雨無初省为無,继衍为舞,雩之名义不可见。《论语》之“风乎舞雩”,雩字疑即旁注窜入正文者,原本当曰“浴乎沂,风乎⿱雨無”。《周官》之“帅巫而舞雩”,雩当因《论语》之衍文而衍;初亦但曰,“若国大旱,则帅巫而⿱雨無”。是故“舞雩”者,“⿱雨無”之语讹也。

⿱雨無,在《卜辞》,著明庚日。卜辞又尝谓,“庚午,𡴋于岳,有从,才雨”(《后编》上,廿二页)。殷人求雨,似以庚日为尚。《周易·巽》之九五曰:“先庚三日,后庚三日,吉!”若验以《春秋繁露·求雨》云:“四时皆以庚子之日令吏民夫妇皆偶处。”又云:“四时皆以水日为龙。”则庚日即水日也。异乎晚周五行家言庚辛为金矣。然而,⿱雨無本从无,而舞或从羽作⿱羽亡;雩本从雨,而字或从羽作⿱羽亏;此舞雩二字皆得名于羽也。石之次玉者为瑀,而字或从羽作珝;《左传》昭三十年“徐子章禹奔楚”,《穀梁》则作“徐子章羽”。是禹羽音亦相近,《说文》⿱雨禹字,得为雩之异文;禹之为禹,得谓⿱雨無之声讹;其平水土故事,得谓演自祷雨神话,其主山川,盖亦演自祷雨山川故事已。

(八)论禹平水土主名山川演自祷雨山川神话

《荀子·劝学》:“积土成山,风雨兴焉;积水成川,蛟龙生焉。”《春秋》僖卅一年:“四卜郊,不从,乃免牲,犹三望。”《公羊传》:“三望者何？望祭也。然则曷祭？祭泰山河海？曷为祭泰山河海？山川有能润于百里者，天子秩而祭之。触石而出，肤寸而合，不崇朝而遍雨乎天下者，唯泰山尔。河海润于千里。”由儒者传说考之，风雨之兴，由山川也。故晋侯有疾，卜人谓实沈、台骀为祟。子产曰：“实沈，参神也；台骀，汾神也。抑此二者，不及君身。山川之神，则水旱疠疫之灾，于是乎禜之。日月星辰之神，则雪霜风雨之不时，于是乎禜之。”(详《左传》昭元年)。禜者，《说文》云：“设绵蕝为营，以禳风雨雪霜水旱疠疫于日月星辰山川。”此因子产为说也。《礼记·祭法》：“雩宗，祭水旱也。山林川谷丘陵能出云为风雨，见怪物，皆曰神。有天下者祭百神，诸侯在其地则祭之，亡其地则不祭。”郑玄注谓雩宗之宗，为禜字之误，意谓“雩，禜祭水旱也。”禜祭水旱于山川之神为雩，此《吕览·十二纪》“仲夏之月，命有司为民祈祀山川百源，大雩帝”说所由来也。而《十二纪》又谓“命百县雩祀百辟卿士有益于民者，以祈谷实”。郑注：“百辟卿士，古者上公，若句龙后稷之类。”上公者，穀梁氏所谓“古之神人通乎阴阳”者也。后稷教民稼穑，周以来尊为农神；句龙能平九土，夏以前尊为社神；祈谷实于社稷诸神，古之常也。祈谷实而用雩祀，殊不合于旱而舞雩之制；颇疑《吕览》所谓“雩祀百辟卿士”，雩字涉上文雩山川百源而衍。古者雩禜水旱，或在山川，故禹之神格在传说中又演为山川之神。

《吕刑》：“禹平水土，主名山川。”《伪孔传》：“禹治洪水，山川无名者主名之。”孔颖达《正义》申之曰：“山川与天地并生，民应先与作名。但禹治洪水，万事改新，故老既死，其名或灭；故当时无名者，禹皆主名之。”余谓“主名山川”者，即为名山大川之主。主者，宝之古文,《说文》所谓"宝,祏也"。《春秋》文二年"作僖公主",范宁《谷梁集解》云:"主盖神所冯依。"《殷本纪》:"报丙卒,子主壬立。主壬卒,子主癸立。"主壬、主癸,卜辞并作示壬示癸。示,《说文》云:"神事也。"而示部所属之字,无不与神事有关。由是言之:禹为山川之主,即为山川之神。知禹本山川之神也,则刊九山,涤九川,茫茫九州,维禹之绩,如《禹贡》所传"禹敷土,奠高山大川"者,不难考见其演变之迹。

卜辞尝见"桒于岳"以祈雨矣。又常见"桒年于岳"之辞(《前编》一,第五页)。岳,如指即"嵩高维岳"(见《诗·大雅》),则密迩阳城;如指即"壶口、雷首,至于太岳"(见《禹贡》),则密迩于晋阳。《封禅书·正义》引《世本》:"禹都阳城,又都平阳,或在晋阳。"晋阳,今山西临汾县也,地滨汾水。阳城,今河南登封县也,地近河、洛。禹都所在,或近崇高而带河、洛,或近太岳而临汾川,并为高山大川,祷雨胜地。然则《禹贡》言禹平水土,始于冀州,无异言禹主山川故事,演自祷雨太岳、嵩高、河、洛、汾川神话。余故谓禹之最初神格为雨神;因祷雨山川故事,乃演为山川之主。禹奠高山大川故事,又自"禹主山川"神话演变而来也。

(九)论禹合诸侯于涂山演自祷雨神话,其"娶于涂山"演自止雨神话

"禹奠高山大川",演自"主名山川"神话,不特殷、周之祷雨故事足征也。

《鲁语》:“吴伐越,堕会稽,获骨焉,节专车。使问仲尼。仲尼曰,丘闻之,昔禹致群神于会稽之山,防风氏后至,禹杀而戮之,其骨节专车,此为大矣。”《史记·封禅书》亦谓:“禹封泰山,禅会稽。”《索隐》引《吴越春秋》云:“禹巡天下,登茅山,以朝群臣,乃大会计,更名茅山曰会稽。”故韦昭注《国语》谓禹所致群神即“主山川之君,为群神之主”,致群神即会诸侯。然而《左传》哀七年则谓:“禹合诸侯于涂山,执玉帛者万国。”杜注:“涂山,在寿春东北。”不在越之会稽。

涂山与禹关系,除传闻会诸侯外,更重之以婚姻。《书·皋陶谟》:“禹曰,予娶于涂山,辛、壬、癸、甲,启呱呱而泣,予弗子;惟荒度土功,弼成五服。”《水经·淮水注》引《吕氏春秋》亦谓:“禹娶涂山氏女,不以私害公,自辛至甲四日,复往治水,故江、淮之俗以辛、壬、癸、甲,为嫁娶日也。”今本《吕览》不见。惟《音初篇》有云:“禹行功,见涂山之女。禹未之遇而巡省南土。涂山氏之女,乃令其妾候禹于涂山之阳。女乃作歌,歌曰:候人兮,猗!实始作为南音。”高诱《注》:“涂山,在九江,近当涂。”按:汉之当涂,在今安徽怀远东南,即杜预所谓“在寿春东北”。《清一统志》引《怀远县志》,“涂山,在县东南八里,淮河东岸。亦名当涂山。周四十六里,高三百十三丈”,是也。《水经·淮水注》考校群书及方士之目,则谓禹会诸侯于涂山,即禹致群神于会稽之山,“故涂山有会稽之名”。于《水经》“江水又东北至巴郡江州县东”注云:“江之北(当为南)岸,有涂山。南有夏禹庙,涂君祠,庙铭存焉。常璩、庾仲雍并言禹娶于此。余按群书,咸言禹娶在寿春当涂,不于此也。”由是言之:涂山传说,实有三地。苏鹗《演义》谓“一者会稽,二者渝州(即巴郡),三者濠州(即寿春)”,是已。然而,《汉书·武帝纪》:“元封元年,朕用

事华山,至于中岳,获驳麃,见夏后启母石。翌日,亲登嵩高。”颜《注》引《淮南子》则谓:

> 禹治鸿水,通轘辕山,化为熊,谓涂山氏女曰:欲饷,闻鼓声乃来。禹跳石,误中鼓。涂山氏往见,禹方作熊,惭而去,至嵩高山下,化为石,方生启。禹曰:归我子。石破北方而生启。(今本《淮南子》不见)

证之《中次七经》,云:泰室山西三十里为少室山,又西二百二十九里为“堵山,神天愚居之,是多怪风雨”。所谓堵山,应即三涂。三涂东邻陆浑山。陆浑附近有墠渚,《中次三经》正谓“禹父所化”。是三涂为山,确即涂山(即堵山);所谓“神天愚”,亦大禹之对音。禹本雨神,故所居之堵山多怪风雨。余故谓“禹合诸侯于涂山”,“娶于涂山氏”,不在渝州,不在会稽,亦不在寿春,其神话流传,应始三涂。

涂山何以谓之三涂?三之为言桑也。《天问》:“禹之力献功,降省下土四方,焉得彼涂山女,而通之于台桑?”台桑何地?旧注未详。若例以桑林、苞桑、桑山故事,古人祈雨,必于桑林,则“通于台桑”,亦“期我乎桑中”之谓;禹娶涂山故事,亦演自祷雨涂山神话,故谓之三涂。三涂,犹言桑林之涂矣。涂,《说文》作嵞,云:“会稽山也。一曰九江当涂也。从屾,余声。”余禹古音同部,而禹羽音近字通,余故谓涂山即羽山之别名。甲骨文有云:

> 于羽受年。(《萃编》八六三)
>
> 乙巳卜㱿贞,羽受年。(《征文岁时》四)

此两羽字，疑谓羽山。羽山者，舞雩之山也。则所谓“禹合诸侯于涂山”者，宜即“禹致群神于会稽”之变言。“禹致群神”，由韦昭说“即主山川之君，为群神之主”；若以舞雩故事论之，当由舞雩羽山，以娱群神，以祈甘雨神话演来。换言之，禹合诸侯故事，即《明堂月令》所谓“命有司为民祈祀山川百源，大雩帝，用盛乐”之变相，亦祷雨桑山之寓言；故涂山或谓之三涂。不宁惟是。

《帝系》言：“禹娶于涂山氏。涂山氏之子曰女憍氏产启。”女憍，《夏本纪·索隐》引《世本》作女娲。《天问》：“女娲有体，孰制匠之？”王《注》引淮南王《离骚传》：“女娲，人头蛇身，一日七十化。”证以《淮南·说林》云：“黄帝生阴阳，上骈生耳目，桑林生臂手，此女娲所以七十化也。”则女娲为体，制于黄帝及上骈及桑林。《淮南·览冥》又谓：

> 往古之时，四极废，九州裂，天不周覆，地不兼载，火爁炎而不灭，水浩洋而不息，猛兽食颛民，鸷鸟攫老弱。于是女娲炼五色石以补苍天，断鳌足以立四极，杀黑龙以济冀州，积芦灰以止淫水。苍天补，四极正，淫水涸，冀州平，狡虫死，颛民生。

《风俗通》更谓：“女娲抟黄土作人，剧务，力不暇供，仍引绳于泥中，举以为人，富贵者黄土人，贫贱凡庸者絙人也。”（《御览》引）是女娲者，人类之祖母，天地之柱石。故《春秋运斗枢》谓“差德序命，宓牺女娲神农为三皇”（《礼记正义》引）。《礼记·明堂位》：“女娲之笙簧。”郑玄《注》亦谓：“女娲，三皇承宓牺者。”女娲，《北山经》则又

作女娃,云:

> 发鸠之山,有鸟焉,其状如乌,文首,白喙,赤足,名曰精卫。其鸣自谈。是炎帝之少女,名曰女娃。女娃游于东海,溺而不返,故为精卫。常衔西山之木石,以堙于东海。

女娲之补苍天,堙东海,世多疑其不经。考《春秋繁露·止雨》云:“凡止雨之大体,开阳而闭阴,阖水而开火。”又曰:“雨太多,令县邑以土日塞水渎,绝道盖井,禁妇人不得行入市。”在《论衡·顺鼓》则谓“雨水雩,祭女娲”。余谓女娲补天堙海故事,即求雩者必塞渎盖井神话之放大。《洪范》“稽疑:乃命卜筮,曰雨曰雩”,雩在卜辞通称为启,云:

> 甲子卜,亚戋,龙,每启,其启。弗每,又雨。(《后编》上,卅页)
>
> 之夕,雨,辛丑𣸣。王固曰,今夕其雨,翌,辛丑𣸣。(《菁华》七页)
>
> 贞,不其𣸣。戊戌卜贞,今夕𣸣。八月。(《戬寿堂》卅六页)

启之名,正同禹子启。然则,《帝系》言“涂山氏子女憍氏,产启”,启之为启,盖得名于雨雩,汉武帝所见“启母石”,当即求雩之石。雨雩为晴,晴之为言情也。《风俗通》所谓“女娲祷祠神祈而为女媒,因置昏姻”(马氏《绎史》引)。女媒也者,固即晴谊之引申。而《淮南子》谓:“禹化为熊,谓涂山氏女曰:欲饷,闻鼓声,乃来。”又可于《春秋》之义,“大水,鼓,用牲于社”解之。《春秋繁露·精华》:“大水者,阴灭阳也。阴灭阳者,卑胜尊也。日食亦然。皆下犯上,以贱伤贵，逆节也；故鸣鼓而攻之。”《论衡·顺鼓》亦谓：“《春秋说》曰：人君亢阳致旱，沉溺致水；夫如是，旱则为沉溺之行，水则为亢阳之操，朱丝萦之，助鼓为救。”鼓之用，由《淮南》说，所以召女娲而止雨矣。然则，祈晴用鼓，实雷声之象征。

由是言之：“禹合诸侯于涂山”故事，演自祷雨神话；而其“娶于涂山”，正演自止雨神话。

（一〇）论渝州涂山本杜宇遗迹

《海内经》：“帝令祝融杀鲧于羽郊。鲧复生禹。”《注》引《开筮》（即《启筮》）云：“鲧死三岁，不腐，剖之以吴刀，化为黄龙也。”《初学记》引《启筮》则谓：“副以吴刀，是用出禹。”证以《天问》“伯禹愎鲧，夫何以变化”说，在先秦人传说，似谓禹即鲧之化身。然而《世本》则谓“鲧取有莘氏女，谓之女志，是生高密”（《夏本纪·索隐》引）。皇甫谧《帝王世纪》则谓：“鲧妻修已，见流星贯昴，梦接意感，又吞神珠薏苡，胸坼而生禹。”禹之生，异于先秦人所闻矣。禹之生地，《帝王世纪》谓在石纽（《后汉·郡国志》注引），说盖本于扬雄《蜀王本纪》。《纪》云：“禹本汶山郡广柔县人也。生于石纽。”《括地志》：“茂州汶川县，石纽山在县西七十三里。”（并见《夏本纪·正义》）而《后汉·郡国志》蜀郡，广柔县注引《华阳国志》亦谓：“县有石纽乡，禹所生处。夷人营其地，方百里，不敢居牧。有过，逃其野中，不敢追，云，畏禹神。能藏三年，为人所得，则共原之，云，禹神灵佑之。”（今本《蜀志》佚去）按：汶山郡，置于汉武帝元鼎六年（公元前一一一年，详《汉书·武帝纪》），至宣帝地节三年（公元前六七年）即废（详汉《宣帝纪》),扬雄卒于新莽天凤五年(公元一八年,详《汉书》本传),其生在宣帝之甘露元年(公元前五三年),时汶郡山已废;则雄作《蜀王本纪》,焉得以广柔属汶山?余谓广柔之石纽,非禹生地,实杜宇畜牧之乡。《华阳国志·蜀志》:

> 周失纲纪,蜀先称王,有蜀侯蚕丛其目纵,始称王。……次王曰柏灌。次王曰鱼凫。……后有王曰杜宇,教民务农,一号杜主。七国称王,杜宇称帝,号曰望帝,更名蒲卑。自以功德高诸王,乃以褒斜为前门,熊耳、灵关为后户,玉垒、峨嵋为城郭,江、潜、绵、洛为池泽,以汶山为畜牧,以南中为苑囿。会有水灾,其相开明,决玉垒山以除水害。帝遂委以政事,法尧、舜禅授之义,遂禅位于开明。帝升西山隐焉。时适二月,子鹃鸟鸣,故蜀人悲子鹃鸟鸣焉。巴亦化其教,而力农务。迄今巴、蜀农时,先祠杜主君开明位,号曰丛帝。

《水经·江水注》引来敏本《蜀论》,亦谓:"荆人鳖令死,其尸随水上,荆人求之不得。令至汶山下,复生,起见望帝。望帝者,杜宇也。从天下女子朱利,自江源出,为宇妻,遂王于蜀,号曰望帝。望帝立以为相。时,巫山峡而蜀水不流。帝使令凿巫峡,通水,蜀得陆处。望帝自以德不若,遂以国禅,号曰开明。"所谓开明者,名同于启,所谓杜主者,即社主之字别,而杜宇之宇,音复同于禹。余谓禹生石纽神话,即由望帝"以汶山为畜牧"故事演成,开明"决玉垒山以除水害",亦演自止雨神话。故开明,《海内南经》又谓之夏后启,云:"夏后启之臣孟涂,是司神于巴。巴人请讼于孟涂之所,其衣有血者，执之，是请生，居山上。在丹山西。”余谓世传渝州之涂山，若非因孟涂得名，必蜀王杜宇之遗迹。杜宇教民务农，而《论语》亦称禹尝躬稼；禹凿龙门，而《水经注》亦传杜宇凿巫峡（《江水》）。杜宇禅位开明而《史》传禹传位子启。杜宇与禹，开明与启，名义既同，事迹所传，又复一致；是则杜宇历史，不得谓非禹所分化；巴、蜀遗民，亦不得谓非夏后子孙。故中原之三涂，遂随夏后遗民而其名亦迁于渝州。

（一一）论禹劳天下而死为社

禹为雨神，固矣。顾战国以来，皆谓雨神为雨师。如屈原《远游》云“左雨师使径侍兮，右雷公以为卫”，《封禅书》云“雍有风伯雨师庙”是也。雨师，《大荒经》则又以为应龙。按《洪范·五行传》：“皇之不极，则有龙蛇之孽。”颜师古《注》：“蛇，龙之类也。”而《论衡·龙虚篇》则谓：“世俗画龙之象，马首蛇尾，由是言之，马蛇之类也。”龙蛇既为一物，余故谓应龙即句龙，句龙即九龙，九龙即九首之虺，九虺即禹。禹就文字本谊言，确龙蛇之类也。

拜蛇之俗，遍于若干初民社会。印第安大科达族（Dacatad）及萧尼族（Shawnees）之语言以蛇为“精灵”；印度大多数民族语言，呼蛇为“圣者”；蛇在初民观念中，固尝视为神圣矣。台湾番族之派弯人，以蛇为祖先之化身，澳洲之华拉孟加人以其部族为伏龙魁蛇（Wollunqua）子孙，更有若干蛮野未化之民族，常以蛇为其氏族徽识（详林惠祥著《文化人类学》二八八页，及岑家梧著《图腾艺术史》一一一页）；此现代蛮野人或以蛇为民族图腾也。在古代埃及、巴比伦人均传有拜蛇故事(详《文化人类学》二八九页),《梨俱吠陀》径名蛇为“深渊之龙”(ahi budhnga);而雅典市古代神殿中,常供养圣蛇,以为地神,则尤近于禹死为社神话。

《左氏》、《国语》及《礼记·祭法》俱言共工氏子为社。社,即地神也。但《淮南·氾论》则谓“禹劳天下而死为社”。禹死为社,《淮南》以前,虽鲜传说。观于叔弓钟铭,禹特从土作,是知春秋以前,必有禹为地神神话矣。此余所以谓句龙即禹之化名。

(一二)论禹为姒姓,姒象蛇身自环形

据《周语》云:“禹疏川导滞,合通四海。皇天嘉之,胙以天下,赐姓曰姒,氏曰有夏,谓能以嘉祉殷富生物也。”《史记·夏本纪》亦谓“禹为姒姓,其后分封,用国为姓,故有夏后氏、斟戈氏”等。是夏后氏姓姒,天所赐也。而《礼纬》则谓:“禹母修己吞薏苡而生禹,因姓姒氏。”《吴越春秋·越王无余外传》亦谓:“鲧娶于有莘氏之女,名曰女嬉,年壮未孳,嬉于砥山,得薏苡而吞之,意若为人所感,因而妊孕,剖胁而产高密。”验以《论衡·奇怪篇》云:“薏苡之茎,不过二尺,安能成七尺之形?”则吞薏苡而孕禹,实虚妄之言。顾,禹何以姒姓?王充又无说。考:姒字不见《说文》,在金文则有作㚶者(《荅毁》),有作始者(颂鼎),叔向父毁铭则或省为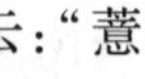诸形。盖始谐台声,台谐㠯声,以文字孳乳程序言,姒之初形当作:

《后编》上,廿五页 公伐邻鼎 散氏盘 邵钟

《说文》作㠯，云："用也，从反已。"而谐㠯声之字，如似，如耜，多读心纽。即始字，《释名·释语言》亦云"始息也，言孳息也"，古声读如心纽。由是言之，㠯㠯诸形，非从反已，实即厶（私之古文）字。《韩非·五蠹》："仓颉之作书也，自环谓之私，背私谓之公。"公，篆文作公，卜辞作㕣（《前编》二，第三页），金文作㕣（盂鼎）、㕣（公违鼎），无以见背私之谊。若私字，篆文作厶，明为厶之形误；韩非训为自环，明即《大荒经》所谓"相繇九首，蛇身自环"。以字形言，厶象蛇身自环，史言禹为姒姓，无异言禹本蛇身。展禽曰："鲧障洪水而殛死，禹能以德修鲧之功，故夏后氏郊鲧而宗禹。"（详《鲁语》上）宗禹者，谓以禹为民族宗神也。民族宗神，由古代社会学言，即氏族之图腾，或为部族之先祖。夏后氏郊鲧而宗禹，与派弯人以蛇为祖先化身，华拉孟加人自神部族为伏龙魁蛇子孙，事实同贯。然则夏后氏祖禹而姒姓，当演自以蛇为图腾之神话。

（一三）论御龙氏为祀龙之官，夏后御龙即其民族图腾神话

蛇为夏后氏民族图腾，不独姒象蛇身自环，与夫派弯人、华拉孟加人之祖蛇说足征也。《左传》昭廿九年言龙见于晋郊。魏献子问于蔡墨曰："吾闻之，虫莫知于龙，以其不生得也。谓之知，信乎？"蔡墨对曰：

> 人实不知，非龙实知。古者畜龙，故国有豢龙氏，有御龙氏。昔有飂叔安，有裔子，曰董父，实甚好龙，能求其嗜欲以饮

> 食之，龙多归之，乃扰畜龙以服事帝舜。帝舜赐之姓曰董，氏之曰豢龙，封诸鬷川，鬷夷氏其后也。故帝舜氏世有畜龙。及有夏孔甲，扰于有帝，帝赐之乘龙，河汉各二，各有雌雄。孔甲不能食，而未获豢龙氏。有陶唐氏既衰，其后有刘累，学扰龙于豢龙氏，以事孔甲，能饮食之。夏后嘉之，赐氏曰御龙，以更豕韦之后。龙一雌死，潜醢以食夏后。夏后飨之。既而使求之。惧而迁于鲁县，范氏其后也。

证之范宣子云："昔匄之祖，自虞以上为陶唐氏，在夏为御龙氏，在商为豕韦氏，在周为唐杜氏，晋主夏盟为范氏。"（《左传》襄廿四年）蔡墨所云，当有依据。是夏后氏尝有豢龙之俗也。不宁惟是。《郑语》云：

> 《训语》有之曰：夏之衰也，褒人之神，化为二龙，以同于王庭，而言曰：余褒之二君也。夏后卜杀之，与去之，与止之，莫吉。卜请其漦而藏之，吉。乃布币焉，而策告之。龙亡而漦在，椟而藏之，传郊之，及殷周莫之发也。及厉王之末，发而观之，漦流于庭，不可除也。

夏末更有人化为龙神话。人何由而化龙？龙何由而可乘？除秦、汉方士盛传黄帝骑龙上天外（详《封禅书》）。事实似不可能。窃疑褒国，姒姓，其君化龙显亦传自图腾神话，与夏后氏宗禹同也。若御龙氏之御，当犹卜辞所见，"御于祖辛"（《藏龟》一七六页），"大御其冓"（《后编》上，廿六页）；"其雨，兹御"（《前编》三，第十七页），御读为禦，禦龙者，祀龙也（《说文》禦，祀也）。卜辞：

> 贞御霝妃于龙。（《前编》三，第七页）
>
> 御帚犬于妃己，允之龙……亥，不雨。（《前编》七，第十六页）
>
> 贞御子畀于龙。（《前编》六，第十九页）
>
> □卜𣪘贞，御帚于龙甲。（《前编》八，第十二页）

凡此御字，虽不能径读为禦；例以《曲礼》所谓"妇人不当御"，《独断》所谓"妃妾接于寝曰御"，疑即殷王御妃嫔于龙囿以禜水旱之纪事（龙囿见《前编》四，第五三页），《春秋繁露》所谓四时求雨"令吏民夫妇偶处"者是已。是以御龙为氏，非驾驭乘龙之谓，当因禦祀龙蛇得名。御龙氏"惧而迁于鲁县"。杜《注》："今鲁阳也"。鲁阳，汉属南阳郡，《地理志》亦云："故鲁县，御龙氏所迁。"余谓鲁县亦卜辞所见甫鲁之化名：

> 贞其风，十月，在甫鱼。（《前编》四，第五五页）
>
> 贞，今其雨，在甫鱼。（同上）
>
> 乙亥卜，□贞，其䨏衣于亘，不冓雨，十一月，在甫鱼。（《后编》上，卅一页）
>
> 贞其雨，在甫鲁。（同上）

甫鲁一作甫鱼，旧或谓即《左传》昭十年"与之夫于"，在今山东长山县西南廿里。但以"衣于亘"，亘即洹水测之，甫鲁当在殷虚附近，洹水之滨。若以贞其雨，贞其风，测甫鱼之境地，若非畜鱼之圃，或即舞雩之对音；御龙氏迁于鲁县，盖传自祷雨甫鲁神话。余故曰,御龙氏,祀龙之官也。夏有祀龙之官者,当因民族祀典,以龙为尊。龙者,句龙也。而世传夏后氏郊鲧宗禹,此余所以疑禹即句龙;句龙平九土,亦演自夏后氏图腾神话。

(一四)论飂叔安即鄬安,鄬安即九黎九隆之图腾

若夫飂叔安裔子董父为豢龙氏,因封鬷川而为鬷夷,疑亦图腾神话演出。《郑语》称祝融之后八姓,“董姓,鬷夷、豢龙,则夏灭之矣。曹姓邹、莒,皆为采卫”。《帝系》因董姓灭于夏,斟姓无后,乃变言“陆终产六子,其四曰莱言,是为云郐人;其五曰安,是为曹姓。曹姓者,邾氏也。”邾氏,金文多作鼄,六国时字或讹为邹。而邹、莒之莒,金文则或作簷。簷大史申鼎铭:

> 佳正月初吉,辛亥,鄬安之孙,簷大史申作其造鼎十,用征台迮,台御宾客,子孙是若。

鄬安,当即《帝系》所谓陆终第五子安。鄬字向来无释。山按:《说文·食部》:“饴,米糵煎者也。从食,台声。[illegible]《籀文》饴,从异省。”[illegible]正鬻之形讹,则鬻即《籀文》饴;鄬即后稷所封之邰邑,《大雅·生民》所谓“即有邰家室”是也。邰,《汉书·地理志》属右扶风,但字作斄,云:“周后稷所封。”《左传》昭九年:“魏、骀、毕、岐,吾西土也。”杜《注》亦谓:“骀即武功县所治斄城。”由是言之:邰斄古今字,鄬安可读为斄安。斄莱音近字通,则《帝系》所谓“其四曰

莱言，其五曰安”者，实鄅安之衍误。又，斄鄅古音同读来纽，《左传》所谓飂叔安者，当亦鄅安之别名。鄅安为郲、莒之祖，亦飂夷、豢龙之先君；是郲、莒即飂夷、豢龙之后也。《庄子·列御寇》：“朱泙漫学屠龙于支离益，单千金之家，三年，技成，而无所用其巧。”朱泙漫疑即郲氏子孙，其学屠龙，当由豢龙故事所演变。

豢龙氏，《左传》杜预注云，“官名”。余谓豢龙犹御龙，亦由民族图腾神话演来。以豢龙为图腾者，据《左传》云有飂夷。飂夷，余则疑即九黎。张衡《思玄赋》：“流目眺夫衡阿兮，睹有黎之圮坟；痛大正之无怀兮，托山坂以孤魂。”李善《文选注》引《旧注》云：“黎谓祝融也。楚灵王之世，衡山崩，而祝融之墓坏，中有《营邱九头图》矣。”此《九头图》，当即九首蛇身之相繇。相繇，《海外北经》作相柳。柳飂双声，余故疑豢龙氏所以祖飂叔安者，亦演自相柳九首神话。又，鄅安《帝系》讹为莱言。莱夷，东夷国也。《左传》昭四年则谓“纣为黎之搜而东夷叛之”。曾子烝梨不熟出其妻，朱骏声《说文通训定声》谓“烝梨即古莱烝”（详藜字下）。是莱黎近音谊通，祝融之为有黎，得或书为有莱有斄。《郑语》：“卜请其漦而藏之。”韦《注》：“漦，龙所吐沫，龙之精也。”余谓漦读为螭。《吕览·举难》：“螭食乎清而游乎浊。”高《注》：“螭，龙之别也。”《楚辞·河伯》：“乘水车兮荷盖，驾两龙兮骖螭。”洪氏《补注》引《说文》云：“螭如龙而黄，北方谓之土蝼。一说，无角曰螭。”司马相如《大人赋》：“驾应龙象与之蠖略委丽兮，骖赤螭青蛇之蚴蟉蜿蜒。”文颖《汉书注》：“龙子为螭。”龙子无角者为螭。窃疑九黎即九龙矣。《后汉书·西南夷传》：

> 哀牢夷者,其先有妇人名沙壹,居于牢山。尝捕鱼水中,触沉木,若有感,因怀妊。十月,产子十人。后沉木化为龙,出水上。沙壹忽闻龙语曰,若为我生子,今悉何在?九子见龙惊走,独小子不能去,背龙而座。龙因舐之。其母鸟语,谓背为九,谓坐为隆,因名子曰九隆。及后长大,诸兄以九隆为父所舐而黠,遂共推以为王。后牢山下,有一夫一妇,复生十女,九隆兄弟皆娶以为妻,后渐相滋长。种人皆刻画其身,象龙纹,衣皆着尾。

九隆名谊,范晔谓即夷语之背坐,非也。隆即龙之音讹,九龙当即哀牢夷之图腾。观于"刻画其身,象龙纹",可以明之。若九隆背龙而座,此正《天问》所谓:"焉有虬龙负熊以游"也。熊,余已说明即鲧之化身,虬龙,余已说明即句龙,句龙即禹;则哀牢夷纵非夏后子遗,因其民族图腾同于九黎,吾人得谓亦豢龙氏之冑胤矣。豢龙氏祖飂叔安,而古文作鄹安。鄹之音则近于九黎,飂之音则近于相柳;余故谓董父豢龙,亦演自图腾神话。九黎,九隆,纵非夏后氏血统,其文化来源,必与夏后氏为近。

(一五)论越王无余亦舞雩之音转

《墨子·非攻下》:"昔熊丽封此睢山之间。越王繄亏,出自有遽,始邦于越。"卢文绍《校注》云:"繄亏,即无余也。"孙诒让《闲诂》云:"《帝系》,陆终产六子,六曰季连,是为芈姓。季连产付祖氏，付祖氏产内熊，九世至于熊渠。娄鲧出自熊渠，有子三人，季名为疵，为戚章王。《楚世家》，熊渠立少子执疵为越章王。此出自有遽，或当云出自熊渠，渠遽声近，古通用。”证之《郑语》云：“融之兴者，其在芈姓乎！芈姓夔、越，不足命也。”《世本》云：“越为上芈姓，与楚同祖。”越诚楚王熊渠之后，《墨子》之有遽，当为熊渠之误。自晚周传说考之，越本楚之支国也。然而，《史记·越世家》则谓：“越王句践，其先禹之苗裔，而夏后帝少康之庶子也。封于会稽，以奉守禹之祀。文身断发，披草莱而邑焉。”《吴越春秋·无余外传》亦谓：“禹周行天下，还归大越，登茅山以朝四方群臣。封有功，爵有德，崩而葬焉。至少康，恐禹迹宗庙祭祀之绝，乃封其庶子于越，号曰无余。”余谓无余即舞雩，舞雩即禹；越人所以祖禹者，盖亦图腾之故。《汉书·地理志》言：“粤君禹后，帝少康之庶子，云封于会稽。文身断发，以避蛟龙之害。”《越语》则谓：“越灭吴。王孙雒曰：‘子范子！无助天为虐！’范蠡曰：‘王孙子！昔吾先君，固周室之不成子也。故滨于东海之陂，鼋鼍鱼鳖之与处，而蛙黾之与同渚；余虽腼然而人面哉！吾犹禽兽也。又安知是浅之者乎？’”越之先君，为周之不成子，足证春秋以前，越为化外。“鼋鼍鱼鳖之与处，而蛙黾之与同渚”，尤足证明越为滨水民族，必以鳞甲为图腾。《庄子·逍遥游》：“宋人资章甫而适越，越人断发文身，无所用之。”断发文身，若以“哀牢夷刻画其身，作龙纹”测之，则越之图腾，亦必为九龙。《说苑·奉使》：“越亦天子之封也。剪发文身，烂然成章，以像龙子者，将避水神也。”越人文身作龙形，在图腾习惯上可以祖禹。越本芈姓，而托祖于禹；如以越为夏余，毋宁谓九黎之族。

（一六）论鲜虞、厹繇皆东胡部族，匈奴以厹繇为图腾，故传为夏裔

相繇九首，蛇身自环，在文字上吾人可信为禹之化名。禹即应龙，常处南方，南方诸国，若百越，若九黎，若哀牢夷等，宗为民族图腾，是也。而《海外经》与《大荒经》言及相繇，并谓“共工之臣”，而次诸《北经》，何也？曰，相繇、鲜虞，一声之转，相繇在《山海经》虽为原泽之恶蛇，在鲜虞则尊为瑞兽。《世本》：“鲜虞，姬姓，北狄也。”《郑语》：“当成周者，北有燕、翟、鲜虞。”证之狄氏壶铭云：“杕氏福□，岁贤鲜于。”鲜虞，诚白狄也。《春秋》定四年“晋伐鲜虞”，《左传》则谓之中山。《吕览·权勋》：

> 中山之国，有厹繇者，智伯欲攻之而无道也。为铸大钟，方车二轨以遗之。厹繇之君，将斩岸堙溪以迎钟。赤章蔓枝谏曰：“智伯之为人也，贪而无信，必欲攻我而无道也；故为大钟方车二轨以遗君，君因斩岸堙溪以迎钟，师必随之。”弗听。赤章蔓枝断毂而行，至卫，七日，而厹繇亡。

厹繇，《战国·西周策》作厹由。高《注》“或作仇首”。《史记·樗里子传》作仇犹。《正义》引《韩子》作酋国。《汉书·宣帝纪》：“杨玉酋非首。”《注》云：“羌胡名大帅为酋，如中国言魁。”则仇犹，亦“雄虺九首”之谊。《广雅·释地》：“北方有民焉，九首蛇身，其名

相繇。”相繇固即厹繇之别名已。厹繇之厹，《故书》一作仇。仇厹皆谐九声。《史记·殷本纪》言“纣醢九侯”，《礼记·明堂位》则谓“纣脯鬼侯”。由今古异文考之，厹繇得谓鬼方之音转；而所谓“共工之臣相繇”者，又得谓即演自鲜虞民族之图腾神话。

共工之臣相繇，《汲冢琐语》则谓“共工之卿曰浮游”（《御览》九〇八卷引）。《尔雅·释虫》作蜉蝣，云：“渠略也。”邢疏：“舍人曰：蜉蝣，一名渠略。南阳以东曰蜉蝣，梁宋之间曰渠略。似蛣蜣，身狭而长，有角，黄色，丛生粪土中，朝生暮死，猪好啖之。《夏小正》曰：蜉蝣，渠略也。朝生暮死。《诗·曹风》：蜉蝣之羽。陆机《疏》云：蜉蝣，方土语也。通谓之渠略。”渠略，朝生暮死，为形藐小，与“相繇九首蛇身食于九土”之神话不伦。且相浮声韵俱隔，无由相通。窃疑相繇或曰浮游者，并为“私钍头”之音译。《淮南·主术》：“赵武灵王贝带鵕鸃而朝，赵国化之。”高《注》：“以大贝饰带，胡服鵕鸃，读曰私钍头，二字三音，曰郭落带。”私钍头，《史记·匈奴传》作“黄金胥纰”。《索隐》曰：“《汉书》作犀毗。张晏云，鲜卑郭落带，瑞兽名也。东胡好服之。《战国策》，赵武灵王赐周绍黄金贝带师比。延笃云，胡革带钩也。则此带钩，亦名师比。”颜师古注《汉书》“犀毗”，亦谓：“胡带之钩也。亦曰鲜卑，亦曰师比，总一物也。语有轻重耳。”是鲜卑者，“私钍头”之音省。而“私钍头”依今音读当为 Sabitu 与东胡语麒曰 Sabitun 麟曰 Sabintu 音极相似（详白鸟库吉《东胡民族考·乌桓鲜卑考篇》）。由麟之Sabintu音，省其 b 、t 二声；即成相繇，省去Sa、t 二音，则成浮游；换言之，相繇、浮游皆“私钍头”之简译，径言之，即后世所谓鲜卑。《楚辞·大招》：“小腰秀颈，非鲜卑只。”王《注》：“鲜卑，衮头带也。”衮头带，《东观汉记》谓之绲带，云："邓遵破匈奴，上赐金刚鲜卑绲带。"绲带，即张晏所谓"郭落带，瑞兽名"也。瑞兽者，白鸟库吉曰："东胡语谓兽曰 Gurugu，蒙古语谓兽曰 Guruksu，郭落即其音译。"(详《乌桓鲜卑考》)余谓厷繇即 Gurugu 之省音，仇首亦 Guruksu 之简译；厷繇、仇首，皆"郭落带"之别名。"鲜卑郭落带"，后世或谓之"带钩"。如阮元《积古斋钟鼎款识》所著丙午神钩之跋文云：

> 右丙午神钩七字，银丝填纹。元所藏器。元所见带钩，有作丙午钊君宜官者，有作五月丙午造者。此铭云，丙午，亦铸钩之日也。此钩嵌金银丝，作神人鸟喙抱鱼食象，首作兽面，故曰神钩。考《大荒南经》云："白水生白渊，昆吾之师所浴。有人名曰张宏，在海上捕鱼。海中有张宏之国，食鱼，使四鸟。有人焉，鸟喙四翼，方捕鱼于海。"郭《注》，昆吾，古王者号。《音义》曰，昆吾，山名，溪水内出善金；盖当时取善金作钩，因象其地之神人以为饰也。(卷十)

此钩纹作人面鸟喙抱鱼而食象，《海外南经》及《大荒南经》并谓之讙头。讙头之国，虽在南海；《大荒北经》则云："黑水之北，有人有翼，名曰苗民。颛顼生讙头，讙头生苗民。"即阮引《大荒南经》"白水生白渊"上，本有"白水山，白水出焉"句。细绎《山海经》全文，所谓讙头国，实在白山黑水之间，地近于东朝鲜湾，自昔为东胡部族鲜卑、乌桓蕃息之都。若讙头，今本《尧典》作驩兜，古文鴅吺(详《困学纪闻》卷十八)，鴅字从鸟，正与丙午神钩之"人面鸟喙"纹符契。然则是钩纹也，谓即驩兜可也。钩之首，据阮元云，作兽面形。此兽之面，当即所谓“鲜卑郭落带”。带钩之钩，依文字孳乳次第言，初当为句。句之为言九也。“相繇九首”，似得谓钩首（即带钩之首）之语讹，犹句龙之一名九龙矣。九龙，余在上文已说明即九首之虺，亦即禹之本名。则所谓“中山之国有厹繇”者，其部族之名，盖亦得于禹之图腾。换言之：白山黑水间所居乌桓、鲜卑，凡后世所谓东胡者，皆鲜虞之胄裔，鲜虞部族或以禹（即厹繇）为图腾，自得祖禹而称夏胤。欧阳修《五代史记·四夷附录》云：“阿保机自号天皇王，以其所居为上京，起楼其间号西楼，又于其东千里起东楼。”此东楼西楼，与《史记·陈杞世家》所传“杞东楼公生西楼公”说，非名号偶然相应，最可证契丹亦为夏余。又《史记·匈奴传》云：“匈奴，其先夏后氏之苗裔也。”匈奴，古名鬼方，音转为厹繇。余故曰，东胡，正夏后氏支族。

（一七）论夏后氏宗禹与苏美尔人所祀恩利尔神格相同

据上诠述，吾人对于禹之平水土、奠九州一切神话之来历，不妨暂作如是之结论：

（甲）禹者鬻之声转，中国原始雨神也。因祷雨不如决通沟渎神话，乃有禹尽力乎沟洫传说；因古者祷雨或在山川，乃有禹主山川传说；因禹为山川之神，于是焉有平水土、奠高山大川传说。

（乙）禹字从虫从九，即所谓“雄虺九首”。九首之虺，即九龙也。由九龙音转为虬龙，为句龙，故又有句龙能平九土传说。句龙为后土说，演自蛇为地神；禹本地神，故其字或从土作堣。堣为地龙,故祷雨者必洁土为龙,以求感应。应龙画地为河海,即禹疏江、淮、河、汉而注之海说之蓝本。然而应龙所处多雨,正雨神之象征也,故知禹之最初神格为雨神。

(丙)禹为社神,社演为杜,杜宇为名,即由禹传说所分化。杜宇禅位开明,开明亦启之别名。启母女憍,《世本》作女娲。女娲补天堙海故事,皆演自止雨神话。所谓涂山氏女,涂山即羽山之别名。“禹合诸侯于涂山”,与“禹致群神于会稽”,实为一事传说之讹。“禹致群神”,亦演自舞雩以娱群神而祈甘雨故事。

(丁)禹为姒姓,姒本作,象蛇身自环形。蛇之神者为龙,故凡以龙为图腾之民,皆得祖禹而为夏后,南之越与九黎、哀牢夷,北之厺繇、鲜虞、匈奴、契丹,史或传为夏之苗裔者,皆是故也。夏后氏所以祖禹者,亦演自蛇为图腾神话。

(戊)夏后氏以蛇为图腾,故有御龙之官。御龙者,禦祀龙蛇也。豢龙氏之祖飂叔安,即陆终氏五子安,郲、莒之祖也。篖大史申鼎铭所见之鄰安,可为切证。鄰安之鄰,汉以来或书为檠,或书为黎;是知飂叔安即九黎先祖,九黎亦以龙为图腾。越人祖禹,哀牢夷祖九隆,若非夏后子孙,要必九黎苗裔。

总之,禹之为禹,得名于霮,雨神为其最初神格;继因祷雨山川而演为山川之神;因农业发达,社稷之祀尊于一切,禹之神格,再变而为后土,为稷神。《论语·宪问》,“禹稷躬稼而有天下”;是禹亦农神已。禹之神格,变化如此,不能不令人忆及苏美尔(Sumer)人所传说之恩利尔(Enlil)。“恩利尔者,苏美尔人由山岳地方到两河地方及其将来之神也。其神殿名 Ekur,山家之意也。”恩利尔原为暴风雨之主;因栖息于山巅,故有山家之称。逮夫苏美尔人舍伊朗高原安居于冲积平野之两河地方，经营和平的农耕生活；恩利尔之神格，于焉变而为国土之主，为收获地之主，为谷物田地之主，积渐而为农业保护神。”（详杨炼译《西南亚细亚文化史》一〇八页）恩利尔与禹之神格演变恰完全相似。如：

恩利尔	禹
暴风雨之主。	得名于𩅦，雨神也。
栖息山巅，故名山家。	平水土，主山川。
为国土之主，为田地之主。	劳天下，死而为社。
为农业保护神。	躬稼而有天下。

又苏美尔人所活动之两河地方，谓底格里斯（Tigris）与幼发拉底（Euphratis）两河之间，在中国传说禹平水土始于冀州，《尔雅·释地》暨《吕览·有始》亦谓：“两河之间为冀州。”有是因缘，吾人不能不疑禹之一切神话，或与恩利尔之传说，同出一源。

再就地下遗物说，夏后氏活动中心所在嵩山附近之河南渑池县仰韶村出土之大量彩陶，据安特生博士（J. G. Anderson）所著《中华远古之文化》云：“仰韶出土之彩陶，较俄国西南之脱里波留及俄属土耳其斯坦之安诺地方出土彩陶，其形制相似之点，既多且切。”（详《仰韶文化与古代外国文化之关系》节）阿尔纳博士（T. G. Arne）更自西南亚细亚各地，如伯鲁奇斯坦之若布谷及苏萨（Susa）附近所出之彩陶，详勘其关联之处，而于《河南石器时代之着色陶器》发表其研究结论云：“就用陶钧与花纹言，中国陶器与苏萨第一第二互有关系，尤以苏萨第二为然。若据花纹与彩色而论，又与安诺（Anau）第一及第二相衔接。”按：安诺第二文化层同于苏萨第一，说者以为苏萨文化来自安诺。仰韶文化既与安诺第一第二相衔接，则与苏萨文化为兄弟行。苏萨遗址，在伊朗高原，正苏美尔人故都也。仰韶文化同于苏萨,若以种族言之,则夏后氏与苏美尔间文化当有相互之关系(参阅《安阳发掘报告》第二期李济博士著《小屯与仰韶》及第三期徐中舒著《再论小屯与仰韶》二文)。此东西两大古代民族,其文化遗物既有密切关系,则苏美尔人所宗祀之恩利尔,若非传自夏后氏,必夏后氏宗禹神话来自苏美尔;故其神格变化完全相似。申言之:《尧典》所传洪水故事,来自巴比伦乎?抑巴比伦洪水神话演自《虞夏书》乎?书阙有间,未敢质言。惟是,《尧典》杂集于后儒之手,Bersosus《遗书》,虽成于公元前三世纪,其前则有《季尔加米士史诗》(*The Gilgamesh Epic*),《史诗》之前,更有尼柏尔城(Nippur)故址发现公元前二千一百年间之古碑,即传说洪水故事。更验以仰韶文化发安源诺之事实,则禹治洪水始于两河间之冀州,未始不可疑其演自巴比伦人所谓两河地方洪水。

一九三八年二月草于上海青年会,

一九三九年六月写定于三台。

由鲧堙洪水论舜放四凶

（一）论共工壅防百川为鲧堙洪水故事所分化

洪水前，《尧典》言“共工方鸠僝功”。共工者，郑玄云：“水官名（《史记集解》引）其人名氏未闻，先祖居此官，故以官氏也。”（《尚书正义》引）洪水后，《尧典》言命鲧试治水，“九载，绩用弗成”。鲧何以弗成？据《洪范》云“鲧堙治水，汩陈其五行”也。周灵王太子晋则谓：

> 晋闻古之长民者，不堕山，不崇薮，不防川，不窦泽。昔共工氏弃此道也，虞于湛乐，淫失其身，欲壅防百川，堕高堙庳，以害天下。皇天弗福，庶民弗助，祸乱并兴，共工用灭。其在有虞，有崇伯鲧，播其淫心，称遂共工之过，尧因殛之于羽山。其后伯禹念前之非度，釐改制量，象物天地，比类百则，仪之于民，而度之于群生。共之从孙四岳佐之，高高下下，疏川导滞，钟水丰物，封崇九山，决汩九川，陂鄣九泽，丰殖九薮，汩越九原，宅居九隩，合通四海；故天无伏阴，地无散阳，水无沉气，火

> 无灾惮，神无间行，民无淫心，时无逆数，物无害生，帅象禹之功，度之于轨仪，莫非嘉绩，克厌帝心。皇天嘉之，祚以天下，赐姓曰姒，氏曰有夏，谓其能以嘉祉殷富生物也。祚四岳国，命以侯伯，赐姓曰姜，氏曰有吕，谓其能为禹股肱心膂以养物丰民人也。……若启先王之遗训，省其典图刑法，而观其废兴者，皆可知也。其兴者必有夏、吕之功焉；其亡者必有共、鲧之败焉。（《国语·周语》下）

由是言之，共工方鸠僝功，亦谓治水。但《淮南·本经》则谓"舜之时，共工振滔洪水，以薄空桑"。《兵略》又谓"共工为水害，故颛顼诛之"。为水害殆即所谓"壅防百川以害天下"矣。

共工壅防百川以害天下，鲧亦堙洪水以汩五行；鲧有子禹能平九土，奠九州；《鲁语》亦谓"共工氏之伯九有也，其子曰后土，能平九土。"鲧与共工之身世，何其传说相同若是耶？按《汲冢琐语》：

> 晋平公梦见赤熊窥屏，恶之，而有疾。使问子产。子产曰："昔共工之卿曰浮游，既败于颛顼，自没，沉淮之渊。其色赤，其言善笑，其行善恶，其状如熊，常为天王祟。见之堂，则王天下者死，见之堂下，则邦人骇；见之门，则近臣忧，见之庭，则无伤；今窥君之屏，病而无伤。祭颛顼、共工则瘳。"公如其言，而病间。（《御览》九〇八卷及《路史后纪》二引）

昭七年《左传》及《晋语》则并谓平公梦黄熊入于寝门。子产云："昔尧殛鲧于羽山，其神化为黄熊，以入于羽渊，实为夏郊，三代祀之。晋为盟主,其或者未之祀也乎?”同此梦熊故事,在《左氏》、《国语》传为鲧神,在《汲冢琐语》则传为共工;是知鲧即共工之别名。共工壅防百川,即鲧堙洪水传说所分化。

(二)论共工、帝鸿、帝江、浑敦、驩兜,皆为鲧之缓言

共工事迹,《尧典》但称其“方鸠僝功”而已。太子晋则谓,“共工壅防百川,堕高堙庳,以害天下”。郯子则更谓“共工氏以水纪,故为水师而水名”,与黄帝以云纪,炎帝以火纪,太皞以龙纪,少皞以凤纪,后先并美(详昭十七年《左传》)。证之展禽云:“共工氏之霸九有也,其子后土,能平九土。”(详《鲁语》上)又,《大荒海内经》云:“炎帝……生祝融,祝融降处江水,生共工。共工生术器,是复土壤,以处江水。共工生后土,后土生噎鸣,噎鸣生岁十有二。”则术器能复土壤,非后土,即四岳;而共工生于江水,又霸九州,似可名为帝江。《西山经》:

> 天山,英水出焉,而西南流,注于汤谷。有神马,其状如黄囊,赤如丹水,六足四翼,浑敦无面目,是识歌舞,实惟帝江也。(《山海经》卷二)

“神马”,本又作“神鸟”。帝江,毕沅《校正》云:“江,读如鸿。《春秋传》云,帝鸿氏有不才子,掩义隐贼,好行凶慝,天下谓之浑敦是。此云帝江,犹言帝江氏子也。”余谓帝江浑敦无面目,实即浑敦之别名,文十八年《左传》以浑敦为帝鸿之子,非也。浑敦,《庄子·应帝

王》作浑沌，云：

> 南海之帝为儵，北海之帝为忽，中央之帝为浑沌。儵与忽，时相遇于浑沌之地，浑沌待之甚善，儵与忽谋报浑沌之德，曰："人皆有七窍以视、听、食、息，此独无有。尝试凿之。"日凿一窍，七日，而浑沌死。

《天地篇》又谓："修混沌氏之术者，识其一不知其二，治其内而不治其外，明白入素，其为复朴，体性抱神，以游世俗之间。"则此七窍不通之浑沌，明为德至神全，毫无心机者之寓言。《西山经》谓"状如黄囊，浑沌无面目"，自是七窍不通之的解。无面目之"神鸟"，而号曰"中央之帝"，是知帝浑沌即是帝鸿。

帝鸿，浑敦无面目之神鸟也。《西山经》又谓其色"赤如丹火"，似可称为丹鸟氏。昭十七年《左传》："丹鸟氏，司闭者也。"杜《注》："丹鸟，鷩雉也。以立秋来，立冬去，入大水为蜃。"余谓丹鸟即鸿雁。《月令》："仲秋之月，鸿雁来。"《注》引《夏小正》云："八月，丹鸟羞白鸟。"春启秋闭，丹鸟司闭，犹言鸿雁主秋。丹鸟合而为鴅字。《汗简》云："鴅，驩字也，见《尚书》。"韩愈《远游联句》："开弓射鴅吺。"《困学纪闻》云："《古文尚书》，驩兜字也。"（卷十八）证之《唐写本尚书音义》（《吉石盦丛书》中）及古写本《隶古定古文尚书》（罗振玉影印本）驩兜之驩，字并作鴅。又，《书·无逸》："其惟不言，言乃讙"（同驩）乃讙之驩，《沈子它𣪘铭》亦作[illegible]。则所谓**浑敦也，帝鸿也，当即驩兜之别名**。盖鴅鸿古本一字，**浑敦即鴅吺之音转**，不独如《左传正义》云"《尧典》帝求贤人，驩兜举共工应帝，是与共工相比。传说共工之恶云，丑类比物，是与比周；知浑敦即驩兜”而已也。

另一理由是足以证实驩兜即帝江者。驩兜，《淮南·地形》作驩头国，谓在海外三十六国之南方。《山海经》亦作驩头云：

> 讙头国在毕方鸟南，其为人，人面鸟喙，方捕鱼。一曰在毕方鸟东。或曰讙朱国。（《海外南经》）
>
> 大荒中有人，名曰驩头。鲧妻士敬，士敬子曰炎融，炎融生驩头。驩头，人面鸟喙，有翼，食海中鱼。杖翼而行，维宜芑苣穋杨是食。有驩头之国。（《大荒南经》）

至东方朔《神异经》隐括《山海经》为文曰：“南方荒中有人焉，人面鸟喙而有翼，两手足扶翼而行，食海中鱼。为人很恶，不畏风雨，兽犯死乃休，名曰驩兜。”（《〈史记·五帝纪〉正义》引）是驩兜者，鸟身人首之动物；与神鸟帝江之“六足四翼，浑敦无面目”，貌正相似。《神异经》又谓：“昆仑西有兽焉，其状如犬，长毛四足，似罴而无爪，有目而不见，行不闭，有两耳而不闻，有腹无五藏，有颈直短，食经过人。有德行而往抵角，有凶恶而行依凭之，名浑沌。”浑沌之貌，犹《庄子》所谓无“七窍”；其行为则似《左传》所谓“帝鸿氏子”；当是附会《庄子》、《左传》而虚构之怪兽，故与《西山经》传说之帝江不伦。其实浑沌者，浑浑沌沌之简言。《吕览·大乐》：“太一出两仪，两仪出阴阳。阴阳变化，一上一下，合而成章；浑浑沌沌，离则复合，合则复离，是谓天常。”浑浑沌沌，正《淮南·天文》所谓，“凭凭翼翼，洞洞浊浊”，与《精神》篇所谓，“澒濛鸿洞，莫知其门”。高诱注《吕览》云："浑，读如衮冕之衮；沌，读近屯"；注《淮南》云，"鸿读子赣之赣；洞读同游之同"。实则东真二部，古音相近，鸿洞即浑沌之音讹。鸿洞急言之为江，为鸿，浑沌急言之则为鹇，为鲧。自音韵学考之，鲧之为鲧当即浑沌合音。知鲧即浑沌，浑敦即帝江，帝江即共工也，则鲧，亦得谓即共工合音。

（三）论帝江之最初神格为江神

共工，《西山经》谓之帝江，《左传》谓之帝鸿。《荀子·成相》："禹有功，抑下鸿。"《楚辞·天问》："不任汩鸿，师何以尚之？"鸿，旧注皆谓鸿水，是以共工遂传为"水官"，或"以水纪官"。蔡墨曰："龙，水物也，水官弃矣，故龙不生得。"（详昭廿九年《左传》）《考工记》亦谓："画缋之事，山以章，水以龙。"是共工之为水官，必与水龙有关。

《周本纪》言"共工游于泾上"一事，袭《周语》为文也。但，共王，《周语》则作恭王，趞曹鼎铭则作龏王。《尧典》言，"共工象恭滔天。"象恭者，貌若恭憼也。《汉书·王遵传》引书则作"象龏"；陈侯因資鎛铭亦作"龏哉"。凡后世所谓共给恭憼字见于金文者无不作龏。则共工之共，初当如《伪孔子家语》作龔。龔在《说文》，与龏别为二字，其见于卜辞金文者则通从廾作：

《藏龟拾遗》六页 《前编》二，第十三页 《前编》七，第卅一页

仲龏父甗 龏鬲 颂鼎

并象双弃手拱龙形。《商颂·长发》:“受小共大共,为下国骏厖。”《笺》云:“共,执也。小共大共,犹所执搢小球大球也。”如郑君说,共亦玉类也,故字或作珙。余谓,共当读为珑。《说文》:“珑,祷旱玉也,为龙文。”按,古常祷雨,鲜闻祷旱,祷旱疑即舞雩,“龙文”当为“龙形”。昭廿九年《左传》:“公至自乾侯,使献龙辅于齐侯。”杜《注》,“龙辅,玉名。”龙辅,即祷雨所用之珑,土龙之变相也。《淮南·齐俗》:“土龙始成,大夫端冕以迎送之。”端冕迎送,弃慇之至也。则弃所从龙,非玉龙,即土龙,其字当象祷雨时拱奉土龙之形。郑子谓“共工以水纪官”,毋宁谓弃工本是水怪。《淮南·本经》曰“共工振滔洪水”,无异言洪水之灾,由于共工水怪矣。

共工之工,旧说谓即司空,或官之声转。余谓工之为言江也。《释名·释水》渎:“江,公也,小川流入其中,所公共也。”《水经·江水注》引作“江,共也。”《大荒经》正谓:“祝融降处江水,共生工。”由是言之:共工之为共工,初为江神,故又名帝江;江水为江,亦得名于鸿水,故帝江或又谓之帝鸿。

(四)论帝鸿即阳鸟,随日南北,故或以象征旱神

虽然帝鸿为名,不尽因于鸿水。卜辞有云:

己巳,卜贞帝,

贞帝三羊,三豖,三犬。(《前编》四,第十七页)

帝，郭沫若先生“疑即《山海经》帝俊生帝鸿之帝鸿。”（详《卜辞通纂考释》七七二版）则鸿本象鸿雁形。《诗·小雅》“鸿雁于飞，肃肃其羽。”毛《传》：“大曰鸿，小曰雁。”又《豳风·九罭》：“鸿飞遵渚，公归无所。”《笺》云“鸿，大鸟也。”《史记·陈涉世家》：“燕雀安知鸿鹄之志哉！”《索隐》引《尸子》云：“鸿鹄之鷇，羽翼未合，而有四海之心。”鸿鹄志在四海，喻楚庄王也。《吕览·重言》：“荆庄王立三年，不听，而好讔。成公贾入谏曰：‘有鸟止于南方之阜，三年不动，不飞不鸣，是何鸟也？’王曰：‘三年不动，将以定志意也。是鸟虽无飞，飞将冲天；虽无鸣，鸣将骇人。’冲天骇人，固即《庄子·逍遥游》所谓鹏鸟矣。鹏鸟化于北冥，海运则将徙于南冥，颇似鸿雁之春北秋南。”《易说》云：“二月惊蛰，候雁北乡”；《月令》云：“季秋之月，鸿雁来宾”；此《管子·霸形》所谓：“今彼鸿鹄，有时而南，有时而北，有时而往，有时而来”也。鸿雁，春避阳暑而北，秋避阴寒而南，正与太阳之冬南至，夏北至，行迹相应；故或谓之随阳鸟。《易·渐》“鸿渐于干”，《集解》：“鸿，随阳鸟也。”《禹贡》：“彭蠡既猪，阳鸟攸居。”《伪孔传》亦谓“阳鸟”为“随阳之鸟，鸿雁之属”。孔氏《正义》云：“此鸟南北，与日进退，故称阳鸟。”阳鸟，鸿雁别名也。但在《春秋元命苞》则又演为日中三足乌神话，云：“阳成于三，故日中有三足乌。乌者，阳精。”阳之精，《淮南·天文》则以为火气，云：“积阳之热气生火，火气之精者为日，……日者，阳之主也。”《洪范》庶征之“恒旸”，刘向以为春秋大旱也。京房《易传》，亦谓：“阴侵阳，其旱，万物根死，数有火灾。”（详《汉书·五行志》）由五行家言，鸿雁既为随阳之鸟，自得谓即阳气之精；鸿为阳精，则火灾旱灾，自得疑随阳鸟而至；阳鸟在初民心目中，自得疑为旱神的象征。帝鸿氏，以鸿水名义考之，似为江神；若由随阳鸟名义寻之，当为季候之神或炕旱之神。鲧堙洪水与共工壅防百川，皆旱灾之象也。使其神话非演自鸿雁随阳，窃尝疑其变自夸父饮河故事。

（五）论夸父饮河即虹饮水之喻言，虹亦共工本名

《大荒北经》言："后土生信，信生夸父。夸父不量力，欲逐日景。逮之禺谷，将饮河而不足也，将走大泽。未至，死于此。应龙已杀蚩尤，又杀夸父，乃去南方处之，故南方多雨。"应龙所处多雨，与女魃所居不雨，正相对为文，则夸父饮河不足，能使河水涸竭，亦为旱神。《淮南·地形》："海外三十六国，夸父在其北方。"《吕览·求人》："禹北至犬戎之国，夸父之野。"高诱《注》："夸父，兽名也。"固非。《海外北经》云：

> 夸父与日逐，走入日。渴，欲得饮。饮于河、渭，河、渭不足。北至大泽，未至，道渴而死。弃其杖，化为邓林。

郭《注》："夸父，盖神人之名也。其能及日景而倾河、渭，岂以走饮哉？几乎不疾而速，不行而至者矣。"夸父究为何神？自来无说。按，《尔雅·释天》："蝃蝀谓之雩。蝃蝀，虹也。"郭《注》："俗名美人虹，江东呼雩。"雩夸同谐于声，则夸父自得谓即雩之声转，亦得疑即蝃蝀之别名。蝃蝀，《诗·鄘风》作蝃蝀云：

> 蝃蝀在东，莫之敢指，女子有行，远父母兄弟。
>
> 朝隮于西，崇朝其雨，女子有行，远兄弟父母。

毛《传》："蝃蝀，虹也，夫妇过礼则虹气盛。隮，升也。"《笺》云："虹，天气之戒。朝有升气于西方，终其朝则雨，气应自然。"按，京房《易占》："蜺三出三已，三辰除，除则日出且雨。"(《汉书·五行志》引)韦昭曰："三辰，若寅至辰也，蜺旦见西，晏则雨。"是《诗》之朝隮，当读为蜺。蜺，《说文》作霓，云："屈虹，青赤或白色，阴气也。"《春秋元命苞》亦谓："阴阳交为虹蜺。"是蜺者朝见于西之虹，虹者夕见于东之蜺，蜺亦虹也。《释名·释天》：

> 虹，攻也，纯阳攻阴气也。又曰蝃蝀。其见，每于日在西而见于东，啜饮东方之水气也。见于西方曰升，朝日始升而出见也。又曰美人，阴阳不和，婚姻错乱，淫风流行，男美于女，女美于男，恒相奔随之时，则此气盛，故以其盛时名之也。

证之京房《易占》云"后妃有专，蜺再重；赤而专，至冲旱；妻不壹顺，黑蜺四背，又白蜺双出日中；妻以贵高夫，兹谓擅阳，蜺四方，日光不阳，解而温；内取，兹谓禽，蜺如禽在日旁。"专以蜺象占夫妇之事。后汉灵帝光和元年(公元一七八年)有虹蜺画降于嘉德殿前。杨赐亦谓："虹蜺皆妖邪所生，不正之象，诗人所谓蝃蝀者也。于《中孚经》曰：'蜺之比，无德以色亲。'……昔虹贯牛山，管仲谏桓公，无近妃宫。"(《后汉书》本传)《后汉书》注引《韩诗序》曰："蝃蝀，刺奔女也。蝃蝀在东，莫之敢指者，诗人言邪色乘阳，人君淫佚之征。”则以虹蜺象征“婚姻错乱，淫风流行”者，实古来传说。意其传说来源，必有风流韵事如嫦娥奔月者。刘敬叔《异苑》谓：“古者有夫妻，荒年菜食而死，俱化为青虹，故俗呼为美人虹。”

虹蜺之别，据《诗》云“蝃蝀在东，朝隮于西”，不过朝夕名辞不同而已。屈原《远游》：“建雄虹之采旄兮，五色杂而炫耀”，又曰：“雌蜺便娟以曾桡兮，鸾鸟轩翥而翔飞”，则又以为虹雄蜺雌。《月令》：“季春之月，虹始见。季冬之月，虹藏不见。”孔氏《正义》因郭璞《尔雅音义》“雄者曰虹，雌者曰蜺”说而申之曰：“雄谓明盛者，雌谓暗微者。虹是阴阳交会之气，纯阴纯阳，则虹不见。若云薄漏日，日照雨滴，则虹生。”是古人所谓“阴阳交为虹蜺”者，阴谓阴云，阳谓太阳，日照云水，折光成虹。虹之成因，孔氏之说极为确晰。但，在古代阴阳家则恒以阴阳象征男女；日云相薄，仿佛男女相会，故有雄虹雌蜺，蝃蝀戒淫奔，夫妇化为青虹诸神话。

《说文》：“虹，螮蝀也。状似虫。从虫工声。𧊔，籀文虹，从申。申，电也。”余谓申之为言神也。土神为坤，虫神为𧊔。《楚辞·天问》：“白蜺婴茀，胡为此堂？”王逸《注》云：“蜺，云之有色似龙者也。茀，白云逶移似蛇者也。”以龙蛇状虹蜺，足征《说文》“虹状似虫”说本汉儒习语。“光和元年，有黑气堕北宫温明殿东庭中（按，《杨赐传》作嘉德殿），黑如车盖，起奋讯身五色，有头，体长十余丈，形貌似龙。上间蔡邕。对曰：‘所谓天投蜺者也’。”（详《后汉书·五行志》）天投蜺，《洪范五行传》正视为龙蛇之孽。是虹在古人传说中，或以为龙蛇之神也。龙非水不生得，故汉以来时常有虹饮水传说。《汉书·燕王旦传》云：“天雨，虹下属宫中，饮井水，井水竭。”任昉《述异记》云：“晋时，晋陵薛原家有虹饮其釜中，水须臾而竭。”沈括《梦溪笔谈》亦谓“世传虹能入涧饮水,信然。尝见夕虹下涧中饮者,两头皆垂涧中。使人过涧,隔虹对立,相去数丈之间,如隔绡縠。”余谓《山海经》所谓夸父饮河、渭不足,北饮大泽者,即虹蜺饮水故事之寓言。夸弃阴阳声转;而虹谐工声,名正同于弃工,是知弃工壅防百川,夸父饮河亦必虹饮水故事传说之变相。

(六)论虹象两头蛇,鲧篆作蚰,即其别体,鲧堙洪水亦演自虹饮神话

虹之状貌,据《后汉书·五行志》云:“身五色,有头,体长十余丈,形似龙。”未言头形如何。《梦溪笔谈》则云:“虹饮,两头皆垂涧中。”验以《海外东经》云:“虹虹在君子国北,各有两首。”郭《注》云:“虹音虹,螮蝀也。”

虹之形状在古代神话中似为两头蛇。甲骨文曰:

……㞢䝨于西……(《前编》七,七,一)

……昃亦㞢䝨㞢出自……于河,在十二月。(《前》七,四十三,二)

……王固曰,㞢祟。八日庚戌、㞢各云自东宦母。昃,亦㞢出自北,飲于河。(《菁华》四叶)

《卜辞通纂考释》释蜺云:“象雌雄二虹而两端有首。《尔雅·释天》蜺为挈贰。盖古人以单出者为虹,双出者为蜺。”(八六页)山谓蜺者,隮也。朝隮为蜺,夕出为虹,卜辞既云“䝨蜺于西”又云

“昃亦出出虹”是蜺虹一物，不如径释为虹。出虹自北，饮于河，此正“夸父北饮大泽”或“饮于河、渭”说所自出。然则，共工壅防百川神话，自商有之。

鲧，《说文》云：“鲧，鱼也。从鱼，系声。”段《注》：“此未详为何鱼？禹父之字，古文多作鯀，作骸，《礼记》及《释文》作鰥。”按：《诗·敝笱》：“其鱼魴鰥。”毛《传》：“鰥，大鱼也。”《笺》云：“鰥，鱼子也。”鱼子，《尔雅·释鱼》则谓之鲲。鲲在《庄子·逍遥游》则谓：“其广数千里，未有知其修者。”窃意鲲、鰥、鲧，形或不同，音本相似，初盖一字，后乃歧为三名，鲧之为鲧，当因神话中鲲鱼为名。

鲲谐昆声。《礼记·王制》：“昆虫未蛰。”《夏小正》：“昆小虫抵蚳。”说者以为昆当为䖵。《说文》：“䖵，虫之总名也。从二虫，读若昆。”也是。则卜辞所常见

> 辛卯賁于（《殷契类纂》卷十三）
>
> 壬辰卜，翌甲午，賁于羊㞢彘。（《后编》上，九页）

当是昆虫之初文。但，例以二玉相合为珏，二邑相比为，二户相向为门，二弓相重为弜，凡叠文者，多象物之两体。则䖵从二虫，自得谓象两头蛇，亦即之或体。顾其字，《说文》以来皆读为昆，昆或讹为鲧。辞云：“賁于䖵”，以声音通假考之，疑賁当读为郊，䖵当读为鲧。即子产所谓“鲧为夏郊”（详昭七年《左传》）展禽所谓“夏后氏郊禹。”（详《鲁语》上）余故谓鲧之为䖵，亦得名于虹，者，虹之初文也。

䖵，孳乳为蝨。《洪范·五行传》：“言之不从，是谓不艾，厥咎

僭,厥罚恒阳。时则有介虫之孽。”说曰:“介虫孽者,谓小虫有甲,飞扬之类,阳气所生也。于春秋为螽,今谓之蝗,皆其类也。”(详《汉书·五行志》)螽从蚰,冬声,读若终。而陆终之终,《邾公钎钟铭》则从䖵作𧓍。䖵古文墉字,《说文》所谓“城垣”是也。《吕览·行论》:“尧以天下让舜,鲧欲为乱,比兽之角,能以为城,举其尾,能以为旌。”其《君守篇》正谓“夏鲧作城”,《世本·作篇》亦谓“鲧作城”。余谓,鲧之作城故事,即由𧓍字演来。所谓陆𧓍者,亦鲧之别名。𧓍字孳乳于蚰,余故谓卜辞所见蚰字,为鲧之本字。

另一种理由,足证鲧亦得名于虹者,屈原《远游》尝以虹喻采旄矣。东方朔《自悲》亦尝谓“借浮云而送予,载雌蜺而为旌。”(详《楚辞·七谏篇》)旌旄为形,诚似虹蜺。若以“比兽之角能以为城”神话,《世本》即演为“鲧作城”故事为例;则“举兽之尾能以为旌”,旌亦得传为鲧作。鲧之作旌,由《吕览》说,举兽之尾也。而《左传》及《天问》正谓鲧死化为黄熊。是则蜺旌妙喻,必演自鲧为虹蜺神话,鲧之为蚰,确即虹字别构。虹蜺饮井而井水竭,夸父饮河而河、渭涸,窃谓鲧堙洪水故事必自“虹饮于河”之殷代神话演来;而世传舜“流共工于幽州,殛鲧于羽山”,亦当演自祷雨神话。

(七)论殛鲧于羽山,即放驩兜于崇山,故鲧又称崇伯

自箕子陈《洪范》,首传:“鲧堙洪水,汩陈五行,鲧则殛死。”子产申言:“尧殛鲧,神化黄熊,以入羽渊。”自尔以来,诸子百家莫不盛传“鲧殛”之事。羽山何在?由《大戴礼·五帝德》及《五帝本

纪》“殛鲧于羽山以变东夷”说，应在海外九夷。《汉书·地理志》东海祝其县下云：“《禹贡》羽山在南，鲧所殛。”杜预《左传注》亦云。汉之祝其，今为江苏赣榆；则古之所谓羽山者，诚在东裔。然《五藏山经》则次羽山于南次二经云：

> 尧光之山，东三百五十里，曰羽山。其下多水，其上多雨，无草木，多蝮虫。

蝮虫即应龙，应龙所处多雨，故羽山之上多雨，下则多水。据经文，羽山东千六百余里为浮玉之山，又东千里为会稽之山；则此山应在今皖、赣境，计与东海羽山，道里悬绝，地望不应。意此山或因多雨得名，非由殛鲧而著。鲧化黄熊，以入羽渊，《水经·伊水注》则谓即禅渚云：

> 禅渚水上承陆浑县东禅渚。渚在原上，陂方十里，佳饶鱼苇，即《山海经》所谓南望禅渚，禹父之所化。郭景纯《注》云：“禅一音暖。”鲧化羽渊，而复在此，然已变怪，亦无往而不化矣。世谓此泽为慎望陂。陂水南流注于涓水。涓水又东南流，注于伊水。

按，《中山经》云：“青要之山，实惟帝之密都。北望河曲，是多驾鸟；南望禅渚，禹父之所化。”毕沅《校正》云：“渚，在今河南嵩县。”考：今嵩县虽非汉崇高旧治，亦因崇山为名。崇山，《诗》言嵩岳，卜辞曰岳，为殷、周祷雨胜地，至汉灵帝熹平五年（公元一七六年），犹使中郎将堂谿典请雨其上（详《后汉书·灵帝纪》及注引《东观汉记》）。则鲧化羽渊，宜在崇山附近之禅渚；所谓羽山者，羽之为言雨也，𩂚也，即谓祷雨之山矣。古者祷雨，必洁土为龙，以象征雨神，世谓之应龙。《大荒北经》言："应龙杀夸父，乃去南方处之，故南方多雨。"夸父，即鲧。则所谓"殛鲧于羽山"者，犹言应龙杀夸父，亦雨神杀旱神之寓言。故羽山地望，以祷雨故事测之，则谓在东海，或在南荒；毋宁谓即崇高维岳。崇岳，在古代传说中，正鲧之食地也。

太子晋尝称鲧为崇伯（详《周语》下），《连山易》亦谓"有崇伯鲧伏于羽山之野"。是鲧之食土，必在崇山附近。《周语》："夏之兴也，融降于崇山。"韦《注》："融，祝融也。"祝融，邾公钎钟铭作陆𩐨。𩐨为蚰所孳乳，即鲧之别名。则融降崇山，即鲧降崇山。《西山经》"崇吾之山，在河之南。有兽焉，其状如禺而文，臂豹虎而善投，名曰举父。"举父，郭《注》云："或作夸父。"夸父即鲧。是崇吾山之兽，即鲧所化之黄熊；鲧为崇伯，明演自"融降崇山"神话，其化黄熊，亦演自崇吾山之夸父故事。再就夏后氏都邑论之，禹居阳城，启居黄台之邱，太康失邦，夏桀亡国，皆在鄩水附近，密迩于崇高；（详拙著《由三代都邑论其民族文化》）则夏后氏郊鲧，即郊祀崇山之神。《牧誓》："乃惟四方之多罪逋逃是崇是长。"是崇之崇，《汉书·谷永传》引作宗。然则，《庄子·齐物论》云："尧欲伐宗、脍、胥敖。"又《养生主》云："尧攻丛、枝、胥敖。"所谓宗也、丛也，当即崇伯鲧之国，亦自"殛鲧于羽山"之神话演来。然而，《孟子·万章》、《庄子·在宥》以及《尧典》、《五帝德》俱谓"放驩兜于崇山"，何也？曰：驩兜亦鲧之缓言，崇山即羽山之本名。换言之，"放驩兜"与"殛鲧"皆祷雨崇山击杀旱神之寓言也；羽山者，祷雨神话中之崇山而已。

（八）论流共工于幽州演自逐旱魃回朔漠神话

“流共工于幽州”，说始于《孟子·万章》，《尧典》因之。幽州，《庄子·在宥》作幽都；《五帝本纪》则云：“流共工于幽陵，以变北狄”，虽袭《五帝德》为文，而名则微异。《史记正义》引《括地志》云：“故龚城，在檀州燕乐县界，故老传云，舜流共工幽州，居此城。”按：唐之檀州，今为河北省密云县治，汉为渔阳郡厗奚，于《地理志》，正属汉武帝所置十三部刺史之幽州。但，《地理志》及《后汉·郡国志》均不载龚城。所谓“故龚城”者，当与弃工无与。

幽州，除《尧典》云，“舜肇十有二州”足以为证外，在《尧典》即有“宅朔方，曰幽都”传说之异。幽都之名，微独《庄子》传说为然，《五藏·北山经》亦谓：

> 錞于毋逢之山，北望惟号之山，其风如𩗗；西望幽都之山，浴水出焉。是有大蛇，赤首白身，其音如牛，见则其邑大旱。

幽都之山，郭注未详所在。若依《元命苞》言：“幽之为言窈也，言风出入窈冥，敏劲易晓，故其气躁急。”《史记·历书》言：“幽者，幼也。”幽幼音同谊通；则所谓“幽都之山”者，疑即《西山经》之泑山，正与帝江所在之天山相接。又，幽都所产大蛇，见则大旱，正与共工壅川事相应，意者，幽都之山，当在中国西北隅。《吕览·有始》：“天有九野，西北曰幽天。”《淮南·天文》亦云。高《注》：“幽，阴也，西方季秋，将及于阴，故曰幽天。”是天以西北为幽也。《淮南·

地形》:“八纮之外,乃有八极,西北方曰不周之山,曰幽都之门。”是地亦以西北为幽也。中国西北,地临戈壁,流沙千里,终年不雨,在古人想象中,应为旱神之窟宅。《大荒北经》言:“蚩尤作兵伐黄帝,请风伯雨师,从大风雨。黄帝乃下天女曰魃,雨止,遂杀蚩尤。魃不得复上,所居不雨,叔言之帝,后置之赤水之北。魃时亡之。所欲逐之者,令曰,神北行。”余谓舜流共工于幽都,即黄帝置旱魃于赤水北故事之变相。赤水何在?旧说纷纭。由《离骚》“忽吾行此流沙兮,遵赤水而容与”,及《大荒西经》云昆仑邱在“流沙之滨,赤水之后”考之,疑即《禹贡》所谓“导弱水,至于合黎,余波入于流沙”,赤水或即今之居延海。黄帝所置女魃,疑在此。然而,非幽都之山,亦非泑山也。幽都,《孟子》作幽州。《周官·职方》“东北曰幽州”,《尔雅·释地》“燕曰幽州”,余谓水中可居者为州,幽州即泑泽。《西山经》云:

> 长沙之山,泚水出焉,北流注于泑水。西北三百七十里,曰不周之山。北望诸毗之山,临彼岳崇之山,东望泑泽,河水所潜也。其原浑浑泡泡。

泑泽,在不周山东,与《淮南》所谓“不周之山,幽都之门”,地望密合。郭《注》“河南出昆仑,潜行地下,至葱岭,出于阗国,分流歧出,合而东流,注泑泽。已复南行,出于积石山,而为中国河也。泑泽,即蒲泽,一名蒲昌海,广三四百里。其水停,冬夏不增减。去玉门关三百余里,即河之重源,所谓潜行也。”《水经·河水注》亦谓“河水东注于泑泽,经所谓蒲昌海。”余考群书,咸言河出昆仑,重源潜发，沦于蒲昌，出于海水，径积石而为中国河。按，蒲昌海，即今新疆之罗布淖尔。《史记·大宛传》谓之盐泽，《汉书·地理志》敦煌郡云："正西关外，有白龙堆沙，有蒲昌海"是也。蒲昌海既为幽州，则所谓白龙堆沙者，或即不周之山。《大荒西经》又云：

西北海之外，大荒之隅，有山而不合，名曰不周负子。有两黄兽守之。有水，曰寒暑之水，水西有湿山，水东曰幕山。有禹攻共工之国。

此幕山者，当即《西山经》所谓峚山，在不周山西北百二十里。若禹攻共工之国，郭《注》"言攻其国，杀其臣相柳于此。"余谓"禹攻共工"即所谓"流共工于幽州"，幽州正为古之蒲昌海。是流之言放逐也。"流共工于幽州"，必演自逐旱神回朔漠神话；犹《大荒北经》言"所欲逐魃者，令曰，神北行"矣。

（九）论共工怒触不周山为不周风吹折沙邱之喻言

不周山，《西山经》谓河水所潜，《大荒西经》谓在"西北海之外"以其"有山而不合"也；故《淮南·地形》谓为"幽都之门"。其所以不合者，《淮南·天文》以为共工所触云：

昔者共工与颛顼争为帝，怒而触不周之山，天柱折，地维绝。天倾西北，故日月星辰移焉；地不满东南，故水潦尘埃归焉。

证之《天问》:"八柱何当?东南何亏?"洪氏《补注》引《河图》云:"昆仑者地之中也。地下有八柱,柱广十万里。有三千六百轴,互相牵制,名山大川,孔穴相通。"又《水经·河水注》引《神异经》云:"昆仑,有铜柱焉,其高入天,所谓天柱,围三千里。"则不周山即昆仑山。触昆仑者,《淮南子》谓是共工;《天问》则云"康回凭怒,地何故以东南倾"?康回,王逸《注》谓即"共工名"。丁晏《天问笺》谓为庸回之误。按:《尧典》言"共工静言庸违"。《潜夫论·明暗篇》及《吴志·陆抗传》引并作"庸回"。按:《秦诅楚文》曰:"楚王熊相康回无道,淫佚甚乱。"此最可证庸回、庸违,皆康回传写之误。文十八年《左传》:

> 昔少皞氏有不才子,毁信废忠,崇饰恶言,靖谮庸回,服谗搜慝,以诬盛德。天下之民,谓之穷奇。

康回之穷奇,《五帝纪集解》引服虔《左传注》,亦"谓共工氏也"。是康回,本共工表德之称,非人名也。共工争帝,《淮南》以后,伪《列子》外,书不足征。而《墨子·尚贤》中则谓"昔者伯鲧,帝之元子,废帝之德,庸既乃刑之羽之郊;则此亲而不善,以得其罚者也。"《吕览·行论》则谓"尧以天下让舜。鲧为诸侯,怒于尧曰:得天之道者为帝,得地之道者为三公;今我得地之道而不以我为三公,以尧为失论。怒甚猛兽,欲以为乱,召之不来,仿佯于野,以患帝舜。于是殛之于羽山,副之以吴刀。"此正屈原《离骚》所谓"鲧婞直以亡身兮,终然殀乎羽之野",《九章·惜诵》云"行婞直而不豫兮,鲧功用成而不就"。据先秦学者传说,固尝有鲧与舜争帝之事矣。是怒触昆仑山者,当为伯鲧。《天问》于"康回凭怒"前言"鲧何所营?

禹何所成?”继言“九州安错?川谷何洿?”中间全述鲧、禹之事,不涉他人,尤可证鲧用其回邪而盛怒,遂致地不满东南,而《淮南》谓之共工,此亦共工即鲧之切证。

中国地形,因西北多山,东南临海,自然形成东南倾。但,因濒海关系,风自东南者,常暖而多雨;大陆多高山大漠,风自西北来者,遂常苦晴旱。东南风,《吕览·有始》谓之“熏风”,《淮南·地形》谓之“景风”。西北风,《吕览》谓之“厉风”,《淮南》谓之“丽风”,《史记·律书》暨《白虎通·八风》则并谓之“不周风”。《白虎通》云:“不周者,不交也,阴阳未合化也。”阴阳未合,据五行家言,正为炕旱之象。然则,不周之山,亦即《北山经》所谓“惟号之山,其风如劦;幽都之山,有大蛇,见则大旱”,亦旱神所居之山,郭注《西山经》谓“西北不周风自此山出”,殆为近之。

虽然,“不周风自此山出”,非“触不周山”也。共工怒触不周山故事,余则疑即流沙之寓言。《禹贡》:“导弱水,至于合黎,余波入于流沙。”《汉书·地理志》张掖郡居延县云:“居延泽在东北,古文以为流沙。”流沙者,风吹流碛如水流行也。《后周书·西域传》:“鄯善西北,有流沙数百里。夏日有热气,为行旅之患。风之欲至,惟老驼知之,即鸣而聚立,埋其口鼻于沙中。人每以为候。其风迅驶,斯须过尽。若不防者,遇则危毙。”《大唐西域记》亦谓:“度沙碛,至凌山,多暴龙,难陵犯。微有违犯,灾祸目睹,暴风奋发,飞沙雨石,遇者丧没,难以全生。”(卷一《跋禄迦国》)暴风所过,积沙成堆,或“形如卧龙,无头有尾,高大者二三丈,卑者丈余。”(详《清一统志》引《安西府旧志》)世谓之白龙堆。或“积沙为山,峰峦危峭,四面沙陇,背脊如刀,人登之,即鸣,随足陷落,经宿风吹,辄复如旧”(详《元和郡县图志卷》),世谓之鸣沙,或曰神沙山。厉风济,则昨日峰峦,今成原衍；此处龙堆，可置异地。宋玉《招魂》所谓“西方之害，流沙千里，旋入雷渊，靡散而不可止”者，此也。若夫“共工怒触不周山”神话，以西北风一名“不周风”考之，窃尝疑即不周风吹折沙邱之寓言。《长春真人西游记》言“阿不罕山少西海子傍有风冢，其上土白垩多粉裂其上，二三月中，即风起南山，岩穴先鸣，盖先驱也。风自冢间出，初旋动如羊角者百千数，少焉合为一风，飞沙走石，发屋拔木，势振百川，息于巽隅。”（卷下）巽于《说卦》为东南；阿不罕山，即金山（今曰阿尔泰山），于中国方位，正在西北；《西游记》所谓风冢，当即《山海经》所谓不周风所自出。是《淮南子》所谓“天柱折，地维绝，天不满西北，地不满东南”者，当由我国西北金山所产不周风吹折沙邱之现象，递传递演，而至于闳大不经矣。《海内西经》云：“流沙出钟山。”《西山经》云：

> 钟山，其子曰鼓，其状如人面而龙身，是与钦䲹杀葆江于昆仑之阳。帝乃戮之钟山之东，曰瑶崖。钦䲹化为大鹗，其状如雕，而黑文，白首，赤喙而虎爪，其音如晨鹄，见则有大兵。鼓亦化为鵕鸟，其状如鸱，赤足而直喙，黄文而白首，之音如鹄，见即其邑大旱。

葆江，郭《注》云：“一作祖江。”祖江，余谓即江神帝江。鼓与钦䲹杀帝江，犹《大荒北经》言女魃杀蚩尤。鼓化为鵕，鼓疑鲲之音讹，鵕疑鹏之形误；犹《庄子》言“北冥有鱼，其名为鲲，化而为鸟，其名为鹏。”鹏古文作凤字。凤，卜辞通读为风。鹏之海运将徙南冥也，余尝谓象征飓风之南行（详《句芒考》）。则鵕鸟见即大旱，鵕鸟亦帝鸿之别名。鸿者，鹏也。鹏音转为鸿，正同钟山音转春山之例。是鸰也，鸿也，鹏也，皆假名于风者也；鼓也，鲲也，鲧也，弃工也，皆假名于虹者也；虹化为风，风动沙行，是知共工怒触不周山神话，必自西北游牧沙漠之民族传来。《左传》所谓“少皞氏有不才子，天下谓之穷奇”者，穷奇，旧说谓即共工氏。余谓穷奇即有穷后羿，后羿即夸父；夸父为北狄民族，穷奇亦演自北方民族所传虹蜺神话。

（一〇）论穷奇、穷发即有穷鬼，穷得名于躬，故世传后羿作弓

穷奇，《左传》谓少皞氏子，服虔以来谓即共工氏，杜预谓“其行穷，其好奇”，故曰穷奇。按，《山海经》：

> 邽山，其上有兽焉，其状如牛，蝟毛，名曰穷奇。音如獆狗，是食人。(《西山经》)
>
> 蜪犬，如犬，青。食人，从首始。穷奇状如虎，有翼，食人，从首始；所食被发。在蜪犬北。(《海内北经》)

郭《注》引铭云：“穷奇之兽，厥形甚丑，驰逐妖邪，莫不奔走”，是以一名神狗。《神异经》亦谓：“穷奇(今本敚奇字)，其兽似牛而色狸，尾长，曳地，其声似狗。狗头人形，钩爪锯牙，逢忠信之人，啮而食之；逢奸邪者则擒禽兽而饲之迅疾，亦食诸禽兽也。”按：《〈五帝纪〉正义》引文颇不同。丯是穷奇者，食人之兽也。而《吕览·恃君》则谓：“雁门之北，鹰隼所鸷，须窥之国，饕餮、穷奇之地，多无君。”高《注》：“北方狄无君者也。”《淮南·地形》：“穷奇，广莫风之

所生也。”《注》又云：“穷奇，天神也。在北方道，足乘两龙，其形如虎。”证之《律书》云：“广莫风居北方。广莫者，言阳气在下，阴莫阳广大也。”则穷奇又为北风发动之地。北风，《庄子·逍遥游》名之为鹏，化自北冥之鲲，又引“汤之问棘”云：

> 穷发之北，有冥海者，天池也。有鸟焉，其名为鹏。背若泰山，翼若垂天之云，抟扶摇羊角而上者九万里。绝云气，负青天，然后图南，且适南冥也。

穷发，陆德明《音义》云：“李云：发犹毛也。司马云：北极之下，无毛之地也。崔云：北方无毛之地也。案：毛，草也。《地理书》云：‘山以草木为发。’”如诸家说，草木不生之地为穷发，穷发应为今日蒙古之瀚海，荡然黄沙，不生草木，正所谓广漠之野。《律书》所谓“广莫风”者，疑因广漠之瀚海得名，所谓穷奇者，又疑即穷发之异称。《海内北经》言，“穷奇所食被发”，故又谓之穷发矣。

发，谐犮声，《说文》云：“走犬皃。”《周官·司寇》有“赤犮氏，掌除墙屋，凡隙屋，除其貍虫”。《说文·鬼部》引作赤魃氏。意者穷发，若非穷漠之声转，或因旱魃所居，语讹为发。郭注《西山经》谓穷奇一名神狗，狗之谊，近于犮；而魃之名本为巫鬼。《西山经》云：“槐江之山，东望恒山，四成，有穷鬼居之，各在一搏。”此“有穷鬼”，郭读为群鬼；余谓即穷魃或穷发；有穷即穷奇之省称，亦即后羿部族之号。

襄四年《左传》言无终子嘉父使孟乐如晋，以请和诸戎。晋侯曰：“戎狄无亲而贪，不如伐之。”魏绛以为不可，曰：

> 《夏训》有之曰,有穷后羿。……
>
> 昔有夏之方衰也。后羿自鉏迁于穷石,因夏民以代夏政。恃其射也,不修民事,而淫于原兽;弃武罗、伯因、熊髡、龙圉,而用寒浞。寒浞,伯明氏之谗子弟也。伯明后寒弃之,夷羿收之,信而使之,以为己相。浞行媚于内,而施赂于外;愚弄其民,而虞羿于田;树之诈慝,以取其国家;外内咸服。羿犹不悛。将归自田,家众杀而亨之,以食其子。其子不忍食诸,死于穷门。……有穷由是遂亡。

寒浞篡羿,后羿篡夏,《史记·夏本纪》阙而不录,而《离骚·天问》及哀元年《左传》并盛道之。杜预注《左传》,于有穷、穷石及鉏,均未详其地望。惟云:"寒国,北海寿平县东有寒亭。"一若有穷旧地,亦在北海附近。《〈夏本纪〉正义》引《括地志》云:"故鉏城,在滑州卫城县东十里。"又引《晋地记》云:"河南有穷谷,盖本有穷氏所迁也。"余谓有穷之穷,字当为弦。《说文》:"穷,极也,从穴,躳声。"又曰:"躳,身也,从吕,从身。躬,俗从弓身。"按:射本从身,而卜辞作(《菁华》七页)(《后编》上,三一页),皆从弓矢相附。至周金文始或从又作(静毁),发矢之谊,尤为显白。是知篆文所从身,确为形之误;躳所从身,当即射之形讹;射也,躳也,疑皆弜之歧误,穷从躳声,疑即穹之或体。

《说文》云:"穹,窮也,从穴,弓声。"又云:"弓,穷也,以近穷远也。象形。"(据段注本)然而,《乡射礼记》:"侯道五十弓"注则谓"今文改弓为肱"。又,昭卅一年《春秋》、《左氏》及《穀梁》本俱云:"黑肱以滥来奔",《公羊》本黑肱则作黑弓。盖肱篆作厷,金文通从弓作（秦公𣪘：“高弘有麐。”），（颂鼎：“宰弘右。”），且上官登铭所谓“弘吉”者，竟省书为㕺，是知厷声各字（如雄、闳、㝿、纮等），均当为弘；篆文宏字确即弦之俗体。毛公鼎铭“我邦我家”，又云“朱鞹靳”，吴大澂以《韩奕诗》之“鞹鞃浅幭”，释为弦（详《毛公鼎释文》），自是不易之论。然而，弘之与弓，形既相似，古音复同蒸部，则之为弦，又不得不疑即穹之本字。《说文》训穹为窮，以孳乳新字释本字也。见于诗者，若“穹苍”（《大雅·桑柔》），若“穹窒”（《豳风·东山》），无不含有穹窿、穹庐之谊。而弦，《说文》训为“屋响”，宏，《说文》训为“屋深响”，是知弦之本谊，亦因屋为名，弦即穹也。《夏训》所谓有穷者，当即《穆天子传》“封长肱于黑水”之长肱，《吕览》所谓“雁门之北，穷奇之地”，穷奇，当即《海外西经》所谓“奇肱之国”。穷之言弘也。弘之言弓也。有穷氏得名于弓，故《吕览·君守》又谓后羿作弓，不徒谓其善射矣。

（一一）论羿即蜺之音转，“羿焉彃日”演自朝隮其雨神话

《夏训》言有穷氏之亡，亡于后羿之“恃其射也”。南宫适问孔子，亦曰，“羿善射，奡荡舟，不得其死”（详《论语·宪问》篇）。羿之死，据《夏训》云，寒浞赂其家众杀而亨之也。《孟子》则谓：“逢蒙学射于羿，尽羿之道，思天下惟羿为愈己，于是杀羿”（《离娄》篇下）。无论羿死于寒浞，抑死于逢蒙之手；要其善射之名，见于孔、孟语录，谓为中国古代射神，可无疑也。羿之善射事实，《天问》言之较详：

帝降夷羿，革孽夏民，胡射夫河伯，而妻彼洛滨？

冯珧利决，封狶是射，何献烝肉之膏，而后帝不若？

浞娶纯狐，眩妻爰谋，何羿之射革，而交吞揆之？

王逸《注》引淮南王《离骚传》云："河伯化为白龙，游于水旁。羿见，射之，眇其左目。河伯上诉于天帝曰：'为我杀羿。'天帝曰：'尔何故得见射？'河伯曰：'我时化为白龙出游。'天帝曰：'使汝深守神灵，羿何从得犯汝？今为虫兽，为人所射，固其宜也。羿何罪欤？'"此羿射河伯本事也。昭廿八年《左传》："昔有仍氏生女黰黑，而甚美，光可以鉴，名曰玄妻。乐正后夔取之，生伯封，实有豕心，贪惏无厌，忿类无期，谓之封豕。有穷后羿灭之。夔是以不祀。"此羿杀封狶，眩妻爰谋之本事也。《淮南本经》于射河伯，杀封豕之外，更谓：

尧之时，十日并出，焦禾稼，杀草木，而民无所食。猰貐、凿齿、九婴、大风、封豨、修蛇，皆为民害。尧乃使羿诛凿齿于畴华之野，杀九婴于凶水之上，缴大风于青邱之泽，上射十日而下杀猰貐，断修蛇于洞庭，禽封豨于桑林，万民皆喜，置尧以为天子。

"羿除天下之害，而死为宗布"（《氾论》篇），其功烈颇同于益烈山泽，焚鸟兽矣。益为舜虞，虞掌山泽禽兽；而周初《虞人之箴》正谓"在帝夷羿，冒于原兽"（襄四年《左传》引）。羿岂益之声讹乎？然而，羿之大事，不在原兽，而为弹日。

《天问》："羿焉彃日？乌焉解羽？"王《注》引《淮南》云："尧时，十日并出，草木焦枯。尧命羿仰射十日，中其九日，日中九乌皆死，堕其羽翼，故留其一日也。"是引《本经》也，而文则加详。验以《庄子·齐物论》云："昔者十日并出，万物皆照。"《海外东经》云："黑齿国，下有汤谷。汤谷上有扶桑，十日所浴。九日居下枝，一日居上枝。"郭《注》引《归藏·郑母经》亦云："昔者羿善射，彃十日，果毕之。"是羿所射者，扶桑下枝所藏之九日，中土所不见也。若以"天无二日"论之，则谓羿者，蜺也。后羿射日故事，亦演自朝隮其雨神话。

《诗》："朝隮于西，崇朝其雨。"隮，他书多作蜺。《尔雅·释天》："蜺为挈贰。"郭《注》："蜺，雌虹也。挈贰，其别名，见《尸子》。"《文选·西都赋》："轶云雨于太半，虹蜺回带于棼楣。"李《注》引《尸子》则曰："虹蜺为析翳。"翳，从羽，殹声。《月令》："季春之月，罗网毕翳，毋出九门。"《注》云："射者所以自隐也。"后羿之羿，《说文》作羿云："羽之羿风，亦古诸侯也。一曰射师。从羽，幵声"。幵者，笄之本字也。笄、翳古音同在齐部；余故疑羿即翳之或体。又，《月令》据《吕氏春秋》为书也。《月令》云："罗网毕翳"，《吕氏·十二纪》，翳则作弋。《周官·夏官·司弓矢》："矰矢茀矢，用诸弋射。"《注》云："结缴于矢谓之矰，茀之言刜也，二者皆可以弋飞鸟。"《吕览·功名》正谓"善弋者下鸟乎百仞之上，弓良也"。然则，《说文》云："芎，帝喾射官，夏少康灭之。从弓、幵声。"芎当即芎之异文，谓其能以良弓弋射矣。《大荒海内经》云：

少暤生般，般是始为弓矢。帝俊赐羿彤弓素矰，以扶下国。羿是以去恤下地之百艰。

羿用彤弓素矰以除下地之百艰，即《淮南》所谓"诛凿齿，杀九婴，缴大风，断修蛇，禽封豨"，与夫射河伯诸事。

若夫弓矢来历，《海内经》谓般始为之。郭《注》引《世本》则谓："牟夸作矢，挥作弓。"《荀子·解蔽》则谓："倕作弓，浮游作矢。"《墨子·非儒》及《吕览·君守》则并谓"羿作弓。"牟夸，杨倞《荀子注》引作夷牟云："浮游未详，或者浮游，夷牟之别名。或声相近而误耳。弓矢，舜已前有之，此云倕作弓，当是改制精巧，故亦言作。"余谓倕作弓，以其有工巧之名也。般，亦犹是，即世俗相传之公输子。挥读为翚，翚之言飞也，犹羽之羿风而上也（鲁有公子翚，字羽父，见隐四年《左传》；郑有公孙挥，亦字羽父，见襄廿四年《传》，是以知挥翚谊通）。以夷牟校牟夸，夸当为夷之形误，牟夷急言之为弭（《广韵》弭、绵婢切），弓之无缘者也。弭，《说文》云，或作㢩，㢩之音正同于蜺；而蜺或曰析翳，翳之音又同于羿。由是言之：牟夷即羿，羿即蜺，羿之作弓，亦自虹象天弓神话演来。《白虎通》云："虹，天弓也。又谓之帝弓。"（今本逸，据《御览》引）玄应《一切经音义》亦曰："天弓，一言帝弓，即天虹。"（卷廿一）虹因日光反射云水而成，日出于东，则蜺见于西，蜺背向日，正象弯弓射日形。余故谓《天问》所谓"羿焉彃日"者，必演自"朝隮于西"神话；所谓"乌焉解羽"者，羽之言雨也，亦"崇朝其雨"之谓矣。有是因缘，则有穷氏，吾得谓即天弓之寓言；穷奇，吾得谓即穷曲之声转。《吕览·适威》："周鼎有穷曲（今本穷讹为窃），状甚长，上下皆曲，以见极之败也。"穷曲，郭沫若《彝器形象学试探》（即《两周金文辞大系图编序说》）尝以大克鼎之腹纹为解。余按，克鼎腹纹于穷曲之上著饕餮形；下著双手拱日纹，拟以文字，

竟成“共”字。陈昉毁盖则变“共”字纹与饕飻纹,并作“公”字形;

大克鼎腹纹

陈昉毁盖纹

是知“穷曲”即“屈虹”,屈虹者,共工也。共工壅川本事,余既说明演自虹饮神话;而穷奇与有穷后羿又得名于虹蜺;是知穷奇与有穷后羿确共工之别名也。

(一二)论共工即倕,倕即梼杌之合音

共工振滔洪水,壅防百川,舜既流之幽州矣。《尧典》又传命倕为共工云:

> 帝曰:“畴,若予工?”佥曰:“垂哉!”帝曰:“俞,咨,垂!汝共工。”垂拜稽首,让于殳斨暨伯与。帝曰:“俞,往哉,汝谐。”

证之《顾命》:“和之弓,垂之竹矢在东房。”《伪孔传》云:“垂,舜共工。”又《庄子·胠箧》云:“毁绝钩绳,而弃规矩,攦工倕之指,而天下始人有其巧。”《吕览·离谓》云,“周鼎著倕,而龁其指,先王有以见大巧之不可为。”垂,诚古之良工也。《考工记》:“知者创物,巧者述之守之,世谓之工。”又曰:“审曲面埶,以饬五材,以辨民器,

谓之百工。”垂为工官，故世传器用，多为垂作，如：

> 《荀子·解蔽》：“倕作弓。”
>
> 《墨子·非儒》：“巧倕作舟。”
>
> 《礼记·明堂位》：“垂之和钟。”《注》引《世本》云：“垂作钟。”
>
> 《世本·作篇》：“垂作耒耜，锤作规矩准绳。”

垂所创物，如是其繁，谓之巧倕，亦固其所。

垂，传写者虽有倕、锤不同，若以古文说考之，字初当作𠂹。《说文》：“𠂹，草木华叶𠂹，象形。𣬛古文。”朱骏声《通训定声》云：“𣬛从毛，从勿，勿者如旗勿之𠂹，会意。”《汉书·地理志》，武功垂山，古文以为敦。疑敦物当为敦𣬛，传写误作物耳。（随部）考，《海内经》云：“帝俊生三身，三身生义均；义均是始为巧倕，是始作下民百巧。”义均之均，正为𣬛之形误；则垂之初名，诚当为𣬛。𣬛从毛，从勿，连言之为“毛勿”，讹为敦物；敦物音则又近梼杌。《孟子·离娄》：“晋之《乘》，楚之《梼杌》，鲁之《春秋》，一也。其事则齐桓、晋文，其事则史。”赵岐《注》：“梼杌者，嚚凶之类，兴于记恶之戒，因以为名。”考，《楚语》言申叔时对楚庄王问云：“教之春秋而为之耸善而抑恶焉，以劝戒其心。”《史记·十二诸侯年表》亦云：“铎椒为楚威王傅，为王不能尽观《春秋》，采取成败，卒四十章，为《铎氏微》。”则楚之旧史，本名《春秋》，而《孟子》谓之《梼杌》者，若非《铎氏微》之音讹，疑即“𠂹”之切音。𠂹，孳乳为箠，《说文》云：“击马也。”《汉书·娄敬传》“杖马箠”，《王吉传》“手苦于箠辔”，颜《注》则云：“箠，马策也。”《周官·宗伯》有“箠（今本误为箠）氏”，职云：“掌共燋契，以待卜事。”《注》云：“玄谓：《士丧礼》曰楚焞置于燋，在龟东，楚焞，即契所用灼龟也。”楚焞者，郑氏《士丧礼注》云：“楚，荆也。荆焞，所以灼龟者。”故贾公彦疏箠氏云：“箠，所以捶笞人马，用荆竹为之。”荆竹可以为箠策，简称之可名“荆策”或“楚策”，正与《短长书》中《楚策》名谊相应。意者，“楚之《梼杌》”即《战国·楚策》、《国语·楚语》之类，盖得名于箠。箠之讹为《梼杌》，犹“垂山古文以为敦物”；初盖作㘰，或读为“乇勿”，音转为梼杌；此余所以疑倕即梼杌之合音矣。

（一三）论梼杌即饕餮、委蛇，其贪冒故事演自灵蛇吞象寓言

梼杌为何？据《左氏》、《国语》云：

> 颛顼氏有不才子，不可教训，不知话言，傲狠天常，以乱明德，天下之民，谓之梼杌。（文十八年《传》）
>
> 先王居梼杌于四裔，以御螭魅，故允姓之奸，居于瓜州。（昭九年《传》）
>
> 商之兴也，梼杌次于丕山；其亡也，夷羊在牧。（《周语》上）

梼杌，《〈五帝纪〉集解》引贾逵说：“顽凶无畴匹之貌，谓鲧也。”杜氏《左传注》亦云。《左传正义》则引《神异经》云：“梼杌，状似虎，毫长二尺，人面，虎足，猪牙，尾长丈八尺，能斗不退。”《史记正义》

引《神异经》则谓:“西荒中有兽焉,名梼杌,一名傲狠,一名难训。”傲狠、难训,当因《左传》为说,非其真名;而梼杌之为兽也,书亦蔑考。

《说文》无杌字,其木部梼字引《春秋传》作“梼柮”云:“断木也。柮,读若《尔雅》貀无前足之貀。”貀,《经典释文》音“女滑切”,而从出为声之咄,《广韵》云:“又,都骨切”,窋,“又,丁骨切。”则貀柮古音,或在端纽,亦读若突。梼杌,饕飻,声纽相近。**梼柮,若非断木为梼也**(《庄子·天下》“一尺之棰,日取其半,万世而不竭”,是也),**颇疑即饕飻之别名**。梼饕古音同部,固矣。飻,今或作餮,初文疑当为殄。《说文》:“殄,尽也,从歺,㐱声。”𠀾,古文殄如此。𠀾字甚奇,使非屯之形泐,当为乇之乖误。若飻字,篆文作飻,右从之㐱,篆文亦近于勿。是所谓饕飻者,疑古文当作饕歾。文十八年《左传》:

> 昔缙云氏有不才子,贪于饮食,冒于货贿,侵欲崇侈,不可盈厌,聚敛积实,不知纪极,不分孤寡,不恤穷匮,天下之民,以比三凶(按谓浑敦、穷奇、梼杌),谓之饕飻。

杜《注》:“贪财为饕,贪食为飻。”《正义》谓服《注》引《神异经》云:“饕飻,兽名,身如牛,人面,目在腋下,食人。”《史记正义》引《神异经》则谓:“西南有人焉,身多毛,上头戴豕(?),性很恶,好息,积财而不用,善夺人谷物。强者畏群而单,名饕飻。”(《五帝纪》)**饕飻诚为贪财贪食者丑名**;故《吕览·先识》曰:

> 周鼎著饕飻,有首无身,食人未咽,害及其身,以言报更也。

报更犹言报偿,"食人未咽,害及其身",即语所谓"自食其报"矣。

考,两周鼎彝,饕餮之浮雕不一;有著于器腹者,有著于器柄者,有著于器足者,大抵"有首无身",如《吕览》所云。但,器足之饕餮,身虽不具,下多附以虎爪,颇似《神异经》所谓"人面虎足"之梼杌(如螽毁,敔毁、师酉龄等),余故谓饕餮即梼杌矣。饕餮之著于器柄者,其无身者,口必有所衔接(如禽毁、周公毁、鄀毁、克壶、杞柏每亾壶等),颇似《吕览》所谓"周鼎著倕,自龁其指";余故谓梼杌即倕矣。然,柄上饕餮,亦有著以蛇身者(如贤毁、史颂匜、匽公匜等)。器腹浮雕之饕餮纹,有有身者,有无身者。无身之饕餮,多作人面形,冠以峨冠,或翼以夔凤(如献侯鼎、過伯毁、陵贮毁、庚嬴卣等),《神异经》所谓"人面头戴",是也。《经》云:"饕餮,身如牛";而见于鼎彝者,则或为人面二身之蛇(如大甗),或为二身三首之蛇(如克壶、颂壶等),与《大荒经》所谓"人面蛇身"之延维颇相似。《海内经》云:

> 南方……有人曰苗民。有神焉,人首蛇身,长如辕,左右有首,衣紫衣,冠旃冠,名曰延维。人王得而飨食之,伯天下。

延维,《管子·水地》谓之庆忌云:"其状若人,其长四寸,衣黄衣,冠黄冠,戴黄盖,乘小马,好疾驰,以其名呼之,可使千里外,一日反报,此涸泽之精也。"而郭注《山海经》则谓即委蛇云:"齐桓公出田于大泽,见之,遂霸诸侯。亦见《庄子》,作朱冠也。"按:《庄子·达生篇》云:

> 桓公田于泽,见鬼焉。公反,诶诒为病,数日不出。齐士有皇子告敖者,曰:“公则自伤,鬼恶能伤公!”公曰:“然则有鬼乎?”曰:“有,水有罔象,丘有峷,山有夔,野有彷徨,泽有委蛇。”公曰:“请问委蛇之状何如?”皇子曰:“委蛇,其大如毂,其长如辕,紫衣而朱冠。其为物也,恶闻雷车之声,则捧其首而立,见之者殆乎霸。”桓公辴然而笑曰:“此寡人之所见者也。”

委蛇,闻雷车之声则捧首而立,说近乎饕餮之“有首无身”;延维“人面蛇身,左右有首,冠旃冠”,形尤妙肖颂壶、克壶所著之饕餮纹。然而,委蛇,《管子·水地》则又谓之蚴云:“蚴者一头而两身,其形若蛇,其长八尺,以其名呼之,可以取鱼鳖,此涸川水之精也。”蚴、蛇古音同部,《管子》所谓“一头两身之蚴”,当即《庄子》之委蛇。委蛇,《管子》又谓之庆忌,《山海经》又谓之延维。延维、委蛇,由今音审之,似与饕餮、梼杌声类远隔。然,蜑、诞俱从延声,《广韵》则音“徒旱切”(旱部),是延古有诞音;维、推俱从隹声,《广韵》则推音“他回切”(灰部),是维古有推音;诞、推、饕、蚴,正为声转。又委蛇之委,《广韵》音“于为切”。《尔雅·释言》:“诿,诱,累也。”《正义》引孙炎《注》云:“楚人曰诿,秦人曰诿。”是委方言或转为垂。蛇,《说文》作它云:“虫也。从虫而长,象冤曲垂尾形。”垂尾之垂,孳乳为诿,《广韵》音“土禾切”(戈部),声韵俱近于它。然则委蛇得谓梼杌之音转,古之所谓巧倕者,亦得名于委蛇。《吴语》:“为虺弗推,为蛇将夸何?”韦《注》云:“虺小蛇大。传曰,封豕长蛇。”“蛇大”者即所谓“大如毂”;“长蛇”者,即所谓“长如辕”矣。

由是言之，齐桓所见之委蛇，当是蛇神。《天问》："一蛇吞象，厥大何如？"王《注》引《山海经》云："南方有灵蛇吞象，三年，出其骨。"是引《海内南经》文也。而世俗相传则常有以灵蛇吞象唯人之贪得无厌，云"人心不足蛇吞象"。余谓饕餮之"食人未咽，害及其身"，"贪食冒货，不可盈厌"，亦演自"巴蛇吞象"之寓言，此余所以疑饕餮即委蛇也。

（一四）论周鼎著饕餮，取其公正勇武，为吉祥之象征

蛇在草居时代，常为人类大患（详《说文》它字）。但齐桓见之而霸诸侯（详《庄子》），王者食之，可伯天下（详《海内经》），《诗·小雅·斯干》亦谓"维虺维蛇，女子之祥"，则古人又常以委蛇为吉祥之征兆。《诗·君子偕老》："委委佗佗，如山如河。"毛《传》："委委者，行可委曲踪迹也；佗佗者，德平易也。"《释文》引《韩诗》则云："委佗，德之美貌。"《尔雅·释训》则云："委委、佗佗，美也。"邢《疏》引孙炎《注》云："委委，行之美；佗佗，长之美。"余谓"委委佗佗"，当读如《诗·羔羊》云："退食自公，委蛇委蛇。"委蛇，《韩诗》作"逶迤"云："公正貌。"（《释文》引）郑《笺》云："委蛇，委曲自得之貌。"余谓，蛇无足而行，其行蜿蜒，委蛇之本义也。《庄子·秋水》："蛇谓蛇曰：'吾以众足行，而不及子之无足，何也？'蛇曰：'夫天机之所动，何可易耶？吾安用足哉？'"《诗》言"退食自公，委蛇委蛇"，一则赞士大夫登车揽辔，无足而行；一则赞其行止安舒，委曲自得。周鼎著饕餮，饕餮所以一作委蛇者，盖取其委曲自得，德行公正，自古为吉祥

之征。观于周初鼎彝,其饕餮纹,多作正冠瞻视形(如遇伯毁),其后或变为"公"字(如齐洹子孟姜壶),可知《韩诗》训"委蛇"为"公正",其说有自。若壶腹之纹,或变一首两身为三首二身者,盖变委蛇为穷曲,为虹蜺,以象征酒德,当如虹饮于河。《吕览》谓,"周鼎著饕餮,以言报更",殆非其朔。

饕餮,或曰梼杌。《神异经》言:"梼杌与兽斗,终不退却,唯死而已。"则周鼎著饕餮,亦取其能斗不退,勇武足旌。勇士不忘丧其元,此初民之美德也。但,《周志》则谓:"勇则害上,不登于明堂。"(文二年《左传》引)《吕览·谕威》亦谓:"兵,天下之凶器也;勇,天下之凶德也。举凶器,行凶德,犹不得已也。"盖春秋以后,由部落小规模斗争,演为国际间大规模争战,至于争城以战,杀人盈城,争地以战,杀人盈野,战争之惨酷,已为人群所痛疾。所谓"春秋无义战",所谓"战胜以丧礼处之",非攻思想,殆已普通于诸子百家。即在兵书中,亦尝谓:"全军为上,破军次之。百战百胜,非善之善,不战而屈人之兵,善之善者也。"(详《孙子·谋攻》)不以杀伤为胜。则杀敌致果,死而不厌,初民所美匹夫之勇,亦人类之蟊贼!《吕览》所谓"饕餮食人未咽,害及其身",疑为"杀人者人亦杀之"语意之引申。若梼杌之"傲狠天常,以乱明德",盖亦"勇而害上不登明堂"之辞变。《礼记·中庸》:

子路问强。子曰:"南方之强与?北方之强与?抑而强与?宽柔而教,不报无道,南方之强也。君子居之。衽金革,死而不厌,北方之强也。而强者居之。故君子和而不流,强哉矫;中立而不倚,强哉矫;国有道,不变塞焉,强哉矫;国无道,至死不变,强哉矫!”

君子强哉矫,即所谓“宽柔而教,不报无道也”。北方之人,何以谓之“强者”?孔氏《正义》:“北方沙漠之地,其地多阴,阴气坚急,故人性刚猛;恒好斗争,故以铠甲为席,寝宿于中,至死不厌。非君子所处,而强梁者居之。”强梁所居,盖即饕餮、穷奇之地矣。

(一五)论饕餮、穷奇为匈奴部族,匈奴为夏后氏苗裔

《吕览·恃君》言:四方之无君者,东有夷秽、大解,南有百越、骊兜,西有僰人、舟人,北有饕餮、穷奇,“其民麋鹿禽兽,少者使长,长者畏壮,有力者贤,暴傲者尊,日夜相残,无时休息,以尽其类”。夷秽、百越、僰人之风俗,于《史记》本传多无征。惟《匈奴传》云:“其俗宽则随畜,因射猎禽兽为生业,急则人习战攻以侵伐,其天性也。苟利所在,不知礼义。自君王以下,咸食畜肉,壮者食其肥美,老者食其余,贵壮健,贱老弱。”颇似饕餮、穷奇之俗。则《吕览》所谓“饕餮、穷奇之地”,似即匈奴部族之译音。匈奴名号,见于中国古籍者,因时而异。如王国维《鬼方昆夷玁狁考》所述:

(1)鬼方(《易·既济、未济》、《诗·大雅·荡》),䰡方(小盂鼎铭)、魃方(梁伯戈铭)、隗国(《郑语》)、西落鬼戎(《纪年》)

(2)严允(不䙽铭)、严𤞤(兮甲盘铭)、玁狁(《小雅·六月、出车、采薇》)、猃狁(《史记·匈奴传》)、允姓之奸(昭七年《左传》)

(3)混夷(《大雅·绵》)、绲夷(《史记·匈奴传》)、昆夷(《孟子·梁惠王》下)、畎夷(《尚书大传》)、犬夷(《说文·口部》引)、犬戎(《纪年》、《后汉·西羌传》)、赤狄、白狄(俱见《左传》)

(4)獯鬻(《孟子》)、荤粥(《五帝纪》)、董育(《周本纪》)

(5)匈奴(《周书·王会》)

按:鬼方之名,曾见于卜辞(董作宾《甲骨文断代研究例》引,乙酉卜、鬼方田、五月。);犬戎之名,亦见于《穆天子传》及《吕览·求人》篇。《吕览》云:"禹北至人正之国,夏海之穷,衡山之上,犬戎之国,夸父之野,禺彊之所,积水、积石之山。"积石山在今青海境,古为西裔,高《注》谓犬戎即西戎别种是也。顾,验以《穆天子传》云:"天子绝钘山之队,北循虖沱之阳。乙酉,天子北征于犬戎。"犬戎地望,尚在隃关(即雁门山)以内,与《吕览》所谓"雁门之北,饕餮、穷奇之地"正相接,穷奇见于《海内北经》者,如虎有翼之兽也。饕餮于《山海经》无征。《海内东经》有云:"国在流沙中者,有埻端、玺㬇,在昆仑虚东南。"《广雅·释地》亦谓"埻端,国名,见《山海经》"。埻端与饕餮,声韵俱近,意者饕餮即流沙中之埻端,亦即《史记》所谓翟豲乎?《匈奴传》:"秦穆公得由余,西戎八国服于秦。故自陇以西,有绵诸、绲戎、翟豲之戎。"《集解》引徐广曰:"豲,音丸。"豲,《汉书》作貆,师古注云:"音桓。"桓、丸、端、豲,俱在寒韵,而豲之音又近于元。梼杌之杌,依𣏂篆文作柷例之,则其名正为翟豲之声转。《左传》言:"先王居梼杌于四裔,允姓之奸,居于瓜州。"瓜州之戎,即陆浑氏;而允姓之允,实为獫允。则雁门以北之饕餮,吾人更可确定为匈奴部族之号。匈奴种姓,据《史记》云:"其先祖夏后氏之

苗裔也,曰淳维。"《索隐》云:

> 张晏曰:"淳维以殷时奔北边。"又,乐彦《括地谱》云:夏桀无道,汤放之鸣条,三年而死。其子獯粥,妻桀之众妾,避居北野,随畜移徙,中国谓匈奴。其言夏后苗裔,或当然也。故应劭《风俗通》曰:殷时曰獯粥,改曰匈奴。又晋灼云:尧时曰荤粥,周曰猃狁,秦曰匈奴。韦昭云:汉曰匈奴,荤粥其别名。则淳维是其始祖,盖与獯粥是一也。

近,桑原骘藏亦谓:"淳维(Shun-Wei)发音,与匈奴(Hunni)相近。以始祖或有力君主之名,被于种族或部族,在塞外种族间,其例实夥。如鲜卑人之吐谷浑族,即取名于祖先吐谷浑。"(详《张骞西征考》)余谓淳维即《海内经》所谓延维,延维即委蛇,委蛇即饕餮。周鼎著饕餮,取其吉祥之象征;而《神异经》又谓:"饕餮,兽名也。"则匈奴祖淳维,亦演自瑞兽之图腾神话,与武陵蛮之祖盘瓠,夏后氏之祖九龙为例尤近。

匈奴究何种姓?近世史家,最多异说,有谓突厥种者,有谓芬种者,有谓蒙古种者,于《史记》所谓"其先祖夏后氏之苗裔"说,皆鲜称道。余谓匈奴与夏后氏之血统关系,现存文献虽不足征,若就流传古代神话考之,则其脉络亦颇可寻。《吕览》谓犬戎之国有夸父之野。《淮南子》亦谓夸父在海外卅六国之北方。是夸父者,亦匈奴部族之号。但《海外北经》及《大荒北经》则以夸父为虹之别名。虹,卜辞一作蚰,而字读为鲧。鲧,后来传写,或作鳏,或作鲲,鲲则正同于昆夷。窃疑匈奴所以传为夏裔者,或以昆夷名同于鲧矣。

鲧(即鲲)之神话,《庄子》谓在北冥。北冥,汤之问棘谓即穷发北之冥海。故陆德明《音义》谓北冥即北海(详《逍遥游》)。《孟子·尽心》"伯夷避纣,居于北海之滨",此今之渤海也,不在穷发之北,自不得指为北冥。《庄子》所谓北冥者,当即郭吉、苏武所居之北海。《史记·匈奴传》:"单于留郭吉不归,迁之北海上。"《正义》:"北海即上海,苏武所迁也。"《汉书·苏武传》:"匈奴乃徙武北海上无人处,使牧羝。……其冬,丁令盗武牛羊。"近之言古地理者率据《魏略》"北海之南,自复有丁令"说(见《三国志·东夷传》裴《注》),以为北海即今西伯利亚之贝加尔湖(一名白海)。按:《史记·卫将军骠骑传》:"封狼居胥山,禅于姑衍,登临翰海。"《索隐》:"案崔浩云,北海名。群岛之所解羽,故云翰海。"《〈匈奴传〉集解》引如淳《注》,亦谓:"翰海,北海名。"北海,《北山经》则谓之泰泽云:"雁门之山,又北,水行四百里,至于泰泽。"泰泽,《海内西经》则作大泽,云:"方百里,群鸟所生及所解,在雁门北。"则古之北海,纵非今之蒙古翰海,亦必为翰海中之泽沼,然而,翰海为名,先秦载籍鲜征。《吕览》尝言:"禹北至人正之国,夏海之穷。"高《注》:"夏海,大冥也。北方纯阴,故曰大冥之中处。"余谓夏翰阴阳声转,夏海即翰海之旧名。若人正之国,不见《山海》、《淮南》,而人大形近;夏,古文作疋,形亦近正,所谓人正者,疑为大夏之形讹,即《本味》篇"大夏之盐"所在。《海外东经》"国在流沙外者,大夏、月支之国",此西域之大夏也。然,秦之《琅邪台刻石》则谓:"皇帝之土,西涉流沙,南尽北户,东有东海,北过大夏。"《史记正义》谓在并州(详《始皇纪》)。证之昭元年《左传》云:"迁实沈于大夏,主参,唐人是因。及成王灭唐而封太叔焉,故参为晋星。"又,《始皇本纪》云:"禹凿龙门,通大夏。"《正义》引《括地志》云:"今并州晋阳及汾、绛等州是。”则《吕览》所谓大夏，应在雁门以北；古之所谓大夏者，似在汾水以南。然而《吕览·长攻》言：“赵简子病，召太子而告之曰：‘我死，而上夏屋之山，以望。’襄子上于夏屋，以望代俗，其乐甚美，曰：‘先君必以此教之也。’”《赵世家》，亦谓：“襄子未除服，北登夏屋，请代王。”《正义》引《括地志》云：“夏屋山，在代州雁门县东北三十五里，与句注山相接。”所谓“夏海之穷”，当即苏武所居“北海上无人处”，《庄子》谓之北冥矣。是沙漠也，而名曰夏海，曰大厦，正同于古之有夏。《匈奴传》又谓：“岁，五月，大会龙城(《史记》作茏)，祭其先天地鬼神。”《索隐》引崔浩云：“西方胡皆事龙神，故名大会处为龙城。”匈奴有祀龙之俗，夏后有御龙之官，二族之宗祀又相同。则匈奴祖夏，当以夏后子孙，不胜周、晋长期压迫，而由并州播迁雁门之北，匿于沙漠之野，故其民族，仍谓夏后氏苗裔。鲧为夏郊，而其化名为鲲，为夸父，为奔工。流奔工于幽都，余已说明为驱旱神回朔漠之寓言；而相传鲲与夸父神话，又莫不以夏海(即北海)为中心；是饕餮、穷奇、夸父之地，犬戎、昆夷、大夏之国，皆得谓即夏后子孙，《史记》谓“匈奴，其先夏后氏之苗裔曰淳维”，证之《吕览》云汤伐桀，“桀至大沙，身体离散”。则夏之亡也，实自南而北，奔于沙漠，乐彦谓淳维为桀子，犹失之间。

(一六)论梼杌、浑敦亦羌人图腾

与《吕览》所谓“少者使长，长者畏壮，日夜相残，无时休息”相似者，除匈奴习俗为然外，据载籍传闻，更有西羌。《后汉书·西羌传》：

西羌之本，出自三苗，姜姓之别也。其国近南岳。及舜流四凶，徙之三危，河、关西南之羌地是也。其俗氏族无定，或以父名母姓为种号。……国无鳏寡，种类繁炽，不立君臣，无相长一，强则分种为酋豪，弱则为人附落，更相抄暴，以力为雄，杀人偿死，无它禁令。其兵长在山谷，短于平地，不能持久，而果于触突，以战死为吉利，病终为不祥。……性坚刚勇猛，得西方金行之气焉。

西羌出自三苗，说盖演自“舜窜”。《尧典》“窜三苗于三危”，《音义》引马融《注》则谓：“三苗，国名也。缙云氏之后，为诸侯，盖饕餮也。”验以《神异经》云：“西荒中有人焉，为人饕餮，淫佚无礼，名曰苗民。”则汉儒尝疑饕餮即三苗矣。然而，高诱注《淮南·修务》“窜三苗于三危”云：“三苗，盖谓帝鸿氏之裔子浑敦，少昊氏之裔子穷奇，缙云氏之裔子饕餮，三族之苗裔，故曰三苗。”则谓苗非种姓之称。考《山海经》言三苗之名地不一：

《海外南经》：“三苗国，在赤水东，其为人相随。一曰三毛国。”

《大荒海内经》：“南方，有人曰苗民。……有神焉，名曰延维。”

《大荒北经》：“西北海外，黑水之北有人有翼，名曰苗民。颛顼生驩头，驩头生苗民。苗民，釐姓，食肉。”

又：“大荒中，有毛民之国，依姓，食黍，使四鸟。禹生均国，均国生役采，役采生修鞈。修鞈杀绰人，帝念之，潜为之国，是此毛民。”

三苗，一曰三毛，苗民一曰毛民，此名称之异也。三苗次于《南经》，而苗民或次于《北经》，此地望之异也。证之吴起云："昔三苗氏，左洞庭，右彭蠡，德义不修，禹灭之。"（详《史记·吴起传》及《战国·魏策》）《韩诗外传》亦谓："当舜之时，有苗不服者，衡山在南，岐山在北，左洞庭之陂，右彭泽之水，由此险也"（卷三）；三苗旧地，宜在江南，近于南岳。然而，毛之言髦也。《诗·角弓》："如蛮如髦，我用是忧"，《笺》云："髦，西夷别名。"《西羌传》："武王伐商，羌髦率师，会于牧野。"今《书·牧誓》羌髦作羌髳，则亦称为"逖矣西土之人"。此范晔所以谓三苗为西羌之先矣。江南三苗何以变为西羌？由《左传》言，或先王之居梼杌于四裔，以御螭魅，因舜窜逐之也。实则四裔民族，在先秦人观念中，向无定名，东夷可名为戎，西戎亦可名夷，南蛮可名为夷，北狄亦可名蛮，统名曰蛮，曰夷，曰戎，曰狄；而狄也不必为匈奴，戎也不必为氐羌，蛮也夷也，亦不必为三苗与淮夷。鬼方、厰㺇，此秦、汉以来所谓北狄也，而梁伯戈铭则称为"鬼方'䜌'（即蛮字）"，虢季子白盘铭亦称厰㺇为"䜌方"。则江南三苗，不必即西羌之祖；窜居三危之三苗，亦不必指为九黎支族。

三危，山名也。《夏本纪》："三危既度，三苗大序。"《索隐》："郑玄引《河图》及《地说》云：三危山在鸟鼠西南，与岐山相连。"岐山，《禹贡正义》引《地记书》则云："当岷山，在积石之南。"按：《西山经》："积石山又西二百里曰长留山、又西二百八十里曰章莪山、又西三百里曰阴山、又西二百二十里曰三危山，三青鸟居之。"三危山又西五百四十里为帝江所在之天山。天山，如依旧注指为祁连山，则三危应在积石之西北。《淮南·地形》谓"三危在乐民西"，《水经·禹贡山水泽地所在》谓"三危在敦煌县南"是也。《汉书·地理志》："敦煌，杜林以为古瓜州，地生美瓜。"《左传》："先王居梼杌于四裔，故允姓之奸，居于瓜州。”杜《注》：“言梼杌，略举四凶之一，言四裔则三苗在其中。允姓，阴戎之祖，与三苗俱放三危者。”此别阴戎与三苗为三族。杜佑《通典》则谓：“舜窜三苗于三危，今沙州即其地也。其后子孙为羌戎，代有其地，古谓之瓜州。《左传》所谓允姓之戎，居于瓜州是也。”以为允姓之戎即三苗子孙。考之虢季子白盘铭称㺇𤞤为蛮方，梁伯戈铭亦称为“鬼方蛮”，则所谓苗民者，疑即蛮方之音转；所谓三苗者，疑即群蛮之总称。蕃殖甘肃、青海、西康、川、滇、黔之西羌种类，今日国人犹或名为“蛮子”。此辈蛮子，“约当纪元前一千年初，由亚洲高原，遵伊拉瓦底江、潞江、湄南江、澜沧江等流域，徙居恒河以东各地。再移置于马来半岛、马来群岛，为南海之昆仑民族”（详费琅著《昆仑及南海古代航行考·昆仑民族之西移》节）。其于公元前六三八年，由瓜州迁于伊川者（即僖廿二年《左传》云：“秦、晋迁陆浑之戎于伊川”），则为陆浑之戎，或曰阴戎，或曰姜氏戎。姜氏戎即《后汉书》所谓“西羌之本，姜姓之别也”。所谓陆浑，余于《论炎帝太岳与昆仑》篇已说明即马来语 Pulou Kundur 之简译，瓜州即 Kundur 之对音，而其语根则为昆仑。南海之昆仑，贾耽《十道志》谓之军徒弄，汪大渊《岛夷志略》谓“一名军屯”。军屯，正为浑沌之对音。然则马融注《尚书》，谓三苗即缙云氏后饕餮，不如“西羌出自三苗，苗民出自浑沌”为说尤近。《穆天子传》：“南征，东还，至于长淡，重䍃氏之西疆。……爰有野麦，爰有荅堇，重䍃氏之所食。爰有采石之山，重䍃氏之所守。……柏夭曰：‘重䍃氏之先，三苗之□处。’”此重䍃氏，洪颐煊《校正》谓：“䍃即㽕字之讹，重䍃即重黎。”按，《吕刑》云：

若古有训，蚩尤惟始作乱，延及于平民，罔不寇贼，鸱义奸

> 宄，夺攘矫虔。苗民弗用灵，制以刑，杀戮无辜。皇帝哀矜庶戮之不辜，报雪以威，遏绝苗民，无世在下。乃命重黎绝地天通，罔有降格……乃命三后恤功于民，伯夷降典，折民惟刑；禹平水土，主名山川；稷降播种，农殖嘉谷；三后成功，惟殷于民。

《墨子·尚贤》中引《吕刑》，但称三后恤功于民，不称重黎绝地天通。意者，重黎即九黎。《楚语》称："少皞之衰，九黎乱德，其后三苗复九黎之德，尧复育重黎之后，使复典之。"别重黎、九黎为二族者，盖楚人创之，今本《吕刑》所传"重黎绝地天通"故事，疑或后儒因《楚语》而增窜之者也。以《墨子》引《吕刑》为证，则三苗为九黎之后，由《穆传》："重䢼氏之先，三苗之□处"说，则江南之九黎（即三苗），亦西羌支族，自西北来矣。由是观之：居于瓜州之梼杌，非先王自江南窜逐而去；而所谓三苗、九黎实自西域逐渐东南移。则梼杌也，浑敦也，余得谓即西北种族之号，或即西羌民族之图腾。西羌子孙，各自为种，或为牦牛，或为白马，或为参狼（详《西羌传》），皆以动物为图腾，与《神异经》所谓"昆仑西有兽焉，名浑沌；西方荒中有兽焉，名梼杌"地望相符。而牦牛种之牦，正为苗之对音。意者，三苗之名，若非牦牛、白马、参狼三族，宜即须弥对音。

（一七）论"舜流四凶族"故事演自春秋士大夫之"戎狄无亲"观念

基于前所论述，吾人对于文十八年《左传》所传"舜臣尧，宾于四门，流四凶族，浑敦、穷奇、梼杌、饕餮，投诸四裔，以御螭魅"，与夫昭九年《传》所谓"先王居梼杌于四裔，以御螭魅"，可作如是解释：

（甲）浑敦，非帝鸿氏子，实帝江之别名。帝江即䢅工，䢅工即虹。虹，或作蚰，读为昆，孳乳为鲧，鲧即浑敦之合音。故鲧与䢅工，其名不同，实皆浑敦之化身。浑敦，一作浑沌、军屯、军徒弄。军徒弄为马来语 Pulou Kundur 之对音，在《左传》谓之陆浑之戎，本居瓜州，即所谓"允姓之奸"也。而瓜州允姓，《左传》又谓之梼杌，其自号也，则曰姜氏戎。是知梼杌即浑敦。以种姓言，浑敦、梼杌，当是西羌之先，三苗族类。其居西裔，本于民族游牧之自由，非因先王之投窜。

（乙）穷奇得名于穷曲。穷曲者，屈虹也。虹，古名天弓。弓孳乳为弘为弦；穷曲之穷，自文字孳乳痕迹言，当是弦之别体。古之所谓有穷氏，当即穷奇之别名；其地当在"大夏之国，夏海之穷"。夏海，即翰海，《庄子》所谓，"穷发之北，有冥海者"，是也。北冥有鱼，其名为鲲，《庄子》所谓鲲者，当演自昆夷图腾神话；而有穷后羿篡夏故事，疑亦传自匈奴。故穷奇与有穷，当为匈奴部族之号。

（丙）周鼎所著饕餮，多有首无身，象征勇士不忘丧其元也。亦有作蛇身人首者，《庄子》谓之委蛇，《山海经》谓延维。匈奴之祖淳维，即延维之音讹。而委蛇亦为公正勇武之象征，故王公见之，可霸天下。委蛇之蛇，古文作它，音转为倕。《吕览》云"周鼎著倕"。倕，疑即饕餮之合音。饕餮，汉以来多谓即三苗，而《吕览》则谓"雁门之北，饕餮穷奇之地"。穷奇，既为匈奴部族之号，以种姓言，饕餮当亦匈奴之族类也。

总之，饕餮、穷奇，匈奴部族之号也。浑敦、梼杌、三苗之族，西羌之先也。西羌匈奴虽非一族，在先秦书中，初则不能显别，概谓之蛮夷，或曰戎狄，故四裔民族，《左传》或总谓之梼杌。梼杌，《左传》诋为“傲狠明德，以乱天常”之凶恶；而《周语》则以为商兴之祥，荆楚则以为国史之名。浑敦，《左传》所诋为“掩义隐贼，好行凶德”之恶物也；而《庄子》则赞其“明白入素，无为复朴”，且尊为中央之帝。饕餮、穷奇由《左传》说，一则贪于饮食，冒于货贿，一则毁信废忠，崇饰恶言；而周鼎著饕餮，则取其公正勇武，为吉祥之征。是知浑敦、梼杌、穷奇、饕餮，《左传》所谓“四凶”者，在夷、狄则为民族征祥，部族徽号。盖夷、狄之人，贵壮贱老，贪而无亲，饮食衣服，不与华同，货币不通，语言不达，由吾高尚之古代文化视之，则为蛮野未化，犹未脱离原始生活之初民，所谓“戎，禽兽也。”所谓“戎、狄豺狼，不可厌也，诸夏亲昵，不可弃也”（俱详《左传》）。最足代表春秋时代士大夫对于异族观念之一斑。《左传》所谓天下之民，谓之四凶，自余观之，当即“戎、狄豺狼”之意而特为引申者也。“戎、狄无亲”，故莒太子仆可以弑其君父而以宝玉奔鲁。鲁文公命与之邑，曰：“今日必授。”季文子使司寇出诸境，曰：“今日必达。”公问其故。季文子使太史克对以“舜流四凶族”之事（详《左传》）。莒为己姓，祝融之后，而春秋或谓之戎（如卫有戎州己氏）。此余所以疑四凶罪恶，皆春秋时代四裔民族性之写照，四凶名辞，亦春秋时代戎、狄部族之徽号。四裔民族，虽有图腾，不宗先祖。逮与诸夏接触，常冒强国宗姓，如陆浑之戎之祖四岳，芈越之祖夏后。意者，梼杌之祖颛顼，穷奇之祖少皞，亦因所邻强国之宗祖为祖，不必黄、炎子孙，偶因不肖，而被流放。且，“流宥五刑”，非古所有，如谓四裔民族为先王所流放，毋宁谓此辈戎、狄，因文化落后，精神散漫，或不胜我诸夏高尚文化之压迫，而自窜于沙漠之乡，不毛之地。是故《左传》所传“流四凶族”故事，必为不明戎、狄种姓之春秋士大夫，因戎、狄之图腾神话而虚构。

（一八）论《孟子》所传“舜放四罪”故事纯演自雷神击旱龙神话

若夫《孟子》所谓“舜流共工于幽州，放驩兜于崇山，杀三苗于三危，殛鲧于羽山”。由《五帝德》“变北狄、南蛮、西戎、东夷”说，正《左传》所谓“流四凶族，投诸四裔，以禦螭魅”也。故，马融《书注》首疑三苗即饕餮，贾逵继言“梼杌谓鲧”，服虔继言“穷奇谓共工氏”，杜预注《左传》谓浑敦即驩兜，自是汉儒遗说。何以证《左传》“四凶”即《虞书》所传“四罪”？孔颖达《左传正义》曰：

> 《虞书》四罪，谓共工、驩兜、三苗、鲧也。此《传》四凶，乃浑敦、穷奇、梼杌、饕餮。检其事以识其人：《尧典》，帝言共工之行云，靖言庸违；《传》说穷奇之恶云，靖谮庸回，二文正同，知穷奇即共工也。《尧典》，帝求贤人，驩兜举共工应帝，是与共工相比；《传》言浑敦之恶云，丑类恶物，是与比周，知浑敦是驩兜也。《尧典》，帝言鲧行云，咈哉，方命圮族；《传》说梼杌之罪云，告顽舍嚚，傲狠明德，即是咈戾圮族之状；且鲧是颛顼之后，知梼杌是鲧也。《尚书》无三苗罪状。既甄去三凶，自然饕餮是三苗矣。先儒尽然，更无异说，皆以行状验而知之也。（见文十八年《传疏》）

自行状验其人,《虞书》四罪,诚即《左传》四凶。顾,《史记》既于《尧纪》著"舜放四罪而天下咸服"矣,又于《舜纪》言"舜宾四门,乃流四凶族"。在汉初传说,似凶自为凶,罪自为罪,未尝混《左传》四凶与《尧典》四罪为一谈。四凶来历,余已说明演自春秋士大夫之"戎狄无亲"观念,然则《孟子》所传"四罪"又何谓耶?

(甲)以共工一名帝江,帝江一名浑沌,浑敦音转为驩兜,急言为鲧考之,则四凶实只共工与三苗二人。三苗,高诱虽尝谓"浑敦、穷奇、饕餮三族之苗裔",如合共工、驩兜与鲧,则为"六凶"不成"四罪"。

(乙)四罪所放之地,幽都在西北,与三危为邻,可指为三危之异名。崇山在中州,正鲧之故国;而鲧所被殛之羽山,不在东夷,不在南裔,依声音通假考之,又为"雨山"之化名。是四罪所流,亦惟崇山与三危可指,不成其为"四裔"。

(丙)鲧堙洪水,共工壅防百川,所以被流殛也。共工与鲧,在名义上已考订皆虹之化名;其堙水壅川本事,亦演自"虹饮于河"神话。虹见而毕,古人常以虹为旱魃之神;故鲧与共工,实为我国原始旱神。

(丁)我国地形,西北高而东南下,东南滨海,雨量较多,古人遂疑为雨神所在;西北多山而带沙漠,终年不雨者,所在皆是,在古人想象中,应为旱神之窟宅。《山海经》言:"黄帝置旱魃于赤水之北",赤水出昆仑东南,正近于幽都。余故谓"流共工于幽都"故事,演自逐旱魃回朔漠神话;而击杀旱神于崇山(即祷雨之山),即"殛鲧于羽山"之的解。

(戊)三苗为四羌之祖,而西羌与匈奴,春秋以前,则常混

> 为一族。匈奴部族，有“犬戎之国，夸父之野”。夸父，在《山海经》则以为喻虹。虹即共工，亦即鲧，是知鲧与共工，亦匈奴部族之图腾，其堙水壅川故事，必自西北民族所谓西羌、匈奴传入中原。

由是言之，《孟子》所谓“四罪”，纯由西北民族所传之旱魃神话演来。旱魃之神，或曰鲧，或曰魃工，统为虹之化名，何以演为四裔？以余管窥，盖缘四时祷雨所用土龙之形色不一，方位不同。《春秋繁露·求雨》言四时皆以水日为龙，春旱求雨，其神共工，以甲乙日为大苍龙一，小龙七，皆东向。夏求雨，其神蚩尤，以丙丁日，为大赤龙一，小龙六，皆南向。季夏祷山陵，其神后稷，以戊巳日为大黄龙一，小龙五，皆南向。秋求雨，其神大昊，以庚辛日为大白龙一，小龙八，皆西向。冬求雨，其神玄冥，以壬癸日为大黑龙一，小龙九，皆北向。此五色龙，即《山海经》所谓“应龙”，雨神之象征也。《墨子·贵义》则谓：

> 子墨子北之齐，遇日者。日者曰：“帝以今日杀黑龙于北方，而先生之色黑，不可以北。”子墨子不听，遂北，至淄水而反焉。日者曰：“我谓先生不可以北。”子墨子曰：“南之人不得北，北之人不得南，其色者有黑者，有白者，何故皆不遂也？且帝以甲乙杀青龙于东方，以丙丁杀赤龙于南方，以庚辛杀白龙于西方，以壬癸杀黑龙于北方；若用子之言，则是禁天下之行者也。”

“杀龙”与“为龙”，事实却相反。“旱而为应龙之状，乃得大雨”，龙固雨神也。“帝以壬癸杀黑龙于北方，色黑者不可北”。龙似碍雨之神，故帝杀之。是《墨子》所谓青赤白黑诸色之龙，又为旱神。由《墨子》传说考之，窃疑古之所谓应龙者，本为旱神之象征。旱灾之成，由五行相克说，由于土多克水，故祷雨者必为土龙，以象征碍雨之神，而击杀之。击杀土龙，即得大雨，后人迷失其意，遂讹应龙为雨神。《墨子》所传杀龙故事，当即“四时求雨为龙”说初型。求雨为龙，戊已日为黄龙说，今本《墨子》无征。惟《御览》引“以壬癸杀黑龙于北方”句下有“以戊已杀黄龙于中方”句，近儒多以为《墨子》佚文。细绎其文，《墨子》原本，果有“杀黄龙”说，应次于“杀赤龙”句下，方与《明堂月令》之时令相应；今《御览》引次于“杀黑龙”后，不合《月令》，亦与《春秋繁露》求雨为龙之次第不符，疑或后儒因五行系统说而增窜也。《墨子》所谓“杀青龙于东”，即《五帝德》“殛鲧以变东夷”。换言之：《孟子》所谓放四罪者，纯演自祷雨杀四色土龙神话。《梨俱吠陀》有云：

> 乌里特那(Vrtra)者，堰水而断绝河流，隐云而妨碍降雨之恶龙(Ahi)也。因陀罗(Vmdra)怒之，乘苏摩酒之余威，摇动金刚杵而讨伐之。争斗颇烈。乌里特那终如大树之仆而倒，天地为之震动云。(详高观庐译《印度哲学宗教史》第一篇第二章第二节《空界之神格》段)

因陀罗之神格，在拜火教传，虽为恶神，但在《吠陀典》则尊为最伟大之印度民族保护神，其最初神格则为雷霆之神。所谓因陀罗因苏摩酒余威，讨伐乌里特那，即雷霆之神，怒杀旱龙而获滂沱大雨之寓言。余谓《墨子》所传帝杀诸龙故事，亦演自雷杀旱龙神话。

“鲧堙洪水”,“殛鲧于羽山”,鲧,余得谓即中国古代神话中之乌里特那。《海内经》言:“洪水滔天,鲧窃帝之息壤,以堙洪水。不待帝命。帝令祝融杀鲧于羽郊。”祝融,名吴回。吴回,楚公逆镈铭作吴雷,亦雷神也。雷杀为击。击之为言殛也。余故谓“殛鲧于羽山”,亦雷神击杀旱神之最古寓言。

(一九)结论

由上论证,吾人对于鲧堙洪水及舜放四凶故事,可得如是观:

> 鲧者,弇工也。弇工者,虹也。因“虹饮于河”神话,演为鲧堙洪水及弇工壅防百川故事。堙水壅川,则使河流堰断,雨水不时,而造成旱灾,故鲧之最初神格,即旱魃也。旱而为应龙,击杀之于祷雨之山,以象征雷霆怒击旱龙,故有“殛鲧于羽山”故事。因四时祷雨所用之土龙,形色不一,设祭之方向不同,乃有帝杀青龙于东,赤龙于南,白龙于西,黑龙于北神话。因龙之颜色不同,被杀之方位不同,乃演为“舜放四凶,以变四裔”故事。因放四凶,变四裔,后儒乃附会《左传》所传匈奴部族之饕餮、穷奇即三苗、共工,附会西羌部族之梼杌、浑敦即鲧与驩兜,于是种姓之名与神话人物,混而为一。

为便省览,兹将本文所涉及名物,以虹为中心,综其声音转变,绎其故事推演之迹,列为后表:

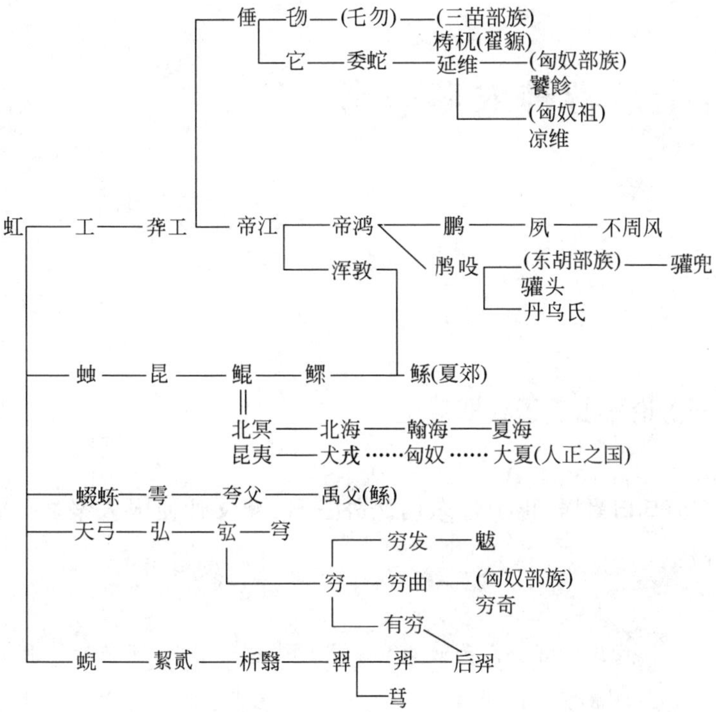

一九三九年七月中旬写定于三台。

后土后稷神农蓐收考

（一）论烈山氏子柱即后土

海鸟曰爰居，止于鲁东门之外三日，臧文仲使国人祭之。展禽曰：

> 越哉！臧孙之为政也！夫祀，国之大节也，而节政之所成也。故慎制祀以为国典。今无故而加典，非政之宜也。夫圣王之制祀也，法施于民则祀之，以死勤事则祀之，以劳定国则祀之；能御大灾则祀之，能扞大患则祀之。非是族也，不在祀典。
>
> 昔烈山氏之有天下也，其子曰柱，能殖百谷百蔬；夏之兴也，周弃继之，故祀以为稷。共工氏之伯九有也，其子曰后土，能平九土，故祀以为社。……社稷山川之神，皆有功烈于民者也。……今海鸟至已不知而祀之，以为国典，难以为仁且智矣。（详《国语·鲁语》上）

昭廿九年《左传》记蔡墨论社稷五祀来历，亦有如是叙述；但其语意，略有不同，其辞曰：

> 共工氏有子曰句龙，为后土，后土为社。稷，田正也。有烈山氏之子曰柱，为稷，自夏以上祀之；周弃亦为稷，自商以来祀之。

《礼记·祭法》虽袭展禽、蔡墨为说，但烈山氏则作厉山氏；烈山子柱则作“厉山子农”；且“夏之兴也”，《祭法》则作“夏之衰也”。一兴一衰，相差数百岁；而柱与农，在文字上末由观其声音之通假，形体之讹互。兴衰之差，余在《由三代都邑论其民族文化》中，尝因《世本》及《周本纪》所传周开国前世系，说明周弃之生，应在夏之衰世。若柱与农，由其“能殖百谷百蔬”论之，似以农字为是；然以地神本是农神，周人所谓后稷，本后土之化身考之，则作柱者亦未必非。

柱，《说文》作柱，云：“楹也，从木，主声、主，灯中火主也，主象形，从丶，丶亦声。”考之金文，若父、土等，字皆从丶，未尝有火主谊，而夨人盘铭“隮以西封于敝𢦚成柱木”，柱则从杜作杜。柱木，格伯㲃铭正作杜木，由是言之：柱即杜之繁形；所谓“烈山氏子柱”者，当即杜主。《史记·封禅书》：“于社亳有三社主之祠，而雍、菅庙亦有杜主。杜主，故周之右将军，其在秦中最小鬼之神者。各以岁时奉祠。”社亳及三杜主，《汉书·郊祀志》引社并作杜。证诸《地理志》京兆尹杜陵县下：“故杜伯国，有周右将军杜主祠四所”；则《封禅书》所谓“三社主”实“三杜主”传写之误。此四杜主祠，太史公谓“故周之右将军。”颜师古《汉书注》以来皆引《墨子·明鬼》周宣王杀其臣杜伯而不辜,杜伯死,乃射杀宣王为说。按:周宣王杀杜伯,由旧史传说,诚为不辜,顾杜伯射王于镐,亦足以报矣,何必偏祀雍中,岁时奉祠乎?由“岁时奉祠”核之,所谓杜主者,疑仍当从《封禅书》作社主。社,古文作䄕(见《说文》示部),字或从木,《周官·大司徒》所谓:“设其社稷之壝,而树之田主,各以其野亡所宜木”是也。《礼记·祭法》:

> 天下有王,分地建国,置都立邑,设庙祧坛墠而祭之。……王为群姓立社,曰大社;王自为立社,曰王社;诸侯为百姓立社,曰国社;诸侯自为立社,曰侯社;大夫以下成群立社,曰置社。

国社,卜辞则作“邦土”(《前编》四,第一七页)。而《诗·商颂·玄鸟》:“宅殷土茫茫”,《史记·三代世表》引亦作“殷社茫茫”。则是土者,社之初文也;因社必树其土所宜木,乃或从木作杜;因杜为土神,故或又从示作袿;袿也,杜也,社也,余得谓皆社之别体,所谓“烈山氏之子柱”,更得谓即“后土曰社”矣。

(二)论八恺主后土,后土即司徒,八恺即“鳖令开明”之简称

后土来历,据春秋时士大夫传说,因共工氏句龙能平九州也。句龙,余在《禹平水土本事考》中已说明即禹之化名,故《淮南·氾论》有“禹劳天下而死为社”传说。社者,地神也。地神何为又名后

土？按，后，篆文作𠵽，《说文》云："继体君也，象人之形，从口。"又曰："𠂣；臣司事于外者，从反后。"以卜辞字例不分左右向为证，后司当本一字。且，司之见于金文者，若毛公鼎铭云："司余小子"，叔向父禹𣪘铭云："余小子司朕皇考"，宗周钟铭云："我隹司配皇天王"，司并读为嗣。嗣在《说文》，训为"诸侯嗣国"者：《尔雅·释诂》亦谓："嗣，继也。"是司亦"继体之君"，谊正同于后字，则所谓后土者，若以官名言，当为司徒之误。司徒之徒，载籍相传，虽通作徒；其见于金文者，则通作土（如𤔲土𤔲𣪘、𢦏𣪘诸铭）。文十八年《左传》："昔高阳氏有才子八人，苍舒、隤敳、梼戭、大临、龙降、庭坚、仲容、叔达，齐圣广渊，明允笃诚，天下之民，谓之八恺。舜臣尧，举八恺，使主后土。"杜《注》："后土，地官。"地官，《周官》正谓之司徒。故以官名考之，知后土即司徒。《传》曰："后土为社"，盖谓平水土之官，生为司徒，死则为社神。是社神来历，据左氏《国语》所传，柱、禹、句龙之外，更有"八恺"。

恺之言岂弟也。《诗·载驱》："鲁道有荡，齐子岂弟。"《笺》云："岂读为闿。"《方言》："闿，苫，开也，楚谓之闿。"(卷六)《广雅·释诂》亦曰："闿，明也。"盖恺闿与开，一声之转，字得相通。所谓八恺者，窃尝疑即开明；而烈山氏子柱，则又疑即杜宇之别名。《华阳国志·蜀志》：

> 周失纪纲，蜀先称王，有蜀侯蚕丛，其目纵，始称王。次王曰柏灌，次王曰鱼凫。后有王曰杜宇，教民务农，一号杜主。
>
> 七国称王，杜宇称帝，号曰望帝。自以功德高诸王，乃以褒斜为前门，熊耳灵关为后户，玉垒峨眉为城郭，江、潜、绵、洛为池泽，以汶山为畜牧，南中为园苑。会有水灾，其相开明，决

> 玉垒山以除水害；帝遂委以政事，法尧、舜禅授之义，遂禅位于开明。巴亦化其教而力农务。迄今巴蜀民农时，先祀杜主君，开明位，号曰蘩帝。

杜宇禅位开明，亦见来敏本《蜀论》。《水经·江水注》引《蜀论》云："荆人鳖令死，其尸随水上。荆人求之不得。令至汶山下复生，起见望帝。望帝者，杜宇也。望帝立以为相。时巫山峡，而蜀水不流，帝使令凿巫峡通水，蜀得陆处。望帝自以为德不若，遂以国禅，号曰开明。"开明，《海内南经》又讹为夏后启云："夏后启之臣曰孟涂，是司神于巴。巴人请讼于孟涂之所，其衣有血者乃执之。"巴人之巴，与鳖令之鳖，声纽俱同于八；余故谓"八恺"也者，或即"鳖令开明"之简称。开明决玉垒，凿巫峡，使"蜀得陆处"，与《左传》所谓"使八恺，主后土，地平天成"，实为同一神话所演变。"八恺"之名，除庭坚即皋陶，见于文五年《左传》外，(《传》云，"臧文仲闻六与蓼灭，曰，皋陶庭坚不祀，忽诸"。)余多无征。即以皋陶言，《尧典》但称其作士，《说苑·修文》亦但曰"皋陶为大理"，未尝有"主后土"传说。有之，惟《管子·五行》云"后土辨乎北方，故使为李"，颇似《吕刑》所谓"伯夷降典，折民惟刑"耳。伯夷，《郑语》谓其"能礼于神以佐尧"，《周语》谓之四岳，亦尝佐禹治水，宜即《管子》所谓后土。然而，伯夷自伯夷，皋陶自皋陶，不得谓佐禹治水之伯夷，即为大理之皋陶；为大理之庭坚，又即主后土之八恺。是故主后土之八恺，谓即杜宇相开明之本名，名谊既近，事迹又同；如服虔、杜预《左传注》谓即"垂、益、禹、皋陶之伦"，则单文孤证，终嫌不伦。

（三）论柱即杜主、“后稷”亦“司畯”传写之误

“杜宇，一号杜主。”杜主合而为柱，“柱能殖百谷百蔬，夏以上祀为稷。”《说文》：“稷，斋也，五谷之长，从禾，畟声。”又曰：“畟，治稼畟，畟进也，从田儿，从夊。《诗》曰‘畟畟良耜’。”余谓畟畟犹夋夋。夋，从刃，允声，其见于金文偏旁者，字但作允，如畯字：

盂鼎：畯正氒民　宗周钟：畯保三国

秦公段：畯疐在天　颂鼎：畯臣天子灵终

大克鼎：锡汝田于畯山

畂，今皆读为允。允，本从古文儿；而稷之古文亦或省为，则金文所见畂字实即畟之初文；《左传》所谓“稷，田正也”者；亦田畯之字讹。

《尔雅·释言》：“畯，农夫也。”郝懿行《义疏》云：“农不言大夫，省文也。实则田畯是官名，大夫是爵号。故《诗》，田畯至喜，《毛传》，田畯，田大夫也。田大夫，即农大夫。古人文字不拘，故有称农大夫者，《周语》命农大夫咸戒农用是也；有称农夫者，《尔雅》是也；有称农父者，《酒诰》是也；亦有称农正者，《周语》云，农正再之，韦昭注，农正，后稷之佐田畯也；亦有单称农者，《郊特牲》飨农，郑《注》，农，田畯也；亦有单称田者，《月令》，命田舍东郊：郑《注》，

田谓田畯，主农之官是也。”此述古代农官甚备，独不及田正，颇疑田正若非农正之讹，当为田畯之声误。昔者，周宣王不藉千亩，虢文公谏曰：

> 夫民之大事在农，是故稷为大官。古者大史顺时𩂣土、阳瘅愤盈，土气震发，农祥辰正，日月底于天庙，土乃脉发。先时九日，大史告稷曰：“自今至于初吉，阳气俱烝，土膏其动，弗震弗渝，脉其满眚，谷乃不殖。稷以告王曰：‘史帅阳官，以命我同事曰：距今九日，土其俱动，王其祗祓，监农不易。’”王乃使司徒咸戒公卿、百吏、庶民，司空除坛于藉，命农大夫咸戒农用。先时五日，瞽告，有协风至。王即斋宫，百官御事各即其斋三日。王乃淳濯飨醴。及期，郁人荐鬯，牺人荐醴，王祼鬯飨醴，乃行，百吏庶民毕从。及藉，后稷监之，膳夫、农正陈藉礼，大史赞王，王敬从之。王耕一坺，班三之，庶人终于千亩。其后稷省功，大史监之；司徒省民；大师监之；毕。是日也，瞽帅、音官以省风土，廪于藉东南，钟而藏之，而时布之于农。稷则遍诫百姓，纪农协功，曰：“阴阳分布，震雷出滞。”土不备垦，辟在司寇。乃命其旅，曰：“徇。农师一之，农正再之，后稷三之，司空四之，司徒五之……王则大徇。耨获亦如之。”民用莫不震动，恪恭于农。（《国语·周语》上）

如虢文公说，周时农官，皆属司徒。证之𢦏𣪕铭云：“王曰：𢦏，令女作𤔲土（即司徒）官𤔲耤田”，不称后稷；而《小雅·甫田》一则曰：“我田既臧，农夫之庆”，再则曰：“馌彼南亩，田畯至喜”，亦未尝道及后稷之官。使以《小雅》“农夫”当号文公所谓“农大夫”，则所谓“稷为大官”者，非田畯莫属。田畯，由郑玄《诗笺》云：“司啬，今之啬夫”也，似与后稷无与。顾《礼记·郊特牲》：“蜡之祭也，主先啬而祭司啬也”，郑《注》则谓：“先啬，若神农者，司啬，后稷是也。”以后稷证司啬，以司啬证田畯；是知后稷之稷，确为畯之后起字。后稷之后，有上文后土一曰司徒为证，以官名言，似亦当为“司畯”。“司畯”于《诗》、《书》、金文虽无征。若以《分甲盘铭》“王命甲政𤔲成周四方责”，𤔲或作为例，则司之古文得或假为之。卜辞有云：

贞令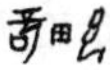于□（《前编》四，第廿八页）

此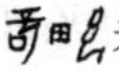者，当读“司畯”。畯在精纽，啬在斜纽，斜精同为舌头音，二纽相转，不乏其例，则《郊特牲》所谓“司啬”者，当“司畯”声讹；虢文公所谓“稷为大官”者，“后稷”当为“司畯”形误。《尧典》：“帝曰，弃，黎民阻饥，汝后稷，播时百谷”，《管子·法法》则谓：“舜有天下，后稷为田。”田即田畯，故知传云“稷，田正也”，稷确当为畯。周弃为畯，据《祭法》云，在夏之衰，则《吕刑》所谓“稷降播种，农殖嘉谷”，稷非周弃，当为烈山氏子柱。柱即杜宇，杜宇教民务农，故柱，《祭法》又谓之农。农之“能殖百谷也”，杜宇之教民务农也，名号功烈，无一不同，余故谓杜宇即烈山氏子柱之化名。柱生于周弃以前，而《华阳国志》乃谓“六国称王，杜宇称帝”，其失甚矣。

（四）论杜主开明别号丛帝，丛帝即丛社

"巴蜀农时，先祀社主君，开明位，号曰丛帝。"丛帝来源，由《华阳国志》全文考之，似因蚕丛为名。余谓丛帝，即丛社。《墨子·明鬼》："昔者虞，夏、商、周三代之圣王，其始建国营都日，必择国之正坛，置以为宗庙；必择木之修茂者，立以为菆位。"菆，毕沅以为"蕝字假音"，非也。菆即丛之形讹。《吕览·怀宠》："兵之来也，以救民之死，故克其国，不及其民。问其丛社大祠，民之所不欲废者而复兴之。"《墨子·耕柱》亦有"季孙与孟伯治鲁国之政，不能相信，而祝于丛社"（藂，今本或讹禁）之说。是《墨子》所谓"置为宗庙，立为丛位"，即《考工记》云："匠人营国，左祖右社"，藂位确即丛社。《大戴礼·千乘》"千乘之国，受命于天子，通其四疆，教其书社，修其灌庙，建其宗主。"孔广森《补注》云："灌，社壝也。社有灌木，因以为名。"又引《墨子·明鬼》、《吕览·怀宠》谓"古者皆谓社为丛"，则杜主开明之号"丛帝"，亦"丛社之神"。

社神何以称丛？《论语·八佾》，哀公问社于宰我，宰我对曰："夏后氏以松，殷人以柏，周人以栗，使民战栗。"《尚书》之逸篇亦曰："大社惟松，东社惟柏，南社惟梓，西社惟栗，北社惟槐。"（《白虎通·社稷篇》引）是即《墨子》"必择木之修茂者立以为丛社"说之确据也。《周官·大司徒》则谓"辨其邦国都鄙之数，制其畿疆封之；设其社稷之壝，而树之田主，各以其野之所宜木，遂以名其社与野。"郑玄《注》："所宜木，谓若松柏栗也。若以松为社者，则名松社之

野，以别方面。”别方面，即《逸书》所谓“东柏西栗”；以松为社，即宰我所谓“夏后氏以松”矣。考之《庄子·人间世》云：“匠石之齐，至于曲辕，见栎社。”《史记·封禅书》云：“高祖初起，祷丰枌榆社。”则社所树木，因地制宜，非因方面而异。又据《墨子》云：“三王建国，择木之修茂者立社”，是社之所在，因于丛木，亦非先社然后树其野。《周官》与《逸书》所云，疑皆有误。《尔雅·释木》：“灌木，丛木也。”《淮南·俶真》“鸟飞千仞之上，兽走丛薄之中，祸犹及之。”高《注》：“聚木曰丛。”是社之名丛，即《孟子·梁惠王》“所谓故国者，非有乔木之谓也”。乔木即丛木。木之茂者，神所凭依，故《战国策》谓“恒思有神丛”，《大戴礼》又谓社神曰灌庙。灌庙犹言丛社已。

（五）论“束木而涂之”为社主，主以木为质，故或谓之杜主

虽然，《论语》所传哀公问社事，汉儒传说，不尽谓树其土所宜木也。社，《释文》引郑本《论语》作主，《注》云：“主，田主，谓社也。”《礼记正义》引《五经异义》说，亦以为“夏后以松，殷人以柏，周人以栗，谓社主也。”《管子·侈靡》：“夫事左，中国之人，观危国过君，而弋其能者，岂不几于危社主哉。”社主，犹言社稷，非许慎所谓社主也。许慎所谓社主，即社神之主。社神之主，《淮南·齐俗》则谓：“有虞氏用土，夏后氏用松，殷人用石，周人用栗”，颇异宰我所闻矣。然而，此正《五经异义》说所祖。周社用栗、主，此《论语》、《淮南》之所同也。考之，《晏子春秋·问篇》上则谓：

景公问于晏子曰："治国何患？"

晏子对曰："患夫社鼠。"

公曰："何谓也？"

对曰："夫社，束木而涂之，鼠因往托焉。熏之则恐烧其木，灌之则恐败其涂；此社鼠所以不可杀者，以社故也。"

此喻田氏蠹国，势不可除也。《韩诗外传》引此作"社鼠出窃于外，入托于社，灌之则恐坏墙，熏之则恐烧木。"（卷七）坏墙与败涂，事颇不同。证之《韩非子》暨《说苑》，虽为管仲答桓公辞，《说苑》则全同《晏子春秋》，韩非亦谓"社木而涂之，灌之则涂阤"。是古代社主，皆束木而涂之，非徒用栗用柏而已也。卜辞"贞勿桒年于邦社，"（《前编》四，第十七页）社之篆文但作，即土字也。土之见于金文者，虽但从卜辞作（盂鼎）（宗周钟）或谓象男性生殖器，即祖之别构，而卜辞则或作：

（《藏龟》，二三六页）　（《前编》六，第六一页）

（《前编》七，第三六页）　（《后编》下，三八页）

（《甲骨文》字二，第一二页）

人又谓"加点者，象扬尘形"。余谓即《管子·轻重》所谓"封土为社"；其无点者，即《晏子》所谓"束木而涂之"，皆象社主形。封土为社，故社主初但作土，《淮南子》谓"有虞氏其社用土"是也；为其束木而涂之，故杜或从木从土作杜，余故谓"杜主"即"社主"矣。

殷人以石为社主,他书无征。《五经异义》、《古春秋左氏说》,古者日祭于祖考,月荐于高曾,时享及二祧,岁洽及坛墠,终禘及郊宗石室。终者,谓孝子三年丧终,则禘于太庙,以致新死者也。又《春秋左氏》曰,徙石主于周庙,言宗庙有郊宗石室,所以藏石主也。《今春秋公羊说》,卿大夫士,非有土之君,不得祫享,序昭穆,故无木主。大夫束帛依神,士结茅为菆。许慎谨按,《春秋左氏传》曰:"卫孔悝反祏于西圃。祏,石主也,言大夫以石为主。今山阳民俗,祭皆以石为主。"郑玄《驳异义》云:"大夫无昭穆,不得有主,《少牢馈食》,大夫礼也,束帛依神;《特牲馈食》,士祭礼也,结茅为菆;大夫以石为主,礼无明文。"大夫石主,虽不见《礼经》,山阳民俗,固可以证士大夫主得用石,不独天子有郊宗石室也。石室之石主,古谓之祏。庄十四年《左传》,郑大夫原繁曰:"先君桓公,命我先人典司宗祏,社稷有主,而外其心,其何贰如之?"杜《注》:"宗祏,宗庙中藏主石室。"宗庙中木主,《五经异义》引《今论语说》则谓:"夏人都河东,河东宜松也;殷人都亳,亳宜柏也;周人都丰镐,丰镐宜栗也。"《春秋》文二年"作僖公主"。《公羊传》:"主者曷用? 虞主用桑,练主用栗。"何休《解诂》亦引《论语》:"夏后氏以松,殷人以柏,周人以栗"为说,与《五经异义》所引《今春秋公羊说》同。则是"哀公问社",社,古文本也;今文通作主。主者,宗庙木主也。郑玄《论语注》释主为田主,而又谓之社,固糅合今古学为说。若《淮南子》云:"殷人其社用石",疑涉"宗庙石主"而误。近年,殷虚出土石刻男性生殖器甚夥,说者疑即社主,且引《淮南》石社说为证。证之"后土为社"说,则恐非是。

（六）论社音转为坤，坤为地为母，故知后土即原始地母神

《尧典》："弃，汝后稷"，后稷以官名。当为"司畯"之误。顾俞樾《群经平议》及王先谦《尚书孔传参正》则并谓"后稷"当为"居稷"。"居稷"虽尝见于古籍，居土则无可考。余谓"居稷"、"居土"之"居"，并为毓之形讹。毓之见于卜辞者，繁简不一，如

（《前编》二，第二四页） （《前编》二，第二五页）

（《龟甲文字》一，第二一页） （《戬寿堂》，第三页）

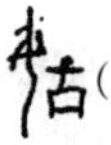（《前编》二，第二五页） （《龟甲文字》一，第二一页）

（《前编》六，第五页） （《前编》六，第二六页）

（《龟甲文字》，第十二页） （《后编》下，第二二页）

（《后编》上，第廿页） （《前编》一，第卅页）

虽形若似居，实即毓之省形。毓，王国维即后之本字云："从母，从（倒子），象产子之形；其从点者，则象产子之有水液也。或从，与从母同意。故以字形言，此即《说文》育之或体毓字。然

卜辞假此为后字。古者育冑后声音相近,谊亦相通。《说文》,后,继体君也,象人之形,施令以告四方,故厂之,从一口。是后从人,厂当即[illegible]之讹变,一口亦[illegible]之讹变也。后字之谊,本从毓义引申,其后毓字专用毓育二形,后字专用[illegible],又讹为后,遂成二字。”(《殷先王先公考》,“多后”节)则“居稷”仍当释为“后稷”,“毓土”亦当释为“后土”。后,《说文》训“继体君”,郭沫若先生则辨其非云:

> 考,古人之用后字,并无继体君之意,如《书·般庚》曰,古我前后,曰我古后,曰我先神后,曰高后,曰先后,及《商颂》之商之先后;凡此等称述之中,即创业垂统之成汤,亦被含括,且为主要之中心人物,此非继体君之谓也。又,《诗·下武》以太王、王季、文王为三后,《书·吕刑》以伯夷、禹、稷为三后,此亦非继体君之谓也。卜辞屡称自上甲至于多毓,则自上甲以后之先公先王均在其中,成汤亦在其中,此亦不得为继体君。又典籍中用后之例,均限于先公先王,其存世者则称王而不称后,卜辞亦如是。是则后若毓必王者之称谓之至古者。准此,余谓后乃母权时代女性酋长之称谓。母权时代族中最高之主宰为母,而母氏最高之属德为毓;故以毓为王母之称。其用为先后字者,盖出于假借矣。(详《甲骨文字研究》上册《释祖妣》)

准此以论有夏诸王,若启,若相,若荒,若皋与发,及篡太康位有穷之君,先秦载记,统称为后,固犹殷王之称祖,周人之称先王,皆后王所追尊者也。则后土、后稷,生既非王,死而称后者,若非因周人尊祖配天,追尊“司畯”为“后稷”,而连带追尊“社神”为“后土”,窃疑“后土”即“地母”或“大祖母大地”之简称。

若干现代民族，因万物生于地，拟于人之有母也，辄称地为地母。如芬兰之拉甫人（Lapps）及埃兹人（Esths），皆以“地母”为最高尚之神，固矣。秘鲁人呼地曰“姆姆巴差”（Mama Pacha），在奥琪勃瓦（Ojibuwa）之印第安人采药之时必以祭物献于“大祖母大地”，即号称文明优秀之安格鲁萨克逊民族亦有“大地，人的母亲”之称，与《吠陀典》所谓“人有二大父母，一为天父 Dyaushpiter，一为地母 Prthivi Mâter”者语意正相似（详林惠祥著《神话论》三四页及郑振铎译《民俗学浅说》一四四页）。可见崇拜“地母”之俗，几遍于世界各民族。在我国古代，则有《庄子·达生》云：“天地者，万物之父母也”；《管子·五行》云：“人道以六制，以天为父，以地为母，以开乎万物”说。若《淮南·精神》云：“精神者，天之有也；骨骸者，地之有也。故圣人以天为父，以地为母。”《白虎通·爵篇》释天子名义云：“主者父天母地，为天之子”；专以大地为圣王之母，转失“地母”之初谊。“地母”，或曰“大祖母大地”。若译为先秦古语，则“大祖母”即“后”，“大地”即“土”，余故谓“后土”也者，当为初民所崇祀“地母”之旧名。

《礼记·礼运》：“祀社于国，所以列地利也。”又，《郊特牲》曰：“社所以神地之道也。”地，说文作云：“从土，也声。”也，全文作（荇伯毁）或（甫人匜），皆象匜形。也即它字，它土一声之转，故地字谐其声。但，《说文》则谓，也象“女阴”。段玉裁《注》云：“坤道成女，玄牝之门，为天地根，故地字从也。”段君以玄牝释也，以也释地，虽失牵附，要其“坤道成女”说，出于《系辞》，亦足以证地神古本女性。

《周易·卦象》，尝以乾、坤象征天地，以天地象征阴阳男女。如《说卦传》云："乾为天，为父；坤为地，为母。"又云："乾，天也，故称乎父；坤，地也，故称乎母。"晋文公卜返国，遇贞屯，悔豫皆八，司空季子曰："坤，地也，母也。"（详《晋语》四）《坤》之卜辞曰："元亨，利牝马之贞。"彖曰："至哉坤元，万物资生，乃承顺天。坤厚载物，德合无疆，含弘光大，品物咸亨。牝马地类，行地无疆。"当即《郊特牲》所谓："社，所以神地之道也。地载万物，天垂象。取材于地，取法于天，是以尊天而亲地也。"地道为坤。《说文》云："坤，地也。从土申，土位在申也。"余谓申之为言神也。坤从土申，犹言土神。且，申社一声之转，土神为坤，即所谓"后土为社"矣。

知"后土为社"，社与后土皆"地母"也，则今有井水处必有土地祠，土地祠中必有社公、社母神像；所谓"社母"者，当即原始"地母"。"地母"为神，不独后土之后与"坤为地为母"诸说足征也。《淮南·说山》："东家母死，其子哭之，不哀。西家子见之，归谓其母曰：'社何爱速死，吾必悲哭社。'"高《注》："江淮谓母为社。社读虽家谓公为阿社之社。"古之方言，既或谓母为社；此兽之雌性者所以读为牡。牡所从土，古有母音，是知卜辞所见：

> 贞，尞于东母，豖三，犬三。（《藏龟》一，五四页）
>
> 贞，于东母，有匚。（《龟甲文字》一，第二页）
>
> 贞，尞于东母，三牛。（《后编》上，廿三页）
>
> 壬申卜，贞，告于东母西母若。（《后编》上，廿八页）

东母、西母，母亦当读为社。"东母"者，盖即东方地母神，"西母"盖即西方地母神。地母所以有四方之别者，盖产生于"地道曰方"观念。

（七）论方社象征地道曰方

《大戴礼·曾子天圆》："单居离问于曾子曰：天圆而地方者，诚有之乎？曾子曰：天之所生上首，地之所生下首。上首之谓圆，下首之谓方。如诚天圆而地方，则是四角之不掩也。参尝闻之夫子曰：天道曰圆，地道曰方。"《坤》之《文言》曰"坤至静而德方"是也。然而《吕氏春秋·序意》则谓："尝学得黄帝所以诲颛顼矣，爰有大圜在上，大矩在下，汝能法之，为民父母。"又《圜道》曰："天道圜，地道方。"何以知地道方耶？其《有始览》解之曰："凡四海之内，东西二万八千里，南北二万六千里。凡四极之内，东西五亿有九万七千里，南北亦五亿有九万七千里。"《管子·地数》则谓："地之东西二万八千里，南北二万六千里。"《山海经》之《五藏山经》末亦有如是记载，但谓之"禹曰"。其《海外东经》又谓："帝令竖亥步自东极至于西极，五亿十选九千八百步。"至《淮南·地形》又综《吕览》、《山经》而为之说曰阖四海之内，东西二万八千里，南北二万六千里。禹乃使大章步自东极，至于西极，二亿三万三千五百里七十五步；使竖亥步自北极，至于南极，二亿三万三千五百里七十五步。夫地球东西直径长于南北极径，为十九世纪以来白塞尔（Bessel）辈实测之定论，不意公元前二三九年（即《吕览》成书之年）吕不韦辈已发其疑（谓四海之内，东西长、南北短）。此实世界天文学史上极有价值之记录，姑书此以待天文学家探讨。若四极之内，自南徂北，自东徂西，《吕览》谓各五亿有九万七千里，《淮南》谓各二亿三万三千五百里七十五步，虽其数值不同，其谓地方则一也。

《曲礼》："天子祭四方，诸侯方祀。"郑《注》："祭四方，谓祭五官之神于四郊，句芒在东，祝融后土在南，蓐收在西，玄冥在北。"《诗》曰来方禋祀。方祀者，各祭其方之官而已。按，《小雅·大田》云："来方禋祀，以其骍黑"，即《甫田》所谓"以我齐明，与我牺羊，以社以方"。毛《传》云："方，迎四方气于郊也。"此郑君"祭四方，谓祭五官于四郊"说所本。顾《祭法》则云："四坎坛，祭四方也。山林川谷丘陵能出云，为风雨，见怪物，皆曰神。"郑《注》又谓："四方，即谓山林川谷丘陵之神也。祭山林丘陵则于坛，祭川谷于坎，每方各为坎为坛。"同此"四方"，何在《曲礼》为五官之神，在《祭法》又为山林川谷之神？余谓："祭四方"，即祭大地，地道曰方，社坛似之，故或谓之四方。昭十八年《左传》："郑灾，子产为火故，大为社，祓禳于四方"；故《大雅·云汉》又谓之"方社"。《仪礼·觐礼》："诸侯觐于天子，为宫，方三百步，四门，坛十有二寻，深四方，加方明于上。方明者，木也。方四尺，设六色，东方青，南方赤，西方白，北方黑，上玄，下黄。……天子拜日于东门之外，反祀方明。"方明虽不必即方社。《周书·作雒》则谓：

> 乃建大社于周中，其壝，东青土，南赤土，西白土，北骊土，中央衅以黄土。将建诸侯，凿取其方一面之土，苞以黄土，苴以白茅，以为土封。故曰，受则大于周室。

《白虎通·社稷》亦曰："社者，土地之神也。其坛大如何？《春秋文义》曰：'天子之社，广五丈，诸侯半之。'其色如何？《春秋传》曰：'天子有大社马，东方青色，南方赤色，西方白色，北方黑色，上冒以黄土。'"大社之壝,《白虎通》谓之坛。《祭法》:"置都立邑,设庙祧坛墠而祭之。"郑《注》:"封土为坛。"坛社一声之转,故《管子》谓之"封土为社"。社土所以有方色不同者,当象征"地道曰方"。卜辞有云:

辛卯卜,御,彤,酒,其又于四方。(明义士藏片)

庚戌卜,𢀛于四方,其五犬。(容庚藏拓本〇二片,均董作宾先生摹示。)

"四方"者,当为四方地神,即卜辞所见东母西母等之共名。然而,东母未必句芒,西母未必蓐收也。则昭廿九年《左传》,蔡墨所谓社稷五祀者,实春秋士大夫见解,非诗人所谓方社,尤非殷人所祀地母。

《小雅·楚茨》:"祝祭于祊,祀事孔明。"毛《传》:"祊,门内也。"《尔雅·释宫》:"閍谓之门。"孙炎《注》引《诗》祝祭于祊云:"祊,谓庙门也。"证之《郊特牲》云:"直祭祝于主,索祭祝于祊,不知神之所在,于彼乎?于此乎?或诸远人乎?祭于祊,尚曰,求诸远者欤?祊之为言倞也。"又引孔子曰:"祊之于东方,失之矣。"《礼器》亦曰:"设祭于堂,为祊乎外。"余谓祊读为方,即方社矣。方社者,封土为坛,坛成四方,以象地道曰方也。《逸书》因方社引申之为天、东、南、西、北五社,且谓树松树柏,社各不同,其失愈远。

总之,卜辞所见"东母、西母",母即地母,地母而有四方不同,盖产生于"地道曰方"观念。换言之,天圆地方,此为我国人最原始之宇宙观。《吕览》、《淮南》所谓四极之内,方若干里步,即其数学上证明。蔡墨变四方地母神为社稷五祀,地神乃由女性确变为男性。僖十五年《左传》:"晋大夫三拜稽首曰君履后土而戴皇天,皇天后土,实闻君之言。"皇天,如例以皇祖皇考,则后土亦地母已。

(八)论姜嫄为原始地母神,其生后稷故事演自农耕神话

印度孟加拉之刚特人(Khonds)为求五谷丰穰,播种时,常以人牺献于"大地女神",而埋其骨肉之灰于田中(详江绍原译《宗教的出生与长成》第三章《群神的出现》节)。在菲律宾群岛中,亦有播粟前杀奴隶以献于"地母"之俗(详林惠祥《文化人类学》二八一页)。杀人祭地,以求农作物丰登,宗教家谓为原始催生术。《管子·揆度》所谓:"自言能治田土,不能治田土者,杀其身以衅社。"固即原始催生术之遗迹。《春秋》僖十九年:"六月,鄫子会盟于邾。己酉,邾人执鄫子,用之。"《公羊传》云:"恶乎用之?用之社也。其用之社,奈何?叩其鼻以血社也。"《左传》则谓:"宋襄公使邾文公用鄫子于次睢之社,欲以属东夷。司马子鱼曰:古者六畜不相为用,小事不用大牲,而况敢用人乎?祭祀以为人也。民,神之主也。用人,其谁飨之?"又昭十年《左传》:"平子伐莒,取郠,献俘,始用人于亳社。臧武仲曰:周公其不飨鲁祭乎?周公飨义,鲁无义,将谁福哉?"由臧武仲及司马子鱼之说,用人于社,似始于春秋。其实,古代献馘于王,献俘于庙,多以人为牺。邾人之用鄫子于次睢之社,鲁人之用莒俘于亳社,犹原始催生术之意也。

原始催生术,皆祭"地母",我国古代,则祈年于社。《月令》:"孟冬之月,天子乃祈来年于天宗,大割(读为匄)祠于公社。"以

“公社”对“天宗”，与天父地母说正相应；是社在周末，犹未失“地母”意义。再以社会进化程序言，“一个民族，从倚赖自然的食物进到饲养动物，男子便由猎夫变为牧人；而妇女仍处于旧时原始状况下，采集食物，补助食品。由采集植物，变为农业；故农业应为妇女所发明。”（详陶孟和译 F. Muller-Lyner《社会进化史》第三卷第三章《性别的分工》节）则原始农神，亦当为女性。如周代《诗》、《书》所传：

> 王（武王）曰，在昔后稷，惟上帝之言，克播百谷，登禹之迹。
>
> 凡在天下之庶民，罔不惟后稷之元谷，用蒸用享。在商先誓王，明祀上帝，亦惟我后稷之元谷，用告和，用胥饮食。肆商先誓王，维厥故，斯用显我于西土。（《逸周书·商誓》）
>
> 思文后稷，克配彼天，立我烝民，英匪尔极，贻我来牟，帝命率育。无此疆尔界，陈常于时夏。（《诗·周颂·思文》）
>
> 赫赫姜嫄，其德不回；是生后稷，降之百福。黍稷重穋，稙稚菽麦，奄有下国，俾民稼穑。有稷有黍，有稻有秬，奄有下土，缵禹之绪。（《鲁颂·閟宫》）
>
> 厥初生民，时维姜嫄。履帝武敏歆，载震载育，时维后稷。……诞后稷之穑，有相之道，茀厥丰草，种之黄茂，实方实苞……实颖实栗，即有邰家室。（《大雅·生民》）

所谓后稷，以后土为例，当为原始农神，亦为女性；而所谓姜嫄者，以“土爰稼穑”为解，若非原始農神，当为“地母”。

姜嫄，据毛《传》云：“姜，姓也，后稷之母，配高辛帝焉。”郑《笺》亦谓：“姜者，炎帝之后，有女名嫄。当尧之时，为高辛氏之世

妃。"姜嫄为高辛之妃说,似出于《大戴礼记·帝系》:

> 帝喾卜其四妃之子,皆有天下:上妃有邰氏之女也,曰姜嫄,产后稷;次妃有娀氏之女也,曰简狄,产契;次妃陈锋氏之女也,曰庆都,产帝尧;下妃娵訾氏之女也,曰常仪,产帝挚。

《世本》之说亦然。四妃,适当于四方,当即殷人所谓东母西母等;此姜嫄即后土之证一。先秦妇女名字,多先名而后姓,如《左传》、《国语》所见,鲁惠公娶于宋,曰孟子、仲子;郑武公娶于申曰武姜;晋文公娶于齐,曰文姜;晋怀公娶于秦,曰怀嬴;皆名在姓前。见于《诗》者,若王季之妃大妊,文王之妃大姒,无不名在姓前。则姜嫄,果姜姓而嫄名也,当曰嫄姜。不曰嫄姜,而曰姜嫄,知汉以来谓之姜姓嫄名者,实大谬不然。嫄姓,于古蔑考,而姜则字通为羌。《后汉书·西羌传》"西羌之本,姜姓之别",是也。西羌种姓,虽极模糊,顾其族常祀西王母。西王母事,由《穆天子传》说,似为西域之女王。顾《道书》所传,黄帝尝见西王母矣。《周易·晋》之六二曰:"晋如、愁如,贞吉。受兹介福,于其王母。"此"王母",犹卜辞言"高妣",余谓即姜嫄之初名。王母者,皇母也。齐鞷子鎛镈铭:"用亯用孝于皇祖圣叔,皇妣圣姜,皇考遵仲,皇母。""皇母"在史颙鼎铭则又谓之王母云:"作皇考釐仲王母泉母尊鼎。"若由《礼经》王父即祖父之殁称,则祖母以上亦得称为"王母"或"皇母"。周人所以尊姜嫄为王母者,当自"西母"演来。西母,即西方地母神,此姜嫄即后土之证二。姜嫄履帝武敏歆而生后稷。帝,郑玄《诗笺》谓"上帝也"。哀十三年《左传》:"鲁将以十月上辛有事于上帝先王，季辛而毕。”《郊特牲》亦曰：“郊之用辛也，周之始郊，日以至。”余谓上帝，即高辛，高辛所以为辛，即由辛日郊祀而名。姜嫄既为上帝上妃，由天父地母为证，其为地母无疑；此姜嫄即后土之证三也。由上三证，以论《大雅》所谓“厥初生民，时维姜嫄”，姜嫄当为周人所传原始地母神，亦即原始农神。观于夏以上所祀稷，稷即烈山氏子柱，柱即杜主，可知我国古代，确以后土为稷神。而烈山氏，贾逵、郑玄皆谓“炎帝之号”，（昭廿九年《左传正义》引）余于《论炎帝太岳及昆仑山》篇亦已说明即伯夷，伯夷炎帝，由左氏《国语》说，姜姓之祖也。则《周颂》所谓姜嫄者，又得谓即烈山氏子柱。姜嫄生后稷，亦演自柱本后土，又为稷神传说，后乃自社神分化为稷神。

（九）论田祖即农神，不必为叔钧、后稷

由“后”之字义考之，后稷当为女性，即地母之化身。顾展禽但谓祀柱与弃为稷，蔡墨亦但曰：“稷，田正也”；皆不称“后”，与《吕刑》所谓“三后”者，谊迥不同；则农神在周代传说，或为男性。盖我国古代文化，至于殷周，已渡到铜器时代，男子早已放弃游牧生活，从事农耕，社会中心亦早由女性时代转于男性，人群习见男耕女织之惯例，对于女性发明农业之事实，除祭典不忘外，实无丝毫印象。再观于当时农官，若田畯，若农正，农师等，无非男性。于是原始农神——后稷，亦随社会中心变为男性，而代以“田祖”。《小雅·甫田》之诗曰：

> 以我齐明，与我牺羊，以社以方。我田既臧，农夫之庆。琴瑟击鼓，以御田祖，以祈甘雨，以介我稷黍，以谷我士女。

《大田》之诗亦曰："田祖有神，秉畀炎火。"《周官·籥师》亦曰："凡国，祈年于田祖，龡豳雅，击土鼓，以乐田畯。""田祖"之名乃大盛。

田祖，据毛《传》云："先啬也。"《郊特牲》："蜡之祭，主先啬而祭司啬也。"郑《注》："先啬，若神农者。"故郑氏注《周官》又径谓："田祖，始耕田者，谓神农也。"考之《山海经·大荒西经》则谓："帝俊生后稷，稷降以百谷。稷之弟曰台玺，生叔钧。叔钧是代其父及稷播百谷，始作耕。"其《海内经》亦谓："帝俊有子八人，后稷是播百谷。稷之孙曰叔钧，是始作牛耕。"《大荒北经》则谓：

> 黄帝杀蚩尤，魃不得复上，所居不雨。叔均言之帝，后置之赤水之北。叔均乃为田祖。

叔均何人？《史记·周本纪》未详。按：《周官·大司徒》有均人云："均人掌均地政，均地守，均地职，均人民牛马车辇之力政。凡均力政，以岁上下：丰年，则公旬用三日焉；中年，则公旬用二日焉；无年，则公旬用一日焉。"又有土均云："掌平土地之政，以均地守，以均地事，以均地贡。"郑玄谓："均，犹平也。均人，主平土地之力政者；土均，主平土地之政令者也。"考《夏小正》"农出均田"；《传》则谓"均田"始除田也，言农夫急除田也。"农夫急除田"，即《月令》所谓"王命布农事，命田舍东郊，皆修封疆，审端经术，善相丘陵，阪险，原隰，土地所宜，五谷所殖，以教道民，必躬亲之。"均田、均人及土均，皆当读曰畇。《尔雅·释训》："畇畇，田也。"《小雅·信南山》："信彼南山，维禹甸之；畇畇原隰，曾孙田之。"毛《传》则谓"畇畇，垦辟貌"。余谓叔均为均，当得义于垦田。由垦田讹为"始作耕"，故《大荒经》有"叔均为田祖"说。实则均在真部，畯在震部，古误既同；又，均谐匀声，畯谐允声，声纽古亦相近；《大荒经》所谓叔均者，当为田畯之误。田畯为稷，稷为田正；则谓叔均为田祖，毋宁谓稷为田祖。

《荀子·解蔽》："好稼者众矣，而后稷独传者，壹也。"是言后稷以前，未尝无稼；稷亦非始耕田者。耕字，卜辞、金文，俱未之见。《说文》有静字云："宷也。从青、争声。"其在金文，则作

(静𣪘) (免盘)

(毛公鼎) (国差𦉜)

盖象手耒而刺土，凿井而灌苗之形，殆即耕之初文。《齐民要术》引《说文》云："人耕曰耕，牛耕曰犁。"静之为字，实象人耕形。与静同谊者，尚有耤字。说文："耤，帝耤千亩也。古者使民如借，故谓之耤。从耒昔声。"其见于卜辞、金文者则作：

(《前编》六，第十七页) (《前编》七，第十五页)

(《后编》下，第廿八页) (《令鼎》)

徐中舒先生《耒耜考》谓："象人侧立推耒，举足刺地之形。"是也。

更证之虢文公所谓耤田之礼:“王耕一坺,班三之,庶民终于千亩。”又《月令》云:“孟春,王亲载耒耜,躬耕帝耤,天子三推,三公五推,卿诸侯九推。”耕而曰推,曰坺。则在周人耤田之礼,似仍保留人耕时代遗俗,由人耕进步至于马耕、牛耕,为人类文明一大进步。据米勒利尔《社会进化史》说,犁耕(即牛马耕)约始于新石器时代末或金器时代(即铜器时代)之初;以我国文化阶段言,约在夏、殷之际,正周弃为稷时也。则《大荒经》谓稷(即叔均)“始作牛耕”说宜可信。然而,《世本·作篇》则谓“相土作乘马,胲作服牛”,更前于“稷始作牛耕”矣。即在《大荒东经》亦谓:“有困民国有人曰王亥。王亥托于有易,为河伯仆牛。有易杀王亥,取服牛。”郭《注》引《竹书》云:“殷王子亥宾于有易而淫焉,有易之君绵臣杀而放之。是故殷主甲微假师于河伯以伐有易,杀其君绵臣。”此即《天问》所谓:“该秉季德,厥父是臧,胡终弊于有易(易,今本作扈,据王国维校改),牧夫牛羊”也。若相土作乘马事,亦见于《荀子·解蔽》云:“乘杜作乘马。”《吕览·勿躬》则谓“乘雅作驾”,《注》云:“雅一作持。”盖持杜形相近,杜土为今古文,乘雅与乘杜,尽相土之名讹。《周官·校人》:“秋祭马社。”郑《注》:“马社,始乘马者。”并引《世本》所传相土事为证。傅斯年先生因谓:“卜辞所见贞,勿桒年于邦土,邦土即相土;而《生民》诗云,诞后稷之穑,有相之道,相亦即相土。”(详《新获卜辞写本后记跋》)则先后稷作牛耕者,实为相土马耕。由现代中国农耕方法考之,南方惯用牛,北方多用马;由古代文化之发展情况言,则北方为先进。且北方地较干旱,宜于牧畜,故中国农业,人耕之后,当以马耕为先,则先周弃为稷者,有烈山氏子柱;先后稷作牛耕者,有相土作乘马,王亥服牛;后稷终非始耕田

者,不得为田祖。《魏书·序纪》

> 昔黄帝有子廿五人,或内列诸华,或外分荒服。昌意少子,受封北土,国有大鲜卑山,因以为号。其后世为君长,统幽都之北,广漠之野,畜牧迁徙,射猎为业,淳朴为俗,简易为化,不为文字,刻木纪契而已。世事远近,人相传授,如史官之纪录焉。黄帝以土德王,北俗谓土为托,谓后为跋,故以为氏。其裔始均,入任尧世,逐女魃于弱水之北,民赖其勤,帝舜嘉之,命为田祖。爰历三代以及秦汉獯鬻:猃狁、山戎、匈奴之属,累代残暴,作害中州;而始均之裔,不交南夏,是以载籍无闻焉。

此述托跋氏来历,显糅合《晋语》及《大荒经》成文。则"叔均为田祖"说,疑或传自东胡民族。东胡"谓土为托,谓后为跋",则托跋即"地母"之夷言,在华语则为"后土"。后土为田祖,固亦中国旧说也。

(一〇)论神农即农神乙称

田祖,郑玄注《周官》谓即神农。按,神农为名,不见《诗》、《书》,惟《周易·系辞传》云:

> 包牺氏没,神农氏作,斲木为耜,揉木为耒,耒耨之利,以教天下,盖取诸益。

益卦作䷩，震下巽上。《说卦传》曰："巽为木，震为大涂。"以木剌涂，耕耨之象，故《系辞》谓神农为耒耜，取象于益。然而《系辞》为书，约成于战国末叶（详欧阳修《〈周易〉答童子问》）。不足以证神农教民耕耨，先于后稷也。《孟子·滕文公上》：

> 有为神农之言者许行，自楚之滕，其徒数十人，皆衣褐捆屦织席以为食。陈良之徒陈相与其弟辛负耒耜而自宋之滕。陈相见许行而大说，尽弃其学而学焉。陈相见孟子，道许行之言曰，滕君则诚贤君也。虽然未闻道也。贤者与民并耕而食，饔飧而治。今也，滕有仓廪府库，则是厉民以自养也。恶得贤？

神农之名，见于先秦载籍者，就今所传，似以《孟子》为最早。而"贤者与民并耕而食，饔飧而治"，正后稷所谓"所以务耕织者，以为本教。"（《吕览·上农篇》引）同为劳农政治家托古自重之辞，未必实有神农其人也。至六国末学伪造《管子·轻重》曰："神农作树五谷淇山之阳，九州之民乃知谷食，而天下化之。"于是劳农政治家所伪托之神农，乃由虚化实，变而耒耜发明者，农业之开山，取"后稷始作耕"地位而代之。《吕览·上农》引后稷曰："丈夫不织而衣，妇人不耕而食，男女贸功以长生。"其《爱类》则又引作神农之教云："士有当年而不耕者，则天下或受其饥；女有当年而不绩者，则天下或受其寒。"《吕览·慎势》："观于上世，其封建众，其福长，其名彰，神农十七世有天下，与天下同之也。"《帝王世纪》则谓神农即炎帝云："炎帝，神农氏，姜姓也。继无怀之后。本起烈山，或称烈山氏。在位一百二十年而崩。凡八代，及轩辕。"证之《大荒海内经》云："炎帝生炎居，炎居生并节，并节生戏器，戏器生祝融，祝融生共工，共工生后土。”则所谓神农者，得谓即烈山氏子农（即柱）矣。

《书·酒诰》：“薄违农父。”《伪孔传》：“农父，司徒也。”《郊特牲》：“蜡之祭也，飨农及邮表畷。”郑《注》：“农，田畯也。”卜辞：

己酉卜，即贞，告于母辛，亩农。十月。（《前编》五，第四八页）

壬申卜，即贞，兄壬，岁，亩农。（《后编》上，七页）

丙□卜，□贞，□且辛，岁，亩农。（《后编》下，卅九页）

戊午卜，旅贞，王宾大丁，肜，龠农亡尤。在十一月。（《戬寿堂》，二页）

“亩农”，当即《郊特牲》所谓“飨农”；龠读为籥，籥农，亦即《周官·籥章》所谓：“祈年于田祖，龡《豳雅》”，龡籥以祀农神，犹周人所谓禴祀。农神，乙言之即为神农。《吕氏春秋·十二纪》：“季夏之月，毋发令而待，以妨神农之事也。”高《注》：“神农，耘耨之事。”郑《注》、《月令》则谓：“土神称曰神农者，以其主于稼穑。”土神，即后土，亦即烈山氏子柱。柱能殖百谷百蔬，夏以上祀为稷。稷为田畯，死为田祖；故谓神农为田祖，毋宁谓田祖即社。《诗》曰：“以社以方……以禦田祖”，是亦后稷蜕变于后土，后土即田祖之坚证。

（一一）论神农制耒耜演自“农祥晨正”神话

知田祖即烈山氏子柱，柱即农神，后乃乙言为神农也。则神农制耒耜故事，乃可得而说。

昭元年《左传》："昔高辛氏有二子，伯曰阏伯，季曰实沈，居于旷林，不相能也，日寻干戈，以相征讨。后帝不臧，迁阏伯于商邱，主辰，商人是因，故辰为商星。迁实沈于叔夏，主参，唐人是因。及成王灭唐，而封大叔焉，故参为晋星。"昭十七年《左传》亦曰："宋，大辰之虚也。"但在《晋语》则谓："大火，阏伯之星也，是为大辰。辰以成善，后稷是相，唐叔以封。"(《国语》十)《周语》则谓"辰马农祥也，我太祖后稷之所经纬也"(《国语》三)，并以为周之征祥在大辰。《史记·封禅书》："汉兴，或曰周兴而邑邰，立后稷之祠，至今血食天下。于是，高祖制诏御史，其令郡国县立灵星祠，常以岁时，祠以牛。"司马彪《续汉书·祭祀志》：

> 言祠后稷而谓之灵星者，以后稷又配食星也。旧说，星谓天田星也。一曰，龙左角，为天田官，主谷，祀用壬辰位祠之。壬为水，辰为龙，就其类也。

《史记正义》引《汉旧仪》则谓："灵者，辰也。辰之神为灵星，故以壬辰祠灵星于东南。"《尔雅·释天》："大辰，房、心、尾也。"李巡《注》："大辰，苍龙宿之体，最为明，故曰：房、心、尾也。大火，苍龙宿之心，以候四时，故曰辰。"(《左传正义》引)韦昭《国语解》亦谓："辰马，谓房、心、星也。房星晨正而农事起，故曰农祥。"是辰星之言农星也。房、心、尾之系联，应如下图：

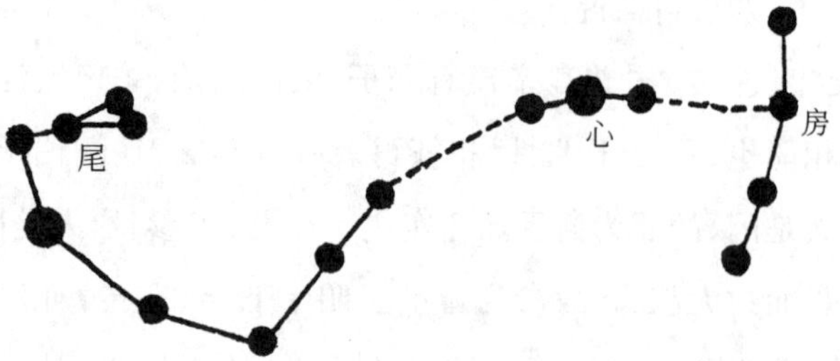

正为耒象。是知神农制耒耜故事，盖周末阴阳家（即天文家）者流演自“农祥晨正”之天象，所谓神农者，与谓古圣先王，毋宁谓即大辰。大辰，阏伯之星也。襄九年《左传》则谓：“陶唐氏火正阏伯居商丘，祀大火而火纪时焉；相土因之，故商主大火。”相土，即殷之邦社，亦即殷之农神。由《孝经·圣治》“周公郊祀后稷以配天”为例，则相土为社，郊祀配天即为大辰。相土作乘马，故《国语》又谓大辰曰“辰马”。辰马，周人以为后稷所经纬。是在天之大辰，为后稷所布；在地之耒耜，宜亦制自后稷矣。则所谓神农者，在殷人神话为相土，在周人神话为后稷，相土、后稷在地为农神，在天为大辰。余故曰，神农者，大辰也。神农制耒耜，当演自大辰象耒神话。

（一二）论蜃为原始农器，农字即象摩蜃而耨形

辰，篆文作辰，《说文》云：“震也，三月阳气动，雷电振，民农时也。物皆生。从乙匕，匕象芒达；厂声。辰，房星，天时也。从二，古文上字。辰古文辰。”辰之见于卜辞、金文者，则作：

(《藏龟》,七页) (《藏龟》,九页) (《前编》二,第十三页)
(《前编》三,第七页) (《前编》七,第廿七页) (䡇侯鼎)
(盂鼎) (斿鼎) (伯仲父𣪘)

字或从又,与辱同。《说文》:"辱,耻也。从寸在辰下,失耕时,于封畺上戮之也。辱者,农之时也;故房星为辰,田候也。"实则辱即辰之或体,盖象手持农具形。辰孳乳为农,篆文作,籀文作,古文作,《说文》谓:"从晨囟声。晨,早昧爽也。从臼辰,辰时,非也。"《令鼎铭》:"王大耤农于諆田",农则作,他如农卣、农觯铭文亦无不从田辰。惟夨人盘(即散氏盘)铭作,颇似篆文农字耳。是《说文》云,农从"囟声",囟实为田之形讹(此容庚说)。若《农彝铭》云:"农作宝尊彝",其篆体作(见《贞松堂集古遗文》卷四),其上从茻,从田,从辰,颇似籀文农;其下从又,又近于蓐。蓐,在《说文》云:"陈艸复生也,从艸辱声。"卜辞有蓐字,作(《前编》五,第四八页),(《通纂·附录》一,新一四片)。

郭沫若则谓:"蓐实农字,蓐农幽冬对转也。"(《通纂考释》)农何以从辰?辰,《说文》谓:"从乙,匕,从上,厂声",全瞽说也。辰即蜃之原始象形文。《周官》掌蜃,《注》云:"蜃,大蛤也。"《尔雅·释鱼》亦谓:"蜃,小者珧。"珧读为铫,《说文》云:"铫,古田器。"(据《毛传正义》引改)《管子·海王》"耕者必有一耒一耜一铫"是也。铫之来源,据《世本》云:垂所作也。实则恶金制犁钼以前,一般农器,刺土者多揉木,刈获者皆用蜃珧。其后金属之用渐广,乃拟珧之形而为铫。《周颂·臣工》:"寺乃钱镈,奄观铚艾。"钱镈之类,今本字俱从金者,盖后儒所臆改。钱之古文,疑但作珧。《淮南·氾论》:"古者剡耜而耕，摩蜃而耨，民劳而利薄，后世为之耒耜耰鉏，民逸而利多。”高《注》：“蜃，大蛤也。摩令用，用之耨，耨除草秽也。”余谓蓐字，即象手持蜃珧耨除草秽形。定十四年《春秋》：“天王使石尚来归脤。”《公羊传》云：“脤者何？俎实也。腥曰脤，熟曰燔。”杜预《左传注》则谓：“脤，祭社之肉，盛以脤器。”证之成十三年《左传》云：“成子受脤于社”，则杜说是也。脤器为何？杜预无说。《正义》据《周礼·掌蜃》：“祭祀共其蜃器之蜃。”郑司农《注》云：“蜃可以白器，令色白。”疑脤为饰祭器之属。余谓脤即以蜃盛肉之名。祭社，即祀田祖，以蜃盛肉即以用器盛肉，盖沿原始社祀之习惯。祭社而以蜃盛肉，是知中国古代农器，蜃珧又先于揉木为耒，剡木为耜矣。蜃珧，自然之物也；农业，自然应运而作也；然则，谓耒耜创自神农，或毋宁谓创自自然。观于农字从辰，可确知蜃为我国最原始之农器。

（一三）论蓐收亦农神，因公族有罪，磬于甸人，乃误为天之刑神

知农、蓐古本一字也，则古之所谓蓐收者，亦得谓即农神。

《楚辞·远游》：“凤皇翼其承旗兮，遇蓐收乎西皇。”西皇者，少皞也。《月令》：“孟秋之月，其帝少皞，其神蓐收。”郑《注》：“少皞，金天氏。蓐收，少皞之子曰该，为金官。”金官，蔡墨谓之金正云：“少皞氏有四叔，曰修、曰熙、曰重、曰该，使该为蓐收，世不失职，遂济穷桑。”此郑说所祖也。《白虎通·五行》则谓：“少昊者，

少敛也。蓐收者,缩也。"证之《管子·四时》云:"西方曰辰,其时曰秋,其气曰阴;其事号令,毋使民淫暴,顺旅聚收,量民资以畜聚,赏彼群干,聚彼群材,百物乃收,使民毋怠,此谓辰德。辰掌收,收为阴。是故秋三月,发五政,三政曰慎旅,趣民聚收。"则所谓蓐收者,即"辰德掌收"之意。《月令》:"季秋,乃命冢宰,农事备收,举五谷之要,藏帝藉之收于神仓。"农事备收,盖犹《豳风·七月》云:"九月肃霜,十月涤场。"涤场之事,《月令》谓"命冢宰"。昭十七年《左传》:"郯子曰,我高祖少皞挚之立也,凤鸟适至,故纪于鸟,为鸟师而鸟名,九扈为九农正。"《正义》引贾逵《注》则谓:"春扈分循,趣民耕种者也;夏扈切玄,趣民芸苗也;秋扈切蓝,趣民收敛者也;冬扈切黄,趣民盖藏者也。"《独断》说少皞世九农之官,其文相同。则少皞时趣民收敛之秋扈氏,即蔡墨所谓少皞氏使子该为蓐收;余故谓蓐收即趣民收敛之农正,其没而祭于社也,即为农神。农神,司农之神也。何《晋语》云:

> 虢公梦,在庙,有神,人面白毛,虎爪执钺,立于西阿。公惧而走。神曰:"无走!帝命曰:'使晋袭于尔门。'"公拜稽首,觉。召史嚚占之。对曰,如君之言,则蓐收也,天之刑神也。(《国语》八)

谓蓐收为天之刑神,曰:蓐收,由"农事备收"说,当为"秋农正"。《管子·禁藏》:"秋行五刑,诛大罪,所以禁淫邪,止盗贼。"《大戴礼·千乘》:"司寇,司秋,以听狱讼,治民之烦乱……凡犯天子之禁,陈刑制辟,以追国民之不率上教者。"《月令》亦谓:"孟秋之月,乃命有司修法制,缮囹圄,具桎梏,禁止奸,慎罪邪……审断、决狱讼必端平,戮有罪,严断刑。"故郑玄《周礼目录》释"秋官司寇"云:

“象秋所立官，寇，害也，秋，遒也；如秋义杀害，收聚敛藏于万物也。天子立司寇，使掌邦刑。刑者所以驱耻恶，纳人于善道也。”是，秋日，戮有罪，严断刑，法农人之是刈是获，聚敛收藏也。然而，《司寇·掌囚》则谓：“凡有爵者与王之同族，奉而适甸师氏，以待刑杀。”《注》引《文王世子》云：“虽亲不以犯有司，正术也，所以体异姓也。刑于隐者，不与国虑兄弟也。”按《礼记·文王世子》：

> 公族有罪，则磬于甸人；其刑罪，则纤剸，亦告于甸人。公族无宫刑，狱成，有司谳于公，其死罪，则曰，某之罪在大辟；其罪刑，则曰，某之罪在小辟。公曰，宥之。有司再曰，在辟。公又曰，宥之。有司又曰，在辟。及三宥，不对，走出，致刑于甸人。

致刑于甸人者，言使甸人磬杀之也。成十年《左传》：“使甸人献麦。”杜《注》：“甸人，主为公田者。”桓十四年《穀梁传》：“甸粟而纳之三宫。”范《注》：“甸，甸师，掌田之官也。”《周官·冢宰》有甸师，其职云：“掌帅其属而耕耨王藉，以时入之，以共齍盛。”则甸师、甸人，即虢文公所陈藉礼中之“农师”，亦即《月令》所谓“命由舍东郊”之田。《小雅·车攻》及《吉日》俱云：“田车既好”，石鼓文亦云：“田车孔安”，田车，克钟铭则作“甸车”。扬毁铭：“官嗣量田甸。”甸，篆作，从田人。是甸人即田人，甸师即田师。田人何为又主磬杀之事？由孟加拉献人牺于“大地女神”及菲律宾杀奴隶以献“地母”风俗测之，疑在古代农业社会，本有杀人以为催生之术，积习相沿，遂以田人为刽子手；农神蓐收，遂兼为刑神，而有“天之刑神”传说。

天之刑神，印度古代谓之婆楼那(Varuna)，《梨俱吠陀》说此神之性状云："以天为座处，以火为面，以日为眼，以风为呼吸，以星为其使者，着金色之衣，时乘马车，驱驰太空；其能力，则为规律之保护者。"(详高译《印度哲学宗教史》六七页)规律之保护者，即史嚚所谓"天之刑神"，其着金色之衣，则与蔡墨所谓"金正日蓐收"者，意亦相近。蓐收之状，据虢公所梦，为"人面白毛，虎爪执钺"。《海外西经》则谓："西方蓐收，左耳有蛇，乘两龙。"《西山经》："泑山，神蓐收居之。"郭《注》亦谓："蓐收，金神也。"金正金神，以五行神位言，宜为蓐收；余谓："天之刑神"说若非演自印度传说之婆楼那，即为西王母之变相。

《穆天子传》："天子西征，癸亥，至于西王母之邦。"郭《注》引《竹书》云："穆王西征至昆仑丘，见西王母。"西王母盛传于晚周以后载记，如《庄子·大宗师》云："西王母坐乎少广。"《淮南·览冥》云："羿请不死之药于西王母。"据道家传说固西方不死之女仙也。《西山经》则谓：

> 玉山，是西王母所居也。西王母，其状如人，豹尾虎齿而善啸，蓬发，戴胜，是司天之厉及五残。

司马相如《大人赋》亦谓："低回阴山翔以纡曲兮，吾今乃目睹西王母；皬然白首戴胜而穴处兮，亦幸有三足乌为之使；必长生若此而不死兮，虽济万世不足以喜。"(见《史记》本传)西王母状如人而豹尾虎齿，皬然白首而戴胜，与蓐收之"人面，白毛，虎爪"形极相似。其"司天之厉及五残"，郭《注》："主知灾厉五刑残杀之气也。"余谓厉者，五厉也。《管子·轻重》："桓公欲藉于室屋。管子曰：不可。君请藉于鬼神。昔尧之五吏。五官无官无所食，君请立五厉之祭，祭尧之五吏，设之以祈祥也。"五厉，犹襄十七年《左传》云，"尔父为厉"，厉者，恶鬼也。五残者，《仓颉篇》云："残，伤也。"《周官·大司马》："放弑其君则残之"，《注》云："残，杀也。"五残五厉，皆天所以贼伤人物之恶鬼也，而西王母司之；则西王母若非印度传说之夜叉（一曰药叉），必为中国人所敬祀之"天之刑神"。西王母为名，在上文余已说明演自"西母"，"西母"即"西方地母神"，与蓐收主秋、主西方之说合。《尚书大传》云："西方之极，自流沙西至三危之野，帝少皞，神蓐收司之。"《淮南·时则》云："西方之极，自昆仑，绝流沙沉羽，西至三危之国，饮食之民，不死之野，少皞蓐收之所司者万二千里。"蓐收所司，在中国西极，正传说西王母所在也。余故谓西王母即西方地母神，蓐收亦西土之农神。农神与地母，所以传为"天之刑神"者，若非演自婆楼那神话，必由原始社会以杀人祭地为农业催生术，演而为农官兼刽子手，乃误农神为"天之刑神"。是故蓐收之最初神格，由其名谊及故事考之，当为趣民收敛之农神；若以人言，似即殷王子亥，王亥服牛，余已说明为传说牛耕之始，则"该为蓐收"，该即亥后起字。

（一四）论蜡读为耤，即所谓耨获之耤，所以祭蓐收

农神何为因时季而有不同？是不能不一考藉田之礼。

《月令》于孟春云："天子乃以元日，祈谷于上帝，亲载耒耜，躬耕帝藉。"《注》云："谓以上辛郊祭天也。"《春秋传》曰："夫郊祀后

稷以祈农事,是故启蛰而郊,郊而后耕。帝藉,为天神借民力所治之田也。”是春藉也。其孟冬云:“天子乃祈来年于天宗,大割祠于公社,腊先祖五祀,劳农以休息之。”《注》云:“此《周礼》所谓蜡祭也。腊,谓以田猎所得禽祭也。”按:《周礼·籥章》:“国祭蜡,则龡《豳颂》,击土鼓以息老物。”杜子春《注》引《郊特牲》云:“天子大蜡八。伊耆氏始为蜡。岁十二月,合聚万物而索飨之也。蜡之祭也,主先啬而祭司啬也。黄衣黄冠而祭,息田夫也。”郑氏《郊特牲注》则谓:“先啬,若神农者,司啬,后稷也。”神农、后稷皆农神名;则蜡之祭也,实主祭古今农神,确即《月令》所谓“孟冬,大割祠于公社”。

蜡之祭,《郊特牲》谓始伊耆氏。《明堂位》亦谓:“土鼓、蕢桴、苇籥,伊耆氏之乐也。”《礼记正义》云:“伊耆氏,神农也。”余谓伊耆即葛天氏。《吕览·古乐》:“昔葛天氏之乐,三人操牛尾,投足以歌八阕:一曰《载民》,二曰《玄鸟》,三曰《遂草木》,四曰《奋五谷》,五曰《敬天常》,六曰《建帝功》,七曰《依地德》,八曰《总禽兽之极》。”“总禽兽之极”,即《郊特牲》所谓:“蜡祭禽兽,迎猫,为其食田鼠;迎虎,为其食田豕也。”“遂草木,奋五谷”,即《郊特牲》所谓:“蜡祭百谷,以报啬也。”“敬天常,敬帝功”,即《月令》所谓:“乃祈来年于天宗”。“依地德”,即《月令》所谓:“大割祠于公社。”“载民”,疑非《大雅·生民》之误,即《周颂·载芟》之讹。《诗序》:“《载芟》,春藉田而祈社稷也。”而《商颂·玄鸟》说者以为祠高禖,高禖,亦地母神也(另详《句芒考》),则葛天氏所歌“八阕”,明即《郊特牲》所谓“天子大蜡八”。蜡之祝辞“土反其宅,水归其壑,昆虫毋作,草木归其泽”,亦可以综括“八阕”之辞。阕之言亥也,亥于月建为十月孟冬,正《月令》所谓“腊及先祖”之时;余故谓“伊耆氏始为蜡”，即葛天氏投足以歌八阕。葛，古文作萶，萶从害声，金文通读为匄；则葛天即匄天，匄天亦即《月令》所谓“祈来年于天宗”。是“伊耆氏始为蜡”，亦自“祈来年于天宗”说演来。

蔡邕《独断》说四代腊之名曰：“夏曰嘉平，殷曰清祀，周曰大蜡，汉曰腊。”《广雅·释天》则谓：“秦曰腊。”证之《秦本纪》云：“惠文君十二年，初腊。”又《晏子春秋·谏下》云：“景公令兵抟治，当腊，冰月之间而寒。”僖五年《左传》云：“虞不腊矣。”说者以为周时已有腊祭，不自秦汉始。按，《说文》：“腊，冬至后三戌，腊祭百神。”段《注》：“腊本祭名，因呼腊月腊日耳。”在夏正十月，腊即蜡也。《秦本纪》惠王十二年，初腊，记秦始行周正亥月大蜡之礼也。始皇卅一年更名腊名嘉平，十二月者，丑月也。始皇始建亥，不敢谓亥月为正月，但谓之十二月朔而已。《项羽纪》汉之二年冬，继之以春，继之以四月可证也。更名腊为嘉平者，改腊在丑月，用夏制，因用夏名也。腊在丑月，因谓丑月为腊月，《陈胜传》书腊月是也。汉仍秦制，亦在丑月，而用戌月则汉所独也。《风俗通》曰，腊者，接也，新故交接，故大祭以报功也。汉家火行，火衰于戌，故曰腊也。此说腊月，数虽有四代之殊，实皆谓建亥之月，是也。则腊之与蜡，不过文字之异。史言秦自惠文君初腊，亦无异言秦自商鞅为田，开阡陌，始由游牧社会进于农业时代，至惠文君始修周人祀典，复宗农神矣。

《礼运》：“昔者仲尼与于蜡宾。”蜡，《释文》引《字林》作褯。蜡、褯与耤，同谐昔声，故知蜡即耤字别构。虢文公所陈藉礼，王耕一墢，班三之，此传所谓“启蛰而郊，郊而后耕”，春之藉也。宣王既丧南国之师，乃料民于大原。仲山父谏曰：“王治农于藉，搜于农隙，耨获亦于藉……是皆习民数者也。”（详《周语》上）《周颂》：“丰年多黍多稌，亦有高廪，万亿及秭，为酒为醴，烝畀祖妣"，《诗序》谓"秋冬报也"是也。若《小雅》之《甫田》、《大田》、《楚茨》、《信南山》诸诗，《诗序》皆谓"刺幽王"。细绎其辞：

我黍与与，我稷翼翼。我仓既盈，我庾维亿。以为酒食，以享以祀。以妥以侑，以介景福。（《楚茨》）

疆场翼翼，黍稷彧彧。曾孙之穑，以为酒食。畀我尸宾，寿考万年。（《信南山》）

曾孙之稼，如茨如梁。曾孙之庾，如坻如京。乃求千斯仓，乃求万斯箱。黍稷稻粱，农夫之庆。报以介福，万寿无疆。（《甫田》）

来方来禋，以其骍黑，与其黍稷。以享以祀，以介景福。（《大田》）

实皆为秋冬报祀后稷之诗。所谓"曾孙之穑"与"曾孙之稼"，曾孙皆对"高祖"后稷言，当亦《周颂·丰年·良耜》之俦也。在卜辞则谓之"雚耤"云：

己亥卜，贞令[illegible]小耤臣。己亥卜，雚耤。（《前编》六，第十七页）

庚子卜，贞王其雚耤，叀往。十二月。（《后编》下，廿八页）

雚即藋之初文，旧或读为观，或读为祸，余谓当读为祼。《说文》："祼，灌祭也。"《周官·大宗伯》"以肆献祼享先王"，《注》亦谓："祼之言灌，灌以郁鬯，谓始献尸以求神也。"则卜辞所谓"雚耤"，明即虢文公所陈藉礼："王祼鬯飨醴，乃行。"虢文公陈藉礼，本郊而后耕事也，而卜辞谓在“十二月”，与周秦以来所谓“腊月”，意正相应；余故谓岁终索万物而飨之之蜡，即仲山父所谓“耨获亦于藉”。耨获于藉时在秋冬；而《远游》谓“遇蓐收乎西皇”，《月令》亦谓蓐收为秋神，是知蓐收即耨获所耤之农神。卜辞又云：“龠农，在十一月。”（《戬寿堂》二页）农，又当即《郊特牲》所谓：“蜡之祭也，飨农及邮表畷。”径言之，亦即蓐收。

（一五）论蓐收即后稷，其所潜大泽在敦煌，疑周本氏族

由卜辞所见萑耤、龠农、亩农诸祀典论农神，其在殷代固已自后土蝉蜕而为独立之神格；且此独立神格之农神，或曰耤，或曰农，绝不称后稷；是知稷之称后，必自周公尊祖配天始，殷人亦但祀烈山氏子农，《商誓》所谓“商先誓王，明祀上帝，亦惟我后稷之元，谷用告和，用胥饮食”者，盖周人伪托之辞。周人起自西域（另详拙著《由三代都邑论其民族文化》），开国以前，其风俗政教，不与殷商同（另详拙著《开国前周人文化与西域关系》），所祖后稷，当为西域人后稷，非夏殷所祀农神。

后稷遗迹，较为重要者，当为“即有邰家室”。有邰，世皆谓：“姜嫄之国也。尧见天因邰而生后稷，故国后稷于邰。”（见毛《诗传》）邰，《汉书·地理志》作斄，云：“后稷所封。”杜预《左传注》谓“始乎武功县所治斄城”是也。然而，《鲁语》“稷勤百谷而山死”，韦昭《解》则谓：“周弃死于黑水之山。”证之《大荒海内经》云：

> 西南黑水间，有都广之野，后稷葬焉。其城方三百里，盖天下之中，素女所出也。爰有膏菽膏稻，膏黍豪稷，百谷自生，冬夏播琴。（据毕沅校本）

《淮南·地形》亦谓："后稷垅在建木西。建木在都广，众帝所自上下，日中无景，呼而无响，盖天地之中也。"建木，余在《九州通考》中已说明在北回归线南，近赤道处；是后稷死于南极，亦南极之农神也。不宁惟是。《西山经》云："峚山，丹水出焉，西流注于稷泽。"郭《注》："后稷所凭神，因名稷泽。"而槐江之江正谓："西望大泽，后稷之所潜也。"是郭《注》所本。槐江山，毕沅《校正》谓"即甘州张掖县北鸡山"，则后稷所潜大泽不得其指。按《海内西经》云：

> 大泽，方百里，群鸟所生及所解。在雁门北。
>
> 雁门山，雁出其间。在高柳北。
>
> 高柳在代北，后稷之葬，山水环之。在氐国西。

《汉书·地理志》正谓高柳属代郡。《水经·漯水注》亦谓："高柳在代中，其山重峦叠巘，霞举云高，连山隐隐，东出辽塞。"则"稷勤百谷而山死"，实死于代郡高柳之山。代本中山别国，古为鲜虞，狄之别种也。狄氐一声之转，《海内西经》谓"后稷葬在氐国西"，无异言后稷死于北狄。《墨子·节葬》："昔者尧北教乎八狄，道死，葬蛩山之阴。"《海外南经》则谓："狄山，帝尧葬于阳。"北狄而次于《南经》，颇疑《淮南》所谓"后稷垅在建木西"，亦由昆仑民族传自西北，犹昆仑山神话，发源于西北，随其民俗转徙，南海遂有昆仑山。（详费瑯著《昆仑及南海古代航行考》）若然，后稷稼穑故事，传自氐羌,所谓周宗者,盖本氐族。《穆天子传》言天子升昆仑及春山后至于赤乌云:“赤乌氏先,出自周宗。太王亶父之始作西土,封其璧臣季绰于春山之虱,妻以元女,诏以玉石之刑,以为周室主。”昆仑,即今祁连山(详《河出昆仑说》),则赤乌氏疑即汉之乌孙或月氏。周在克殷前,与昆仑西乌孙通婚媾,其为氐族,此或有力之旁证。则槐江山东望恒山,南望昆仑,似即今删丹山。删丹附近,无大泽可指,其北则居延泽,古文以为流沙;其西则有效谷、渊泉,俱属敦煌郡。颜师古《汉书注》引阚骃说:“地多泉水,故名渊泉”,又引桑钦说:“孝武元封六年,济南雀不意为鱼泽尉,教力田,以勤效得谷,因立效谷县。”余谓,稷泽即渔泽,后稷所潜大泽,或在效谷、渊泉附近,即古赤乌氏旧地。效谷本名鱼泽,颇疑鱼即稷字形沕,鱼泽,即《西山经》所谓“稷泽”。后稷所潜,既在昆仑(即祁连山)之西,正《书大传》所谓:“三危之野,蓐收所司”,则后稷蓐收,又得谓本一体,蓐收本西方农神,余故谓后稷亦西域人后稷,非殷人所籥之农矣。殷人籥农,由《祭法》云“烈山氏子民”,但《国语》、《左传》俱作柱。柱者,杜主也。“杜主,在秦中,最小鬼之神者”,盖因周人郊稷配天,继以秦人立四时,祀上帝,其神格乃微;若在初民社会,则杜主当为民族大神。

(一六)论邦社与国家民族相终始,又当为图腾遗迹

蜀人尊杜宇为叢帝,夏后氏宗禹,禹劳天下而死为社;社神在夏后及巴、蜀固尝宗为民族先祖,奉为民族大神矣。

初民大神,在若干部族中,地母而外,更有“图腾”(Totem)。图

腾者,印第安语也。澳洲土人谓之“科旁”(Kobong)。或为动物,或为植物,或为无生物。在初民,常择一物以为其氏族之祖先、保护者及团结之标号(参阅林惠祥《文化人类学》第五篇第四章《图腾崇拜》)。此种神物,或为柱形,植立家族之入口处;或为坛埠,秘藏于丛林之中;疾病祷于是,田猎祷于是,出征祷于是,振旅饮至于是,冠礼举于是,婚姻亦常成于是(参阅《南洋猎头民族考察记》)。藏“图腾”于丛林,固即《墨子》所谓“择木之修茂者立以为叢社”矣;其植图腾柱于家族之入口处,则又类似中国现代农村,有井水处必有土地祠。余固疑社神来源,不尽为后土;其另一部分神性,似又为图腾遗迹。

《鲁语》言:“庄公如齐观社。曹刿谏曰,不可。齐弃太公之法,而观民于社,何以训民?土发而社,助时也;收捃而蒸,纳要也。今齐社而往观旅,非先王之训也。”近世说者,或以观民于社,即使男女欢会于社。考:庄廿三年《左传》曹刿谏辞,则微不同。刿曰:“夫礼,所以整民也;故会以训上、下之则,制财用之节。”此与宣王料民太原,仲山父所谏者,意则相似。按:襄二十四年《左传》:“齐侯既伐晋,而惧,将欲见楚子。楚子使薳启疆如齐聘,且请期。齐社,搜军实,使客观之。”则齐之社,即管子所谓:“春以搜振旅,秋以狝治兵。”(详《齐语》)《郊特牲》:“季春火出,为焚也。然后简其车赋,而历其卒伍,而君亲誓社,以习军旅。”是社自古为治兵之地。

《王制》:“天子将出征,类乎上帝,宜乎社,造乎祢。”《周官》:“大祝、大师宜于社,造于祖,设军社,类上帝。国将有事于四望,及军归,献于社,则前祝。”(《大宗伯》)郑司农说:“设军社,以《春秋传》曰,所谓君以师行,被社衅鼓,祝奉以从者也。”按:定四年《左传》:

晋会诸侯于召陵。卫灵公使祝佗从。佗辞曰:夫祝,社稷

> 之常隶也。社稷不动，祝不出竟，官之制也。君以军行，祓社衅鼓，祝奉以从，于是乎出竟。若嘉好之事，君行师从，卿行旅从，臣无事焉。

而闵二年《左传》亦谓："帅师者，受命于庙，受脤于社。"师之出也。《夏书·甘誓》云："用命赏于祖，弗用命戮于社。"师之归也，《周书·世俘》云："武王乃以庶祀馘于周庙，用小牲羊犬豕于誓社。"社在古代，又常与征战相终始，其神格固已超于后土。《封禅书》言："高祖初起，祷丰枌榆社。徇沛，为沛公，则祠蚩尤，衅鼓旗。"蚩尤，传说为古代兵神，则社又为国土保护神，可当于初民社会之图腾。《大雅·绵》之诗曰："乃立冢土，戎丑攸行。"毛《传》："冢土，大社也。起大事，动大众，必先有事乎社而后出，谓之宜。"《尔雅·释天》引《毛诗传》，更谓："振旅阗阗，出为治兵，尚威武也；入为振旅，反尊卑也。"则《周官》所谓"出征，宜乎社"，实为古礼。不宁惟是。

周武王既克殷，"周公把大钺，召公把小钺，以夹王；泰颠、闳夭皆执轻吕以奏王。王入，即位于社。"（详《周书·克殷》）及周公作雒邑，"乃建大社于国中"。（详《周书·作雒》）"周公朝至于洛，越三日丁巳，用牲于郊，牛二。越翼日，戊午，乃社于新邑，牛一，羊一，豕一。"（详《尚书·召诰》）牛羊豕，古谓之太牢。周公以太牢祭社，武王且即位于社，社在周初，其非"最小鬼之神"可知也。《礼记·檀弓》："国亡大县邑，公卿大夫士皆厌冠，哭于太庙三日，君不举。或曰，君举而哭于后土。"《注》云："后土，社也。"国亡大邑哭于社者，孔氏《正义》云："社，主土故也。"《春秋》哀四年"六月，辛丑，亳社灾"。《公羊传》亳作蒲云："蒲社者何？亡国之社也。其言灾何？亡国之社盖掩之，掩其上而柴其下。"《穀梁传》亦谓："亡国之社以为庙屏，戒也。其屋亡国之社，不得上达也。”在《郊特牲》则谓：

> 社，祭土而主阴气也。天子大社，必受霜露风雨，以达天地之气也。是故丧国之社，屋之，不受天阳也。薄社，北牖，使阴明也。

《吕览·贵直》亦谓：“狐援说齐湣王曰，殷之鼎陈于周之庭，其社盖于周之屏，其于戚之音在人之游。亡国之书不得至于庙，亡国之社不可见于天，亡国之器陈于庭，所以为戒。王其勉之，其无使太公之社盖之屏。”自武王即位于社，周公营成周先建大社，国亡县邑则哭于社，亡国之社则盖之屏之一贯事实考之，社在古代，又常与民族国家相终始，则《孝经说》谓“社为国土之主”者，自是最古之谊。国土之主，即民族保护神，初民社会谓之图腾，或曰科旁；余故谓中国所祀之社神，其神格不尽为地母，实演自民族图腾。故先秦载记，得常以“社稷”象征国家。卜辞所见“邦土”，《祭法》所谓“国社”，皆其民族大神，谓之图腾可也。

（一七）论里社即氏族图腾，社母即原始地母神

社之种类，据《祭法》云：有大社、王社、国社、侯社及置社之不同。大社见于《周书·作雒》，国社见于卜辞，王社、侯社则于史无征，疑侯社即邦社，王社即大社；以时代言，则殷曰邦社，周曰大社，大社与邦社，非有天泽之分。若置社，疑或“里社”之讹。《郊特牲》：“家主中霤，而国主社，唯为社事，单出里。”《注》云：“二十五

家为里”，是也。里社，古或谓之书社。如顾炎武说社云：

> 社之名起于古之国社、里社，故古人以乡为社。《大戴礼》千乘之国，受命于天子，通其四疆，教其书社；《管子》：方六里，名之曰社，是也。昭二十五年《左传》齐侯唁公曰，自莒疆以西，请致千社。注，廿五家为社，千社，二万五千家。哀十五年，齐与卫地，自济以西，禚、媚、杏以南，书社五百。《晏子》：景公予鲁君地，山阴数百社。又曰，景公禄晏子以平阴与稾邑及市者十一社。又曰：吾先君桓公以书社五百封管仲，不辞而受。《荀子》：与之书社三百，而富人莫之敢拒。……《商子》：汤武之战，士卒坐陈者，里有书社。《吕氏春秋》：武王胜殷，诸大夫赏以书社。又曰：卫公子启方以书社四十下卫。又曰：越王请以故吴之地，阴江之浦，书社三百，以封墨子。今河南大原青州乡镇犹以社称乡。（《日知录》卷廿二）

书社者，书于版籍之里社也。乡里而以社名，当犹植图腾柱于家族入口处之遗迹。换言之，里社来源，盖演自初民社会之家族图腾，不尽地母也。

今之里社，皆有土地祠，祠中主神，左社公，右社母，俗皆拟之为夫妇。得余说而存之，则所谓“社母”者，当即原始地母，谓为姜嫄可也，谓为真正后土神，可也。若社公，疑非句龙相土后稷之俦，当为图腾。《墨子·明鬼下》：“于古曰，吉日丁卯，周伐祝社方，岁于祖若考（伐今本作代，依郭沫若说校改。祖若考今本作社者考，依孙氏《闲诂》说校改），以延年寿。”此即《楚茨》所谓“祝祭于祊，祀事孔明，先祖是皇，神保是飨”也。在《甫田》则谓“以社以方，以御田祖。”田祖，依夏以上祀柱说，虽为烈山氏子柱，但自周人克殷，入主中夏，其所祖后稷，已代柱而为农神，即代柱而为田祖。田祖，由周人传说，则仍为先祖后稷也。先祖，在周为后稷专称，至《墨子》则泛言“祖若考”。而祖在初民社会，常以民族图腾当之。是知，今之所谓“社公者”，即甫田之“田祖”，《楚茨》之“先祖”，与夫《墨子》所谓“祖若考”，皆初民图腾之遗；乡里而以社名，亦可知里社犹未失原始部落或家族之组织。则里之有社，盖犹氏族之有图腾。

（一八）结论

由上论证，吾人对于社稷诸祀之神格变化，可作如是之简明叙述。

（甲）社神之来源，始于初民崇祀地母。地母，古曰后土，今里社所祀“社母”，即原始社神。此原始地母神，在《周易》谓之坤，在卜辞谓之东母、西母。西母，周人演为姜嫄；东母，殷人演为简狄。简狄、姜嫄与庆都、常仪合为帝喾四妃，亦演自“地道曰方”神话。故社神，古又谓之“方社”。

（乙）社，卜辞作或，象束木而涂之，即社主也。因建国必择木之修茂者立为丛位，夏松、殷柏、周栗，故社或从木作杜。《封禅书》所谓杜主，《华阳国志》所谓杜宇，皆社神别名。杜又孳乳为柱。烈山氏子柱能殖百谷百蔬，与杜宇教民务农，同为“土爰稼穑”意义之演绎。故杜宇在《华志》为丛帝，柱在左氏《国语》则变为稷神。

(丙)杜宇之宇,即禹之语讹。“禹劳天下而死为社”,即杜宇名辞之的解。禹生石纽,及巴县之涂山,皆可证杜宇故事,为禹平水土传说之演变,又不独禹有子启,杜宇有臣开明,启与开明名义相应而已。

(丁)柱为稷神,稷谐畟声,畟实畯之别构,故知“稷为大官”,稷即田畯。周人祖畯,郊祀后稷以配天,稷乃由地神升为天神。天神之关切农事者,则惟大辰星。大辰为房、心、尾三宿之合体,组而为耒耜之象。神农制耒耜故事,当即演自“农祥晨正”神话。换言之:神农,即后稷在天之灵也。汉高祖制诏天下郡国县立灵星祠,灵星即大辰;以神言,即神农。故神农为继后稷而起之农神,柱为先后稷而兴之农神。

(戊)蓐,于文从林(或从艸),从辰;辰者,蜃也,像以蜃耨草形。或从以又,《说文》别以为蓐,实即农字,故知蓐收本亦农神。农服田力啬,乃亦有秋。秋时,农事备收,报祀社稷,所以有蓐收之名也。蓐收名该,该即亥之孳乳字。王亥服牛,为传说牛耕之始,故或祀为农神。古者春祈秋报,常以人为牺。杀人祭社,农官主之,故农官渐演为刽子手,《礼记》所谓“公族自罪,则磬于甸人”,即其片面之遗存。农官得兼刽子手,故蓐收在周代又传为天之刑神。

(己)自烈山氏子柱,《祭法》又谓之农考之,原始农神,当即社神。顾卜辞既云“桒年于邦社”,又谓“亩农”,“籥农”,则农神与社神,在殷时明已分立。且,殷祀“邦社”之外,更有“燎于东母、西母”记载。东母、西母,余已说明即地母;则“邦土”,既非农神,又非地母,显为民族保护神。武王克殷,即位于社;周公作雒,先建大社;国亡县邑,则君哭于社;亡国之社,则掩上而柴下,不使受天阳;

社与国家，常相终始，则古之所谓“邦社”者，盖即初民民族之图腾；所谓“里社”者，盖即氏族之图腾。图腾，印第安人常为柱形；所谓烈山氏之子柱，疑亦得名于图腾。

总之，神农、蓐收、后稷，皆自后土逐渐分化而成独立之神格。后土即社母，本原始地母神。因社会中心由女性转移于男性，地母神性亦随变而为男性，故有“后土为社”传说。社稷在先秦载记中所以常象征国家者，盖有图腾遗意矣。故言中国社神之来历，实为“地母”与“图腾”之混合。今之土地祠中，左社公而右社母，社母之为地母，固无待言；则社公应即民族保护神，印第安人所谓“图腾”者是也。

一九三九年九月六日写于三台。

句芒、高禖、防风、飞廉考

——风神篇

（一）论风神古名箕星或曰飞廉

《周易·说卦传》曰："巽为风。"又曰："神也者，妙万物而为言者也。动万物者莫疾乎雷，桡万物者莫疾乎风。"风之为物，《庄子》尽之矣。《齐物论》曰：

> 大块噫气，其名为风。是唯无作，作则万窍怒呺。而独不闻之翏翏乎？山林之畏佳，大木百围之窍穴，似鼻，似口，似耳，似枅，似圈，似臼，似洼者，似污者，激者，謞者，叱者，吸者，叫者，譹者，宎者，咬者，前者唱于，而随者唱喁。泠风则小和，飘者则大和，厉风济则众窍为虚。

厉风者，烈风也。厉，一作劦。《山海经·北山经》："錞于毋逢之山，北望惟号之山，其风如劦。"郭《注》："劦，急风貌。或云，飘风也。"《诗·桧风》"匪风飘兮，匪车嘌兮"，毛《传》"回风为飘"，又《大雅》"有卷者阿，飘风自南"，传亦谓"飘风，回风也"。回风也，劦风也，由《庄子》言皆作于大块之噫气。而《水经》"河水又南过河东北屈县西”,《注》则谓:“北屈县故城西四十里有风山,上有穴,如轮,风气萧瑟,习常不止。当其冲飘也,略无生草,盖常不定,众风之门故也。”众风之门,由《水经注》言,在北屈县风山,《山海经》则又谓:

> 大荒之中,有山名曰鞠陵于天,东极离瞀,日月所出,名曰折舟。东方曰折,来风曰俊,处东极以出入风。(《大荒东经》)
>
> 有女和月母之国,有人名曰鳧。北方曰鳧,来之风曰狻,是处东极隅,以止日月,使无相间出没,司其短长。(同上)
>
> 南海渚中,有神名因乎。南方曰因乎,来风曰乎民,处南极以出入风。(《大荒南经》)
>
> 有国名曰淑士……有人名曰石夷,来风曰韦,处西北隅以司日月之长短。(《大荒西经》)
>
> 钟山之神,名曰烛阴,吹为冬,呼为夏,不饮,不食,不息,息为风。(《海外北经》)

以为来风之神不一,东方曰俊,南方曰乎民,西方曰韦,北方曰鳧,一曰烛阴。四方风神,《周官》总谓之“飌师”,周秦以来,谓之“风伯”。

《周官·大宗伯》以槱燎祀飌师雨师。郑《注》:“风师,箕也。雨师,毕也。”《淮南·原道》令雨师洒道,使风伯扫尘。高《注》亦曰:“雨师,毕星也。《诗》云:月丽于毕,俾滂沱矣。风伯,箕星,月丽于箕风扬沙。”按:月丽于箕,说出《春秋纬》(《诗·巷伯·正义》引),而月丽于毕则见于《诗·渐渐之石》。证之《洪范》云:“星有好风,星有好雨,月之从星,则以风雨。”马融《书注》云:“箕星好风,毕星好雨。”(《史记·宋世家·正义》引)又,石氏《星经》云:“箕,大星,一名风星,月宿之,必有大风。”(《开元占经》引)则风伯之为箕星,似为我国最古传说。顾《汉书·郊祀志》云:“秦并天下,令祠官所常奉天地名山大川鬼神,可得而序也。而雍有日月参辰二十八宿风伯雨师之属。”颜师古《注》则谓:“风伯,飞廉也。雨师,屏翳也,一曰屏号。而说者乃谓风伯箕星也,雨师毕星也。此志既言二十八宿,又有风伯雨师,则知非箕,毕也。”更验以《韩非·十过》云:“风伯进扫,雨师洒道。”《楚辞·九歌·大司命》云:“令飘风兮先驱,使冻雨兮洒尘。”在《离骚》及《远游》俱谓:“前望舒使先驱兮,后飞廉使奔属。”王逸《注》云:“飞廉,风伯也。”洪氏《补注》亦曰:“《吕氏春秋》曰,风师曰飞廉。应劭曰:飞廉,神禽,能致风气。”按:今本《风俗通·祀典篇》虽无神禽之说,其风伯烽正引《楚辞说》云:“飞廉,风伯也。”则晚周传说,固又谓风伯名飞廉矣。

(二)论飞廉一名费中,急言为风

《孟子·滕文公》:“周公相武王,诛纣,伐奄,驱飞廉于海隅而戮之。”赵岐《注》:“飞廉,纣谀臣。”《荀子·成相》:“世之灾,妒贤能,飞廉知政任恶来,卑其志意,大其园囿,高其台。”由儒家传说考之,飞廉,诚纣矢恶之臣也。但《墨子·耕柱》则谓:“昔者夏后启(今本作开)使飞廉(飞,今本作蜚)。采金于山川而陶铸之于昆吾。鼎成,四足而方,不炊而自烹,不举而自藏,不迁而自行,以祭于昆吾之虚。”以飞廉为夏后启之臣,《史记·秦本纪》又以飞廉为秦祖云:

> 帝颛顼之苗裔，孙曰女修。女修织，玄鸟陨卵，女修吞之，生大业。大业生大费，是为柏翳。大费生子二人，一曰大廉，实鸟俗氏；二曰若木，实费氏。大廉玄孙曰孟戏、中衍，鸟身，人言。帝太戊闻而卜之，使御吉，遂致使御而妻之。中衍之后，遂世有功，以佐殷国；故嬴姓多显，遂为诸侯。其玄孙曰中潏，在西戎，保西垂，生蜚廉。蜚廉生恶来。恶来有力，蜚廉善走，父子俱以材力事殷纣。周武王之伐纣，并杀恶来。是时，蜚廉为纣石北方，还，无所报。为坛霍太山，而报得石棺。铭曰帝令处父，不与殷乱，赐尔石棺以华氏。死，遂葬霍太山。蜚廉复有子曰季胜，生孟增。孟增幸于周成王，是为宅皋狼。皋狼生衡父。衡父生造父，幸于周缪王。

《赵世家》说略相同。谯周《古史考》于帝赐蜚廉石棺事，深所不信（《索隐》引）。按：《秦本纪》明言“文公十三年，初有史以纪事”；而《秦纪》传秦代史实，亦但托始襄公（见《始皇本纪》后），则襄公以前，秦之世系，纯系神话，蜚廉亦神话中人物。

飞廉铸鼎于昆吾，他书无征，疑涉昆吾作陶铸剑之说而误。若蜚廉善走，说则见于《淮南子》。其《俶真》曰：“骑蜚廉而从敦圄，驰于方外，休乎宇内。”高《注》：“蜚廉，兽名，长毛，有翼。”兽亦禽也。此善走之兽，当即应劭所谓“神禽”。其在《北山经》则谓之山猝云：“狱法之山，有兽焉，其状如犬，而人面，善投，见人则笑，其名山猝，其行如风。见则天下大风。”山猝，《海内北经》又谓之驺吾云：“林氏国，有珍兽，大若虎，五采毕具，尾长于身，名曰驺吾。乘之，日行千里。”《中山经》又谓之闻獜云：“凡山，有兽焉，其状如彘，黄身，白头白尾，名曰闻獜。见则天下大风。”猝音近蜚，獜音近廉，骀吾音近处父，窃谓蜚廉即山猙闻貖之合音，处父亦骀吾之音转，蜚廉善走当演自骀吾日行千里神话；而猙貖见则天下大风，实为大风之先征，飞廉故又擅风神之名。

纣之亡，据《荀子·成相》及《史记》言，亡于飞廉、恶来也。《墨子·明鬼》则谓："昔者纣贵为天子，富有天下，有勇力之人，费中、恶来、崇侯虎指寡杀人。天乃使武王至明罚焉，与殷人战乎牧之野，禽费中、恶来。"崇侯虎见于卜辞，而费中、恶来无考，窃谓费中即风字缓言，犹笔，缓言为不聿，邹，缓言为郰娄。风，《说文》谓："从虫，凡声。"凡，古读"扶音切"，与廉同部；风，疑亦"飞廉"之合音。飞廉合音为凡，费中合音为风。《庄子·秋水》："夔谓蚿曰，吾从一足跉踔而行，予无如矣，今子之使万足，奈何？蚿谓蛇曰，吾以众足行，而不若子之无足，何也？蛇谓风曰，予动吾脊胁而行，则有似也。今子蓬蓬然起于北海，蓬蓬然入于南海，而似无有，何也？风曰，我之起于北海而入于南海也，然而指我则胜我，鰌我亦胜我。虽然，夫折大木，蜚大屋者，唯我能也。"风本无体，而行速于蛇，则"飞廉善走"，正是风行疾速之寓言；《离骚》所谓"后飞廉使奔属"亦言使风催其后以速其行，非如后儒言"乘风"，《淮南》言"骑蜚廉"也。

飞廉之为秦祖，盖亦演自御马故事。《史记》言，蜚廉之祖孟戏中衍为殷帝太戊御，遂有世功。蜚廉之孙造父亦以善御，幸于周缪王。证之《穆天子传》云："天子之御，造父三百耿翛芍及曰，天子是与出□入薮，田猎钓弋"，《荀子·解蔽》云"造父精于御"，造父诚为穆王之御。顾甘石《星经》则谓："造父五星，在传舍南，主御女之官，则马贵。"其星状作，正《天官书》所谓"汉中四星曰天驷，旁一星曰王良，王良策马，车骑满野也"。《孟子·滕文公下》："昔者赵简子使王良与嬖奚乘。良不可,曰吾为之范,我驰驱,终日不获一;为之诡遇,一朝而获十;《诗》云:不失其驰,舍矢如破,我不贯与小人乘。"赵《注》:"王良,善御者也。"《淮南·览冥》:"昔者王良造父之御也,上车摄辔,马为整齐而敛谐,投足调均,劳逸若一。"高《注》:"王良,晋大夫邮无恤子良也。所谓御良也。为赵简子御,死而托精于天驷星,天文有王良星是也。"哀二年《左传》:"邮无恤御简子。"杜《注》则谓:"邮无恤,王良也。"孔氏《正义》云:"下云,子良授绥,是也。"王良后于造父者四五百载,以血统言,王良又为造父苗裔。子不先父,文武不先不窋,则《天官书》之王良,宜以造父为其初名,造父善御故事,既演自天文神话;则飞廉之为风神,疑亦与星空有关。马融注《洪范》谓"箕星好风"。考之《天官书》云:"箕为敖客,曰口舌。轸为车,主风。"箕主口舌,此《小雅·大东》所谓"维南有箕,载翕其舌"也。若,轸宿主风,则维《洪范》"星有好风",可以解之。轸何以好风?宋均云:"轸与巽同位,为风,车动行疾似之也。"车动风生,正《离骚》所谓"后飞廉使奔属"也。飞廉奔属与造父善御既为一贯事实,则《秦本纪》所传襄公以前之人物,若大费、大廉、费昌、孟戏、仲衍、蜚廉、造父等,非天空之神御,即速御之风神;其反映之史实,则秦襄公未攻戎救周列为诸侯时,固一游牧为生之西戎民族也。

(三)论禹戮防风氏与周公驱飞廉同为宁风寓言

秦祖飞廉。飞廉既为风神,周公如何驱于海隅而戮之?曰,是可以禹戮防风氏故事解之。《鲁语》:

> 吴伐越，堕会稽，获骨焉，节专车。吴子使来好聘，且问之仲尼，曰：敢问骨何为大？
>
> 仲尼曰：丘闻之，昔禹致群神于会稽之山，防风氏后至，禹杀而戮之，其骨节专车，此为大矣。
>
> 客曰：防风，何守也？
>
> 仲尼曰：汪芒氏之君也，守封嵎之山者也。为漆姓。在虞、夏、商为汪芒氏，于周为长狄，今为大人。

长狄之名，颇著于《春秋》。文十一年《经》："冬，叔孙得臣败狄于咸。"《穀梁传》曰："长狄也。弟兄三人，佚宕中国，瓦石不能害。叔孙得臣，最善射者也，射其目，身横九亩，断其首而载之，眉见于轼。"范宁《集解》："广一步、长百步，为一亩。九亩，五丈四尺。"身长五丈四尺，宜得谓之长人。《天问》："何所不死？长人何守？"王逸《注》谓，长人即长狄，亦即防风氏，是也。防风氏骨节专车，考之《春秋》所传长狄故事宜若可信。

长狄，在《左传》则又谓之鄋瞒云：

> 鄋瞒侵齐，遂伐我。公卜，使叔孙得臣追之，吉。冬，败狄于咸，获长狄侨如。富父终甥摏其喉，以戈杀之，埋其首于子驹之门，以命宣伯。
>
> 初，宋武公之世，鄋瞒伐宋。司徒皇父禦之，以败狄于长丘，获长狄缘斯，皇父之二子死焉。宋公于是以门赏耏班，使食其征，谓之耏门。
>
> 晋之之灭潞也，获侨如之弟焚如。
>
> 齐襄公之二年，鄋瞒伐齐，齐王子成父获其弟荣如，埋其

首于周首之北门。卫人获其弟简如。鄋瞒由是遂亡。(文十一年《传》)

按:晋人灭潞,在鲁宣十五年(公元前696年)《春秋》谓之“赤狄潞氏”。齐襄二年,为鲁桓十六年(公元前594年)。自鲁桓十六至于宣公十五年,凡百有余岁,即谓荣如为兄,侨如为弟,于情犹嫌未允。洪亮吉《左传诂》尝疑齐襄为惠公传写之误是也。《史记·齐世家》惠公二年,长翟来,王子成父攻杀之,埋其首于北门。齐惠二年,为鲁宣二年,正在鲁杀侨如之后,晋人灭潞之前,荣如宜为侨如之弟。侨如弟兄,身横九亩,寿可不死,即《天问》云何所不死,就春秋时代传闻,长狄为人,已充满神话意味。而鲁人杀侨如埋其首于子驹之门;齐人杀荣如,埋其首于周首北门;宋人杀缘斯遂名其城门曰耏,以亦埋其首于耏门;获长狄者必埋其首,杜预注《左传》谓:“骨节非常,恐后世怪之,故详其处。”余谓,埋其首,所以宁风也。《尔雅·释天》:“祭风曰磔。”郭《注》:“今俗当大道中磔狗,云以止风,此其象。”《史记·封禅书》则谓:“秦德公既立,作伏祠,磔狗邑四门以禦蛊菑。”何谓蛊?僖十五年《左传》云:“蛊之贞,风也。”昭元年《传》亦曰:“淫溺惑乱之所生也。于文,皿虫为蛊,谷之飞亦曰蛊。在《周易》,女惑男,风落山,谓之《蛊》,皆同物也。”是风灾虫灾皆谓之虫,磔狗御蛊,即以御风。御风者磔狗于邑四门,获长狄者亦埋其首于城门,是长狄之首于狗头同。《史记·赵世家》:“简子梦帝属我一翟犬曰,及而子之壮也,以赐之。当道者曰,翟犬者,代之先也。主君之子,且必有代。”代当为杙,即狄本字,意晚周士大夫盛传狄为犬戎之族,故齐鲁各国皆以长狄之首代磔犬。若然,长狄之为防风,亦可拟为风神。防风之为风神,尚可以谆芒遇苑风之喻言解之。《庄子·天地》:“谆芒将东之大壑,遇苑风于东海之滨。”《释文》:“苑,本亦作宛。谆芒,或云雾气也。苑风,一云扶摇,大风也。”证之《大荒东经》云:“北方曰鳧,来之风曰狻。”苑风宜即北方风神曰鳧。鳧汪一声之转,与防声纽亦近。则汪芒氏之名防风,犹《庄子》言谆芒东遇苑风。禹戮防风,与周公诛飞廉,以民族言,宜即攻伐长狄;以神话言,则皆磔狗御风之寓言。

郻瞒,《说文》云:“北方长狄国也。在夏为防风氏,在殷为汪芒氏,异于仲尼所谓在虞、夏、商为汪芒氏,于周为长狄。”余谓,郻瞒即汪芒之异译。

(四)论汪芒即句芒,句芒为木正,即凤鸟氏为历正

何以知汪芒、谆芒皆风神耶?是其说在“句芒”。

《明堂·月令》:“春月,其帝太皞,其神句芒。”郑玄云:“句芒,少皞氏之子,重为木官。”(《礼记注》)此承昭廿九年《左传》蔡墨说社稷五祀来历云:“木正曰句芒,少皞氏有四叔,使重为句芒”为文也。木正,在《楚语》则又谓之南正,云:“颛顼氏使南正重司天以属神,命火正黎司地以属民。”是重即重黎,又异于蔡墨所谓少皞氏子也。重,《说文》云:“厚也,从壬东声。”其在金文钟字偏旁,实与童字无别。童,毛公鼎铭作,番生𣪘铭则省土作𣪘,至篆文省而为,此《说文》所谓“男有辠曰奴,奴曰童。从䇂,重省声”也。童、重,皆谐东声,当为东所孳乳,与谓“重为南正”,毋宁谓“重为东正”。东

正为句芒，故《明堂·月令》祀句芒于东方。

《月令》："立春，盛德在木。"《天官书》："东方木，主春，日甲乙。义失者罚出岁星。"《淮南·天文》则谓："东方，木也。其帝太皞，其佐句芒，执规而治春，其神为岁星。"《时则》又曰："东方之极，自碣石山，过朝鲜，贯天人之国，东至日出之次，榑木之地，青土树木之野，太皞句芒所司者万二千里。"芒木同纽，句芒，诚东方木德之神也。顾《管子·四时》以五时论四时也，则不主木德，而主于风云："东方曰星，其时曰春，其气曰风，风生木与骨，其德喜嬴而发节。"《吕览·贵信》亦曰："春之德风，风不信，其华不盛，华不盛则果实不生。"晚周学者，固又有"春德在风"传说。在《黄帝内经·阴阳应象大论》则更谓："东方生风，风生木。"至《春秋繁露·五行五事》始翻言："王者与臣无礼，貌不肃敬，则木不曲直，而夏多暴风。风者，木之气也。"验以《庄子》"大块噫气，其名为风"理论，则木为风之假体，风为木之本质。于《易·象》曰："山下有风，蛊；风行地上，观；风自火出，家人；天下有风，姤。"风皆谓巽卦也。而《说卦传》则又谓"巽为木"。是知五行之木，初或曰风，蔡墨所谓"木正曰句芒"，木正，亦"风正"传说之误。"风正"者，"凤鸟氏历正也"之省言。昭十七年《左传》："郯子曰，我高祖少皞挚之立也，凤鸟适至，故纪于鸟，为鸟师而鸟名。凤鸟氏，历正也。"《周书·王会》："凤鸟者，戴仁抱义，据信方扬。"《南山经》："丹穴之山，有鸟焉，其状如鸡，五采而文，名曰凤皇。首文曰德，翼文曰义，背文曰礼，膺文曰仁，腹文曰信；是鸟也，饮食自然，自歌自舞，见则天下安宁。"凤鸟身具五德，圣人以为瑞。孔子曰："凤鸟不至，河不出图，吾已矣夫！"（《论语·子罕》）是其征也。少皞氏立，而有凤鸟之祥，宜其以凤名官矣。凤，古文作、，《说文》所谓："神鸟也。凤飞，君鸟从以万数，故以为朋党字。"而凤之见于卜辞者，则作（《藏龟》，五五页）、（《前编》二，第卅页）、（《前编》四，第四三页）、（《同上》）、（《后编》上，卅一页）、（《后编》下，卅六页）、（《后编》下，卅九页）。王国维曰："卜辞中屡云，其遘大凤，即其遘大风。《周礼·大宗伯》风师作飌师，而卜辞作凤，二字甚相似。"（详《殷虚书契考释》）则所谓"凤鸟氏为历正"，即风氏为历正，省称即为"风正"。少皞氏以风名官，则"木正曰句芒"，"木正"当为"风正"。句芒晚周以来所谓木德之神者，实为风神传说之误。知句芒即风神也，则谆芒之遇苑风，汪芒氏君之名防风，皆可确信其为风神。

《月令》："季春之月，生气方盛，阳气发泄，句者毕出，萌者尽达。"说者以为句芒名谊，即象物在春初，句屈而有芒角形。如《白虎通·五行》云："句芒者，物之始生，其精青龙，芒之言萌也。"余谓句读如句吴、句践、句亶王、句甬之句，为南国语言之发声（详韦昭《国语注》），芒则为风之声转。《白虎通·八风》："风之为言萌也。"《贾子·大政》："萌之为言盲也。"《月令》："仲秋之月，盲风至。"郑《注》："盲风，疾风也。"蔡邕《月令章句》："秦人谓蓼风为盲风。"盲防声韵俱近；而宛盲亦声纽古通；是知，禹所戮防风氏，盖得名于盲风，《庄子》所谓苑风，与《大荒经》所谓𩳁，亦皆防风之语讹，句芒之为风神，又不独《白虎通》风芒俱训为萌之足证也。

句芒何又谓之汪芒？可以句望一名句注解之。《淮南·俶真》："飞狐句望之险，不能难也。"高《注》："句望，在雁门。"庄逵吉《校》云："按，句望，今《汉书·地理志》作句注。以范考之，注应即汪字也。古汪字作𣳣，注字作注，后人但识注，不识古字注，因之传讹。"余谓汪芒即望芒,急言之曰芒,南国语增发声,遂为句芒。故以汪芒证句芒,知句芒之最初神格与飞廉同,即防风氏。

(五)论句芒面方,象风之有四方,其鸟身得名于凤

风,卜辞假凤为之。《淮南·览冥》:"凤皇之翔,至德也。雷霆不作,风雨不兴,川谷不澹,草木不摇;而燕雀佼之,以为不能与之争于宇宙之间。逮至其曾逝万仞之上,翱翔四海之外,过昆仑之疏圃,饮砥柱之湍濑,邅回蒙汜之渚,尚佯冀州之际,经蹑都广,入日抑节,羽翼羽水,暮宿风穴;当此之时,鸿鹄鸧鹳,莫不惮惊伏窜,注喙江裔,又况直燕雀之类乎?"《说文》于"羽翼弱水暮宿风穴"下,更云:"见则天下安宁。"是以凤鸟之至,自古传为神瑞。《墨子·明鬼》:

> 昔者郑穆公当昼,日中处乎庙,有神,入门而左,鸟身,素服三绝,面状正方。穆公见,乃恐惧,奔。神曰,无惧!帝享汝明德,使予锡汝寿十年有九;使若国家蕃昌,子孙茂,毋失。穆公再拜稽首,曰,敢问明神?曰,予为句芒。

句芒画像,为"鸟身,面状正方"。《海外东经》亦谓:"东方,句芒,鸟身,人面,乘两龙。"句芒鸟身,当由凤鸟神话演来;其面状正方,则疑出印度古代神话。《正法念处经》:"北不调声洲,形方,人面亦方。"此不调声洲依实际地理观察,指今喜马拉亚山(即大雪山)以北

各地，甘肃、新疆亦在其内。今之甘肃为古代秦人发祥地。秦人面貌如何？兹不暇详。所可注意者，今本《墨子》谓郑穆公梦句芒，郭璞注《山海经》引《墨子》则作秦穆公。证之宣三年《左传》言郑穆之生，虽有梦兰之兆，然而，兰非上帝也。在《封禅书》则云："秦缪公病，卧，五日不寤。寤乃言，梦见上帝。上帝命缪公平晋乱，史书而记，藏之府；而后世皆曰秦缪公上天。"则梦句芒者，决惟秦缪，非郑穆。"句芒面正方"，未始不可演自"不调声洲人面亦方"传说。不然，则风向不同，古但有四，《尔雅·释天》所谓"南风谓之凯风，东风谓之谷风，北风谓之凉风，西风谓之泰风"是也。此四风也，具见于《三百篇》，当为先民相沿古说。至《吕览·有始》于四方风名外益以四隅曰"东北曰炎风，东南曰薰风，西南曰凄风，西北曰厉风"；于是焉有八风。隐五年《左传》云："夫舞所以节八音而行八风。"《乐记》云："八风从律而不奸。"八风后于四方；故句芒画像，古人传说为"面状正方"。且，方孳乳为放。《释名·释天》："青徐言风，蹙口开唇，推气言之。风，放也，气放散也。"僖四年《左传》："惟是风马牛不相及也。"服虔《注》亦曰："风，放也，牝牡相诱谓之风。"则风放一声之转，"句芒面状正方"，或亦演自风之语根为放。卜辞字，常于风形旁从H，旁亦从之。《礼记·聘仪》："孚尹旁达。"《疏》云："旁者，四面之谓也。"《周髀算经》："天之中央亦高四旁六万里。"《注》云："四旁，犹四极也。"则风所以从H，即四方初文。矩方而规圆，《淮南·天文》谓"句芒执规而治春"，规疑当为矩。句芒执矩，疑亦演自"面方"神话。句芒入梦，秦穆延寿十九年，此亦句芒即风鸟，风鸟即风神之质证。

（六）论《庄子》鹏运为风之寓言，《周易》所见朋字，亦皆读为风

风，卜辞借凤为之。凤，古文作朋，一作鹏。鹏在《庄子·逍遥游》正以喻风云：

> 北冥有鱼，其名为鲲，鲲之大不知其几千里也。化而为鸟，其名为鹏，鹏之背不知其几千里也。怒而飞，其翼若垂天之云。是鸟也，海运则将徙于南冥。南冥者，天池也。《齐谐》者，志怪者也。《谐》之言曰，鹏之徙于南冥也，水击三千里，抟扶摇而上者九万里，去以六月息者也。……风之积也不厚，则负大翼也无力；故九万里则风斯在下矣；而后乃今培风。背负青天而莫之夭阏者，而后乃今将图南。

鹏之起于北冥徙于南冥，正《秋水篇》所谓"风曰，予蓬蓬然起于北海而入于南海"，《天运》所谓"风起北方，一西一东"也。鹏风一声之转，郭沫若谓古人以鹏为风神（详《卜辞通纂考释》八二页），自是不易之论。《周语》云："周之兴也，鸑鷟鸣于岐山。"韦《注》引三君云："鸑鷟，凤之别名也。"《诗》云："凤皇鸣矣，于彼高冈。"凤鸣岐山，疑亦谓风神。《周易》：

> 《坤》，西南得朋，东北丧朋。
>
> 《泰》，九二，朋亡，得尚于中行。

《复》，出入无疾，朋来无咎。

《蹇》，九五，大蹇，朋来。

《坤》之《彖传》曰："西南得朋，乃与类行；东北丧朋，乃终有庆。"朋之谊，旧皆谓朋友或朋党也。兹以卜辞金文校之，朋若非贝朋，皆当读为风。得朋，犹卜辞云"遘大风"；丧朋，犹云"不其遘风"；朋亡，犹云"丧朋"；"朋来"，则犹《书·皋陶谟》云"箫诏九成，凤皇来仪"矣。有凤来仪者，《说苑·修文》云："禹乃兴九韶之乐，致异物，凤皇来翔，天下明德也。"余谓凤皇来仪，即《左传》所谓："舞所以节八音而行八风。"箫韶九成，八风从律，正《史记·律书》所谓"律历，天所以通五行八正之气，天所以成孰万物"也。以八风从律证凤皇来仪，以凤皇来仪证朋来无咎；是知朋来即《山海经》所谓来风，朋亡即卜辞所谓不其遘风，《周易》卦爻辞所见朋字，皆卜风之辞，以朋为风周初已然，无怪《庄子》风又作鹏矣。

鹏运，即风运也。日人藤田丰八著《中国神话考》则疑鹏似印度神话中金翅鸟（见白鸟还历纪念《东洋史论丛》中），余谓鹏鸟神话演自鹊知风。《淮南·人间》："鹊先识岁之多风也，去高木而巢扶枝。"鹊于《说文》作舄。舄，形近于兒，孳乳为鶂。《春秋》僖十六年六鶂退飞过宋都，《公羊传》云："记异也。"《左传》则谓："风也。"《庄子·天运》"白鶂相视，眸子不运而风化。虫，雄鸣于上风，雌鸣于下风而风化。"《释文》引马彪《注》："相待风气而化生也。"鹊能识风，鶂能生风，风之成因，据秦汉以前传说，皆与鸟类有关；是知假凤为风，实演自古昔相沿鸟能生风传说。今之谚曰"鹊噪吉，鸦鸣凶"，又可以测凤鸣岐山而周兴，凤亦神鹊之伦也。由神鹊知风乃有为鹏运神话；由鹊身黑白相间乃有凤鸟五彩而文神话，由鹊噪吉乃有凤为瑞鸟神话；凤，吾知其一切神话盖演于鹊。鹊，鸟类也；故句芒有“鸟身”传说。

（七）论句芒作网罗演自系风神话

芒，《说文》云：“艸耑也，从艸，亡声。亡，逃也，从入乚。乚者，隐也。”亡之见于卜辞金文者，大抵作：（《藏龟》四页）、（又十页）、（又二六〇页）、（《前编》一，第一页）、（又二页）、（师遽尊铭“万年亡彊”）、（毛公鼎铭“亡不閈于文武耿光”）、（大保𣪘铭“克敬亡遣”）。

在卜辞通读为无，金文亦然，而“止不”今本《尚书》或作“罔不”（《酒诰》民罔不衋伤心。《召诰》若生子，罔不在厥初生），亡罔盖本古今字。罔，《说文》谓为网之或体云：“庖牺氏所结绳以田以渔也。从冂，下象网交文。冈，古文网，从冖亡声。”其在卜辞则作（《前编》六，第卅八页）、（《后编》下，八页），在《世本》则谓：“句芒作网罗。”（《说郛》十事始引）《说文》网部亦曰：“古者芒氏初作罗。”《尔雅·释器》：“緵罟谓之九罭，九罭，鱼罔也。鸟罟谓之罗。”罗之与罔，一为在陆猎鸟兽之器，一为在水捕鱼虾之器；其用虽别其制则同。余谓即象九罭形，则鸟罟之象，“句芒作罔罗”故事即由“止”象罔形名谊演来。《鲁语》：“木石之怪曰夔蝄蜽，水之怪曰龙罔象。”《庄子·达生》则谓：“水有罔象，山有夔。”是即在水曰亡，“亡”象罔形之切证。（按：《吕览·异用》云“蛛蝥作网罟，”蛛蝥即鼅鼄。《方言》卷十一，鼅鼄，蛛蝥也。鼅鼄结网，当为罔罟之祖，此器用之法乎自然者也。说当又早“句芒作网罗”及庖牺氏结绳为罔罟。因非本

文所当详,故略而不论。)

师遽尊铭:"万年亡彊。""亡彊",其他金文,多作"无彊"。《水经·濕水注》正谓:"燕语呼亡为无。"《周官·乡大夫》"退而以乡射之礼五物询众庶","五曰兴舞"。《注》云:"故书舞为無。杜子春云,無读为舞,谓能为六舞"。無,秦篆作,金文作(般甗),卜辞作(《前编》六,第廿六页),郭沫若尝谓即舞之本字,是也。舞,《说文》所见古文作㲯,抚,古文亦作[辶亡],皆可证亡舞古字通用。《周易》否之九五曰:

> 休,否,大人吉。其亡,其亡,系于苞桑。

《象传》:"大人之吉,位正当也。"于苞桑之系,无说。郑玄《注》:"苞,植也。"荀爽《注》:"桑者上玄下黄,以象乾坤也。""其亡其亡"者,孔氏《正义》云:"在道消之世,居于尊位,而遏小人,必近危难,须恒自戒慎,其意常惧危亡,言丁宁戒慎如此也。"余谓苞桑读为榑桑。《吕览·求人》"禹东至榑木之地",《淮南·地形》"旸谷、榑桑在东方",是也。榑桑,《海外东经》作扶桑云:"汤谷上有扶桑,十日所浴,九日居下枝,一日居上枝。"《大荒东经》又谓之扶木云:"汤谷上有扶木,一日方至,一日方出,皆戴于乌。"乌解羽而为雨,"系于苞桑",疑即系阳乌于榑桑,盖为祷雨之辞。祷雨而系阳乌,于古无征。今人常言"扪风捕影",在《汉书·谷永传》则谓"系风捕影";意"系于苞桑",所以系风也。"其亡其亡",亦"舞以行八风"之谓。《说卦传》"雨以润之,风以散之",盖沉阴积雨,惟轻风足以散之;而疾风之来,必先飚风;风雨在气象变化中常相联系。

舞雩，祷雨之地也，在《论语》则谓“风乎舞雩”；是知舞亦象风，风神之名句芒，疑或得谊于舞；句芒之为木神，则或因系风于樽木。《九歌·湘夫人》：“白苹兮骋望，与佳期兮夕张，鸟何萃兮苹中？罾何为兮木上？”鸟萃苹中者，即《天问》云“萍号起雨”，盖谓佳期误于雨师；罾在木上，疑谓系风于樽木，佳期又误于句芒。窃疑“句芒作罔罗”故事，不独演自亡字象罔，亦由系风于木，古用罾罟矣。

（八）论玄鸟即高禖，高禖亦句芒音转

凤鸟，在《楚辞》又谓即玄鸟。《天问》：“简狄在台喾何宜？玄鸟致贻女何嘉？”此即《商颂·玄鸟》所谓“天命玄鸟，降而生商”也。《史记·殷本纪》：“殷契，母曰简狄，有娀氏之女。为帝喾次妃。三人行浴，见玄鸟堕其卵，简狄取而吞之，因孕，生契。”《中候契握》亦云：“玄鸟翔水遗卵流，娀简吞之，生契。”（《商颂正义》引）契之生，据《诗》、《史》所传，与秦祖女修吞玄鸟卵而生大业，其事相类。在《皇清通志》亦有“爱新觉罗出自天女，天女吞神散所衔朱果而生二男”传说（卷一）。据社会学者缪勒氏言：最落后的原始人，不知交媾与怀孕有因果关系。即至今日，仍有若干民族相信妇女如接触日光植物，或在森林中遇见野兽蹄迹；尤其接触着像鬼神或神灵等超自然的东西，都可以怀孕，更为普遍的信仰，则以为妇女可以从成孕图腾而成胎（详叶启芳译《婚姻进化史·原始恋爱时代》）。见野兽蹄迹而成胎，此正姜嫄履巨人迹而生后稷之的解。若简狄女修之吞鸟卵而生圣子、天女之吞朱果而生爱新觉罗，当亦成孕图腾神话之遗迹。屈原《离骚》：

> 望瑶台之偃蹇兮见有娀氏之佚女。吾令鸩为媒兮，鸩告余以不好。雄鸩之鸣逝兮，余犹恶其佻巧。心犹豫而狐疑兮欲自适而不可。凤皇既受诒兮，恐高辛之先我。欲远集而无所止兮，聊浮游以逍遥。

凤皇受诒，在《天问》则云“玄鸟致贻”；郭氏《先秦天道观之进展》因谓玄鸟即凤皇。按《吕览·音初》言：“有娀氏佚女居于九成之台，帝令燕往视之，燕遗二卵、北飞，遂不返。”故《毛诗传》以来，皆谓：“玄鸟，鳦也。”《月令》：“仲春之月，玄鸟至；仲秋之月，玄鸟归。”玄鸟南归在秋分时；其北来也，以春分；则昭十七年《左传》言，少皞氏以鸟名官曰玄鸟氏，司分者也，司分，盖谓司春分、秋分。《月令》：

> 仲春，玄鸟至。至之日，以太牢祠于高禖。天子亲往。后妃帅九嫔，御，乃礼。天子所御，带以弓韣，授以弓矢，于高禖之前。

郑《注》曰：“燕以施生时来巢人堂宇而孚乳，嫁娶之象也。媒氏之官以为候。高辛之世，玄鸟遗卵，娀简吞之而生契，后王以为媒官嘉祥，而立其祠焉。变媒言禖，神之也。”《后汉·礼仪志》亦曰：“仲春之月，立高禖祠于城南，祀以特牲。”刘昭《注》引蔡邕《月令章句》曰：“高，尊也；禖，祀也；吉事先见之象也。盖为人所以祈子孙之祀。玄鸟感阳而至，其来主为孚乳蕃滋；故重其至日，因以用事，契母简狄，盖以玄鸟至日，有事高禖，而生契焉；故《诗》曰：天命玄鸟，降而生商。韣，弓衣也。祀以高禖之命，饮之以醴，带以弓衣，尚使得男也。”卢植《注》亦谓：“因其求子，故谓之禖。”（《礼仪志》注引）如汉儒说，高禖，犹今送子观音。

禖之言媒也。《诗·齐风·南山》：“取妻如之何？匪媒不得。”《卫风·氓》亦曰：“匪我愆期，子无良媒。”《周官·大司徒》有“媒氏”。《注》云：“媒之言谋也，谋合异类，使和成者。”考媒氏之职云：

> 掌万民之判。凡男女自成名以上，皆书年月日名焉。令男三十而娶，女二十而嫁。凡娶，判妻入子者皆书之。中春之月，令会男女；于是时也，奔者不禁。……凡男女之阴讼，听之于胜国之社；其附于刑者归之于士。

是高禖者，又为媒合男女之爱神。爱神，印度神话传为“迦摩天”（Kāma），春季（Vasanta）为之伴侣（详武田丰八郎著《印度古代文化史六种》吠陀分节）。“迦摩”正为“高禖”对音；而春季为爱神伴侣，又与《周官》所谓“中春令会男女”，《月令》所谓“仲春祠高禖”说合，殆皆“节期杂交”（Feast Promiscuity）遗习。据缪勒云：“古代常有节期杂交习惯，至今若干民族，仍于固定期间，举行狂欢庆祝。尤以春季为多。在狂欢会中，实行无限制交接，盖由原始婚季而来。”（详《婚姻进化史·原始恋爱》）祠高禖必以春月，固为原始婚季遗习。而高禖、迦摩，声类相似，此一爱神之名，其由印度传入中国？抑由中国传入印度？实一值得研究之问题。但，自有娀之女名简狄考之，戎也，狄也，皆古人所以名西北民族者，则谓高禖为迦摩语转，或不巨谬。

高禖又为句芒对音。句芒,风神也。故书相传"马牛其风"、"风马牛不相及",旧《注》皆谓"牝牡相诱谓之风"。牝牡相诱,以兽言也;在人则为"令会男女,奔者不禁"。《国语·周语》:"共王游于泾上,密康公从,有三女奔之。"韦《注》"奔不由媒氏"是也。《孟子·滕文公》下:"丈夫生而愿为之有室,女子生而愿为之有家;父母之心,人皆有之。不待父母之命、媒妁之言,钻穴隙相窥,逾墙相从,则父母国人皆贱之。"而《诗·召南》云:"野有死麇,白茅苞之,有女怀春,吉士诱之。"私奔婚,盖犹初民社会遗习。媒妁之兴,孔氏《礼记正义》:"按《世本》及谯周《古史考》,伏羲制以俪皮嫁娶之礼,既用之配天,先媒,当是伏羲也。"(《月令篇》云)余谓,俪皮为礼,当产生于游牧民族之买卖婚。先买卖者则或服役,或交换,或出于战争之掠夺,固无用媒妁之言。媒合二姓使成婚媾之方式,在若干初民社会中皆以歌舞为自然之媒介。赵翼《檐曝杂记》云:"粤西土民及滇、黔苗猓,春月,趁墟唱歌,男女各坐一边,其歌皆男女相悦之辞;其不合者,亦有歌拒之,如你爱我、我不爱你之类。若两相悦,则歌毕,辄携手,就酒棚,并坐而饮,彼此各赠物以定情,订期相会;甚有酒后即潜入山洞中相昵者。"今川、黔、滇、康各省之边区民族,多为中原土著,避乱南迁者,春风月夜,青年男女,歌舞杂踏,以成良缘者,此我国古代婚礼之常。庄二十八年《左传》言:"楚令尹子元欲蛊文夫人,为馆于其宫侧,而振万焉。夫人闻之,泣曰:'先君之以是舞也,习戎备也。'"舞而可以蛊惑男女,故又谓之巫风。《墨子·非乐》:"先王之书,汤之《官刑》有之曰:'其恒舞于宫,是谓巫风。'"《汉书·外戚传》:"皇后失序,惑于巫祝,不可以承天命。"在《武帝纪》则谓"皇后陈后废,捕为巫蛊者皆枭首",在

《周易》则谓“女惑男谓之蛊”（详昭元年《左传》）。窃谓媒妁之兴，变自巫蛊，巫媒古声同纽，高禖亦即巫神。巫觋之媒合男女，如巴比伦、希腊所行“神圣卖淫”，与若干初民社会所行“初夜权”（参阅《文化人类学》第四篇第二章），即其片面之遗迹。

旱而舞雩，雨而舞风，巫之语根，盖本在舞。舞，古文从亡作䍿，《周易·否》之九五或假亡为之。亡孳乳为芒；余故谓，高禖又句芒之声转。句芒，风神也。风，在卜辞皆假于凤。凤与皇，古代诗歌，常以喻人之夫妇。庄二十二年《左传》：“初懿氏卜妻敬仲，其妻占之，曰，吉。是谓凤皇于飞，和鸣锵锵。有妫之后，俾育于姜。”杜《注》：“雄曰凤，雌曰皇，雄雌俱飞，相和而鸣，犹敬仲夫妻相随适齐，而有声誉。”《尔雅·释鸟》亦曰：“鶠凤，其雌皇。”鶠从匽声，金文常以燕字。燕，汉以来皆谓即玄鸟。是知“天命玄鸟，降而生商”，玄鸟即鶠凤，故《楚辞》得以玄鸟与凤皇互言；而兽之牝牡相诱，人之男女相奔，亦皆喻之以风。由是言之：高禖虽为媒合男女之恋神，亦风神也。

（九）论吉神泰逢即逢蒙，逢蒙杀羿为风起而虹藏之寓言

风神，见于先秦载记者，不仅有防风、苑风、风伯、飌师诸异名而已也。《中山经》次二：“和山，九水出焉，而北流注于河。其中多苍玉。吉神泰逢司之。其状如人而虎尾，是好居萯山之阳，出入有光。泰逢神动，天地气也。”郭《注》：“言其有灵爽，能兴云雨也。孔甲田于萯山之下，天大风，晦冥。孔甲迷惑，入于民室。见《吕氏

春秋》。”按《吕览·音初》言:“夏后氏孔甲田于东阳萯山,天大风晦盲。孔甲迷惑,入于民室。主人方乳。或曰,后来是良日也。之子是必大吉。”未尝有孔甲遇泰逢事也。《广韵》引泰逢作䧺云:“䧺,大黄萯山神,昔孔甲遇之。”是泰逢即《吕览》所谓大风。《易·文言传》:“云从龙,风从虎。”《淮南·天文》:“虎啸而谷风至。”虎能生风,故泰逢人状而虎尾。

泰逢,缓言为蠭蒙。《吕览·具备》:“今有羿蠭蒙繁弱于此,而无弦,则必不能中也。”在《听言》则作蠭门云:“造父始习于大豆,蠭门始习于甘蝇;御大豆,射甘蝇而不徙,人以为习者也。”《荀子·王霸》亦曰:“羿蠭门者,善服射者也。王良造父者,善服驭者也。”造父善驭,在上文余已说明演自星象神话;羿之善射,余在《论舜放四凶》篇中已说明演自虹蜺射日天象神话;则蠭门善射,疑亦风之象征。蠭蒙《孟子·离娄下》又作逄蒙云:“逄蒙学射于羿,尽羿之道,思天下惟羿为愈己,于是杀羿。”羿之死,据襄四年《左传》云:“伯明氏谗子弟寒浞杀而烹之也。”《离骚》:“羿淫游以佚畋兮,又好射夫封狐;固乱流其鲜终兮,浞又贪夫厥家。”寒浞,据《左传》及《楚辞》传说,羿之家臣也;而《孟子》谓逄蒙为羿弟子,逄蒙宜即寒浞别名。逄蒙急读为风。《吕览·有始》:“北风曰寒风。”高《注》:“坎气所生,一曰广莫风。”《史记·律书》:“十月,律中应钟,其于十二子为亥,亥者,该也。言阳气藏于下,故该也。广莫风居北方。广莫者,言阳气在下,阴莫阳广大也。”十月阴气广大;其于《月令》为孟冬云:“孟冬之月,律中应钟。水始冰,地始冻,虹藏不见。”余谓,逄蒙杀羿故事,盖即寒风起而虹藏不见之寓言。逄蒙者,寒风也,故或谓之寒浞。

寒浞之浞，古音与烛同部。《天问》："日安不到？烛龙何照？"王逸《注》："言天之西北有幽冥无日之国，有龙衔烛而照之也。"《淮南·地形》则谓："烛龙在雁门北，蔽于委羽之山，不见日，其神人面龙身而无足。"在《海外北经》则谓："烛阴不息，息为风。"郭《注》："烛阴，烛龙也。"窃疑寒浞为浞，或烛龙之音讹。烛龙在雁门北，正北方寒风所自来也。乃简言"寒风之神烛龙"为寒浞，此意中事。《孟子》不言寒浞，而曰逄蒙，《荀子》及《吕览》或曰蠭门者，蠭门正鹏之切音，逄蒙亦风之缓言。由是以言《中山经》所谓"吉神泰逢"，当为"大风"之别写。风，古文假凤为之。凤为瑞鸟，故泰逢亦为吉神。

（一〇）论黄帝之臣大封、封钜、封胡皆风后别名

《庄子·徐无鬼》："黄帝将见大隗乎具茨之山，方明为御，昌寓骖乘，张若謵朋前马，昆阍滑稽后车，至于襄城之野，七圣皆迷。"大隗，即大鬼、大神，此言黄帝将见大神，即《韩非子·十过》所谓黄帝合鬼神于泰山也。但韩非子所言骖乘人物，颇异于《庄子》所闻。其辞曰：

> 昔黄帝合鬼神于泰山之上，驾象车而六蛟龙，毕方并辖，蚩尤居前，风伯进扫，雨师洒道，虎狼在前，鬼神在后，腾蛇伏地，凤皇覆上，大合鬼神，作为清角。

毕方约当于《庄子》之方明，蚩尤可当于《庄子》所谓昌寓；则风伯

雨师，亦可谓张若谬朋之异称。张若谬明，他书无考。蚩尤，据《孔子三朝记》、《山海经》及《史记·五帝纪》所传，正黄帝时不庭之臣也。在《管子·五行》则又以黄帝六相云：

> 昔黄帝得蚩尤而明于天道，故使为当时；得大常而察于地利，故使为廪者；得奢龙而辩于东方，故使为土师；得祝融而辩于南方，故使为司徒；得大封而辩于西方，故使为司马；得后土而辩于北方，故使为李。黄帝得六相而天地治，神明至。

神明之至，固即《韩非子》所谓"大合鬼神"；合黄帝与六相，又成《庄子》所谓"七圣"；是"七圣"与"六相"，名虽不同，实或同物。七圣中谬朋如谓即鹏之或字，则谬朋宜即风伯。风伯，《中山经》或谓之泰逢，音正同于大封；窃疑大封若非《封禅书》所谓大鸿，宜即《五帝本纪》之风后。《纪》云："黄帝举风后、力牧、常先、大鸿以治民。"《正义》云：

> 四人，皆帝臣也。《帝王世纪》云，黄帝梦大风吹天下之尘垢皆去；又梦人执千钧之弩，驱羊万群。帝寤而叹曰，风为号令，执政者也；垢去土，后在也；天下岂有姓风名后者哉。夫千钧之弩，异力者也；驱羊数万群，能牧民为善者也，天下岂有姓力名牧者也。于是，依二占而求之，得风后于海隅登以为相，得力牧于大泽，进以为将；黄帝因著《占梦经》十一卷。《艺文志》：《风后兵法》十三篇，《图》二卷，《孤虚》二十卷；《力牧兵法》十五篇。郑玄云：风后，黄帝之三公也。《封禅书》云，鬼臾区号大鸿，黄帝大臣也。死葬雍，故鸿冢，是也。

大鸿之鸿，余在《论舜放四凶》篇已说明即大鹏；《庄子》所谓大鹏，在上文又已说明即大风寓言；则大封、大鸿宜皆泰逢之别写，亦即风后。

风后事迹，先秦诸子所鲜传，而为汉、晋以来所乐道。《史记》但传黄帝举风后而已。在《汉书·艺文志》则传其兵法《孤虚》诸书；在《春秋内传》则传黄帝师风后，风后善于伏牺之道，故推演阴阳之事（《后汉·张衡传》注引）；在《帝王世纪》则传其隐于海隅，因梦登相；在《论语摘辅象》及陶潜《群辅录》则谓"黄帝七辅，风后受金法"；在虞喜《志林》则谓"黄帝命风后作指南车"；递传而事递繁，一若黄帝之贤臣也。顾在《淮南·览冥》但言"黄帝治天下，而力牧大山稽辅之"，无风后其人也。风后，《帝王世纪》谓"姓风，名后"，是亦臆说。风后，以后稷一名"田正"例之，宜即"风正"；若以《书·盘庚》"我先神后"言，后亦先神之名，则风后即风神，犹《楚辞》之言风伯矣。

风后，音又转为封胡、封钜。《汉书·艺文志》阴阳家有《封胡》五篇云："黄帝臣，依托也。"叶德辉曰："《元和姓纂·二冬》封姓下云：封钜为黄帝师，胙土命氏。按，封钜，疑封胡字讹。"（《汉书补注》引）顾《古今人表》于封胡外，更有封钜，原《注》云："黄帝师。"验以《封禅书》述公玉带曰："黄帝时虽封泰山，然风后封巨（今本讹臣）岐伯令黄帝封东泰山，禅凡山，合符，然后不死。"则风后封钜，并为秦汉方士所伪托。方士者流，出于道家。道家者流，如《庄子》书，首以钜风喻逍遥（详《逍遥游》），或以厉风喻天籁（详《齐物论》），或以苑风喻神人（详《天地篇》），或以大风喻圣人（详《秋水篇》），其所谓"襄城之野，七圣皆迷"，亦不过"风伯进扫，雨师洒道"之寓言。封胡也，封钜也，皆风后之化名也；大封也，泰逢也，亦大风之语讹已。

（一一）论卜辞所见帝使风，亦可证句芒确为最古风神

东汉之末,频有雷霆疾风伤树拔木。蔡邕《上封事》引《洪范·五行传》曰:“政悖德隐,厥风折屋拔木。风者,天之号令,所以教人也。”《注》引翼氏《风角》曰:“风者,天之号令,所以谴告人君者。”风以谴告人君,如《周书·金縢》言:“周公居东二年,天大雷电以风,禾尽偃,大木斯拔。王出郊,天乃雨,反风,禾则尽起”是也。《易·象传》:“风行天上,小畜。”《集解》引《九家注》:“风者,天之命令也。”此翼氏《风角》即蔡邕说之蓝本。若《河图帝通纪》云“风者,天地之使也”,则与《墨子》所传帝使句芒赐秦缪公寿相应。在卜辞,亦常谓:

> □于帝史风,二犬。(《通纂》三九八版)
>
> 王宾帝史(《通纂》六四版)
>
> 辛未卜,帝风,不用雨。(《通纂别录》一,一三版)

帝史者,郭沫若云:“盖视风为天帝之使而祀之。《荀子·解蔽》引《诗》曰:有皇有风,乐帝之心,盖言凤皇在帝之左右。”(详《通纂考释》)**然则风为天使说,传自殷人**;句芒为帝使,**确即风神**,又不独汪芒之名防风,谆芒之遇苑风,为足证也。

句芒为人,据蔡墨云,少皞氏之子也。《大戴礼·帝系》则谓:“颛顼产穷蝉,穷蝉产敬康,敬康产句芒,句芒产蟜牛,蟜牛产瞽叟,瞽叟产舜。”《五帝纪》芒则作望,亦谓句望为舜之曾祖而颛顼之曾

孙，异于蔡墨之所闻。不特此也。句，后，古音同部，句芒可转为风后，毋宁谓后芒亦句芒之化名。《古本纪年》言："夏后芒命九东狩于海，获大鸟。"大鸟即鹏；即后芒宜亦为"帝使风"矣。

（一二）结论

由上论述，吾人对于古籍所传鸟身素服及人面虎尾之先圣先贤，可作如此之解释：

（甲）木正句芒，实"凤鸟氏为历正"传说之误。凤鸟即大鹏，大鹏即大风。大封也，泰逢也，大费也，皆大风之化名。

（乙）句芒，在《鲁语》谓之汪芒氏，在《左传》谓之鄋瞒，在《纪年》谓之后芒，在《庄子》谓之谆芒。谆芒之遇苑风，鄋瞒之为汪芒，汪芒之名防风，与后芒获大鸟，并为风神之化名；故知句芒本风神，或得名于"盲风"。

（丙）句芒音转为高禖，高禖之为恋神，盖由牝牡相诱男女相奔，古皆谓之风。祠高禖，即祠风神。风假于凤，《楚辞》以凤皇玄鸟互文，故在《商颂》有"天命玄鸟"神话。

（丁）由大费演而为费仲，即风之切音；风从凡声，飞廉即其切音。秦至文公始有史纪事，《秦本纪》所传襄公以前人物，皆为神话，若，大费、费仲、飞廉，皆风神也。风神，古曰防风或曰汪芒，周曰长狄；秦以风神为宗神，疑亦长狄之类。

（戊）泰逢，音转为蠭门，或曰逢蒙；是逢蒙亦风神也。逢蒙一名寒浞。《左传》言寒浞杀羿与孟子所传逢蒙杀羿，同为寒风起而虹藏不见之寓言。

基于前论,可得“风神名词演变表”如次:

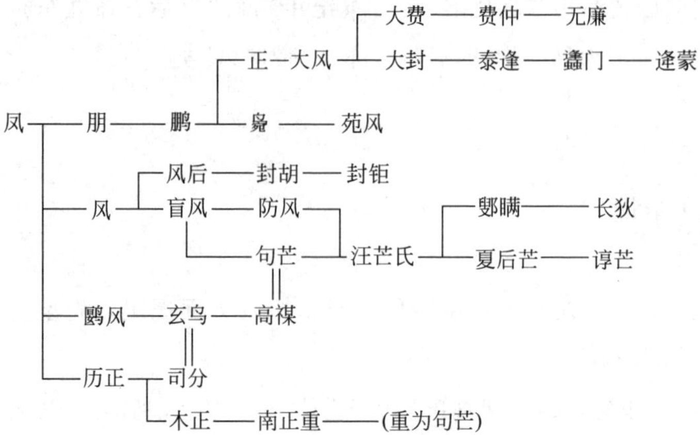

总之,先秦载记所传,句芒、汪芒、后芒、高禖、蠭门、飞廉,皆风神也,秦汉以后所传,大封、大费、泰逢、风后,亦风神也。简狄见玄鸟堕其卵,取而吞之,因孕生契,此拜风之寓言也;女脩织,玄鸟堕卵,取而吞之,生子大业,大业生大费,此亦拜风之寓言也。风者凤也。周之兴也,凤鸣岐山。何殷、周、秦之兴皆兴于凤耶?凤兮!凤兮!吾因句芒为风而知五行之木德,初当为风。

一九三九年十月写于三台,

原载《中华文史论丛》第六十辑。

吴回考

——论荆楚文化所受印度之影响

(一)引言

《史记·大宛传》言张骞出使西域,“在大夏时,见邛竹杖、蜀布,问曰,安得此?大夏国人曰,吾国人往市之身毒。身毒在大夏东南可数千里,其俗土著,大与大夏同,而卑湿暑热云”。中土典籍,纪录印度者,此其蒿矢;但国人之知印度,决不始此。公元前三二〇年顷,印度旃陀罗笈多王朝(King Cundragupta),有臣著《考第利亚》(Kautiliya)一书,已称“支那(Cina)产丝,贾人尝贩至印度”(详《中西交通史料汇编》第二册,五七九页,引德国雅比各教授说);则中印互市之事,当溯始于战国末叶周慎靓王之世。是说也,近世东西学者犹疑其未尽。如德儒孔拉第著《战国时中国所受印度之影响》,证明庄子吐纳之术,出于印度《瑜伽师》禅定说,鲲鹏之化亦为《大战书》(Maha-bharata)所传金翼鸟(Supanra)故事之变相。又谓,邹衍所谓五德终始与印度四大五谛相应;大九州说与印度四大部州尤相符;而其说最值吾人注意者,则自屈原《天问》中更寻出若干传自印度之故事,如月中有兔,鳌戴山抃,虬负熊游之类(李森译文详《古史研究》第二集下册)。日人藤田丰八著《中国史乘所传二三神话考》,对于《天问》故事渊源印度说，推阐证发，所获尤多（详何健民译《中国南海古代交通丛考》中）。藤田氏又著《中国石刻由来》，谓昭十五年《左传》所称"阙巩之甲"，即犀甲，犀，梵语 Khadga，正为"阙巩"对音；又谓《国语·周语》称周穆王伐犬戎、树惇，树惇即今青海西岸之树敦城；《豳风·七月》所称兕觥，亦即印度人用犀角杯可以消毒之意（译文见《古史研究》二集下册），更证明中印文物之交通，不始春秋战国，或远在宗周初叶。此其说皆可为余旧主张周人来自西域之旁证（详拙著《由三代都邑论其民族与文化》篇）。虽然，周人虽来自西域，其所蒙印度古代文化之影响，就今所传新旧史料考之，终不逮荆楚之深且切也。

所以者何？

楚之《梼杌》，楚之《春秋》，佚于秦火矣！《世本》、《帝系》、《楚世家》所传荆楚旧事，大抵展转传录，又不免后儒所润色。居今日而欲探讨荆楚旧事，自不得不以屈原《离骚》及左氏《春秋》、《国语》等所传楚事，为比较可信之流传旧史料；又不得不以北宋以来历次出土之楚国铜器为最有价值之直接史料。综合此等有关楚国文字纪录与直接史料以论荆楚古代文化，则其宗教思想，处处发现带有浓厚之婆罗门（Brahman）教色彩，不独如孔拉第、藤田丰八诸君所举三五故事而已也。

（二）论楚祖重黎非颛顼后

荆楚民族之远祖，《大戴礼·帝系》谓季连出于陆终，陆终出于吴回，吴回出于颛顼，云：

> 颛项娶于滕皇氏，滕皇氏奔之子，谓之女禄氏，产老童。老童娶于竭水氏，竭水氏之子谓高娲氏，产重黎及吴回。吴回产陆终。陆终氏娶于鬼方氏，鬼方氏之妹，谓之女隤氏，产六子，孕而不粥，三年，启其左胁，六子出焉：其一曰樊，是为昆吾；昆吾者，卫氏也。其二曰惠连，是为参胡；参胡者，韩氏也。其三曰籛，是为彭祖；彭祖者，彭氏也。其四曰莱言，是为邛郐人；邛郐人者，郑氏也。其五曰安，是为曹姓；曹姓者，邾氏也。其六曰季连，是为芈姓；季连者，楚氏也。

楚祖颛顼，《世本》亦云。证之《离骚经》云："帝高阳之苗裔兮，朕皇考曰伯庸"，王逸《章句》云："高阳，颛顼有天下之号也"；则楚为颛顼后，似晚周人通说。故太史公作《楚世家》直据《帝系》，《世本》书曰：

> 楚之先祖，出自帝颛顼高阳。高阳生称，称生卷章，卷章生重黎。重黎为帝喾高辛居火正，甚有功，能光融天下，帝喾命曰祝融。共工氏作乱，帝喾使重黎诛之而不尽，帝乃以庚寅日诛重黎，而以其弟吴回为重黎，后复居火正为祝融。吴回生陆终。陆终生子六人；坼剖而产焉。其六曰季连，芈姓，楚其后也。季连生附沮，附沮生熊穴；其后中微，或在中国，或在蛮夷，弗能纪其世。周文王之世，季连之苗裔曰鬻熊，鬻熊子事文王，早卒；其子曰熊丽，熊丽生熊狂，熊狂生熊绎。熊绎，当周成王时，举文武勋劳之后，封熊绎于楚蛮，封以子男之田，姓芈氏，居丹阳。

考楚祖颛顼，不独晚周传说为然也。春秋时，晋史蔡墨亦尝谓“颛顼氏有子曰犁，为祝融”（详昭二十九年《左传》）。然在楚昭王时，其大夫观射父则谓，“颛顼命南正重司天以属神，命火正黎司地以属民”（《国语·楚语下》）；是重与黎乃颛顼氏臣僚，非其子孙也。更上考之周宣王时史伯封郑桓公之问云：

> 夫荆……重黎之后也。黎为高辛氏火正，以淳耀惇大，天明地德，光昭四海，故命之曰祝融。其功大矣！夫成天地之大功者，其子孙未尝不章，虞、夏、商、周是也。……祝融亦能昭显天地之光明以生柔嘉材者也。其后八姓，于周未有侯伯。佐制物于前代者，昆吾为夏伯矣；大彭、豕韦为商伯矣；当周未有。已姓，昆吾、苏、顾、温、董；董姓鬷夷、豢龙，则夏灭之矣。彭姓，彭祖、豕韦、诸稽，则商灭之矣。秃姓，州人，则周灭之矣。妘姓，邬、郐、路、偪阳；曹姓，邹、莒，皆在采卫；或在王室，或在夷翟，莫之数也；而又无令闻，必不兴矣。斟姓，无后。融之兴者，其在芈姓乎！芈姓，芈越，不足命也。蛮芈，蛮矣。唯荆实有昭德若周衰，其必兴矣。（《郑语》）

此言重黎之后八姓，既异于《帝系》；而重黎之前，祖谁？父谁？史伯又略而不详。窃尝疑楚祖重黎者，宗周前楚人旧说也；因重黎尝为颛顼火正，春秋以后，列国史记，乃误重黎为颛顼氏子，遂有楚祖颛顼说。颛顼，在晚周已与高阳误为一人，故《离骚》又有“帝高阳苗裔”说。实则颛顼自为颛顼，高阳自为高阳，崔述辨之审矣（详《补上古考信录》）。重黎之前，何为冠以颛顼？盖楚本蛮夷，春秋而后，渐进于中国；重黎虽出楚人神话，既进于中国，不得不冒承中国古圣先王之子孙；故现传宗周时代关于荆楚史料，不言颛顼，但祖重黎。

（三）论黎即吴回，吴回即楚公逆镈铭所称吴雷

关于“重黎”，古来传说不一，有谓一人者，如《帝系》、《郑语》所云是也；有谓实二人者，如昭二十九《左传》既云“黎为颛顼子”，又谓“重为少皞氏子”；《楚语》既称“南正重司天”，又称“火正黎司地”是也。然则，孰为是？以史料时代论，《楚语》、《左传》别重黎为二人，盖得其实。《郑语》虽曰，“荆为重黎氏后”，但其下文申之曰，“黎为高辛火正”，而不称重，故或疑重为衍文。《世本》，“老童娶于根水氏，谓之骄福，产重及黎”（《山海经·大荒西经注》引），其谓重黎同胞，非也；其别为二人则甚是。昭二十九年《左传》疏引《世本》，“颛顼生称，称生卷章，卷章生黎”，言黎不言重，是最可证《帝系》、《楚世家》以重黎为一人之特谬。

吴回事迹，《帝系》、《楚世家》外，惟《山海经·大荒西经》尝称之曰，“有人名吴回，奇左，是无右臂”。郭璞《注》，“吴回，祝融弟，亦为火正也”。此袭《楚世家》为说也。按，火正吴回，《国语》、《左传》时又称为回禄。《周语上》“夏之亡也，回禄信于聆遂”，韦《注》，“回禄，火神”。昭十八年《左传》，“子产禳火于玄冥，回禄”，孔氏《正义》亦谓回禄即吴回。方以智《通雅》因谓，“禄陆音通，回禄即吴回陆终之合称”。由《帝系》“吴回产陆终”说，回禄合称，正犹周人之称文、武，是吴回古亦简称曰回矣。按，回，今音“户恢切”；而谐回声之字，如雷之古文靁，则转为“鲁回切”。且，回虺今

音同纽,《今本尚书》仲虺,《史记·殷本纪》引之亦作仲䖟。䖟之与回,古音既同,则楚公逆镈铭云:

> 隹八月甲申,楚公逆自作
> □雨□镈,氒铭曰身百□
> 出□,公逆其万年寿
> 而亡疆,孙子其永宝。(原拓见复斋钟鼎)

所谓"□雨□"者,自宋以来皆释"夜雨雷",余谓当释"吴雷"(另详拙著《殷周铭刻著录楚公逆镈铭后记》),即载籍相传之吴回。镈铭,盖楚公逆作之以纪念其高祖吴回者也。吴雷之雷,据瑞典高本汉教授《中国分析字典》音 Luai,古音 Liei,声同"来"纽,不过韵有"合"、"齐"之别。然则,《潜夫论·志姓氏》谓"黎,颛顼裔子吴回也"。高诱《吕览注》谓,"祝融,颛顼氏后,老童之子吴回也。为高辛氏火正,死为火官之神";以为吴回即黎,固确切不易之论矣。太史公未达犁、雷本一声之转,漫然别吴回与犁为二名,云"帝以庚寅日诛重黎,复以其弟吴回为重黎";且黎,人名也,而误为官号,歧路亡羊,其失遂远。

(四)论吴雷即火神 Agni 之音译

吴雷,古音 Nguo-Luâi,日本汉音 Go-rai(俱见高氏《中国分析字典》),依汪荣宝《歌戈鱼虞模古读考说》(见北京大学《国学季刊》第一卷),鱼模古读若歌戈,歌戈古读若麻韵,则"吴"之主音为 u,宜可读为阿(a)。雷,汉音Rai,依章炳麟《古音娘日二纽归泥说》(详《国故论衡·上》),古时宜有读Na者。况L、N两组,在今若干方言中,尚有浑而不辨者;则吴雷古音,宜或读为A-na矣。不特此也。梵语中,语尾之Ka音,唐前译述,往往省去,如Lokesvar-raga之译楼夷桓罗,Aksobhya之译阿閦,Laksa之译落沙(详《大政新修大藏经本翻译名义集》卷一卷三),Virulhaka之译昆楼勒,Roruka之译路楼(详佛陀耶含译《长阿含经·中典尊》);以是为例,则A-nai吾得谓即Akni或Agni之省译。Agni,六朝以来,音译为阿耆尼,意译为火神,有是因缘,余故疑吴雷即阿耆尼之对音。

拜火教,中土载记谓之火祆教,其传入中土时代虽在南北朝(详陈垣《火祆教入中国考》),其创教则始于纪元前千四百年顷,今传《圣奥维斯他》(Gent-Avesta),即其最古圣经也(详加藤智玄《世界宗教史》之《波斯宗教》节)。考,《奥维斯他》中神祇,其名称多同《吠陀典》,如日神Mithra之即吠陀与中Mitra,水神Apa之即Apas,酒神Haoma之即Soma,在在可证《吠陀典》与《奥维斯他》所见神名,实同语源;而风神婆庾(Vayu),与火神阿耆尼(Agni),则二典相同;故近世宗教史家皆谓印度人曾经过印伊时代,其文化则承继雅利安民族悠久之积聚(详高观庐译高楠顺次郎著《印度哲学宗教史》八页至十页)。由是言之,火神阿耆尼,不始《吠陀典》,不始《奥维斯他》,实雅利安民族史前时代所祀之火神。

据《梨俱吠陀》(Rig-Veda)诸赞歌云,阿耆尼生自天地空三处,在地上者可以二木片摩擦而生火,故称为力之子(Sahasaspurtra)。又谓阿耆尼生时烧杀两亲云(一〇·七九,四);在空中者以水之子(Apam Napat)为其亲而以水为胎(三·一,一二),盖谓云中所发电火也;在天则太阳为其本处,生于最高天(一·一四,三,二),而潜居最高天云(一〇·五四)。所谓马德须温始携火来至人间云云,不过关于天火之神话耳。阿耆尼之形状,或谓发光如太阳(一·一四九,一三),或谓面有酪色(三·一,一八),或谓无足无头(四·一,一一),或谓有三头七光(一·一四六,一),或谓十方皆面(二·三,一),或谓有七舌(三·六,二)、千眼(一·七九,一二),要皆由种种方面观察火燃之状,而形容之者。阿耆尼主要性格与作用,第一,为破除黑暗,烧尽不净,故有认为降魔神而与以杀罗刹(Raksahan)称号(一〇·八七,一)。第二,在家庭为灶之主神,故又称为家主。第三,祭时运物至神处,故又称为运送供物之神。此外,阿耆尼又降恩于崇拜者,而救其危难(七·三,七)。因陀罗为强力之王者,管理世人,阿耆尼则以规律规定天地(七·五,四)。因火有此不可思议能力,且与日常生活有密切关系,在苦心求火之未开化人神圣视之,固不足怪(此节节录《印度哲学宗教史》第一篇,第二章,第二节,《地界之神格》。附注数字,即吠陀原书之篇次)。

火神之祭,在印度古代极为普遍。家设圣火,以为祭坛,新月满月祭于是,祖先祭于是,因陀罗神祭于是。《卡地那家庭经》所谓:"以一火执行一切祭,名调理祭"是也。《夜柔吠陀》以后,每有大祭,必设三火,一曰家主火,祭火之主也;二曰供养火,在西方;三曰祖先火,在南方。其祭也,有所谓置火礼,有所谓火祭,有所谓置薪礼,仪式之繁,祭典之隆者,又须祭官行之,由是滋盛,而有事火婆罗门(详《印度哲学宗教史》第四篇第三章《祭祀仪礼》)。如《长阿含经·弊宿经》所述"有一梵志,奉祀火神,守护此火,慎勿使灭"是也。即在佛教,亦有"祭祀火为上,讽诵诗为上"(见《长阿究罗檀头经》),"一切天祠中,奉事火为最"(见《弥沙塞部》和《醯五分律》,《婆罗夷法》)诸偈。然则,印度拜火风气,固未逊于波斯;楚祖吴雷,自中国宗教习惯观之,不过崇拜祖先而已;验以波斯印度风尚,吾人不得不疑非拜火教之变相。

（五）论吴雷胁生故事演自印度因陀罗神话

胁生故事，见于我国古籍者，则有若《春秋繁露·三代改制》篇云："修已背坼而生禹"；则有若《吴越春秋·越王无余外传》云："女嬉剖胁而产文命"；则有若《云笈七签·道教所起》云，"老君生于殷末，长于周初，托神玄妙王女，处胎八十一载，逍遥李树之下，剖左腋而生，生即皓然，号曰老子"；大抵汉以后人伪托之神话，不足论也。若《帝系》言陆终之妻女陨氏剖左胁生六子事，太史公剌入《楚世家》，谯周《古史考》虽诋其妄，晋干宝则笃信其真，云：

> 按六子之世，子孙有国，升降六代，数千年间，迭至霸王，天之将兴，必有尤物乎！若夫前志，修已背坼而生禹，简狄剖胸而生契，历代久远，莫足相证。近魏黄初五年，汝南屈雍妻王氏，生男儿，从右胳下，水腹上出，而平和自若。数月创合，母子无恙。以今考古，固知注记者之不妄也。天地云为，阴阳变化，安可守之一端，概以常理乎？《诗》云，不坼不副，无灾无害。原诗人之旨，明古之妇人，尝有坼剖而产者矣；又有因产而遇灾害者，故美其无害也。（《楚世家集解》引）

考简狄胸剖而生契，亦惟见于《春秋繁露》。《繁露》多方士家言，方士惯虚构神异，上托圣贤，禹、契、老君、昆吾之事，其生怪异，其长嶷异，何汝南屈氏子之不肖耶？余谓王氏胳下生子事，当出《搜神记》；《搜神记》如可信为史实，则《聊斋》亦可以言修道之要，郑庄公寤生，亦可以言坼剖而产，产而遇灾矣。

据余宥闻，胁生故事，以印度人传说为盛，亦以印度典籍传说为最古。《长阿含·大本经》云，“佛告诸比丘，毘婆尸菩萨(Uipassin)从兜率天，降神母胎，从右胁入，正念不乱，当于尔时，地为震动。当其生时，从右胁出，地为震动”。又云，“毘婆尸菩萨，当其生时，从右胁出，专念不乱。从右胁出，堕地行七步，无人扶持”。毘婆尸菩萨之生，据经文云，“在过去九十一劫时”，以我国汉魏后传说上古十纪例之，正所谓“九头纪”也。其去孔子获麟绝笔时，不下二百六十余万年，其前于女隤胁生六子之时代远矣！虽然，《阿含经》成书于佛教成立以后；毘婆尸胁生故事，不敢断言较《帝系》传说为前。若因陀罗(Indra)神，佛教以前，《吠陀典》神话所认为全印度民族之保护神也。《梨俱吠陀》则已谓因陀罗之母为牝牛(Grsti)，破其母胁(即牝牛)而生(四，一八，一)，落地即为一勇者，而能跳舞(三·五，一，八)，天地为之震动(四，一七，二)云。(详高译《印度哲学宗教史》七九页)牝牛，非真牛也，《吠陀》诗人所以象征空中云气之辞也。因陀罗在拜火教视为恶神，在印度则以为雷霆之神。雷霆之威，发自云端，破胁而生，即象征雷霆破云而发声光之状，此胁生故事所由来也。《长阿含经》初由云雷神话而人格化之为毘婆尸菩萨胁生，楚人继演而为昆吾、季连亦胁生。按诸事实，则谓女隤胁生昆吾、季连，毋宁谓高𫘧氏胁生吴雷传说之误。阿耆尼为地上之火，因陀罗为空中之火；但阿耆尼中国译音既为吴雷，吴雷当亦兼因陀罗之神格。因陀罗胁生为积云生雷自然现象；则吴雷(即吴回)之母，《帝系》云高𫘧，《世本》云骄福，疑或 Grsti(牝牛)之对音。

《梨俱吠陀》但言因陀罗破胁而生，未尝别左右也。《长阿含经》因印度习惯左上右下，故谓毗婆尸生于右胁，右胁，犹言下胁矣。楚人尚左，故《帝系》变言“女陨氏启左胁，产六子”。若《世本》云：“女陨氏启其左胁，三子出焉；启其右胁，三子出焉”（《水经·洧水注》引）；调停之论，转失其真。而干宝《搜神》，必以为古人确有胁生之事，岂必圣贤无间中印皆胁生哉？吾敢谓吴雷胁生，必因陀罗胁生神话传说之变相；此荆楚传说胁生故事，可溯源于印度者也。

（六）论楚人尚左亦印度人习惯

《淮南·缪称》，“凡高者贵其左，故下之于上曰，左之，臣辞也。下者贵其右，故上之于下曰，右之，君让之。故上左迁则失其所以尊也，下右还则失其所以贵矣”。高者贵左，下者贵右，非古也。《老子》曰，“吉事尚左，凶事尚右。偏将军居左，上将军居右，言以丧理处之”（《偃武第三十一》）。河上公注，“丧礼尚右，死人贵阴也”。贵阴，亦非古也。宣十二年《左传》，“楚子为乘广三十乘，分为左右，许偃御右广，彭名御左广。王乘左广以逐赵旃。……王见右广，将从之乘。屈荡尸之曰，君以此始，亦必以终。自是楚之乘广先左”。楚子因逐赵旃而乘左广，权也；将从右广，盖其常也；此《老子》所以有“上将军居右”之说也。然考之桓八年《左传》，则又不然。《传》曰，“楚子伐随。随季良曰，楚人尚左，君必左，无与王遇，且攻其右，右无良马，必败”。是尚左者，楚俗也；异于中土之尚右矣（参阅卫聚贤《古史研究》二集下册，《老子是云南的苗民》篇）。高楠顺次郎云：“印度方位称呼中之可注意者，谓东曰前方（Purastat），西曰后方(Pascat),北曰上方(Uttarat),南曰下方(Adharat)。谓东西为前后,乃对日轮而称,是为世界通例,谓南方为下方,谓北方为上方者,乃于印度地形之外,回顾自己移居的历史而立名者。谓四方为极,因而亦称大地为四极界”(详高译《印度哲学宗教史》六六页)。四极界,我国古谓之四海。僖四年《左传》,“齐侯以诸侯之师伐楚。楚子使与师言曰,君处北海,寡人处南海,唯是风马牛不相及也”。北海、南海,犹印度人言“北极界”、“南极界”,北犹可诿曰此心同,此理同也。若楚人尚左,不得诿为地形关系,必别有传统:此传统习惯,不同华风,而似印度,亦可证荆楚风教多染印度色彩。

(七)论楚人以肉袒示敬俗同印度

肉袒之仪,数见于礼书,《仪礼·觐礼》:“侯氏再拜稽首以马出,乃右肉袒于庙门之东,入门右,北面立,告听事”。郑玄注:“右肉袒者,刑宜施于右也。凡以礼事者左袒入,更从右者,臣益纯也。告听事者,告王以国所用为罪之事也。”考之《礼记》不仅朝觐而袒也。

《祭义》:“郊之祭也,君牵牲,既入庙门,丽于碑,卿大夫袒而毛,牛尚耳……敬之至也。”

又曰:“食三老五更于大学,天子袒而割牲,执酱而馈……所以教诸侯之弟也。”(《乐记》同)

《明堂位》:“季夏,以禘礼祀周公于大庙,君肉袒迎牲于门”。

《杂记》:“子游曰:既祥,虽不当缟者,必缟,然后反服,当袒；大夫至，虽当踊，绝踊而拜之，反改成踊，乃袭”。

《大戴礼·朝事》曰：“肉袒，入门而右，以听事也”。

是，郊禘必袒，养老必袒，祥服必袒，江永《乡党图考》谓，“丧服，肉袒；祭礼迎牲割牲，养老礼，割牲，皆肉袒；射礼，君在，大夫射，肉袒”，是也。余谓袒割、袒射，皆以便事也；袒而入门以听事，敬之至也。朝觐之敬，袒露右臂，虽见礼经，他书无考。考之史籍，则惟亡国之君，常肉袒以见胜国。僖六年《左传》：“楚子围许。冬，蔡穆侯将许僖公以见楚子于武城。许男面缚衔璧，大夫衰绖，士与榇。楚子问诸逢伯。对曰，昔武王克殷，微子启如是。武王亲释其缚，受其璧而祓之；焚其榇，礼而命之，使复其所。楚子从之。”微子启面缚衔璧以见武王事，亦见于《史记·宋世家》云，“微子乃持其祭器，造于军门，肉袒，面缚，左牵羊，右把茅，膝行而前，以告”。是亡国之君，肉袒为敬，始于微子；顾《周书》纪微子降周事，未之闻也。惟春秋之世，许、郑、宋、赖、句吴之君，亡国而后，则相习袒见楚王、越王。如：

楚子围郑，克之，入自皇门，至于逵路。郑伯肉袒牵羊以逆。（宣十二年《左传》）

楚庄王兴师围宋。九月，宋人易子而食之，析骨而爨之。宋公肉袒执牺，委服告病。（《吕览·行论》。按，此宣十五年事，《左传》未详。）

楚子灭赖。赖子面缚衔璧，士袒舆榇，造于中军。王问诸椒举。对曰，成王克许，许僖公如是。（昭四年《左传》）

吴师败。吴王使公孙雄肉袒膝行而前请成越王曰，孤臣夫差，敢布腹心。（《史记·越世家》，按此记异于《国语》。）

春秋之世，丧师辱国者众矣，未闻皆肉袒谢罪；肉袒谢罪，惟敬于楚越之君。越本楚族，吴王肉袒，当用楚俗。以史实测之，肉袒之礼，疑始于楚。不宁惟是。《论语·宪问》："管仲相桓公，霸诸侯，一匡天下，民到于今受其赐。微管仲，吾其被发左衽矣。"被发者，陆浑之戎也。僖二十二年《左传》："初平王之东迁也，辛有适伊川，见被发而祭于野者，曰，不及百年，此其戎乎！"其后，晋惠公果迁陆浑之戎于伊川。左衽，何族？经传鲜征。《说苑·善说》尝谓即西戎，云："西戎左衽而椎髻，由余亦出焉。"以余考之，《论语》所谓"左衽"者，当指荆楚。《礼记·玉藻》："衽当旁。"江氏《乡党图考》云，"衽以掩缝，朝服、祭服、丧服，左右皆有衽"。如江氏说，左衽即右旁无当。《史记·赵世家》："错臂左衽，瓯越之民也。"《索隐》："左衽，谓右袒其臂也。"证之《史记·陈涉世家》言胜起兵，"乃诈称公子扶苏、项燕，从民欲也，袒右，称大楚"。《高祖纪》言："义帝死，汉王闻之，袒而大哭。"则许、郑、宋、赖诸君袒见楚王，正楚国习俗，而用楚国隆礼。《山海经·大荒西经》，"吴回奇左，是无右臂"。右臂，郭璞《注》谓"即奇肱"，非也。臂，读为袂，"无右臂"，当谓衣无右袂，亦即《论语》所谓"左衽"。吴回左衽右袒，此其说必出楚庙壁画。是楚俗尚袒，祖宗以来然矣。然右袒示敬，初亦印度俗尚也。《长阿含·游行经》言阿难见佛，"偏袒右臂，右膝着地，长跪叉手"。梵志并暨问佛："偏袒右臂，叉手向佛。"剃头师，贱民也，《露遮经》言其侍世尊，亦"偏袒右臂，叉手向佛"。偏袒意义，据《律》云，"一切供养皆偏袒，示有便于执作"（《释氏要览》卷中《礼数》节引）；《南海寄归内法传·对尊之仪》则谓："偏露右臂，衣掩左髆，首无巾帔，对尊之仪”也。对尊之仪，即《祭义》所谓“敬之至”。敬之至者，在荆楚，则其民族宗神——吴回奇左袒右；其所克服之国，国君亦皆肉袒以朝；更证之瓯越之民，左衽之说，则楚以肉袒为对尊之仪，其俗正同印度，自不得谓与印度风教无关。

（八）论重黎绝地天通故事为婆罗门教分别三界神格说变相

楚人以肉袒示至敬，其俗同于印度，固矣！考其宗教思想，则尤多近似婆罗门教。《周书·吕刑》，“若古有训，蚩尤惟始作乱，延及于平民，罔不寇贼，鸱义奸宄，夺攘矫虔。苗民弗用灵，制以刑，惟作五虐之刑曰法，杀戮无辜。爰始淫为劓、刵、椓、黥，越兹丽刑并制，罔差有辞。上帝哀矜庶戮之不辜，报虐以威，遏绝苗民，无世在下。乃命重黎绝地天通，罔有降格”。地天何由而通？何由而绝？《吕览·十月纪》：“是月也，天子命有司曰，天气上腾，地气下降，天地不通，闭而成冬”，此言天气不相属，非《吕刑》所谓绝地天通也。《伪孔传》之释“绝地天通”曰：“天神无有降地，地祇不至于天”，则檃括观射父之说也。观射父对楚昭王之问曰：

> 古者民神不杂。民之精爽不携贰者，而又能齐肃衷正。其知能上下比义，其圣能光远宣朗，其明能光照之，其聪能听澈之。如是，则神明降之，在男曰觋，在女曰巫，是使制神之处位次主，而为之牲器时服；而使先圣之后之有光烈而能知山川之号、高祖之主、宗庙之事、昭穆之世、齐敬之勤、礼节之宜、威仪之则、容貌之崇、忠信之质、禋絜之服，而敬恭明神者，以为之

> 祝;使名姓之后,能知四时之生、牺牲之物、玉帛之类、采服之仪、彝器之量、次主之度、屏摄之位、坛场之所、上下之神、氏姓之出,而心率旧典者为之宗。于是乎有天地神明类物之官,是谓五官,各司其序,不相乱也。民是以能有忠信,神是以能有明德,民神异业,敬而不渎;故神降之嘉生,民以物享,祸灾不至,求用不匮。
>
> 及少皞之衰也,九黎乱德,民神杂糅,不可方物,夫人作享,家为巫史,无有要质,民匮于祀,而不知其福;烝享无度,民神同位,民渎齐盟,无有严威,神狎民则,不蠲其为;嘉生不降,无物以享,祸灾存臻,莫尽其气。颛顼受之,乃命南正重司天以属神,命火正黎司地以属民,使复旧常,无相侵渎,是谓绝地天通。
>
> 其后三苗复九黎之德,尧复育重黎之后不忘旧者,使复典之,以至于夏商,故重黎氏世叙天地,而别其分主者也:其在周,程伯休父其后也。当宣王时,失其官守,而为司马氏,宠神其祖,而取威于民,曰:重实上天,黎实下地,遭世之乱,而莫之能御也。(《国语·楚语下》)

细绎观射父说,其所称巫觋之资格,绝似《圣卡耶那家庭经》所规定婆罗门教祭官"必须音声好,形相正,老年而有智识,道德坚固而有善行"(二,一三)。所谓"使先圣之后之有光烈而敬恭明神者以为之祝",亦与婆罗门教之修行者,必"七世以来,父母贞正不为他人所轻毁"(《长阿含经》所称有道婆罗门皆如此)绝相似。印度四姓,以婆罗门族为最尊,相传彼等皆为诵出《梨俱吠陀》之诗圣后裔,继七圣之系统者(详高译《印度哲学宗教史》三一七页),是与观射父所谓"使名姓之后而心率旧典者为宗”，意义尤相符契。《吕刑》云，“蚩尤作乱，杀戮无辜”，观射父云，“九黎乱德，民神杂糅，不可方物”；正《摩登伽经》所言婆罗门恶业，“造为妖怪，占星观月，和合军阵，杀害众生”。观射父之言九黎乱德也，曰，“夫人作享，家为巫史，无有质要，民匮于祀，而不知其福”，正又为《夜柔吠陀》时代祭祀万能之写照。婆罗门教徒日有日祭，月有月祭，年有年祭，以祭祀诸神为三大负债之一。在平民，则一“力饮祭”（Najapeya）也。布施于婆罗门者，凡牛百七十头，衣十七袭，车十七辆，象十七乘，黄金十七镒（详高译《印度哲学宗教史》三七三页），足破中人之产矣。然而嗤嗤者氓，迷而不返，笃信婆罗门确为神人交通之中介，可为人群徼福而免祸也。今日藏青蒙古民众，常倾家以事喇嘛，即此遗风。婆罗门能通神人之交通，非即观射父所谓“明神降之，在男曰觋，在女为巫”耶？

《论语》，“南人有言曰，人而无恒，不可以作巫医”。巫在孔子时代，品斯下矣。然在荆楚，则尝有巫权高于一切时代，楚之执政，春秋时期，令尹为尊。令在古籍，常与灵字通用（详孙诒让《尚书骈枝·苗民弗用灵》）。《楚辞·九歌》：“灵连蜷兮既留。”王逸《注》：“灵，巫也。楚人名巫为灵子。”灵字从巫，楚大夫屈巫（即申公巫臣），字子灵（见襄廿六年《左传》），均可证灵巫本为一事；则楚之令尹，即是巫尹，令尹职权，当自巫权蜕化而出。巫权高于一切，正可比于《梨俱吠陀·原人歌》云：“由原人之头生婆罗门”，《摩登伽经》云“婆罗门者从梵口出，最为尊贵”。巫也，灵也，由其古代地位言，与婆罗门相似，则荆楚所谓“巫”者是否即 Brahman 之对音，颇值吾人思考。

由巫之神权，论观射父所谓“绝地天通”故事，实充满婆罗门教之精神与思想。则《吕刑》所谓“命重黎绝地天通”，得疑自婆罗门教分一切神格为天、地、空三界说演来。《周语下》:“太子晋曰,王亦无鉴于黎苗之王,下及夏商之季,上不象天,下不仪地,中不和民,而方不顺时;不供神祇,而蔑弃五则;是以人夷其宗庙,而火焚其彝器。”所谓上、下、中,恰当尼禄多(Nirukta)云之天位、地位、空位。李斯等议皇帝号曰,“古有天皇,有地皇,有泰皇,泰皇最贵”。皇,如顾颉刚《三皇考》云,其最初意义为“天神”,则天皇即天神,地皇即地神,泰皇或即太空之神,是三皇三才之说,演自印度三界,其事彰彰。三界之说,何由输入中土?疑亦楚为媒介。楚昭王问于观射父曰,“三事者何也”?对曰,“天事武,地事文,民事忠信。”(详《楚语下》)此与太子晋言“上天、下地、中民”,说无二致。有是因缘,余故谓“绝地天通”说,为印度神位最初之分界;三皇三才说,当直接演自印度三界理论。三界定位,以特尤斯(Dyaus)为天神领袖,因陀罗为空神领袖,阿耆尼为地神领袖。阿耆尼,余于上文已说明即“火正黎”,亦即吴回;则观射父谓“命火正黎司地以属民”,无异言吴回本地神,此自吴回神格,考见荆楚宗教思想,确染有婆罗门教之浓厚色彩也。

(九)论楚史倚相所读《三坟》即婆罗门教之三《吠陀》

荆楚固有宗教思想之蜕变于婆罗门,不独观射父“命南正重司天,命火正黎司地”说足征也。楚灵王次于乾溪,子革夕,左史倚相趋过。王曰,“是良史也,子善视之,是能读《三坟》、《五典》、《八索》、《九丘》。”(详昭十二年《左传》)何为《三坟》?何为《五典》?何为《八索》、《九丘》?后儒探寻,莫衷一是,为便讨论计,录汉儒要说如下：

（甲）《左传正义》引延笃说："张平子说《三坟》、《三礼》，礼为人防。《尔雅》曰，坟，大防也。《书》曰，能典朕三礼。三礼，天、地、人之礼也。"

（乙）《周官》："外史掌三皇五帝之书。"郑玄《注》："楚灵王所谓《三坟》、《五典》是也。"贾逵《左传注》亦谓："《三坟》，三皇之书；《五典》，五帝之典。"

（丙）马融《春秋三传异同》云："《八索》，八卦；《九丘》，九州之数也。"

（丁）刘熙《释名·释典》："《三坟》，坟，分也；论三才之分，天地人之治，其体有三也。《五典》，典，镇也，定上下，其等有五也。《八索》，索，素也，著素王之法，若孔子者，圣而不王，制此法者有八也。《九丘》，丘，区也；区别九州土气教化所宜施者也。此皆三五以前，上古羲皇时书也，今皆亡，惟《尧典》存。"

综而论之，《尚书·伪孔序》曰："三皇之书，谓之《三坟》；五帝之书，谓之《五典》；八卦之说，谓之《八索》；九州之志，谓之《九丘》。"此马、郑旧说也。考倚相为左史时（即鲁昭公十二年，当公元前五三〇年），不特三皇历史系统尚未成立（详顾颉刚《三皇考》）；即五帝名词，亦未尝有人道及（详顾颉刚《五德终始说下的政治和历史》），倚相何从而知三皇五帝其人？又何从而知三皇之《坟》？五帝之《典》？如马融说，《八索》即八卦，八卦即《周易》也。胡师说相承，未闻《周易》有《八索》之名？《九丘》即九州，九州者，《禹贡》也；但自来师说，亦无称

《禹贡》为《九丘》者。马郑之谬,既不足议。《尧典》成书于秦汉之际(详顾颉刚《古史辨》第一册《论今文尚书著作时代书》),倚相又何由而逆睹《尧典》所谓"典朕《三礼》"?且三才之说,虽蜕变于三界,其理论系统在中国则完成于秦汉之际;《三礼》为书,本"郑学"中坚;其系统成立,亦非倚相所能想见也。若《释名》以素王之法释《八索》,牵强尤甚!盖倚相读《八索》时,"素王孔子",尚在襁褓,今文学家"素王"之谰言,固又非左史所能梦见矣。《九丘》,近有释以《九章》、《九畴》者(如竹添光《左氏会笺》),诚较汉儒诸说为胜!不知《九章算经》,因缘《周官》六艺为书,《周官》伪书,岂足以定《九丘》内容乎?总之,《三坟》、《五典》、《八索》、《九丘》,在汉儒全凭经学智识,妄加推测,而不顾经学各书系统成立之时代,其失也诬。魏晋而后,囿于汉儒成说,人云亦云,更鲜创见。倚相所谈三、五、八、九之书,湮没而不彰也,二千余年矣。余以荆楚宗教思想多似婆罗门测之,疑《三坟》即婆罗门教所诵之三《吠陀》。

《吠陀》,梵语 Veda,中国音译,或曰韦陀(《翻译名集义》),或曰围陀(《摩登伽经》),或曰薜陀(《南海寄归内法传》),或曰毗陀(《玄应一切经音义》)。其义则智也,明也,书共四分:一曰《梨俱吠陀》(Regveda),华言《赞诵明论》;二曰《夜柔吠陀》(Yajur-veda),华言《祭祀明论》;三曰《娑摩吠陀》(Sama-veda),华言《歌咏明论》;四曰《阿闼婆吠陀》(Atharua-veda),华言《禳灾明论》。《禳灾明论》,书最后出,专以关于个人直接利害之招福禳灾之咒法为主旨,与《赞诵》、《祭祀》、《歌咏》三《吠陀》异趣,故婆罗门教徒公认前三《吠陀》为天启圣典,总谓之"三明"。如,《白衣金幢二婆罗门缘起经》云,"诸婆罗门自谓了达《三明》,名称上族"者是。《禳灾吠陀》,世或斥为异端,不与"三明"之列。《摩登伽经》云,"昔者有人名曰梵天,备习禅道,有大知见,造一《围陀》,流布教化。其后有仙,名曰白净,出兴于世,造四《围陀》",盖就后来婆罗门习惯为说,其实《吠陀》,古只三集。如,《长阿含三明经》所称沸伽罗娑罗、婆悉陀、多梨车诸婆罗门,皆"异学三部,讽诵通利,种种经书,尽能分别"。阿摩画经所称沸伽罗娑罗婆罗门"三部旧典,讽诵通利"。所谓"三部旧典","异学三部",即《梨俱》、《夜柔》、《娑摩》三《吠陀》,由佛教视之,虽曰异端;以学术思想言,实世界最古之三位一体著作。

《吠陀》或译"韦陀",或译"毗陀",可知 Ve 或转为 pe 音。《三坟》之坟,今读为 fen,古音当重读为 pun 或 puan,坟、吠、围、毗,皆唇音相转,余故谓《三坟》即三《吠陀》之音译。

《吠陀》成书时代,据近世东西学者研究,《赞诵明论》约在公元前 1500—前 1000 年,为天然神话时代之代表圣典;《祭祀》、《歌诵》二明,盖成书于公元前 1000—前 500 年间,为婆罗门教成立时代之代表圣典(详《印度哲学宗教史》总叙第二节及本论第一章《吠陀本集总论》节);三《吠陀》之为三位一体,适在倚相能读《三坟》、《五典》时代之前公元前五三〇年;其时中土尚无三位一体之著作,故知倚相所读《三坟》非三《吠陀》莫属。

(一〇)论《五典》即楚国《训典》、《祭典》、《鸡次之典》等,非五帝之书

何为典?《诗·周颂》,"维清缉熙,文王之典",传曰,"典,法也"。昭七年《左传》引《周文王之法》曰,"有亡荒阅",宜即《文王

之典》。是故赵宣子为国政，定国法，谓之“制事典”（详文六年《左传》）；周厉王改先王之法，太子晋谓为“厉始革典”（详《周语下》）；是典之为典，犹今宪法。考之春秋列国，则鲁有《周公之典》（见哀十一年《左传》），卫有《官师之典》（见《楚语上》），晋有《训典》（见《晋语八》）；而《楚典》最繁：

> 庄王使士亹传太子箴，辞。问于申叔时，叔时曰，教之《春秋》，而为之耸善而抑恶焉，以劝戒其心；教之《世》，而为之昭明德，而废幽昏焉，以休惧其动；教之《诗》，而为之导广显德，以耀明其志；教之《礼》，使知上下之则；教之《乐》，以疏其秽而镇其浮；教之《令》，使访物官；教之《语》，使明其德，而知先王之务用明德于民也；教之《故志》，使知废兴者而戒惧焉；教之《训典》，使知族类，行比义焉。（《楚语上》）
>
> 屈到嗜芰……宗老将荐芰。屈建命去之，曰，“《祭典》有之，国君有牛享，大夫有羊馈，士有豚犬之奠，庶人有鱼炙之荐，笾豆脯醢，则上下共之，不羞珍异，不陈庶侈”。夫子不以其私欲干国之典。（《楚语上》）
>
> 左史倚相能道《训典》，以叙百物，以朝夕献善于寡君。使寡君无忘先王之业。又能上下说乎鬼神，顺道其欲恶，使神无有怨痛于楚国。（《楚语下》）
>
> 𫇭敖为宰，择楚之《令典》……百官象物而动，军政不戒而备，能用典矣。（宣十二年《左传》）
>
> 吴与楚战于柏举，三战入郢，蒙谷遂入大宫，负《鸡次之典》（鸡一本作离），以浮于江，逃于云梦之中。昭王反郢，蒙谷献典，五官得法，而百姓大治。（《楚策一》）

楚国文献,有《春秋》、《世》、《诗》、《礼》、《乐》、《令》、《语》、《故志》等,非本文范围所宜论;而论其《训典》、《祭典》、《鸡次之典》,楚有三典矣。劳赦择楚《令典》,通常训"令典"为良法,若解"令"为"访物官",则楚有四典矣。会以《文王之典》,或《周公之典》,则楚在春秋时,确有五典流传;倚相所读,应即楚国旧典,决非如汉儒所言"五帝之书"。

细绎楚国旧典,《鸡次之典》,可以正五官治百姓,宜即楚国"大宪章"。宪章何以"鸡次"为名? 殊不可解。婆罗门教经书中有《法经》(Dharma Sutra),搜集四姓之义务,与社会法规等以成,其体例与《鸡次之典》颇相似。经书中又有《家庭经》(Grhya Sutra),说明家长司祭之仪式,《天启经》(Srauta Sutra),说明祭官所司之大祭(详《印度哲学宗教史》第四篇第一章《总说》),与屈建所称《祭典》性质亦相近。《祭典》、《训典》与《鸡次之典》,今皆不存,无由以勘梵书经书等思想上关系;然吾人可得而论者,倚相"又能上下说乎鬼神,顺道其欲恶,使神无怨痛于楚国";其精神实接近于《阿闼婆吠陀》,颇疑《五典》之中,亦或带有婆罗门教之意味。

(一一)论《八索》犹四分律、五分律,《庄子》所引《法言》即《八索》佚文

《八索》,亦见《郑语》,云:"和五味以调口,刚四支以卫体,和六律以聪耳,正七体以役心,平《八索》以成人,建九纪以立纯德,合十数以训百体。"韦注:"八索,八体,以应八卦,谓乾为首,坤为腹,震为足,巽为股,离为目,兑为口,坎为耳,艮为手。"《八索》,果如韦

昭乾首坤腹说,宜即《周易·说卦》。考之《易学》,无是说也。

按,《考工记·嘉量铭》:“时文思索,允臻其极。”郑玄《注》:“文德之君,思求可以为民立法也。”定四年《左传》:“启以商政,强以周索;启以夏政,强以戎索。”杜《注》亦曰:“索,法也。”索之见于古籍者既常训为法;则八索,犹言八法(贾逵《左传注》谓八王之法,非)。法在印度经书,其著名者,有《瓦西休他法论》(*Vasistha dharma Sastra*)、《摩奃法论》(*Manava dharma Sastra*)、《维休鲁法典》(*Visnu Sruti*)、《耶鸠略瓦该法典》(*Yajuvalkya Sruti*)等(详高译《印度哲学宗教史》三一一页)。至佛教变法为律(Dharma),则有若《四分》、《五分》、《十诵》等,皆以数字条别内容,与《八索》名义相近。《法典》属于《经书》。经书,梵名为 Sutra,说者以为由 Siu 字变来,谓在简单语句中,统括教义之大纲,宛如以线穿珠(详高译《印度哲学宗教史》三〇四页)。以线穿珠,意同华语之“贯索”而“索”与 Siu 音又相近;是知倚相所读《八索》,必与印度《经书》有关。《庄子·人间世》两引《法言》,一曰,“传其常情,无传其溢,言则几乎全”;一曰,“无迁令,无劝成,过度,益也”,颇似佛家诸律口吻。昭七年《左传》言楚文王作《仆区之法》曰,“盗所隐器,与盗同罪”,疑皆《八索》旧文矣。然而“仆区”,非华言也,疑或梵语之对音。

(一二)论《九丘》即《九歌》,《九歌》迎神曲全用婆罗门教祭仪

《释名》以区别九州释九丘,非也;其谓“丘,区也”,则甚信。郑玄注《礼记》不讳嫌名,举宇与禹,丘与区为例,足证区丘古音相同。故区宇古或作丘宇,区盖,古一作丘盖(详段氏《说文注》区字下);

则九丘自可读为“九区”。区，孳乳为讴，《说文》云：“齐歌也。”《孟子·告子》，“王豹处于淇，而河西善讴”，赵《注》，“河西善讴，所谓郑卫之声也”。《楚辞·大招》，“讴和扬阿，赵箫倡只”，王《注》：“徒歌曰讴。”刘宝楠因谓，“讴歌同一长言，而歌依于乐，讴不依于乐，此所以分也。”（详《孟子正义》）按《大招》既言以箫和讴矣，《招魂》亦曰：“吴歈蔡讴，奏大吕些”，大吕，亦乐律之名也。余谓讴与歌之别，不在乐器，而在和否，和歌为讴，独讴为歌，统言则歌亦讴也。由是言之：倚相所读九区，应即九歌。王逸《楚辞章句》：

> 九歌者，屈原之所作也。昔楚国南郢之邑，沅湘之间，其俗信鬼而好祠，其祠必歌乐鼓舞，以乐诸神。屈原放逐，窜伏其域，怀忧苦毒，愁思沸郁，出见俗人祭祀之礼，歌舞之乐，其词鄙陋，因作为九歌之曲，上陈事神之敬，下见己之冤结，托之以讽谏；故其文意不同，章句错杂，而广异义焉。

如王氏说，今传《九歌》，本沅湘间民间流行之神曲，曾经屈原润色者。此种神曲，自何传来，王氏无说。在《离骚》则云：“启九辩与九歌兮，夏康娱以自纵；不顾难以图后兮，五子用失乎家巷”；言《九歌》者，夏后启之遗也。文七年《左传》引《夏书》曰：“戒之用休，董之用威，劝之以《九歌》，勿毋怀”。郤缺解曰：“九功之德，皆可歌也，谓之《九歌》。六府三事，谓之九功——水、火、木、金、土、谷，谓之六府；正德、利用、厚生，谓之三事。”（《左传》）功共同音，如郤缺说，《九歌》宜即《书序》所谓《九共》。《尚书大传》引《九共》佚文云：“予辨下土，使民平平，使民无敖”，意正符于郤缺所谓“九功”；

故魏源《书大序集义》又疑《九共》即职方氏所陈九州（详《书古微》卷十二）。九州古说，今存《禹贡》。《书·洪范》曰，“我闻在昔，鲧堙洪水，汩陈其五行，帝乃震怒，不畀《洪范》九畴，彝伦攸斁，鲧则殛死，禹乃嗣兴，天乃锡禹《洪范》九畴，彝伦攸叙”。考《洪范》九畴，实不出正德、利用、厚生三事。由思想上线索寻之，所谓《九歌》、九功、《九共》、九州、九畴等，应是一辞所分化。《洪范》曰：

> 无偏无颇，遵王之义；无有作好，遵王之道；无有作恶，遵王之路。无偏无党，王道荡荡；无党无偏，王道平平；无反无侧，王道正直。

两语一韵，一韵一谊，淳然三百篇作风，疑即中原所传夏后氏《九歌》矣。其在南国，则谓《九歌》为夏后启宾天之乐。《天问》：“启棘宾天（今本讹商，据王先谦校正），《九辩》、《九歌》。”王逸《注》：“宾，列也”，非。宾当读如卜辞云，“王宾某某”之宾，祭名也。宾天，犹言祭天。《九辩》、《九歌》，盖本夏后祭天之乐，《海外西经》所谓“大乐之野，夏后启于此舞九伐”是也。《大荒西经》又谓“西南海之外，赤水之南，流沙之西，有人珥两青蛇，乘两龙，名曰夏后启（启今本因避汉景帝讳多致为开）。启上三嫔于天，得《九辩》、《九歌》以下。此大穆之野，高二千仞，启焉得始歌《九招》”。郭注引《纪年》，亦云：“夏后启舞《九招》。”《九招》即《九韶》，孔子所谓“《乐》则《韶舞》，子在齐闻《韶》，而不知肉味者也。”《九韶》，旧史皆谓舜作；而《纪年》、《山经》并云启舞，则《韶》亦夏后祭天之乐也。由是言之：《九歌》来源古矣！始于夏后氏祭天，其变也乃有《九韶》、《九畴》、

《九州》、《九共》、《九功》诸说，其传说演变之次第盖如是：

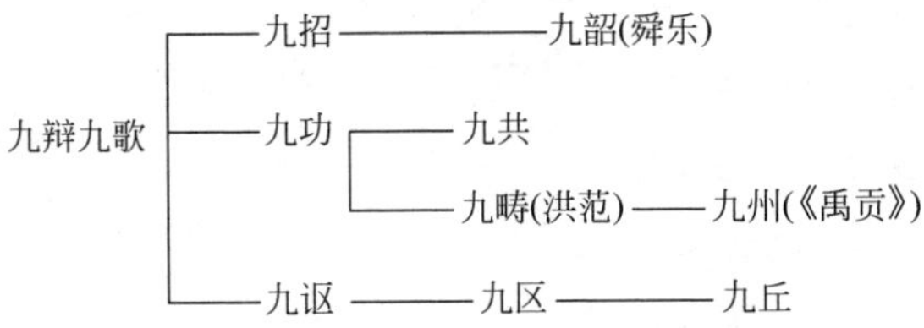

顾《九歌》，本夏后氏宾天之乐，在《洪范》则已讹九畴为天所赐禹者，《大荒西经》亦谓《九歌》夏后启得于天上；此种“天赐”观念，与婆罗门教传说“《梵书》与《吠陀》本集，同为神之启示，故亦神圣视之”，遂尊《吠陀》、《梵书》为“天启”（Sruti）之观念正同；则九畴九韶，吾得谓为中华相传之《九歌》，荆楚流传之《九丘》、《九歌》，疑或蒙婆罗门教音乐之影响。

今传屈原《九歌》，为《东皇太一》、《云中君》、《湘君》、《湘夫人》、《大司命》、《少司命》、《东君》、《河伯》、《山鬼》、《国殇》、《礼魂》，凡十一章。既有《湘君》，又有《湘夫人》；既有《东皇太一》，又有《东君》；说者多疑为后人增窜。考其内容，《东皇太一》实迎神曲，《礼魂》为送神曲，非《九歌》之本体。屈原所润色者，当即《云中君》至《国殇》九章，章祭一神。按其神格分类，则

《东君》、《云中君》、《大司命》、《少司命》，皆天神；

《湘君》、《湘夫人》、《河伯》，皆水神；

《山鬼》，山神；

《国殇》，人鬼。

如总水神、山神为地神，则《九歌》内容，亦有天、地、人三界之别。楚国神祇，绝不止此；而《东皇太一》云：

吉日兮辰良，
穆将愉兮上皇；
抚长剑兮玉珥，
璆锵鸣兮琳琅；
瑶席兮玉镇，
盍将把兮琼芳；
蕙肴蒸兮兰藉，
奠桂酒兮椒浆；
扬枹兮拊鼓，
疏缓节兮安歌，
陈竽瑟兮浩倡；
灵偃蹇兮姣服，
芳菲菲兮满堂；
五音纷兮繁会，
君欣欣兮乐康！

此种迎神仪式，全异华风。《小雅·楚茨》，“絜尔牛羊，以往烝尝……工祝致告……苾芬孝祀”；此真华夏祭典之准则也，楚人则代牛羊以蕙兰，代工祝以巫唱。巫唱，先拊鼓然后安歌，此婆罗门教徒诵经之常仪也。且，“桂酒椒浆”，有似于“苏摩祭”所用之苏摩酒（Soma）；“瑶席玉镇”，有似于“压石赞者”歌赞苏摩之压石（Adri），灵之姣服，五音繁会，亦无不仿佛婆罗门教之祭仪。沅湘间流行之《九歌》原本不可知，但就屈原润色之迎神曲《东皇太一》考之，则全用婆罗门教诵经仪式，是知楚国民间宗教濡染于婆罗门教尤深，宜倚相所读《三坟》、《八索》多婆罗门教经典。

（一三）论《天问》宇宙本源论即《梨俱吠陀》创造赞歌之意译

倚相所读《坟》、《典》多婆罗门教经籍，不独沅湘间民间流行之迎神曲可为旁证。《天问》中若干故事，近世东西学者已多证其来自印度；在国内，亦有赵良翰《九子母考》说明“女岐无合夫，焉得九子”即印度传说鬼子母神话（详《中央研究院历史语言研究所集刊》第二本第四分）。《天问》思想所受婆罗门教之影响，自不容吾人否认。何为《天问》？王逸《章句》云：

> 《天问》者，屈原之所作也。何以不言问天？天尊，不可问，故曰天问也。
>
> 屈原放逐，忧心愁悴，彷徨山泽，经历陵陆，嗟号昊旻，仰天叹息，见楚有先王之庙，及公卿祠堂，图画天地山川神灵，琦玮僪佹，及古贤圣怪物行事。周流罢倦，休息其下，仰见图画，因书其壁，呵而问之，以渫愤懑，舒泻愁思。楚人哀惜屈原，因共论述，故其文义，不次云尔。

是《天问》虽造于屈原，实成于后人；其篇题当后人所命。按印度传说有帝释天壬与五髻乾闼婆王子问佛正法故事，法贤译其书曰《佛说帝释所问经》，玄奘译曰《天请问经》，鸠摩罗什译《大智度论》，径曰《天问经》；屈原所造《天问》，无“帝释问佛”事，自非袭名于《天问经》。但考《天问》原文，自天地开辟，问到堵敖以不长，文章风趣，极似《吠陀典》后之《古谭史话》（*Itihasa—Purana*）；其言宇宙进化程序，则又极似《梨俱吠陀》所附《创造赞歌》。《赞歌》分五篇：一曰《无有歌》，二曰《生主歌》，三曰《造一切歌》，四曰《祈祷主歌》，五曰《原人歌》，大抵赞诵宇宙万有之本源，与希伯来人传述之创世记本意相似。但其为文，则多持怀疑态度，如：

> 将布尔夏（Purusa）切斋之时，彼有几种变相耶？彼之口何耶？彼之双臂如何？彼之腿部如何？其两足何名耶？（《原人歌》）
>
> 此造化由来之本主，果造作之耶？抑未造作之耶？
>
> 惟在最高天监视此世者当知之，或亦未之知乎？（《无有歌》）

其例孔多，不烦备举。试问此种持怀疑态度之韵文《赞歌》，与《天问》特有文章风格有以异乎？再就思想方面考察，《天问》前段之宇宙观，则与《创造赞歌》内容，尤多冥合。兹择要者比较如次：

《天问》	《创造赞歌》
曰，邃古之初，孰传道之？上下未形，何由考之？	其初无无（Asat）亦无有（Sat），无空界，亦无其上之天界，曾有何物掩蔽之耶？在何处耶？谁拥护之耶？（无有歌一节）谁实知之？今谁得说明之？彼由何处出乎？造物来自何处乎？（无有歌六节）彼等之绳尺横而遍通矣，在下者何耶？在上者何耶？（无有歌五节）
昭冥瞢暗，谁能极之？凭翼惟象，何以识之？	其时无死亦无不死，无昼与夜之表现，独一之彼（Ladckam）无息而自呼吸矣，彼外曾无何物之存在（无有歌二节）。唯有黑暗耳，一切为暗黑所掩，成无光之波动界矣（无有歌三节）。
明明暗暗，惟时何为？阴阳三合，何本何化？	较天为前，较地为前，较诸神魔为前而存者何耶？如何受持初胎耶？万有均现出于胎中矣（造一切歌五节）。

续表

《天问》	《创造赞歌》
圜则九重,孰营度之?惟兹何功?孰初作之?	此造化由来之本主,果造作之耶?抑未造作之耶?惟在最高天监视此世者当知之,或亦未之知乎?(无有歌七节)
斡维焉系?天极焉加?	依其威神力而雪山存,海与天河俱属于彼矣!此天极(Pradis)乃彼之双臂也(生主歌四节)。 按,《梨俱吠陀》有云,"昆纽竤测定地界,以固定天之住所"(一,一五四,一)。与《天问》"斡维焉系"说尤近。
八柱何当?东南何亏?	彼构成天地之树木为何耶?其材木如何耶?达识者乎!其以识寻求之,彼撑万有而息者何在耶?(造一切歌四节) 按此,不如《梨俱吠陀》说:"如是作成之天与地,虽以柱支之,而空中则无柱"(二,一五,二),尤为显白。
九天之际,安放安属?隅隈多有,谁知其数?	尊严之天与地,亦由彼而安住,苍天及穹窿亦由彼而支持,彼曾测量空中之大气矣,谁是吾等当祭之神!(生主歌五节)
天何所沓?十二焉分?日月安属?列星安陈?	强特罗(月)由其(布尔夏)心脏生,苏利耶(日)由其眼出(原人歌十三节)。 造一切者,识明而势强,彼乃造作者也,排置者也,而又作最高之示现。人谓彼独存于七圣星之彼方,……人能由祭而使彼满悦(造一切歌又二节)。
出自汤谷,次于蒙汜,自明及晦,所行几里?	神耶!汝等能尽气力而使万有满足时,隐于海之太阳,亦显现矣!(祈祷主歌七节) 按,《梨俱吠陀》有云:"婆楼那以苏利耶(日神)为尺度,而测量地界,始于东而终于西"(五,八五,五)。与《天问》"所行几里"说尤近。
女岐无合夫,焉取九子?	阿提致有八子,皆自彼身生出矣。彼将七子近于神,第八之鸟(太阳)则放弃之矣(祈祷主歌八节)。
洪渊极深,何以窴之?九州安错?川谷何洿?东流不溢,孰知其故?	彼水何在?无底之深何在耶?(无有歌一节)依其威神力而雪山存,海与天河俱属于彼矣!(生主歌四节) (凡上所引,皆据《印度哲学宗教史》所译赞歌之大意。)

此种比勘，有似貌合神离者，如，“凭翼惟象，何以识之”，似与“彼外曾无何物之存在”无关。考《淮南子·天文》有云：“天地未形，凭凭翼翼，洞洞灟灟，故曰大昭”，高诱《注》云：“凭，翼，洞，灟，无形之貌”；则“凭翼惟象”正是“曾无何物”之喻言。又：“斡维焉系，天极焉加”，似与毗纽敛测地定天之说无关。考《梨俱吠陀》有云：“地界则沙维特利神以维缚之，毘纽敛以橛抑之，勿里阿婆跋底则支其端”（七，九七，三），地既可缚，天自可系，则斡维之系，明演自缚地说。要而言之，《天问》所疑宇宙万有之来源，几无不见于《创造赞歌》，或于《赞歌》中寻得解释。《赞歌》次第，自无而有，而造一切，《天问》亦首言天地未辟，依次而述日月星辰至于人类，叙次大略相同。有是因缘，余故谓《天问》首段之宇宙本源论，直撮举《创造赞歌》大意；谓即《赞歌》之意译，亦无不可。

（一四）论老子“有”、“无”、“道”、“一”名词皆出《吠陀典》

宇宙本源论之见于先秦载籍者，不独《天问》之说可寻源于《吠陀典》也。《庄子·天下篇》：“以本为精，以物为粗，以有积为不足，澹然独与神明居，古之道术有在于是者，关尹、老聃闻其风而说之。建之以常无有，主之以太一，以濡弱谦下为表，以空虚不毁万物为实……关尹老聃，古之博大真人哉。”关尹书今不具。“老子著书上下篇，言道德之意，五千余言。”（见《史记·老庄申韩传》）今则幸存。尝读其书，虽不免兵、名、刑法家言，要必归于“建以常无有，主之以太一”矣。曰：

道可道，非常道；名可名，非常名。无名天地之始，有名万物之母。故常无，欲以观其妙；常有，欲以观其徼。此两者同，出而异名。同谓之玄，玄之又玄，众妙之门。（河上公本老子《道经·体道第一》）

反者，道之动，弱者之用。天下万物生于有，有生于无。（老子《德经·去用四十》）

此《庄子》所谓“建之以常无有”也。

视之不见名曰夷，听之不闻名曰希，搏之不得名曰微，此三者不可致诘，故混而为一。其上不皦，其下不昧，绳绳不可名，复归于无物，是谓无状之状；无物之象，是为忽恍；迎之不见其首，随之不见其后。执古之道，以御今之有，以知古始，是谓道纪。（老子《道经·赞玄十五》）

曲则全，枉则直，洼则盈，弊则新，少则得，多则惑，是以圣人抱一以为天下式。（老子《道经·益谦廿二》）

昔之得一者，天得一以清，地得一以宁，神得一以灵，谷得一以盈，万物得一以生，侯王得一以为天下正。（老子《德经·法本卅九》）

道生一，一生二，二生三，三生万物。（老子《德经·道化四二》）

此《庄子》所谓“主之以太一”也。《吕氏春秋·大乐》：“太一出两仪，两仪出阴阳，阴阳变化，一上一下，合而成章；浑浑沌沌，离则复合，合则复离，是谓天常。”《周易·系辞传》亦曰：“易有太极，是生两仪，两仪生四象，四象生八卦”；生生之道，本乎太一；故《说文解字》会《系辞》与《老子》而为之说曰："惟初太极，道立于一，造分天地，化生万物"，意谓太极即太一，太一生于道。道有儒家之道，有老庄之道。孔子曰："吾道一以贯之"，曾子解以"忠恕"（详《论语·里仁》篇），此儒道也。老子之道，则"有物混成，先天地生，寂兮寥兮，独立而不改，周行而不殆，可以为天下母，吾不知其名，字之曰道，强为之名曰大。"（详《道经·象元第廿五》）大道先天地而生，正所谓"无名天地之始"。何谓"无名天地之始"？《庄子·齐物论》曰：

有始也者，有未始有始也者，有未始有夫未始有始也者。有有也者，有无也者，有未始有无也者，有未始有夫未始有无也者。俄而有无矣，而未知有无之果孰有孰无也。

何谓"有始"？何谓"有无"？玄之又玄，辞若诡谲。考之《淮南·俶真》云："有始者，繁愤未发，萌兆牙蘖，未有形埒垠堮，无无蠕蠕，将欲生兴，而未成物类。有未始有有始者，天气始下，地气始上，阴阳错合，相与优游竞畅于宇宙之间，被德含和，缤纷茏苁欲物接而未成朕兆。有未始有夫未始有有始者，天含和而未降，地怀气而未扬，虚无寂寞，萧条霄雿，无有仿佛，气遂而大通冥者也。有有者，言万物掺落，根茎枝叶，青葱苓茏，萑蔰炫煌，蠉飞蠕动，蚑行哙息，可切循把握，而有数量。有无者，视之不见其形，听之不闻其声，扪之不可得也，望之不可极也，储与扈冶，浩浩瀚瀚，不可隐仪揆度，而通光耀者。有未始有有无者，包裹天地，陶冶万物，大通浑冥，深闳广大，不可为外；析豪剖芒，不可为内；无环堵之宇，而生有无之根。有未始有夫未始有有无者，天地未剖，阴阳未判，四时未分，万物未生，汪然平静，寂然清澄，莫见其形，若光耀之间于无有，退而自失也。”然则,“有未始有夫未始有有无”者,即老子所谓“万物生于有,有生于无”;亦即《天问》所谓“邃古之初,孰传道之?上下未形,何由考之?”《天问》宇宙本源论,余已探其本于《创造赞歌》矣;则老子“万物生于有,有生于无”,“无名天地之始,有名万物之母”,所谓“建之以常无有”者,余得确言其蜕化于《无有歌》之“其初无无亦无有”矣。

由老子“道生一,一生二,二生三,三生万物”说,一,即天地未剖,四时未分之代名词。天地未剖以前,在《无有歌》中常称为“彼一”(Tad eham)。高楠顺云:“《吠陀》诗人想像万有生起以前之状况,凡可名为无,可名为有者,一切名色之相皆无,只为混沌未分之暗黑的状态。然此混沌界,非但空也,其中虽不知为何物而可发展为万物之一个种子已存在,诗人认此为无息而自呼吸。盖以为虽无通例人格的存在,但认为有生活之力而可视为未开展之实在。呼之之名虽不能定,而仍用意味甚深之‘彼一名之者,欲于不可得而名之中,强立其名也。’”(详《印度哲学宗教史》第一篇,第四章,第二节,丙,《哲学的赞歌注释》)“彼一”为不可得而名时所强立之名,正《吕览·大乐》所谓“道也者,至精也,不可为形,不可为名,强为之,谓之太乙”,《吕览》之说,本于《老子》。老子“字之曰道,强为之名曰大”,“大”与 Tad 声音相同,则老子所谓“大”,所谓“道”皆得谓即 Tad 之对音,“一”,则当是“彼一”之意译;是老子“主之以太一”,尤可确言出于《吠陀典》。《吠陀典》具在,倘得原本而比勘之,一部《道德经》,未始不可比于《真诰》。《庄子·庚桑楚》曰:“老聃之役,有庚桑楚偏得老聃之道”,而释迦之役,有摩腾迦叶者,亦偏得释迦之道。释迦之与老聃,二而一乎?非本文所宜详讨。然,观《老子》思想所受《吠陀典》影响，较《天问》宇宙本源论尤为显著；而太史公又言老子为楚苦县人，则先秦时代，印度宗教思想输入中土，以荆楚为中介。《老子》一书，亦为有力之旁证也。

（一五）论新郑出土铜器群皆楚器，其莲鹤方壶即印度艺术之特征

《尔雅·释草》："荷，芙渠，其茎茄，其叶蕸，其本蔤，其华菡萏，其实莲，其根藕。"段玉裁注《说文》，"荷，扶渠叶"云："今《尔雅》曰，其叶蕸。音义云，众家无此句，惟郭有。玉裁按：无者是也。高注《淮南》云：荷，夫渠也，其茎曰茄，其本曰蔤，其根曰藕，其华曰芙蓉，其秀曰菡萏，其实莲；大致与《尔雅》同，亦无其叶蕸三字。盖大叶骇人，故谓之荷；大叶扶摇而起，渠央宽大，故曰夫渠；《尔雅》假叶名其通体，故分别茎华实根各名，而冠以荷夫渠三字，则不必更言其叶也。"夫渠，水生，夏秋之间，菡萏盛发，灿然如锦，故在屈原诗歌中，芰荷，芙蓉，随在而见；三百篇中，则除《郑风》"山有扶苏，隰有荷花"，《陈风》"彼泽之陂，有蒲与荷"外，绝少见。陈灭于楚，郑在春秋常楚之附庸，楚与陈郑既迩，疑芙渠本热带植物，陈郑之荷，或由荆楚输去。楚人名荷为"芙蓉"，音与梵语 Puindrika——白莲花相似（参阅《翻译名义集》卷三，《百华篇》）。印度以莲花为最圣洁、最神妙之物，所谓"一花一世界，一叶一如来"，一般佛像，遂常托以莲座，故以莲花为图案，实古代印度人所创造。楚国文学，既常见芙蓉矣！而其铜器雕刻，亦尝见莲花图案，是不能不疑芙蓉芙渠，或为梵语白莲花之对音。

民国七年，新郑出土之铜器群有铭文者但有二器，一，高二尺之牢鼎，有铭五行。（见《新郑古器物图录》，十一，甲类，牢鼎）据王国维释文如次：

𡰥匕□□□宵□□
淮□□□□锡□□
邑□□□人众蛐□
□□嬰□邑□貝□
□□□乎不□□□

辞已甚渺，不能辨作者爵姓国族。其二，王子婴次炉（见《新郑古器物图录》，图五四，误题为王子方器），有铭七字：

王国维释曰，“王子㬇次之□卢”跋云：

余谓㬇次即婴齐，乃楚令尹子重之遗器也。……古人以婴齐名者，不止一人。独楚令尹子重为庄王弟，故《春秋》书公子婴齐，自楚人言之，则为王子婴齐矣。子重之器，何以出于新郑？盖鄢陵之役，楚师宵遁，故遗是器于郑地。此器品质制作，与同时所出他器不类，亦其一证。（《观堂集林》卷十八）

，王氏无释，余尝疑即“炭”字，后询之徐中舒，与拙见不谋而合。楚子重炭炉，何以出于新郑？王氏谓是鄢陵战败所遗，则未必然。

统观新郑铜器群，不特王子婴次炉之品质制作，异于他器；即其他钟也鼎也，形制花纹，亦有时代不齐之感！牢鼎铭文，字虽甚泐，但其结体奇诡，用笔诘诎，实带有战国时代文字作风。又就牢鼎之形制言，耳附鼎外，足雕兽腿，体圆而无花纹，与洛阳韩墓之鼎（见怀履光《洛阳古城古墓考》），归化李家峪出土之鼎（见梅原末治《支那古铜器精华》卷三，第一六四页），大体相似；此尤可证新郑牢鼎为战国时器。牢鼎为战国时器，王子婴次炉为春秋时器；则新郑铜器群之时代，显然不可定于一时，要当以晚造之牢鼎定为战国时代之墓葬。又按新郑，一曰南郑，战国时属楚，为雍氏地（详程恩泽《国策地名考》），则新郑铜器群又可确定皆楚器；其莲鹤方壶尤可信为楚国文化之特征（壶之原形，见《新郑古器物图录》，图三十九、四十）。此奇特之形制，郭沫若尝有重要之解释云：

> 此壶全身，均浓重奇诡之传统花纹，与人以无名之压迫，几可窒息。乃于壶盖之周围骈列莲瓣二层，以植物为图案，器在秦汉以前者，已为余所仅见之例。而于莲瓣中央复立一清俊逸之白鹤，翔其双翅，单其一足，微隙其啄作欲鸣之状，余谓此乃时代精神之一象征也。
>
> 更进，以莲花为艺术活动之动机，且于莲花之中置以人物者，此乃印度艺术中所习见之图案。盖赤道地方之莲，硕大无朋，其叶若花，每可乘人载物也。此壶盖，取材于莲花，复于莲心立一白鹤，与印度艺术之机杼颇相近似。中国自来无此图案，自来以无此大莲，谓作者闭户造车，出门合辙，然必有相当之自然条件以为前提。中国之小莲，与此夸张之着想不相应。余恐于春秋初年或其前已有印度艺术之输入，故中原艺术家

即受其影响也。(详《青铜器铭文研究》下册,《新郑铜器》之一二考核篇)

按,古代铜器以莲花为图案者,尚有一段,无铭识,全体刻蟠螭纹(见 Osvald Silen《中国古代艺术史》五五图)。另一命瓜君嗣子壶(见《两周金文辞大系图录》第一九二图),皆无立鹤。且,盖上莲花,亦由具体象形而渐变为抽象的,二器时代,均可推定在新郑出土莲鹤方壶之后。是**印度艺术特征之莲花图案**,先**传于楚**,再**传中原**;此自楚国古代艺术——莲鹤方壶,测知其文物在春秋前确受印度作风之影响矣。

(一六)论楚王名上所加"酓"字,涵有神饮故事,楚国嬭姓,得音于 Soma

民国十七年十月间,董彦堂在安阳小屯村第一次试掘殷虚,所获卜辞数百帧,中有一辞云:

戊午,卜,又伐,□未□又伐(《新获卜辞写本》三五片)

,董氏《卜辞写本后记》疑即陆终子孙,彭祖昆吾之后,或为楚国(详《安阳发掘报告》第一期)。余谓读为牟。桓十五年《春秋》,"邾人、牟人来朝",杜注,"牟国,今泰山牟县"是也。若,楚之国姓,《经》、《传》虽通作芈,楚王钟铭字则作嬭云:

隹正月初吉,丁亥,楚王

> 賸㲋仲嬭南龢钟，其覺
>
> 寿无疆，子孙永保用之（原铭见《考古图》卷七）

方浚益云："此为楚王賸女器。邛仲嬭与王子申盂之嘉嬭，皆楚女。嬭乃楚姓，即《经》、《传》之芈字。芈乃，同音假借字，其本字正当作嬭。"（详《缀遗斋彝器考释》卷廿八）郭沫若亦云"嬭，即楚姓之本字"（详《两周金文辞大系考释》，一一六页）。楚之国姓，见于彝器者无不作嬭，可知𢆉决非楚。嬭有Mai、Nai二音，使其古音读Nai或为Agni之省音，当由"祝融名黎"之说变来，嬭或为九黎省称，如古音读Mai，则疑楚人得姓于Soma。

何也？楚王命名，见于载记者，若熊绎、熊艾、熊䵣、熊胜、熊扬，以至熊咢等，无不冠以"熊"字。秦《诅楚文》刻石，亦诋楚怀王为"楚王熊相"，"熊"，如非楚国方言"王"也，当为王族之族氏。考，"熊"在《经》、《传》，虽相沿作"熊"，其见于彝器者，字则作"酓"。如，惠王名章，其作钟也，自称"楚王酓章"；幽王名悍，其作鼎也，自称"楚王酓恙"；哀王名犹，其作鼎也，自称"楚王酓肯"（俱详《两周金文辞大系》）；是楚王名上所冠"熊"字，当以"酓"为正。卜辞尝见酓美其人矣！辞曰：

> 丙辰卜，在㽙，贞王叀，大右先，□酓美，㽙利。不𫛚众。（《殷虚书契》卷二，第十八页）
>
> □寅卜，在㽙，贞□𦎫酓美，□□受又，鹿。（《龟甲兽骨文字》二，第十三页）

此酓美者，若非楚祖鬻熊，应即熊丽。《史记·楚世家》，"周文王之时，季连（即吴回第六子）之苗裔鬻熊。鬻熊子事文王，蚤卒；其子曰熊丽。熊丽生熊狂，熊狂生熊绎。熊绎，当周成王之时，举文武勋劳之后嗣，而封熊绎于楚蛮”。按，熊丽之丽，古常与美通用。《战国·中山策》，“佳丽，人之所欲也”，注，“丽，美也”。又《楚辞·登徒子好色赋》，“玉为人体貌间丽”，《招魂》“丽而不奇些”王注皆云，“丽，美好也”。美，《说文》作媄，但《经》、《传》仍以美字为之。《战国·齐策》，“我孰与城北徐公美”，美，犹《好色赋》云“间丽也”。桓元年《左传》曰，“美而艳”，美则同于《中山策》所谓“佳丽”。丽与美古既通用，则卜辞所见酓美，自可当于《楚世家》之熊丽。熊丽，传说皆谓鬻熊子也。鬻，于《说文》云，“馔也，从鬻米”；而鬻之见金文者，或从美作

陈公子献铭“用稻粱”　䣄䣄王鼎铭“用□腊”

龚鬻形近，则鬻熊，疑初作龚熊，或即卜辞酓美之衍误。其致误之由，当为

酓美┬酓龚——酓鬻——鬻酓——鬻熊
　　└————酓丽————————熊丽

换言之：熊丽固酓美之笔误，鬻熊亦酓美之倒讹，鬻熊、熊丽当是一人，未可以隐八年《左传》云，“诸侯以字为谥，因以为族”解之。鬻熊、熊丽俱事周文王，与殷正为敌国，卜辞所谓“𦎫酓美”，自是帝辛卜伐熊丽之辞；此荆楚历史确可上溯殷末者。熊丽以前，《史记》既嫌无征，征之亦难尽信；然则，荆楚历史，断自酓美可矣。

酓美之酓，卜辞作，本像人饮酒形，故楚王得氏之由，疑与酒事有关。僖四年《左传》，亦桓公为召陵之盟也，责楚成王曰：“尔贡

苞茅不入，王祭不共，无以缩酒，寡人是征。”缩酒，《说文》引作莤酒，云：“莤，礼，祭，束茅加于裸圭，而灌鬯酒，是为莤，象神歆之也。”《晋语》八，叔向曰：“昔成王盟诸侯于岐阳，楚为荆蛮，置茆蕝，设望表，与鲜卑守燎，故不与盟。”韦《注》：“蕝，谓束茆而立之，所以缩酒。”缩酒用萧茅，故《周官·甸师》又称为“祭祀，共萧茅”。郑大夫《注》云：“萧字或为莤，莤读为缩，束茅立之祭前，沃酒其上，酒渗下之，若神饮之，故谓之缩。”缩酒，像神饮酒，则楚王名上所以必冠“酓”字者，殆由神饮酒故事演来。神饮之酒，在印度称为“苏摩”。《吠陀典》谓此种植物，虽属于地界，实属于天界，以北方摩伽婆提山（Mujavat）为其原产地（详高译《印度哲学宗教史》八九页），与《封禅书》所谓，“江淮之间，一茅三脊，所以为藉也”，意义相似。而苏摩（Soma）之前音 So 与莤为对音，后音 Ma 与茆为对音，余故疑“缩酒”故事与印度“苏摩祭”当有因缘；而楚为嬭姓，必为 Soma 之音译。观于酓美，酓章，酓恙，酓肯，王名之上，必冠以“神饮”意义之“酓”字，可知楚之国姓，实渊源于印度古代苏摩神话。

（一七）论老聃多髯诚楚人，楚人长鬣，其血缘与印度近

楚王名上冠“酓”，谊出于“神饮”；其姓嬭氏，音出于“苏摩”；考其种姓来源，固以出印度古代神话矣。昭七年《左传》，“楚子（灵王）享公（鲁昭公）于新台，使长鬣者相”。长鬣为相，《楚语》谓取其美也。按：昭十七年《左传》：“战于长岸，楚师大败吴师，获其乘舟余皇。公子光请于众曰：‘丧先王之乘舟，岂惟光之罪，众亦有焉。

请藉取之以救死。'使长者鬣三人潜伏于舟侧,曰:'我呼皇则对。'师夜从之,取余皇以归。"杜注云:"长鬣,多髭须,与吴人异形状,诈为楚人。"韦昭《国语注》亦曰:"长鬣,美须髯也。"楚人多须髯,不独《左传》说为然,《史记·老子列传》:"老子,楚人也,姓李氏,名耳,字聃。"聃,《说文》云:"耳曼也。"自汉以来,多以老子长耳为说。考,汉《老子铭》云"聃然,老旄之貌也"。老髦,不必长耳,宜为长须。由长须言聃当为冉,或髯。言其颊须冉冉。盖老子少而多髯,故或谓之老冉。昭二十六年《左传》:"在定王六年,秦人降妖,曰:'周其有髭王。'至于灵王,生而有髭,王甚神圣,无恶于诸侯。"周人以生而有髭为神圣,与老聃之为髯,名义正相应。由是言之,老子多髯,诚楚人也;楚人多长髯,正其种族特征,未可等闲视之。此种多髯特征,汉魏而后,载籍相传,多指西域诸胡。胡人种族庞杂,不能尽述,今所见者,印度人亦多长鬣。自人种学言,楚人长鬣,其血缘亦与印度人为近矣。

(一八)论楚都邑迁徙,自西徂东,其发祥之地初在荆山

楚国信史,由余前说,只能断自畲美——鬻熊。《世本》:"鬻熊居丹阳。"(桓二年《左传正义》引)丹阳何在?《汉书·地理志》以丹阳郡丹阳县当之。《水经》:"江水又东,过秭归县之南。"《注》尝辨其妄云:"丹阳,盖楚子熊绎之始国。城据山跨阜,周八里二百八十步,东北两面,悉临绝涧,西带亭下溪,南枕大江,险峭壁立,信天固也。楚子熊绎始封丹阳之所都也。《地理志》以为吴之丹阳,论者云,寻吴楚悠隔,蓝缕荆山,无容远在吴境,是为非也。又楚之先王

陵墓在其间，盖为征矣。”自时厥后，言丹阳者，皆谓在南郡枝江。而宋翔凤非之，曰：

> 《汉书·地理志》：“丹阳郡丹阳县，楚之先熊绎所封。”按：汉丹阳县为今安徽省太平府当涂县治，在《禹贡》扬州之域，视楚都郢中，东西窅远；故宋均、郦元皆疑《汉志》之文。《秦本纪》：“惠王后十三年，庶长章，击楚于丹阳。”《楚世家》亦言：“与楚战于丹阳，秦大败我军，遂取汉中之郡。”《屈原传》作：“大破楚军于丹淅。”《索隐》曰：“丹、淅，二水名也，谓于丹水之北，淅水之南，皆为县名，在宏农，所谓丹阳淅，是也。”案：淅即析县，在今河南南阳府内乡县境内。《水经》：“丹水出京兆上洛县西北冢领山东南，过其县南，又过商县南，又东南至丹水县，入于均。”郦《注》：“析水，至于丹水，故丹水会均水，有析口之称。丹水又径丹水县故城南，县有密阳乡，古商密之地，昔楚申息之师所戍也。春秋之三户矣。杜预曰，县北有三户亭。丹水南有丹崖山，山悉赪壁霞举，若红云秀天，二岫更有殊观。”是战国丹阳在商州之东，南阳之西，当丹水淅水入汉之处，故亦名丹析。鬻子（即鬻熊子）所封，正在此处。（《过庭录》）

宋氏以战国时秦楚大战之地征鬻熊所居丹阳在丹淅，又诚优于郦《注》。不知，《墨子·非攻》有云：“昔者楚熊丽始封（今本讹讨）此睢山之间。”睢山，毕沅《校注》谓即江汉沮漳之沮。按，《水经》：“沮水出汉中房陵县东山。”《注》：“沮水出东汶阳郡沮阳县西北景山，即荆山首也。高峰霞举，峻崃层云，《山海经》云：金玉是出，亦沮水之所导；故《淮南子》曰，沮出荆山。”使毕氏之说不误，则睢山即是荆山。证诸昭十二年《左传》，右尹子革对楚灵王曰："昔我先王熊绎，辟在荆山，筚路蓝缕，以处草莽；跋涉山林，以事天子；唯是桃弧棘矢，以共御王事。"楚在殷周之际，宜居沮水之源，荆山之阳，汉《地理志》南郡有当阳县，或即丹阳之声讹。观于宗周文献，若，《小雅·采芑》云："蠢尔蛮荆，大邦为仇，"过伯𣪕铭云："过伯从王伐反荆"，多称荆不称楚。即春秋初期，若，《鲁颂·閟宫》，若，鲁史《春秋》，亦皆以荆名楚，正叔向所谓"成王盟诸侯于岐阳，楚为荆蛮，故不与盟"。(《晋语八》)是荆山者，楚之发祥地也。熊绎而后，楚都至少五迁：

一曰郢。《世本》云："武王徙郢。"《楚世家》云："武王卒，子文王熊赀立，始都郢。"昭廿三年《左传》："楚囊瓦为令尹，城郢。"沈尹戌曰："子常必亡郢。……若敖、蚡冒，至子武、文，土不过同，慎其四竟，犹不城郢；今土数圻，而郢是城，不亦难乎！"如沈尹戌说，楚人居郢，实始若敖。《说文》："郢，故楚都，在南郡江陵北十里。"段《注》云："按，楚有二郢，所都曰郢，别邑曰郊郢。"《左传》，斗廉曰："君次于郊郢，以御四邑。'杜曰：'郊郢，楚地。'此必非郢都也。故《前志》曰：'江陵县，故楚郢都'，又曰：'郢县，楚别邑，故郢。'划然二县，故郢二字，正故郊郢之夺误也。水经注：'江水又东径江陵县故城南'，谓楚都也；又'东径郢城南'，子囊遗言所城可知也，谓楚别邑也。"(《说文注》卷六下邑部)案，江陵之郢，《水经·沔水注》又谓之纪郢云："江陵西北有纪南城，楚文王自丹阳徙此，平王城之，班固言楚之郢都也。"纪南，殆荆南之语讹。

二曰鄀。《水经·沔水注》："沔水又径鄀县故城南，故鄀子之国也。秦楚之间，自商密迁此，为楚附庸。楚灭之以为邑。其城南临沔津。北有大城，即楚昭王为吴所迫，自纪郢徙都之，所谓鄢鄀，卢罗之地也。”鄀都，即都公敄人𣪕铭所称上都(详《两周金文辞大系考释》)，在今湖北宜城县东南九十里。《方舆纪要》云，商密之都，都公諴鼎铭自称下都，在今陕西商县。定六年《左传》：“吴太子终累败楚舟师，楚国大惕，令尹子西于是乎迁郢于都”，时楚昭王十二年也。

三曰西𦨶。楚迁西𦨶，旧史俱阙。考，楚王酓章钟铭：

> 隹王五十又六祀，返自西𦨶。楚王酓章作曾侯乙宗彝，寞之于西𦨶，其永时用亯。穆，商，商

酓章者，楚惠王也。西𦨶，旧皆以《汉志》江夏郡西阳当之。按，汉之西阳，今为黄冈县，在鄂东；而惠王钟实出安陆(详薛氏《款识》)。宋之安陆，为春秋郧国旧地(《元和志》)。郧鄢韵近，桓十三《左传》，“楚屈瑕伐罗，及鄢，乱次以济”，鄢水即涢水，《水经注》以夷水当之，非也。《渚宫旧事》云：“楚惠王因乱迁鄢，今宜城是，既立，复归，而旧史缺见。”按，惠王之立，由子闾、子西、子期公意，未尝有乱(见哀六年《左传》)。惟惠王十年，有白公胜之乱，王尝遁于昭夫人之宫(详哀十六年《左传》，《史记》讹惠王六年)，《渚宫旧事》所谓“因乱迁鄢”者，当在此时，钟铭所谓“返自西𦨶”者，西𦨶，疑在涢水东岸，即汉以来所谓安陆矣。

四曰陈。《楚世家》：顷襄王廿年，“秦将白起拔我西陵。廿一年，白起遂拔我郢，烧先王墓夷陵。楚襄王兵散，遂不复战，东北保于陈城。”《白起传》亦言：“秦昭王廿九年，白起攻楚拔鄢邓五城。明年，攻楚，拔郢，烧夷陵，遂东至竟陵。楚王亡去郢东走徙陈。”

陈，今河南淮阳县也。

五曰寿春。《楚世家》："考烈王廿二年，与诸侯共伐秦，不利而去，楚东徙，都寿春，命曰郢。"寿春，即今安徽寿县。近年寿县出土铜器，不下八百件，有楚王酓志鼎，楚王酓肯鼎，学者所公认为幽王、哀王时遗物，正楚之末世也。

由考烈王居寿春，上溯至熊绎居荆山，历时八百五十余年。假定熊绎居荆山，在周成王初元，依《三统世经》年历为公元前一一二二年，则楚国都邑之迁徙，可为简表如次：

公历纪元	楚王纪年	都邑所在地	今地名
	熊丽	居丹阳	湖北当阳县
元前一一二二年	熊绎	居荆山	湖北荆山
元前七八七年	若敖元年	居郢	湖北江陵县
元前五〇四年	昭王十二年	北徙都鄀	湖北宜城县
元前四三三年	惠王五十六年	徙西㵐	湖北安陆县
元前二八八年	顷襄王二十一年	迁居陈	河南淮阳县
元前二五一年	考烈王二十二年	东徙寿春	安徽寿县

观其迁徙之迹，自西徂东，近人有因楚灵王言"皇祖伯父昆吾。旧许是宅"（昭十二年《左传》），而昆吾之观在卫（见哀十八年《左传》），卫国复有楚丘（见僖二年《春秋》经传），径谓楚本中原旧族，殆不然矣。

（一九）论郢都西控巴蜀、南制沅湘，为古代中印交通之枢纽

知楚国都邑初在荆山附近也，然后可与言中印古代交通必以楚为捷径。

荆山，介于江汉之间，由地形看，适为大巴山之尾，山以东即中国腹心平原之开始。熊绎居荆山，若敖居郢，亦适足证楚本山居民族，至宗周末叶始改习大平原生活。平原生活既久，自不堪山路之崎岖，故昭王以后，都邑常展转于荆山以东平原地带。然不能以此定楚人本非山居民族。何以故？僖廿六年《左传》：

> 夔子不祀祝融与鬻熊，楚人让之。对曰："昔我先王熊挚有疾，鬼神弗赦，而自窜于夔；吾是以失楚，又何祀焉？"秋，楚姣得臣、斗宜申帅师灭夔，以夔子归。

夔，《公羊传》作隗，汉《地理志》作归，云："南郡秭归，归乡，故归国。"故杜预亦云："夔，今建平秭归县。"《水经》："江水又东，过秭归县之南。"《注》云："县城南面重岭，北背大江，东带乡口溪，溪源出东南数百里，西北入县，径狗峡西，峡崖龛中，石隐起有狗形，故以狗名峡。"秭归，西望巫峡，东临狗峡，亦在万山耸叠中，楚非山居民族，熊挚何能窜此？不特此也。秭归而西，水多崩滩，陆皆峻岭，郦道元所谓："两岸连山，略无阙处，重岩叠嶂，隐天蔽日。"蜀道之难，自古如是矣。而《春秋》所传，巴楚之间，则交通频繁。如《华阳国志·巴志》云：

> 巴之属有濮、宾、苴、共奴、獽夷、蜑之蛮。周之仲世，虽奉王职，与秦、楚、邓为比。春秋，鲁桓公九年，巴子使韩服告楚，请与邓为好。楚子使道朔将巴客聘邓，邓南鄙攻而夺其币。巴子怒，伐邓，败之。其后，巴师、楚师伐申，楚子惊巴师。鲁庄公十六年，巴伐楚，克之。鲁文公十六年，巴与秦、楚共灭

庸。哀公十八年，巴人伐楚，败于鄾。其后楚主夏盟，秦擅西土，巴国分远，故于盟会希。战国时尝与楚婚。及七国称王，巴亦称王。（卷一）

按，巴楚通婚，不自战国始。楚共王与巴姬埋璧于太室之庭，见于昭十三年《左传》，则巴固楚之与国也。巴子国，自汉以来，皆谓在今四川江北县（即重庆东岸）。自江北至江陵，三千里间（《战国·楚策》，秦起汶山，循江而下三千余里），崇山急湍，既不能阻楚巴之交通；巴蜀之间，平畴千里，往还更便矣。

蜀布与邛竹杖之经印度输入大夏，确始何时？今不可考。

张骞使大夏，自布杖来源，发现蜀与印度之交通，自是中印文化交通史上一重大发现。然而，此政府官吏发现之始，非蜀印交通即始于此也。汉武帝因骞言，"使大夏从蜀宜径"，乃发使通西南夷，"出駹，出冉，出徙，出邛、僰，皆行一二千里。其后北方闭氐、筰，南方闭嶲、昆明……终莫得通。然闻其西可千余里，有乘象国，名曰滇越，而蜀贾奸出物者或至焉。"（详《史记·大宛传》及《司马相如传》）。所谓昆明西千余里之滇越，以今地望测之，宜即滇、缅之交腾冲八里。从是可知，汉武帝通西南夷前，中印贸易交通即假道昆明、大理更经缅甸北鄙，直达恒河流域。恒河流域，古或谓之婆罗门国（Brahmauarta），正孕育婆罗门教文明之地带。婆罗门教之成，约在公元前五百年至千年顷；齐以楚国纪年，盖始于熊黵、熊胜之世，而止于左史倚相能读《三坟》、《五典》、《八索》、《九丘》时。余谓《三坟》、《八索》诸书之由印度输入荆楚，即假蜀印贸易路线，先输入蜀，继传于楚。惜乎蜀在司马错侵伐以前，如《蜀本纪》、《华阳国志》之伦，神话多而史实少，不能考其古代文物之盛。然，观于

《后汉书·西南夷传》所述夜郎、筰都、冉駹诸族风土云：

> 夜郎者，初有女子浣于遁水，有三节大竹，流入足间，闻其中有号声，剖竹视之，得一男儿，归而养之。及长，有才武，自立为夜郎侯，以竹为姓。……地多潦雨，俗好巫鬼禁忌，寡畜生，又无蚕桑，故其郡最贫。
>
> 筰都夷者，武帝所开，以为筰都县。其人被发左衽，言语多好譬类，土出长年神药，仙人山图所居焉。
>
> 冉駹夷者，武帝所开，元鼎六年，以为汶山郡。……其山有六夷、七羌、九氐，各有部落。其王侯颇知文书，而法严重。贵妇人党，母族死，则烧其尸。

又不禁令人感想何其多似印度也。夜郎竹姓，是否竺法兰、竺法护之比，以国为姓，今不可考。其俗好巫鬼禁忌，固近于"楚人鬼"矣。若筰都之被发左衽，语好譬类，习性与印度民族尤近。若冉駹夷"母族死，则烧其尸"，是不得谓非曾受印度火葬风俗之熏染。由汉之西南夷风俗之多同印度也，亦可以测印度宗教思想之输入荆楚也，必经汉武帝所欲通未通之道。且汉武帝所未通之西南夷，战国时代，楚人尝通之矣。《韩非·喻老》："楚庄王欲伐越。杜子谏曰，王之伐越，何也？庄跻为盗于境内，而吏不能禁，此政之乱也。"《荀子·议兵》："楚人鲛革犀兕以为甲，鞈如金石；宛钜铁釶，惨如蜂虿；轻利僄遬，卒如飘风；然而兵殆于重丘（今本误垂沙），唐蔑死，庄跻起，楚分而为三四。"《吕氏春秋·介立》亦曰："庄跻之暴郢也，此荆国之将帅贵人皆多骄矣！"庄跻事迹，由晚周诸子说，诚盗跖流亚也。然《史记·西南夷传》则谓：

> 始楚威王时，使将军庄跻将兵循江，上略巴、蜀、黔中以西。庄跻者，故楚庄王苗裔也。跻至滇池，池（今本讹地）方三百里，旁平地肥饶数千里，以兵威定属楚。欲归报。会秦击夺楚、巴黔中郡，道塞不通。因还，以其众王滇，变服，从其俗以长之。

中国之开辟西南，自庄跻始。庄跻假何道以入滇池？《史记》首言“循江上略”，似先循古代巴楚交通之路，然后遵蜀印贸易路线以通滇也。继言：“会秦击巴黔中郡，道塞不通”，则跻实溯沅水以入滇也。证之《后汉书·西南夷传》云：“楚顷襄王时，遣将军庄豪从沅水伐夜郎，军至且兰，椓船于岸而步战。既灭夜郎，因留王滇池。”则楚人入滇，先溯沅而至牂柯（约在今贵州定番县），继越盘江而入昆明，其道宜径。更证之屈原《离骚》云：“济沅湘以南征兮，就重华而陈辞”，则溯沅入滇，实楚滇交通传统路线，庄跻入滇，取径于沅、黔必矣。取今地图照之，沅水发源于贵州省中部，东径炉山、镇远、芷江、辰溪、沅陵、常德，入于洞庭；洞庭湖有三干流通江水。江水自江陵南行，过石首，汇洞庭，此西流也。由西流入洞庭，为自江陵入沅水最径之路；由沅水入滇，为楚滇交通最径之路。有是因缘，余知印度古代文化之输入荆楚必假滇池、沅水之道；而江陵西控巴蜀，南制沅湘，握西南交通之枢纽。有是因缘，余知印度文化输入荆楚，又必以郢都为枢纽。楚居郢都，将五百年（约自若敖至襄王时），此五百年中，因西南交通之开辟，造成中印古代文化交通之桥梁，世之言古代文明史，与夫探寻老庄思想、《楚辞》风格之本源者，均不可不加诸意也。

（二〇）论支那即荆蛮对音

印度古代文化输入荆楚者如是之深远，荆楚文化输入印度者又如何？曰，最可注意者，则惟《考第利亚》"支那产丝"说。

支那本印度古代人称我华夏之名。自近世国际新闻界常以此名污秽我华夏，国人遂略而不言。在欧洲汉学家则反复商榷，不厌其详，有谓支那即日南对音者，有谓即滇越音转者，而以汉学大师伯希和教授（P. Pelliot）主张支那为嬴秦对音说为最有力。但其《支那名称之起源》中又尝有如是之推论云：

> 纪元前一二八年，张骞初次辟道西域之时，在大夏（Bactriane）看见从印度运到的中国出品；可是这种出产是四川竹杖同布，而运输的道路，不是交、广的海道，乃是缅甸高原的陆道。印度人开始知道有中国，好像是从这条道路上得来的消息。若说此种消息在纪元前四世纪到达印度，其事非绝对的不可能。因为在此时代的楚国，同华夏虽不同出一源；然已在华夏轨道内活动，其民散布，且抵云南。当时的交通虽是极不安定，然已足使东亚两大文化，彼此知闻；可是在实际上，毫无证明此事的证据。（冯承钧译本，见《西域南海史地考证译丛》四八页）

按，四川至印度交通事实，蜀布与邛竹杖即其有力证明；而楚国所受印度文化影响，在上文，作者已列举若干坚强之论证。是以作者对于印度人所称支那，以为必楚国之译名。

楚在宗周及春秋初期文献中多称为荆，或曰蛮荆，或曰荆蛮，均因缘其所居荆山为名也。荆，今音 Kiang，似与 Tieg(支)音甚远。然谐(支声)之字，若，伎、妓、技、蚑等今则多有 g‘ieg 音。g‘i 与 Ki 声类极近；是以支那之“支”，自得谓即“荆”之音转。荆蛮之蛮，今音 Man，似与 nan 声甚远，但在古代语言上 m、n 二组，亦常互转，故荆蛮，《水经注》讹称为纪南城。纪南、支那，声纽尤近。有是语音变化为证，则印度人所谓支那(Cina)，余得谓即荆蛮(Kiang-man)之对音。

荆山一带，古代似无产丝盛名。然楚大夫王孙圉所称：“楚国之宝，有薮曰连云徒洲，金木竹箭之所生也；所以共币帛，以宾享于诸侯也。”(详《楚语下》)币，旧说多谓皮币。按《周官·太宰》：“以九贡致邦国之用，四曰币贡”，郑司农《注》则谓：“币贡，绣帛也。”证之《说文》云：“币，帛也。帛，缯也。缯，帛也。”币、帛，宜皆丝织品。《周官·染人》：“掌染丝帛，夏纁玄。”郑玄《注》：“纁玄者，谓可以染此色者。玄纁者，天地之色，以为祭服。”玄纁，在《仪礼·聘礼》则又与束帛连文云：“受享、束帛加璧；夫人，玄纁、束帛加琮。”是玄纁，亦帛之类也。《禹贡》言荆州之特产曰：“厥篚，玄纁玑组”，与王孙圉所谓“楚国之宝，有连云徒洲之币帛”相应，则荆楚古代未尝不产丝，《考第利亚》所谓“支那产丝”者，亦可译为“荆蛮产丝”，此 Cina 即荆蛮对音之坚证也。

犹有说者，楚蜀之交通最古。蜀之为蜀，《说文》云：“桑中虫也。”桑虫即蚕。蜀国祖先神话，首蚕丛而次杜宇，亦可证蚕丝为西蜀古代特产(详朱逷先《蚕丛考》)，蜀布，邛竹杖，在公元前一二八年以前（即张骞在大夏之年），已假道印度输入大夏，则《考第利亚》所称“支那产丝”，应是蜀丝。蜀丝何以称为荆（即支那）产？自《大宛传》言：“张骞凿空，其后使往者，皆称博望侯以为质于外国”例之，正可证蜀印交通，后于楚印，印度人习闻荆蛮，蜀贾入印，遂亦冒为荆人，此“支那产丝”说另一可能之解释。

总之，印度人所称支那，初为荆蛮之对音，后乃沿用为中华一统之代名；楚祖吴雷（即吴回），初为印度火神阿耆尼之对音，后亦沿用中国火神之别名；自吴雷、支那两名之译音，即可觇楚印两大民族之血缘文化关系，不仅如一般人想像徒有交通而已也。由倚相能读《三坟》（即三《吠陀》）史实测之，楚印文化交通之开始，至晚当移于公元前六世纪以前。

1936年12月草于成都，1940年6月删订于三台，

曾刊于齐鲁大学《齐大国学季刊》新第一卷第二期。

论炎帝太岳与昆仑山

（一）论望与封、禅，非祭天地，但祭山神

齐桓公既霸，会诸侯于葵丘，而欲封禅。管仲曰："古者封泰山，禅梁父者，七十二家，而夷吾所记者，十有二焉。昔无怀氏封泰山，禅云云；伏羲氏封泰山，禅云云；神农封泰山，禅云云；炎帝封泰山，禅云云；黄帝封泰山，禅亭亭；颛顼封泰山，禅云云；帝喾封泰山，禅云云；尧封泰山，禅云云；舜封泰山，禅云云；禹封泰山，禅会稽；汤封泰山，禅云云；周成王封泰山，禅社社首。皆受命然后得封禅。"（《管子·封禅篇》，《史记·封禅书》同）证之《墨子·兼爱》中云，"武王将事泰山隧。"又隐八年《春秋》云，"郑伯使宛来归祊"。《左传》云："郑伯请释泰山之祀而祀周公，以泰山之祊，易许田。三月，郑伯使宛来归祊，不祀泰山也。"泰山之祀也远矣！

《礼记·王制》，"天子祭天下名山大川，五岳视三公，四渎视诸侯；诸侯祭名山大川之在其地者"。"故晋人将有事于河，必先有事于恶池；齐人将有事于泰山，必先有事配林"。（均见《礼记·礼器》）《春秋》僖卅一年，"夏，四月，四卜郊，不从，乃免牲，犹三望"。《公羊传》曰，"鲁郊，非礼也。天子祭天，诸侯祭土。天子有方望之事，

无所不通；诸侯山川有不在其封内者则不祭也。三望者者何？望祭也。然则曷祭？祭泰山河海。山川有能润于百里者，天子秩而祭之。触石而出，虏寸而合，不崇朝而遍雨乎天下者唯泰山尔。河海润于千里。”山兴云雨，河润桑田，食为民天，民为邦本。此农业时代，食土之君，所以必祀山川百神也。

埃及人尊尼罗河为“生命之水”，苏美尔人尊恩利尔（Enlil）为“山家”（E-kur），若干民族之古代，因其所在环境不同，在山祀岳，傍水祀河，神格无常，时因祀之者境迁而异。在我国，则殷祀北海（详《玄冥考》），周享西山（见《周易·随上六》），沈，姒，蓐，黄，守汾洮之祀（见昭元年《左传》），任，宿，须句，守有济之祀（见僖廿一年《左传》），崇山为杞鄫所郊（详《由鲧堙洪水论舜放四凶》篇），东蒙为颛臾所主（详《论语·季氏》），山川所在，民异宗神，国土无常，主终不易，传所谓诸侯祭其封内山川者，窃尝疑与民族宗祀有关。梁山崩，晋侯以传召伯宗。伯宗避重。重人曰，“山有朽坏而崩，可若何；国主山川，故山崩川竭，君为之不举”。（详成五年《左传》）楚昭王有疾曰，“河为祟”。大夫请祭诸郊。王曰，“三代命祀，祭不越望，江汉睢章，楚之望也”（详哀六年《左传》）。楚望江汉，晋望梁山，方望之兴，殆自游牧时代始。是以无怀、伏羲、神农、炎帝不必有，封泰山禅梁父，其事则古来所不必无。《管子·形势》，“山高而不崩，则祈羊至矣”。又《侈靡》曰，“贤者敬而待之，爱而使之，若樊山神而祭之”。樊山神而事以祈羊，是初民宗祀之常。封禅也者，盖即初民樊山神而事祈羊之遗迹。《尧典》言，“舜受终于文祖；岁二月，东巡守，至岱宗，柴望秩于山川；五月，南巡守，至于南岳，如岱礼；八月，西巡守，至于西岳，如初；十有一月，朔巡守，至于北岳，如西礼”，既云柴於四岳，复曰望于山川，说者以为柴天望地，封禅即祭天地，显与“天子祭天”复而与“天子祭天下名山大川”之说违。余谓祭山川，即祭山川之神。海神曰玄冥，河神曰凭夷，崇高之神曰鲧（另详《论社稷五祀》篇），华岳之神曰谕（见《五藏山经西山》篇），名山大川，各有专神，或祀或郊，各有专典。“禽子问天与地孰仁，墨子曰，翟以地为仁，太山之子则封禅焉，培塿之侧，则生松柏”（《艺文类聚》引《墨子》佚文），是封泰山，即祭地神，严格言之，当祀泰山之神，与上帝无与。其以天神居于高山，即以山神为上帝者，创说于巴比伦而大盛于印度，在中国古代则惟炎帝之神格近之。

（二）论炎帝太岳、四岳、伯夷皆姜姓

秦穆公归女五人于晋文公，怀嬴与焉。文公欲辞。司空季子曰：“昔少典娶于有蟜氏，生黄帝炎帝。黄帝以姬水成，炎帝以姜水成；成而异德，故黄帝为姬，炎帝为姜，二帝用师，以相济也。异德之故也。异姓则异德，异德则异类；异类虽近男女相及，以生民也。同姓则同德，同德则同心，同心则同志；同志虽远，男女不相及，畏黩敬也。是故娶妻避其同姓。”（详《国语·晋语》四）此言族外婚制，以姓为本，则中国之姓，实种族之初名，黄炎异姓，即非同种。为异种故，黄炎之世，即相水火。《吕览·荡兵》，“兵所自来者久矣！黄炎故用水火矣！”《淮南·兵略》申之曰：“黄帝尝与炎帝战矣。炎帝为火灾，故黄帝禽之。”黄炎之战，在《大戴礼》言之尤详。其《五帝德》曰，“黄帝治五气，设五量，抚万民，度四方，教熊貔貅豹虎以与炎帝战于阪泉之野，三战然后得行其志。”炎帝，《周书·皇门》则又称为赤帝云，“昔天之初，诞作二后，命赤帝分正二卿，命蚩尤宇少

昊。蚩尤乃逐帝，争于涿鹿之阿，九隅无遗。赤帝大慑！乃说于黄帝，执蚩尤，杀之于中冀。”此即司空季子所谓“二帝用师以相济也”。而《五帝德》、《吕览》又谓黄炎故用水火者，疑至晚周别有蚩尤即炎帝传说(另详《蚩尤考》)。“晋赵鞅卜救郑，遇水适火。史龟曰，是谓沉阳，利以伐姜，不利子商，伐齐则可，敌宋不吉。史墨曰，炎帝为火师，姜姓其后也。水胜火，伐姜则可。”(详哀九年《左传》)是《吕览》“黄炎故用水火”之所本也。由史墨所谓“炎帝为火师，姜姓其后”，证司空季子所谓“炎帝以姜水成”，则吾人敢信炎帝确为姜姓之祖。

然而，庄廿二年《左传》言，“陈厉公生敬仲，筮之，遇观之否。周史曰，是谓观国之光，利用宾于王，此其代陈有国乎？不在此，其在异国。若在异国，必姜姓也。姜大岳之后也。山岳则配天，物莫能两大，陈衰，此其昌乎！及陈之初亡也，陈桓子始大于齐；及后亡也，成子得政。”又隐十一年《传》言，“郑伯入许，使大夫百里奉许叔以居许东偏曰，许，大岳之胤也。天而既厌周德矣，吾其能与许争乎?”在春秋初叶，郑庄公及周史并谓齐许诸姜姓国，皆大岳之胤。

周灵王廿二年(即春秋鲁襄公二十三年)，王欲壅谷洛，太子晋以为不可，云，“共工欲壅防百川，共工用灭。宗伯鲧称逐共工之过，尧用殛之于羽山。其后伯禹念前之非度，共之从孙四岳佐之，高高下下，疏川导滞，皇天嘉之，胙以天下，赐姓曰姒，氏曰有夏。胙四岳国，命曰侯伯，赐姓曰姜，氏曰有吕。此一王四伯，岂繄多宠，皆亡王之后。有夏虽衰，杞鄫犹在；申吕虽衰，齐许犹在。”(详《周语下》)又襄十四年《左传》言晋将执姜氏戎，范宣子亲数诸朝。戎子驹支对曰：“昔秦人负恃其众，贪于土地，逐我诸戎。惠公蠲其大德，谓我诸戎,是四岳之裔胄也。"在春秋后期,周太子晋及戎子驹支则又谓齐吕申许诸姜姓国,并四岳之裔也。

不特此也。郑桓公将东迁,问于史伯。史伯曰,"姜,伯夷之后也。伯夷能礼于神,以佐尧者也。"(详《国语·郑语》)考,姜姓来源之传说,史伯异于太子晋,太子晋异于周史,周史又异于史墨所闻。崔述《考信录》则以《左传》犹为近古云,"按,《左传》原姜姓者二:一,以为炎帝后;一,以为太岳后。或太岳即出于炎帝欤?其说犹可通也。《国语》原姜姓者三:《晋语》谓炎帝姓姜;《周语》谓共工之从孙四岳赐姓姜;但炎帝既姓姜,则非至四岳而赐姓,共工承炎帝后而改制度,则非出于炎帝,明甚!二篇必有一误也。《郑语》谓姜为伯夷之后。伯夷与四岳比肩事舜,齐一国安得祖两人乎?大抵《国语》所述姓氏皆不足据。"(详《补上古考信录》卷下《炎帝篇》)余谓姓氏为种族之本,《尧典》为托古之作,据《尧典》以疑《国语》,则四岳伯夷未始不可指为一宗;若自神话遗迹考之,则疑四岳即太岳,太岳即炎帝,皆山岳之神也。

(三)论炎帝即烈山氏,烈山氏即伯夷、伯益

炎帝所以为炎,据《管子·轻重》云:"炎帝(今本误为黄帝)作钻燧生火,以熟荤臊,民食之无兹胃之病,而天下化之。"由于作火熟食,故《淮南·氾论》径云,"炎帝于火,而死为灶。"灶神,祝融也。《白虎通·五行》:"夏之言大也,位在南方,其色赤,其帝炎帝,炎帝者太阳也,其神祝融。"是炎帝即火精日神,非祝融。史墨称:"炎帝为火师",郯子称:"炎帝氏以火纪(官),故为火师而火名,"(详昭十

七年《左传》),盖皆据火精为说,考火字见于卜辞者,有:

(《前编》五,第十四页)(同上书)(同上书)(《龟甲兽骨文字》二,第廿一页)(同上书,第十一页)。他若,叐、焚、炏,诸字偏旁所从,亦莫不如是作。但在铜器铭识中,山父丁觚山字作,克鼎稷山合文亦作。且,“山龙华虫”,《皋陶谟》所谓古人之象也。而桓二年《左传》则谓“火龙黼黻昭其文”。以字形论,山火古文相似,炎帝为火师,得龙即山师。山师,在《春秋》谓之山人(见昭四年《左传》),在《周官》谓之山虞(见《地官》),在《皋陶谟》则谓之虞云,“帝曰,俞!咨!益!汝作朕虞。”《孟子·滕文公》则谓:“舜使益掌火,益烈山泽而焚之,禽兽逃匿。”有是因缘,夫而后知火师即掌火,掌火即山虞。故《管子·立政》,省官“修火宪,敬山泽,虞师之事也。”虞烈山泽,故炎帝又有烈山氏之号。昭廿九年《左传》,“有烈山氏之子柱,为稷,自夏以上祀之”。《正义》引贾逵《注》云,“烈山氏,炎帝之号”。烈山氏,《礼记·祭法》作“厉山氏之有天下也”。郑玄《注》亦谓,“厉山氏,炎帝也。起于厉山。”由厉山氏有天下考之,谓即炎帝别号,诚无可疑。若由《左传》不称有天下测之,烈山氏又未始不可指为益之官名。益在《孟子》传说中,不过掌火而已。而《墨子·尚贤》则谓“禹举益阴方之中,授之政,九州成”。是益亦尝佐禹治水矣。佐禹治水者,据太子晋说为共之从孙四岳。余故疑益即四岳之本名。四岳为益之别号。益,《史记·秦本纪》又作伯翳,翳之言蔽也(《管子·小匡》,兵不解翳,注,翳,所以蔽兵)。目有所蔽谓之翳(《韵集》,翳,目疾也)。《老子》则谓“视之不见名曰夷”,夷翳与益,皆一声之转,字得相通。余故疑能礼于神以佐尧之伯夷,即佐禹治水之伯益;佐禹治水之伯益,即为舜掌火之益;为舜掌火之益,即为火师之炎帝,亦即有天下之烈山氏。《吕刑》,吕王

所作刑书也,首数“伯夷隆典,折民惟刑”,疑即述祖德之辞。史伯所谓姜为伯夷之后,当即本此。盖传说之人,时地不同,所传说之人物名号,遂因时而异,因地而异,往往一人之名,衍为数字,一人故事,演为各相。一部中国上古史所以冲突矛盾,不易理董者此也。为便省览,附炎帝名号演化表如次:

炎帝——火师——掌火——烈山氏——山虞——虞——益——伯翳——伯夷

若郯子云,炎帝以火纪官,疑即“炎帝为火师”传说之误。火师即山虞,故炎帝为火神,即为山神。

(四)论火山为岳,岳即太岳,因岳用禘礼,遂又号炎帝

知山火古本一字也,则叠火为炎,炎即重山。重山于《说文》无征,但,常见卜辞云,

庚午,𡗥于,又从,才雨。𡗥于,亡从,才雨。

壬申贞,𠦪年于夒。壬申贞𠦪年于河。(《卜辞通纂》二五九版)

贞之于。(《龟甲兽骨文字》二,第二十页)

贞勿𡗥于。(《后编》下,第四十页)

癸卯卜贞告。(《藏龟》,二六七页)

诸形,孙诒让谓即岳之古文云,“下从山,上则象其高峻钎

峭，与丘形相迩，盖于山之上更为丘山，再成重累之形。许书古文作，即此字而变为者”（《名原》）。罗振玉则谓，从羊，从火，是羔字（《殷契考释》）。近世言卜辞者率依违两家之说，犹疑不决，余谓孙氏以下为山，诚失之间；罗氏以为羊，亦未为得；二角而羊，非二角，由上言，固象连峰层峦，实山字也。山下有火，燔柴于岳之象，孙氏释岳，信也。

岳之见于《尧典》者，固分岱宗及南岳、西岳、北岳；但《诗·大雅》则谓，“嵩高维岳，峻极于天，维岳降神，生甫及申”，未尝有东西南北之分，惟指嵩高。嵩高，《汉书·地理志》作崈高，宋庠《国语补音》云“崈，古崇字”。《国语·周语》，“昔夏之兴也，融降于崈山”。崇山当即诗之嵩高。融，韦昭注云：“祝融也。”祝融本为灶神，在周代已传为火神之通名。火神，炎帝也，而降于嵩高。此炎帝所以有大岳之名欤。许，大岳之胤也，《地理志》谓其国在颍川，最近于嵩高，《史记·齐世家》，“太公望吕尚者，其先祖尝为四岳，虞夏之际，封于吕；或封于申。”《索隐》曰：“《地理志》，申在南阳宛县，吕亦在宛县之西。”南阳者，谓在外方山之南，《地理志》所谓“古文以崈高为外方山”也。姜姓诸国，齐分自吕；而吕与申许，并在崈高附近，是知嵩高维岳，本申、吕、许国之望，以国望之山，为民族宗神，此一般古代人之自然习惯也。变民族宗神为生民先祖，亦古昔先民之常科。《诗》曰：“维岳降神，生甫及申。”此岳神者，明为大岳；而春秋士大夫何又谓之炎帝？帝者，上帝也，天神也，天之苍苍，远无极也，而世人辄曰：“终南太白，去天三尺”，《韩非·外储说右上》，“秦昭王令工施钩梯而上华山，以松柏之心为博，箭长八尺，棋长八寸，而勒之曰，昭王尝与天神博于此。”是，先秦人诚有天神居于高山之说矣。则《尧典》言柴于四岳，亦以四岳积高，天神所宅，故特燔柴为祭。燔柴，殷人谓之�。卜辞既数称“賫于岳”矣，又曰：

> 贞，帝令雨，弗其足年？帝令雨足年，贞，桒年于岳。（《前编》一，第五一页）
>
> 丙辰卜，吕贞，帝于岳。（《卜辞通纂别录》二，田中二）

帝令雨，上帝令雨也；帝于岳者，以郊禘之礼祀山岳也。岳与上帝，神格不同，而殷人以禘天神之礼祠山岳，证诸嵩高云，“峻极于天”，史伯出，“山岳则配天”，宜亦以山岳为天神上帝所宅。然则，下从火，象征燔柴祭天也；其上从山，实象层峦峻极。取谊层峦峻极，至高且大也，谓之太岳；取谊燔柴祭天，火之熊熊也，则为炎帝。炎帝之与太岳，因火山为岳，别为二名，“掌火”一名，“山虞”，固其的解，然则炎帝姜姓，固以姜姓诸侯，宠神其祖，山岳则配天矣。

（五）论太岳之后分为齐、吕、申、许四国，因讹太岳为四岳

《尧典》言舜巡守四方，柴四岳，无中岳。司马侯论九州之险，亦首称四岳，次言三涂、阳城、太室、荆山、中南，不言嵩高（详昭四年《左传》）。说者以为太室即中岳，且曰，“《白虎通》云：岳者，粗也，粗功德也。言天子时巡至于方岳，粗考诸侯之功德，而行赏罚也。”然则方岳所在，必各视诸侯之便，俾不艰于行。东方诸侯会于岱，南方诸侯会于衡，西方诸侯会于华，北方诸侯会于恒；虽少有远近之殊，而要不甚相远，未有不便者也。此四岳之名，唐虞夏商周历代所不变也。至于中岳，非巡狩朝会之所，特为帝都之镇，以其在邦

畿之中，谓之中岳，中岳之名，历代随帝都而移焉。尧都平阳，舜都蒲坂，禹都晋阳，皆在冀州之域，故并以霍太山为中岳，殷都西亳，在豫州之域，故以嵩高为中岳，周武王都镐，在雍州之域，故以山岳为中岳（详金鹗《求古录·礼说》）。此说足补《尧典》之阙，匡司马侯之谬。验以《禹贡》云，“导壶口雷首至于太岳”，太岳诚在唐虞邦畿之中。验以“嵩高维”之岳诗，则宗周之世，明有嵩岳，所谓“殷以嵩高为中岳”，显与经违。再以地理志言，恒山在代郡，春秋时犹陷戎狄；衡山在长沙国，春秋时犹属蛮夷；夏巡守至于衡山，冬巡守至于恒山，非宗周贤王所可梦见，况夏殷以前乎？夏后氏疆域不可知，其都邑大抵在嵩高上附近；殷商疆域不可知，其都邑大抵沿渤海，经薄姑（即今山东临淄），经奄（即今曲阜）而入殷虚（今河南安阳县。另详《论三代都邑》）。《尔雅·释山》所谓五岳者，除嵩高岱宗外，余非夏殷踪迹之所及。不特五岳之说，有待辨证，即《封禅书》释《尧典》云“南岳，衡山也；西岳，华山也；北岳，恒山也”，亦非司马侯所谓四岳也。

司马侯所谓九州之险，中南在扶风武功，荆山在南郡临沮，距成周（即洛阳）稍远。余若大室、阳城、三涂均在颍川，密迩洛邑（此就汉《地理志》为说）。周武王克殷，升汾之阜，以望商邑，谓周公曰：“我图夷兹殷，自洛汭延于伊汭，居阳无固，其有夏之居，我南望过于三涂，北望过于岳鄙，顾瞻过于河，宛瞻于伊洛，无远天室。”（详《周书·度邑》）天室即太室，阳即阳城，三涂之名同于司马侯所称九州之险；则司马侯所谓四岳者，可指为武王所望之岳鄙。岳鄙者，嵩高边鄙也，嵩高维岳，司马侯何以谓之四岳？考之《春秋》内外传，若太子晋、戎子驹支、司马侯皆生于成、襄以后，言四岳；庄、闵以前，若郑庄公及周史则言太岳；余故不能不疑太岳为嵩高本名，至春秋后期，士大夫习闻齐、吕、申、许四国为太岳后，因讹太岳为四岳矣。《尧典》成书于秦汉之际，儒者习闻四岳，既讹传舜巡四方，为粗诸侯功德于方岳之下；复因方属其名同于太岳化身之四岳，且四岳在太子晋口中已明白解为四伯；于是马《汉书·百官公卿表》有“四岳谓四方诸侯”，郑玄《尚书注》有“四岳，四时官，主方岳之事”（《史记集解》引）之说。其实太子晋所谓“四伯”，即“申吕难衰，齐许犹在”，宗周时所存姜姓四国也。齐太公名吕尚，齐之立国，明分自吕；若在殷商，姜姓部族，三伯而已。

有是因缘，故敢断言四岳演自太岳。太岳，嵩高山神也。

因夏殷以来，祷雨嵩高，乃有四岳佐禹治水神话（另详《禹平水土本事考》），若夫方岳之事，巡守之礼，则疑造说于战国末叶，而成事实于秦汉之际。春秋以前，文不足征。

（六）论方岳之说演自昆仑山神话

殷人桒年于岳，祈雨于岳，虽有岳祠，未尝言方。周起西土，王用享于西山（详《周易·随》上六），或享岐山（详《周易·升》六四），逮周公依天室，营成周，始因殷岳为岳，而有嵩高维岳之说。康叔封卫，“取相土东都，以会王东蒐，”（详定四年《左传》）杜《注》以为“王东巡守，以祭泰山”。证之“郑伯请释泰山之祀而祀周公，以泰山之祊易许田”（详隐八年《左传》）；则《封禅书》谓“周成王封泰山，禅社首”，其事甚确！然而泰山自泰山，未尝称东岳。即在鲁僖公，作《閟宫》，亦但曰：“泰山岩岩，鲁邦所瞻”，不称泰岳或岱宗；是知泰山为岳，谅不著于春秋。春秋以前，周之疆宇，南不过巴、濮、楚、邓，北不过肃慎、燕亳（详昭九年《左传》），北恒南衡，俱在夷狄，泰山岐山，纵与嵩高并岳，亦难言五；是知“五岳”之说，决非春秋时代所宜有。《吕览》有始称天下大山者九，曰：会稽、太山、王屋、首山、太华、岐山、太行、羊肠、孟门，亦阙衡、恒。惟《史记·楚世家》云：“秦席卷常山（即恒山，汉避文帝讳，改名），必折天下之脊。”《赵世家》云：“从常山上临代，代可取也。”恒山之显，明由赵代。若衡山，秦始皇廿八年尝一临之。但，《本纪》谓“过彭城，乃西南渡淮水，之衡山”，然后言“浮江，至湘山祠”。是始皇所临衡山，在淮南，非江南之衡，实即《尔雅·释山》所谓“霍山为南岳”。南岳始见于《楚辞·天问》云：“吴获迄古，南岳是止，孰期去斯，得两男子？”王逸《章句》谓咏吴太伯让位王季事。按，《吴世家》，太伯仲雍奔于荆蛮。荆蛮者，荆山之蛮也。则《天问》所谓南岳，实指荆山，不在南嶷，又异于《尔雅》所传之五岳矣。然据此南岳，以论方岳，方岳故事，当不能成说于六国之后。

六国之时，天下纷争，《尚书大传》所谓五岳者，岱山在齐，霍山在楚，华山在秦，恒山在赵，惟嵩高近于周室。时，周室陵夷，不亡者仅，纵有方岳之说，莫修巡守之典。“及秦并天下，令祠官常奉名山大川，自殽以东，名山五，曰太室、恒山、泰山、会稽、湘山。自华以西，名山七，曰华山、薄山、岳山、岐山、吴岳、鸿冢、渎山；而四大冢，鸿、岐、吴、岳，皆有尝禾。”（详《封禅书》）冢之见于《五藏山经》者十五，《西经》曰：“华山，冢也。”《中经之首》曰：“历儿，冢也。”《中次七经》曰：“苦山、少室、太室，皆冢也。”《中次九经》曰：“文山句栏，风雨騩之山，是皆冢也。”《中次十经》曰：“堵山，冢也。”《中次十一经》曰：“玉山，冢也。”《中次十二经》曰：“夫夫之山，即公之山，尧山，阳帝之山，皆冢也。”冢者，《小雅·十月》“山冢崒崩”，

《传》,“山顶曰冢。”山顶众矣,而秦特尊鸿岐、吴岳者,为其近咸阳也。若,《山经》之冢,夫夫属湘山,玉属荆山,堵属首阳,文山属岷,太室属嵩,历儿属霍,太华属华,尽天下名山而为冢,失近帝都之意。吾知《山经》为书,颇杂秦制矣。《山经》于《西次三经》“槐江之山”云:“东望恒山”;《北山经》忽变言北岳之山。又,《中次六经》之末曰:“凡缟羝山之首,自平逢之山至于阳华之山,岳在其中,以六月祭之,如诸岳之祠法。”诸岳维何?恒为北岳以外,《山经》未有明文;即“岳在其中”,亦不知所指。如谓阳华,则与华冢复;如谓密山,则与太室复;叙次名山,每无伦纪,此《山经》之常也。然其为书,南会稽而西太华,北太行而东泰山,列荆山于《中经》,虽有似于楚人之作,而颇不同《楚辞·远游》。且始皇所分华西七山,若薄山、汶山(即岷山,亦即渎山),赫然列于《中经》;而《中经》之洞庭,即始皇所亲临之湘山;有此因缘,吾故又疑《五藏山经》杂集周秦列国图籍为书,而托名于禹益,故其为文,不主方岳,而寓方岳于“五藏”之中。《山经》体例,余尝谓其摹拟印度大史颂之《罗摩衍那》;则方岳之说,余又不能不疑为须弥山之变相。须弥山,即昆仑矣。

(七)论昆仑山为帝之下都演自印度三十三天宫

昆仑一名,见于先秦载记者,旧说涵有二义:《禹贡》,“织皮,昆仑,析支,渠搜,西戎即叙”此西戎部族之名也。《庄子·大宗师》云:“堪坯得道以袭昆仑”,《九歌·山鬼》云:“登昆仑兮四望,心飞扬兮浩荡”;昆仑即《战国·赵策》所谓“昆山之玉”之昆山。昆山何在?据屈原《离骚》云,“邅吾道夫昆仑兮,路修远以周远”;又,

《天问》云:“昆仑悬圃,其居安在?”似极荒远神秘,人迹鲜至。而《禹本纪》言“河出昆仑,昆仑,其高二千五百余里,日月所相避隐为光明者也,其上有醴泉瑶池。”(《史记·大宛传》引)《汉书·地理志》则谓:“金城郡临羌西北塞外有昆仑山祠。”如以昆仑山祠定昆仑所在,则《水经·伊水注》云:“伊水又东北径伏流岭东,岭上有昆仑祠,民犹祈焉。”昆仑或在中州矣。不宁惟是。

《山海经》言昆仑者不暇十数,大抵列于《西山》,而《海外南经》忽云:“岐舌国,昆仑虚在其东,虚四方。羿与凿齿战于寿华之野,羿射杀之,在昆仑虚东。羿持弓矢,凿齿持盾。”《水经·温水注》亦谓“元嘉元年,交州刺史阮弥之征林邑,纵横昆仑。”则南越境内,亦有昆仑。不宁惟是。

《海内北经》云:“西王母梯几戴胜杖。其南有三青鸟,为西王母取食。在昆仑虚北。”又云:“昆仑虚,南有氾林,方三百里。”此氾林也,近从极之渊。渊在经文明言“冰夷恒都”。冰夷,郭注谓“冯夷也,即河伯”。《穆天子传》:“天子西征,鹜行至于阳纡之山,河伯无夷之所居,是惟河宗氏。”无夷即冯夷。是阳纡附近,古亦有昆仑之虚矣。穆王至河宗氏,河宗号之帝曰:“穆满,示汝春山之瑶。诏汝昆仑□舍四,平泉七十,乃至于昆仑之邱,以观春山之瑶。”赐汝晦(详《穆传》)。穆王受命,复西征。

戊午,天子已饮而行,遂宿于昆仑之阿,赤水之阳,爰有鹦鸟之山。天子三日舍于鹦鸟之山。

吉日辛酉,天子升于昆仑之邱。以观黄帝之官,而封丰隆之葬,以诏后世。癸亥,天子具蠲牲全,以禋□昆仑之邱。

甲子,天子北征,舍于珠泽,以钓于流水。珠泽之人乃献白玉石。……天子□昆仑，以守黄帝之宫，南司赤水而北守春山之瑶。……天子与之黄牛二六，以三十□人于昆仑丘。

季夏丁卯，天子北升于春山之上，以望四野，曰：春山，是唯天下之高山也。孳木华不畏雪。天子于是取孳木华之实，持归种之，曰：春山之泽，清水出泉，温和无风，飞鸟百兽之所饮食，先王之所谓悬圃。天子于是得玉荣枝斯之英曰：春山，百兽之所聚也，飞鸟之所栖也。爰有□兽食虎豹，如麋而载骨。盘□始如麢，小头大鼻。爰有赤豹白虎，熊罴豺狼，野马野牛，山羊野豕。爰有白隼青雕，执犬羊，食鹿豕。曰：天予五日观于春山之上，乃为铭迹于悬圃之上，以诏后世。（《穆天子传》卷二）

昆仑之邱，有黄帝之宫；春山之上，有不凋之华，枝斯之玉，食虎之兽，执犬之雕；其上更有先王所谓悬圃；穆王所见之昆仑悬圃，大略如是。证之《庄子·天地》云："黄帝游乎赤水之北，登乎昆仑之邱，而南望还归，遗其玄珠"，昆仑之邱，诚为黄帝登临之所，宜有黄帝之宫。顾在《山海经》则谓昆仑为帝之下都，云：

槐江之山西南四百里，曰：昆仑之邱，是为帝之下都。神陆吾司之。其神状，虎身而九尾，人面而虎爪。是神也，司天之九部，乃帝之囿。时有兽焉，其状如羊而四角，名曰土蝼，是食人。有鸟焉，其状如蜂，大如鸳鸯，名曰钦原，蠚鸟兽则死，蠚木则枯。有鸟焉，其名曰鹑鸟，是司帝之百服。有木焉，其状如棠，华黄，赤实，其味如李而无核，名棠沙棠，可以御水，食之使人不溺。有草焉，名曰蕡草，其状如葵，其味如葱，食之已

> 芬。河水出焉，而南流，东注于无达。赤水出焉，而东流，注于氾天之水。洋水出焉，而西南流注于丑涂之水。黑水出焉，而西流于大杅。是多怪鸟兽。(《五藏山经·西三经》)
>
> 海内昆仑之虚在西北，帝之下都。方八百里，高万仞，上有木禾，长五寻，大五围。面有九井，以玉为槛。面有九门，门有开明兽守之。百神之所在，在八隅之严，赤水之际，非仁羿莫能上冈之岩。赤水出东南，以行其东北，西南流，注南海厌火东。河水出东北隅，以行其北，西南，又入勃海。又出海外，即西而北，入禹所导积石山。洋水、黑水出西北隅以东，东行，又东北，南入海羽民南。弱水、青水出西南隅以东，又北，又西南过毕方鸟东。昆仑南渊，深三百仞。开明兽，身大，类虎，而九首，皆人面东向，立昆仑上。(《海内西经》)

帝之下都者，郭注云："天帝都邑之在下者也。"既曰天帝，何以山居？故毕沅《新校正》据《穆传》及《庄子》仍谓"帝者黄帝"。黄帝者，皇天上帝之别名也(另详《明堂五帝论》)。在苏美尔人谓之暴风雨之主(Enlil)，在印度则谓之三十三天，正居须弥山顶。余故疑昆仑之邱，黄帝之宫，即印度传说，须弥山顶之三十三天宫；战国时代所盛传之昆仑，全由印度须弥山神话演来。

(八)论须弥山四大天王即秦畤四帝所本

须弥山原名 Sumeru，《大唐西域记》译为苏迷卢云："唐言妙高，旧曰须弥，又曰须弥楼，皆讹。"其为山也，《世记经阎浮提品》则尊为须弥山王云：

须弥山王入海水中八万四千由旬；出海水上，高八万四千由旬；下根连地，多固地分。其山直上，无有阿曲，生种种树，树出众香，香遍山林。多诸圣贤，大神妙天之所居止。

其四埵高四万二千由旬，四大天王所居宫殿，有七重宝城，栏楯七重；罗网七重，行树七重，诸宝铃乃至无数。众鸟相和而鸣，亦复如是。……

须弥山北有天下，名郁单曰，其土正方，纵广一万由旬；人面亦方，像彼地形。须弥山东有天下，名弗于逮，其土正圆，纵广九千由旬；人面亦圆，像彼地形。须弥山西有天下，名俱耶尼，其土形如半月，纵广八千由旬；人面亦尔，像彼地形。须弥山南有天下，名阎浮提，其土南狭北广，纵广七千由旬；人面亦尔，像彼地形。

须弥山北面天，金所成，光照北方；须弥山东面天，银所成，光照东方；须弥山西面天，水精所成，光照西方；须弥山南面天，琉璃所成，光照南方。(《长阿含经》卷十八引)

所谓大神妙天，其他经典，或曰三十三天。三十三天居须弥山顶，四大天王居于山之四埵，《楼炭经》及《大智度论》俱如是云。《正法念处经》则言之尤详，且次须弥山王于四大部洲之西方云：

复次，见六万金山，须弥山王，住在其中，持诸鬘天，楼迦足天，三箜篌天，四天王天，住此山上。于此山上，有如意树，随天所念，皆从树生。一切禽兽，身皆金色，多有众花，曼陀罗花，拘赊耶花。于山四埰，有四大林：一名欢喜林；二名杂殿林，三名鲜明林；四名波利耶多林。欢喜园中，有大树王，名波利耶多，于此树下，夏四月时，受五欲乐，游戏自娱。四天王天，于欢喜园，游戏受乐；四天王天，于此园中，欢娱受乐，故名欢喜园。……

须弥山王向阎浮提一方之面，毗琉璃宝，以毗琉璃光照力故，令阎浮提仰观虚空，皆作青色。须弥山王向瞿陀尼一方之面，真金所成，令瞿陀尼仰观虚空，皆作赤色。须弥山王向弗婆提一方之面，白银所成，令弗婆提仰观虚空，皆作白色。须弥山王向郁单越一方之面，颇梨所成，令郁单越见空清净，白光明色。

复次，见须弥山王，有三十三天，住在山顶，所受行乐，不可具说。城名善见。纵广十千由旬，七宝庄严，因陀青宝、金刚、车璖、赤莲花宝、柔软大宝，以为庄严。有善法堂，广五百由旬，毗琉璃珠，以为栏楯，真金为壁，一切门户，亦复如是，以一切庄严，严饰殿堂，释迦天王，住善法堂，以善业力，受相似乐。……

须弥西面，名日没山。日至此山，阎浮提人谓之日没，故名日没山。

此日没山，即《西域记》所谓“据金轮上，日月之所回泊”，亦即《禹本纪》所谓“日月所相避隐为光明”者也。由须弥山王所向方面，颜色不同，演为四大天王：“东方天王曰提头赖吒，城号上贤；南方天王曰毗娄勒，城号善见；西方天王毗娄博义，城号周罗；北方天王，名毗娑门，凡住三城，一号可畏，二名天敬，三名众归。四天王承先世善,得生天上。”(详《长阿含经》卷二十,《楼炭经》略同。)《立世阿毗昙论》亦云:“四天王有四种色,有绀,有赤,有黄,有白,一切欲界诸天,皆亦如是。”(《法苑珠林》卷三引)此四大天王者,拟以中国五帝神话,则南方毗娄勒,青色(即绀色),青帝也;西方毗娄博义,赤色,赤帝也;东方提头赖吒,白色,白帝也。北方毗娑门又为白色,未始不可以秦畤黄帝当之。故余尝疑:秦襄公居西垛,自以为主少皞之神,作西畤,祠白帝。文公梦黄蛇自天下属地,其口止于鄜衍,作鄜畤,郊祭白帝,其后秦宣公作密畤于渭南,祭青帝。秦宁公作吴阳上畤,祭黄帝;作下畤,祭炎帝(详《史记·封禅书》)。秦畤之白青黄炎四帝,渐自印度四大天王变来(另详《明堂五帝论》),不独昆仑山黄帝之宫演自须弥山大神妙天而已也。

(九)论须弥山与昆仑山神格风物多相同

《正法念处经》次须弥山王于四大部洲之西,《山海经》亦多列昆仑山于西山;《念处经》叙三十三天之前,先详四天王天,《山海经》虽无四大天王明文,但《五藏山经》记“昆仑为帝之下都”前亦有如是之记载,云:

> 槐江之山,邱时之水出焉,而北流注于泑水。其中多蠃母,其上多青雄黄,多藏琅玕黄金玉。其阳多丹粟,其阴多采黄金银。实惟帝之平圃。神英招司之。其状马身而人面,虎文而乌翼,徇于四海,其音如榴。南望昆仑,其光熊熊,其气魂魂。西望大泽,后稷之所潜也;其中多玉,其阴多榣木。北望

> 诸毗，槐鬼离仑居之，鹰鹯之所宅也。东望恒山四成，有穷鬼居之，各在一搏，爰有淫水，其清洛洛。有天神焉，其状如牛而八足，二首，马尾，其音如勃皇，见则其邑有兵。(《西山经》)

以牛为天神，说始巴比伦(巴比伦赞歌中常称恩利尔为可喜壮牛)，《梨俱吠陀》亦尝称雷神因陀罗之母云为牝牛，《山经》言天神状如牛，非传自巴比伦，必来自印度。尤可注意者，北方槐神(即槐鬼)名离仑，音正近于毗娄勒(Virudhaka)。毗娄勒在《大史颂》及《楼炭经》中为南方天王，在《念处经》中则列于北方洲白银山中。《山经》所谓"诸毗，槐鬼离仑居之"，颇疑为北望"诸□，槐神毗离仑居之"传说之误？毗离仑音更近毗娄勒矣。由离仑音同毗娄勒论槐江之山四望，当可谓东望，即须弥山王向东方之面；南望，即须弥山王向南方之面；西望、北望，即须弥山王向西向北之面；所谓槐江之山实同《念处经》之六万金山，六万金山有四大园林，为四天王欢娱游戏之所，正《山经》所谓"槐江之山，实惟帝之平圃"矣。平圃，《穆传》谓之悬圃，《天问》亦谓悬圃云："昆仑悬圃，其居安在？增城九重，其高几里？"《水经·河水》篇曰，"昆仑虚高万一千里。"《淮南·地形》亦曰：

> 禹以息土填洪水，以为名山，掘昆仑虚以下地，中有增城九重，其高万一千里百一十四步二尺六寸。上有木禾，其修五寻。珠树、玉树、璇树、不死树在其西；沙棠、琅玕在其东，绛树在其南，碧树、瑶树在其北。旁有四百四十门，门间九纯，纯丈五尺。旁有九井。玉横维其西北之隅。北门开以纳不周之风。顷宫、旋室、悬圃、凉风、樊桐，在昆仑阊阖之中，是其疏圃……昆仑之邱，或上倍之，是谓凉风之山，登之而不死。或上倍之，是

谓悬圃，登之乃灵，能使风雨。或上倍之，乃维上天，登之乃神，是谓太帝之居。

如《淮南》说，增城万一千余里，上倍为凉风，再上倍为悬圃；再上倍为太帝之居，太帝之居，高约八万八千余里，与《世记经》所谓“须弥山王出海水面，高八万四千由旬”数字约略相当。有此因缘，余故敢言昆仑山神话，完全蜕变于须弥山。

为便省览，兹将须弥山与昆仑山之神格风物相似者作简明比较表如次：

须弥山	昆仑山
(1)《念处经》次于四大部洲之西。	《五藏山经》次于《西山经》。
(2)高八万四千由旬。	太帝之居，高八万八千里。
(3)三十三天(即大师妙天)住在山岭。	升昆仑之邱以观黄帝之宫。
(4)山之四埃，有四大园林。	槐江之山，实惟帝之平圃。
(5)四大天王变自须弥山王四方之面。	槐江之山可以四望，有穷鬼各在二搏。
(6)四天王天居四埃。	虚四方。
(7)北方天王名毗娄勒。	北望诸毗，槐鬼离仑居之。
(8)西面名日没山。	日月所相避隐为光明。
(9)多诸贤圣。	百神之所在。
(10)四大天王所居宫殿有七重宝城，栏楯七重。	增城九重，旁有九井，以玉为槛。
(11)善见城纵广十千由旬。	虚方八百里。
(12)因陀青宝，金刚车渠赤莲花宝以为庄严。	珠树在西，沙棠在东，绛树在南，碧树在北。
(13)一切禽兽，身皆金色。	百兽之所聚也，飞鸟之所栖也。
(14)多有众花，曼陀罗花，拘赊耶花。	孳木华，不畏雪。

犹有说者：须弥山在印度人想像中日月回旋其周围，世界以此为分疆，正中国所谓宇宙之中心。《水经》则曰“昆仑虚，去嵩高五万里，地之中也”。《河图》则曰“昆仑，天中柱也”。此昆仑须弥根本相同之点也。若《海内南经》所谓“昆仑虚南有氾林”，尤近《念处经》“于山四垛有四大林”之说。氾林也者，窃疑即梵（Brahman）之音译矣。

（一〇）论昆仑一名西俞，西俞即须弥之对音

何谓昆仑？

《尔雅·释丘》，“丘，一成为敦丘，再成为陶丘，再成锐上为融丘，三成为昆仑丘。”郭注，“昆仑山，三重，故以为名。”三重者，《水经·河水注》引《昆仑说》云，“昆仑之山三级：下曰樊桐，一名板桐；二曰玄圃，一名阆风；上曰层城，一名天庭，是为天帝之居。”此其说，实出《淮南·地形》，而异于东方朔《十洲记》。记曰，“昆仑山，在西海之戌地，北海之亥地。东南接积石圃，西北接北户之室，东北临大阔之井，西南接承渊之谷，此四角大山，实昆仑之支辅也。山高平地三万六千里。上有三角，面方广万里。形如偃盆，下狭上广。其一角正北，干辰星之辉，名曰阆风岭。其一角正西，名曰玄海台。其一角正东，名曰昆仑宫，其处有积金为天墉城，面方千里，天帝之所居也。”（《水经·河水注》引）如东方朔说，三成即三角，考之神仙家言蓬莱方丈瀛洲，似矣！验以《穆传》、《山经》，则未尝有三角之说，亦无三级之分。昆仑悬圃，二成而已。是知“三成”之邱，决非昆仑本谊。

首疑昆仑为阿耨达太山者，释氏《西域记》也。记曰，“阿耨达太山，其上有大渊水，宫殿楼观甚大焉。山即昆仑山也。《穆天子传》曰，天子升于昆仑，观黄帝之宫，而封丰隆之葬。丰隆，雷公也。黄帝宫，即阿耨达宫也。其山出六大水。”(《水经注》引)《康泰扶南传》曰，“恒水之源，乃极西北出昆仑山中，有五大源，诸水分流皆由此五大源。”郦道元注《水经》因谓“《泰传》亦知阿耨达山即昆仑山”，而辨之曰，“阿耨达六水，葱岭于阗，二水之限。与经史诸书，全相乘异。”余按：烈维《正法念处经》校勘云，“释藏中北方四大河皆从阿耨达地流出，一，为殑伽，即恒河也。一，为辛头，即印度河也。一，为缚刍，即古之斯陀，今之阿穆河也。哇特斯(Watters)注大慈恩寺《玄奘法师传》谓此河即塔里木(Tarim)河。塔里木河，中国注家谓即黄河之上流。”据《禹本纪》、《山海经》言河出昆仑山，则《西域记》谓阿耨达即昆仑山，准之地望，实无不合。特阿耨达梵名为 Anavatapta，与昆仑声类远隔，殊难考信。

考，《汉书·律历志》，“黄帝使冷伦自大夏之西，昆仑之阴，取竹之解谷。”昆仑之阴，《吕览·古乐》作阮隃之阴。毕沅《山海经新校正》谓“阮即代郡五阮关，隃即西隃雁门。”西隃，不娸段铭作西俞，云“验方厥允，广伐西俞，王命我羞追于西。”王国维考释云，

> 西俞，谓宗周以西山地。《尔雅·释地》，“北陵、西隃，雁门是也。”郭注，“即雁门山也。”《穆天子传》，“天子西征，乃绝隃之关磴。”郭注，“隃，雁门山也。”以《穆传》所纪地望准之，郭说颇合。然雁门即名隃，不得复名西隃。疑《尔雅》“雁门是也”四字，乃汉人旁注之字误入正文者。然《说文》所引固已然矣。余意《说文·阜部》隃阮诸字皆古代山阜之通名。隃者，

> 逾也,凡山地之须逾越而过者皆可谓之隃,亦谓之阮。《吕氏春秋·古乐篇》阮隃,《汉志》《说苑》《风俗通》皆作昆仑。徐锴本《说文》阮字注下有"读若昆"之字;是昆仑亦名阮隃。又在大夏西,则阮隃非雁门也。《史记·赵世家》,"秦及晋分先俞于赵。"《集解》引《尔雅》西隃释之。《正义》亦云,"西先声相近。"然此时秦赵之界不得东至雁门,则先俞非雁门也。秦九原郡之地,古称榆中,隃亦俞之假借。其地,在秦为九原郡,在汉为五原郡,而《广韵》作五阮郡,则原又阮字假借。《说文》阮字下云,"代郡五阮关也。"则代郡又有五阮。又《淮南·地形》,九塞之中有荆阮。高注"荆阮在楚"。则古时凡山地之当通路者皆名之曰隃曰阮,实公名而非专名。故西北地名之以俞若榆名者,不可胜计。泉曰俞泉,次曰榆次,溪曰榆溪,山曰俞山,谷曰榆谷,实皆以山地得名。(《金文考释五种》)

如王氏说,昆仑亦古代山阜之通名。昆仑何由音转为阮隃、西俞、先俞?王氏未详。余则疑西俞、先俞皆苏迷卢之对音;昆仑者,西北某一民族语之火山矣。

苏迷卢,唐言妙高,与《穆传》所谓"春山,是为天下之高山",《尔雅》所谓"山三成为昆仑邱",其谊大同。昆仑,或作西俞,或作先俞;俞模古音相近,西俞例得转为西膜,《穆天子传》,"黑水,西膜之所谓鸿鹭。"又曰,"苦山,西膜之所谓茂苑。"又曰:"觞天子于文山,西膜之人乃献食马三百,中羊二千。"西膜明为西北游牧民族。但,郭璞注则谓"西膜,沙漠之乡,以言外域人名物,与中华不同"。刘师培《补释》则谓:"西膜即白色民族塞米的(Semitic)之译音"。

余谓西膜即苏迷卢之对音。《庄子·让王》,“务光乃负石而自沉于卢水。”卢水,《吕览·离俗》作募水。苏迷卢,梵文作 Sumeru,省其语尾 ru 即成须弥。须弥、西膜,声纽全同,西俞、先俞固皆苏迷卢之声转。《海内北经》所谓昆仑虚者疑即“秦分先俞于赵”之先俞。先俞之俞,既为古代山阜之通名,则汉之五阮郡内阴山,未始不可指即《海内北经》之昆仑虚。若夫代郡五阮关,以“阮读若昆”昆古通为浑例之,当在今浑源附近。浑源,因如浑水得名。《水经·㶟水注》,“如浑水出凉城旋鸿县,南与武州川水会。武州川东历故亭北,右合火山西溪水。水导源火山,山上有火井,南北六七十步,广减尺许,源深不见底。炎势上升,常若微雷发响,以草爨之,则烟腾火发。……其山以火从地中出,故亦名荧台。”荧台何在?今虽莫指,然今浑源之南,有东台、西台、南台、北台、中台五山,俗谓之五台山。五台谊近须弥山与其四垛,而名近于五阮。五阮,《穆传》谓之隃关;以是知隃关之隃,亦有四隅五方之义,形近于须弥山王。余故曰,先俞、西俞者,Sumeru 之初译也。须弥山为大神妙天之居,一名须弥山王,山王者,山神也。《管子·小问》,“桓公北伐孤竹,未至卑耳之溪,十里,见人长尺,而人物具焉,冠,右祛衣,走马前,疾。公曰,事其不济乎?管仲对曰,臣闻登山之神,有俞儿者。霸王之君兴,而登山神见。”登山神俞儿,《五藏·西山经》亦谓之羭。羭之名义当因先俞、西俞而得。以西俞为山神正同于须弥山王之在须弥山,然则,《山经》言“羭,山神也”,亦自须弥山王神话演来。故论须弥羭与西俞名义之关系,可以羭为中心,列表如次:

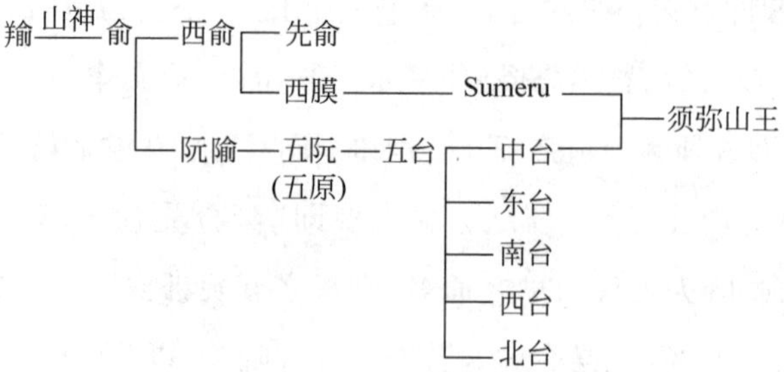

（一一）论昆仑得名于火山，华夏谓之岳

何以言昆仑为西北某一民族语言之火山？

《水经·漯水注》言如浑水上游有火山，山有火井，故名荧台。荧台，余在上文尝谓即五台，五台即五阮，五阮即五昆，所谓如浑水者，疑因昆仑为名；所谓荧台者，不妨指为昆仑之邱。又，考《大荒西经》云：

> 西海之南，流沙之滨，赤水之后，黑水之前，有大山名曰昆仑之邱。其下有弱水之渊环之。其外有炎火之山，投物辄然。有人戴胜，虎齿，有豹尾，穴处，名曰西王母，此山万物尽有。

此山外有炎火，投物辄然，与《水经注》所叙荧台景物不谋而合，与《西山经》所谓"南望昆仑，其光熊熊，其气魂魂"，尤相符契。熊熊魂魂，郭璞谓"皆光气炎盛相焜耀之貌"。余故曰，昆仑者，火山也。以昆仑名火山，又不独《山海经》、《水经注》为然。东方朔《神异传》,“南方有火山焉,长四十里,广四五里,其中皆生不烬之木,昼夜火然,得雨猛风不灭。火中有鼠,重百斤,毛长二尺余,细如丝,色白,时时外出,以水逐而沃之,则死。取其毛,绩以为布,谓之火浣布。”(《水经·漯水注》引)此出火浣布之火山,在《搜神记》正谓之昆仑。《册府元龟》亦谓“昆仑之中,有一火山。人至此山,取木皮,绩为火浣布。”(卷九六〇)据费琅(Gabriel Ferrand)《昆仑及南海古代航行考》云,“华人名火山或为自然火洲,见《梁书》,或为火山。马来人亦称之为Gunon berani,华言自燃山也。或Gunon api,华言火山也。班达(Banda)海中,东经一百二十五度附近,有一著名火山,即以Gunon api为名。Gunon一字,马来语及其他马来群岛语皆用以名单独之山,或即中国书中所指之昆仑火山欤?”(见冯承钧译本廿一页。)余谓此昆仑火山,即《海外南经》所谓“岐舌国昆仑虚在其东虚”之昆仑虚。

昆仑为火山之通名,谊正同于华言火山为岳。《白虎通·巡狩》“岳之为言粗也”。《风俗通·山泽》“岳者粗考功德也”。岳在汉儒声训,常读若角。角昆声类复相近,岳与昆仑,其声既近,其涵谊实则全同;是不能不疑岳为华夏旧名,昆仑为异族之号。其初或同语根矣。异族为谁?若非汉代乌孙,即春秋时陆浑之戎。

(一二)论《禹贡》所见昆仑即汉代乌孙王号之昆弥

《禹贡》所见之昆仑,据马融《尚书注》云,“在临羌西。”(《释文》引)郑玄注谓“居昆仑山之野者”。(《尚书正义》引)种姓维何?旧鲜征说。伯希和教授作《交广印度两道考》谓“七八世纪之中国载籍,数见昆仑国及昆仑语之记载。顾在今日 Poulo Condore(即《新唐书》卷二二二下之军徒弄山)一名既经中国人译作昆仑山,世人几尽以此岛之名与昆仑语有一种语源之关系。余以为说误也。按:昆仑为中国地志之一著名名称,相传为纪元前十世纪时周穆王会西王母之所。自是以后,曾将昆仑位置于各地;则音之相类,以此名译写恒河以东之民族,与夫后来用作 Poulo Condore 之名,皆无足异矣。”(见冯承钧译本六十六页)又曰,“据竺芝《扶南记》云,顿逊国,属扶南,国王名昆仑;《新唐书》云,扶南王姓古龙,《通考》云,槃槃国大臣之名前三名首二字皆曰昆仑;似国王及大臣以昆仑为名者,即为昆仑之国。”(冯译本七二页)费琅《昆仑南海古代航行考》因谓昆仑即吉蔑之 Kurun,暹罗之 Krun,占婆之 Klun(详冯译本四二页)。复据阿剌伯作家之说,古有 Komr 民族,与中国人为兄弟,居其地之东方。后因不和,迁徙于海岛(越南半岛及马来群岛),其国王号 Kamrun。遂作结论云,“昆仑民族,约当纪元前一千年初,由亚洲高原,遵伊拉瓦底江(Irrawaddy)、潞江(Salouen)、湄南江(Menan)、澜沧江(Mekong)等流域徙居恒河以东各地。”且为系统表如次:

亚洲高原之 Komr。

吉蔑占婆之昆仑,及越南半岛之 Kamrun。

马来半岛之昆仑,及 Karmrun,及其徙居苏门答拉,爪哇,婆里诸岛之人。

马达伽斯伽岛之 Komr,及斐洲东岸之昆仑及 Komr。(详冯译本一二七页至一三三页)

由费琅结论,吾人可知南海之昆仑,本自亚洲高原徙去。亚洲高原之昆仑,其初名为Komr,其后音讹为Kamrun。

使费琅考证为不谬,则阿剌伯著作家所传古代Komr民族,非汉之乌孙莫属。《史记·大宛传》,"骞既失侯,因言曰,臣居匈奴中,闻乌孙王号昆莫,控弦数万……诚以此时而厚币赂乌孙,招以益东,居故浑邪之地,与汉结昆弟,则是断匈奴右臂也。"《汉书·西域传》则谓"骞言乌孙强大,可妻以公主,与为昆弟云"。又云"昆莫,王号也。名猎骄靡,后书昆弥云"。余谓昆弥与昆莫,不过语尾有缓急之差,译音有精粗之别,非有褒贬之意寓乎其中,所谓昆弥当即Komr之对音,省其语尾之r,即为昆莫。昆莫为乌孙王号,乌孙与汉结为昆弟,即阿剌伯著作家所谓"Komr民族与中国人为兄弟"矣。阿剌伯作家以王号昆弥为乌孙民族之号,中国史籍别其王号与国号为二名,此中西史家记载不同处。然自Komr音或转为Kamrun,为昆仑考之,则《禹贡》所见西戎之昆仑,吾人可以论定即汉之西域乌孙。

乌孙地望,据桑原骘藏《张骞西征考》云,"在西汉初年,以甘肃之河西地方为根据,后获匈奴之援,击败月氏,遂代月氏而占领伊黎地方。"(详杨炼译本一六页至二〇页)其折而东归,更遵伊拉瓦底江与潞江,湄南江澜沧江南下徙居恒河以东各地,确始何时?决不能早于西历纪元之前。费琅误会伯希和"相传昆仑山为纪元前十世纪时周穆王见西王母处"一语,为昆仑民族南迁之始年,则为无可辩正之谬误。故特于此,予以修正。然由伯希和与费琅之说,使吾人得以推测《禹贡》所见昆仑之种姓,即汉之乌孙,是亦非常可喜之事也。

（一三）论瓜州、九州即 Kundur 之对音，陆浑与流昆即 Pulaw Kundur 之简译

犹有说者：Kam run 本阿剌伯与波斯地理学者所记之地名也。在吉蔑语谓之 Kurun，其土名则谓之 Kon-non 或 Connon，在《新唐书》则谓之军徒弄山。军徒弄山，伯希和教授谓即 Poulo Condore（详冯译《交广印度两道考》六五页）。费琅谓 Poulo Condore 又为马来语 Pulow Kundur之转，义犹言南瓜岛也（详冯译《昆仑古代航海考》五十二页）。此南瓜岛，马来人谓之PulawKundure，与瓜州之戎一名陆浑者正相仿佛。

春秋僖二十二年《左传》，"秦晋迁陆浑之戎于伊川"。伊川即阴地；故昭九年《左传》又谓之阴戎。然而，向之会，晋将执戎子驹支，范宣子亲数诸朝曰，"来！姜氏戎！昔秦人追逐乃祖吾离于瓜州，我先君惠公有不腆之田，与女剖分而食之。"（详襄十四年《左传》）又晋梁丙率阴戎伐颍，王使詹桓伯辞于晋曰，"先王居梼杌于四裔，故允姓之奸，居于瓜州。伯父惠公归自秦，而诱以来，戎有中国，谁之咎也！"（详昭九年《左传》）是陆浑之戎，或曰姜氏戎，以其旧居瓜州，或谓之瓜州之戎。又，昭二十二年《左传》，"晋籍谈帅九州之戎纳王于王城。"杜注，"九州，陆浑戎。"陆浑戎何以又称九州？旧鲜解说。余谓九州即瓜州之声转，瓜州即陆浑之简称，陆浑即马来语PulawKundur之节译。《穆天子传》"天子休于濩泽，留昆归玉百枝"。郭注，"留昆国，见《纪年》"，余谓流昆即陆浑。盖省 Pulaw 之前音 Pu 与 Kundur 后之 dur 音，而成 Law-Kun 即陆浑与流昆之对

音，若省 Pulaw 而单言 Kundur，则为瓜州。

Kundur，吉蔑语作 Kurun。Kurun 即杜佑《通典》一八八卷“扶南”条所谓“诸国多姓古龙”之古龙。古瓜同在见纽，古韵又同在麻部。古昆阴阳对转，而以昆为声之混字，古代又常与浑通用，如《孟子》云：“原泉混混”，《荀子·富国》作“浑浑如泉源”，《吕览·大乐》，“浑浑沌沌”，枚乘《七发》作“混混庉庉”，则是浑瓜亦阴阳声转。州，今音知纽，古或转为舌上，读端纽，正得 dur 音。余故曰，瓜州者，Kundur 之对音。费琅谓 Pulaw Kundur 犹言南瓜岛，余谓瓜州即陆浑简译。

但，Kundur，南海土人或谓之 kon-non，在中国史籍中则或谓之军徒弄，或谓之昆仑。南海之昆仑，余在上文曾据费琅及伯希和考证，定为乌孙种类；若由《左传》全文考之，即指为陆浑之戎，亦无不可。

（一四）论陆浑即昆仑，三涂即须弥，伊川附近昆仑祠即陆浑遗迹

《水经》“伊水又东北过陆浑县南”，《注》，“伊水历崖口，北流，即古三涂山也。《周书》武王问太公（？）曰，吾将因有夏之居，南望过于三涂，北瞻望于有河。《春秋》昭公四年，司马侯曰，四岳三涂，阳城太室，荆山，终南，九州之险也。服虔曰，三涂，太行轘辕，崤渑，非南望也。京相璠著《春秋土地名》亦云，山名也。准《周书》南望之文，或言宜为轘辕、太行、伊阙，皆非也。春秋晋伐陆浑，请

有事于三涂，知是山，明矣。有七谷水注之。水西出女儿山之南七溪山，上有西王母祠，东南流注于伊水。伊水又东北径伏流岭东。岭上有昆仑祠，民犹祈焉。”论陆浑县命名之由，《水经注》又谓，“秦晋迁陆浑之戎于伊川，故县氏之也。”因陆浑之戎迁居于此而名其地为陆浑。陆浑，余在上文中尝谓即 Pulaw Kundur 之简译，则所谓伏流岭者，明为 Pulaw 或 Poulo 之对音。岭上之昆仑祠，明为陆浑氏遗迹。晋伐陆浑，请有事于三涂。《吕览·精谕》则谓“扬子将卒十二万，涉自棘津，袭聊，阮梁蛮氏，灭三国。”阮梁、昆仑，声类相同。余故疑陆浑之戎即《禹贡》所谓昆仑矣。

与伏流岭上昆仑祠同一重要而足以征实陆浑即昆仑者，则惟三涂山。三涂，服虔《左传注》谓“大行、轘辕、淆函为三处道”。郦道元已勘其误，无待申论。考：涂字声母为余，与俞声相近。俞，《广韵》在虞部，音“羊朱切”，又云，“耻救切”。在去声宥部重出俞字云，“汉姓，有司徒掾俞连，丑救切。”是俞，古音或读端纽，故以俞为声之字，若偷、鍮、媮，《广韵》皆音“托侯切”；若俞、腧、酴、瘉、窬、歈等字又音“度侯切”。“托侯切”、“度侯切”，与涂声纽又相近，以是知三涂即西俞之声转。西俞，即须弥之对音；而三涂音尤近于 Sumeruo。三涂山，后世亦曰陆浑山。陆浑山，《元和郡县图志》谓“即方山”。方山为名，义尤正近须弥山之四垛。然则三涂、须弥，不特语根相同，形势亦复相似，有此因缘，余不得不疑三涂非即须弥之对音。三涂之名，见于《周书·度邑》，虽不待陆浑之戎而具；然申吕诸国旧地，并与三涂密迩，未始不可云传自申吕。

（一五）论申、吕与陆浑皆西羌，故皆姜姓

《周语》“齐、吕、申、许由大姜”。此言姜姓诸国，由王季之母太王之妃而封也。然《后汉书·西羌传》则谓姜姓之别为西羌，章炳麟《序种姓》亦谓姜姓本羌种（详《检论》卷一）。《商颂·殷武》，“昔有成汤，自彼氐羌，莫敢不来享，莫敢不来王。”氐羌向化中国，所从来者久矣！然而周幽王废申后，将杀太子也，史伯谓郑桓公曰，“申缯西戎方强，王室方骚。王欲杀太子以成伯服，必求之申。申人弗畀，必伐之。若伐申，而缯与西戎会以伐周。周不守矣。缯与西戎，方将德申，申吕方强，其隩爱太子，亦必可知。”（详《郑语》）此申国，旧注谓在南国，即召伯所营之谢邑也。考之《秦本纪》言，“非子居，大邱，周孝王欲以为大骆适嗣。申侯乃言于孝王曰，昔我先郦山之女，为戎胥轩妻，生中潏，以亲故，归周，保西垂，西垂以其故和睦，西戎皆服。”是申在宣王封谢以前，本居西垂，与西戎为伍，确羌之种类也。

吕，据太子晋说，以四岳佐禹之功，皇天嘉之。封于有吕。《齐世家》则谓封于虞夏之际，明已视神话为史实矣。吕之旧地，就楚县申吕之事实（见成七年《左传》）考之，宜如徐广《史记注》说，“在南阳宛县西。”若据《大雅·县》诗云，“古公亶父，来朝走马，率西水浒，至于岐下，爰及姜女，聿来胥宇，”则姜在周开国前，当与戎狄为邻，或在岐山附近。《禹贡》“治梁及岐”，梁山，《吕览·爱类》谓之吕梁云，“龙门未开，吕梁未发，河出孟门。”《庄子·达生》亦有“孔子观于吕梁，县水三十级，流沫四十里”之说。是梁山为山，或与吕

国有关。又,吕刑,《今文尚书》通作甫刑。甫孳乳为辅。宣十五年《左传》,“晋魏颗败秦师于辅氏。”此辅氏地,近于临秦,后改名为临晋,正在洓河以西,吕梁以南,大姜母国,吕氏旧地,疑当在是。

吕之为吕,太子晋云“岳能为禹股肱心膂,以养物丰民人者也”。(详《周语》)《说文解字》因谓:“昔大岳为禹心吕之臣,故封吕侯。”余谓古代方国,或取名于山川,或取名于故地,或取名于种姓之宗神,决无命以功烈者。吕之为吕,若非Sumeru或Meru之简译,当为居虑之声转。《穆天子传》,“畴□之人居虑,献酒百□于天子。”居虑,郭注谓人名;而其音实近印度四大部洲中北方洲名Uttaiakuru之尾音。据烈维《大孔雀经舆地考》云,“kuru即今Delhi扩大之以为北方洲名。”(详冯译一本一二页)印度所谓郁单越洲,实指雪山(即喜马拉亚山)以北西藏、新疆各地,即支那亦在其中。(详《念处经校勘录》)则《穆传》之居虑,未始不可解以印度种姓Kuru之名。(详《摩诃婆罗多》诗篇)虑吕古音相同。余故疑太子晋所谓“氏曰有吕”者,“有吕”即Kuru之对音。知吕为异域之名,则其种姓,与谓姜氏,毋宁谓即羌族。申、吕俱来自西戎,而祖四岳,陆浑之戎来自瓜州,而亦自称四岳胄胤,号为姜氏戎,于此,吾人可信陆浑之与申吕,必同血族;《周书》所见之三涂,虽非陆浑内迁之故,必由吕氏传自西域,然则,戎有中国,又不自秦晋迁陆浑之戎始。

昭十七年《左传》,“晋侯使屠蒯如周,请有事雒与三涂,苌弘谓刘子曰,客容猛,非祭也。其伐戎乎?陆浑氏甚睦于楚,必是故也。晋荀吴帅师,涉自棘津。使祭史先用牲于雒。陆浑人弗知,师从之,遂灭陆浑。数之,以其贰于楚也,陆浑子奔楚,其众奔甘鹿。”奔甘鹿者,为周所获(详《左传》);未奔者为晋所俘,即昭廿二年《传》

晋人纳王时所率九州之戎。陆浑子既奔楚，楚于陆浑之众不容无获。楚获陆浑，或置方城，或迁江南。虽不可考，然在春秋，楚因西南交通，其文化已深蒙婆罗门之影响（另详《吴回考》）；此陆浑孑遗，或即为晋压迫，“济沅湘以南征”，度庾岭而王南越矣。马来语谓南瓜岛为Pulaw Kundur，音既近于陆浑，义更契于瓜州，余故疑南海昆仑之来源，与谓传自乌孙王号之昆莫，似不如指为陆浑胄裔尤为亲切也。

（一六）论方岳学说因方望故事附会五阮与须弥四埵而成

因有吕氏经吕梁辅氏而入南国，南国乃先有须弥化身之三涂。因秦人迫逐陆浑之戎于瓜州、伊川之南，复有伏流岭与昆仑祠。因晋灭陆浑，陆浑子奔楚，更由楚南征，印度支那半岛乃有昆仑山与古龙氏。由是言之：雁门附近之先俞与五阮荧台，当亦姜戎之遗迹。凡姜姓所至，必有类似须弥山王神话之昆仑山，是则敢言昆仑神话，必由陆浑之戎——西羌传自西域。更验以“维岳降神，生甫（即吕）及申”之诗，则吾人尤敢言山岳之神本姜姓民族之宗祀。姜者羌也。陆浑亦羌之种类，故得自称为四岳胄裔。

四岳本太岳之别名，但在春秋后期，已讹为四伯矣。四伯名义，既近四大天王；而四岳尤于须弥山四埵之名义为近。合须弥山王与其四埵，即成五山，合太岳与四岳，即成五岳。五岳之中央，据《封禅书》及《尔雅·释地》等皆谓嵩高。《白虎通·巡狩》，“中央之岳，独为嵩高字者何？中央居四方之中而高，故曰嵩高。”《元和郡县图志》，“嵩高山在登封县北八里，告成县西北三十三里，高二十里,周一百三十里。”又曰,“告成县测景台,在县城内西北隅,高一丈。开元十年,诏太史监南宫说立石表焉。”此测景台,俗传为周公测定地中之台;而告成县则为汉之颍川阳城地。《周官·地官》,“以土圭之法,测土深,正日景,以求地中。……日至之景,尺有五寸,谓之地中,天地之所合也。”郑司农注,“土圭之长,尺有五寸,以夏至之日,立八尺之表,其景适与土圭等,谓之地中。今颍川阳城地为然。”晋太康《地记》亦曰,“河南阳城县,是为土中。夏至景尺有五寸,所以为候也”。阳城,嵩高之所在也。汉晋学者,以阳城为地中,即以嵩高为地中。谓嵩高为天地之合,世界之中,虽变自召诰“自服于土中”与《周书·作雒》所谓“乃作大邑成周于土中”;而与昆仑为地之中,须弥山为宇宙之中,谊实同贯。须弥山为四大部洲分界之中心。嵩高,于《禹贡》为豫州;其东泰山,在青州;南衡山,在荆州;西华山,在雍州;北恒山,在冀州。豫州为天下之中,嵩高亦九州之中。嵩高居九州之中,说既同于四大部洲之须弥山;则东岱南衡西华北恒,晚周以来所谓方岳者,又不能不疑非须弥山四垛说之演申。

方岳说之另一成因,或变自方望故事。

《春秋》言鲁“不郊,犹三望”。《公羊传》谓“天子有方望之事,无所不通”。按:昭七年《左传》言,“晋侯有疾,并走群望。”又,十三年《传》言,“楚共王大有事于群望。”又廿六年《传》云,“诸侯莫不并走其望”;是方望之礼,遍于诸侯,不独天子之事也。望者何?《尧典》言“望于山川”。《尔雅》谓梁山为晋望。《公羊》亦谓鲁望泰山河海。大丰毁铭:

乙亥,王又大丰。王凡三方。王祀于天室。降天,亡尤。王衣祀于王不显考文王,事喜上帝。

此纪周公(或武王)尊祀文王于明堂以配上帝事也。而首言“王凡三方”。三方,旧说有谓当为四方即四国者。余谓凡望声类相同,凡三方,即《春秋》所谓三望,望祭畿内山川之神也。《墨子·迎敌祠》则演为四望云,“祝史乃告于四望山川社稷,先于戎,乃退。”《周官·大宗伯》因之曰,“国有大故,则旅上帝及四望。”注,“郑司农云,四望:日,月,星,海。玄谓四望,五岳,四镇,四渎。”验以“望于山川”说,后郑之言是也。顾,四望何以异于三望?后郑未详,不敢逆臆。若由三望古作三方例之,四望,未始不可浑言四方之山川,即《王制》所谓“天子祭天下名山大川”矣。但,宗周初叶,封域未广,四镇四渎,或在蛮夷;即所谓五岳者,亦惟岱华嵩高确在方域之中。颇疑㲋铭之“凡三方”,即望祭岱华嵩岳。洎乎战国,因荆楚之望衡山而有南岳,因赵代之望于恒山而有北岳。是故方岳学说之成立不能早于六国,其立说之本,盖因方望之事,会以五阮与须弥四埵,遂组合太岳四岳为五岳。其实四岳即太岳。《尧典》方岳,不数嵩高,固较《封禅书》说,犹为近古。何休《公羊解诂》欲据《封禅书》以补《尧典》云,“还至嵩,如初礼”,非也。

(一七)论方岳与封禅皆造说于燕齐方士

按往旧方望之事,造说方岳,以托始虞舜者,殆出于邹子之徒,燕齐方士,即《管子》所传历代封禅掌故,疑亦出于方士之伪托。

《封禅书》言“苌弘以方事周灵王,设射狸首。依物怪欲以致诸侯,周人之言方怪者自苌弘。”又曰,“自齐威宣之时,邹子之徒,论著终始五德之运。及秦帝,而齐人奏之。最后皆燕人,为方仙道,形解销化,依于鬼神之事。邹衍以阴阳主运,显于诸侯;而燕齐海上之方士，传其术，不能通。然怪迂阿谀苟合之徒自此兴。”如太史公言，方士之方，创自苌弘，显于邹衍，而盛传于燕齐海滨，邹衍终始五德之运，余既说明演自印度四大种子说（详《论社稷五祀》及《五行考》）；又其大九州说，余已详疏其演自印度四大部洲（详《九州通考》）；则邹子之徒，方士之方，颇与婆罗门（Brahman）音似矣。婆罗门教宇宙之中心在弥庐山（即须弥山简称），而燕齐方士所传蓬莱、方丈、瀛洲三神山，在渤海中，诸仙人及不死之药皆在焉，终莫能至。秦始皇乃上自泰山阳，至巅，立石颂功德，明其得封焉。从阴道下，禅于梁父。汉武帝亦上泰山，祭后土，封禅祠，其夜若有光，昼有白云起封中（详《封禅书》）。皆以封禅泰山，求合不死。公孙卿所谓“封禅七十二王，唯黄帝得上泰山封”。申公所谓“上封，则能仙，登天”（俱《封禅书》引），是已。若《白虎通·封禅》云：

> 王者易姓而起，必升封泰山何？教告之义也。始受命之时，改制应天，天下太平，功成封禅，以告太平也。所以必于泰山何？万物所交代之处也。必于其上何？因高告高，顺其类也。故升封者，增高也，下禅梁甫之山，基广厚也。……天以高为尊，地以厚为德；故增泰山之高以仿天，附梁甫之基以报地。……或曰，封者，金泥银绳，或曰石泥金绳，封以印玺。故孔子曰，升泰山，观易姓之王，可得而数者七十有余。封者，广也。言禅者，明以成功相传也。

以王者易姓、告天成功为封禅之本义，证诸《尧典》“舜受终于文祖，遂东巡狩，至于岱宗，柴”；及秦《泰山刻石》云，“登兹泰山，周览东极，从臣思迹，本原事业，祗诵功德”，其说是也。然而，《尧典》，儒家伪托之圣典也。泰山刻石出于李斯，斯本荀卿弟子，亦儒家嫡传也。就儒家传统思想考之,封禅诚为新朝大事。顾所谓孔子升泰山,观易姓而王,可得而数者七十有余,说始传于《韩诗外传》。《论语》无征焉。《论语·八佾》,“季氏旅于泰山。子曰,曾谓泰山不如林放乎?”但称季氏旅于泰山,无封禅之名。又《韩诗》所谓易姓而王七十有余,明袭《管子》“封泰山,禅梁父七十二家”为文。而《管子》所记十二家之首无怀氏,则见于《庄子》及《六韬》。《庄子》、《六韬》(即太公之《兵书》)与《管子》书同属《汉书·艺文志》所谓“道家者流”。“道家方士,其本一宗。”方士所以侈言封禅者,盖求海上神山,终莫能至;而泰山高与天齐,以婆罗门传说大神妙天居于弥庐山神话推之,泰山之巅,应为神仙所宅,能上封者,当可登仙不死。此封禅历史,所以必为邹子之徒,燕齐方士所伪托,非必管仲之言矣。

《白虎通》言易姓之王,必于受命之始,升封泰山,以告成功,改制应天。此其说实本董仲舒。《春秋繁露》云,“王者必受命而后王。王者必改正朔,易服色,制礼乐,统于天下,所以明易姓。非继仁。”(详《三代质文改制》)董生所谓“王者受命,必改正朔,易服色”,其本在邹子五德从所不胜说。《吕览·应同》曰,“黄帝时,土气胜,色尚黄;禹之时,木气胜,色尚青;汤之时,金气胜,色尚白;文王时,火气胜,色尚赤;代火者必将水,水气胜,故其色尚黑”。及秦并天下,“始皇推终始五德之传,以为周得火德,秦代周德,从所不胜,方今水德之始,改年始,朝贺自十月朔,衣服旄旌节旗皆尚黑。……更名河曰德水,以为水德之始。”(详《始皇本纪》)由是言之:《吕览》所谓五行相代,确如顾颉刚言即邹子五德然始之传。邹子所谓文王代汤,汤代禹,禹代黄帝,正符岱宗名义。然则泰山之名岱宗,实因五行相代,受命之君,必升封泰山。《封禅书》言“今天子初即位(按即武帝)……天下乂安,缙绅之属?皆望天子封禅,改正度”。

"封禅改正度"之基本原理,在邹子五行相代。余故疑舜柴岱宗,非儒家本事,亦邹子之徒,燕齐方士,因方望故事,附会弥庐四垛神话而造说方岳以神封禅符应。太史公曰,"自古受命帝王,曷尝不封禅!盖有无其应而用享者矣。未有睹符瑞见而不臻乎泰山者也。"(《封禅书》云)符瑞见,即邹子所谓,"黄帝时见大螾,禹时见草木秋冬不杀,汤时见金刃生于水,文王时见火赤乌衔丹书巢于周社,"(详《吕览·应同》)大抵燕齐方士所擅言。方士所传海上神山虽不可即汉武帝治大液池,则置蓬莱、方丈、瀛洲、壶梁,以象神山。(详《封禅书》)壶梁,《道经》中或谓之壶岭。壶岭音则复近于昆仑,此余所以疑方士之方,即梵(Brahman)之初译矣。

(一八)结论

基上论证,吾人对于太岳与昆仑之关系,可作如是之结论:

(一)火山为岳,羌人谓之昆仑。昆仑古语为 Poulo Condore 或 Pulaw Kundur,《左传》所谓陆浑之戎,《穆天子传》所谓留昆之人,即其译音。其谊,马来语谓之南瓜岛,故《左传》亦称陆浑为瓜州。瓜州,古音或读如 Kundur,即阮隃之对音。阮隃为古代山阜之通名,其音则古或转为先俞、西俞、三涂、西膜,与印度妙高山之音读 Sumeru 极相似。Sumeru 或译将须弥山王,而俞在《管子》正谓登山神;羭,在《五藏山经》亦谓华山之神,是知昆仑神话多自须弥山王脱变而来。

(二)陆浑之戎,一名姜氏戎,而自称为四岳胄胤。四岳即太岳,太岳即崇高山神。《诗》言崇岳降神,生吕(今本作甫)及申。申在周宣王营谢以前,本居西垂。有吕,则或印度种姓 Kuru 对音,亦起自西域,在周开国之初,始迁南阳。故申吕诸姜,初与陆浑同为羌之族类。申吕祖崇岳，即祖昆仑；陆浑别号昆仑，故得亦祖太岳。太岳，姜姓，盖变自羌人以山岳为民族宗神之神话；凡羌人所至，北至雁门五原，南至马来半岛，内至中原伊洛之南，必有昆仑神话。是故伏流岭上昆仑祠，吾人敢确指为陆浑遗迹；伏流岭，吾人更得指即 Pulaw 之封音，不独嵩高维岳，岳之本谊近于昆仑而已也。

（三）火山之火，周代已多误为山字。炎帝为火师，即为山师。山师，古或谓之山虞，简言之则为虞。舜命伯益为虞，而《孟子》称益为舜掌火。故炎帝为火神，即为山神。伯益，一作伯翳，一作伯夷，《吕刑》称"伯夷降典"，即吕王述祖德之辞也。伯夷音或讹为冯夷，故得有佐禹治水神话。太子晋所谓共之从孙四岳佐禹治水者，当直接演自冯夷，间接演自益烈山泽。为益有烈山泽之事也，故或谓之烈山氏。《左传》称烈山氏有天下，故又转为炎帝国号。其实炎帝即太岳，山岳配天，有姜之后，遂上尊号，比之于上帝。总之，炎帝即太岳，太岳即四岳，四岳即伯益、伯翳、伯夷，皆姜氏所宗山岳之神也。

（四）山岳之祀，始于初民游牧时代，殷人奉年于岳，祷雨于岳，即其遗迹。至周则变为方望之事。六国之世，方士蜂起，始因方望之事，牵附四岳神话，造说方岳。方岳之初，但如《尧典》所传岱宗、南岳、西岳、北岳，犹须弥山之四埵也。会以"嵩高维岳"，是为五岳。五岳以嵩高为中者，又颇似印度传说之须弥山王；而五行之谊，实寓于五岳之中。五行相代于泰山，帝王相代，亦必告太平于泰山，故知岱宗之名，传自燕齐方士，自无怀氏至于周成王封泰山禅梁父之历史，亦邹子之徒燕齐方士为伪托也。方士之方，音近于梵（Brahman）。所谓封禅求合不死之说，疑袭取婆罗门教。婆罗门以弥庐山为梵天所在，方士以岱宗为神仙窟宅，此其根本相似之处。但后世道教，由岱宗扩大至于五岳，总称之为五藏山，又与三十三天、四天王天说意同一贯。由是言之：方士也，道教也，吾人当探本于婆罗门，不独昆仑神话，当寻源于须弥山王而已也。为便省览，特以山岳为本，作太岳与昆仑之名称演化表为本文之殿：

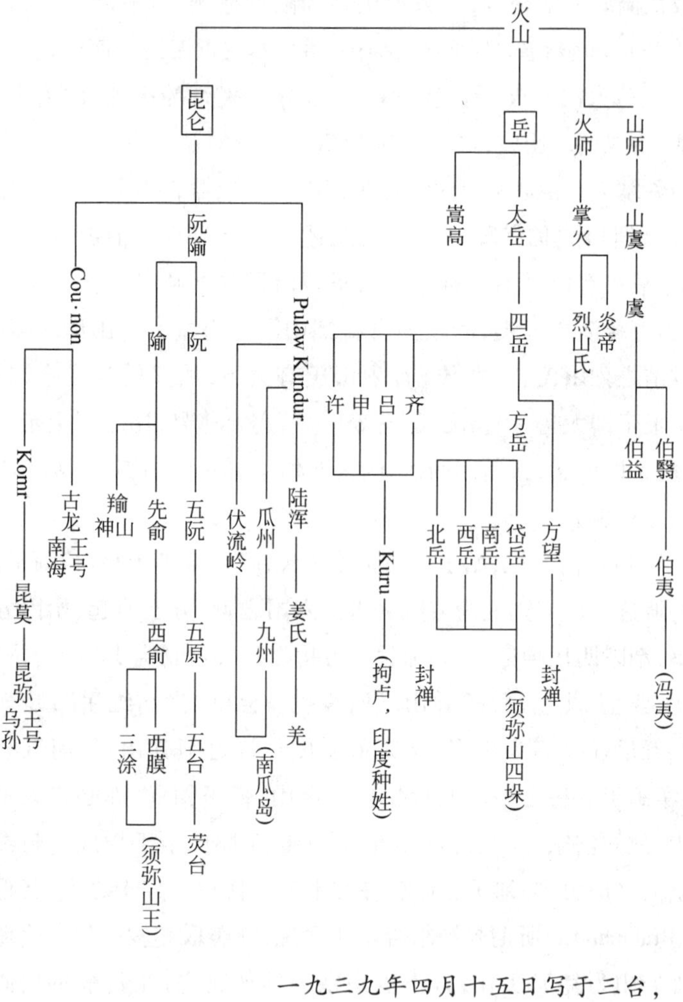

一九三九年四月十五日写于三台，

原刊于《说文月刊》第四卷合刊本。

河出昆仑说

酝毓东亚文明之黄河，古名河水。《禹本纪》言“河出昆仑”(《史记·大宛传》引)，此千古不易之论也。稽诸载籍，则不尽然：

(一)《禹贡》曰，“黑水、西河惟雍州，浮于积石，至于龙门西河。”又曰，“导河、积石，至于龙门。”《汉书·地理志》金城郡河关县解之曰，“积石山在西南羌中，河水行塞外，东北入塞内。”此《淮南·地形》所以有“河出积石”之说也。

(二)据《新唐书·吐谷浑》，贞观九年(公元六三五年)击吐谷浑。“夏四月，(任城王)道宗破伏允于库山……道宗曰：‘柏海近河源，古未有至者。’……以一军趣南。……行空荒二千里……阅月，次星宿川，达柏海上，望积石山，观览河源。”《元史·地理志》河源附录，“至元十七年(公元一二八〇年)，命都实为招讨使，往求河源。是岁，至河州。西去，愈高。阅四月，始抵河源。河源在吐蕃朵甘思西鄙，有泉百余泓，沮如散涣，弗可逼视。方可七八十里。履高山下瞰，灿若列星，以故名火敦脑儿，译言星宿海也。群流奔凑，五十里，汇二巨泽，名阿剌脑儿。自西而东，连属吞噬。……朵甘思东北有大雪山，其山最高，译言腾乞里塔，即昆仑也。”按：此昆仑，即今积石山；而火敦脑儿即札陵湖，阿剌脑儿即鄂陵湖，皆在青海境内，于唐为吐蕃，于汉为河关县之塞外，正西羌蕃息之地。此河出星宿海之说也，实创于唐代，而勘证于元初。

（三）《清一统志》，“按，元都实穷河源，至火敦脑儿而止。今考河源，实始于阿尔坦河，又在星宿海之西。自巴颜喀喇山东麓流出二泉，行数里，遂合为阿尔坦河。蒙古呼金为阿尔坦，言水色微黄而流急也。……阿尔坦河东北流三百余里为至鄂敦他拉，元史所谓火敦脑儿也。火敦、鄂敦，音之转耳。圣祖皇帝（即康熙）屡遣使臣，往穷河源，测量地度，绘入舆图，凡河源左右，一山一水，与黄河之形势曲折，道里远近，靡不悉载，较之元人所志，又加详焉。”（按康熙四十三年（公元一七〇四年）命侍卫拉锡等往穷河源，但至星宿海而止。见乾隆命馆臣编辑河源纪略谕）《皇朝通志》亦谓，“乾隆四十七年（公元一七八二年），命吏告祭河神，务穷河源。始知河之重源在星宿海西三百余里，噶达素齐老峰之上，天池喷涌，水色浊黄，流为阿尔坦河，为黄河重发之明证。而昆仑则在回部极西，在今实为版图之内，故喀什噶尔叶尔羌之西。巨岭绵亘，千有余里，即古之葱岭。二源交发，所谓河出葱岭也。和阗即于阗，所谓一源出于阗也。葱岭及和阗南山，冈峦横接，实昆仑之交体，即《尔雅》所云，河出昆仑虚也。”是河出巴颜喀喇山噶达素齐老峰说，为清代所发现。

《元史》以积石为昆仑，清人尝辨其误矣。清人既穷河之真源在噶达素齐老峰，距昆仑支体尚千有余里，何以又谓出于昆仑虚？盖“河出昆仑，重源潜发，沦于蒲昌，出于海水”（《水经·河水注》云）。两千年来相沿之“潜源重发”说，时犹未敢轻议其非。

考，“河出昆仑”，说始《禹本纪》，征实于张骞之西征；所谓“潜源重发”者，《淮南·地形》虽发其蒙，而说之成立也，似亦肇于张骞。《史记·大宛传》言：

张骞归自西域也，其为天子言之曰，于阗之西，则水皆西流，注西海；其东水东流，注盐泽。盐泽潜行地下，其南则河源出焉。多玉石，河注中国。……而汉使穷河源，河源出于阗，其山多玉石，采来。天子案古图书，名河所出山曰昆仑云。

太史公曰，《禹本纪》言河出昆仑，昆仑其高二千五百余里，日月所相避隐为光明者也。其上有醴泉瑶池。今自张骞使大夏之后也，恶睹《本纪》所谓昆仑者乎？故言九州山川，《尚书》近之矣。至《禹本纪》、《山海经》所有怪物，余不敢言之也。

《禹本纪》久不传。而《山海经》、《五藏山经》言河源者，有如下列：

昆仑之丘，河水出焉，而南流，东注于无达。（《西山经》）

不周之山，东望泑泽，河水之所潜也，其原浑浑泡泡。（《西山经》）

积石之山，其下有石门，河水冒以西流。（《西山经》）

敦薨之山，敦薨之水出焉，而西南流注于泑泽，出于昆仑之东北隅，实惟河源。（《北山经》）

至《海内西经》总为之说曰，“海内昆仑之虚，河水出东北隅，以行其北，西南又入渤海。又出海外，即西而北，入禹所导积石山。”验以《淮南·地形》云，“河水出昆仑东北陬，贯渤海，入禹所导积石山。”积石山，《地理志》谓在金城郡之西南羌中；则《海内西经》所谓“海外”实即《地理志》之“塞外”。《地理志》所谓“塞外”，实指今甘肃省西南之青海各地；故近世言地理者，皆以青海河曲西北之大雪山当《禹贡》之积石山。余考，《穆天子传》言“癸丑，天子大朝于燕然之山，河水之阿。己未，天子大朝于黄之山。乙丑，天子西济于河。丙寅，用申八骏之乘，以饮于枝洔之中，积石之南河。”由燕然山至于积石南河，不过十四日程。且，枝洔、枝阳，名义相近。《地理志》金城郡有枝阳县，《清一统志》谓“枝阳故城在今凉州府平番县，南接兰州府皋兰县界”。《穆传》枝洔，似即今之庄浪河；其所谓积石，应即《元和志》云“在抱罕者为小积石。”小积石，羌人谓之唐述。《水经·河水注》，“河水又东北，会两川，右合二水。河北有层山，山甚灵秀，山峰之上，立石数百丈，亭亭桀竖，竞势争高，远望嵾嵾，若攒图之托霄上。其下层岩峭举，壁岸无阶，悬崖云中，多石室焉，室中若有积卷矣。而世士罕有津达者，因谓之积书岩。岩堂之内，每时见神人往还，俗人不悟，乃谓之神鬼。彼羌目鬼曰唐述，因复名之为唐述山。”此唐述山西五十里有积石关，唐置积石军于此，因谓之积石山，以别于吐蕃中大积石，或谓之小积石。《史记正义》谓，“禹发源河水小积石山，浮河东北，至于龙门。”蒋廷锡《尚书地理今释》亦谓“禹所施功，即此积石。”而阎若璩（《古文尚书疏证》）胡渭（《禹贡锥指》）皆力诋其妄。余谓唐人所谓小积石，当因积书岩为名，《水经注》所谓积书岩，实即积石之音讹。《穆传》所谓，“饮马积石之南河”，以穆王行程及枝洔地望测之，应在今临夏（即古河州）西北。顾祖禹《读史方舆纪要》所谓“河州卫西北七十里有积石山，两山如削，黄河中流，西临蕃界，俗谓之小积石山，一名唐述山”，是也。《禹贡》云，“导河积石”，应即唐人所谓小积石，《水经注》所谓积书岩亦即穆王饮马之积石南河。此积石山，于汉为金城枹罕地，应劭《地理志注》云，“故罕羌侯邑也”。西南诸羌，西汉以前，鲜通上国，河水经流，自非六国前人士所得寻脉；《淮南子》所谓

“河出积石”者，自是先秦人踪迹所穷、所假定之河源，非河水果出于积石也。

积石以西，《淮南·地形》又谓“河出昆仑山，贯渤海”，《西山经》、《北山经》俱谓潜于泑泽。泑泽者，盐泽也（郝懿行《山海经笺疏》谓“泑，盐声之转”是也）。《汉书·西域传》谓即蒲昌海云：

> 西域在匈奴之西，乌孙之南。南北有大山，中央有河。河有两原：一出葱岭山，一出于阗。于阗在南山下，其河北流与葱岭河合，东注蒲昌海。蒲昌海，一名盐泽者也。去玉门阳关三百余里，广袤三百余里。其水亭居，冬夏不增减，皆以为潜行地下，南出于积石，为中国河云。

蒲昌海正为渤海之对音，颇疑《淮南》所谓“河出昆仑，贯渤海”，与夫《海内西经》入勃海说，皆自张骞所谓，“盐泽潜行地下，其南则河源出焉”，演绎而成张骞所谓，“于阗之西，水皆西流”，即今印度河与恒河；所谓“其东，水东流”，即《汉书》所称葱岭河，今之塔里木河。塔里木河汉使所穷，但知二源，《水经》，“河水又南入葱岭山，又从葱岭出而东北流；其一源出于阗国南山，北流与葱岭所出合。”《注》则谓，“河水重源有三，非惟二也。一源西出捐毒之国，葱岭之上，河源潜发其岭，分为二水：一水西径休循、难兜、罽宾、月氏、安息诸国与蜺罗跂禘水同注雷翥海。一水东径无雷、依耐、蒲犁、皮山诸国，又东与于阗河合。南源导于阗南山，北流，注于河，即《经》所谓北注葱岭河也。”按，郦氏所谓入雷翥海之西源，即今之印度河；而所谓径无雷国东合于阗河之西源，即今之乌兰乌苏河。乌兰乌苏河、于阗河之间今有叶尔羌河，则郦《注》所未详。塔里木河重源有三，郦氏亦但知其二。塔里木河东注蒲昌海（即今罗布淖尔）。蒲昌海以东如何潜行而出积石？张骞穷源，既未目验，后来载记，陈陈相因，不求实致。考之《水经》“昆仑，河水出其东北陬，屈从其东南，流入渤海，……又东入塞，过敦煌、酒泉、张掖郡南，又东过陇西河关县北，洮水从东南来流注之，”疑即谓河水潜行，发于疏勒河，再由疏勒河，流于积石矣。

疏勒河出于青海北大通山西北麓，西北流径玉门县西北，又西径安西县（即古瓜州）北，又西径敦煌县北，注于哈拉湖，此东源也。其西源则出于阿尔金山北麓，北流，注于某小湖，折而东流，径玉门关北，入哈拉湖。疏勒河之西源，在玉门关外，正古之塞外也。自某小湖西至罗布淖尔，相距不过二百余里，中有沙漠间之，《汉书·地理志》谓之白龙堆沙。《佛国记》云，“夏坐讫，进至敦煌，显等随使先发，得太守李浩供给，度沙河，”即此。此沙河中，有无河床以沟通哈拉湖与罗布淖尔？今不可知。要张骞所谓，“盐泽潜行地下，其南，则河源出焉”，必指此地。何以知其然耶？《大宛传》言骞出使，“出陇西，匈奴得之。……骞从月氏、大夏，留岁余，还。并南山，欲从羌中归，复为匈奴所得。”骞之还也，“并南山”，当即《汉书·西域传》所谓，“从鄯善，傍南山北波河，西行，至莎车，为南道。”南道所经之北波河，即今车而成河，出于阿尔金山而东北流，注蒲昌海。贾耽《方域道里记》云，“自蒲昌海南岸，西经七屯城，汉休循城也。又西八十里至石城镇，汉楼兰国也，亦名鄯善。在蒲昌海南三百里。”（《唐书·地理志》引）据斯文赫定博士实地探验，楼兰遗址，尚在蒲昌海之西（详《亚洲腹地旅行记》）。则骞之东归，果能沿北波河而至蒲昌海，再经蒲昌海，度沙河而入玉门关，较从羌中归为径。而骞途不出此，欲逾南山（即今阿尔金山），从羌中归（即今柴达木盆地）。

由当时国际形势论，似欲避匈奴之截路；另一方面观之，未始不可疑骞之欲探河水真源也。观于《西山经》云，“积石山下有石门，河水冒以西流。”《北山经》又云，“敦薨之水，西南流，注于泑泽，实惟河源。”积石以西，水之西流者，今惟疏勒河及其支流党河为然。余故谓“冒以西流”之河水，实谓疏勒河；张骞所谓“潜源”者，非如后儒云潜行柴达木盆地而出积石，盖谓盐泽潜行沙河而通疏勒河。疏勒河出于大通山西北，与浩亹河不过一山之隔。浩亹河出大通山东北陬，东南流注于湟水。湟水东流，注于河。浩亹河虽为河水支流，而其源则与疏勒河极近。当昔华戎隔绝，中土人士，无由实测，疏勒、浩亹自得疑其经流相通，而谓浩亹河即河水之古源，疏勒河即所谓“河水冒以西流”矣。

由是言之：《水经》所谓，“昆仑虚在西北，河水出其东北陬屈从其东南流，入渤海。又出海外，南至积石山下，有石门，河水冒以西南流”者，以今地名释之，当曰，“河出葱岭东北流为塔里木河，注于罗布淖尔。罗布淖尔潜行地下，至哈拉湖为疏勒河。疏勒河东行，又东南行，为浩亹河。浩亹河东南流入湟，湟水至禹所导积石山，是为河水。”为便省览，可为《水经注》所谓河源系统表如是：

葱岭河
于阗河]—— 盐泽 …… (哈拉湖) —— 疏勒河 …… 浩亹河 ——

湟水——(积石山)—河水。

由是言之：河水之源，远矣！而杜佑非之，曰：

> 按，《水经》所作，殊为诡诞。《水经》所云，河出昆仑山者，宜出于《禹本纪》、《山海经》；所云南入葱岭及出于阗南山者，

出于《汉书·西域传》。而郦道元都不详正，所注河之发源，亦引《禹纪》、《山经》、释法明《游天竺记》、释氏《西域记》。所《注》南入葱岭一源出于阗南山，合流入蒲昌海，虽约《汉书》，亦不寻究。又，《水经》云，出海外，南至积石山，下有石门，然后南流入葱岭。据此则积石当在葱岭之北。又云，入塞，过敦煌、酒泉、张掖郡南，并今郡地也。夫山水地形，固有定体，自葱岭、于阗之东，敦煌、张掖之间，华人往来非少，从后汉至大唐，图籍相承，注记不绝，大碛亘数千里，未闻有桑田碧海之变、陵迁谷移之谈，此处岂有河流？纂集者不详斯甚。

又案，禹导河积石者，尧时洪水，下民昏垫，禹所开决，本救人患。积石之西，砂卤之地，河流小，地势复高，不为人患，不恶疏凿，以此施功发迹，自积石山而东，则今西平郡龙支县界山是也。固无禹理水之功。自葱岭之北；其《本纪》灼然荒唐，撰《经》者，取为准的。班固云，言九州山川者，《尚书》近之矣，诚为惬当。其后，《汉书·西域传》云，河水一源出葱岭，一源出于阗，合流东注蒲昌海，皆以潜行地下，南出积石为中国河云，比《禹纪》、《山经》，犹较附近，终是纰缪。案，此宜惟凭张骞使大夏，见两道水从葱岭、于阗合流入蒲昌海，所以《骞传》遂云，穷河源也。案古图书名河所出曰昆仑山，疑所谓古图书，即《禹本纪》。穷究诸说，悉皆缪误。孟坚又云，《禹贡》云，导河自积石，遂疑潜流，从此方出。且汉时群羌种类虽多，不相统一，未为强国，汉家或未尝遣使诣西南羌中或未知自有河也。宁有吐蕃中河从西南数千里向东北流，见与积石山下河相连，聘使涉历，无不言之？吐蕃自云，昆仑山在国中西南，则河之所出也。又案，《尚书》云，织皮昆仑析支渠叟西戎即叙。又，范氏《后汉书》云，西羌在汉金城郡之西南，滨于赐支。《续汉书》曰，河关西千余里河曲羌，谓之赐支，盖析支也。然则析支在积石之西，是河之上流，明矣。昆仑在吐蕃中，当亦非缪而不谓河之本源，乃引葱岭、于阗之河，谓从蒲昌海伏流数千里，至积石山方出，斯又班生之所未详也。（《通典》卷一七四）

此据唐代实探河源在吐蕃星宿川，不出蒲昌海，以辨正张骞以来所谓"河出昆仑，重源潜发，沦于蒲昌，出于海水"（《水经·河水注》文），至为明晰。即胡渭、董祐诚，坚守《水经》，笃信郦学，亦不能不谓"汉世河关以西，皆为羌中地，河水所经，人莫能睹"。（《禹贡锥指》云）羌中河水，汉既莫睹，则张骞以来所谓"潜源重出"者不难一语道破，全为想像之辞。盖张骞归自"南道"，所见葱岭河、北波河水皆东流，而北波河如何潜行羌中，出于积石？则身未亲历，但凭东流印象，遂疑河水与葱岭、北波两河潜源相通，故意为之说曰，"盐泽潜行，河源出焉"。

实则"河出积石"者，中国人陈说也；"河出昆仑"者，羌胡之谬也。羌胡所谓昆仑当如杜佑云"在吐蕃中"，不在葱岭。葱岭之名昆仑，据《大宛传》言，"天子案古图书，名河所出山曰昆仑"，明为汉武帝所臆定，决非《穆天子传》、《禹本纪》所谓昆仑。《禹纪》言"昆仑高二千五百余里，日月所相避隐为光明"，宜即《西次三经》所谓，"泑山，西望日之所入，其气员，神红光之所司也。"顾据《经文》，泑山在积石西千八百三十里，自积石东至昆仑，尚千有四百余里；谓泑山即汉武所名"河所出山"可也，谓即《穆传》、《禹纪》之昆仑则非。《禹纪》言，"昆仑高二千五百余里"，考之《西山经》自西次三经之首崇吾山西北至昆仑正得二千一百余之数如：

崇吾之山，西北	370 里曰不周之山；
又西北	420 里曰峚山；
又西北	460 里曰钟山；
又西	180 里曰泰器之山；
又西	320 里曰槐江之山；
又西南	400 里曰昆仑之丘。
	2150 里

《山海经》为书，刘歆《七略》尝谓禹作。兹以崇吾至昆仑里程测《禹纪》所传昆仑高度，约略相当；则《五藏山经》为书，虽非禹作，亦必以《禹纪》为质。所不能无疑者，《禹纪》谓昆仑为日月所避隐为光明，应在西极，近于《大荒西经》所谓日月山；而《西山经》反谓在积石东。积石之东，有五阮、隃关，《汉书·律历志》虽尝谓之昆仑（另详《论炎帝太岳及昆仑》），然而，非河源也。兹既定河所出之昆仑山，不能不先论"昆仑山有五色水"。

《穆天子传》，"戊午，天子已饮而行，遂宿于昆仑之阿，赤水之阳。"郭《注》，"昆仑山有五色水。赤水出东南隅，而东北流，皆见《山海经》。"按今本《山海经·西山经》但有河、赤、洋、黑，无弱水；《海内西经》但有赤、河、洋、弱，无黑水；其于洋水下又出"黑水"，弱水下又出"青水"，则后人比勘《西山经》与《禹贡》而增窜也。证之《淮南·地形》云：

> 河水出昆仑东北陬，贯渤海，入禹所导积石山；　赤水出其东南陬，西南注南海，丹泽之东；　赤水之东，弱水，出自穷石，至于合黎，余波入于流沙。绝流沙，南至南海；
>
> 洋水出其西北陬，入于南海，羽民之南；
>
> 凡四水者，帝之神泉，以和百药，以润万物。

汉初所传，昆仑所出，亦只四水；则郭璞所引《山海经》，疑涉《河图》而误（《文选注》引《河图》云，昆仑有五色水）。昆仑出四水，不独《淮南》为然。《穆传》既言戊午宿昆仑之阿，赤水之阳矣。逾昆仑，则“庚辰，济于洋水……甲申，至于黑水”；洋水、黑水确在昆仑附近。更益以“河出昆仑”说，则昆仑出四水，实为晚周人所传道。由晚周人所传《禹贡》、《穆传》，如何演而为《淮南》、《山经》之四大水，可以下表明之：

书名 水名	《禹贡》及《禹本纪》	《穆天子传》	《淮南·地形》	《西山经》	《海内西经》
弱水	导弱水至合黎，余波入于流沙。		赤水之东，弱水出自穷石，至于合黎，余波入于流沙，绝流沙，南至南海。		《大荒西经》，西海之南，流沙之滨，赤水之后，黑水之前，有大山，名曰昆仑之丘，其下有弱水之渊，环之。弱水［青水］出 昆仑 西南隅，以东，又北，又西南，过毕方鸟东。
黑水	导黑水，至于三危，入于南海。	甲申，至于黑水，西膜人之所谓鸿鹭。		昆仑之丘 黑水出焉，而黑流注于大杅。	

续表

书名 水名	《禹贡》及《禹本纪》	《穆天子传》	《淮南·地形》	《西山经》	《海内西经》
河水	导河积石，至于龙门。	饮马于枝泲之中、积石之南河。	河出积石。	积石山，其下有石门，河水冒以西流。	
	《禹本纪》，河出昆仑。		河水出昆仑东北陬，贯渤海，入禹所导积石山。	昆仑之丘，河水出焉。西南流，东注于无达。不周之山，东望泑泽，河水之所潜也，其原浑浑泡泡。《北山经》，敦薨之山，敦薨之水出焉，而西南流，注于泑泽，出于昆仑之东北隅，实惟河源。	河水出昆仑东北隅以行其北，西南，又入渤海。又出海外，即西而北，入禹所导积石山。
赤水		宿于昆仑之阿，赤水之阳。	赤水出其昆仑东南陬，西南注南海，丹泽之东。	昆仑之丘赤水出焉，而东南流，注于氾天之水。《大荒西经》，氾天之山，赤水穷焉。	赤水出昆仑东南隅，以行其东北，西南流，注南海，厌大东。

续表

书名 水名	《禹贡》及《禹本纪》	《穆天子传》	《淮南·地形》	《西山经》	《海内西经》
洋水（一名清水）		济于洋水，入曹奴。	洋水出其昆仑西北陬，入南海，羽民之南。	昆仑之丘洋水出焉。而西南流，注于丑涂之水。郭《注》，洋水或作清水。《大荒南经》，大荒之中有山名杇涂之山，青水穷焉。	洋水［黑水］出昆仑西北隅，以东，东行，又东北，南入海，羽民南。

观于此表，可知《西山经》所谓四大水，与《穆传》同，盖晚周人遗说，《海内西经》所谓四大水，实沿袭《淮南·地形》；又未可指《海内西经》所云即《西山经》之四大水也。

四大水中之洋水，郭璞注《山海经》但引《穆传》“济于洋水，曹奴人觞天子于洋水之上”，而不详其地望。高诱注《淮南》则谓，“洋水经陇西氐道，东至武都为汉阳。或作养水。”养，《水经》又作漾云，“漾水出陇西氐道县嶓冢山，东至武都沮县为汉水。”郦《注》亦引《穆传》为证。又引阚骃说，“汉或为漾。漾水出昆仑西北隅，至氐道，重源显发而为漾水。”按，《水经》所谓漾水，即西汉水，今曰白龙江。江水出西倾、岷山间色赤寺，东行，又东南行，入嘉陵江。与《海内西经》所谓，“洋水出昆仑西北隅，以东，东行，又东北，南入海”，经流约略相似。顾，洋水，《海内西经》又谓之黑水，郭璞又谓或作清水。更验之《穆传》云,“庚辰,济洋水;辛巳,入曹奴;壬午,天子北征,东还;甲申,至于黑水。”洋水距黑水不过三日程,且其经流尚在黑水西南。兹欲知洋水所在,必先论定黑水。

《禹贡》,“导黑水,至于三危。”郑玄注,“《地理志》,益州滇池,有黑水祠,而不记此山川所在。”近世言地理者,多谓益州黑水,即今怒江。《尚书正义》引郦道元《水经》则谓,“黑水出张掖鸡山,南流至敦煌,过三危山,南流入于南海。”《御览》引《张掖记》亦谓,“黑水出县界鸡山,亦名玄圃。昔有娀氏女简狄浴于玄丘之水,即黑水也。”鸡山,《说文》作屼山云,“或曰,溺水之所出。”溺字下又引桑钦说,“溺水,自张掖删丹,西至酒泉合黎,余波入于流沙。”此即《地理志》张掖郡删丹县下所谓“桑钦以为导弱水自此,西至酒泉合黎”也。据此,则黑水即弱水。

《禹贡》,“导弱水,至于合黎,余波入于流沙。”郑玄《注》,“弱水出张掖流沙,名居延泽”,此因《地理志》“居延泽,古文以为流沙”为说也。又引《地记》云,“弱水西流,入合黎山,余波入于流沙,通于南海”,则大异《水经》所云矣。《水经》有弱水,今本亡佚,据赵一清《补弱水》云,

> 《禹贡锥指》曰,弱水,《经》不言所出。桑钦以为出张掖删丹县。郑康成曰,众水东流,此独西流。而《水经注》无之。其所经入,不可得而详也。一清按:《史记索隐》曰,《水经》曰,弱水出张掖删丹县,西北至酒泉会水县,入合黎山腹。是唐时尚有《弱水篇》。张守节《正义》亦云,合黎水出临松县东,而北流径张掖故城下,又北流,至县北二十三里,合弱水。弱水自合黎山折而北流,径沙碛之西,入居延泽,行千五百里。又《汉

志》金城郡临羌县下云，有弱水。《说文》曰，弱水自张掖删丹西至酒泉，入于流沙。观此，则弱水之源委，约略可得矣。（《水经注释》卷四十）

弱水出于张掖删丹，今故谓之张掖河，或曰删丹河。《禹贡锥指》，"张掖河，即古羌谷水也。出山丹卫西吐谷浑界，北流径张掖县北，合弱水为张掖河。今俗谓之黑河，自下通兼弱水之目。"又据李禹门目验所得云，"张掖河，土人呼为黑河。其水远望之黝然而黑，掬之，实白水也。但与黑沙滚行，望之若黑水耳。"《清一统志》，"今黑河上源东北流二百里许，至府（按即甘州府）西北合弱水；其源比弱水差短，而流特盛，自汉以来皆主此水言，就《禹贡》言，则此亦弱水之源也。"弱水源出黑水，汉曰羌谷水。羌洋一声之转，《穆传》所谓洋水，余故疑即羌谷水。羌谷水土名黑河，黑河即黑水；故《海内西经》于洋水下又注云"黑水"。使从《海内西经》定说黑水即张掖河（丁文江编著《中国分省新图》名为甘州河），则《穆传》所谓洋水又应于张掖河西求之。考张掖河西，今有临水（一名北大河），会洪水，东北流注弱水，殆即汉之呼蚕水。《地理志》，"呼蚕水出南羌中，东北至会水，入羌谷。"由《水经注》互摄通称为例，呼蚕宜兼羌谷之名，得谓即《穆传》所谓洋水。由是言之：《穆传》所谓洋水，实即弱水之西源；所谓黑水，即弱水正源，今之张掖河矣。

若赤水，《穆传》明谓在昆仑之南。《庄子·天地》亦谓，"黄帝游乎赤水之北，登乎昆仑之丘，而南望还归，遗其玄珠。"董祐诚《水经注图说》据今金沙江发源于昆仑山脉，名曰乌兰木伦河，谓"蒙古谓赤色为乌兰，乌兰木伦，盖即赤水。"毕沅校《山海经》则疑即浩亹河。考之《离骚》云，"忽吾行此流沙兮，遵赤水而容与。"则赤水亦应在积石西北，流沙之中，或即弱水东源，所谓删丹河。删丹河得名于删丹山。《唐书·地理志》，“删丹山，即焉支山，语讹也。”《括地志》亦谓，“删丹山，一名焉支山。”《史记·匈奴传》，“汉使骠骑将军去病将万骑，出陇西，过焉支山千余里击匈奴。”《索隐》引《西河旧事》云，“匈奴失祁连、焉支二山，乃歌曰，亡我祁连山，使我六畜不蕃息；亡我焉支山，使我妇女无颜色。”则焉支即今语胭脂，谓其色丹，故汉人谓之删丹。《大荒北经》，“有如州之国，有丹山。有大泽，方千里，群鸟所解。”郭《注》，“此山纯出丹朱也。《竹书》曰，和甲西征，得一丹山。”余谓丹山即删丹；所谓大泽，即弱水所注居延泽。丹之与赤，色相若也，则《穆传》所谓赤水，余故谓即删丹河。《括地志》，“兰门山，一名穷石，在删丹县西南七十里，弱水所出也。”此即《淮南》所谓，“弱水出自穷石”也。弱水，《海内西经》谓即青水。青水，《西山经》又作洋水。洋水入弱，既重弱水之名；则删丹入弱，亦得益名青水。若《淮南》云，弱水在赤水之东，盖因互摄通称，又误黑水为赤水。使以弱水干流当《离骚》所谓赤水，则删丹水正位赤水东南。余故谓赤水即弱水之东源。

据上所论，则由《穆传》所传递演而成昆仑四大水源，除河水外，余皆为弱水之别名。弱水东源为赤水，西源为洋水，正源为黑水；其名称演变，可列为简表如次：

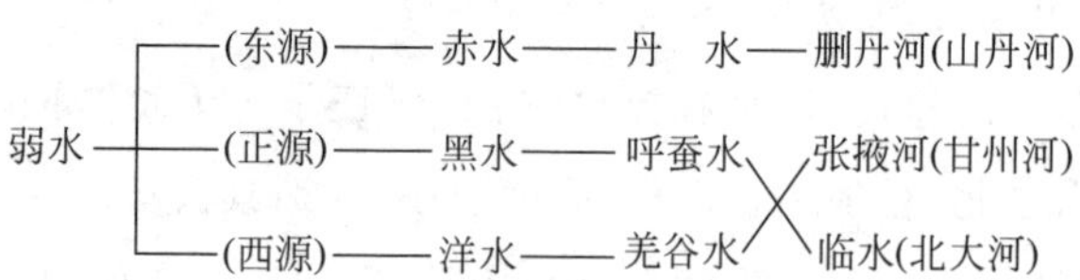

如是，虽与《淮南》及《海内西经》未能契合；则与《穆天子传》所记里程毫无扞格。以《穆传》里程及河流方位寻昆仑山，则汉武“名河

所出山为昆仑”之前，凡先秦载记所谓昆仑山，余敢谓即祁连山。

祁连山位于柴达木盆地东北，西接阿尔金山，北临酒泉、张掖。《汉书·武帝纪》，“元狩二年(公元前一二一年)，匈奴昆邪王杀休屠王，并将其众合四万余人来降，以其地为武威、酒泉郡。元鼎六年(公元前一一一年)，匈河将军赵破奴出令居，不见虏而还。乃分武威、酒泉地，置张掖、敦煌郡。”张掖者，应劭《地理风俗记》云，“言张国臂掖，以威羌狄。”(《水经·河水注》引)则《史记·匈奴传》谓，“汉西置酒泉郡以隔绝胡与羌通之路”是已。《汉书·地理志》谓，“张掖为匈奴昆邪王地”，实为休屠王之误。《史记·卫将军骠骑传》，“元狩二年春，以冠军侯去病为骠骑将军，出陇西，过焉支山千有余里，杀折兰王，斩卢胡王，执浑邪王子，收休屠王祭天金人。其夏，遂过小月氏，攻祁连山，得酋涂王。”酋涂王，《索隐》谓即单桓酋涂王之省文。余谓，即休屠王之异译。休屠王地在祁连山阴，又可于汉置酒泉、张掖郡故事证之，则祁连山当为匈奴语音译。

《史记·匈奴传》，“过令居，攻祁连山。”《索隐》曰，“祁连山，一名天山，亦曰白山。”此沿袭颜师古《汉书注》说也。《汉书·霍去病传》，“去病至祁连山，斩首虏甚多。”颜《注》云，“祁连山即天山也。匈奴呼天为祁连。”又，《武帝纪》，“天汉二年(公元前九九年)，贰师将军出酒泉与右贤王战于天山。”颜《注》云，“天山，即祁连山也。匈奴呼天为祁连，今鲜卑语尚然。”而“贰师将军出酒泉，战天山，”在《史记·李将军传》正谓“贰师将军将三万骑击匈奴右贤王于祁连天山。”是知祁连本匈奴语天山(即其意译)。祁连，今音 Ki-Lien，德人 P. Schmidt 所著 *Der Lautwandel im Mandschu und Mongolischen* 及日人白鸟库吉所著《蒙古民族之起源》均谓与东胡语 Kulun 同根。Kulun 今译为“库伦”(外蒙地名)，实即 Pulaw Kundur 之音转。Pulaw Kundur

余于《论炎帝太岳及昆仑山》已说明即"陆浑"之初名；而 Kundur 马来土语或转为 Kun-non，六朝以来，中土载记，常译为昆仑。余故谓祁连（Ki-Lien）即昆仑（Kun-non）对音；今蒙古语之"库伦"（Kun-lun），亦天山之谓。天山者，天神所在之山。霍去病所获"休屠王祭天金人"，应为攻祁连山所得。《史记·匈奴传》及《骠骑传》均次"得休屠王祭天金人"于"攻祁连山"之前，疑或传闻有误；其事实当为"攻祁连山，得休屠王祭天金人"。《传》云，"天子曰，骠骑将军逾居延，遂过小月氏，攻祁连山，得酋涂王"，酋涂王即休屠王，可为余说坚证。

《西山经》，"天山，有神焉，其状如黄囊，赤如丹火，六足四翼，浑敦无面目，是识歌舞，实惟帝江也。"帝江，文十八年《左传》作帝鸿云，"帝鸿氏有不才子，天下谓之浑敦。"浑敦，《庄子·应帝王》作浑沌，且尊以为"中央之帝"。帝者，天帝也。《西山经》曰，"昆仑之丘，是实惟帝之下都。"《海内西经》亦曰，"海内昆仑之虚，在西北、帝之下都。"帝之下都者，郭璞《注》云，"天帝都邑之在下者也。"天帝，《穆天子传》则谓之黄帝云，"吉日辛酉，天子升于昆仑之丘，以观黄帝之宫，而封丰隆之葬。"黄帝，由《吕氏春秋·十二纪》说，正是中央之帝；而帝鸿，贾逵《左传注》亦谓即黄帝；则昆仑丘上黄帝之宫，即是中央帝浑沌所在。浑沌，余于《由鲧堙洪水论舜放四凶》中已说明即 Kundur 之对音，而 Kundur 又为"祁连"之音转；余故谓周穆王所升昆仑丘，即匈奴休屠王祭天之山所谓祁连矣。《国语·周语》，"穆王将征犬戎。祭公谋父谏曰，不可。吾闻夫犬戎树惇帅旧德而守终纯固，其有以御我矣。"犬戎即匈奴，无待辞费。若"树惇"，韦昭训为"立性惇朴"。兹由《穆天子传》所传昆仑丘即匈奴传所传休屠王祭天之山考之，则树惇宜即休屠对音，匈奴部族之蕃息于酒泉、张掖也久矣。

另一确证，足以说明先秦载记所传昆仑即祁连者，则惟《汉书·地理志》。《志》云，“金城郡临羌县，西北至塞外，有西王母石室，仙海盐池。北则湟水所出东至允吾，入河。西有须抵池，有弱水、昆仑祠。”《水经》，“河水又东过金城允吾县北。”《注》，“金城，郡治也。汉昭帝置，王莽之西海也。河水径其南，不在其北。南有湟水，出塞外，东径西王母石室石釜，西海盐池北，故阚骃曰，其西即湟水之源也。湟水又东南流，径龙夷城，故西零之地也；又东南径卑禾羌海北。有盐池。阚骃曰，县西有卑禾羌海者也。世谓之青海。”《方舆纪要》则谓“西海，亦曰僊海，亦曰青海，亦曰卑禾羌海，亦曰鲜水，亦曰允吾谷盐池，西海则其总名。”西海，董祐诚《水经注图说》则谓即仙海云，“仙海蒙古曰库克诺尔，谓青；盐池在其西南，蒙古曰达布逊诺尔，谓盐。今湟水出青海东北，有二源：东曰博罗冲克克必拉，西曰昆都仑必拉，合而东南流，下流曰西川河，皆青海东境也。”湟水西源曰昆都仑，简译即为昆仑；是《汉志》所谓昆仑祠，应在湟源附近。《海内西经》所谓“昆仑南渊”，深三百仞，亦即今之青海。直青海北，古曰昆仑，今则惟大通、托赖、祁连诸山，统而言之，亦得谓之祁连山。祁连山，《汉志》又常谓之南山。《十六国春秋·前凉录·张骏传》言，“酒泉太守马岌上言，酒泉南山，即昆仑之体。周穆王见西王母，乐而忘归，谓此山也。上有石室王母堂，珠玑镂锈，焕若神宫，《禹贡》昆仑在临羌之西，即此明矣。宜立西王母祠，以禆朝廷无疆之福。”证之《淮南·地形》云，“西王母在流沙之濒”，《括地志》云，“昆仑在今肃州酒泉县西南八十里。”有是历史传说，余知酒泉南祁连山，必为周穆王所升昆仑之丘。

知古昆仑即今祁连也，则穆王“宿于昆仑之阿，赤水之阳，”应即弱水东源删丹河之上流；所谓“升于昆仑之丘，以观黄帝之宫”，应即酒泉南山；所谓“天子北征，舍于珠泽，珠泽之薮，方三十里，”应即南山北麓之海子；所谓“济于洋水”，应即弱水西源，今之临水；所谓“至于黑水”，应即弱水正源，今之张掖河。弱水东西二源环抱祁连，正《大荒西经》所谓，“西海之北（北，今本通误为南，兹由昆仑南渊说改为北），流沙之滨，赤水之后（即西），黑水之前（即东），有大山，名曰昆仑之丘，其下有弱水之渊环之”矣。

昆仑所出四大水，赤水出其东南，洋水出其西北，与祁连山所出之删丹河、临水方位适合，由是以论，河水出昆仑东北陬，若非浩亹河，即指湟水。

浩亹河，亦曰阁门河，亦曰大通河。《水道提纲》，“大通河，源出青海之西北境，阿木你厄枯山南，有池水，东南流，曰乌兰毋伦河。东百五十里，有哈尔昏河自北来注之。又东北，有满楚客河自西北来会，东径甘州府南边外番大山，南流八百里至西大通堡，入边，经堡西。又东南会湟水，至苦水堡西南，南入黄河。即古浩亹水地。”朱思本《河源记》则谓“浩亹河源自删丹县南删丹山下，东南流七百余里入湟水，而注于黄河。”（详《元史·地理志·河源附录》）《汉书·地理志》则谓，“浩亹水出西塞外，东至允吾入湟水（见金城郡浩亹县）。临羌，北则湟水所出，东至允吾入河（见金城县临羌县）。”《水经》，“河水又东过金城允吾县北。”《注》则详于湟水而略及浩亹；盖自汉武帝“度河、湟，筑令居塞”（详《后汉书·西羌传》），赵充国“治湟陿以西道桥七十所，令可至鲜水，以服群羌”（详《汉书·赵充国传》），河、湟之间，遂与金、张并重，湟水之名，乃显于浩亹。浩亹，阚骃谓，“浩读阁也，故亦曰阁门河。”（《水经·河水注》引）颜师古亦谓，

“俗呼此水为阁门，盖疾言之浩为阁耳”。余谓浩湟阴阳对转，互摄通称，浩亹或即湟水异名。《水经·河水注》谓，“湟水出塞外东，径西王母石室石釜西海盐池北”，此粿合《汉志》临羌县所云为文也。朱思本《河源记》则谓，“湟水源自祁连山下正东流，千余里，注浩亹河，与黄河合。”黄湟同音，古常通用。《夏小正》“湟潦生苹”，《左传》则作“潢汙行潦之水”。(隐三年《传》)又《庄子·齐物论》，“是皇帝之所听荧也。”《释文》，“皇帝本又作黄帝。”则湟水又得谓即黄河之本名。

《尔雅·释水》，“河出昆仑虚，色白，所渠并千七百一川，色黄，百里一小曲，千里一曲一直。”《水经·河水注》，“《物理论》曰，河色黄者，众川之流，盖浊之也。汉大司马张仲议曰，河水浊清，澄一石水六斗泥；是以黄河兼浊河之名矣。”证之成公子安《大河赋》云，“览百川之宏壮，莫尚美于黄河，潜昆仑之峻极，出积石之嵯峨”，则河水之别名黄河，盖肇于汉代，而著于六朝。六朝以来，谓之黄河者，由《尔雅》及《物理论》言，为其水色黄也，实则泾清渭浊，滚滚长江，当夫夏洪汹涌，挟岸沙以下，流亦未尝不黄。余谓黄河为名，源自湟水。湟水之湟，得声于皇。皇之见于古籍者，或曰皇天，或曰皇帝，或曰皇天上帝(详顾颉刚《三皇考·皇字的原义》)，皆谓天神，则所谓湟水者，亦天河或神水之谊。《诗·小雅·大东》，“维天有汉”，《传》云，“汉，天河也。”《正义》引《河图括地象》则谓“河精上为天汉”。《孝经援神契》亦曰，“河者，水之伯，上应天汉。”(《水经·河水注》引)李白诗云，“黄河之水天上来”自是两汉方士传统神话。观于《淮南子》云，“河、赤、弱、洋，凡四水者，帝之神泉”，可知河水之各黄河亦得名于天潢，与湟水得名于皇天，谊实同贯。有是因缘，乃知湟水即先秦人所传河水之正源；凡先秦载籍所谓“河出昆仑”者，即《河源记》所谓“湟水源自祁连山”。湟水源自祁连山，此华夷杂语也，若译以今语，即为“天水出自天山”，天水出自天山，若更转译为西域语言，即为“河出昆仑”。余故曰，“河出昆仑”者，羌胡之语也；华言则为“河出积石”。

“河出积石”，由《穆传》“饮马积石之南河”，余已说明即唐人所谓小积石。此小积石，正当湟水入河之西隅，再西则为群羌之地，河水所经，周以前士大夫，未能实测，故《禹贡》但言“导河积石”。暨乎六国，华夷交通渐繁，羌胡所谓“河出天山”，传入中土；于是中土载籍，又盛传“河出昆仑”说。但其时所谓昆仑山，即今祁连山；所谓河源，即今湟水；未尝涉及葱岭与巴颜喀喇山也。自张骞西征，归自南道，目睹葱岭、于阗、北波诸河，水皆东流，疑与盐泽东疏勒河潜源相通，而疏勒河源出祁连山，与浩亹河又不过一山之隔。不幸骞为匈奴所获，未及实探，乃创为“河水潜源重发”之说；于是河水之源，乃西伸至于葱岭。汉武帝不察，因按《禹本纪》、《山海经》等传说，名“河所出山为昆仑”，《水经》及《注》，大申其说，故汉以来所谓昆仑，非先秦人传说之祁连山。吐谷浑之乱，唐太宗命任城王道宗追击之，至于星宿川，览观河源，不意河水真源，竟得于吐番。清圣祖更命侍卫锡拉穷探河源，乃知河之真源，犹在星宿海西，出于巴颜喀喇山之噶达素齐老峰；于是近世地理学家，又名巴颜喀喇山为昆仑。故今日所谓昆仑，又非汉武帝所名之葱岭。

总之，“河出昆仑”，有先秦人解说，有汉魏六朝人解说，有唐元以来人解说；昆仑所在，常因历代所穷河源不同而异其地。若，不问地望，但寻其语源，则羌胡言“河出昆仑”，即华语“河出天山”。

一九三九年八月一日写于三台，

一九四〇年六月刊于《史董》第一册。

九州通考

（一）论“九州”说始于宗周，州之初谊为聚族而居之下邑

画壄分州，不知所昉。《汉书·地理志》，“黄帝旁行天下，方制万里，得百里之国万区。”稽之《五帝德》，无是说也。《尧典》言“舜肇十有二州”。马融《注》，“禹平水土，置九州；舜以冀州之北广大，分置并州；燕齐辽远，分燕置幽州，分齐为营州；于是为十二州。”（《史记集解》引）郑玄亦谓，“舜以青州越海，而分齐为营州；冀州南北太远，分卫为并州，燕以北为幽州。”（《尔雅·释地》释文）孔颖达《尚书正义》因谓，“舜始为十二州，在禹治水后。”然则，考经界沿革者，仍以禹域九州为最古。

《商颂·玄鸟》，“古帝命武汤，奄有九有。”又曰，“汤降不迟，帝命式于九围”，九有、九围，《毛传》皆训为九州。齐叔弓钟铭云，“虩虩成唐，有严在帝所，咸有九州，处禹之堵。”见于春秋时文献者，皆谓汤时已有九州区分。故王孙满对楚子曰，“昔夏之方有德也，远方图物，贡金九牧”（详宣三年《左传》），谓夏时曾有九州之长。不特此也，郑桓公将东迁，问于史伯曰，“谢西九州何如？”（见《国语·郑语》）

辛甲为周武王大史,命百官官箴王阙,于《虞人之箴》曰,“芒芒禹迹,画为九州,经启九道,民有寝庙”(详襄四年《左传》),则禹别九州说,盖已传于宗周初叶。宗周以前,卜辞曾见州字(见《前编》四,第十三页),与《说文》所谓“古文州”同。但其辞已泐,不能断言殷时即有九州痕迹。

《说文》,“𡿧,水中可居者曰州。水周绕其旁,从重川。𡿧,古文州。”古文州与卜辞、金文同,皆象川中有岛屿形,傅孟真谓“州岛恐是一字”(详《古史辨》第二册《评秦汉统一的由来和战国人对于世界的想像》),见于诗者,若《关雎》云,“在河之州”,《小雅·鼓钟》云,“淮有三州”,诚皆谓水中之洲渚;故近世言九州者,或以其观念起于海边人民。余考先秦载记,谓邹子大九州起于海滨人民之观念,是也;若论禹域九州,则容有可商。盖州在春秋时代,时以为乡里之一体,不尽谓九州也。

《国语·齐语》,“管子制国,五家为轨,轨为之长;十轨为里,里有司;四里为连,连为之长;十连为乡,乡有良人焉。”在《管子·立政》则谓,“分国以为五乡,乡为之帅;分乡以为五州,州为之长;分州以为十里,里为之尉;分里以为十游,游为之宗;十家为什,五家为伍,什伍皆有长焉。”其《度地》又曰,“州者谓之术,不满术者谓之里;故百家为里,里十为术,术十为州,州十为都,都十为霸国,以奉天子。”他如《问篇》言,“问之州大夫”,《山至薮》言,“县、州、里受之钱”;州在《管子》书中,实为乡里间之社会单位。《周官·大司徒》曰,“令五家为比,使之相保;五比为闾,使之相受;五闾为族,使之相葬;五族为党,使之相救;五党为州,使之相赒;五州为乡,使之相宾”;即融会而变通《管子》之说者也。《管子》、《周官》,世皆知其为伪品，诚不足据！然考僖十五年《左传》言晋人鉴于韩原之败也，“于是乎作州兵”。杜《注》，“五党为州，州，二千五百家。”又，宣十一年《传》云，“楚为陈夏氏乱故，遂入陈，乡取一人焉以归，谓之夏州。”《注》云，“州，乡属，示讨夏氏之乱也。”夏州而外，以州为地者，春秋时，则

齐有平州。（宣元年《春秋》，“公会齐侯于平州，”注，“齐地。”）

又有舒州。（哀十四年《春秋》，“齐陈恒执其君，实于舒州。”）

卫有戎州。（哀十七年《左传》，“卫公登城以望，见戎州。公曰，我姬姓也，何戎之有焉。”）

又有外州。（哀十一年《左传》，“卫太叔疾之妻淫于外州，外州人夺之。”）

鲁有阳州。（襄三十一年《左传》，“齐伐阳州。”又，昭二十五年《传》，“公孙于齐，次于阳州。”）

吴有延州来。（襄三十一年《左传》，“延州来季子其果立乎？”旧《注》或别延与州来为二地。余谓延州来即延陵。）

或小于乡，或大于邑，正《论语·卫灵公》所谓“言不忠信，行不笃敬，虽州里行乎哉”之州。何氏《集解》引郑玄《注》云，“万二千五百家为州。”刘宝楠《正义》云，“《弟子传集解》作二千五百家为州，此有万字，衍也。《周官·大司徒》，五党为州。一党五百家，五党是二千五百家。郑彼《注》及《内则注》并云，二千五百家为州，此注亦当同。”一州户籍，不过二千五百家，以视《禹贡》所谓“九州”者，藐乎小矣！综观《论语》与《春秋》、《左传》所见州名，大抵介于乡里之间；则州之最初意义，似近于都。都，古之下邑也。顾炎武

说都云：

> 孟子得乎邱民而为天子，荀子君道文王举太公于州人而用之。
>
> 《诗》毛氏《传》，下邑曰都，后人以为人君所居，非也。考之《经》，则《书》之云大都小伯，《诗》之云在浚之都，作都于向者，皆下邑也。《左传》，先王之制，大都不过叁国之一，中五之一，小九之一。又曰，邑有宗庙先君之主曰都，无曰邑。故晋二五言于献公曰，狄之广莫，于晋为都，谓蒲也，屈也。士伯谓叔昭子曰，将馆子于都，谓箕也。公孙朝谓季平子曰，有都以卫国也，谓成也。仲由为季氏宰，将堕三都，谓郈也，费也，成也。莱章曰，往岁克敌，今又胜都，谓廪丘也。《孟子》，王之为都者，臣知五人焉，谓平陆也。《韩子》，卫嗣君以一都买一胥靡，谓左氏也。……其名始于《周官·小司徒》，九夫为井，四井为邑，四邑为丘，四丘为甸，四甸为县，四县为都，而王之子弟所封及九卿之采在焉；于是乎有都宗人、都司马，其后乃为大邑之称耳。故《诗》云，彼都人士；《礼记·月令》，命农勉作毋休于都；《商子》言百都之尊爵厚禄；《史记》，信陵君之谏魏王，谓所亡于秦者，大县数十，名都数百，则皆小邑之称也。（《日知录》卷廿二）

小邑称都，都州则为一声之转。《尧典》及《孟子·万章》言"流共工于幽州"，《庄子·在宥》及《淮南·修务》并作"流共工于幽都"；是知州都二字，不过方俗殊语；故僖十六年《穀梁传》云，"民所聚曰都"，《广雅·释诂》云，"都，聚也"，在《齐语》"令夫士农工商各群萃而州处”,《注》亦云,“州,聚也”,聚族而居,古代社会之常,则州之初名,应为聚族而居之下邑;古之所谓九州者,疑亦谓九个部族,即九族已。

(二)论“九族”犹言“百姓”,九州即部落时代所谓万国

《尧典》,“以亲九族,九族既睦。”《五经异义》说九族有今古学之不同云,“今《礼戴》、《尚书欧阳说》,九族乃异姓有亲属者,父族四:五属之内为一族;父女昆弟适人者与其子为一族;己女昆弟适人者与其子为一族;己之女子子适人者与其子为一族。母族三:母之父姓为一族;母之母姓为一族;母女昆弟适人者与其子为一族。妻族二:妻之父姓为一族;妻之母姓为一族。《古尚书说》,九族者,从高祖至玄孙,凡九世,皆同姓。谨按:《礼》,缌麻三月以上,恩之所及;《礼》,为妻父母有服,明在九族中,九族不得但施于同姓。”郑玄驳之云,“玄之闻也,妇人归宗,女子虽远适人,字犹系姓,明不得与父兄为异族,其子则然。婚礼,请期,辞曰,唯是三族之不虞,欲及今三族,未有不亿度之事,而迎妇也。如此所云,三族不当有异姓。异姓其服皆缌麻。《礼·杂记下》,缌麻之服,不禁嫁女取妇;是为异姓,不在族中,明矣。《丧服小记》说族之义曰,亲亲,以三为五,以五为九。以此言之,知高祖至玄孙,昭然察矣。”(以上并桓六年《左传正义》引)由初民社会族外婚制言,妻族或即母族,夏后氏以前,亲属关系至多不能过三族,《今文尚书说》以后世宗法演为九族,固谬。然细考殷周宗法,祖以上通称为祖,惟远祖始有“高祖”之称,孙以下通称为孙,惟远孙始有“曾孙”之名(说详拙著《宗法考源》),春

秋以前，既无“曾祖”与“玄孙”名词，则《古文尚书说》所谓“从高祖至玄孙凡九世”为九族，显亦未谛。考族字见于卜辞金文者，有

 《前编》七，第卅八页　 《后编》下，四二页　 《菁华》十一页

 毛公厝鼎铭　 明公尊铭　 不易戈铭

诸形，从㫃，从矢，象聚矢于旌旗之下，此军旅之称也。其后演而为公族，为王族。《楚语》，“楚师可料也，在中军，王族而已，”毛公厝鼎铭，“以乃族扞御王身”，卜辞“癸未□令斿族寇周，”(《前编》四，第卅二页)族之初谊，既为军旅，则所谓“九族”者，即九军，亦为“百姓”；以社会组织言，即为九部族。部族聚居之下邑为州；则所谓九州者，犹后世言“万国”。盖九为众数，部族之众者为九族，九族所居，自得谓之九州。以九族证九州，余知“九州”之最初解释，应同后世所谓“万国”；凡《春秋》、《国语》所传“州兵”、“州里”、阳州、平州等，盖皆部族社会之遗迹，犹言九族。

（三）论秦国与狄同州，在西土，大于邦国，似为《禹贡》九州之滥觞

何时由部族之九州演而为《禹贡》九州？是不能不言瓜州。成十三年《左传》，“晋侯使吕相绝秦曰，白狄及君同州，君之仇雠，而我之婚姻也。君来赐命曰吾与汝伐狄。寡君不敢顾婚姻，畏君之威，而受命于吏。君有二心于狄，曰晋将伐汝。狄应且憎，是用告我。”此白狄者，不知何名？与秦同州，杜《注》亦未详其州名。《正

义》云，“《周礼·职方氏》，正西曰雍州，其川泾、汭，其浸渭、洛，皆秦地也。正北曰并州，其泽薮曰昭余祁，其川虖池、呕夷，皆晋地也。是秦属雍而晋属并，白狄，盖狄之西偏，属雍州也。”考，雍州为州，不见《国语》。昭九年《左传》尝谓，“先王居梼杌于四裔，以御螭魅，故允姓诸奸，居于瓜州。”杜《注》，“瓜州，今敦煌。”《汉书·地理志》，敦煌郡敦煌县下云，“杜林以为古瓜州也；地生美瓜。”美瓜之生，今在哈密，东南至敦煌，三百有余公里，汉之敦煌，疑非《左传》所谓瓜州。古瓜州之地望，虽未易确指；然观于僖廿二年《传》云，“秦晋迁陆浑之戎于伊川”；襄十四年《传》则又谓之姜氏戎云，“晋范宣子曰，来！姜氏戎！昔秦人迫逐乃祖吾离于瓜州，乃祖吾离被苫盖，蒙荆棘，以来归我先君。我先君惠公，有不腆之田，与汝剖分而食之。”则瓜州者，姜戎之本邑。吕相所谓“及君同州”之白狄，得谓即姜氏戎，州，亦得谓即瓜州。

无论秦、狄所同之州，为雍州，抑瓜州，兹足令人注意者，则秦、狄同居之州，涵容二国以上，视齐、鲁、楚、卫东方诸国部族聚居之下邑，其面积应广至数十百倍，与春秋列国之郡县名制，实同其参差。郡在秦、晋皆大于县；楚则县以统郡，县大于郡。州，在东土，不过为部族之下邑；秦则州大于国，约当《禹贡》一州之土宇。余故疑《禹贡》九州之区分，非东土“州里”名义所扩大，盖直接演自秦人“同州”之观念。换言之，《禹贡》为书，非创自海滨民族，或成于春秋后秦学之手。

何以知其然耶？《禹贡》曰：

冀州既载。壶口治梁及岐；既修太原，至于岳阳；覃、怀底绩，至于衡、漳。恒、卫既从，大陆既作。岛夷皮服。夹右碣石，入于河。

济、河惟兖州。九河既道，雷夏既泽，灉沮会同。浮于济漯，达于河。

海、岱惟青州。嵎夷既略，潍淄其道。莱夷作牧。浮于汶，达于济。

海、岱及淮惟徐州。淮、沂其乂，蒙、羽其艺，大野既豬，东原底平。浮于淮、泗，达于河。

淮、海惟扬州。彭蠡既豬，阳鸟攸居，三江既入，震泽底定。岛夷卉服。沿于江海，达于淮、泗。

荆及衡阳惟荆州。江、汉朝宗于海，九江孔殷，沱、潜既道，云土梦作乂。浮于江、沱、潜、汉，逾于洛，至于南河。

荆、河惟豫州。伊、洛、瀍、涧，既入于河，荥波既豬，导菏泽，被孟豬。浮于洛，达于河。

华阳、黑水惟梁州。岷、嶓既艺，沱、潜既道，蔡蒙旅平。和夷底绩，织皮、西倾，因桓是来。浮于潜，逾于沔，入于渭，乱于河。

黑水、西河惟雍州。弱水既西，泾属渭汭，沣水攸同，荆、岐既旅，终南、惇物，至于鸟鼠；原隰底绩，至于豬野，三危既宅，三苗丕叙。浮于积石，至于龙门、西河，会于渭、汭。织皮、昆仑、析支、渠搜，西戎即叙。

此言九州区域，纯以自然之河山为经界，异夫《虞箴》所谓“芒芒禹迹，画为九州”。且九州之中，特详于西南梁州，而略于东北之燕、赵，由《华阳国志·蜀王本纪》云，“蜀之为国，肇于人皇，与巴同囿。至黄帝为其子昌意娶于蜀山氏之女，生子高阳，是为帝喾。封其支庶子于蜀。世为侯伯，历夏、商。周武王伐纣，蜀与焉。”又，桓九年《左传》云，“巴子使韩服告于楚，请与邓为好。楚子使道朔将巴客以聘于邓。”巴蜀之辟，或先于燕赵；《禹贡》之详梁州，似有若干历史背景。然蜀之隶属中国，在《秦本纪》则谓，

> 厉共公二年（公元前四七五年），蜀人来赂。
>
> 惠公十三年（公元前三八九年），伐蜀，取南郑。
>
> 惠文君元年（公元前三四七年），蜀人来朝。又，后九年（公元前三二六年），司马错伐蜀，灭之。又，十四年（公元前三二一年），蜀相壮，杀蜀侯来降。

验以《张仪传》云，“司马错曰，夫蜀，西僻之国，而戎、狄之长也。得其地，足以广国；取其材，足以富民。惠王曰，善！卒起兵伐蜀。十月，取之，贬蜀王，更号为侯，而使陈庄相蜀。秦以此益强富厚。”秦有蜀国，始于惠文君，则《禹贡》所谓，“岷嶓既艺，沱、潜既道”，梁州山川，非秦惠文君以后人不能道。是《禹贡》成于秦学之证一也。

古无雍州之名，周人起自岐、雍，其作《誓》、《诰》也，但称“西土”。西土者，对东国而言。文王居丰，武王居镐，穆王居西郑，懿王居犬丘，惟蔡殷铭尝谓“王在雝居”耳，雍在宗周非重地也。自秦“德公元年（公元前六七七年），初居雍城大郑宫，卜居雍，后子孙饮马于河”，至献公二年（公元前三八四年）城栎阳（详《秦本纪》），将三百年。此三百年中，秦灭梁，灭芮，伐戎王，取大荔，虏义渠，关河以西，尽隶版图，雍城之名，遂大显于诸侯。如僖十三年《左传》云，“秦输粟于晋，自雍及绛，相继，”以秦雍与晋绛并称，足证雍州为雍，得名秦都。《禹贡》成书，果在宗周，应名黑水、西河之间为丰州、镐州；不

名丰、镐，而谓之雍州，是《禹贡》成于秦学之证二也。

由于“白狄及君同州”，州之面积大于东土所谓“州里”，余故谓《禹贡》九州演自秦人州之观念。由于雍州得名于秦德公居雍以后，梁州成立于司马错灭蜀以后，余故疑《禹贡》九州说之完成，又不得早于秦惠文君时，顾颉刚谓“《禹贡》作于战国”，（顾说详《古史辨》第一册《询禹贡伪证书》）自是不易之论。

（四）论《禹贡》九州之名谊寓有种姓历史之背景

《禹贡》九州之划分，张其昀尝谓“与近世所谓自然区域相仿佛。如兖州之间于济、河；徐州之在淮北济南；而雍、梁二州约以秦岭为界；其大较与自然区域不相违忤。”（王庸《中国地理学史》第十四页引）此自自然现象论其划分价值也。何必如此划分？顾颉刚则据《吕氏春秋·有始览》云，

> 河汉之间为豫州，周也；
> 两河之间为冀州，晋也；
> 河济之间为兖州，卫也；
> 东方为青州，齐也；
> 泗上为徐州，鲁也；
> 东南为扬州，越也；
> 南方为荆州，楚也；
> 西方为雍州，秦也；
> 北方为幽州，燕也。

以为《禹贡》九州即《孟子·梁惠王》所谓"海内之地,方千里者九"。(详《古史辨》第二册《秦汉统一的由来和战国人对于世界的想象》)是说也,余则未敢完全从同。战国中叶,鲁、卫之政,不亡者廑,未足以表徐、兖;燕起东北,下齐七十城,声威喧赫,六国震动,《吕览》特立幽州,是也。在《禹贡》则略幽、燕而详梁州,与战国时代之国际形势,稍嫌不合。余谓《禹贡》九州之区分,更寓有种姓历史之背景。此其故,可以州名征之:

(甲)冀州 僖二年《左传》,"晋荀息假道于虞曰,冀为不道,入自颠軨,伐鄍三门,冀之既病,则亦唯君故。"杜《注》,"冀,国名,平阳皮氏县东北有冀亭。"此周时冀国也。哀六年《传》引《夏书》曰,"惟彼陶唐,有此冀方,今失其行,乱其纪纲,乃灭而亡。"陶唐氏,晚周学者多已传为帝尧国号,禹平水土,又相传在舜臣尧时;作《禹贡》者因以陶唐氏所居之冀方为冀州。冀州为州,虽不能径指为帝尧故都,至少可信为陶唐氏旧地。襄廿四年《左传》,"昔匄之祖,自虞以上为陶唐氏,在夏为御龙氏,在商为豕韦氏,在周为唐杜氏,晋主夏盟为范氏。"昭元年《传》,"昔高辛氏迁实沈于大夏,主参,唐人是因。及成王灭唐,而封太叔焉,故参为晋星。"晋为姬姓,而唐杜氏为媾姓,载记通讹为祁。祁、冀声韵俱近,则谓冀州即陶唐氏部族之号可也。

(乙)兖州 《春秋元命苞》,"兖州,兖之言端也,信也;盖取沇水以为名焉。"《汉书·地理志》河东郡垣县云,"《禹贡》王屋山在东北,沇水所出,东南至武德入河。轶出荥阳北地中,又东,至琅槐入海。"此即《禹贡》所谓,"导沇水,东流为济,溢为荥,东入于海"也。《水经》亦谓,"济水出河东垣县,东至王屋为沇水;又东,至温县西北，为济水"；是济、沇虽本一水，实有源流之别。顾河东郡于《禹贡》为冀州，荥阳为豫州地，非所谓"济、河惟兖州"也。余谓，兖州为兖，或得名于庸。庸即邶、鄘、卫之鄘矣。《汉书·梅福传》，"毋若火始庸庸，势陵于君。""庸庸"，今本《尚书·洛诰》作"燄燄"。文十八年《左传》，"齐侯纳阎职之妻，而使职骖乘。"阎职，《齐世家》与《说苑·复恩篇》并作庸职。则古之鄘国，宜即定四年《左传》所谓，"封康叔以殷民七族，取于有阎之土以供王职"之有阎。

阎、燄、鄘、庸，虽无由转为兖。然兖，《说文》作㕣云，"山间陷泥地，从口，从水败貌，读若沇州之沇，九州之渥地也，故以沇名焉，[illegible]，古文㕣。"按，古文㕣，当为容之衍误。若㕣在卜辞、金文通读为公侯之公。是兖州，古文或作公州。公，孳乳为讼，为颂，为容。《尧典》"嚚讼可乎？"讼，《释文》云，"马本作庸。"《仪礼·大射》，"颂磬东面"，《注》，"西方钟磬谓之颂。古文颂为庸。"《周官·眡瞭》，"击颂磬、笙磬，"《注》，"颂或作庸。"按，《皋陶谟》正作"笙镛以间。"《庄子·胠箧》，"昔者容成氏，"容，《六韬》亦作庸。知讼、颂、容，凡从公为声者，字皆通庸，则古文㕣州得谓庸州之别写；庸，与燄、阎既相通假，则沇州吾得谓其得名于有阎氏，是兖州者，本有阎氏之地，非因沇水为名也。

（丙）青州　《释名·释州国》作营州云，"齐、卫之地，于天文属营室，取其名也。"按，《诗·鄘风》，"定之方中，作于楚宫"，《毛传》，"定，营室也。"余谓，营室之名，非古所有；营州，若非平州之放大，或得名于营丘。《齐太公世家》，"武王已平商而王天下，封师尚父于营丘。"《正义》曰，"营丘，在青州临淄北百步外城中。"《地理志》，"齐郡临淄，师尚父所封，"臣瓒《注》，"临淄，即营丘也。"按：

营丘、荥泽，名义相近，尚父受封之营丘，疑初在荥阳附近，后徙临淄。临淄南有平州。宣元年《春秋》，“公会齐侯于平州。”杜《注》，“平州，齐地，在泰山牟县西。”而《公羊疏》引李巡《尔雅注》正谓，“齐，其气清舒，受性平均，故曰营。营，平也，今为青州。”营、平古音同部，余故疑营州或平州之音变。

青州，《释名》谓其“在东，取物生而青也”。《太康地记》亦曰，“青州，东方少阳，其色青，其气清，岁之首，事之始，故以青为名焉。”以五色配五方，春秋以前，未之有闻，意者青州或得名于青羌、青丘。《吕览·求人》，“禹东至榑木之地，日出九津，青羌之野，攒树之所，撍天之山，鸟谷、青丘之乡，黑齿之国。”《山海经·海外东经》有青丘之国，在朝阳谷北，云，“其狐四足九尾”，又云，“帝命竖亥步自东极至于西极。竖亥右手把算，左手指青丘北。”青丘国，希勒格（Gustave Schlegel）《中国史乘中未详诸国考证》谓“在三韩之内”。（详冯译本八六页）按，《山海经注》引《纪年》云，“柏杼子征于东海，及王寿，得一狐九尾。”是青丘国本在海东，《禹贡》青州，似兼三韩言之。考之《荀子·劝学》云，“青取之于蓝，而青于蓝。”《说文》云，“蓝，染青草也。”《尔雅·释鸟》，“秋扈氏，窃蓝，”《注》亦云，“青也。”青、蓝既为一物，则《古本纪年》云，“仲丁即位，征于蓝夷。”（《后汉书·东夷传注》引）蓝夷，得谓即青夷，然则青州为青，非因于青丘青羌，必取名于蓝夷。

（丁）徐州 《吕览》谓在泗上，且以鲁国当之。按，《鲁世家》，“顷公十九年，楚伐我，取徐州。”是徐州者，鲁之下邑也。顾炎武则谓，“按，《史记·齐世家》，田常执简公于徐州。《田齐世家》，宣王九年，与魏襄王会徐州。十年，楚围我徐州。《越世家》，句践北渡淮，与齐、鲁诸侯会于徐州。《后汉志》，薛，本国，六国时曰徐州。

今滕县南有大城，田文所筑也。与楚、魏为境。而威王曰，吾吏有黔夫者使守徐州，则燕人祭北门，赵人祭西门。《索隐》曰，《说文》，郐，邾之下邑，在鲁东。又，《纪年》云，梁惠王卅一年，下邳迁于薛，故名曰徐州。则徐之与郐，并音舒也；今音读为《禹贡》徐州之徐者，误。《齐世家》，田齐执简公于徐州，《春秋》正作舒州。”（详《日知录》）江永则谓，“徐与舒古音虽相通，然舒州非薛城之徐州也。《史记正义》云，徐州，齐之西北界上地名，在渤海郡东平舒县，此说最是。齐威王有臣黔夫守徐州，此亦音舒州，正是东平舒，接燕而近赵之地，故燕、赵畏之而祭门。若黔夫守薛城之徐州，去燕赵甚远，燕、赵何为而祭门？”（详《春秋地理考实》卷三哀十四年）据顾、江二氏考证，齐之舒州，后亦谓之徐州，本在东平，不在泗上；泗上之有徐州，据《纪年》及《孟尝君传》云，始于齐宣王五年（即梁惠王卅一年）。《孟尝传》，“宣王九年，田婴相齐，齐宣与魏襄会徐州而相王。楚威王闻之，怒。明年，楚伐，败齐师于徐州。”此即《战国·齐策》开卷所谓“楚威王战胜于徐州，欲婴子于齐”也。无论东平、舒与泗上徐州，在《春秋》、《国策》、《史记》并谓齐地，何其亡也属鲁？考，《吕览·首时》，“齐以东帝困于天下，而鲁取徐州”；则其《有始览》以鲁表泗上徐州，固因战国末叶区域为说。然而，徐州实齐、鲁之下邑，非如《禹贡》所云“海、岱及淮”。

《禹贡》所谓，“海、岱及淮惟徐州，”当由齐鲁下邑名称而加放大；而徐州为徐，当得名于徐方。《大雅·常武》，“王谓尹氏，命程伯休父，率彼淮浦，省此徐土。……如霆如雷，徐方震惊。”此厉、宣时事也。《后汉·东夷传》亦谓，“武乙衰敝，东夷寖盛，遂分迁淮、岱，渐居中土。后徐夷僭号，乃率九夷以伐宗周，西至河上。穆王畏其方炽，乃分东方诸侯，命徐偃王主之。偃王处潢池东，地方五百里，行仁义，陆地而朝者三十六国”，是徐在宗周，庞然大国，徐，金文作郐（如郐王𩞁鼎及义楚耑等），后讹为舒，舒蓼、舒庸、舒鸠、舒龚，所谓群舒者犹数见于《左氏春秋》，鲁僖公伐淮夷，其作《颂》也，犹以徐、楚并称曰，“戎狄是膺，荆舒是惩”，徐氏之蕃衍于泗、淮之间也久矣。余故谓徐州得名于徐方。

（戊）扬州 扬州名义，最多殊说，谓，“州界多水，水波扬也”者，《释名·释州国》也。谓，“江南其气燥劲，厥性轻扬。故曰扬”者，李巡《尔雅注》也（《尚书禹贡正义》引）。谓，字本作杨，“地多赤杨，因取名焉”者，《春秋元命苞》也（《建康实录》引）。谓，“以扬州渐太阳位，天气奋扬，履正含文明，故取名焉”者，《太康地记》也（《尔雅·释文》引）。谓，“此州地苞百越，扬越声转，义亦同，扬州当因扬越得名”者，孙诒让《周礼正义》之《职方氏疏》也。考，《礼记·郊特牲》，“郊之祭也，兆于南郊，就阳位也”，又曰，“君之南乡，荅阳之义也。”南方为阳。《史记·天官书》云，“中国于四海内，则在东南为阳”；则《太康地记》所谓，“扬州渐太阳位”者，似为近古之说。以余考之，所谓扬州，疑仍因阳夷为名。

《尧典》，“乃命羲仲，宅嵎夷，曰暘谷。”暘，《说文》作崵云，“首崵山也，在辽西。一曰，嵎夷，暘谷也。”此言暘谷本在冀州东北。考闵二年《春秋》，“齐人迁阳，”《正义》曰，“世本无有阳国，不知何姓。”洪亮吉《左传诂》，“按，《礼记·坊记》，阳侯杀缪侯而窃其夫人。《淮南·氾论》缪侯作蓼侯。高诱《注》，蓼侯，皋陶之后，偃姓之国。郑康成注《礼记》既云阳、缪同姓国，则阳侯亦偃姓可知。”阳国地望，《汉志》东海郡都阳县《注》引应劭云，“都阳，即齐人迁阳是。”又城阳国阳都县《注》亦引应劭说。是阳国本在今山东半岛东南隅，于《禹贡》为徐州之域。由殷周都邑方位观之，正是日出之所，羲和所宅暘谷，地应在此；《禹贡》所谓“淮、海惟扬州”者，疑初亦谓此。卜辞尝见易伯（《前编》四，第三页），《纪年》更有夏后泄命阳夷（《后汉·东夷传注》引）之文，阳之为国远矣，余故谓扬州为扬，当得名于阳夷。

（己）荆州　荆州为州，始见《齐语》。其言曰，“桓公遂南征，伐楚，使贡丝于周而反。荆州诸侯莫敢不来服。”荆州似已著于春秋初叶，然考僖四年《左传》，言召陵之盟，则无荆州来服之说。《齐语》为书，疑又在《管子》成书之后，或后于《禹贡》矣。

《释名·释州国》，“荆州，取名于荆山也。必取荆为名者，荆，警也，南蛮数为寇逆，其民有道后服，无道先强，常警备之也。”余谓荆州为荆，当因名荆楚。昭十二年《左传》，“楚灵王曰，昔我先王熊绎，辟在荆山，荜路蓝缕，以处草莽。”故楚在宗周，常称为荆。过伯彝铭，“过伯从王伐反荆”，又，师虎毁铭，“𤔲左右，戏緐荆”，荆即《小雅·采芑》所谓，“征伐猃狁，蛮荆来威。”蛮荆，毛《传》训“荆州之蛮”，非也。《晋语》，“宋之盟，楚人固请先歃。叔向谓赵文子曰，昔成王盟诸侯于岐阳，楚为荆蛮，故不与盟。”是旧史。所谓荆蛮、蛮荆者，皆谓楚国，作《禹贡》者，乃因荆楚别为荆州矣。

（庚）豫州　《释名·释州国》，“豫州，地在九州之中，京师东都所在，常安豫也。”《尔雅·释文》引李巡说亦谓“河南，其气着密，厥性安舒，故曰豫。豫，舒也”。是皆望文生训，无当种姓之谊。按：《仪礼·乡射》，“豫则钩楹内，”郑《注》，“豫者谓州学也，读如成周宣榭灾之榭。”《大雅·嵩高》，“于邑于谢”，《潜夫论》引谢作序。《孟子·滕文公》，“设为庠序学校以教之，序者，射也。”刘宝楠《正义》谓，“序即榭，榭、射声通；是榭因乡射而立名。”按，宣榭之榭，虢季子白盘铭作⿸广射，从广从射，正趞曹鼎铭所谓“射庐”，篆文序字，当即古文廟之形讹；而豫州为豫，盖因名于谢邑。

《嵩高》之诗曰，“亹亹申伯，王缵之事，于邑于谢，南国是式。”毛《传》，“谢，周之南国也。”当成周者，南有荆蛮、申、吕、应、邓、陈、蔡、随、唐，何以独被谢名？考《郑语》，“桓公问于史伯曰，谢西之九州如何？对曰，其民沓贪而忍，不可因也。唯谢、郏之间其冢君侈骄，其民怠沓其君，而未及周德，若更君而周训之，是易取也。”宗周之末，言南国者，必称谢邑，谢之险阨，可以想见。《潜夫论·氏姓篇》据“于邑于谢”言“申城在南阳宛北序山之下”。《水经·比水注》又谓，“谢水出谢城北，其源微小，至城渐大；城周回侧水，申伯之都邑。高岸下深，浚流徐平，东南流，径新都县，左注比水。”谢邑附近，有序山，有谢水；而史伯所谓“谢郏之间”，一与《禹贡》“荆河惟豫州”说，约略相当，余故谓豫州得名于谢国。

（辛）梁州　梁州，在秦人灭蜀以前，神话而外，信史鲜征。《山海经·中次九经》，云“岷山之首，曰女儿之山，又东北三百里曰岷山，又东北一百四十里曰来山，又东北一百五十里曰崌山，又东三百里曰高梁之山，其上多垩，其下多砥砺。”毕沅《校正》曰，“高梁之山在今四川剑州北。《太平寰宇记》云，剑门县大剑山，亦曰梁山。《山海经》，高梁之山西接岷、崌，东接荆、衡。”按《寰宇记》万州南浦县又引《寻江源记》云，“高梁山尾东跨江，西首剑阁；东西数千里，山岭长峻，其峰崔嵬，于蜀市望之，若长虹垂天。《剑阁铭》所谓岩岩梁山，积石峨峨，即述此山也。”（卷一四九）尝闻诸顾颉刚先生云，“梁山者，犹梁之在屋，言其高峻也。如，重庆市小梁子之上有大梁子，皆为较高之点，所谓梁山、梁州，谊皆同是。”（此廿七年冬在重庆大梁子青年会所面谈或未成书姑檃括大意于此）梁州为梁，盖因名梁山，谓其地势高峻矣。

以种姓言，僖十七年《左传》，"晋惠公之在梁也，梁伯妻之。梁嬴孕过期，卜招父卜之。"则梁与秦为同姓。僖十九年《春秋》，"梁亡。"《传》又云，"初梁伯好土功，亟城而弗处，民罢而弗堪，秦遂取梁。"梁则为秦所灭。梁之地望，杜预谓在冯翊夏阳县，此承《汉书·地理志》陈说也。《志》之夏阳县曰，"故少梁，秦惠文十一年更名。《禹贡》，梁山在西北。"证之文十年《传》云，"晋人伐秦，取少梁"，少梁宜即梁伯国，地在雍州，与梁州无涉也。然，秦灭梁国，名曰少梁，有少梁则必有大梁。《史记·魏世家》，"秦用商君，地东至河；而齐、赵数破我，于是徙治大梁。"《水经·渠水注》，"大梁城本春秋之阳武高阳乡也；于战国为大梁，周梁伯之故居矣。"梁伯故居，在冯翊夏阳，已如上论。《纪年》，"梁惠成王六年，四月，甲寅，徙都于大梁"（《水经注》引），此即孟子所见之梁惠王。惠王徙梁以前，地名阳武，未有梁名，则春秋时秦人所谓大梁者，疑在参狼谷附近。《汉志》陇西郡羌道县云，"羌水出塞外，南至阴平，入白水。"师古曰，"《水经》云，羌水，出羌中参谷。"参谷，今本《水经》作"参狼谷"。《后汉书·西羌传》，"羌无弋爰剑之后，或为白马种，广汉羌是也；或为参狼种，武都羌是也。"《汉志》武都郡沮县下云，"沮水出东狼谷。"又，武都县下云，"东汉水受氐道水，一名沔；过江夏，谓之夏水，入江"；此即《禹贡》所谓，"嶓冢导漾，东流为汉"也。嶓冢山，《禹贡》叙于梁州武都，于《禹贡》亦当为梁州。梁、狼古音相近，则东狼谷、参狼谷、参狼羌等，俱可测定大梁地望，梁州为梁，疑或得名于参狼羌。而秦学特叙梁州者，由梁伯嬴姓测之，不妨假定秦亦参狼种而起于武都矣。

(壬)雍州 《尔雅·释地》,"河西曰雍州。"李巡《注》,"河西,其气蔽雍,受性急凶,故曰雍,雍,壅也。"(《书疏》引)《释名》,"雍州在四山之内,雍翳也。"《史记·封禅书》则谓"自古以雍州积高,神明之隩",雍之言积高也。余谓雍州因名秦都,秦都因名于宗周之雝居,若以州言,古曰瓜州。

雍州得名于秦都,梁州得名于参狼羌,豫州得名于谢邑,荆州得名于荆楚,扬州得名于阳夷,徐州得名于徐方,青州得名于蓝夷,兖州得名于有阎,冀州得名于冀方,论《禹贡》九州名谊,除隐涵战国时代之国际背景,更寓有种姓之历史及分野。昔刘向言九州地分,朱赣条其风俗,但言,"秦跨雍梁二州;冀州,魏分也;豫州,周韩之分也;幽州,赵燕之分也;青州,齐分也;徐州,鲁宋之分也;兖州,卫分也;荆州,楚分也;扬州,吴粤之分也";(详《汉书·地理志》)明言《禹贡》,实遵《吕览》,然则,《禹贡》为书,以战国疆域系种姓分地,实民族地理学之祖,亦中国历史地理学之祖。

(五)论《吕览》与《尔雅》九州说皆据战国形势改订,《禹贡》之作《周官·职方氏》疑出《淮南子》后

九州经界,《禹贡》有分以水道者,兖、扬、雍是也;有分以山脉者,荆州是也;有分以山川者,青、徐、豫、梁是也。然岱、华虽高,其蜿蜒之迹,不如水之显别也;故《吕览》言九州经界,则废山脉而主水道;水道不著,辨以方位。《尔雅·释地》云:

两河间曰冀州;

河南曰豫州；

河西曰雍州；

汉南曰荆州，

江南曰扬州；

济河间曰兖州；

济东曰徐州；

燕曰幽州；

齐曰营州。

除营州名稍异于《吕览》外，余则全同。且“齐曰营州”，《说苑·辨物》引仍作青州；则《尔雅》九州，实袭《吕览》。《吕览》之以方位辨疆界，邹衍之学也。《尔雅》变“东北为青州，齐也”曰“齐曰青州”；变“北方为幽州，燕也”曰“燕曰幽州”；亦以《吕览》之州界不明，《禹贡》以岱山别青、徐，青、徐之经界难理，且幽州非《禹贡》所有，亦无由自河统厘其四至。是故《吕览》之于《禹贡》，为初步修正，《尔雅》之于《禹贡》为再步修正，皆据战国之列国形势为说也。而郭璞注《尔雅》谓“此盖殷制”者，盖《禹贡》九州，自汉以来，学者公认为禹迹。《尔雅》九州，既异《禹贡》，复与《周官·职方氏》不合，遂不得不以“盖殷制”了之。至于《周官》言“职方氏掌天下之图，以掌天下之地，乃辨九州之国，使同贯利”，云：

东南曰扬州，其山镇曰会稽，其泽薮曰具区，其川三江，其浸五湖。

正南曰荆州，其山镇曰衡山，其泽薮曰云梦，其川江、汉，其浸颍、湛。

河南曰豫州，其山镇曰华山，其泽薮曰圃田，其川荥、雒，其浸波、溠。

正东曰青州，其山镇曰沂山，其泽薮曰望诸，其川淮、泗，其浸沂、沭。

河东曰兖州。其山镇曰岱山，其泽薮曰大野，其川河、泲，其浸卢、维。

正西曰雍州，其山镇曰岳山，其泽薮曰弦蒲，其川泾、汭，其浸渭、洛。

东北曰幽州，其山镇曰医无闾，其泽薮曰貕养，其川河、泲，其浸菑、时。

河内曰冀州，其山镇曰霍山，其泽薮曰杨纡，其川漳，其浸汾、潞。

正北曰并州，其山镇曰恒山，其泽薮曰昭余祁，其川虖池、呕夷，其浸涞、易。

此即《汉志》所谓，“周监二代，而损益之，定官分职，考禹徐、梁二州，合之于雍、青，分冀州之地，以为幽、并”也。细绎其文，豫、兖、冀三州而外，皆以方位别经界，固异于《禹贡》、《尔雅》。九州叙次，《尔雅》、《禹贡》之始冀州，尊尧都也，《吕览》首豫州，尊东周君也。《职方氏》果宗周书也，应首雍州；果成周书也，应如《吕览》首豫州；今考其书，首“东南曰扬州，”与《淮南子·地形》同次，而失尊王之谊，则其为书，纵非成于淮南九师，亦必作伪于《淮南子》之后。

（六）论《淮南·地形》之九州、八殥、八纮说即邹衍大九州说之节录

《淮南子·地形》：

何谓九州？
东南神州，曰农土；
正南次州，曰沃土；
西南戎州，曰滔土；
正西弇州，曰并土；
正中冀州，曰中土；
西北台州，曰肥土；
正北泲州，曰成土；
东北薄州，曰隐土；
正东阳州，曰申土；

九州之大，纯方千里。九州之外，乃有八殥，亦方千里。八殥之外，而有八纮，亦方千里。

全废山河之自然经界而以方位别九州，已大改《禹贡》旧规。《禹贡》九州命名皆含有种姓之历史背景，《淮南》九州除冀州、阳州犹存《禹贡》遗意外，皆别创新名。此等新名，他书无考；惟“东南神州”一则，颇似邹衍所谓，“方今天下九州也，在东南隅，名曰赤县神州。”（《论衡·谈天篇》引）窃谓《淮南》九州，殆即邹子遗说。《汉书·

刘向传》言“向父德，武帝时治淮南狱，得《枕中鸿宝苑秘书》及邹衍《重道延命方》，世人莫见。”是汉淮南王颇好邹衍之学也。

邹衍著书，见于《汉书·艺文志》阴阳家者，有《邹子》四十九篇，《邹子终始》五十六篇，今均不传。惟“五德终始”说，略见于《吕览·应同》；大九州说，略见于《史记·孟荀列传》。传曰：

> 邹衍睹有国者益淫侈，不能尚德，若《大雅》整之于身，施及黎庶矣。乃深观阴阳消息而作怪迂之变，《终始大圣》之篇十余万言。其语闳大不经，必先验小物，推而大之，至于无垠。先序今，以上至黄帝，学者所共术，大并世盛衰；因载其禨祥度制，推而远之，至于天地未生，窈冥不可考而原也。先列中国名山大川，通谷禽兽，水土所殖，物类所珍；因而推之及海外，人之所不能睹；称引天地剖判以来，五德转移，治各有宜，而符应若兹。
>
> 以为儒者所谓中国者，于天下乃八十一分居其一分耳。中国名曰赤县神州；赤县神州内自有九州，禹之序九州是也，不得为州数。中国外如赤县神州者九，乃所谓九州也；于是有裨海环之，人民禽兽莫能相通者，如一区中者，乃为一州。如此者九，乃有大瀛海环其外，天地之际也，其术皆此类也。

邹子谓禹序九州之外，有裨海所环之九州，约当《淮南》之八殥；裨海所环九州外更有大瀛海九州，约当《淮南》之八纮；余故谓**邹子大九州说，尚存于《淮南子》**。《淮南子》言“东南神州”，当即邹子所谓“在东南隅，名曰赤县神州”之节文。邹子于神州上冠以“赤县”者，盖犹“五德终始”之谊。故吾人据《淮南》九州，附以终始五德之说，不难窥见邹子九州名义之一部：

东南曰赤县神州，
西南曰白县戎州，
正中曰黄县冀州，
西北曰玄县台州，
东北曰青县薄州。

四方县名，书阙蔑考。然邹子九州，其大无外，其不能以自然山河为界，固极显著。余故谓以方位别九州，说始邹衍，传于《淮南》。

《史记·淮南王传》，“王安自到杀，国除为九江郡。”九江，《汉志》次于扬州。《职方氏》辨九州方位，而首“东南曰扬州”，与《淮南·地形》之首“东南神州”，明承邹衍绪说，实皆隐尊淮南王都。则《周官·职方氏》，自得疑为淮南九师所伪。

（七）论邹衍大九州说成于战国时代域外交通之实际地理知识

淮南九师作《地形》，不主《禹贡》而特表彰邹衍者，一则为淮南王好方士，方士多邹子之绪余；一则为汉武帝辟九边土宇恢廓，盖于前代，《禹贡》九州，不足以涵括世界之大；不得不主邹衍大九州说，以扩大当时学士大夫之世界观念。

邹衍大九州说，太史公尝议其“闳大不经”，自尔以来，莫不疑其怪诞。考之先秦载记，余则疑大九州说之构成：（1）得于战国时代域外交通之实际知识；(2)根据天文之测算；(3)受印度四大部洲说影响。

齐景公问于晏子曰，“吾欲观于转附、朝儛，遵海而南，放于琅邪，吾何修而可以比于先王观也?”(《孟子·梁惠王》引)转附，阎若璩《四书释地》谓即之罘，朝儛即文登之召石山。琅邪，则越都也。《吴越春秋》，“句践廿五年，徙都琅邪，立观台以望东海。”《史记·始皇本纪》，“廿八年，始皇东行，穷成山，登之罘，南登琅邪，大乐之。留三月，作琅邪台。”自之罘，至琅邪，可陆乘也；而齐景公欲遵海放琅邪，足证春秋之世，海上交通已盛。

《庄子·山木》，“市南宜僚见鲁侯曰，南越有邑焉，名曰建德之国，其民愚而朴，少私而寡君，知作而不知藏，与而不求其报，不知义之所适，不知礼之所将。猖狂妄行，乃蹈乎大方。君其涉于江，而浮于海，望之而不见其崖，愈往而不知其穷，送君者皆自崖而反。君自此远矣!”此建德之国，张亮丞尝谓即捐毒之对音(详《中西交通史料汇编》第一册)虽不必尽信。证之《史记·南越尉佗传》言吕嘉之乱，“立明王长男建德为王”，建德宜为南海国族之名，或近交阯。《墨子·节用》，“昔者尧治天下，南抚交阯，北降幽都，东西至日所出入，莫不宾服。”《大戴礼·少闲》，“昔虞舜以天德嗣尧，朔方幽都来服，南抚交阯，出入日月，莫不率俾。”《尚书大传》，“交阯之南有越裳国。周公居摄，六年，天下和平，越裳以三象重译而献白雉。”(《御览》七八五引)交阯之内通中国，虽不必在宗周以前，亦不必后于战国时代。《吕览·求人》，“禹南至交阯孙朴、续樠之国，羽人裸民之处，不死之乡。”又《恃君》，“扬、汉之南，百越之际，敝凯、诸夫、风余靡之地，缚娄、阳禺、驩兜之国多无君。”驩头，羽民，裸国民，不死民等，《淮南·地形》亦次于海外卅六国之南方。则《庄子》所谓“涉于江而浮于海”，以往建德之国，正为中国对于南海有海上交通之最古纪录。孔子曰，“道不行，乘桴浮于海；”（见《论语·公冶长》）《地理志》谓孔子悼道不行，欲去玄菟、乐浪，贵其国有仁贤之化。余则疑孔子欲遵海而南，浮于建德，为其民风质朴，蹈乎大方矣。

中国对于西北陆之交通，正史所传，始于张骞通西域。验以古籍，则殊不然。《史记·赵世家》言，“武灵王西略胡地至榆中，而欲从云中、九原直南袭秦。”是赵之西圉，不过林胡、楼烦也。但战国时人所传述之《穆天子传》言周穆王西征，尝“升于昆仑之丘，休于群玉之山，至于西王母之邦，纪其迹于弇山之石。”据小川琢治《穆天子传考》云，西王母国在今新疆哈密西北，弇山亦在镇西县附近。（详江侠庵译《先秦经籍考》下册）则战国之际，中国人固已深入西域矣。（《穆传》一书近或疑为晋人伪撰，但传所见毛班已得毁铭，证明确穆王时人。参阅拙著《班毁铭跋》）西域，在战国时已交通中国，和氏之璧，尤其坚证。

《墨子·耕柱》，“和氏之璧，随侯之珠，此诸侯之所谓良宝也。”璧何以称和氏？《韩非子·和氏》曰，“楚人和氏，得玉璞楚山中，奉而献之厉王，王使玉人相之，曰，石也。王以和为诳，而刖其左足。武王即位，和又奉其璞而献之，王使玉人相之，又曰，石也。王又以和为诳而刖其右足。文王即位，和乃抱其璞而哭于楚山之下。王使人问其故？和曰，吾非悲刖也，悲夫宝玉而题之以石，贞士而名之以诳，此吾所以悲也。王乃使玉人理其璞而得宝焉，遂名曰和氏之璧。”由是言之，和氏之璧，楚之国宝，非尽人可有也。而《战国·赵策》言“李兑送苏秦明月之珠，和氏之璧。”（卷一）李斯《上秦始皇书》亦曰，“今陛下致昆山之玉，有和、随之宝”，则赵、秦俱有和璧矣。余谓和氏之璧，即于阗之玉。《汉书·西域传》，“于阗国之西，水皆西流，注西海；其东，水东流，注盐泽。河源出焉，多玉石。”此即《魏书·西域传》所谓“于阗城东三十里，有首拔河，中出玉石；城西有达利水。”首拔河，近人考证，多已认定即今玉陇哈什（Yurung Kash），白玉河之谓也。达利水即今喀喇哈什（Kara Kash），黑玉河之谓也。玉之产地，见于山经地志者，不一其处，今惟和阗河产玉不绝，亦以和阗之玉为最珍贵。是今之和阗（Khotan），即古于阗；西汉以来所谓于阗者，疑亦战国人所常称和氏之音转。《赵世家》，“苏厉为齐《遗赵王书》曰，秦逾句注，斩常山而守之，三百里而通于燕，代马胡犬不东下，昆山之玉不出；此三宝者，亦非王有已。”昆山者，昆仑山也；在《穆传》曰群玉之山，在《淮南·俶真》曰钟山。《俶真》曰，“钟山之玉，炊以炉炭，三日三夜，而色泽不变”，质美如斯，惟今和阗玉有之。余故疑和氏之璧，即昆山之玉。昆仑山在西域，由六国诸侯皆宝昆玉推之，则战国时代，中国西域交通固已频繁。

战国时代，中国对于域外交通，遵海而南达于交阯，陆则绝荒漠而至西域，实际世界知识，大于儒者所谓九州者若干倍，此邹子所以创说大九州也。

（八）论邹子大九州说亦得天算之根据，故其州名多本天象

邹子学说，《史记》谓，“乃深观阴阳消息，而作怪迂之变”，后世皆议为阴阳家。《汉书·艺文志》，“阴阳家者流，盖出于羲和之官。敬顺昊天，历象日月星辰，敬授民时，此其所长也。及拘者为

之，则牵于禁忌，泥于小数，舍人事而论鬼神。”近世论邹子者亦多着眼其禁忌与小数，而忘其学说本于历象。《论衡·谈天》尝引《邹子》而辨其非云，

> 邹衍曰，“方今天下，在地东南，名赤县神州。天极为天中。”如方今天下，在地东南，视极当在西北，今正在北方，今天下在极南也。以极言之，不在东南，邹衍之言非也。

《禹贡》九州，在地东南，抑在正南？由今亚洲全图观之，可以论定邹子学说，绝非虚构，而成于西北交通之实际知识。若“天极为天中”说，即《史记·天官书》所谓“中宫，天极星”也。天极星，《周髀算经》谓“北极枢”，《吕氏春秋·有始览》又省称为“枢”云，

> 凡四海之内，东西二万八千里，南北二万六千里，水道八千里，受水者亦八千里。通谷六，名川六百，陆注三千，小水万数。
>
> 凡四极之内，东西五亿有九万七千里，南北亦五亿有九万七千里。
>
> 极星与天俱游，而天极不移。冬至日行远道，周行四极，命曰玄明。夏至日至近道，乃参于上，当枢之下无昼夜。白民之南，建木之下，日中无影，呼而无响，盖天地之中也。

当枢之下，即当天极星之下，由今地理学言，即谓北极圈内之地。北极附近，日北至（即夏至），长日无夜；日南至（即冬至），长夜无昼，所谓“当枢之下无昼夜”者，此也。宋玉《招魂》，“魂兮归来，北方不

可以止些，增冰峨峨，飞雪千里些。”洪兴祖《楚辞补注》引《尸子》云“朔方之寒地，冻厚六尺，北极左右，有不释之冰。”“当枢之下无昼夜”，可推步也；“北极有不释之冰”，则非身历其境者不能道。由“无昼夜”与“不释冰”之两重事实测之，知战国人必有探险北极者矣。

战国时代南海交通究止何处？据前论建德国，已至交阯；然观于《吕览》所谓“建木之下，日中无影”，则实不止此。《淮南·地形》，“建木，在都广，众帝所自上下，日中无景，呼而无响，盖天地之中也”，即申《吕览》之说也。高《注》，“建木，其状如牛，引之有皮，若璎黄蛇，叶若罗。都广南方山名。”都广之山，不知所在。《山海经·海内南经》，“有木，其状如牛，引之有皮，若缨黄蛇；其叶如罗，其实如栾，其木若苣，其名曰建木，在窫窳西，弱水上。”如《海内南经》言，建木，亦怪木，非地名。余谓建木即立木。《周官·大司徒》，“以土圭之法，测土深，正日景，以求地中，日南，则景短，多暑；日北，则景长，多寒……日至之景，尺有五寸，谓之地中。”郑司农《注》云，“土圭之长，尺有五寸，以夏至之日，立八尺之表，其景适与圭等，谓之地中。今颍川阳城地为然。”《夏官》，“土方氏掌土圭之法，以致日景。”郑玄《注》，“致日景者，夏至，景尺有五寸；冬至，景丈三尺；其间则日有长短。”以日景求地中、定分至，为我国测天古法，则“建木之下，日中无影”。犹言八尺之表，表正戴日，南北俱无日影；惟赤道附近地带，乃有此现象。是知《吕览》所谓“白民之南日中无影，”地又在交阯之南，近于今之新加坡矣。赤道以北，日影北投，居室构造，多户牖南向；其南，必户牖北向，以内日光。《吕览·为欲》，“有一欲则北至大夏，南至北户。”《淮南·时则》，“南方之极，自北户孙之外，贯颛顼之国，南至委火炎风之野，赤帝、祝融之所司者万二千里。”《注》云“北户孙，国名也。日在其北，皆为北向户，故曰北户孙。”日中无景，可推步也，室北向户，则又非身履南半球者不能道。由“北向户”与“日中无影”两重事实测之，知战国人亦尝遵海而南，放于大洋洲矣。《天问》，“何所冬暖？何所夏寒？”冬暖而夏寒者，亦惟大洋洲气候为然。

由于战国人探险所至，南过赤道，北入北极，而知天下之中，不在洛阳，在于当枢之下，白民之南。故惠施亦曰，“南方无穷而有穷，今日适越而昔来，我知天下之中央，燕之北，越之南是也。”（《庄子·天下篇》引）所谓越南，即白民之南，燕北即当枢之下，亦即邹衍所谓“天极为天中”。邹衍以天中定地中，虽或差误；其九州方位，定于天文，则为不可否认之事实。故其九州名谊，四正中央多因于日躔。

正东阳州　《海外东经》，“黑齿国，下有汤谷。州谷，上有扶桑，十日所浴。九日居下枝，一日居上枝。”毕沅《校正》曰，“《虞书》，宅嵎夷，曰暘谷。《说文》作崵。《史记索隐》云，《史记》旧本作汤谷。《淮南子》，日出汤谷，浴于咸池。案，汤，暘，崵，皆一也。”《楚辞·天问》，“出自汤谷，次于蒙汜，自明及晦，所行几里？”又，《远游》云，“朝濯发于汤谷兮，夕晞余身兮九阳。”是日出汤谷为古代普遍神话。邹衍名正东曰阳州，明因《禹贡》，实谓日出之地。

正南次州　《天问》言“日出汤谷次于蒙汜”。此言日入为次也。《南山经》则谓，“漆吴之山，无草木，多博石。无玉处于东海，望丘山，其光载出载入，是惟日次。”郭《注》，“是日景之所次舍。”《大荒南经》，“东南海之外，甘水之间，有羲和之国。有女子名曰羲和，方浴日于甘渊（今本通讹“日浴”，据《初学记》所引改）。羲和者，帝俊之妻,生十日。”日生于南,言冬至后日渐由南而北,如人之复生也。耶稣教之圣诞节,即日生节也。是邹衍所谓次州,得名于“日次”。

正西弇州　《穆天子传》,“癸亥,至于西王母之邦。天子遂驱升于弇山,乃纪其迹于弇山之石。”郭《注》,“弇山,弇兹山,日所入也。”屈原《离骚》,“欲少留此灵琐兮,日忽忽其将暮;吾令羲和弭节兮,望崦嵫而勿迫。”王逸《注》,“崦嵫,日所入也。下有蒙水,水中有虞渊。”蒙水即《天问》所谓蒙汜,《尔雅·释地》所谓“西至日所入为大蒙”矣。《西山经》,“天山西二百九十里曰蒙山(今本讹□山,据《文选注》引改),神蓐收居之。是山也,西望日之所入,其气员,神红光之所司也。”《大荒西经》言,“日月所入”者,有方山、丰沮玉门、日月山、鏖鏖钜、大荒等山。而《尧典》言“命和仲,宅西曰昧谷”,《史记》作柳谷,柳当为卯,卯蒙声转,蒙弇谊通,邹衍所谓“正西弇州”,当因日入为名矣。

正北泲州　泲读为济。《大荒北经》,“大荒之中,有山,名曰齐州之山。”又曰,“有北齐之国,姜姓,使虎豹熊罴。”皆因齐国为说,齐在青州,非邹衍所谓“正北泲州”也。余谓泲州得名于“天齐”。《史记·封禅书》,“始皇祠名山大川及八神,一曰天主,祠天齐。天齐渊水,居临淄南郊山下者。”又曰,“齐所以为齐,以天齐也。”《索隐》引解道彪《齐记》,“临淄城南有天齐泉,五泉并出,有异于常,言如天之腹脐也。”腹脐当体中,故经传多以齐为中。如《书·吕刑》言,“天齐于民”,《尔雅·释地》以齐州为中州是也。地中在齐,天中在枢,枢在经传常谓之北极、北辰,故邹子遂名北极分野为泲州。泲州,犹言天脐矣。

正中冀州　桓五年《穀梁传》,“郑,同姓之国也,在乎冀州。”

杨士勋《疏》,"冀州者,天下之中州。"《大荒北经》,"黄帝攻蚩尤于冀州之野",《周书·尝麦》则谓,"蚩尤逐帝,争于涿鹿之阿;黄帝执蚩尤,杀之于中冀",是邹衍所谓冀州,即中州,其地望或近涿鹿。涿鹿,《汉志》属幽州上谷。幽州,《汉志》又尝谓昴毕之分野。昴毕距天极较近。"天极为天中",是知邹子所谓冀州,近天中之谊矣。

天齐为泲,近天极为冀,日出为阳,日次为次,日入为弇,论邹衍大九州名谊,率以天象为本;是知其构说之本,亦由天文之测算。

测天之法,古疏今密,土圭测景,影千里差一寸说,刘焯以来,皆知其谬(详《隋书·天文志》)。古之阴阳家如何测天?年时绵邈,莫由详知,《礼记·王制》,"凡四海之内九州,州方千里。"假定《禹贡》九州,即所谓"方千里者九;"则,九州面积共九百万方里,其一边之长,共三千里,如图,

三千里

方千里	方千里	方千里
方千里	方千里	方千里
方千里	方千里	方千里

九之,为裨海九州,总面积共八千一百万方里;其一边之长,共九千里。又九之,得七亿二千九百万方里,此瀛海九州之总面积也;其一边之长为二万七千里,比《吕览》所谓,"凡四海之内,东西二万八千里,南北二万六千里",数略相等。且,东西与南北相积得七亿二千八百万方里,其面积亦略等于瀛海九州。则,《吕览》所谓"凡四海之内"一节,吾得谓亦檃括《邹子》旧文矣。

地球体积,据现代大地测量学及地球物理学研究,皆谓"两极

半径”短于“赤道半径”约二万余公尺(详《宇宙壮观》第五六页)。此种发现,始于十七世纪末叶,其后白塞尔(Bessel)、奚马德(Hermert)、黑弗得(Hayford)等递测递密,数值虽或不同;二万公尺之大数,则未有变改。“赤道半径”,由我国旧说,即东西长也;“两极半径”即南北之长。大地面积,东西长于南北二千里,不徒《吕览》之说然也。《管子·地数》、《山海经·中山经》既《淮南·地形》,均如是云。《中山经》且又伪托“禹曰,天地之东西二万八千里,南北二万六千里”。此二千里之差,当得于句股之测步。如何测步而知大地面积,东西长,南北短?今不可考,要之:我国古代天文家邹衍先生在公元前三世纪顷,即运用其句股学测知大地面积,两极直径(即南北)短于赤道直径(即东西),为不可汩没之事实,敢志此以待现代天文学家探讨。邹衍既以天算知识测定大地面积,则其大九州说,亦必以天算为中心。《庄子·秋水》曰,“计四海之在天地之间也,不似礨空之在大泽乎?计中国之在海内,不似稊米之在太仓乎?”由今天文学家勘测地球也,正若是由邹衍之天算知识以视《禹贡》九州,亦若是已。

(九)论神州即“弗婆提”之初译,邹衍大九州说亦蒙印度四大部洲之影响

大九州之四隅,东北曰薄州,疑因名于燕亳,昭九年《左传》,“武王克商,肃慎、燕亳,吾北土也”是也。西北曰台州,疑因名于有邰。《大雅·生民》,“诞后稷之穑,有相之道……实颖实栗,即有邰家室。”有邰旧注皆谓在雍州;《山海经·海内西经》则谓“后稷之

葬,在氐国西",《大荒海内经》则谓,"西南黑水之间,有都广之野,后稷葬焉",《西山经》则谓丹水出峚山,"西流注于稷泽",郭《注》,"稷泽,后稷所凭,因名。"稷泽,或谓即今蒲昌海,正在禹域西北,故邹衍移有部于八纮之外,谓之台州。戎州,疑因名于西戎。

《禹贡》,"织皮、昆仑、析支、渠搜,西戎即叙。"《小雅·出车》,"赫赫南仲,薄伐西戎。"西戎即西羌,《秦本纪》所谓南山大梓,冀邽戎等,亦西戎也。西戎,殆即《史记》以来之西南夷,故邹衍名西南为戎州。若《禹贡》九州,邹衍总谓之"东南神州",余则疑为弗婆提之意译。

《礼·含文嘉》,"神者,信也。"《管子·四时》则谓,"听信之谓圣。"《孟子·尽心》,"大而化之之谓圣,圣而不可知之谓神。"神与圣,在造诣上若有高下之别,其声音相近,谊又相通;邹子所谓赤县神州,似得谓即"圣州。"

据烈维教授(Sylvain Lévi)云,佛教传说,弥楼山(Meru)之四方有四洲,南为阎浮提(Jambuduīpa),东为弗婆提(Pūrvavidθha),西为瞿陀尼(Aparagodāna),北为郁单越(Ullarakuru);惟南洲为实际世界,余三洲为理想区域(详冯承钧译《正法念处经阎浮提洲地志校勘录》第一节),阎浮提、瞿陀尼,印度语也。中土意译,则瞿陀尼即西牛货,郁单越即北不调声,弗婆提即东圣身(详玄应《一切经音义》卷十二)。圣身之谊,本演自《百段梵书》所谓"东方为神处"(一,二、五、一七);余故谓"赤县神州"即弗婆提之初译。

印度四大部洲神话,不知何昉?《梨俱吠陀》之《造一切歌》尝云,"四方有眼,四方有面,四方有臂,四方有足之唯一神,以其双腕与翼造天地。"(详高观卢译《印度哲学宗教史》第一篇第四章)《正法念处经》所谓“须弥山王向阎浮提之面作青色,向瞿陀尼之面作黄色,向弗婆提之面作赤色,向郁单越之面作白色,”即此“唯一神”之蜕化。此“唯一神”,即《长阿含经》所谓“三十三天,住在山顶”(另详拙著论《论炎帝太岳与昆仑山》)。须弥山,在印度传说,天地之中也,日月星辰,旋转其周(详普门律师圆通著《实验须弥界说》)。此与邹衍所谓“天极为天中”,《春秋文耀钩》所谓,“中宫大帝,其精北极星,”意皆神似。不特此也。《念处经·阎浮提地志》云,“阎浮提东山之外有大海,名曰黑水。海岸有树,名阎浮树(Jambu),一切树中,最为高胜。”此阎浮树,极似《吕览》所谓榑木,《海外东经》所谓扶桑。不特此也。邹衍所谓“南方次州,西方弇州”,在《念处经》亦谓,“阎浮提洲之南方,过一大海,有一大山,名日轮山。须弥山西面,名日没山,日至此山,阎浮提人谓之日没,故名没山。”没山之与弇山,日轮之与日次,谊尤相贯。有是因缘,则非《念处经》袭取《邹子》,必《邹子》大九州说与《念处经地志》同出一源。

《念处经》之《阎浮提地志》,据烈维教授研究,系仿《罗摩衍那史颂》(Rāmāyana)中之《地勃拏那篇》(Diguarnana)。《史颂》成书时代,不得逾公元前二世纪之前,亦不能逾于纪元一世纪之后(详冯译《念处经校勘录》第七页及第九五页)。较以中国纪年,正在西汉之世,刘歆父子校定《山海经》时。

《山海经》为书,《汉书·艺文志》著于兵书略形法家,只十三篇。今本十八篇者,毕沅《山海经古今篇目考》谓“《大荒经》四篇及《海内经》一篇,当是刘秀(即刘歆)所增”。则刘歆领校秘书以前,只有《五藏山经》与《海外四经》、《海内四经》,故谓之《山海经》。《史记·大宛传》言“故言九州山川,《尚书》近之矣!《禹本纪》、《山海经》所有怪物余不敢言也。”《汉书·张骞传赞》及《论衡·谈天》引《大宛传》,俱称《山经》。

《山经》者,《五藏山经》也,不数《海外》、《海内》。顾颉刚尝谓《海外》、《海内》诸经,亦刘向所附,是也。刘向以前,《山经》、《海经》,虽非一体;但《淮南·地形》所谓"海外三十六国",大抵见于《海外经》,疑《海外四经》亦西汉旧作。若《五藏山经》,近人或疑"藏"与"经"均印度名辞,直指其书为印度作品,固失荒邈。细绎其文,记叙山脉,不始中冀,不始东南,特自西南"鹊山,临西海之上"起,显欲接印度北境之大雪山。且考中国古地书,《禹贡》以自然河山为经界,不涉怪异,《河图》演而为《水经》(另详拙著《郦学考序》),脉水为纲,不涉品物,皆与《山经》体例不伦。《山经》体例,寻山记里,既同《念处经》;记叙群山,始于南土,亦有合于印度人思想南洲为实际世界;余故疑《五藏山经》体例亦仿自《罗摩衍那史颂》前之印度古地注(August Conrady)所著《纪元前六世纪印度在中国之影响》谓"州之观念及推小及大之瀛海环州,均见于《吠陀》",(详《古史辨》第二册第十二页引)《吠陀》言世界,以山脉为中心;而邹衍言九州:亦"先验小物,推而大之,至于无垠"。近人有疑《山经》出于邹衍,邹衍九州思想正与《吠陀》以后四大部洲说理论一致,是不能不疑《邹子》大九州说非蒙印度四大部洲说之影响。知《邹子》大九州说渊源于印度古地理学,则其所谓"赤县神州",吾人得确定即弗婆提之意译所谓次州,或得名于日轮山;弇州亦得名于日没山。

(一〇)余论

总之,"州"在春秋时代,有东土界说,有西土界说。晋、楚、齐、鲁皆有州，州不过乡里之一体。在西土则白狄与秦国州，州乃大于国族，《禹贡》九州，即“同州”观念所扩大。但在《虞人之箴》、叔弓钟铭所谓“九州”，与夫《商颂》所谓“九有”、“九围”并当作“九族”解。九为众数，族为部族，“九族”犹后世言“百姓”，“九州”犹后世言“万国”，是知州之最初界说，即初民社会所谓部族。

由部族社会，演进为统一之国家，自难免争城夺地，杀人盈野。战国时代，兵连祸结，彼疆尔界，酣争不已。儒者乃因当畔之列国疆域，齐之以河山自然阨塞，考之于各地种姓历史，将为列国釐定易守难攻之理想经界，托之禹迹以重合邹衍所谓“儒者以为中国者于天下乃八十一分居其一分”——《禹贡》九州所由来也。

然《禹贡》有梁州，无幽州，详于秦地，而略燕国，显其书成于司马错灭蜀以后，乐毅下齐七十城前。《吕览》成书后，故省梁州增幽州。《尔雅》承之，曰，“燕曰幽州”，是九州区分确因“海内方千里者九”为说。昭四年《左传》“四岳、三涂、阳城、太室、荆山、中南，九州之险也，是不一姓”，徐中舒尝谓夏时九州，即此。考，四岳即太岳，在《禹贡》冀州；阳城、三涂、太室俱在豫州；荆山在荆，中南在雍；所谓“九州之险”，不出《禹贡》冀、豫、雍、荆四州范围，是亦《禹贡》九州非真禹迹之力证。

《周官·职方氏》分冀州为并州，以当赵土，尤切于战国七雄之国际。顾其叙次，首东南扬州，而废山河之自然经界，则与《淮南·地形》内容相近。淮南九州，全宗邹衍。邹衍大九州说，本以天象定分野，不主山河；故言九州地望，不得不别以方位。《周官》舍地形而盲从邹衍以方位别九州，其作伪之迹乃愈显著。《周官》为书，世多疑刘歆伪造；兹以九州线索寻之，疑或作俑于淮南王食客。

邹衍大九州，盖本于域外交通，参诸天文推步，构成其想像之轮廓者，则印度人传说之四大部洲也。由须弥山王神话，一再演变，而为《罗摩衍那史颂》，为《正法念处经地志》。《念处经》言地理，以山为纲，其体例正与我《五藏山经》合契。《山经》一书，盖仿印度古地志而作；邹衍瀛海九州所蒙四大部州说之影响，可于《山经》、《念处经》之体例得其消息。

是故，论《禹贡》与《邹子》九州之异同，一则本国地理学，一则世界地理学也。自地理学史论之，则，

> 《禹贡》九州，以河山定疆界，实自然域区之滥觞；由种姓历史定州名，亦导民族地理之先路。
>
> 邹衍大九州之贡献，一则征实战国时代我国探险家尝北至北极，南过赤道；一则以大地测量方法，测定大地面积，南北短，东西长，与现代测量地球赤道半径长于两极半径之结论完全符合。

特自秦汉以后，一例尊儒，学者熟闻《禹贡》，而鄙《邹子》为阴阳家言。不知阴阳家即天文家，理董阴阳家言者，当自古代天文学入手。自儒者论《邹子》大九州，不免怪诞不经，若自天文学论大九州，则瀛海九州，实为大地测量之自然结果，乌睹所谓"怪迂之变"耶？

一九三九年三月初稿，一九四〇年二月重写于三台，

刊于《齐鲁学报》1940 年第 1 期。

丁山的神话研究

刘宗迪

1923年,胡适主编的《读书杂志》第九期《努力》增刊上发表了顾颉刚的《与钱玄同先生论古史书》,顾颉刚在信中说,历来被视为上古圣王、治水英雄的大禹,并非人,而是神,"大约是蜥蜴之类",并认为中国上古史大多是由神话演变而来的,很少是信史,因此应该推翻旧古史,重建新古史。顾颉刚的观点立刻在史学界激起轩然大波,"大禹只是一条虫"的说法不胫而走。这一事件标志着对中国现代学术造成深远影响的古史辨学派横空出世,同时也标志着中国现代神话学的正式诞生。在此以前,尽管章太炎、刘师培、蒋观云、鲁迅等人,都曾谈论过中国上古神话,但他们只是把神话作为原始的文学来看待,并没有将神话纳入学术研究的视野。现在,顾颉刚既然认为中国上古史很多内容只是由神话演变而来的伪古史,要建设信实可靠的上古史就首先要把神话清理出去,让神话的归于神话,让历史的归于历史,因此,要重建古史,就离不开神话学。古史辨学派在从古史中发现神话的同时,也为神话学在中国落地生根开了出生证。正是在古史辨派重建古史号召的感召下,一些年轻的古史学家汇聚在神话学的旗号下,运用对他们而言尚显生疏的故事学、民俗学、宗教学、人类学、考古学、比较语言学等现代学术方法,对中国上古史那些历来被视为信史的古圣先王的事迹进行重新审视，从中发掘上古神话的真相，重建中国上古神话体系和宗教体系。由于一些具有深厚学养和广阔视野的古史学者的参与，中国现代神话学，在20世纪20、30年代甫一诞生，就迎来了一个学术高峰，产生了不少非同凡响的研究成果，并涌现出几位引人注目的神话学者，本书的作者丁山就是其中之一。

丁山（1901—1952），1901年9月15日生于安徽和县，从小家境贫寒，幼年丧父，依靠母亲做手工和亲友资助在南京读完中学，中学毕业后靠半工半读在北京大学旁听。1924年考取北京大学研究所国学门研究生，1926年尚未毕业即随导师沈兼士任教于厦门大学国学院，次年在鲁迅先生的推荐下担任中山大学文学院教授，时年仅26岁。1929—1932年期间，任中央研究院历史语言研究所专任研究员，此后20年间，先后辗转于中央大学、山东大学、同济大学、四川大学、东北大学、西北大学、齐鲁大学、南京临时大学、暨南大学等校，任中文系、历史系教授，开设文字学、音韵学、校雠学、尚书学、古代历算、历史地理、中国制度史、中国古代史、中国史学史、商周史、诸子学等课程。因其性情孤傲，不媚世俗，故每不能久其任，中央大学、山东大学、东北大学皆两番任教。1952年1月18日病逝于青岛山东大学。丁山早期治学，追随导师沈兼士，主攻文字学、音韵学，20世纪20年代末转向甲骨文、金文研究，30、40年代，研究重点转向上古史和神话学研究，尤其是依据甲骨文资料对古代宗教、神话和民族的研究，生前发表《唐写本切韵残卷跋》（1926）、《殷契亡考》（1928）、《数名古谊》（1928）、《召穆公传》（1930）、《说文阙义笺》（1930）、《郦学考序目》（1932）、《由陈侯因資鐘铭黄帝论五帝》（1933）、《宗法考源》（1933）、《辨殷商》（1934）、《由三代都邑论其民族文化》（1935）、《开国前周人文化与西域的关系》(1937)、《聚珍本牧庵集跋》(1940)、《河出昆仑说》(1940)、《文武周公疑年》(1941)、《吴回考——论荆楚文化所受印度之影响》(1941)、《周武王克殷日历》(1941)、《论小雅六月于征于王》(1941)、《九州通考》(1941)、《帝系发疑》(1943)、《齐叔弓钟铭跋》(1944)、《班簋铭跋》(1944)、《论炎帝太岳与昆仑山》(1944)、《新殷本纪》(1940)等论文。丁山身后留下大量遗稿，其中部分遗稿由家人及友人整理为《商周史料考证》(1960)、《中国古代宗教与神话考》(1961)、《甲骨文所见氏族及其制度》(1988)、《古代神话与民族》(2005)、《丁山子学研究未刊稿》(2011)等出版。

丁山的神话学研究，主旨可归纳为如下几个方面：一、通过对古代史官制度和古史流传途径的勾稽，澄清古史传说由口传到书写、由神话到历史的流变过程；二、借助甲骨文、金文史料与文献记载互证，运用音韵学、文字学和比较语言学的方法，重建上古自然崇拜和神灵体系，并说明此种自然神灵体系是如何经由后世宗法制度的改造而演变为帝王世系的；三、结合甲骨文和金文史料，通过对先秦文献中不同民族先王谱系的勾稽，重建上古时期民族构成的多元性，并说明这些原本各有渊源的种族世系是如何因为种族融合的缘故而被糅合为华夏千古一系的先王谱系的；通过比较语言学考证，勾稽中国上古宗教和神话所受外来文化如印度、波斯、巴比伦的影响。这三方面的研究，即古史传说由神话到历史的演变、古代宗教和神话体系、古代民族多元性及其变迁历史，恰为古史辨学派所倡导的古史重建研究的三个主要方向。由此可见，丁山尽管不是《古史辨》的作者，算不上古史辨学派的核心人物，但他的神话学研究却基本上是在古史辨的神话研究和古史重建的框架下展开的。因此,要理解丁山的神话研究在学术史上的地位,对其研究的学术价值做出中肯的评价,就有必要首先对于古史辨学派尤其是这个学派的奠基人顾颉刚先生关于神话研究和古史重建的构想有所了解。

一

对于顾颉刚先生而言,神话研究是推翻伪古史、重建新古史的重要环节,他在《古史辨自序》、《与钱玄同先生论古史书》、《答刘胡两先生书》、《我的古史研究计划》等早期撰述中,围绕其古史重建的研究计划,对古代神话研究提出了系统的构想。这些构想可以归纳为如下几个方面:

一、古代神话的故事学研究。顾颉刚从小就喜欢看戏,他发现戏剧中人物、故事在流传中常会发生变化,受此启发,他对故事的流传、变迁发生了浓厚的兴趣,因此收集了大量古书记载和民间流传的孟姜女故事,对此故事随着历史、地域的转变做了全面的梳理。受故事转变的启发,他认识到,古史如同故事一样,也会随着时代的政治、思想和制度的改变而不断变异。古人关于上古史并无真切的记载,其对于上古史的记忆来自口耳相承的神话,古人最早并没有将神话和历史区别开来,对于他们而言,神话也就是历史。神话在流传的过程中,不断改头换面、移步换形,一事分为数事,一人化身数人,其原本具有的荒诞的神话色彩逐渐淡化,神话冒充为历史,鬼话转变为人话,神话中那些天地山川、日月风雨之神也被重新打扮成民族的祖先和人间的帝王,神话变成了伪古史,古史的真相也因此被掩盖。有鉴于此，要重建古史，就首先要剥下古史的伪装，揭露其神话的真面目，而这就要运用故事学的眼光研究古史，了解神话蜕变为历史的机制，澄清古史中神话的来源与转变的痕迹及其时代、政治、思想的背景，只有这样，才能把古书记载的古史系统中的神话与历史区分开来，在还历史以真面目的同时，也把湮灭的神话发掘出来。顾颉刚先生在《答李玄伯先生》一文中，称他研究古史，首先想担任的工作就是“（一）用故事的眼光解释古史的构成的原因；（二）把古今的神话与传说为系统的叙述”，[①]这种研究，关注的是神话在流传过程中的变迁，是典型的故事学研究方法，简言之，就是“用故事的眼光看古史”。顾颉刚先生的孟姜女研究、《虞初小说回目考释》、《鲧禹的传说》等就是这方面研究的典范。

正是基于故事学的眼光，把古史当传说来看待，顾颉刚先生才在《与钱玄同先生论古史书》中提出“层累地造成的古史说”的著名论断：时代愈后，传说中的古史期愈长；时代愈后，传说中的中心人物愈放愈大；我们即不能知道某一件事的真确的状况，但可以知道某一件事在传说中的最早的状况。

二、古代神话的宗教史研究。神话是宗教观念的反映，神话中创世的神明和为民造福的英雄，原是神道中崇拜的对象，人们基于对众神的崇拜想象，编造出他们的故事，就成了神话，这些神话经过古代巫史、儒生的演绎和改造，就成了帝王英雄救世济民的历史。神话既然源于宗教，因此，要最终揭示神话的来历，真正理解这些神话的意义，揭露古史传说中帝王的神灵原型，就需要重建这

① 顾颉刚：《顾颉刚古史论文集》卷一，中华书局2011年版，第315页。

些神话赖以产生的宗教信仰体系。顾颉刚先生在《古史辨自序》中列举他在辨证古史领域想做的各种研究课题,第一项就是研究“春秋、战国时的神祇和宗教活动(如郊祀、祈望、封禅等)”,而这种研究,又离不开民俗学,他从事民间神道和妙峰山庙会的调查,就是希望“把城隍神和土地神的人物历史弄明白,上接春秋以来有功而祀的人物,并看出民众的信仰的旨趣”,为揭示神话和古史传说赖以形成的古代宗教体系提供参照,借以打破他所谓的“古史人化的观念”,恢复古史的神话本相。他在《答刘胡两先生书》中说:“古人对于神和人原没有界限,所谓历史差不多完全是神话。……他们所说的史固绝不是信史,但他们有如是的想象,有如是的祭祀,却不能不说为有信史的可能。自春秋末期以后,诸子奋兴,人性发达,于是把神话中的古神古人都‘人化’了。……所以我们对于古史,应当依了那时人的想象和祭祀的史为史,考出一部那时的宗教史,而不要希望考出那时以前的政治史,因为宗教是本有的事实,是真的,政治是后出的附会,是假的。”①

他在与弟子童书业合作撰写的《鲧禹的传说》一文中,通过对于禹、鲧有关的一系列古史传说的分析,对大禹治水故事从神话到历史的演变过程做了清晰的梳理,考证出禹原本是社神、山川之主,即敷设九州的大地之神,源于古人土地崇拜。《三皇考》一文则对历史上各种三皇观念的神话来源及其历史化的过程进行了周详的梳理。他本来计划撰写《五帝考》,五帝系统的来历更为复杂,其对中国古史观的影响也更为深远,《大戴礼记·帝系》、《世本》、《史记·五帝本纪》等古史经典文本都缘五帝体系而成立,但此文

① 顾颉刚:《顾颉刚古史论文集》卷一,第203页。

最终未能完成。

三、古代神话的民族史研究。世系是历史编纂学的中枢。华夏民族都是炎黄子孙，由《大戴礼记·帝系》、《世本》、《史记·五帝本纪》所建立的这种一脉相传、千古一系的古史观在国人心目中可谓深入人心，早已根深蒂固。但是，《左传》、《国语》以及先秦诸子中保存的古国宗族的世系，虽然只是只鳞片爪，也足以证明，春秋时期还保存着各成一体的古族世系记忆，当时人们心目中，还没有这种一元论的世系观念。此类古族世系中的民族始祖，多为神性人物，表明此类世系多从神话中取材，古代民族的历史记忆多借神话传说而保存，所以，神话学就成为打破伪古史的一元化世系、重建上古多元民族史的重要手段。顾颉刚先生在《答刘胡两先生书》中说，要推翻伪古史，首先就要"打破民族出于一元的观念"：

> 在现在公认的古史上，一统的世系已经笼罩了百代帝王、四方种族，民族一元论可谓建设得十分巩固了。但我们一读古书，商出于玄鸟，周出于姜嫄，任、宿、须句出于太皞，郯出于少皞，陈出于颛顼，六、蓼出于皋陶、庭坚，楚、夔出于祝融、鬻熊，他们原是各有各的始祖，何尝要求统一。自从春秋以来，大国攻灭小国多了，疆界日益大，民族日益并和，种族观念渐淡而一统观念渐强，于是许多民族的始祖的传说亦渐渐归到一条线上，有了先后君臣的关系，《尧典》、《五帝德》、《世本》诸书就因此出来。……我们对于古史，应当依了民族的分合为分合，寻出他们的系统的异同状况。①

① 顾颉刚：《顾颉刚古史论文集》卷一，第202页。

他在《战国秦汉间人的造伪与辨伪》、《周公东征考证》、《古代巴蜀与中原的关系及其批判》、《昆仑传说和羌戎文化》等论著中通过历史地理考证，结合神话和古史资料，对上古时期中原及其周边地区众多部族的世系脉络及其分合消亡的过程做了深入的研究，呈现出上古时期民族多元杂居的真实图景，从根本上颠覆了民族出于一元的古史想象，对中国上古民族史研究有起例发凡之功。

这三个方面的研究，构成了古史辨学派古史重建研究的三个支柱，使神话学成为上古史研究的学术基础。对神话的故事学研究，用故事的眼光看古史，把被伪装成历史的神话重新发掘出来，从古史中发现神话，使对上古史的神话研究成为可能；对神话的宗教史研究，把神话追溯到其赖以生成的古代宗教体系，剥掉伪古史系统中古圣先王的人间伪装，还其神性的本来面目；对神话的民族史研究，揭示了上古历史记忆参差多端的多元性本色，在重建真实的上古族群版图之同时，最终瓦解了民族自古一体、地域自古一元的传统古史观。三方面的研究环环相扣，相辅相成，构成了一个以古史重建为轴心的神话研究体系。

顾颉刚先生所构想的古史重建事业，规模宏大，任务艰巨，因此不可能凭其一人之力奏功于一役。但是，他一方面以其高远的理论筹划，为中国古代神话研究勾勒出一个宏大的学术远景；一方面又通过对具体的古史问题的研究，为后继者发凡起例，勾画出清晰的研究路径。可以说，从事古代神话研究者，尽管研究的侧重点各有不同，学历和才识各有短长，但都无法脱出顾颉刚先生所勾画的这个整体蓝图和研究轨辙，因此，这一蓝图也就成为我们观照和评估后来者研究成果的参照框架。

二

在对古史辨派的神话学构想做了上述一番粗略的鸟瞰之后，再来审视丁山在神话研究方面的撰述，不难发现他的神话研究也大致包括上述三个方面的进路。

丁山的神话研究著作，主要包含在《古代神话与民族》和《中国古代宗教与神话考》两部书中，这两部书在议题、方法和结论上往往相互关涉，难以割裂，因此，我们把它们放在一起进行评述。《古代神话与民族》一书是丁山生前自编的文集，收入其中的主要是其已经发表的一些神话和民族史研究论文；《中国古代宗教与神话考》则是他在去世前不久撰写的一部神话学专著，身后才在友人的帮助下整理出版。这两部论著在研究取向上虽然各有侧重，但皆包含了上述的三个取向的研究。下面我们就这三个方面，对丁山这两本论著中的所提出的见解及存在的问题做一概览。

一、对神话的故事学研究

如上所述，正是因为用故事的眼光看古史，把古史看做在流传中不断改头换面、添枝加叶的故事，顾颉刚先生才从古史中发现了神话，对古书的神话学研究才有可能。但是，顾颉刚先生尽管认识到古史载记大多出自原始神话，神话在流传过程中，因为政治、制度、学术、思想等方面背景的改变而不断分化衍生，最终褪去神话固有的荒诞色彩而演变为可以乱真的历史记述，但是，在他及其古史辨派同道的研究中,尚缺乏对上古神话和历史记忆赖以生成、流传、变形的具体途径和生成机制的知识制度史研究。——神话的生成是一个知识生产问题,神话的传承和改造则是一个知识再生产问题,而知识的生产和再生产作为一个知识史问题,其背后又都与特定的知识生产和传承制度有关,因此,神话的生成与传承,以及神话叙事向历史记事的演化,归根结底是一个知识制度史问题,只有把在背后决定着知识生产和再生产的制度机制勾画出来,才能对神话的生成流变、古史体系的形成做出透彻的说明。丁山尽管未使用"知识生产"之类的概念,但他对古代史官制度和历史文体的钩沉,却已经触及到这个问题了,他在这方面的论述,因此也成为其神话研究中最具创见的见解。

《中国古代神话与宗教考》中有一章即题为《史官与史料》,文章又分为四部分:周代的史官;商代的史官;编年史与别史;训语与古代神话。第一部分根据先秦古书稽考了周代的各类史官,如太史、小史、内史、外史、左史、右史、作册、令尹之类。第二部分根据殷商卜辞的记载,认为周代的史官名目大多亦见于卜辞,推断周代的史官制度是从商代沿袭而来的。第三部分根据《左传》、《国语》的记载,勾稽出先秦用于保存历史记忆的各种文体,认为"先秦的学术与史料,至少有诗、书、礼、乐、箴、诵、谏、赋、世、令、语、图、法、故志、训、典、春秋,十余种载记",[①]而丁山尤留意于"世"和"瞽史之纪",认为它们是记录世系的谱牒,为《帝系》、《世本》所本,丁山在其他文章中指出,此类或由宗伯、祝史之属执掌的谱牒文献,原系用于记录宗庙祭祀的昭穆次序,是神谱转化为帝王谱、神话转化

① 丁山:《中国古代宗教与神话考》,上海书店出版社 2011 年版,第 233 页。

为历史的关键枢纽，至于《瞽史之纪》，则是盲人史官口头记诵之史，是后世小说的雏形。以上所论古代史官和史体，一般治史学史者大抵皆能言之，但丁山之所属意，却不在仅仅勾稽古代史官制度和史学传统，其落脚点在第四部分《训语与神话》。他根据《国语·楚语》申叔时论教诲太子之法，“教之语，使明其德，而知先王之务，用明德于民也；……教之训典，使知族类，行比义焉”之说，认为《楚语》所谓“语”就是《周语》、《鲁语》、《晋语》、《楚语》一类传述各国故事的杂记，又联系到《郑语》引《训语》所记褒姒出世的荒诞故事和《左传·襄公四年》引《夏训》后羿篡夏、寒浞杀后羿的历史传说，认为所谓“训”或“训语”，作为一种文体，“盖专藉前人的懿行逸事，用演义的方式来劝诫后世统治者，其人不必无，其事不必真。博物如子产、史墨、郯子、太史克、观射父都能够原原本本论往古以证来今”，就是因为有这种专载掌故异闻的史籍流传。其性质类似于后来的《虞初周说》、《汉武故事》等稗官小说乃至宋元以降的平话小说如《三国演义》、《水浒传》、柳敬亭说书之类。丁山认为，此类虚实杂糅的训、语文体，就是上古神话的载体：

> 古代训话，当然是神话多而史实少，与宋以来的平话体例相似。后人一定要将之与《春秋》编年史等量齐说，必然如《孟子》所谓“尽信书不如无书”了。然而，晚周以后，诸子百家，竞说上古，由三王上伸至五帝，再由五帝上伸至三皇，以至天地开辟之初，正是根据宗教神话与古代训话“层累而成”。不但三皇五帝，完全是天神、地祇、山川之神，晚周诸子硬将他们编入帝系以冠冕三王之上，即三王五霸之事，也何尝不窜入若干神话部分以乱真的史实啊！瞽史、巫史、大祝、大宗，都会造作

训语以自神其神,所以我们要了解三皇五帝系统之构成的原因,必先自宗教祭典中剖析他们各自的神格。①

在《古代神话与民族》的《自序——从东西文化交流探索史前时代的帝王世系》一文中,丁山再次阐发这一观点:

我国史学,总是奉《太史公书》为不祧之祖。《太史公书》,刘歆《七略》始次于六艺略春秋家,《汉志》因之,由是言史学史者又只知《春秋》或《纪年》之类编年史为鼻祖。实则《春秋》、《尚书》两家之外,小说家也是古代史学的干流。《艺文志》小说十五家有《青史子》五十七篇,云:"古史官记事也。"……青史之外,在古代尚有瞽史,《国语·晋语》四引《瞽史之纪》曰:"唐叔之世,将如商数。"……不但如此,除了太史、青史、左史、右史、瞽史不计……如《左氏春秋》、《国语》所征引的先王之"教",先王之"训",先王之"令",先王之"志",都该有史官掌之。他如,《汲冢琐语》纪"晋平公梦见赤熊窥屏"事,赫然见于昭公七年《左传》,可见《左传》所引的《训典》、《夏训》之类,亦皆出于稗官;而五帝三王的祖孙世系,必出于祀典或祭典。祀典之变也,即为《帝系》、《世本》;训语、训典之变也,即为《国语》、《琐语》、《归藏·启筮》。②

《瞽史之纪》、《训语》、《国语》之类文献,无论从其名目分析,

① 丁山:《中国古代宗教与神话考》,第237页。
② 见本书第4页。

还是根据典籍所引此类文献片段分析，都不难看出其原本为口头记诵或者吟唱的文体，丁山认为，对于理解神话和古史传统，此类记诵文体较之《春秋》、《纪年》之类的书面文体更值得重视。实际上，由于简册繁重，书写困难，人类早期的历史记忆主要靠口耳记诵而传承，西方学者称之为口头传统；凭借口头传统而流传的史前历史记忆，由其文体言为史诗，由其内容言则为神话，这一点已成为现代神话学和口头诗学的常识。丁山对于《瞽史之纪》、《训语》、《国语》之类文献与神话关系的阐发，已经触及了口头传统与神话的关系问题，将神话的再生产或传承落实到了知识史和制度史的层面，尽管由于当时尚无口头传统的概念，他在这方面也不可能有更深入的探究。

顾颉刚先生在《古史辨自序》中谈起他为辨析古史拟研究的课题时，提到他想研究如下的题目：

> 古代的智识阶级（如巫、史、士大夫）的实况。
>
> 秦汉以后的智识阶级的古史（承认的古代传说）和非智识阶级的古史（民间自由发展的传说）。
>
> 春秋战国间的人才（如圣贤、游侠、说客、儒生等）和因了这班人而生出来的古史。①

对巫、史、士大夫等智识阶级以及非智识阶级之状况及其古史观的研究，如果落到实处，必定触及这些人物在神话和历史知识的生产和传承中发挥的作用，以及各种古史传统的载体和文体问题。

① 顾颉刚：《顾颉刚古史论文集》卷一，第51页。

但顾颉刚先生在具体研究中却侧重于宏观的思想史和学术史论述，而并未将这种研究具体而微地落实到知识制度史的层面，丁山的研究在这方面构成了对顾颉刚研究的补充。

顾颉刚先生“用故事的眼光看古史”的核心是“层累地造成的古史说”，他受崔述《考信录》的启发，发现在古书中记载的古史，“时代愈后，传说的古史期愈长”，譬如积薪，后来居上。例如，“周代人心目中最古的人是禹，到孔子时有尧、舜，到战国时有黄帝、神农，到秦有三皇，到汉以后有盘古等。”①但是，何以时代愈晚其传说的古史越长？古史辨派学者并未从历史知识的生成和流传机制上予以着实的说明，似乎认为这种现象只是古人托古改制的倾向所导致，童书业在论述三皇说兴起的原因时说：

> 战国本是个托古改制的时代……他说他的主张是古者某某圣王之道，你又说你的主张是古者某某圣王曾经实行过的；你说你的主张很古，我又说我的主张比你更古；你讲尧、舜，我便讲黄帝，他更讲神农；思想家的派别愈繁，古史的时代也便愈拉愈长。你把你编造出来的“古”堆在他编造出来的“古”上面，我更把我编造出来的“古”堆在你编造出来的“古”上面。在这种情形下，那向来为人所不知道的“三皇五帝”的一个历史系统便出现了。②

那么，战国的人编造古史，其材料是哪里来的呢？古史辨学者

---

① 顾颉刚：《顾颉刚古史论文集》卷一，第181页。

② 童书业：《三皇考序》，《顾颉刚古史论文集》卷二，第2页。

尽管也认识到很多古史中的先王及其事迹除瞎编乱造之外，其中也有来自宗教及其神话，“把天上的上帝和神也拉下凡来，凑圣帝圣贤的数。这样一来，宗教的传说便变成了真实的历史，而神更变成了人。”①但他们并没有说明宗教中的神和神话是经由什么途径流传到战国时代并被改造成历史的。

丁山基于其对古代史官制度的认识，对此一被古史辨学者悬置的问题提出了自己的解释。他在《观象制器的文化史观》一文中指出：

> 《鲁语上》谓：“凡禘、郊、祖、宗、报五者，国之祀典。加之以社稷山川之神，皆有功烈于民者也，及前哲令德之人，所以为明质，及天之三辰，民所以瞻仰也，及地之五行，所以生殖也，及九州名山川泽，所以出财用也。”所有这些都是天地社稷、三辰五行、名山大泽之神。这群神祇，春秋以前，都著于列国的祀典，每个神祇，巫觋祝宗之流都按其神性编制一套神话，以教戒当时封建主们洁诚精享不可怠慢了鬼神。于是乎产生了《西游记》、《封神榜》式的《训语》、《瞽史之纪》。这类训语，古人以为神，后世历史家误以为古代的圣王贤相或是暴君污吏，更认真的当作史实诵读。于是，巫觋祝宗所传说的神话，到了晚周都演变为信史。所有《五帝德》、《帝系》与《史记·五帝本纪》等都不必从六经中订其真伪，都该自《楚辞》、《山海经》中考其神话的性质。不但燧人、伏牺、神农，秦汉以后所谓“三皇”，黄帝、颛顼、帝喾、尧、舜等及秦汉以后所谓“五帝”

① 童书业：《三皇考序》，第2页。

都是天神地祇，即夏商周秦四代“本纪”的开国以前世系，莫非神话多而史实少呢。①

宗教祀典中的群神被巫祝之流编为神话，这些神话经由《瞽史之纪》、《训语》的途径以野史稗官的形式流传下来，到了战国时期，其宗教源头被人遗忘，其中的神被误解为上古帝王，因此就被当时的学者拿来揉进古史系统中，从而才有了《帝系》、《世本》、《五帝本纪》中越拉越长的上古历史。此类“稗史”，“春秋以后，始则与‘正史’相互发明，继则分庭抗礼，战国之后，则喧宾夺主，渐以稗史压倒正史，譬如积薪，后来居上，古代史的层次，便愈积愈高，其年系也愈积愈远。”②与“正史”相比，此类由巫祝所发明、由瞽史、训语所流传的稗史尽管不登大雅之堂，甚至无法被载诸简帛，但却一直借口耳相传的形式流传着，待到礼崩乐坏、史官制度瓦解、诸子之学勃兴的战国时期，始被托古改制的学者收拾起来，编入古史，并被冠于原有的古史谱系之前，祀典中的群神跻身上古帝王之列，历史于是愈拉愈长，于是才有了“层累地造成的古史”。——正是基于其对于古代史官制度的认识，丁山对古史辨派的“层累说”提出了令人信服的解释。可见，在丁山看来，《帝系》、《世本》、《五帝本纪》之类的古史，尽管是后人发明的伪史而非信史，但却并非后人仅仅出于托古改制目的而杜撰，其材料自有来历，即借巫祝之流而流传下来的古代宗教祀典和神话。正因为此，将上古史的帝王谱系还原为其宗教祀典原型，亦即对古史和神话的宗教史研究，就

① 丁山：《中国古代宗教与神话考》，第464—465页。

② 同上书，第224页。

成为丁山神话研究的主要工作。

二、对神话的宗教史研究

所有民族的古史都从追溯民族早期的祖先谱系开始，帝王谱系是古史的主心骨，古史的发明，核心是上古帝王谱系的发明，而要推翻伪古史，就首先要揭露其帝系的来历。顾颉刚先生在《古史辨》第四册《自序》中说，为了揭穿古史造伪之迹，他想编四个考，第一个考就是"辨古代帝王的系统及年历、事迹，称之为帝系考"。"我们对于古史，应当依了那时人的想象和祭祀的史为史，考出一部那时的宗教史，而不要希望考出那时以前的政治史，因为宗教是本有的事实，是真的，政治是后出的附会，是假的"。因此，他曾有志于研究民间神道和庙会，借助民俗学的眼光和材料，以了解古代的造神运动。他撰写《三皇考》，对三皇说的形成背景和演变过程做了全面的梳理；又与童书业合撰《鲧禹的传说》，认为被视为夏朝祖先的禹，最初是"山川神主"，即大地之神或社神，所以在神话中成了敷设大地、平定洪水的创世之神。至于其计划中的"五帝考"，则最终未能完成。顾颉刚先生毕竟是一位古史学家，他所重点关注的一直是战国秦汉之际古史重构的过程及其背景，不仅顾颉刚先生本人，其他几位古史辨派的神话研究健将，如童书业、杨宽等人，其着眼点也主要侧重于考证原本不同民族、不同地域的神祇和祖先谱系在战国秦汉之际是如何被重构为统一的上古帝王谱系的，至于上古帝王的宗教神话原型则非其研究的重点所在。

古史辨派驻足的地方恰恰是丁山的起点。既然上古帝系中的先公先王归根结底源于宗教祀典，那么，要澄清帝系的来历，就归结为对先公先王的宗教崇拜原型的分析。

宗教崇拜的天地群神如何演变为古史系统中的人间帝王？丁山从神话的知识生成机制的角度，对此提出了独特的解释。他认为古代宗法制度的尊祖配天观念，将祖先与天地群神合祭，是造成天地群神转化为人间帝王的根本原因。他在《神话观之夏、商、周、秦建国前的先王世系》一文中说：

> 古代人都是泛神论，泛神之中比较崇大如天、地、日、月、风、雨、图腾之类，他们认为都是人类生命的源泉，也是人类生命的保护者。……从"万物本乎天，人本乎祖"，与"天地之祭，宗庙之事，伦也；社稷山川之事，鬼神之祭，体也"一套"天人一体"的理论看，天地社稷山川之神实与祖先同体，因将这类自然界一切神祇，尊若圣王，亲若先祖。于是国之典祀，禘、郊、祖、宗、报的大神历时既久，也都递演为人类的祖先，误会为古代的圣王。始则见于列国祀典，继则传为故事，到了晚周史学家纂辑《世本》，牒为《帝系》，谱为王侯大夫，硬将列国所祭的古代自然界神祇一律纂次于先公先王之前。于是，夏、殷、周、秦诸国的先祖反降于神祇之下，不若黄帝、炎帝、太皞、少皞、高阳、高辛、帝尧、帝舜一类神明的显赫，构成了中国上古之世神不神、人不人的五帝世系。这个五帝世系，从春秋时代的祭典与训语一类神话载记看，在孔子以前，似已完成其基础，故孔墨之徒一追溯中国文物的来源，"言必称尧舜"。……后有三王五霸，前有三皇五帝，这套三五代兴的思想，正发源于晚周之世士大夫们"慎终追远"与"报本反始"的理论，也正发源于"孝道"，孝的作用，不但妨碍了中国社会的发展，而且影响

史前神话的体系。那个时候中国是“宗法社会”，观夫先秦以前的帝系与王侯大夫谱，固不出宗法范围，而反观秦汉以后的帝王家谱与夫一般族谱，也何尝跳出尊祖的祭典。换言之，祖有功而宗友德，是后世“正史”的类型，也是史前神话的本质。所以研究商、周两王朝的宗教内容，不但要注意《周语上》所谓“昔夏之兴也，融降于崇山，其亡也，回禄信于聆隧。商之兴也，梼杌次于丕山，其亡也，夷羊在牧。周之兴也，鸑鷟鸣于岐山，其衰也，杜伯射王于鄗”这类痕迹显著的神话，尤其要注意《周语下》所谓“玄王勤商，十有四世而兴；后稷勤周，十有五世而兴”这套十四世、十五世的先王先公世系。这套世系，所表现的才是他们民族信仰的本质，也反映出各民族宗教的真相来。①

人类最初所崇拜和祭祀的神都是与其生产生活息息相关的天地、日月、风雨、雷电、社稷之类的自然神，但由于宗法制度下“尊祖配天”观念的影响，将祖先与神明同祭，同列祀典，历时既久，神明遂与祖先相混，被当成宗族的远祖，即所谓先公先王，而被列入宗族世系中的诸祖之前。“宗祝之官始则将图腾宗祀为高祖，继则将社稷山川之神宗祀为高祖，终则将天神、天使、日月星辰之神也宗祀于太庙，血食于明堂，都奉为人类的先祖，为统治阶级的感生帝。至于糅合这群天神地祇于古史系统，殷商王朝创之，宗周王朝继之，秦、楚、陈、齐诸国仿而效之，瞽史、稗史之流从而演绎出来训语、训典以神其说，晚周诸子从而推波助澜，附托其立说根据。于

① 丁山：《中国古代宗教与神话考》，第590—591页。

是由三王而五帝，而三皇，而封泰山者七十二代。自天地开辟至于鲁史《春秋》之绝笔，凡二百七十万年，上古史年代愈积说愈长，人物世系愈积说愈繁。”①古史系统归根结底源于宗教体系，因此，要揭示古史系统的来历，就离不开对古史传说和神话的宗教史研究。“一切宗教的精神，都是寄托在祭神的仪式上，所以我们今日研究古代的中国宗教，一定要从那时的祭仪着眼。”②

如果说，古史辨派主要关注原本各成一统、互不相干的诸侯世系是如何随着春秋战国之际的民族融合运动而被重构为三皇五帝这一古史正统的，主要是从政治史、民族史的角度着眼，那么，丁山这一论述，则主要是从宗教学的角度着眼，揭示了由古代宗教祀典的万神殿向古史的帝王谱转变的文化机制，对古史系统的来历做出了穷究原委的说明，循此思路，古史辨派将古书从伪装的政治史还原为真正的宗教史的学术构想方能落到实处。

对神话传说中诸位神明和上古帝系中先公先王们的宗教原型的考证，构成丁山的两部神话研究论著《中国古代宗教与神话考》和《古代神话与民族》的主要内容。《中国古代宗教与神话考》一书中，以《洪水神话》为界，前面的几篇，即《自古代祀典说起》、《后稷与神农》、《后土为社》、《社稷五祀》、《月神与日神》、《四方之神与风神》、《五祀与五工正》、《帝五丰臣与四中星》、《方帝与方望》、《帝与上帝》诸篇，侧重论述的是商周宗教祀典及其神明体系，后面几篇，即《史官与史料》、《尧与舜》、《尧舜禅让即春归夏至寓言》、《颛顼与祝融》、《帝喾也是夔》、《高辛与八元八恺》、《高阳与高祖

① 丁山：《中国古代宗教与神话考》，第610页。
② 同上书，第495页。

汤》、《太皞与青阳》、《少皞与熙》、《炎帝与蚩尤》、《炎帝与山岳》、《黄帝》、《五帝系统说三元》、《三皇说之成立》、《史前神话人物世系多出商周祀典》、《祭典分论》、《神话观之夏、商、周、秦建国前的先王世系》诸篇，则侧重探究古史系统中诸位帝王的宗教原型。正如大洪水神话是各民族创世纪中从神话时代转入历史时代的转折点一样，丁山也以《洪水神话》一篇为界，将全书划分为上下两部分：上篇论祀典和神话体系，下篇论史官和帝王谱系，而以对古史系统的宗教史阐释则贯穿始终。可见丁山在《中国古代宗教与神话考》这部遗作中，对于中国古代神话研究，是有一个完美的体系构想的。

《古代神话与民族》一书所收为丁山早年的神话研究论文，其中数篇论文，也是关于神话和古史的宗教史研究，诸如《卜辞所见先帝高祖六宗考》、《禹平水土本事考》、《由鲧堙洪水论舜放四凶》、《后土后稷神农蓐收考》、《句芒、高禖、防风、飞廉考——风神篇》等，都致力于对古史帝王的宗教原型以及上古自然崇拜体系的勾稽。其中虽然尚未提出像《中国古代宗教与神话考》一书中那样的体系架构，但其从宗教学角度入手研究古史和神话的治学路数在这本书中已经确立。

炎帝、黄帝、太皞、少皞、颛顼、帝喾、祝融、尧、舜、鲧、禹等皆为古史系统中名载帝系的著名帝王，丁山皆一一考证了其自然崇拜原型。

三皇五帝等上古圣王皆由天神转变而成，这在古史辨派之后已人皆能言之，但丁山并不以此为满足，在他看来，不仅三皇五帝之流盛名显赫的圣王原为神灵，即使《史记》所载夏、商、周、秦这些朝代的世系中那些早期的列祖列宗，尽管并无多少神话色彩，也无多少神奇的事迹，也都是由宗教原型演变而来。其《神话观之夏、商、周、秦建国前的先王世系》一文即为此而作，文中针对《史记》所记载的夏、商、周、秦四代开国前世系，即商的先王契、昭明、相土、昌若、曹圉、冥、振（王亥、王恒）、上甲微、报丁、报乙、报丙、主壬、主癸、成汤，周的先王后稷、不窋、鞠、公刘、庆节、皇仆、差弗、毁隃、公非、高圉、亚圉、公叔、祖类、古公亶父，秦的先王大业、大费、大廉、孟戏、中衍、仲潏、蜚廉、恶来、女防、旁皋、大几、大骆、非子、季胜、孟增、衡父、造父等，一一考出其神祇原型。据此，他认为“四代开国前世系皆宗祝伪托”，《史记》夏、殷、周三代本纪所传说的历代世系，“只是古代的宗教祭典，说不上历史的体系。”①完全根据《帝系》、《世本》，而《帝系》、《世本》则根据列国宗庙昭穆世次，宗庙世次则根据宗祝之流的安排。宗祝之流安排先王的世次，开国以后，有人可考，有事可记；开国以前，既无史籍，则无记载可靠；至于遥远的上古之世，其世系则更是荒渺无稽了，而其后人为了显示祖上“积世累仁”，往往依托巫祝之流所流传的祀典、神话而编造祖先世系，认神灵为祖宗。直到后来的《魏书》、《辽史》、《金史》、《元史》所载各朝世系，都是按此路数伪托开国前的列祖列宗，四裔传如《史记·匈奴传》、《后汉书·南蛮传》、《隋书·高句丽传》、《北史·西域传》等，开篇也离不开什么狼犬相交、河伯嫁女之类的图腾神话。以后例前，可以断定夏、商、周、秦四代开国前世系，也是根据神话如法炮制的。②

把古史还原为神话，把世系还原为祀典，把人间帝王还原为天

① 丁山：《中国古代宗教与神话考》，第611页。

② 同上书，第587页。

地神祇，这一思路，从理论上说，显然是言之成理的，为古史重建和神话研究勾画了一条清晰可循的路线图，就此而言，丁山对于中国神话研究的理论建树是不可抹杀的。然而不得不指出的是，当丁山试图将这一理论构想付诸实践，当他具体着手对一个个帝王或神灵的宗教祭祀原型进行考证时，他的方法却失于简单鲁莽，导致其结论也乏善可陈，影响了其研究的学术价值。

上古时期，文字应用不广，祀典和神话唯凭口传，待到后世文字流通，原始宗教和神话却已成绝响，口耳流传之神话传说，即使被偶或著于简帛，也只是只鳞片爪，且早已面目全非。因此，研究上古神话和宗教，先天就具有文献不足、史料匮乏的限制，要根据有限的资料，上探原始宗教的真相，谈何容易。正是有鉴于此，顾颉刚先生才不得不求助民俗学、神话学，希望凭借对仍然存活于民间的神道、社会的研究，了解宗教、神话发生演变的规律，借以窥见古史传说及其宗教渊源的真相。在西方，弗雷泽那一代学者从事人类学研究的一个重要目的，也是为了借以了解古代宗教和神话。时至今日，人类学、民俗学已经成为神话学不可或缺的理论工具，丁山从事神话研究的时代，民俗学、人类学等学科已经引入了中国，除了海外汉学家有不少这方面的研究之外，闻一多、郑振铎、孙作云等学者也已经开始用民俗学、人类学的视角考察中国古代神话，为古史研究别开生面，但是，从丁山的神话研究中却基本看不到民俗学、人类学的影子，显得颇为隔阂。

丁山对古史世系的宗教神话原型的考证，所凭借的唯一理论工具是比较神话学或比较语言学。比较神话学是十九世纪中期由于印欧语系的发现而在欧洲兴起的。欧洲人在印度的殖民开发导致他们注意到印度的语言和宗教，他们发现，梵语经典中有些神的名字和神格跟希腊神话、波斯神话中的一些神十分相似,这促使他们假设,印度、波斯和欧洲的语言乃至人种在上古时期有一个共同的源头,这就是所谓雅利安语或印欧共同语。因此,他们认为,可以通过对印度、欧洲语言的比较研究,以重建作为其共同来源的原始印欧语,比较语言学应运而生。比较神话学作为比较语言学的重要组成部分,致力于通过对不同语言中神灵名号的比较语言学和语源学研究,探究这些神灵的宗教崇拜原型。比较语言学和比较神话学兴起之际,正是德国浪漫主义兴盛之时,比较语言学的代表人物格林兄弟就是德国浪漫主义运动的健将。受浪漫主义怀念远古黄金时代、向往大自然之淳朴等倾向的影响,以马克斯·缪勒(Friedrich Max Müller,1823—1900)、库恩(A. Kuhn,1812—1881)、施瓦茨(W. Schwarz,1821—1899)、曼哈特(W. Mannhardt,1831—1880)等为代表的德国比较神话学家,相信原始人天生就是自然的崇拜者,最初的宗教都是对太阳、月亮、风雨、雷电等自然现象的崇拜,雅利安先民最初就用这些自然现象的名字称呼其崇拜对象,这些名字在流传过程中,由于语言的演变、发展,其最初朴素的含义被遗忘、扭曲,最终被人格化为神的名称,这就是比较神话学的核心观点"语病说"。基于这一理论,比较神话学的研究即归结为通过对各种语言中神名的比较语言学和语源学考证,以追溯其最初所表示的自然现象原型。——用比较语言学的方法,考证神名的初始含义,揭示诸神所源出于其中的自然崇拜原型,丁山在其神话研究中,就自觉地使用了这种比较神话学和比较语言学的方法,他在《古代神话与民族》的《自序》中说:"用比较语言学剖析史前时代的神话,不自我始。马克斯·缪勒(Max Müller)所著《语言学讲义》曾以语言学为工具,发现雅利安民族所有的神名,常是指宇宙的现象。”①丁山之所以对比较神话学情有独钟，自然是因为他的治学最初正是从文字学、音韵学进入，主治甲骨文、金文，尤其是甲骨文中，保存了众多关于商代祭祀和崇拜的记录以及众神和先王先公名号，对于熟悉甲骨文，有志于凭借甲骨文、金文资料重建商、周宗教和神话系统的丁山而言，比较神话学的比较语言学方法可谓一拍即合。但是，比较神话学的语言学方法，到了丁山的手上，却被过于简单化了，被他当成了横扫一切、包打天下的神器，从而导致他的考证往往失之草率，影响了其结论的可信度。

丁山的两部神话研究论著，对甲骨文、金文和古代文献中诸神名称的文字学、音韵学考证占了大半，对其中种种虚妄、悖谬之处，此处难以一一检视，我们只需从其书中摘取一段，就足以窥一斑而见全豹。试看他在《神话观之夏、商、周、秦建国前的先王世系》中关于周代早期世系中诸王名称的考证：

(1) 不窋，读为“丕窋”，《说文·穴部》：“窋，物在穴中。”……丕窋，当是居人的大方穴。

(2) 鞠，《世本》作“鞠陶”，“鞠”当为“匊”，《说文·勹部》所谓“在手曰匀”也。“陶”读如“陶复陶穴”之陶。……复，三家《诗》作“覆”，地室也。……管见以为，鞠陶，即匊土为覆的省言。

(3) 公刘，《说文》未见“刘”字，言古文者皆以字当作“留”，“留”孳乳为“廇”，《说文·广部》云：“中庭也。”……由是言之，公刘，当是中霤别名，而《绵》诗咏古公亶父所谓“乃召

① 见本书第11页。

司空,乃召司徒,俾立室家。其绳则直,缩版以载,作庙翼翼。捄之陾陾,度之薨薨,筑之登登,削屡冯冯。百堵皆兴,鼛鼓弗胜",毋宁说是公刘的写照。盖周人初居于大方穴,谓之"不窋";继而掬土为覆穴,谓之"鞠陶",至公刘乃就覆穴而筑为宫室,始有中霤。

(4) 庆节,疑是建筑上的专名词。……《明堂位》曰:"山节藻棁,复庙重檐,天子之庙饰也。"郑注:"山节,刻樽卢为山也。"……山节之称节庆,庆盖亦古代发语词。

(5) 皇仆,疑是建筑上的名辞。"仆"疑读为"朴",木皮也。盖当陶瓦尚未发明以前,或葺茅为屋盖,或剥木皮为屋盖。……因此,皇仆,可以说是屋上的朴桷。

(6) 差弗,疑即"義"字之误为二名者,《说文·我部》:"義,己之威仪也,从我从羊。羛,墨翟书,義从羊。"……所谓"差弗",当作"羊弗",即六国古文字之误释。"義"孳乳为"羲",金文有《鬲铭》云:"⿰作羲妣宝尊彝"。……羲妣,犹言"月母羲和",是以"差弗"为义,若非羲和月母,当时朝曦之神,正是殷商王朝所祭的大神"義京"。

(7) 毁隃,《世本》作伪榆。"榆",《五臧山经·西山经》之首作"羭",云:"……羭,山神也。"……"羭",《管子·小闻篇》作"俞儿",云:"臣闻登山之神有俞儿者,长尺而人物具焉。……"按:"俞",不㝬簋:"广伐西俞",字则作𦨶,从舟,𠃌声。𠃌即"禹"字初文。……"毁隃"当即山川之主禹之别名,周人尝自称有夏之后,正以毁隃之故。

(8) 公非辟方,疑即四方风神。

(9) 高圉,"圉"当为圉,即日神高辛合文,《礼记》所谓"上辛"。

(10)亚圉,亦当作"亚"圉,即日神亚辛合文。亚辛,《左传》哀公十三年作"季辛",云"鲁将以十月上辛有事于上帝先王,季辛而毕",是也。以高圉比太皞,亚圉也即少皞,白日西沉之神也。

(11)公祖叔类,……今按,"类"本周代祭典之名。《周官·小宗伯》:"兆五帝于四郊,四类亦如之。"……以《书·尧典》"类于上帝"和《礼记·王制》"类乎上帝"诸说测之,四类宜是天神。……管见以为,类即周代的上帝,也即周人的原始图腾神。……《说文·犬部》:"類,种类相似,惟犬为甚,从犬頪声。"然则,类者,犬也,以犬为民族图腾者,《后汉书·南蛮传》言长沙武陵蛮祖帝高辛,"畜狗,其毛五彩,名曰槃瓠。"徐整《三五历纪》以槃瓠为中国人开天辟地的始祖盘古氏。……由是言之,类者,周人原始图腾神也。……公祖叔类,当是周人尊其民族图腾神为先公先祖之名,也即盘古氏的滥觞了。《荀子·礼论篇》:"先祖者,类之本也。"正是"公祖叔类"之确诂。

(12)古公亶父,……《礼记·祭义》"天子……事天地山川社稷先古",注则云:"先古,先祖也。"是古公若非盘古之别名,定为"祖公"的雅篆。……亶父,古地名,字亦作"单父"。商代的南单之台,载记相传或作"南坛",因此,管见以为,亶父即《礼记·祭法》所谓"燔柴于泰坛,祭天也",……果如《周本纪》说"文王受命,追尊古公为太王",那末,太王,正是"燔柴于泰坛,祭天也",他是宗周王朝的原始天神,也即晚周诸子所谓"泰皇"了。①

① 丁山:《中国古代宗教与神话考》,第577—580页。

不窋是大方穴，鞠是掬土为覆穴，公刘是宫室之中霤，庆节是房檐的斗拱山节，皇仆是盖屋顶的树皮朴桷。丁山纯凭神名的单文孤辞，以声韵辗转牵扯，就轻易地将周人世系中几位早期祖先都归结为房屋建筑，周人何以会把房屋甚至房屋上的几个简单的建筑构件奉为祖宗？这在民俗学、宗教学上道理很难讲得通。

对于无法从音韵上轻易与名物相牵扯的先王之名，丁山则不惮改字为训。差弗，字面意义不明，于是认为“差弗”是“羊弗”之讹，而“羊弗”则是“義”字断为两截，又由“義”字牵扯商代卜辞中的“義京”，复根据《山海经》中关于日月之神羲和的记载，而断定其为月神。“非其族类，不歆其祀”，商人之月神何以会被周人当成祖宗？毁隃，字不可解，遂以“隃”牵扯“俞”字，复由金文“俞”字半边字形似“禹”字，而断定“毁隃”即禹的别名。禹敷土治水，屡见《诗》、《书》，为周人崇拜之创世之神，何以会混同为一个名不见经传的周人祖先？高圉、亚圉，因“圉”字方框中“幸”字与“辛”相近，遂以其字为圉字之讹，断定高圉为高辛，即《礼记》之“上辛”，断定亚圉为季辛，即《左传》之“季辛”，但《礼记》、《左传》之“上辛”、“季辛”只是天干纪日的日期，又与周人先公何干？丁山对先王之名或诸神名称的考证中，屡见此类妄改古文以迁就其说的情况，与基本的学术规范不相符合。

公非辟方，因其名称中有一“方”字，不经任何论证，就疑其为四方风，即使此书的“方”有特殊的宗教含义，它为什么不会是指“方国”、“方社”、“方望”、“方明”等呢？其实它可能只是一个并无所指的专名而已。而且，“公非辟方”一名四字，何以仅仅凭“方”一个字就断定其所指，其他三字就可以置之不顾吗？公祖叔类，名字也是四个字，但丁山一味在“类”字上做文章。因《尚书》、《周礼》有“类于上帝”之说，因此就断定公祖叔类是周人的上帝，又牵扯《说文》以“类”为犬以及《后汉书·南蛮传》槃瓠神犬之说、三国时期徐整盘古之说，谓公祖叔类为神犬，系周人的图腾。遍检载籍，何曾有关于周人以犬为祖的丝毫线索？作为祭祀的类、作为犬名的类与作为人名的类，岂能这样轻易混为一谈？其说之荒诞不言而喻。古公亶父，因“亶父”与“单父”声音相近，而以“亶父”即“单父”；又因殷虚卜辞中提到“南单”，以“亶父”、“单父”即“南单”；又因“单”、“坛”音近，以“南单”即“南坛”；又因《礼记》中有“泰坛祭天”的记载，以亶父即泰坛，即周人的原始天神，亦即三皇之一的泰皇。古语有云：“狗似玃，玃似母猴，母猴似人，人之与狗则远矣。”（《吕氏春秋·察传》）如此一味以音声辗转牵扯，不难把任何原本毫不相干的东西都拉到一起，划上等号。据《史记·周本纪》，古公亶父是周文王的祖父，因迫于戎狄，去豳居岐，经营城郭宫室，设五官有司，周人对其事迹有清晰的记忆；《诗经·大雅·绵》即吟诵其事，古公亶父显然是实有其人的。很难相信周代的史官连其开基之祖文王的祖父是谁都不知道，把一个什么莫须有的天神泰皇拉来充数。丁山的考证中，此类不顾情理的论述时时可见。

其实，古人尽管没有文字记载，对于渺茫的上古历史缺乏可靠的记忆，常会拉神祇冒充为祖先，但这种攀附神明的情况，一般只会出现于族谱的最初一、二代，只是为了给其历史记忆找一个神圣的开端而已。例如，就周代的世系而言，其始祖后稷显然并非实有其人，后稷原本只是谷物之神，被周人冒领为自己的祖先。后稷的母亲姜原也非实有其人，“原”或谓原野，姜原原本可能只是表示土地之名，或为周人供奉的土地之神而兼母神，姜原生后稷，不过是土地生五谷这一自然现象的象征。至于不窋以下的诸位先祖,虽无事迹可考,但很可能是实有其人的。历史记忆对于族群的认同和凝聚至关重要,所以,古人虽无文字史册,但也会用口耳相传的史诗的形式,记诵其祖先的世系和功烈,这一点,至今仍能从很多少数民族的古歌中得到旁证。所以,古人的历史记忆尽管不可避免地充满了谬悠荒唐之语,但却不至于像丁山设想的那么全出后人杜撰,其世系也不至于像他设想象的那样全不靠谱。丁山尽管认识到了解古史帝系的来历应从其生成和流传机制入手,但由于他对民俗学、人类学缺乏足够的了解,对于口头传统在上古时期的作用还没有充分的认识,因此低估了古人的历史记忆能力。

丁山的神话论著,多有此类对神名形、音、义的武断解释。当时学者就已经对他的这种做法表示不满,杨宽指责他的考证,“除毛举一二古文字外,他无实证”,[①]实乃一针见血,但丁山对杨宽的批评却不以为然,他以西方的比较神话学为借口给自己辩护,认为“由文字演变之迹以论史实之递传递变,犹近世东西学者藉语文异同以探寻民族分合之迹,同为治史者极基本工作。”[②]实际上,德国比较神话学家一味依靠对神名的语源学考证将诸神统统溯源到某种自然现象的做法,在比较神话学兴起不久还如日中天时,就遭到安德鲁·朗格(Andrew Lang,1844—1912)等民俗学者的严厉批评,很快就被对神话的人类学、民俗学研究取而代之了。丁山把比较神话学的语言学方法和自然神话论当成打开古代神话之奥秘的唯一的万能钥匙,却反倒被它引入了迷途。

---

① 见本书第132页。

② 同上。

总之，丁山试图通过对古史传说和先公先王的宗教和神灵原型的考证，打破古史帝系的历史幻象，还其宗教与神话的本来面目，其构想不乏卓见，但在将其构想落实到具体考证时，却由于片面倚重比较神话学的方法而纯凭文字学、音韵学的牵扯附会，因其论证过程多失于武断，导致其研究的学术价值大打折扣。

三、神话的民族史研究

如果说对神话的宗教史研究，旨在说明古史中的帝王世系是如何从其宗教神话原型脱胎而来的，那么，对于神话的民族史研究，则旨在说明上古时期各民族、方国原本各自独立的帝王世系是如何随着历史的进程而被重构为一个同枝连根的上古史谱系的。这正是古史辨派神话研究的重点所在。

上古时期，各民族、方国尚未融合为一个文化共同体，它们各奉其祖，各有其昭穆世系，《左传》、《国语》等书中就保存了不少这方面的信息，说明直到春秋战国之际，各民族、方国还保留着其古老的历史记忆。但到了战国后期，随着兼并进程的加剧，历史记忆也被重构，统一的帝王世系被发明出来，《大戴礼记・帝系》、《世本》以及《史记・五帝本纪》所记载的由黄帝、颛顼、帝喾、尧、舜、禹同出一源的帝王世系，就是在此背景下形成的。这种华夏民族自古出于一元的世界观，既然出自战国晚期的发明，而非上古历史的真相，因此，顾颉刚先生认为，要揭露古史的真相，就必须首先打破此种“民族出于一元的观念”。他在《古史辨第四册序》中说，自己计划做四个方面的古史考，第一个就是“帝系考”，辨古代帝王的系统及年历、事迹，他说：

> 我们的古书里藏着许多偶像，而帝系所代表的是种族的偶像。……我们从古书里看，在周代时原是各个民族各有其始祖，而与他族不相统属。如诗经中记载商人的祖先是“天命玄鸟”降下来的，周人的祖先是姜嫄“履帝武”而得来的，都以为自己的民族出于上帝。……《左传》上说：“任、宿、须句、颛臾，风姓也，实司太皞与有济之祀。”则太皞与有济是任、宿诸国的祖先。又说：“陈，颛顼之族也。”则颛顼是陈国的祖先。……这原是各说各的，不是一条线上的人物。到了战国时，许多小国并合的结果，成了几个极大的国，后来秦始皇有了统一的事业。……于是有几个聪明人起来，把祖先和神灵的“横的系统”改成了“纵的系统”，把甲国的祖作了乙国的祖的父亲，又把丙国的神算作了甲国的祖的父亲。他们起来喊道：“咱们都是皇帝的子孙，分散的远了，所以情谊疏了，风俗也不同了，如今又合为一国，咱们应当化除畛域的成见。”……借了这种帝王系统的谎话来收拾人心，号召统一，确是一种极有力的政治作用，但这种说法传到后世，便成了历史上不易消释的“三皇五帝”的症瘕，永远做真史实的障碍。①

由于神话中保留着各民族的历史记忆，因此，要打破民族自古一元的观念，要“依了民族的分合为分合，寻出他们的系统的异同状况”，神话就成为不可或缺的史料，对神话的民族史研究就成了古史辨派古史重建工作的重要内容。顾颉刚先生本人在《战国秦汉间人的造伪与辨伪》、《昆仑传说和羌戎文化》等文章中关于上古

① 顾颉刚：《顾颉刚古史论文集》卷一，第202页。

民族分布、迁徙、分合的研究，都把神话传说作为重要的线索加以利用。杨宽《中国上古史导论》更是基于对神话传说资料的全面研究，将中国古代民族分为东、西二系，即由殷商、东夷、徐戎、楚、郑、秦、赵等组成的东系民族和由周、羌、戎、蜀等组成的西系民族。

丁山的神话研究沿袭了古史辨的问题意识，关于神话的民族史研究也构成其神话研究的重要一环。其《古代神话与民族》一书的标题就足以表明，在丁山眼里，神话研究与民族史研究是密不可分的。这本书所收各篇文章，或依据古史资料，探究民族早期的宗教；或依据神话传说并结合历史地理的考证，考察古代民族的起源和迁徙过程；或通过对古史传说中人名、地名的比较语言学分析，推测上古时期中国文化所受外来文化的影响。如《由三代都邑论其民族文化》，根据古代文献中关于三代迁都的记载和相关古史传说，推断夏后氏起自晋西南，商人起自河北，周人起自陇。《卜辞所见先帝高祖六宗考》依据殷墟卜辞对商人高祖夒之图腾原型的考察，推断商人源于东胡民族。《开国前周人文化与西域关系》根据周人的火葬习俗、历法特征以及“七日”旬周的习俗，推断“（周）成王以前，周人文化，实与古代波斯、印度成一系统”。[①]《禹平水土本事考》考察大禹治水、禹死为社等神话，认为禹原为雨神，与求雨的雩祭有关，并据此认为禹与西亚苏美尔人所祀恩利尔神格相同，推断“禹之一切神话，或与恩利尔之传说，同出一源”，[②]“若以种族言之……则苏美尔人所宗祀之恩利尔，若非传自夏后氏，必夏后氏

① 见本书第194页。
② 见本书第262页。

宗禹神话来自苏美尔”。[①]《由鲧堙洪水论舜放四凶》以《尚书·尧典》中舜所流放的四凶族为古代四裔民族的图腾或徽号，“四凶罪恶，皆春秋时代四裔民族性之写照，四凶名辞，亦春秋时代戎、狄部族之徽号。”[②]“饕餮、穷奇，匈奴部族之号也。浑敦、梼杌、三苗之族，西羌之先也。”[③]四凶原为四裔民族，后人将四裔之名附会为鲧、驩兜等凶神，于是导致“种姓之名与神话人物，混而为一。”[④]《吴回考——论荆楚文化所受印度之影响》通过对楚国祖先名称以及古史传说、文化事项的比较语言学研究，认为楚国文化深受印度文化的影响。《论炎帝太岳与昆仑山》通过对昆仑神话、四岳神话和瓜州、九州等古史地名与印度须弥山神话、南洋昆仑国地名的比较语言学研究，认为炎帝、四岳为羌人之神，羌人足迹北至雁门五原，南至南洋群岛，昆仑神话源于印度须弥山神话，以昆仑为神山的道教源于婆罗门教。

丁山此书对于神话和民族史的研究，除受古史辨派重建古代民族史的学术构想以及比较神话学的语言学方法影响外，也透露出浓重的中国文化西来说的影响。中国文化西来说原是西方殖民主义和东方学之产物，滥觞于明、清时期来华的西方传教士，19 世纪末期，法国学者拉克伯利(Terrien de Lacouperie)用当时盛行的比较语言学方法，将中国的语言、文字、历法、神话、古史传说和西方亚述学关于古巴比伦的研究成果进行比较，认为中国文化乃至人种都是从巴比伦传来的。拉克伯利的学说原本漏洞百出，在西方

① 见本书第 263 页。
② 见本书第 311 页。
③ 见本书第 310—311 页。
④ 见本书第 316 页。

汉学界并无多少市场,但在被日本东洋学者译介到日本后,被视为定论,写入东洋史和日本史教科书。晚清民族主义者刘师培、章太炎、陶成章、黄节、蒋智由等出于排满灭清的民族主义立场,将此种学说引入国内并极力宣扬,中国人种和文化西来说遂风靡一时,对中国上古史研究也造成一定的影响。1920 年代瑞典考古学家安特生在河南考古发现的彩陶,就被当成中国文化西来说的证据。进入 1930 年代以后,随着中国本土史学和考古学的崛起,西来说迅速遭到主流学术界的摈弃。但是,在神话研究领域,中国文化西来说却一直余音不绝。卫聚贤、苏雪林、凌纯声等关于中国古代神话和宗教的研究,都留有明显的西来说影响的痕迹。这相当程度上是由于上古时期的史料不足,神话研究者不得不倚靠比较语言学的方法,通过对个别术语、名物的跨文化比较,探求其意义和源流。由于上古时期文化简单,不同民族的文化之间在某些基本方面肯定会有相通之处,而这很容易让研究者在存在某种相似性的两种文化之间建立一种似是而非的源流关系,并将时间在前的文化(比如古代西亚两河流域文化)视为时间在后的文化(比如古代黄河流域文化)的来源。丁山在其神话研究中,既然正是以比较语言学的方法为轨辙,因此也就难逃此种中国文化西来说的窠臼。

西来说的主张者因为偏执于西来说,必要在中国文化中寻觅能够证明这一学说的线索,多多益善,因此往往无视基本的时空逻辑和语境脉络,仅凭对个别词语在语音、语义上的相似性,断章取义,随意牵扯,用淡出的语言学线索将两个相距遥远的民族搭上关系,丁山的民族史研究也同样难免此弊。

仅举其《吴回考》一文中论吴雷即火神 Agni 之音译为例。吴回为楚祖之一,见于《大戴礼记 · 帝系》和《史记 · 楚世家》,丁山以为"吴回"可音转为"吴雷",但经典中并无"吴雷"之名,唯《楚公逆作镈铭》有之,曰"楚公逆自作吴雷镈"。"吴雷",自宋以来学者皆释为"夜雨雷",丁山重释为"吴雷",并且说:

> 吴雷,古音 Nguo-Luâi,日本汉音 Go-rai(俱见高氏《中国分析字典》),依汪荣宝《歌戈鱼虞模古读考说》(见北京大学《国学季刊》第一卷),鱼模古读若歌戈,歌戈古读若麻韵,则"吴"之主音为 u,宜可读为阿(a)。雷,汉音 Rai,依章炳麟《古音娘日二纽归泥说》(详《国故论衡·上》),古时宜有读 Na 者。况 L、N 两纽,在今若干方言中,尚有浑而不辨者;则吴雷古音,宜或读为 A-na 矣。不特此也,梵语中,语尾之 Ka 音,唐前译述,往往省去,如 Lokesvar-raga 之译楼夷桓罗,Aksobhya 之译阿閦,Laksa 之译落沙……以是为例,则 A-nai 吾得谓即 Akni 或 Agni 之省译。Agni,六朝以来,音译为阿耆尼,意译为火神,有是因缘,余故疑吴雷即阿耆尼之对音。①

用一系列似是而非的音转解释,兜兜转转地把吴回与印度火神阿耆尼攀上亲,而全不顾吴回或吴雷之发音与六朝译 Aqni 之音阿耆尼相去甚远的基本事实。实际上,吴回之名,首见《大戴礼记·帝系》,谓颛顼产老童,老童产重黎及吴回,吴回产陆终,陆终子季连为楚人之祖。《史记·楚世家》依据此文叙楚世系,并称吴回为帝之火正,为祝融,即暗示吴回原为火神。春秋时期,火神又名回禄。《左传·昭公十八年》云郑国发生火灾,子产令人"禳火于

① 见本书第 402—403 页。

玄冥、回禄，祈於四鄘”，可见回禄为火神。又《国语·周语》上云：“昔夏之兴也，融降于崇山；其亡也，回禄信于聆隧。”此文回禄与融（祝融）并称，盖以其与祝融同为火神。火神名为“吴回”、“回禄”，“吴回”、“回禄”实与“火”同音。《说文》云：“火，毁也。呼果切。”又云：“燬，火也。从火毁声，许伟切。”又云：“回，转也，户恢切。”《段注》火、回古音皆在十五部。可见，火、燬、回古音通，则“吴回”、“回禄”与“火”为一音之转文，故古人以吴回为火正，以回禄为火神。火与人类生活休戚相关，故所有民族都有火神崇拜，中国火神不必由印度传入。而火神之所以成为楚人的祖宗，则不过是因为楚国相对于中原处于南方，在五行系统中南方属火，因此，战国时期的学者在编造古史谱系就把同属火神的重黎、祝融、吴回安排给楚国当祖先了。可见，吴回之得名及其作为楚祖，缘由并不神秘，与印度梵语以及婆罗门教、佛教毫无关系。丁山受文化西来说的影响，因见吴回是火神，阿耆尼在印度神话中也为火神，有相似之处，就贸贸然地以为吴回出自阿耆尼，楚文化出自印度文化。都是因为先有偏见在胸，所以连简单的事实都看不见，不惜舍近求远，迂回曲折，非得把吴回与阿耆尼拉上亲戚不可。

不仅此也，为了证明楚文化出自印度，他还从楚文化中拈出数点，认为都是源于印度，如《帝系》载陆终妻女隤氏剖左肋生六子，为《梨俱吠陀》牝牛破肋而生因陀罗神话之变相；楚人尚左、肉袒示敬源于印度风俗；重黎为楚祖，《国语·楚语》所载重黎绝天地通神话为婆罗门教三界神格说自之变相；《楚语》称楚史倚相能读《三坟》、《五典》、《八索》、《九丘》，皆为印度教典，《三坟》即婆罗门教三《吠陀》，《九丘》即《九歌》，屈原《九歌》迎神曲为婆罗门教祭仪；屈原《天问》所述的宇宙本源论，出自《梨俱吠陀》的《创造赞歌》；

老子《道德经》的有、无、道，一等基本概念都出自《吠陀经》；楚国的国姓“熊”或“酓”由梵语 Soma 变来，Soma 即印度的致幻神药苏摩汁；老子长髯，楚人多须，印度人多胡须，暗示楚人与印度有相同的血缘；甚至西方人称中国为“支那”，也可能是“荆楚”的译音。……诸如此类的简单比附，迹近捕风捉影。类似的简单比附，也充斥于《论炎帝、太岳与昆仑山》一文关于昆仑与印度须弥山之间关系的论证中。此种所谓民族史的“考证”，天马行空，完全不顾历史和地理的逻辑，没有任何文化交通史上的证据，单凭似是而非的“声转”、“对译”之说，在相距遥远、文化与语言皆不相同的两个民族之间穿针引线，实在不具有多少学术价值。此种明显站不住脚的论调，丁山之所以能够言之凿凿，除了中国文化西来说的影响之外，主要还是归咎于他偏执于比较语言学的研究方法。

三

神话传自上古，久经岁月，在文献中仅存只鳞片爪，因为文献不足，史料匮乏，所以，运用比较语言学的方法，通过考证其中各种名物的原初含义，以追溯其宗教原型和民族渊源，确实是神话研究的一个重要途径。但是，比较语言学的名物考证，对于神话研究而言，只能是一个辅助性方法，而不可能是唯一的途径，更不能作为包解各种难题的万能钥匙。首先，要重建神话和古史传说的宗教文化背景，要揭示神灵的宗教崇拜原型，要理解一位神灵的象征意义、文化功能和生成语境，了解其与人类原初生活的关系，离不开人类学和民俗学；要揭示神话传说和宗教风俗的民族文化渊源，厘清其在不同文化和地域之间——尤其是中国和域外之间——传播和演变的路径，以及它在不同民族文化中的变与不变，就离不开文化交流史的研究，离不开历史、地理、语言等多方面史料的支持；传世文献和甲骨文、金文中的语言现象，仅仅提供了进一步研究的线索，要让这些线索真正落到实处，就需要像古史辨派那样从具体的历史语境出发，按照时间的先后、空间的脉络对文献史料和考古史料进行缜密的辨析、排比和阐释，才能做到言之成理、持之有故。在这些方法论方面，顾颉刚、童书业、杨宽、陈梦家等神话研究者已经打下了一个良好的基础，其对于神话研究的作用，远非单纯的比较语言学方法可以代替的。

丁山的神话研究，尽管在问题意识和研究构想上深受古史辨派的影响，他继承了古史辨派的神话研究架构，在古史辨所开辟的几个主要方向，即神话的故事学研究、宗教史研究和民族史研究方面皆有所继承与创获，勾勒出了一个极富学术野心也很有可行性的神话研究框架，在某些具体问题上也提出了颇有启发性的见解。例如，他认识到古代史官制度，尤其是口头述史文体对于神话和古史传说之生成和流传的重要意义的，认识到巫祝制度和宗法制度在将宗教性的神灵祀典转换为政治性的古史世系中发挥关键性的作用，认识到正是古代史官制度下历史知识的生产和传承机制导致了“层累地造成的古史”，以及他致力于综合甲骨文、金文和传世文献重建上古宗教和神话体系，并由此认识到了商、周两代在宗教和神话传统上的连续性，都为中国现代神话学乃至古史学领域增添了新知，让丁山在中国现代神话学史上获得了不可磨灭的地位。

但是，丁山的神话研究尽管继承了古史辨派神话研究的问题意识和学科构想，但由于丁山片面而过度地倚重比较语言学，理论视野和方法论极为单一,既缺乏古史辨派所擅长在史料考据、文献辨析的功夫,也没有古史辨派基于历史语境同情地理解文本和史料的思想史和学术史视野。对神话学、宗教史、民族史研究所必须的人类学、民俗学、地理学、中外交通史等学术前沿进展又缺乏了解,单纯依赖比较语言学,一条道走到黑,一味在音韵、文字上辗转勾连、穿凿附会,轻率立论,其考证不可避免地陷于空疏和随意,导致其研究的结论大率失于武断,很难经得起时间的考验。相较其同时代的其他依靠甲骨文资料对古代宗教和神话进行研究的学者,如胡厚宣、郭沫若、陈梦家等,丁山的神话研究尽管著述更多,但其学术价值却要逊色得多。实在说来,尽管我们按照其研究的问题取向,将其神话研究区分为故事学研究、宗教史研究和民族史研究三个方面,从研究方法上说,丁山的神话研究只有一个取向,就是比较语言学。归根结底,丁山的神话研究,成也比较语言学,败也比较语言学。

尽管丁山的神话研究存在严重的缺陷,但是,在中国现代神话研究的学术史上,丁山的地位仍是不可磨灭的。现代学者中对古代神话进行系统清理和研究的学者屈指可数,丁山在战争年代极为困难的条件下,在颠沛流离之际,仍孜孜不倦于对中国古代神话和宗教体系的全面清理和研究,试图为中国古史研究的重建铺路开道,尽管其研究的缺陷不容忽视,其时常闪现的卓见也足以启发后学,其雄心勃勃的学术构想更是有待于后来人的继承与发扬。

本文并不想对丁山神话研究的每一个具体观点做出评判,而主要是想从他置身于其中的学术语境出发,将他的研究放回由古史辨学派、比较神话学和比较语言学、中国文化西来说等多个学术传统纠结交错而成的学术史背景下,对其进行同情的了解,说明他何以会提出如此这般的问题,何以会对神话研究有如此的期许,何以会犯那些在今天看来似乎是轻易可以避免的错误……唯其如此,在读前辈学者的书时,我们才能不仅知其然,而且能够知其所以然,也才能真正理解其研究在学术史上的价值和意义。